全国高等教育医药经管类规划教材

医药产业经济：原理与政策

主　编　曹　阳

副主编　张文杰

编　者　（按姓氏笔画排序）

王　晋　刘珊珊　苏文华　李　玥

吴　捷　宋　文　张　英　张子砚

张文杰　项　莹　洪　亮　高恩芳

曹　阳

中国医药科技出版社

内容提要

　　本教材着眼于高等医药院校经济管理类专业，区别于一般性的产业经济学，在阐述产业经济学基本概念、原理的基础上，对医药经济领域的实践进行积极探讨和创新。按照"产业发展、产业组织、产业创新、产业布局和产业政策"的内容框架，用简洁、直观的形式给出实际的行业经济运行数据，引导学生运用数据发现事实，深入分析问题。体例科学，内容反映了产业经济学的最新成果，医药特色突出，同时采用案例教学模式，对启发学生理论联系实际具有积极的实践意义。

　　本教材适用于本科工商管理、国际经济与贸易、市场营销、药事管理等专业师生使用。

图书在版编目（CIP）数据

医药产业经济：原理与政策/曹阳主编 . —北京：中国医药科技出版社，2014.6
全国高等教育医药经管类规划教材
ISBN 978 - 7 - 5067 - 6747 - 7

Ⅰ. ①医… Ⅱ. ①曹… Ⅲ. ①医药学 - 产业经济学 - 高等学校 - 教材
Ⅳ. ①F407.7

中国版本图书馆 CIP 数据核字（2014）第 067457 号

美术编辑	陈君杞
版式设计	郭小平

出版	中国医药科技出版社
地址	北京市海淀区文慧园北路甲 22 号
邮编	100082
电话	发行：010 - 62227427　邮购：010 - 62236938
网址	www.cmstp.com
规格	787×1092mm $^1/_{16}$
印张	25 $^1/_4$
字数	482 千字
版次	2014 年 6 月第 1 版
印次	2014 年 6 月第 1 次印刷
印刷	廊坊市广阳区九州印刷厂
经销	全国各地新华书店
书号	ISBN 978 - 7 - 5067 - 6747 - 7
定价	**49.00 元**

前　言

医药产业的发展关乎国民健康大计，常被称为"永不衰落的朝阳产业"，很多国家将医药产业视作重点发展的领域，不竭余力促其发展、壮大。在我国，生物医药产业现已被政府列入重点发展的七大战略性新兴产业。医药产业是一个比较独特的产业，其发展速度很快，其运行过程相对比较复杂。医药产业牵涉到研发、生产和销售等方方面面，涵盖了化学药品、生物药品和中药等不同领域。从运行主体角度而言，医药产业的运行虽然是以医药企业为主体，背后更离不开相关政府部门、高校科研机构等的管理和辅助作用。鉴于以上特点，医药产业正在引起来自多方面的关注和研究兴趣。

产业经济学是一门比较新的经济学分支学科，它主要研究产业经济的运行过程以及相关的政府政策。综合性高校或财经类高校等经管类课程的《产业经济学》课程因其不针对具体行业，所以其课程内容偏重有关原理，对产业案例的分析也无特定指向性。然而随着行业高校的不断发展壮大，为了满足行业高校运行实践和管理的现实需要，开设经管专业的行业高校日渐增多。行业高校《产业经济学》课程势必要针对特定的产业背景而展开，其教学内容和方式都与前者存在明显的区别。在医药产业方面，随着开设相关专业的高校逐渐增多，以医药产业为背景的产业经济学教材是我们了解医药产业的特点和运行方式等有关内容的一门必要的入门课程。

本教材着眼于高等医药院校经济管理类专业的特点，在编写的过程中，努力做到既符合教学规律要求，又能在阐述医药产业经济学基本概念、原理的基础上，对医药经济管理专业领域的实践进行积极探讨和创新。医药产业经济学是医药经济管理类学生的一门基本的核心课程，通过进一步介绍现代经济学的最新知识和原理，创新性地把现代经济学的重要成果吸收进来是本教材的一个重要特点。

针对非经济院校学生经济理论基础相对薄弱的实际情况，适当减少复杂的理论推导过程讲解；针对医药类院校学生数据处理能力、逻辑分析能力强的特点，加入对现实数据的分析和处理，结合医药行业具体情况，用简洁、直观的形式给出实际的行业经济运行数据，引导学生运用数据发现事实，深入分析问题。

与其他同类教材相比，本教材在编写过程中从以下方面进行了积极的探索和尝试：

1. 案例教学上，传统产业经济学教材中符合中国实际、贴近医药行业现状的案例非常少见。本教材注重选取典型的、本土化、适合医药类院校学生使用的案例，加深学生对章节内容的学习和提高综合运用知识的能力。

2. 内容框架上，在阐明产业经济学的基本原理和研究方法的同时，又要考虑医药产业的特点、跟医药产业的实际相结合。为了使框架更为合理，教材编写团队在长期教学实践基础上，将教材内容框架设定为"产业发展、产业组织、产业创新、产业布局和产业政策"五个版块，外加最后一章主要介绍国外医药产业发展概况，全书共十章。

3. 编写体例上，为了方便读者，除了正文外，教材每章都设有教学目标、教学要求、知识拓展、本章小结、课后习题等。

本教材由中国药科大学国际医药商学院经济学教研室主任曹阳博士担任主编，张文杰博士担任副主编。编写过程中得到研究生洪亮、苏文华、张英、刘姗姗、项莹、宋文、张子砚、吴捷、高恩芳、李玥、王晋的大力支持，他们为本书的资料收集和写作付出了辛勤努力。

本教材编写团队，尽管拥有多年的相关领域研究经验，但深知能力有限，书中不当之处在所难免，敬请读者不吝指正，提出您的宝贵意见和建议。

编者
2014 年 1 月

目　录

第一章

绪 论

绪　论

【教学目标】

本章介绍了产业与产业经济学的定义，产业经济学的性质，产业经济学的形成与发展，产业经济学的内容体系、研究方法、学习意义以及我国医药产业发展历程等内容。通过本章的学习，使读者对产业经济学有一个初步的认识，对我国医药产业的现状有所了解。

【教学要求】

1. 了解：产业经济学的性质，产业经济学的形成与发展
2. 熟悉：我国医药产业的发展历程
3. 掌握：产业经济学的内容体系、研究方法、学习意义
4. 重点掌握：产业与产业经济学的定义

第一节　产业与产业经济学

一、产业的定义

产业经济活动伴随着人类经济活动逐渐展开，日益复杂，对于满足人类的需求发挥着非常重要的作用。产业是社会生产力发展的结果，是社会分工的产物，并且伴随着社会生产力水平和分工专业化程度的提高不断变化和发展。

产业是一个模糊的概念，在英文中，"产业"、"工业"与"行业"都称为"industry"。所以对产业进行定义并不容易，对于不同目的的研究，"产业"有其特定的定义。产业是居于微观经济细胞即企业和家庭与宏观经济单位即国民经济之间的一个"集合"概念，即产业是具有某种同一属性的企业的集合；与此同时，产业还是一个"细分"的概念，它是指国民经济以某一标准划分的部分所组成的产业。根据分析和研究的不同目的，对产业的集合和细分可以分为三个层次：第一个是以同一商品市场为单位而划分的产业，即通常所说的"行业"，用于研究产业内企业与市场的关系；第二个是以技术及工艺的相似性为依据而划分的产业，通常称之为"部

门"，用于研究产业之间的投入产出关系；第三个是将国民经济以经济活动的阶段为依据划分为若干部分所形成的产业，即广义的产业，用于研究一次产业、二次产业和三次产业的协调发展关系。

从严格意义上讲，产业与行业的主要差别是其适用范围不一样。所谓行业，是指从事国民经济中同性质的生产或其他经济社会活动的经营单位和个体等构成的组织结构体系，如汽车业、房地产业、银行业、旅游业等。产业作为经济学的专门术语，有更严格的使用条件。产业一般具有以下三个特点：首先是规模性，即产业中的企业数量、产品或服务的产出量要达到一定的规模；其次是职业化，即有专业人员专门从事这一产业活动；最后是社会功能性，即此产业在社会经济活动中要承担一定的不可或缺的角色。

基于上述认识，作为产业经济学研究对象的"产业"，其定义是：国民经济中以社会分工为基础，在产品和劳务的生产和经营上具有某些相同特征的企业或单位及其活动的集合。简单地说，产业是指具有某些共同特性的企业或单位的集合，其中"某些共同特性"是将企业或单位划分为不同产业的基准。因此，产业的基本内涵是同类企业的集合，这里的"同类"是指生产相同产品、服务或使用相同的原材料、同类工艺技术和相同用途的产品。组成产业的基本单元是企业，产业是国民经济的组成部分，国民经济由产业的集合与消费者和政府的经济活动共同构成。

二、产业经济学的定义

在现实经济生活中我们经常会遇到诸如个人的消费、企业的生产、产品价格的波动、市场的均衡等经济现象，涉及生产成本、产品价格、生产要素的价格、供给、需求等经济变量，这些基本属于微观经济学的研究范畴；在现实经济生活中我们也会遇到诸如经济增长、经济周期、利税调整、财政赤字、通货膨胀或通货紧缩等经济现象，涉及国民生产总值、国民收入、总供给、总需求、货币的总发行量、经济增长率等经济变量，这些主要属于宏观经济学的研究范畴。另外我们在现实经济生活中还会遇到一些生产类似产品企业之间的竞争与合作、具有某些共同特征的经济组织集团之间的联系及其互动发展、这些经济组织集团本身的演进发展及其在各个地区的分布等经济现象，对这些经济现象及其行为规律的研究则属于产业经济学的研究范畴。所以产业经济学是研究具有某些相同特征的经济组织集团的发展规律及其相互作用规律的学科。

目前，国内外学者对产业经济学的认识尚未统一，存在一定的分歧。

欧美学者认为产业经济学等同于产业组织理论，两者是一回事。由于产业经济学主要是研究产业组织问题，在这个意义上，产业经济学又称产业组织学或产业组织理论。产业经济学研究的是市场运行，即主要关注于企业行为，其与市场结构和市场演变过程具有密切关系，涉及相关公共政策的广泛领域。在此看来，"产业"与"市场"是同义语。比较完整的产业组织理论是以哈佛大学为中心逐步形成的，其标志是 SCP 范式的建立。SCP 范式建立后，不同的产业组织理论流派相继发展，有影响力的包括芝加哥学派、新奥地利学派、新制度学派。

我国则主要受日本学科内容模式的影响，认为产业经济学是一个集产业组织理论、产业结构理论、产业布局理论等于一体的综合体系。产业组织理论仅仅是产业经济学的一部分。

三、产业经济学的性质

（一）产业经济学属于中观经济范畴

产业经济学就其研究对象的范围而言，介于微观经济学和宏观经济学之间，属于中观经济学的范畴。微观经济学研究对象是消费者，即家庭和企业，通过个人收入、产品价格、消费者偏好以及生产成本、生产要素价格、生产技术水平、供给和需求等，研究消费者和企业的行为，重点分析的是单个市场主体的行为及完全竞争市场下的资源配置效率。宏观经济学则是通过国民生产总值、国民收入、总供给和总需求、经济增长总量、货币发行总量等指标，研究国民经济总供给和总需求之间的均衡关系以及由于不均衡带来的诸如通货膨胀、失业等问题，并分析财政和货币政策对国民收入及其均衡关系的影响。产业经济学则从产业角度出发，在产业内部研究产业内企业之间的相互联系，主要研究产业组织问题；在产业外部研究产业与产业之间的相互联系，主要研究产业结构问题。

（二）产业经济学既是应用经济学又是理论经济学

经济学分为理论经济学和应用经济学两大部分，我国出版和大中专院校使用的大多数产业经济学教科书都把产业经济学定义成一门新兴的应用经济学科。这种观点认为产业经济学作为一门应用性的经济学，在于它是以理论经济学为理论基础，研究产业经济活动的条件极其形成因素，阐述产业组织、产业结构、产业分布演变的一般规律，探讨制定产业政策的理论和方法，用以指导国民经济中各产业的运行和发展，实现资源在产业内和产业间的有效合理配置，由此可见产业经济学具有鲜明的实践性和应用性。

但有些学者认为这种看法是不确切的，至少是片面的。应用经济学是指运用理论经济学的一般原理研究某一具体经济领域或特定经济问题的科学，比如，各种不同的部门经济学、边缘交叉经济学都属于应用经济学。理论经济学是指研究社会经济中的基本理论问题，揭示经济活动的一般规律的科学，如马克思主义政治经济学、西方经济学中的微观经济学、宏观经济学等。如前所述，社会经济存在三个层次：微观经济、中观经济和宏观经济，既然研究微观经济的微观经济学和研究宏观经济的宏观经济学都是理论经济学，那为什么研究中观经济的产业经济学就变成了应用经济学呢？产业经济学从其研究对象和基本内容来看，揭示的也是社会经济的一般规律，应该同微观经济学和宏观经济学一样，属于理论经济学。

四、产业经济学形成和发展的背景

（一）经济理论背景

产业经济学是微观经济分析向宏观层次延伸，宏观经济分析向微观层次深入，在两者交叉点上产生的一门新兴学科。如何有效合理地对资源进行配置，实现既定的经济目标，是经济学研究的根本问题。围绕这一根本问题，经济学家从不同视角、不同层次以及不同领域对社会经济现象和经济过程进行了研究，形成了不同的经济学科。这种对社会经济现象和经济过程所做的分析称为经济分析，经济分析大致经历了从个量分析到总量分析再到产业分析的漫长过程，相应地经济理论也就经历了微观经济学到宏观经济学再到产业经济学的演进过程。

微观经济分析以完全竞争为假设条件，侧重于个量分析，有三个特点，分别为：①以单个经济主体，即消费者单个家庭、单个厂商或单个产品市场的经济行为作为分析对象；②以谋求单个经济主体的效用或利润最大化为目标，即为了取得最大效用的满足，消费者如何对有限的收入进行适当地分配，用于各种商品或劳务的消费；为了获得利润最大化，厂商怎样对有限的资源进行恰当地分配，用于各种商品或劳务的生产；③运用局部均衡的分析方法，即分析商品的需求与供给如何影响该商品的价格与产销量；分析均衡价格、均衡产销量形成的条件，以及单个经济主体取得最大经济效益与均衡状态的关系。

微观经济理论的重要结论是：市场机制即"看不见的手"，不需要任何外来干预，就可以自行调节资源的最佳配置。我们应该承认，个量分析对说明单个产品市场的局部均衡，以及单个经济主体在一定条件下的经济行为及其效果有相当大的作用。直到今天，我们也还是要承认价值规律的作用。但是，以完全竞争为前提的微观经济分析是过于理想化的。1929 年，世界性的大危机、大失业的爆发使自由主义经济理论发生了严重危机，"看不见的手"失灵了。在这种情况下，英国经济学家凯恩斯（John Maynard Keynes）创立了现代宏观经济学，他于 1936 年发表了《就业、利息和货币通论》，想要为解决危机和实现充分就业开一剂药方，从而疏通资源配置的阻碍，弥补市场机制的不足。

宏观经济分析是国民经济总量分析，具有以下特点：①以国民经济有关总量的变化及其规律为分析对象，考察国民生产总值、国民收入、总消费支出、总投资、物价水平、就业率、货币发行量、银行信贷总额、外汇收支等总量的变动及相互关系；②从国民收入循环着手，分析其形成与分配；③分析国民收入来源与支出间的均衡以及由于不均衡所带来的通货膨胀、失业等种种问题。

宏观经济理论的重要结论是：由于边际消费倾向、资本边际效率、流动偏好等心理因素的作用，通常情况下的有效需求不足，"非自愿失业"总会存在，市场机制本身没有力量使总需求与总供给相等，这样就不可避免出现经济萧条和失业。因此，国家通过财政政策和货币政策来调节总需求与总供给以达到均衡，从而弥补市场缺陷。凯恩斯理论指出的市场缺陷和政府干预经济、调节总量间均衡的必要性，毫无疑问使人们更深刻地认识了市场经济运行规律。凯恩斯的理论曾一度获得成功，并在一定程度上刺激了危机中的经济复苏，但同时新的失衡又出现了，即国家财政赤字不断膨胀，面对通货膨胀和失业并存的"滞胀"现象，凯恩斯理论也发生了严重危机。

在微观经济分析和宏观经济分析都面临困境的情况下，经济学家开始将研究的视角深入到社会再生产过程的中观层次，即产业层次，进行产业分析，以此来寻找活跃市场机制和弥补缺陷的具体方法和途径。然后，产业分析理论便相继问世："产业结构理论"，以产业分类为基础，寻求产业结构的演变规律；"产业组织理论"，以研究产业内企业间垄断竞争关系为重点、以谋求产业组织形成有效竞争态势为目标；"产业关联理论"，以产业部门之间关系结构为对象，以各产业部门之间一定的技术经济关联所发生的投入与产出量化关系为研究领域；"产业政策理论"，以推动产业结构高度化和产业组织合理化为目标。

综上所述，经济分析向纵深发展、经济发展条件下人们认识经济规律的程度不断提高必然导致产业分析的产生，这一切推动了产业经济学的形成和发展。

（二）产业政策实践背景

产业经济学的兴起也是产业政策实践推动的必然结果。产业政策，是指政府制定的关于产业保护、扶植、调整和完善等方面的公共政策总和，它包括产业结构政策和产业组织政策。产业结构政策主要规定产业结构的调整和产业发展方向，以促进产业结构均衡、合理和高度化发展；产业组织政策则主要协调竞争与经济规模的矛盾、维护市场竞争秩序，以促进有效竞争的实现。

产业政策这一概念是在第二次世界大战后的日本首次出现的。那个时期的日本经济濒临崩溃，面临如何医治战争创伤，加快经济的重建与振兴，迅速赶超欧美发达国家等严峻问题。日本政府和经济界人士都认为，单纯依靠市场机制的自发作用或企业管理的改善根本解决不了这个问题，而是要制定产业结构高度化发展的目标，设计产业结构高度化发展的途径，确定带动整个国民经济发展的"主导产业"，然后通过政府制定一系列的政策、措施来确保"主导产业"的崛起，从而使经济按既定目标发展。日本的产业政策大致可分为两个方面：一是涉及社会再生产过程的产业部门之间均衡发展的产业结构政策，即国家规划、调整产业结构，推动产业结构高度化发展的政策；二是协调规模经济与竞争矛盾的产业组织政策，既通过制定产业合理化政策，促进生产集中化和专业化，又通过制定反垄断法，维护市场竞争秩序。在振兴日本经济，实现赶超欧美的目标中发挥重要作用的是其不同时期各有侧重的产业政策，日本经济仅用短短的 20 年就走完了西方发达国家 200 年才走完的道路，这震惊了全世界。经济学家们便纷纷开始研究日本经济的发展过程，得出日本经济发展的成功是依靠产业政策的实施。从此，产业政策的概念便在世界范围内传播开来。

第二次世界大战后，有些国家尽管没有提出产业政策的概念，但实际上也实施了产业政策。例如：法国从 1947 年开始实行指导性计划，并采取一系列政策措施来保障计划的有效实施；韩国在 1950 年 3 月公布的《稳定经济的十五项原则》中明确规定了日用消费品产业为重点发展产业。

通过制定和实施产业政策的实践活动，人们对产业经济理论的研究渐渐深入，从而推动了产业经济学的形成与发展，因为只有认识了产业发展、产业结构演化等客观规律，才能建立行之有效的产业政策。

五、产业经济学形成和发展的历史阶段

（一）产业经济学的萌芽

在西方，产业经济学（Industrial Economics）也称产业组织理论（Theory of Industrial Organization）。产业组织理论的雏形是英国古典经济学家亚当·斯密（Adam Smith）在其名著《国富论》中提出的自由竞争市场和分工协作原理，其理论渊源主要是来自英国经济学家马歇尔（Alfred Marshall）对工业组织的论述。1890 年马歇尔出版的《经济学原理》一书中指出，组织、分工、专门工业集中于特定的地方以及大规模生产均能提高效率。由于产业组织可以提高产业的经济效益，所以在英文中，产业组织（Industrial Organization）与产业经济（Industrial Economy）是同义语。

（二）产业经济学的形成

上世纪初，随着现代制造业的兴起，一批著名的经济学家开始从事产业经济学的系统研究。1932 年贝利（A. Berle）和米恩斯（G. Means）出版了《现代公司与私有产权》，详细的分析了 20 世纪二三十年代美国的垄断产业和寡头垄断产业的情况；1933 年张伯伦（E. A. chamberlin）出版了《垄断竞争理论》，书中改变了以完全竞争为基本假定的微观经济分析，对微观经济学的发展做出了重要的修改，另外，这本书从理论上分析了在现代产业中占重要地位的寡头垄断，对产业经济学也做出了贡献；1939 年梅森（E. Mason）出版了《大企业的生产及价格政策》，并成立了专门研究产业组织的小组，培养了一批专业的研究人才；1959 年贝恩（Z. Bain）出版了《产业组织理论》，系统阐述了"结构—行为—绩效"模式，创立了产业经济学研究的哈佛学派。至此，产业组织理论的正式形成。

英国古典经济学家威廉·配第（William Petty）最早开始研究产业结构理论，在他 1690 年出版的《政治算术》一书中，提出不同产业的收入不同，商业比制造业高，制造业又比农业高，这必然会引起劳动力的流动。英国经济学家克拉克（C. G. Clark）基于澳大利亚经济学家费歇尔（A. G. B. Fisher）确立的三次产业分类法，明确提出了著名的"配第—克拉克定律"。1931 年，德国经济学家霍夫曼（W. G. Hoffmann）出版专著《工业化的阶段和类型》，提出了霍夫曼定律，即工业结构存在重工业化趋势。20 世纪 30 年代日本经济学家赤松则提出了产业结构国际化的"雁行形态理论"。第二次世界大战之后，一些发展经济学家对产业结构理论也做出了重大贡献，刘易斯（William Arthur Lewis）的二元经济结构理论；赫希曼（Albert

Otto Hirschman）提出了产业"关联效应"、"最有效次序"和不平衡发展理论；钱纳里（H. Chenery）提出了经济发展过程中的产业结构变化理论。以上所有这些理论共同组成了产业结构理论。

此外，20 世纪 30 年代列昂惕夫（W. W. Leontief）创立了投入产出经济学，50年代西蒙·库兹涅茨等人分析了经济增长过程中产业结构的变动，这些都是现代产业经济学的重要组成部分。

西方国家的产业经济学只有产业组织理论，投入产出经济学和产业结构理论均为各自独立的经济理论，并不与产业组织理论结合构成产业经济学。比较完整的产业经济学理论体系是日本经济学家宫泽健一在 1975 年出版的《产业经济学》一书中提出的，其中明确提出了由产业组织理论、产业联系理论、产业结构理论组合而成的产业经济学的理论体系，这表明产业经济学已经基本形成。

（三）产业经济学的发展

20 世纪 70 年代之后，产业经济学的各个方面都取得了较大进展，主要表现在以下几个方面：

1. 产业组织理论的发展

产业组织理论的成果主要是由美国经济学家做出的。芝加哥学派提出了产业生命周期假说，在市场结构、行为、绩效三者关系上形成了与哈佛学派不同的看法；鲍莫尔（W. J. Baumol）、帕恩查（J. C. Panzar）和韦利格（R. D. Willig）等人提出了以芝加哥学派的产业组织理论为基础的"可竞争性市场"理论；新制度经济学派把交易费用学说引入产业组织的研究，形成了新的研究视角和方法；1988 年泰勒尔（Jean Tirole）出版的《产业组织理论》一书，更多的关注了企业理论、市场理论、企业之间的关系等产业经济理论问题，之后的二十多年该书一直是国外大学经济学和工商管理专业最权威的教科书。以泰勒尔、克瑞普斯（Kreps）等为代表的经济学家将博弈论引进产业组织理论的研究，分析了非市场的制度安排对企业行为的影响，发展了传统的产业组织理论。

2. 产业布局理论的发展

产业集聚理论的形成与发展是产业布局理论最重要的成果。产业在空间上的集中分布即产业集聚，越来越成为影响产业、地区经济、国家经济发展，资源配置效率和国际竞争力提高、国际贸易变动的重要因素，日益受到经济学界的关注，特别是 20 世纪 90 年代以美国迈克尔·波特（Michael E. Porter）、保罗·克鲁格曼（Paul R. Krugman）为代表的经济学家，融合了产业经济学、新经济地理学、区域经济学、国际经济学、发展经济学等多学科的相关知识，提出了包括产业集聚的内涵、特征、类型、动因、形成机制、效应等内容的比较系统的产业集聚理论，充实和完善了产业布局理论，使产业布局理论更加完整。

3. 产业规制理论的发展

产业规制理论的发展主要体现在，引入"经纪人"假设和供求分析方法，运用信息经济学、博弈论、激励理论，把产业规制的研究，由公共利益规制理论转向利益集团规制理论和激励性规制理论、由强调规制的必要性转向更注意规制的效果和合理化、由加强规制转向放松规制而引入竞争、由单向限制转向博弈和激励、由限制垄断和不正当竞争转向规制与竞争平衡、由信息完全转向信息不完全、由作为外生变量转向内生变量、由注重需求分析转向注重供给分析，指出规制不能完全取代竞争、竞争也无法替代规制、没有理想的规制和竞争、理想状态是规制和竞争的兼容协调，深化和完善了产业规制理论，更好地说明了"为什么规制、怎样规制、规制是否有效"等基本问题，使产业规制理论更加贴近现实，更具解释力，并且加强了具体产业规制的实证研究和应用研究，实现了产业规制理论的实践价值。

4. 产业政策研究的深化

20世纪90年代泡沫经济破灭，日本陷入了长达10年的经济衰退期，人们开始寻找原因，对日本政府产业政策的利弊得失进行讨论，发现政府对产业发展过度和不当的干预，在短期内可能有一定效果，但对经济长远的发展是极为不利的；与此同时，美国"信息高速公路"和"星球大战计划"极大地推动了美国以信息产业为主导的高新技术产业的发展，带来了20世纪90年代"新经济"的繁荣，人们也认识到对产业的发展政府有必要做出适当的引导和支持。日本和美国经济发展的这种巨大的反差，加深了人们对产业政策目标、手段和作用的认识。

六、产业经济学在我国的发展

改革开放以前，我国对产业经济学的了解不多，更没有形成比较系统的产业经济学理论体系。直到20世纪80年代中国才开始引进、学习和研究产业经济学，并结合中国经济改革和发展的实践，发展了产业经济学。首先，明确了产业经济学与微观经济学、宏观经济学、中观经济学、工业经济学、区域经济学、产业组织学等学科的区别与联系，对产业经济学的研究对象和学科性质也有了更深刻的认识；其次，提出了产业结构调整和优化升级的理论，丰富和发展了产业结构理论；再次，健全和充实了产业政策理论，使产业政策的研究更为全面深入。我国经济学界在产业经济研究中最大的贡献是将产业发展、产业布局、产业规制等内容加入产业经济学，使产业经济学的理论体系更加充实和完善。

（一）中国产业经济学的兴起

随着社会化生产的发展，产业之间、产业内企业之间的关系日趋复杂，这样就客观地产生了研究产业间、企业间诸多关系的要求，通过深入研究，揭示他们相互关系的实质及其发展规律，用以指导社会化生产的实践。从理论与实践的关系来说，产业经济理论研究的根源是社会分工的发展和新产业的不断产生，换句话说，产业经济理论研究是社会化大生产发展的必然要求。从这个意义上说，我国的产业经济理论研究可追溯到新中国成立后，伴随着社会主义建设的发展，我们一直在进行着产业经济理论的探索和研究。以改革开放为界，可以把我国的产业经济研究划分为两个阶段，在这两个阶段，产业经济研究的背景、理论依据、主要内容都有着明显的不同。

1. 改革开放前的产业经济理论研究

这个阶段是我国学习和借鉴前苏联的计划经济模式，建立和发展社会主义计划经济的时期。在这三十多年里，我们没有使用"产业经济"、"产业结构"、"产业组织"和"产业政策"这一系列概念，同时，"产业"二字在报刊书籍上也较少出现，而且其含义与现在的含义也有很大差别，那时我们所指的"产业"，是指物质生产部门，即工业、农业、运输业、建筑业等。但事实上我们已经开展了产业经济理论研究，探索出的一些经验在社会主义经济建设中也发挥了一定的作用。

在这三十多年的产业经济研究中，主要具有如下特点：

（1）以马克思列宁主义经济理论为依据

根据马克思关于社会总资本的简单再生产和扩大再生产的理论，两大部类产品交换和两部类相协调的理论，特别是马克思和列宁关于生产资料优先增长的理论，我国制定和贯彻了优先发展重工业的方针，以及按农轻重为序安排计划的方针等，用以处理各个部门（产业）之间的关系，指导国民经济各部门有计划按比例发展；根据马克思、列宁关于分工与协作的理论，生产集中化和联合化的理论，制定和贯彻了大中小企业并举等一系列方针，调整社会生产组织方式，组织生产专业化协作，建立合理的企业规模结构。

这里应该指出，"大跃进"造成的严重比例失调，使越来越多的人认识到通过综合平衡，保持国民经济主要比例协调发展的重要性。因此，1958年以后，围绕社会主义经济发展的高速度和按比例的关系，全国曾进行过反复的讨论，在再生产理论和实际的结合上，取得了新的进展和一批成果。

（2）以高度集中统一的经济管理体制为基础

在新中国成立后，我国学习前苏联建立了一套高度集中统一的经济管理体制，在这种经济管理体制下，否定商品生产，排斥市场机制，忽视价值规律的作用。政府是主体，企业是各级政府机构的附属物，国家计划包罗万象，成为调节社会资源配置的主要手段，企业的基本任务是执行政府自上而下的计划安排。产业政策的实施，产业结构和产业组织的调整，则是采取自上而下的指令性计划和行政性措施。

（3）以部门经济研究为主体

国家对经济的管理，是通过建立中央部门和各级地方政府而进行的条块管理。国家对不同部门、地区或不同企业规定不同的政策目标，通过各级行政部门直接安排和决定发展哪些产业，限制哪些产业，以及如何分布投资项目，等等。这实际上就是以部门管理为主体，行政方法为特色。因此，这期间的产业经济研究与这种行政管理相适应，主要进行部门经济研究，研究如何在部门内进行计划、决策、组织、指挥和协调等，并据此按工业、农业、商业等部门（或产业行业）分门别类设立学科，如工业经济学、农业经济学、商业经济学等等。

2. 改革开放后的产业经济理论研究

1978年末，我国开始了经济体制的根本改革。根据党的十一届三中全会提出的

"解放思想，实事求是，一切从实际出发"的思想路线，对社会主义的本质和传统的经济模式进行了再认识，正确认识到我国社会现在仍然处在社会主义的初级阶段，逐步认识到传统计划经济体制的种种弊端和商品价值规律在发展经济中的巨大作用，从而形成了社会主义初级阶段的基本理论，树立了社会主义的商品经济观。到1992年，党的十四大明确提出了发展社会主义市场经济，建立社会主义市场经济体制的目标。在这个阶段，与此相适应的产业经济研究也发生了很大变化，并形成了以下特点。

（1）有分析地引进和借鉴西方经济理论

改革需要理论，理论需要改革，改革理论转化为改革政策，改革政策转化为改革实践，而改革实践又反转过来推动改革理论的深化发展。改革以来，经济理论研究改变了过去那种固步自封地状况。为了有效地进行改革，不仅要总结自己的经验，还要参考吸收别国的经验。对外开放政策打开了人们的眼界，为吸收外来经验创造了条件。随着思想的进一步解放，人们对西方的经济理论有了新的认识，在坚持和发展马克思主义经济理论的基本原则下，大量引进和借鉴了西方经济理论和西方产业经济理论中合理的、科学的部分，出现了一批专门从事西方经济理论和西方产业经济理论研究的教学科研人员。在产业经济研究中，我们大量吸收了适合于发展社会化大生产和市场经济的西方产业经济理论，对于调整产业结构和产业组织，制定产业政策，发挥了巨大的作用。

（2）体制转换与产业经济研究内容的革新

在我国，经济体制的改革，旧体制向新体制的转换是采取一种渐进的方式。渐进的改革方式和新旧体制的逐步消长，使企业机制、市场机制和国家管理经济的机制，都曾产生双重体制并存的局面。因此，随着计划经济逐步减弱，社会主义市场经济的逐渐形成，部门经济研究的内容也与之相适应发生了根本性的变化。

对经济结构问题进行比较系统的研究是从1979年开始的。在这以前，理论界和实际部门没有采用这一概念，只是一般地研究轻重工业之间、农轻重之间的比例问题。1981年，马洪、孙尚清主编的《中国经济结构问题研究》是当时研究经济结构问题的代表性著作。在这本书中，不仅比较全面地研究了各个生产部门之间、生产部门内部的结构问题，而且也研究了生产发展的能源、运输业、商业服务业之间的结构关系，以及地区经济结构、人民生活消费结构、教育结构等问题；不仅引进投入产出法分析经济结构，而且也研究了经济结构与经济效果、体制改革与经济结构调整的关系等。

（二）中国产业经济学的形成

20世纪80年代初，西方产业经济理论开始引入我国，最早的代表作是杨治教授于1985年出版的《产业经济学导论》。随后，产业经济理论就引起众多经济工作者的关注和兴趣，并在国内迅速传播开来。二十多年来，产业经济研究一直是经济研究中的一个热点问题，有关产业结构、产业组织、产业政策等问题的论著也大量问世。西方国家产业的含义、产业的分类、产业的统计方法已普遍为国人所接受，并在国家、政府的文件、统计指标中大量使用。目前，产业经济学已成为全国许多高等学校经济类学科的一个专业或研究方向，全国范围内也成立了不少产业经济的研究机构。

（三）中国的产业及产业经济学的发展趋势

产业经济研究的对象是产业。产业的种类、产业的分类方法随着商品经济的发展，特别是科学技术的发展必然会发生变化。进入 21 世纪以后，中国产业的发展可能会出现以下趋势。

（1）环保产业将成为重点产业。20 世纪是中国发生翻天覆地变化的一个世纪，科学技术和经济得到了快速发展，工业化进程得到了巨大推进，人民生活水平得到了显著提高。然而，经济的发展和工业化在给人们带来巨大的物质财富的同时，也对环境和生态平衡造成了重大破坏。中国政府已经充分认识到目前环境污染的严重性和危害性，并采取了切实措施，治理污染，保护环境。进入 21 世纪以后，提高人们的生活质量，创造一个美好、舒适的环境是人们追求的目标，也是党和政府义不容辞的神圣职责。科学技术水平的进一步提高和经济实力的进一步增强，使中国有能力加大治理污染和保护环境的力度，以治理环境污染、提高环境质量、保护生态平衡为目标的一系列技术开发、产品生产、商品流通、资源利用、信息服务和工程承包活动必将使环保产业成为一个新兴的产业，并迅速成为国民经济的重点产业。

（2）高科技产业将得到迅速发展。以信息技术、生物工程、航天技术、新能源和新材料为代表的第三次技术革命和产业革命将在中国迅速掀起并最终在 21 世纪内完成。21 世纪前二三十年将是中国高科技产业迅猛发展和产业化的时期。

（3）知识产业所占的比重迅速提高。在 21 世纪初，西方发达国家将全面进入知识经济时代。在 21 世纪的前一二十年，中国虽然可能还进入不了知识经济时代，但应处于向知识时代过渡的时期。在这一时期，以教育、科研、咨询和高新技术产业为代表的知识产业将得到迅速发展，其在国民经济中所占的比重将迅速提高。

产业经济学早期主要研究制造业和矿业，特别注重制造业。产业经济学形成的初期阶段是 20 世纪 30 年代，这一时期正是西方国家的第二产业，特别是其中的制造业迅速发展并在经济中占据重要地位的时期。此后，特别是进入六七十年代以后，西方国家的第三产业得到了快速发展，产业经济学的研究领域也开始扩大，研究重点有所变化。进入 21 世纪以后，科学技术的发展、新兴产业的崛起和传统产业的衰落将改变原有的产业格局，产业间以及产业内各企业、各环节之间的联系将更加复杂，产业经济研究的内容、方法、手段将发生变化，反映产业经济研究的内容和成果的产业经济学也随之发展，产业经济学今后的发展方向可能为以下三个方向。

（1）产业经济研究的领域将进一步扩大

随着科学技术和商品经济的进一步发展，劳动分工愈来愈细，产业愈来愈多，产业之间、产业内各企业、各环节之间的联系愈来愈复杂，产业经济中值得研究、需要解决的理论和实践问题也会随之增加，这些都要求产业经济学的研究领域要进一步扩大。

2. 产业经济理论需要创新

产业组织理论主要是在 20 世纪 30～50 年代之间形成的，其理论依据是价格理论，主要研究在市场经济条件下如何运用价格机制，对资源进行合理分配，即如何正确处理竞争与垄断的关系，这些理论至今仍在使用。然而，随着产业的进一步发展，特别是进入后工业化社会和知识经济时代以后，产业内各企业之间的关系将发生变化，价格竞争的地位将下降，非价格竞争的地位将上升。这些都将使产业组织的理论依据——价格理论面临挑战，并且在一定程度上动摇现有的产业组织理论。

产业结构理论是按现有的三大产业分类方法建立的。克拉克定理、库兹涅茨对产业结构的分析和霍夫曼定理等所揭示的结构演变的规律性都是针对工业社会、工业化过程而言的。进入后工业化社会和知识经济时代以后，产业的种类、产业的结构关系将会变得更加复杂，现有的产业分类可能满足不了产业经济研究的需要，结构演变的规律性也可能发生变化。

此外，产业政策的作用主要是弥补市场机制的缺陷，而 21 世纪市场机制的作用是增强还是削弱，即产业政策的作用是削弱还是增强，还很难做出正确的预测。但是，可以肯定的是，产业政策的作用与现在相比，会发生变化，现有的产业政策的理论、产业政策在产业经济学中的内容和地位也会发生变化。因此，产业经济学的理论需要创新和发展。

3. 研究的重点和内容体系需要调整

随着产业的发展和产业结构的调整，产业经济学研究的重点也应相应地进行一些调整。进入 21 世纪以后，环保产业、高科技产业、知识产业将是产业发展的重点，相应地，产业经济学研究的重点也应包括这些新兴产业。21 世纪的产业经济学将重点研究这些产业如何发展、如何相互协调、如何与其他产业相配合以及如何通过产业政策对其加以扶持等等。产业经济学研究的重点变了，产业经济学的内容体系当然也要进行一些调整。

此外，产业经济学的研究领域也应相应地做一些改变，即在原有的研究领域的基础上要有所扩大，除原有的产业组织、产业关联、产业结构以及产业政策外，产业发展、产业布局、产业外部环境、产业技术等等也应包括在其中。由于未来的产业种类、产业结构将有所变化，产业的分类方法也将发生变化，以产业分类为基础的产业组织、产业关联、产业结构以及产业政策的研究方法和理论也将进一步发展。

第二节　产业经济学的内容体系、研究方法与学习意义

一、产业经济学的内容体系

产业经济学从 19 世纪末西方的产业组织理论到 20 世纪中叶日本的产业政策理论再到如今，已经取得了巨大的发展，建立起了较为完善的学科体系。通过国内外

学者对产业经济学的共同研究，并结合我国特有的产业经济发展实践，再与产业经济学所研究的各个具体对象相对应，一般可将产业经济学的学科领域概括为以下几个方面：

1. 产业发展理论

产业经济学研究的主要任务和目的都是产业发展。产业发展理论研究的是产业发展过程中的发展规律、发展周期、影响因素、资源配置、产业转移、发展政策等问题。其中产业发展规律主要指的是一个产业的诞生、成长、扩张、衰退到淘汰中各个发展阶段所需要具备的条件和环境，以及应当采取何种政策措施。研究产业发展规律，将会有利于决策部门根据产业发展中各个不同阶段的发展规律选择采取不同的产业政策，同时也利于企业根据这些发展规律而采取相对应的发展战略。比如说，某项新发明往往可以催生出一个新兴的产业，可是新发明又有赖于政府和企业在研究和开发支持方面所采取的政策和战略。任何一个产业在各个不同的发展阶段都会有着不同的发展规律，当然，处于相同发展阶段的不同产业也相应地有着不同的发展规律。

产业发展与经济发展都是一个从低级向高级不断演进的发展过程。两者具有直接的关系，经济发展包含产业发展，产业发展又是经济发展的必要条件、关键因素和强大动力，产业发展的状况直接决定着整个国民经济发展的状况。因此，产业发展的研究对促进国民经济的发展具有特别重要的意义。

2. 产业组织理论

20世纪六七十年代，产业组织作为产业组织理论的研究对象这一概念被逐渐得到公认，并作为专指产业内部企业之间的关系范畴。这里所谓的企业关系即企业之间的交易关系、资源占有关系、利益关系以及行为关系等，这些关系一旦发生变化或是发展，不仅影响企业自身的生存与发展，而且还影响到所属产业的生存与发展，自然也会影响到该产业对国民经济发展所做的贡献。再看产业组织理论，其主要是用来解决所谓的"马歇尔冲突"，即自由竞争会导致生产规模扩大，形成规模经济，提高产品的市场占有率，又不可避免地造成市场垄断，而垄断发展到一定程度又必然阻止竞争，扼杀企业活力，造成资源的不合理配置，因此社会面临一种难题：如何求得市场竞争和规模经济之间的有效、合理的均衡，获得最大的生产效率。传统的产业组织理论体系主要是由张伯伦、梅森、贝恩、谢勒等人建立的，也就是著名的市场结构（Structure）、行为（Conduct）及绩效（Performance）分析框架，即SCP范式。该理论认为决定市场行为和市场绩效的基础是市场结构；市场行为取决于市场结构，然而市场行为又决定了市场绩效；故市场绩效是受市场结构及市场行为的共同制约，是反映产业资源配置优劣的最终评估标志；而市场行为和市场绩效又会反作用于市场结构，对未来的市场结构有所影响。SCP范式奠定了产业组织理论体系的基础，日后各个派别的产业组织理论都是对SCP范式的继承或批判。

产业组织理论以价格理论为基础，通过对市场结构、市场行为和市场绩效之间互动关系进行研究，探讨产业组织状况及其变动对产业内资源配置效率的影响，为维持合理的市场秩序和经济效率提供理论依据和对策途径。合理的产业组织既要使企业获得较好的规模经济效益，又不因为企业规模的扩张导致垄断而丧失竞争活力，以实现产业绩效最大化的目标。

3. 产业结构理论

产业结构理论主要研究的是产业结构的演变及其对经济发展的影响。它从经济发展的角度来研究产业间的资源占有关系和产业结构的层次演化，为制定产业结构的规划与优化的政策提供理论依据。对于过于细致的产业分类及产业之间的中间产品的交换、消费、占有问题，产业结构的研究一般不会涉及，所以产业结构可以被看作产业经济学中的"宏观"部分。产业结构理论包括：对影响和决定产业结构的因素的研究；对产业结构优化的研究；对产业结构的演化规律的研究；对产业战略的选择和产业结构政策的研究等等。另外，对于产业结构规划和产业结构调整等应用性的研究，产业结构理论也会涉及到。

4. 产业关联理论

产业关联理论也称产业联系理论，与产业结构理论不同，它属于产业经济学中的"中观"部分，因为与产业结构理论相比较，它更为广泛细致地运用精确的量化方法来研究产业之间质的联系及量的关系。产业关联理论侧重于对不同产业之间的中间投入和中间产出之间的关系的研究，这些主要由美国经济学家瓦西里·里昂惕夫（W. Liontief）的投入产出分析模型来解决。该模型主要是运用投入产出表和投入产出数学模型，把某个国家或地区在一定时期内从事社会再生产过程的各个产业部门间，通过一定的经济技术关系使之所发生的投入产出关系加以量化，以此来分析该国家或地区在这一时期内社会再生产过程中的各种比例关系及其特性。产业关联理论与产业结构和产业组织有区别，因为其能很好地反映各产业的中间投入和中间需求。产业关联理论可以用来分析包括前向关联和后向关联的各相关产业之间的关联关系。此外，产业关联理论还可以用来分析产业的波及效果等，包括产业感应度和影响力、生产的最终依赖度以及就业和资本需求量。

5. 产业布局理论

产业布局理论主要研究某一国或地区的产业布局对整个国民经济的影响，包括影响产业布局的因素、产业布局与经济发展的关系、产业布局的基本原则、产业布局的基本原理、产业布局的一般规律、产业布局的指向性以及产业布局政策等等。某一国或地区的产业发展最终要落实到一定经济区域来进行，从而也就造就了产业在不同地区的布局结构。产业布局不但是某一国或地区经济发展规划的基础，而且也是其经济发展战略的重要组成部分，更是实现国民经济持续稳定发展的前提条件，故而说产业布局也是产业经济学研究的重要领域。

产业布局在宏观层面上，涉及国际或国家间的产业分工和产业发展的理论与实践；在中观层面上，涉及区域内产业优势的发挥和竞争力的培育以及产业集群形成的理论和实践；在微观层面上，涉及企业的厂址选择等理论与实践。合理的产业布局会优化资源配置，将有利于发挥各区域的独特优势，并促进区域经济的协调发展。

6. 产业政策研究

产业政策理论是产业经济学的又一个重要组成部分，其研究的领域从横向来看包括产业发展政策、产业组织政策、产业结构政策、产业布局政策及产业技术政策等；从纵向来看包括产业政策调查、产业政策制定、产业政策实施方法、产业政策效果评估、产业政策效果反馈及产业政策修正等内容。根据产业政策理论的作用特征不同，可分为秩序型（制度型）产业政策以及过程型（行为型）产业政策。秩序型产业政策是指与产业经济行为有关的规则性产业政策，其一般是通过制定规章制度、法律或者通过诱导、说服和规劝等方式对产业活动进行干预。过程型产业政策是指对产业活动的具体过程进行定量的变更或调整，以改变具体的经济变量，从而保证产业政策目标的实现。产业政策适用范围无论是从横向还是纵向方面来看都是非常广泛的。例如，产业发展政策就可以包括新技术和新发明的鼓励政策及扶持政策、产业进入政策、产业退出政策、产业转移政策、产业资源配置政策、产业竞争政策、产业保护政策、产业环境政策等等。

政府对产业状况及其发展实行干预，主要是采取制定和执行产业政策的方法。产业政策是各国在工业化过程中所采取的一种经济政策，任何有能力履行经济职能的国家都存在某种形态的产业政策。

7. 反垄断与管制理论

从广义上讲，产业政策理论也包含反垄断与管制理论。但从国内外的现实情况看，反垄断与管制理论显示出越来越重要的作用，因此，国外的教材也将这部分内容独立化。反垄断主要研究政府如何立法，并通过有效地执法，限制垄断企业滥用其垄断力量。政府管制主要研究政府如何对电信、电力、运输、自来水和管道燃气供应等垄断性产业的价格、市场准入、产品与服务质量、投资等方面进行管制。反垄断与政府管制的主要目标都是保护消费者利益，维护社会整体利益。

8. 产业创新理论

产业创新理论包括产业创新及产业创新系统理论。产业创新理论主要起源于对产业革命的研究，并在创新理论研究不断深化的过程中发展。但是产业创新至今还没有形成统一的定义，更没有形成独立而完善的理论体系。国外的产业创新研究起步于 20 世纪 60 年代，最早使用"产业创新"一词的学者是坎宁安（N. J. Cunningham），他在《产业创新》一文中，讨论了经济周期中"创新"术语的使用、创新现象在普及过程中涉及的困难，分析了产业问题的差异性、绩效标准和产业比较等问题。1974 年克利斯·弗里曼（Chris Freeman）和罗克·苏特（Luc Soete）合著的《产业创新经济学》的发表，为产业创新理论的发展奠定了初步基础。我国的产业创新研究起步于 20 世纪 90 年代，主要是从实证研究开始的，而且刚开始倾向于以产业技术创新为主。目前，产业创新研究呈现出迅速发展的趋势，但仍处于探索阶段。

这里有必要指出的是，本课程着重研究医药产业作为一门具体产业经济学，因而有别于一般的产业经济学教材内容体系。在教材内容安排上，我们考虑是将产业经济基本原理与医药产业特点相结合，我们更为注重具体产业分析，包括产业结构、产业关联等不同产业之间方面有关内容不作为重点。除了第一章导论之外，第二章主要介绍产业发展理论、第三章至第六章围绕产业组织理论展开、第七章有关产业创新理论、第八章是产业布局理论、第九章是产业政策有关内容，第十章主要介绍国外医药产业发展概况。

二、产业经济学的研究方法

（一）一般研究方法

1. 宏观分析和微观分析相结合的方法

这是研究经济学一般通用的方法。在产业经济学研究中，研究产业结构理论及其运用，主要采用宏观经济分析方法。在某种意义上讲，产业结构属于宏观结构型，考察一国的产业结构变动是从全球、全国的背景出发的。研究产业组织理论及其运用，主要采用微观经济分析方法，因为研究产业内企业与市场组织的关系是以企业作为市场竞争主体来考察的。当然这种区分不是绝对的。

2. 定性分析与定量分析相结合的方法

产业可被看作为一个系统，其常常会涉及许多因素、复杂的联系、多个变量等各个方面的问题。面对如此庞大而又纷繁复杂的问题，若想从总体上获得最优化的结果，唯有尽力地将系统各方面的关系数学化，用比较抽象的数学关系来表述真实的系统关系，随后建模，再进行计算或试验，探讨系统的规律性。由上述可见定量分析方法是研究产业经济的重要方法。但是，虽然定量分析十分重要，但仍然离不开定性分析。首先，定量分析的前提是定性分析；其次，许多定量分析就是定性分析所得到的对于某个产业的认识的定量化；再次，定性分析往往能减少定量分析的复杂性；最后，系统越是复杂，定量的研究就越有困难。特别是当产业经济中的许多指标或经济因素还不能进行定量或是精确定量化时，定性分析常常更能有效地简化分析，从而得到需要的结论。综上所述，在产业经济的研究中必须采取定量分析和定性分析相结合的方法。

3. 静态分析与动态分析相结合的方法

静态分析指的是考察研究对象在某一时间点上的现象及规律。横截面分析法就是一种静态分析方法，是指在计量分析中，分析比较在同一时间点上处于不同发展阶段的研究对象，或研究某一对象在同一时刻内部结构的数量指标的方法。动态分析是指研究产业随着时间的推移所显示出的各种发展、演化规律，特别是产业之间的关系在经济发展中此起彼伏的规律，在计量分析中，称之为时间序列分析。虽然在许多场合动态分析的起点和基础是静态分析，但产业经济学研究更需要着眼于发展、动态的观点，故而产业经济研究的更主要方法为动态分析方法。产业经济学中的经验性规律，大都是综合运用动态分析和静态分析相结合的研究方法研究得到的。

4. 实证分析与规范分析相结合的方法

实证分析作为经济学研究的基本方法，当然也是产业经济学的基本分析方法。

实证分析主要研究经济现象"是什么",即人类社会中的经济活动实际上是怎样运作的,而不会回答运作效果的好坏。规范分析是研究经济活动"应该是怎样的",即在有关理论的研究分析中,是以一定的经济价值标准为前提,得出的有关判断或结论。理论研究和经验研究为实证研究的两大部分。理论研究是通过考察实际经济运作状况,从中归纳总结出可能的经济运行规律,然后再从一定的先验假设出发,以严密的逻辑推演证明这些经济规律并推演可能有的规律。经验分析则常常是用理论分析得到的经济规律考察经济运作中的实际例子,再来进一步实际验证理论分析得到的经济规律并指导实际的经济管理。例如,产业经济研究中常常要调查、统计各种经济变量的实际数值并与理论规律进行比较,用理论规律加以解释来加深对实际产业运作规律的认识。实证分析要用到较多的数学工具,如博弈论、代数等工具在现代产业研究中被用来研究产业组织、产业关联中的规律。

5. 统计分析与比较分析相结合的方法

产业经济学研究的是产业与产业之间的关系结构以及产业内企业之间相互作用的发展规律,而这些关系除了遵循普遍的经济规律外,其表现形式都是存在于特定国家或地区的特定发展阶段之中的,故必然包含着自身特有的特征,我们不可以用某一国家、某一时期的产业及产业间联系的发展演化过程,来概括一切国家、产业及产业间联系的必然过程。从统计学的角度来看,这只是某一个体系的特殊特征,所以在研究中应该选取多个地区、多个时间点上的多个样本来进行分析。然后在此基础上,利用统计学方法来消除掉单个样本的特殊特征,总结出具有代表性的一般产业及产业间联系的发展规律,从而使结论具有一定的科学性。在产业经济学研究中,大量的研究成果都是通过艰苦的统计分析而总结出来的。比较研究法也是一种较为常用的分析方法,分为横向和纵向两种。横向比较一般是取某一时点的状态或者某一固定时段的指标,在这个横截面上对研究对象及其比较对象进行比较研究。比如将行业的增长情况与国民经济的增长进行比较,从中发现行业增长速度快于还是慢于国民经济的增长;或者将不同的行业进行比较,研究本行业的成长性;或者将不同国家或者地区的同一行业进行比较,研究行业的发展潜力和发展方向等等。纵向比较主要是利用如销售收入、利润、企业规模等历史数据,通过分析过去的增长情况,来预测行业未来的发展趋势。利用比较研究法可以直观地观察行业的发展状态和比较优势。

(二) 具体研究方法

1. 博弈论

博弈论是研究经济主体的决策行为及其相互作用所能达到的均衡的理论。使用博弈论可以研究互为因果而强相关的企业行为。最早应用博弈论来研究的领域是产业组织,现在博弈论已经成为产业组织研究中最重要的研究工具,常用于寡头垄断、企业兼并、不完全竞争市场的定价、反垄断规制等问题的研究。

2. 历史资料研究法

历史资料研究法是通过对已有资料的深入研究,寻找事实和一般规律,然后根据这些信息去描述、分析和解释过去的过程,同时,解释当前的状况,并依照这种一般规律对未来进行预测。此方法的优点是省时、省力且节省费用；缺点是只能局限于现有资料，不能主动地去提出问题并解决问题。只要是追溯事物发展轨迹，探究发展轨迹中某些规律性的东西，就不可避免地需要采用历史资料研究法。各个产业都在不断地发展，如果从一个产业的发展历程来认识它，更有助于较为全面深刻地认识和理解该行业，并把握它的发展脉搏。

3. 调查研究法

调查研究法是科学研究中一项常用且非常传统的研究方法，其广泛应用在描述性、解释性和探索性的研究中。它一般通过抽样调查、实地调研、深度访谈等形式，对调查对象进行问卷调查、访查、访谈，以此来获得讯息，并进行研究。调查研究是收集第一手资料用以描述一个难以直接观察的群体的最佳方法。另外，还有二手资料分析方法，即利用他人收集的调查数据进行分析，这种方法的优点是可以获得最新的资料和信息，并且研究者可以主动提出问题并获得解释，适用于一些相对复杂的问题的研究。例如，向相关部门的官员咨询产业政策；与专家学者探讨重大话题等。

4. 案例研究方法

案例研究方法通过研究实际发生的经济案例，定性定量相结合地分析说明某一经济规律，特别适用于无法精确定量分析的实际的复杂经济事例。案例分析还能揭示出在不同的实际环境中，普遍的经济规律所表现出的不同形式，能培养专业研究人员对实际经济事务中所蕴含的经济规律的敏感性，提高其实际运用经济规律的能力。案例研究方法一般大量用于比较研究中。

5. 投入产出分析法

投入产出分析法是由里昂惕夫首先提出的，常用于研究产业关联，它运用投入产出表和投入产出数学模型。矩阵分析被大量用于投入产出分析法中。

6. 归纳与演绎法

归纳法是从个别出发以达到一般性，从一系列特定的观察中发现一种模式，在一定程度上代表所有给定事件的秩序。值得注意的是，这种模式的发现并不能解释为什么这个模式会存在。演绎法是从一般到个别，从逻辑或者理论上预期的模式到观察检验预期的模式是否确实存在。演绎法是先推论后观察，归纳法则是从观察开始。

7. 数理统计法

随着研究的深入，分析师们将不再仅仅依靠简单的比较和直观的分析来寻找答案。数理统计和计量经济学的理论和方法将会被越来越多地应用到产业分析中来。最常用的为相关分析、一元线性回归和时间数列。

三、产业经济学的学习意义

（一）研究产业经济学的理论意义

1. 产业经济学丰富和完善了经济学学科体系

长期以来经济学就一直被人为地分为宏观经济学与微观经济学两大部分。宏观经济学与微观经济学的研究领域泾渭分明，似乎各司其职，配合得很好。但是经济学家并不满意这种状况，其原因大致有以下几个方面：一是在现实经济生活中还存在着"产业"这种由某种相似特征的经济活动所组成的经济集合，这种经济集合的行为变量既不是宏观经济学研究的经济总量，又不是微观经济学研究的经济个量，其行为规律既不能被宏观经济学所解释，又不能被微观经济学所解释；二是经济总量的变化规律似乎与微观经济个量的变化规律是无关的，但事实上经济总量肯定是其相应的经济个量整合而成的，那么其整合过程是怎样的呢？更严重的是某些经济总量并没有相应的经济个量，那这些经济总量是如何从经济个量的相互作用中产生的呢？宏观经济学与微观经济学都不能给出解释；三是宏观与微观经济学的分割造成了经济学学科体系的破碎，使得经济学本身是由宏观经济学、微观经济学这样两个互相独立的部分拼凑而成的，而不是一个内在逻辑结构一致的、完整的学科体系。这种情况在理论上是很难令人满意的，所以对产业经济的研究便应运而生。产业经济学通过分析经济个体相互之间的作用关系来研究整个产业的整体变化规律，可以较好地解决上述第一方面的问题；产业经济学通过分析研究经济个体的相互作用是怎样通过层次整合最后形成经济总量及其相互联系、变动的规律有望回答上述第二方面的问题；最后产业经济学通过研究各个层次产业本身的经济行为及其相互之间的作用规律，将微观经济个量与宏观经济总量通过产业的各个层次联系起来，则有望填补宏观经济学与微观经济学之间的逻辑空白，为建立完整的经济学体系奠定了基础。

产业经济学是一门应用经济学科。应用经济学包含宏观的国民经济管理、微观的企业经济管理以及中观的产业经济管理。宏观经济的管理原理在宏观经济学中已有较为成熟的理论，主要有财政政策、货币政策等；企业经济的管理方法也已有成型的体系，主要有财务管理、会计理论等；而对产业经济的管理则是属于产业经济学的研究领域，主要是产业政策的研究。对产业经济的管理现在已有大量的研究，但还未能达到像宏观经济管理理论或企业经济的管理方法那样得到一致公认的成熟程度，所以对产业经济学的进一步研究，有助于应用经济学学科体系的完善。

2. 产业经济学的研究有利于经济学和管理学的沟通

长期以来，经济学与管理学似乎一直是在两条线上平行发展，各归两大类学科，看起来并不相关，但是在实践中，无论是专家学者还是经营管理者都感到这两者之间应该是相通的。就学科性质而言，经济学主要研究资源的有效配置问题以实现经济的发展，解决的主要方式是市场机制；管理学则主要研究如何将组织内的有限资源进行有效整合以实现既定目标，解决的主要方式是行政指挥。所以传统的经济学应用领域一直是在企业等组织以外，把企业视为黑箱；而传统的管理学应用领域则基本局限在组织以内，组织以外的企业行为基本归于经营范畴，在严格意义上不属于管理学的研究范畴。近年来，随着新制度经济学的兴起，经济学的研究领域扩展到企业组织以内，但是管理学理论却未能系统地用于传统的企业组织以外。然而，在现实经济生活中，早已存在着许多组织以外的经济管理行为，特别是产业经济的领域里，如产业组织领域中的产业规制由来已久，而日本、韩国等国家通过对各个产业实施有目的、有计划的扶持、保护等管理措施使经济发展突飞猛进，更是引起了世界各国的震惊和关注，对产业经济学的广泛关注也正来源于对日本等国经济腾飞过程中的政府经济管理行为的研究。我国近些年来对高新技术产业的扶持，产业结构调整升级、产业布局合理调整、产业集群研究以及各类工业园区的规划建设等，均大大推动了我国经济的快速发展。研究产业经济学的目的在很大程度上也正是为了寻找管理产业发展的良好方法，以便在更为直接的基础上，更有目的地促进经济进步。所以，对产业经济学的研究必将有利于经济学与管理学的沟通。

（二）研究产业经济学的实践意义

当代中国的经济建设已进入一个新发展时期，正处在从计划经济向市场经济的转变以及从粗放型增长向集约型增长的转变过程中，经济总量在 2011 年已位居世界第二，仅次于美国，人均 GDP 已超过 4000 美元，这对产业经济的研究提出了迫切的要求。产业发展的规模和水平影响着国家经济实力和国际经济地位，特别对于我国这样一个产业发展水平不是很高的发展中国家而言尤为关键。研究产业经济学最直接的目的是通过正确认识产业发展规律来指导产业政策的制定，从而促进经济的有效发展，其实践意义主要有以下三个方面：

1. 有利于建立有效的产业组织结构

产业组织的内部结构不仅影响到产业内企业规模经济优势的发挥和竞争的活力，还会影响到产业整体的发展。我国的产业组织一直以来都存在着诸如企业规模整体偏小等弊端，这严重影响了我国某些产业整体的发展，导致国际竞争力偏弱。要消除这些弊端，就要到产业经济学中去寻找答案。研究产业经济学，可以对不同市场结构、不同企业规模的优劣进行比较；发现规模经济的形成原因及优点；探求过度竞争或有效竞争不足的形成途径及消除方式等等。从而找出最有利于生产要素合理配置的市场秩序和产业组织结构，然后逐步实现企业组织结构合理化；扶持和帮助中小企业发展；维护市场竞争秩序，规范市场行为，反对不正当竞争，反对垄断行为等等。所以研究产业经济学有利于建立有效的产业组织结构。

2. 有利于产业结构的优化

产业结构不合理一直以来都是我国经济发展的一个疑难杂症。改革开放前，我国片面的大力发展重工业，造成重工业与轻工业、工业与农业的比例严重失调，严重制约了我国的经济发展。改革开放后，我国开始致力于调整农业、轻工业、重工业严重不协调的比例，进行产业结构调整和升级，并已取得了一定的成绩。但我国的产业结构仍然存在着如农业基础薄弱、基础工业的基础设施相对滞后、高水平加工业加工能力不足、服务业、信息业以及一些高新技术战略产业发展不足等诸多问题，这些问题都迫切需要通过产业经济学研究的进一步深入来解决。研究产业经济学的意义就在于，寻找产业结构不合理的成因，并以此制定有效的产业结构政策、调整产业结构。再进一步，通过研究产业经济学，探寻产业升级的规律，寻找带动经济起飞的主导产业，并利用合理的产业政策对其加以保护和扶持，便可以实现产业结构的高度化，从而增强整体产业的国际竞争力，最终促进经济的发展与繁荣。

3. 有利于产业的合理布局

产业的合理布局有利于各地区充分发挥其地域优势和经济比较优势，这样就可以最大限度地发挥整个国家的经济建设能力，实现经济又好又快发展的目标。因此，寻找产业合理布局的基本原则也就成为促使产业经济学研究进一步深入的动力之一。通过研究产业经济学，可以探求产业布局的一般规律及其影响因素，并据此制定正确的产业布局政策，将产业布局与各地区的资源优势及区域分工相结合，把产业安排在最有利于发挥其优势、提高经济效益的地区，实现产业布局的合理化。所以，研究产业经济学也是产业政策实践的需要，通过产业经济学的研究，不仅可以加强产业间的联系、发挥产业的协同效益，而且有利于确定合理的产业发展战略。

第三节　国内外医药产业的形成与发展

药物是人们治疗疾病、调节机体功能、延年益寿、提高生命质量的物质基础，在人类医疗保健事业中具有十分重要的作用。一些重要药物的发现和应用挽救着数多人的生命，也成为医药产业发展的重要转折点，同时也为许多医药公司带来了丰厚的利润，积累了大量资金。在 2012 年《财富》世界 500 强排行榜中，制药行业上榜企业就有 11 家，虽然排名均比上年稍显落后，但利润均维持在一个较高的水平。详见表 1－1。

表 1－1　2012 年《财富》世界 500 强中的制药企业

排名	上年排名	公司名称	营业收入 （百万美元）	利润 （百万美元）	国家
126	103	辉瑞	67932.0	10009.0	美国
138	123	强生	65030.0	9672.0	美国
157	164	诺华	59375.0	9113.0	瑞士
192	174	罗氏	49713.6	10529.2	瑞士
201	187	赛诺菲	48746.5	7915.8	法国
207	180	默沙东	48047.0	6272.0	美国
231	194	葛兰素史克	43907.3	8434.5	英国
268	255	雅培	38851.3	4728.4	美国
331	281	阿斯利康	33591.0	9983.0	英国
454	423	礼来	24286.5	4347.7	美国

一、世界医药产业的形成与发展

现代医药产业的发展已有一百多年的历史，药物的生产经历了由单纯的从天然动植物中提取有效成分到进行有目的工业化生产合成的过程，制药企业则从最初的化工厂、染料工厂或小药房等形式成长为巨型的跨国大公司。随着生物医药技术的突破和发展，生物制药在制药业的地位越来越重要，同时也推动了一个新的产业——生物医药产业的崛起。1976 年 4 月以基因泰克（Genentech，2009 年 3 月已被罗氏（Roche）公司全资拥有）公司的成立为标志的现代生物医药产业诞生。生物制药正在使人类疾病的预防、诊断、治疗等产生革命性变化，将在人类预防及战胜一系列重大疾病、保障身体健康的进程中发挥重要作用。由于药物在保障人们健康中的特殊性，各国政府也陆续设立监管机构、出台多种法律法规来监督、促进和引导医药产业的发展。经过一百多年的发展，各国药品监管趋于成熟和完善。

世界医药产业的发展分为四个时期：孕育时期和形成时期、药物发展黄金时期、管理趋于严格和生物制药的形成时期。

（一）1850～1930：全球医药产业的孕育和形成阶段

在 19 世纪中期以前，当时的药物主要通过提取天然物质中的有效成分，例如吗啡、可卡因、士的宁、奎宁、阿托品、尿素等，并且几乎都是药剂师在实验室中批量提取供临床使用。由于 18 世纪以机器为特点的大工业迅速发展，钢铁、冶金工业的发展产生了大量的副产品，如煤焦油等，以及纺织业的发展，对染料的需求大大增加。许多药物转以煤焦油产品或者燃料工业的中间体或副产品为原料，进行大规模的生产。19 世纪中期以后，有机化学工业从无到有发展很快，人们在煤焦油中分裂出苯、萘、蒽、甲苯、苯胺等一系列新的化合物，为药物研究提供原料和理论基础。同时化学合成技术的发展，人们不仅可以合成如咖啡因、阿托品等天然产物，而且合成和发现了一批结构简单的化学药物。

随着科学的进步，药物化学和药理学的发展，药物构效关系理论的建立等都碰撞出促使新药出现的火花。19 世纪末 20 世纪初，德国医生兼化学家保罗·艾里希（Paul Ehrlich）从染料中发现能够特效治疗梅毒的"六〇六"。1905 年德国化学家艾·因霍恩（A·Einhorn）利用构效关系合成出十分优良的局部麻醉药：普鲁卡因，相比此药发现之前使用的麻醉剂可卡因，普鲁卡因相对安全，因为没有成瘾性以及不会产生愉悦感，普鲁卡因至今仍被用于牙科的局部麻醉。1912 年，拜尔（Bayer）将苯巴比妥作为镇静催眠药推向市场，成为 20 世纪初到 70 年代最广为使用的安眠药，后来被上市的苯二氮䓬类药物取代。

同时，人们开始了解和认识生物体内的激素、维生素等对维持生命所发挥的重要作用。1901 年，首次提取得到肾上腺素，可谓是人类治疗使用的第一种激素，随后又分离出甲状腺素。1922 年用生物化学方法取得胰岛素，后又提取得到甾体激素，糖皮质激素和性激素，为以后激素类药物的开发生产奠定了研究基础。

在这个阶段专门从事药品经营的药房、批发商或者一些化工厂和染料厂开始成长，逐渐转变为专门的制药公司。例如，默克（Merck）制药公司是1668年在德国达姆施塔特市（Darmstadt）建立的一个药房，1827年建立了化学制药厂，进行药品批量生产，为该公司的研究奠定了基础。从药房成长为制药公司的企业还有德国先灵（Schering）制药公司、美国史克（SmithKline）制药公司、美国礼来（Eli Lilly）制药公司等。德国拜耳（Bayer）公司是建于1863年的一家化工公司，原来主要业务是生产染料。在19世纪80年代后期，染料业开始衰落，拜耳公司转而研究化学制药。非那西丁、阿司匹林等药物的成功，奠定了拜耳在世界制药业的地位，使之最终成为现在世界屈指可数的大制药公司。从化工厂和染料厂转变为制药公司还有美国雅培（Abbott）制药公司、美国辉瑞（Pfizer）制药公司、瑞士的汽巴（Ciba）制药公司、嘉基（Geigy）制药公司、山道士（Sandoz）制药公司等。19世纪末，伴随着科技的发展，人们对于药物需求的增加，这些企业开始研发创新、扩大规模成为真正的制药企业。

（二）1930~1960：世界医药产业发展的黄金时期

20世纪30年代到60年代是药物发展的黄金时期，在这个阶段新的药物大量涌现，包括磺胺类药物，抗生素，合成维生素，激素（甲状腺素、类固醇激素等），抗精神病药物，抗组胺药物等。当时，肺炎、脑膜炎、结核病、败血症等死亡率很高的疾病都能够得到治愈，这可以说是人类历史上的第一次。第二次世界大战后，美国取代了德国成为世界制药产业的领导者，短短几年间到20世纪40年代末，美国医药产业的药品产量已是全球的一半，在国际贸易的销量中占到了三分之一。由于企业对药品研发、市场投资增加，美国、欧洲的制药企业通过研发生产新的药物而得到了迅速的壮大，企业在新药研发上和学术界的交流合作也逐渐加强。如辉瑞公司在研发四环素时，由当时辉瑞化学研究部门劳埃德·康诺弗（Lloyd Conover）为领导的研发团队，与哈佛大学教授伍德沃德（Woodward）合作，成功地研究出四环素的化学合成工艺，并应用于工业大生产，辉瑞公司亦通过四环素类药品，极大的提升了自身实力。

20世纪30年代中期，德国拜耳实验室的化学家格哈德·多马克（Gerhard Domagk）首次将百浪多息（Prontosil，磺胺类药物）用于临床治疗细菌感染，开启了现代化学治疗的新纪元，此后化学家们合成了一系列磺胺类药物。1945年时已合成的磺胺类药物就有超过5400种，其中用于临床常用的就有20余种。1940年青霉素的疗效得到肯定，在美国战时生产部直接领导下实现规模化生产，青霉素在战争中救护伤员功不可没，同时为参与生产的制药公司辉瑞（Pfizer）、礼来（Lilly）、默克（Merck）等公司带来了相当可观的利润。

20世纪50年代初，欧洲药企Rh·ne-Poulenc发现治疗精神分裂症的药物氯丙嗪，为精神病和神经官能症的化学治疗开拓了途径，精神神经疾病的治疗取得突破性的进展。

这个时期制药企业研究新药的特点主要是先从对天然物质修饰，再到合成化学中的合成全新化合物，最后从全新化合物中筛选得到新药。顺应这个历程，分析化学和仪器分析技术也得到了长足的发展。

（三）1960~1980：各国监管趋于严格阶段

1961年欧洲传出了反应停（沙利度胺）事件，从1956年至1963年短短的8年间，全球17个国家中发现海豹畸形儿有1万余例，原因是该药物临床试验不完善及药品审查不严。由于美国FDA强化了对于临床试验的管理，该药物申请临床试验数据不足，迟迟没有获得批准，直到反应停事件发生后该药厂撤回申请，因此此次药害事件没有波及到美国。

为了避免类似惨剧的发生，各国纷纷采取行动。美国国会在1962年10月通过了《Kefauver - Harris修正案》，将处方药品广告管理权限从联邦贸易委员会移交给FDA（Food and Drug Administration），并要求制药商必须在标签上说明药品的副作用，首次要求制造商在新药上市前必须向FDA提供临床试验，证明药物安全性和有效性的双重信息，而且要求制药商保留所有药品不良反应的记录。该法案的通过成为全球药品监管史上的重要一页，FDA由此也逐渐成为药品监管的最权威的机构。英国政府为了应对类似危机，在1963年成立了药物安全委员会（Committee on the Safety of Drugs，简称CSD），该机构是独立于医药产业界，主要对药品进行安全性评价，要求药品生产商必须提交药品毒理性实验数据，并且提供临床实验报告，主要包括安全性、有效性以及不良反应的资料。英国药品安全委员会的成立，标志着英国现代药品法规制度框架的基本形成。1968年，世界卫生组织（WHO）制订了国际药物监测合作计划，该计划主旨即为收集和交流药物不良反应报告，到2010年9月，全世界已有99个国家加入到该计划中，药物不良反应监测体系在保护公众用药安全方面发挥着越来越重要的作用。

（四）1980~至今：世界生物制药产业形成阶段

这个阶段是生物制药产业的形成阶段，继信息技术革命之后，以生物技术为背景的技术革命序幕正慢慢拉开，自从沃森（Watson）和克里克（Crick）阐明了脱氧核糖核酸（DNA）的双螺旋结构，生命科学和生物技术领域取得了突飞猛进的发展。医药生物技术产业作为生物技术产业最重要的组成部分，也逐渐突破人们治疗疾病的传统方式，改善着人们的生活。

1980年，Diamond v. Chakrabarty案中美国高等法院的判决认可了授予基因工程生命形式的专利权，为生物技术产业的发展开启了一扇大门，这是美国专利法上的里程碑式的案件。同年美国国会通过了《专利和商标法修正案》，即著名的Bayh - Dole法案（也称"大学、小企业专利程序法案"）该法案允许大学和小企业拥有联邦基金资助所作发明的所有权，从而促进了高等学校和研究机构的科研成果商业化，也大大推动了科研向产业化的进展。正是因为美国政府对生物技术产业的支持，此后的一段时间成为生物公司成立的高潮，1980~1987年平均每年有大约75家新生物技术公司成立上市。1982年，第一个基因工程药物Humulin（人重组胰岛素）获得美国 FDA 的批准，该药由基因泰克公司研发，礼来公司（Lilly）推出市场销售。

90 年代，欧洲的化学药物公司、高等院校以及研究机构共同构建了欧洲生物技术产业，欧洲开始走有自己特色的道路。欧洲政府高度重视生物技术领域，欧盟的科技发展第六个框架将 45% 的研发经费用于生物技术及相关领域；德国、英国、法国等国出台政策刺激技术转移、公司创建；英国在 1981 年就设立了"生物技术协调指导委员会"，并把生物技术产业称为"经济皇冠上的一颗钻石"。

同时，生物技术也在亚太地区的一些国家中崭露头角，印度自 20 世纪 80 年代中期就很重视生物技术的研发，1982 年成立生物技术局，每年投入 6000～7000 万美元用于生物技术和医药研究计划，以推动现代生物学和生物技术产业的发展。日本制定"生物产业立国"战略，强调把"科研重点转向生命科学和生物技术"，致力于把生物技术产业作为国家核心产业加以发展。中国政府也加快了生物技术产业的发展，并且开始着手加速启动这一战略目标。推出《促进生物产业加快发展的若干政策》、《关于加快培育和发展战略性新兴产业的决定》、《2010～2015 年生物医药产业振兴规划》等一系列政策力图促进中国经济跨越式发展。

生物技术产业经历了三十多年的发展，无论是企业规模、产品数量还是患者的信赖都取得了辉煌的成绩。从 1998 年开始，全球生物医药产业的年销售额连续以 15%～33% 的速度增长，成为发展最快的高技术产业之一。2010 年，全球生物医药市场总额达到 8750 亿美元。当前世界前 20 位畅销药中有 7 个生物技术药物，预计到 2020 年，生物技术药物占全部药品销售收入的比重将超过三分之一。

二、中国医药产业的形成和发展

医药工业是关系国计民生的重要产业，亦是我国国民经济的重要组成部分，是传统产业和现代产业相结合，培育发展性新兴产业的重点领域，主要包括化学药、中药、生物技术药物、医疗器械、药用辅料和包装材料、制药设备等。我国医药产业从建国至今，走过了不平凡的六十多年，彻底改变了新中国成立初期"缺医少药"的局面，保障了人民用药的需要，医药市场规模也上升到世界前列。

（一）我国化学药品的发展历程

化学制药产业是国民经济的基础产业，也可以说是我国医药产业的基础，在整个医药产业的发展进程中起着非常重要的作用。

全国解放以前，中国化学制药工业基础薄弱，国民党统治区制药厂主要集中于上海、天津、北京，广州，杭州等地。

解放后一直对医药行业进行建设以及对原有企业进行整改、合并。在 1949 到 1978 年间建设成立或整改成立了湖南制药厂、华北制药厂、上海第三制药厂、天津力生制药厂、东北制药厂、南京制药厂、天津制药厂、太原制药厂、新疆制药厂、西南合成制药厂等生产和保证全国药品供应的核心企业。并且在科研方面取得了一系列的成绩，改变了多种药物依赖进口的局面。

1978 年在新中国历史上是一个拐点，对新中国医药工业来说，同样如此，改革开放使药业得以腾飞。前 30 年我国医药工业发展还处于相对封闭的状态，改革开放则促使医药产业高速发展，生产基本满足需要，技术和管理水平显著提高。1978 年化学制药工业产值为 63.6 亿元，2010 年达到 5526.07 亿元，增长了 86 倍。随着国门的打开，一批拥有世界先进生产技术和管理水平的外资企业开始与我国合资建厂。天津大家、无锡华瑞、上海施贵宝、西安杨森、苏州胶囊成为第一批医药合资企业。

从那时起，我国逐渐与国际接轨，开始实行 GMP 认证制度、加大药品专利等知识产权保护措施等。国门的打开，涌入国内的新产品、新技术、新设备、新的经营理念、新的管理方法被广泛采用得到普及，全行业朝气蓬勃。市场经济体制也在这样的大潮下不断完善，企业不仅仅只是一个生产工厂，而是科研、生产、销售、流通为一体的组织，并且在国家政策引导下，一大批化学制药的民营企业应运而生，发展快速。在那个时期发展起来的企业主要有上海复星，江苏恒瑞，南京圣和，山东绿叶，四川科伦等。随着资本市场的日益活跃，目前我国已有 130 多家医药企业在上海、深圳乃至海外股票交易所上市。此外，国内生产企业勇登国外市场，除了原料药大量出口外，制剂生产企业正努力在国际市场有所作为。2011 年 12 月 17 日，江苏恒瑞的制剂产品"伊立替康注射液"通过美国 FDA 认证，获准在美国上市销售，成为我国第一个获得 FDA 认可在美国销售的制剂产品。众所周知，原料药的大量生产是以牺牲环境为代价的，而且原料药的附加值远低于制剂产品。第一个制剂产品在美国的上市销售也为我国制剂产业的发展带来了一剂强心针。同时，国内制药企业与国际跨国公司的合作加强，如先声与默沙东建立合资公司，2011 年 7 月 22 日，默沙东和先声药业集团正式签署框架合作协议，先声默沙东应运而生；海正药业牵手辉瑞共建仿制药中外合资项目，2012 年 9 月 13 日海正辉瑞有限公司正式成立。

虽然改革开放三十年来，我国化学医药产业获得了很大的发展，但我国的化学药品产业与国外先进国家之间仍然存在着很大的差距。具体而言，尽管我国的化学原料药品在生产方面存在一定的比较优势，如地塞米松、维生素 E、维生素 C 等原料药品的生产。但是这些产品绝大多数是传统的老产品，且生产时污染大，附加值低，许多产品还存在被逐步淘汰的危险，对于目前国际上一些市场大、技术壁垒高的原料药产品，我国却没有太多的优势。

相对于原料药生产工业，我国的制剂工业明显落后，制剂水平与国际先进水平差距较大。目前生产的化学药品有 95% 以上是仿制药品，国际上承认的创新药品少之又少。然而即使在仿制产品的生产上，技术水平、工艺、产品质量等方面也均与国外先进水平存在差距。面对这些挑战和差距，企业应当加快创新药物和特色的非专利药物的研制，改善出口结构，逐渐转变为制剂产品代替原料药作为主要出口产品的状况。把握国际医药市场，加快产品产业的技术研发，促进化学药品的更新换代，加快国际市场的拓展，提升我国化学药品产业的国际地位。

（二）我国中药产业的发展历程

我国是一个历史悠久的国家，中药理论在历史的长河中为中华民族的繁衍昌盛做出了巨大贡献。中药作为我国独具特色的卫生资源，与西药共同担负着维护和增进人民健康的重要使命，是中国特色医药卫生事业不可或缺的组成部分，在全球以西药为主的今天，我们传统中药仍然具有稳定的国内市场需求。中药产业是指国民经济中在中医理论指导下从事中药的经营和研究及其相关经济活动的部门。

1949 年前存在的药铺大多是销售中药饮片并附带中药批发商业，或是零售企业的前店铺、后作坊的加工方式，技术上靠单纯的手工操作，规模小，工具设备陈旧，产量低，剂型以丸、散、膏、丹为主。1949 年后在国家的大力支持下，成立或合并建立了许多工业化程度较高的中药生产企业，如广州中药一厂，天津中药饮片厂、苏州雷允上制药厂、上海中药制药一厂等企业。各地的中药生产为适应中成药需求量不断增大的新形势，在政策的引导下也由分散走向集中。

1978 年，国家中医药管理部门提出了向中药现代化进军的倡议，在机械化、半机械化的基础上又提出了中药生产工业化的口号，要求工艺规程、岗位操作制度化，并把现代制药的管理理念引入中成药领域。中药产业现代化包括两大内容：产业技术现代化和产业管理现代化。之后，党中央相关部门专门就中药现代化提出研讨，提出这个现代化是全方位的，除了生产方式的现代化、管理模式的现代化，也包括产品剂型的现代化、标准的现代化、包装的现代化，以及企业制度的现代化。2002年国家出台了《中药现代化发展纲要》、2003 年颁布了《中华人民共和国中医药条例》受到全社会的普遍关注和产学研各界的广泛认同，20 个世纪末到 21 世纪初，中药领域成为医药行业的投资热点。

30 年间，我国中药材、中成药和中药饮片生产技术与生产方式发生了根本性改变：中药材从传统农业生产发展为以 GAP 为核心的现代化农业生产，1978 年中药材销售额为 12.57 亿元、中药饮片销售额 9.2 亿元，中成药销售额 7.88 亿元，2010年，中药产业总产值达到 3172 亿元。中药饮片进入 GMP 认证时代，大生产、机械化生产取代了小生产和手工生产，中成药成为占主导地位的子项目。

在国家中药现代化发展战略的推动下，国家中药创新体系初步形成。中药行业在中药规范化生产、中药饮片工业化生产、中药材规范化种植、标准体系建设、新药研究、产业规模等方面取得了一系列巨大成就。建设了一批中药材规范化种植基地，截止到 2010 年 11 月 24 日，国家食品药品监督管理局已先后分 10 批审查并公告了 74 个中药材 GAP 基地，涉及企业 44 家，基地分布 21 个省市的 118 个市区县，涉及种植区域约 224 个，中药材品种 52 个。随着中药现代化步伐的提速，新药研究技术发生了变化。一批以中药现代化为主导优势的民营企业脱颖而出，如陕西步长、天士力、康缘药业、神威药业等企业。在中医临床实践基础上结合现代实验室研究和现代临床试验的方法，使得中医药科学在继承中得到了进一步的开发。

从药品国际化方面来看，目前，我国有多个中药作为治疗药在美国已经进入临床试验阶段，如天津天士力研发的复方丹参滴丸、由上海中药研究所研发的银杏灵、浙江康莱特药业研发的康莱特注射液、康缘药业研发的桂枝茯苓胶囊等。我国的传统药物有望进一步打开国际市场，中药产业必将迎来再一次高速发展。

国家产业政策也鼓励中药产业的发展，国家人力资源及社会保障部于 2009 年 11 月 30 日正式发布 2009 年版《国家基本医疗保险、工伤保险和生育保险药品目录》，其中西药部分共有药品 1164 个，中成药部分就有药品 987 个。而国家规定的 OTC（非处方药物）目录的 1860 个品种中，中成药品种占 86% 以上。因此，虽然中药市场竞争日趋激烈，但中药产业的前景依然非常广阔。

（三）我国生物医药产业的发展历程

生命科学和生物技术经过半个多世纪的迅猛发展，创造了包括生物酶制剂、生物药品、生物诊断试剂在内的很多新型产品，日益影响和改变着人们的生产和生活方式。生物医药产业是生物技术产业很重要的组成部分，占生物技术产业的一半以上，而且生物技术在制药技术上的应用也最为成熟。生物药物是指综合利用微生物学、化学、生物化学、生物技术、药学等科学的原理和方法制造的一类用于预防、治疗和诊断的制品。胰岛素、干扰素、生长激素等生物药物在治疗疾病，保护人体健康方面提供了新兴的力量。因此生物医药具有广阔的市场前景，在重大疾病防治方面具有重要意义。相对于西方生物技术先进的国家，我国生物药物起步晚，在新中国成立前基本上是空白，仅有上海的杨氏药厂及广州的明兴药厂等药厂生产少量的生化药物。但我国的生物制药业从无到有，自小而大，正一步一个脚印地走向世界前列。

1958 年杨氏制药厂更名为上海生化制药厂，成为我国第一家专业生化制药厂。当时我国的生化药物主要是从牲畜副产品如内脏，内分泌腺等中提取制得，又叫脏器生化制药，例如胰岛素、催产素各种酶制剂等社会迫切需要一些关键药物。20 世纪 70 年代中期形成一定的脏器生化制药规模，但大多数厂房简陋，设备落后。1977 年，国家计划委员会（现国家发改委）根据商业部、卫生部、化工部的建议，发出了（77）计财字 483 号 "关于发展脏器生化制药的若干意见"，确定将脏器生化制药纳入计划渠道由商业部统一归口管理。1978 年 5 月，国务院批转了 "全国脏器生化制药工业会议纪要"，从此我国生化制药工业结束了以综合利用为目标的发展阶段，开始走上了按正规制药工业管理和发展的道路。致使 1988 年生化制药工业总产值达到 4.99 亿元，比 1978 年的 1.22 亿元翻了两番。

1986 年 3 月做出的国家高技术研究发展计划（863 计划）的七个高技术领域，生物技术领域被列为首位，其中确立的四个主题之一就有基因工程药物、疫苗和基因治疗主题。在 863 计划 "八五" 期间 23 项重大项目中重大成果转化项目的第一个是基因工程多肽药物，863 计划 "九五" 期间 27 项重大项目中有生物技术药物。并且 863 计划资助建设的研究开发基地为基因工程疫苗联合开发中心和基因工程药物联合开发中心。

2006 年国家发布的《国家中长期科学和技术发展规划纲要（2006～2020 年）》和《生物产业发展 "十一五" 规划》，加快把生物产业培育成为高技术领域的支柱产业和国家的战略性新兴产业，随后又出台了《促进生物产业发展的若干个政策》，指出生物医药、生物农业、生物能源、生物制造、生物环保是现代生物产业发展的重点领域。这一系列决策和部署，将为我国生物产业的发展创造良好的环境和条件。

2008年生物医药产业实现产值占高技术产业的比重达14.86%，生物医药产业对高技术产业产值增长的贡献由2001年的14.01%提升到2008年的19.73%。生物医药产业持续快速增长支撑了高技术产业发展，对高技术产业各领域的协调发展具有积极作用。

到2010年我国生物、生化制品的制造业的总产值为（当年价）1314.16亿元，同期增长29.74%。依旧是医药行业增长最为迅速的领域之一。并且有融合蛋白，治疗体细胞，细胞因子，PEG化细胞因子，腺病毒、质粒-基因重组药物等多种研发出来的新生物药物获得国家食品药品监督管理局的临床批准，现已进入临床试验阶段。

知识拓展

一个新兴的生物医药产业——海洋生物医药产业

20世纪60年代，海洋生物资源便成为医药界关注的新热点，全球各国均把目光投向海洋生物医药。进入20世纪90年代，发达国家分别推出各种计划并投入了巨额的资金支持海洋药物和生物技术的开发。我国海域资源丰富，海洋生物物种繁多，已鉴定有20278种。1997年，我国开始针对海洋生物领域启动海洋高技术计划，形成了以上海、青岛、厦门、广州为中心的4个海洋生物技术和海洋药物研究中心。

海洋生物药物现在已经在临床上得到应用，如美国、加拿大等国已将鲨鱼软骨提取物制成冲剂、胶囊剂等投放市场，不但可克服放疗、化疗引起的副作用，而且还可有效地增强患者的机体免疫。但是海洋生物医药在医药产业的发展规模中仍然很小，现在已经发现的药用海洋生物品种十分有限，与我国庞大的海洋资源总量相比很不相称，其次还受到海洋开发技术和海洋生物医药技术等诸多问题的限制。

国家出台的一系列扶助政策及计划为发展海洋生物医药指明了道路，2007年国家发改委发布《高技术产业发展"十一五"规划》把海洋产业列为八大重点产业之一，明确指出要重点培育海洋生物产业，推动海洋生物的发展。与传统的化学药品和天然植物药品相比，海洋生物医药作为生物产业中独具特色的领域，是当代最前沿的高新技术产业之一，将成为促进我国医药产业发展新的增长点。

（四）我国医疗器械产业的发展历程

医疗器械行业是一个多学科交叉、知识密集、资金密集的高技术产业，涉及医药、机械、电子、塑料等多个行业，生产工艺相对复杂，进入门槛较高，是一个国家制造业和高科技发展水平的标志之一，在我国属于国家重点鼓励发展的产业。我国医疗器械工业是在新中国成立后发展起来的，其特点是起点较低，发展较快。在旧中国基本空白的基础上，初步形成一个中央与地方结合、沿海与内地结合的门类比较齐全、布局比较合理的医疗器械工业体系，生产规模不断扩大。

我国医疗器械产业的形成经历了单一仿制-引进合作-自主设计集成创新三个阶段。建国初，我国医疗器械产业在工业全方位落后的现实面前，为追求周期短、投入少、见效快，长达 30 多年采取仿制国外产品的探索实践，在一定程度上满足了市场的需求。到 20 世纪 80 年代，医疗器械产业经历了从引进合作热浪潮中逐步转向自主设计集成创新的过程。改革开放初期，企业用广阔的国内市场为筹码，换取国外先进技术，运用引进单项设备、引进关键技术、建立中外合资、中外合作企业等方式，以期赶上或接近国外的先进水平。如，1979 年引进日本町田制作所纤维传像束和内窥镜生产工艺技术，1980 年从联邦德国引进瓷牙核心技术检测仪器。自1984 年以来，先后成立了生产一次性医用高分子制品、心电图机、心脏去颤器、大型 X 射线诊断机组、B 超诊断系统等中外合资合作企业数百家，遍布全国 20 多个省市。一些合资企业在当时成为国内医疗制造的核心企业，如青岛惠普、上海光电、天津哈那好、苏州碧迪等等。

1987 年，国务院先后批转国家计划委员会（现名：国家发展和改革委员会）和国家经济贸易委员会下发的《关于加速发展医疗器械工业的请示》和《关于发展医疗器械工业若干问题的通知》，提出医疗器械产业的全社会统筹规划和协调发展，打破系统和部门界限，为医疗器械大发展创造了良好的政策环境。1999 年 12 月 28 日国务院公布 276 号令，颁发《医疗器械监督管理条例》，标志医疗器械产品正式步入法制化监督管理轨道。上世纪末的最后几年，随着我国机电基础工业产品及生产技术装备和加工工艺水平的提高等许多原因，我国医疗仪器设备自主设计集成创新开始成为医疗仪器设备发展的主流趋势。20 年内，国家科技部门在广州、成都、北京、沈阳、深圳先后建立五个国家级专业医疗器械领域的工程技术研究中心。现在形成了珠江三角洲、长江三角洲及环勃海湾三大医疗器械产业聚集区，据不完全统计资料，三个区域的总产值之和占全国总量的 82%，销售额之和占全国总量的 83%。无论是供应国内市场还是出口创汇，现代化医疗仪器产品的比重均有较大增长，特别是一些医学成像设备已从中国组装模式进入中国制造或中国开发生产模式，病人监护仪器已占领国内绝大部分市场，B 型超声、直线加速器、临床实验室仪器和一批植入性生物材料制品已经在国内市场占有一席之地。

现阶段，伴随着医疗卫生事业的发展及医药卫生体制改革的深入将释放巨大的市场需求，医疗卫生事业的不断发展将使得医疗机构面临医疗卫生装备更新换代的问题，这将给整个医疗器械产业带来广阔的市场空间以及巨大的发展契机，新医改将打开我国医疗器械市场的空间。企业应提高自身产品的竞争力，做好产品的销售服务，分析市场的需求、解读国家政策促进本企业及医疗器械产业更好更快的可持续发展，为人民的安康做出贡献。

三、我国医药监督管理体系的发展历程

药品作为特殊的商品，在治疗疾病保护人体生命健康方面起着关键的作用，但同时药品研发生产流通等各个环节，也存在很多的风险，因此各国为保证药品的安全性、有效性和可控性都对药品实行严格的政府监管。通过制定法律以及设立药品监管部门对药品进行严格的控制，以达到保护公众用药安全，促进行业良性发展等

目的。

从 1950 年卫生部设置药政处到 2008 年新一轮国务院机构改革方案的通过，我国的药品监管部门从建国初期到今天，伴随国家机构的改革和我国医药产业的发展经历了多次调整。其中 1984 年《中华人民共和国药品管理法》的出台、1998 年国家药品监管局的成立、2008 年新一轮国务院机构改革的通过是我国药品监管部门发展的三个重要的转折点。根据这三个转折点将我国药品监管部门的发展分为四个阶段。

（一）1949～1983：药品监管体制的形成阶段

1949 年中央人民政府成立，设立了卫生部和地方政府的卫生行政部门。1950 年卫生部设药政处，该处为负责管理全国药政的机构，下设药政科、企业科、供应科。1953 年改为药政司，下设药政科、生产供应科和中药科。1952 年 11 月国家轻工业部医药工业管理局成立，该局 1956 年划归工业部领导。1955 年 3 月，中国药材公司成立。1955 年 7 月，中国药材公司划归中华全国供销合作总社领导，改称中药材管理局。1956 年，中药材工作改归商业部领导，恢复中国药材公司。1957 年，中药材工作改归卫生部领导，与药政司合并为药政管理局。合并后在各省、市、自治区卫生厅设药政局（处），并陆续在各地、市、县卫生行政部门设立药政机构或人员。1964 年，中国药材公司恢复，以商业部为主，与卫生部共同领导。1969 年，中国药材公司与中国医药公司合并为商业部医药组，后扩建为商业部医药局。

1950 年在北京建立卫生部药物食品检验所，该所 1962 年与卫生部生物制品检定所合并，改为卫生部药品生物制品检定所。

1978 年为了更好地发展我国的医药事业，经国务院批准，决定成立国家医药管理总局，由国务院主管，卫生部代管，其所属五个企事业单位为：中国医药工业公司、中国医疗器械工业公司、中国药材公司、中国医药公司、医药技术情报研究所。1982 年，国家医药管理总局划归国家经济委员会领导，改名为国家医药管理局。

（二）1984～1998：药品监管体制法制化管理的探索阶段

1984 年 9 月 20 日第六届全国人民代表大会常委会第七次会议审议通过了《中华人民共和国药品管理法》，自 1985 年 7 月 1 日起施行。这是我国通过现代立法程序颁布施行的第一部药品管理的法律，标志着药事管理进入法制化管理的新阶段。这部法律明确了我国药品监管的权利和职责；明确了各级卫生行政部门药品监督权限，明确了审定开办药品生产、经营企业和企业生产新药、新品种的权限；明确了卫生行政部门和医药生产经营主管部门的权限划分。1988 年成立国家中医药管理局从国家医药管理局分出，重新归卫生部领导。

（三）1998～2008：药品监管体制的高效运作及职能探索阶段

1998 年按照第十五次全国代表大会和十五届二中全会的要求，这次政府机构进行改革的目标是：建立办事高效、运转协调、行为规范的政府行政管理体系。按照精简、统一、效能的原则，调整政府组织结构。药政管理局脱离卫生部，与原国家经济贸易委员会管理的国家医药管理局合并，成立国家药品监督管理局，并由国务院直属领导，并且决定对省以下药品监督管理部门实施垂直管理。统一行使对全国中、西药品、医疗器械、卫生材料等的执法监督和药品检验职能，负责药品研究、生产、流通、使用环节的监督和检验，实行执法监督统一、技术监督集中等的全过程药品监督管理新体制建立。改变了我国药品、医疗器械监管长期存在的政出多门的局面，实现了由多头分散向集中统一转变，优化了行政资源配置，提高了监管效率。

2003 年 3 月，第十届全国人民代表大会通过在现有国家药品监督管理局的基础上组建国家食品药品监督管理局的改革方案，将食品与药品的监管部门合二为一。

（四）2008～2013：药品监管部门的深化改革阶段

2008 年 3 月 15 日，十一届全国人大一次会议通过关于国务院机构改革方案的决定。国务院机构改革是深化行政管理体制改革的重要组成部分。按照精简统一效能的原则和决策权、执行权、监督权既相互制约又相互协调的要求，着力优化组织结构，规范机构设置，完善运行机制，为全面建设小康社会提供组织保障。

这次改革，将国家食品药品监督管理局改由卫生部管理，并相应对食品安全监管队伍进行整合。将由卫生部承担食品安全综合协调、组织查处食品安全重大事故的责任。调整食品药品管理职能，卫生部负责组织制定食品安全标准、药品法典，建立国家基本药物制度；国家食品药品监督管理局负责食品卫生许可，监管餐饮业、食堂等消费环节食品安全，监管药品的科研、生产、流通、使用和药品安全等。

此阶段药品监督管理的主管机构为各级食品药品监督管理部门，是国家药品监督管理的法定主管机构。国家食品药品监督管理局，内设有办公室（规划财务司）、政策法规司、保健食品化妆品监管司、食品安全监管司、药品注册司（中药民族药监管司）、医疗器械监管司、药品安全监管司、稽查局、人事司和国际合作司（港澳台办公室）。

（五）2013 年～至今：国家食品药品监督管理总局成立阶段

2013 年 3 月 22 日，"国家食品药品监督管理总局"牌匾正式挂出，原国家食品药品监督管理局的官网也同步进行了更名，一律改成国家食品药品监督管理总局，英文简称由"SFDA"（State Food and Drug Administration）变成"CFDA"（China Food and Drug Administration）。此次机构改革将涉及到食品安全监管、食品药品监督管理总局简政放权、与公安部建立执法衔接机制等诸多方面，以切实保障广大人民的食品安全及药品安全。

四、我国医药产业的发展现状

我国现阶段的医药产业发展，在技术发展、人力资本水平、科研投入及产业化水平等诸多方面与发达国家相比还有明显的差距，但近几十年来年来我国医药产业的发展取得了令人瞩目的成就。在市场增长、技术进步、投资加大、兼并重组等力量的推动下，涌现出一批综合实力较强的大型企业集团。

（一）我国医药产业的研发现状

创新是一个产业发展的不竭动力，医药产业作为高技术产业，创新药物的研究和开发成为医药产业技术进步的核心。但是现在我国医药产业的研发投入相对于技术先进国家还是存在着差距。有数据显示，2001～2004 年医药制造业的 R&D（Research and Development）强度平均值为 2.6%，远远低于发达国家 10%～20% 的水平。"九五"期间，在我国基本国情的基础上，在国家政策的积极引导下，医药产业研发投入已从 2001 年的 16.2 亿元增加到 2005 年的 43.3 亿元。"十五"期间，我国新药研究开发技术平台已覆盖了新药发现、临床前研究、临床研究、产业化整个过程，基本形成了相互联系、相互配套、优化集成的整体性布局，部分平台标准规范已能与国际接轨，新药自主创新和研究开发能力显著增强。国家组织建设了一批国家工程研究中心，一批大企业集团的内部技术研发设施建成使用，25 家医药（包括医疗器械）企业的研发技术中心被国家发改委、财政部、海关总署和税务总局认定为国家级企业技术中心。"十一五"期间，国家通过"重大新药创制"等专项，投入近 200 亿元，带动了大量社会资金投入医药创新领域，通过产学研联盟等方式新建了以企业为主导的五十多个国家级技术中心，技术创新能力不断加强。

海洋药物褐藻多糖硫酸酯、重组人 p53 腺病毒注射液、丙型肝炎分片段抗体检测试剂盒、多层螺旋 CT、旋转式立体定向伽马射线治疗系统、主观式像差仪、高强度聚焦超声治疗系统、热扫描成像系统、普及型低剂量直接数字化 X 射线机、低干扰无心理负荷的生理信息测试床垫等一系列具有自主知识产权的创新产品实现产业化；以及口服重组幽门螺杆菌疫苗研制成功、氟喹诺酮新药盐酸安妥沙星的创制成功、抗癌药物盐酸埃克替尼的投产上市、肝炎疫苗的研发成功等拥有自主知识产权的药物为我国的医药产业增添了活力，也鼓舞着整个医药产业研发的发展。

（二）我国医药产业的生产现状

国家统计局公布了 2011 年 9 月份医药行业的数据（表 1－2）：医药制造业总产值（不变价）1315.93 亿元，同期增长 28.10%。各子行业，均有较高速度的产值。化学药品制造总产值（不变价）620.54 亿元，同期增长 21.06%；中成药制造总产值为 307.75，同期增长 34.87%；生物、生化制品的制造总产值为 146.23 亿元，同期增长 26.82%。数据表明我国医药制造业充满活力，均以两位数速度增长。

表 1－2　2011 年 9 月医药行业总产值及工业销售产值数据

分类	总产值（当年价）		工业销售产值（当年价）	
	本月	同期增长（%）	本月	同期增长（%）
医药制造业	1315.93	28.10	1291.47	28.16
化学药品制造	620.54	21.06	611.61	19.74
中成药制造	307.75	34.87	298.55	35.49
生物、生化制品的制造	146.23	26.82	146.88	34.30

截至 2010 年底，全国实有原料药和制剂生产企业 4678 家。共有 74 家中药材企业通过中药材 GAP 认证。全国实有医疗器械生产企业 14337 家，其中：一类企业 4015 家，二类企业 7906 家，三类 2416 家。国家及省级重点监管企业 1863 家。

国家通过严格实施 GMP（Good Manufacturing Practice，即《药品生产质量管理规范》）、GSP（Good Supplying Practice，即《药品经营质量管理规范》）、GAP（Good Agricultural Practices，即《良好农业规范认证实施规则（试行）》）等认证，进一步增强了药品生产和经营企业的质量意识，淘汰了一批不合格企业，医药企业多、小、散、乱局面有所改善，促进了产业升级。企业经济规模是工业企业降低生产成本的重要基础，医药制造业总体上属于技术密集型产业，对规模经济要求不是很高，但企业的经济规模对于企业的研发投入、国际竞争力和长期发展都有重大影响。虽然近几年我国企业的平均规模较大幅度上升，但我国医药制造业的平均生产规模仅为发达国家以及新兴工业化国家企业平均规模的 5.6% ~28.2%。较低的生产规模和众多的企业数目导致我国医药制造业的市场集中度（Concentration Ratio）非常低。据有关部门统计，我国医药制造企业 CR4（行业前四名份额集中度指标）为 6.85%，CR8（行业前八个企业集中率）为 8%，20 强的国内市场集中度也仅为 42%，而世界医药市场上 20 强却占据了世界市场 66% 的市场份额。现在企业的竞争方式中技术创新和服务等手段使用较少，主要还是依靠价格手段赢得企业的地位，研发投入有待提高。

（三）我国医药流通领域现状

药品流通，包括药品生产企业的销售、药品经营企业的经营全过程、医疗机构的采购等。"十一五"期间，我国医药市场消费需求活跃，医药商业销售稳步增长。截止到 2011 年 9 月，我国七大类医药商品购进总值为 5900 亿元，较上年同期增长 17%，增速提高了 4 个百分点；销售总值为 6200 亿元，较上年同期增长 18%，增速提高了 3 个百分点；全国规模以上医药商业企业主营业务收入为 4245 亿元，实现利润 90.5 亿元，平均利润率为 2.1%，毛利率为 8.5%，费用率为 5.8%。

跨地区、跨行业的并购重组加速了医药流通领域的规模化、集约化。跨地区、跨行业的购并重组加速了医药流通领域的规模化、集约化。连锁经营、现代物流和信息技术的应用，加快了医药流通领域的结构调整和经营方式的现代化。截至 2010 年底，全国共有药品批发企业 1.35 万家；零售药店门店总数 39.9 万多个，其中药品零售连锁企业 2310 家，下辖门店 13.7 万个，零售单体药店 26.2 万个。新医改方案中的基本药物保障供应由各省市自主组织并集中采购，同时建立公立配送体系，或者定点医药公司特许配送，提高《药品经营质量管理规范》等一些行业标准，充分显示了国家对提高行业集中度的决心。2011 年，前 100 位药品批发企业主营业务收入占同期全国市场总规模的 73%，比上年提高 3 个百分点；前三位集团企业主营业收入占百强的 42%。随着新医改的推进及第三终端的崛起，原有市场秩序及传统格局可能发生巨变，中国医药商业将正式进入整合期。

2009 年 3 月 13 日正式发布的《物流业调整和振兴规划》明确提出：实行医药集
中采购和统一配送，推动医药物流发展。生产企业在招标完成后，从企业到医疗机
构，中间只能经过一家配送企业，因此众多的配送企业可能将开启并购的高潮。截
至 2010 年底，全国持有《药品经营许可证》的企业共有 414840 家，其中法人批发
企业 10875 家、非法人批发企业 2586 家；零售连锁企业 2310 家，零售连锁企业门店
137073 家；零售单体药店 261996 家。全国持有《医疗器械经营企业许可证》的企业
共有 165203 家。与此同时，医药流通体制改革也给 OTC 市场的发展带来良好的机
遇，将会带动我国 OTC 市场较快发展，唯有观念领先、成本领先、管理领先、服务
领先的现代化企业将成为行业领军者。

五、我国医药产业的发展展望

中国医药产业在保持高速增长的过程中，市场规模、产业结构、竞争格局、资
本流向等都会发生根本性变化，应把握未来中国医药产业发展趋势，顺应时代的
脚步。

（一）新医改对我国药品生产与流通的影响

2009 年 4 月，中共中央为建立中国特色医药卫生体制，逐步实现人人享有基本
医疗卫生服务的目标，提高全民健康水平，国务院发布《中共中央国务院关于深化
医疗卫生体制改革的意见》，紧接着国务院发布了《医疗卫生体制改革近期重点实施
方案（2009～2011 年)》，此方案指出 2009～2011 年重点抓好五项改革：一是加快
推进基本医疗保障制度建设，二是初步建立国家基本药物制度，三是健全基层医疗
卫生服务体系，四是促进基本公共卫生服务逐步均等化，五是推进公立医院改革试
点。到 2009 年 11 月中旬，大约有 20 个省份陆续公布了各自的新医改实施方案。这
次的新医改涉及到医疗卫生体制改革、医疗保障制度改革以及药品生产流通体制改
革，因此曾被称为"三医联动"。医药体制改革目的是为了确保广大患者对药品具有
可及性、可靠性和合理用药性，以及确保医药产业发展，实现医药事业、卫生事业、
社会保障事业的协调发展和良性互动。因此新医改带来了市场更加开放的发展空间，
将引导我国医药产业的发展走向一个新的历程。

医改方案中与医药企业最密切相关的是基本药物制度的实施。2009 年 8 月发布
的《关于建立国家基本药物制度的实施意见》中指出，基本药物是使用基本医疗卫
生需求，剂型适宜，价格合理，能够保障供应，公众可公平获得的药品。国家基本
药物制度是对基本药物的遴选、生产、流通、使用、定价、报销、检测评价等环节
实施有效管理的制度，与公共卫生、医疗服务、医疗保障体系相衔接。政府举办的
基层医疗卫生机构全部配备和使用基本药物，其他各类医疗机构也都必须按规定使
用基本药物。国家基本药物制度将使得各级政府的卫生支出增加，也必然会带来药
品市场的扩容。2009 年 9 月施行的《国家基本药物目录（基层医疗卫生机构配备使
用部分)》，确定了 307 个药物品种。

2009 年 11 月 30 日，国家人力资源与社会保障部公布了《国家基本医疗保险、工伤保险和生育保险药品目录（2009 年版）》，西药和中成药品种共 2151 个。西药部分共有药品 1164 个，其中甲类 349 个，乙类 791 个，另有 20 个仅限工伤保险用药，4 个仅限生育保险用药；中成药部分共有药品 987 个，其中甲类 154 个、乙类833 个。整体较以前扩容 16%。按照规定，统筹地区对于甲类药品，各地需按照基本医疗保险的规定全额给付，对于乙类药品各地可根据基金承受能力，先设定一定的个人自付比例，再按基本医疗保险的规定给付。医保目录范围的扩大，有利于满足更多患者的药品需求，将给药品市场的发展带来积极作用。

新医改方案规定基本药物实行公开招标采购，同时国家制定零售指导价格，在指导价格内，由各省级人民政府根据招标情况确定本地区的统一采购价格。政府举办医疗卫生机构使用的基本药物实行省级集中、网上公开招标采购并统一配送，会加剧企业间的市场竞争；由国家发展和改革委员会制定基本药物全国零售指导价格，在保持生产企业合理盈利的基础上压缩不合理营销费用。对于医药企业来讲，技术、规模和品牌优势仍旧是企业长足发展的动力，也将在新医改中最先受益。

基本药物施行公开招标采购、统一配送，相对于定点生产更体现了市场竞争的原则。医药商业流通环节过多，成为药品价格居高不下的一个原因。实现统一配送后，企业可不必再留巨大的利润空间以打通各个流通环节，医药商业也将迎来行业的大变革，一些处于利润边缘的小型医药商业公司整合加速，医药商业区域性龙头企业市场份额将会明显提高。此外，诸如委托派送、贴牌生产、一站式购物中心等各种经营手段的组合应用，经营模式的创新将成为我国医药流通企业发展的主要方向。发达国家医药市场发展的历史告诉我们，我国医药商业领域的集中度仍然存在巨大的提升空间。新医改政策促使医药行业越来越关注第三和第四终端。通常我们把大型城市的三甲医院称为第一终端，把连锁药店称为第二终端。根据市场的发展，第三终端（新农村建设下的卫生站）、第四终端（城市的社区医院）逐步受到重视。在医改调整产业结构、产业增值等因素的共同作用下，我国医药产业已进入大整合时代。

（二）我国医药产业发展前景及趋势

中国的医药产业在过去三十多年获得了飞速的发展，从过去缺医少药到目前能基本满足用药需求，取得了举世瞩目的成就。过去十年中国医药行业复合增长率在20.8%，这一数字远远高于 GDP 的增长速度。新医药卫生体制改革的启动，推动了包括社区医疗、农村医疗的第三终端基层医疗市场的快速增长。同时，中国已成为一个制药大国，可以生产上千种原料药，青霉素工业盐、维生素 C 等产品出口全球市场并占据主导地位，他汀类、普利类、沙坦类等特色原料药已成为新的出口优势产品，具有国际市场主导权的品种日益增多。国家《医药产业十二五规划》中指出，"十二五"期间医药企业质量安全上到新水平，目标设立到"十二五"末，全国药品生产 100% 符合新版 GMP 要求，药品质量管理水平显著提高。此外，计划加快国际认证步伐，200 个以上化学原料药品种通过美国 FDA（Food and Drug Administration，食品和药物管理局）检查或获得欧盟 CoS（Certificate of Suitability，欧洲药典适用性认证证书），80 家以上制剂企业通过欧美日等发达国家或 WHO（World Health Organization，世界卫生组织）的 GMP 认证。

目前，中国 65 岁以上老年人的比例在 8%。而预计到 2020 年这一比例会达到 17.17%。从全球范围看，老年人的医疗费用支出比例将占到整个医疗支出一半以上。随着我国老年人人口比例的增加，对医疗卫生市场需求也会相应快速增长。

全民医保使得我国的人民药品支付能力增强，百姓医疗支付能力的提高，也会促进药品消费的上涨。随着我国医保覆盖面的扩大，参保率的提高，在不远的将来将实现真正的全民医保。在 2009 年医改政策公布时，政府承诺 3 年投入 8500 亿元，目前我国在医疗卫生领域的投入还没有超过 GDP 的 5%，仍未达到世界平均水平，政府继续加大投入还存在很大的空间。此外，随着公民素质的普遍提升，加上健康意识的加强，百姓个人在医疗保健方面的消费比例会增加，国民自我药疗水平会提升，也会带来药品消费的进一步增长。

本章小结

1. 产业是指国民经济中以社会分工为基础，在产品和劳务的生产和经营上具有某些相同特征的企业或单位及其活动的集合。产业经济学是以"产业"为对象，研究产业与产业之间、产业内各企业之间经济运行的规律性。

2. 产业经济学既是应用经济学又是理论经济学，属于中观经济范畴。其内容体系主要包括产业发展理论、产业组织理论、产业结构理论、产业布局理论、产业政策研究、产业创新理论等。

3. 产业经济学的研究方法包括：宏观分析和微观分析相结合的方法、定性分析与定量分析相结合的方法、静态分析与动态分析相结合的方法、实证分析与规范分析相结合的方法、统计分析与比较分析相结合的方法、博弈论、历史资料研究法、案例研究方法、比较研究方法、投入产出分析法以及系统动力学方法等等。

4. 研究产业经济学具有重要的理论意义和实践意义。产业经济学丰富和完善了经济学学科体系，产业经济学的研究有利于经济学和管理学的沟通；研究产业经济学，有利于建立有效的产业组织结构、有利于产业结构的优化、有利于产业的合理布局。另外，研究产业经济学也是当今中国经济建设和发展的现实需要。

5. 医药产业是我国国民经济的重要组成部分，是传统产业和现代产业相结合，一、二、三产业为一体的产业。作为按国际标准划分的 15 类国际化产业之一，成为世界各国密切关注的产业。其主要生产门类包括化学制药工业、中药工业、生物制药工业、医疗器械工业、药用辅料和包装材料、制药设备等。

思考题

1. 什么是产业？
2. 什么是产业经济学？
3. 产业经济学的内容体系有哪些？
4. 产业经济学有哪些研究方法？
5. 学习产业经济学的意义是什么？
6. 结合世界医药产业的发展试述我国生物制药产业的发展前景。

第二章

产业发展

【教学目标】

本章介绍了产业发展的理论、几种产业分类的方法、产业链、产业生命周期、影响产业发展的因素、医药产业发展特点等内容，通过本章的学习，使读者全面了解产业发展的知识，特别是关注到医药产业发展的现状。

【教学要求】

1. 了解：产业发展的内容、要素，产业链的特点及分类方法，产业革命
2. 熟悉：产业分类方法，产业生命周期，影响医药产业发展的因素
3. 掌握：标准产业分类法、产业链、产业价值链的内涵
4. 重点掌握：第三产业分类法，影响产业发展的因素，医药产业特点及产业链

第一节　产业分类方法

一、产业分类的必要性

产业分类是把具有不同特点的产业按照一定标准划分成各种不同类型的产业，以便进行产业管理和研究。

产业分类是产业管理的需要。产业处于国民经济的中观地位，产业的发展关系对整个国民经济的发展至关重要，产业也不可能完全自发地实现结构优化、布局合理、管理完善、健康发展，因此社会必须进行适当的管理。合理有效的管理，首先要求对产业进行分类，实行分类管理。

产业分类是产业理论研究的条件和任务。产业分类可以形成多层次、多类型的产业概念，是建立产业结构概念和进行产业结构研究的基础，产业分类是为产业和产业结构研究服务的。要进行产业研究，必须首先进行产业分类，产业分类是进行产业研究的前提条件。人们研究产业发展的角度和目的不同，因此，产业研究和分析的目的不同、产业分类的方法也有所不同。因此，要正确理解和把握产业的内涵

和特征，首先必须解决产业分类问题，合理的产业分类是进行产业研究的首要任务。

二、产业分类的标准和方法

产业分类方法有很多种，我们选取几种代表性的产业分类方法加以介绍，包括：三次产业分类法、农轻重分类法、霍夫曼分类法、生产要素集约分类法、产业发展状况分类法、与经济周期关系分类法、产业地位分类法、标准产业分类法等。

（一）三次产业分类法

纵观世界经济发展史的长河，人类经济活动的发展可以分为三个阶段。第一阶段也称为初级阶段，人类主要从事的是农业和畜牧业；第二阶段从英国工业革命（18 世纪 60 年代开始的第一次产业革命）开始，以机器大工业的迅速为标志，钢铁、机器及纺织等制造业迅速崛起和发展；第三阶段始于 20 世纪初，大量的资本和劳动力流入非物质生产部门，包括旅游、商业、贸易、运输、娱乐、教育、科研、文化艺术、保健和政府的活动中。

三次产业分类法是以产业发展的层次顺序及其与自然界的关系作为标准的分类方法，把全部的经济活动划分为第一次产业（Primary Industry）、第二次产业（Secondary Industry）和第三次产业（Tertiary Industry）。它是西方产业结构理论产业分类方法中最重要的方法之一，由新西兰经济学家费歇尔（A. G. B. Fisher）首次提出。英国经济学家、统计学家克拉克（C. G. Clark）继承了费歇尔的研究成果，并广泛普及了三次产业分类法。1971 年诺贝尔经济学奖获得者库兹涅茨（Simon Kuznets）运用该方法系统研究和揭示三次产业在整个国民经济中的变化规律之后，三次产业分类法逐渐被各国所接受，并且在世界通行。

根据人类经济活动与产业发展的相互关系，费歇尔最早于 1935 年在《安全与进步冲突》一书中系统地提出了三次产业分类法及其分类依据。费歇尔的观点是，与人类经济活动的发展阶段相对应，可以将人类的经济活动分为三个产业，即第一次产业、第二次产业以及第三次产业，这是因为第一次产业和第二次产业并没有包括全部的经济活动，因此需要把除了第一次产业和第二次产业之外的所有其他经济活动统称为第三次产业。这种分类法，把工业时代的产业经济发展作为现实背景。当时，经济发达的美国、英国、德国、法国还处在以工业化为主导的阶段，该分类法是以物质生产中加工对象的差异性为依据的。具体分类方法是：

1. 第一次产业

第一次产业指产品直接取自自然的物质生产部门，也就是广义的农业，包括农业（指种植业）、林业、畜牧业、渔业、狩猎业。

2. 第二次产业

第二次产业指加工取自自然物质的物质生产部门，也就是广义的制造业或工业，包括制造业、采矿业、运输业、建筑业、通信业以及电力、煤气、供水等工业部门。

3. 第三次产业

第三次产业指从有形物质财富生产活动上派生出的无形财富的生产部门，即广义的服务业，包括商业、金融业、保险业、旅游业、生活服务业、公务业（科学、教育、卫生、政府等公共行政事业）以及其他公益事业等。

采用三次产业分类法对产业经济进行分析是非常有效的，但它并非由于本身的科学性而闻名于世并被许多国家广泛采用，而是由于克拉克和库兹涅茨等经济学家采用它解释了经济发展的条件和结果。库兹涅茨将国民经济活动划分为 A 部门（农业产业）、I 部门（工业产业）和 S 部门（服务产业），被简称为"AIS 分类法"。其中，A 部门包括农业、林业、渔业和狩猎业；I 部门包括制造业、矿业、采掘业、建筑业、运输、通信、电力、煤气和供水；S 部门包括商业、银行、保险、房地产、住房的所有权、政府及国防以及其他服务。库兹涅茨运用三次产业分类法系统研究并揭示了三次产业在国民生产总值中所占的比例随经济增长所表现的变化规律，使该方法体现出实用性。三次产业分类法是一种简明且较实用的经济分析工具，是其成为现在世界通行的统计分析方法的重要原因。

对第三产业可以进行进一步的分类。第三产业指广义的服务业，其发展水平可以衡量生产社会化和经济市场化的程度。服务业按照服务对象可以分类为：生产性服务业、生活（消费）性服务业和公益服务业。我国政府在《国民经济和社会发展第十一个五年规划纲要》中将生产性服务业分为交通运输业、现代物流业、金融服务业、信息服务业和商务服务业，属具有较高的技术知识含量和人力资本的产业。生活（消费）性服务业，是指住餐、零售、房地产、文体娱乐、居民服务等，与居民生活相关，属劳动密集型的产业。公益性服务业，主要是教育、卫生、水利和公共管理组织等。服务业以技术含量为标准可分为，传统服务业和现代服务业。现代服务业最早在 1997 年 9 月党的十五大报告中提出，2000 年中央经济工作会议强调："既要改造和提高传统服务业，又要发展旅游、信息、会计、咨询、法律服务等新兴服务业"。

现在，国际上产业的发展趋势有以下几方面。首先，发达国家的产业体系中第三产业一般占比为 70% 以上，生产性服务业在第三产业中一般占 50% 以上；其次，发达国家的 GDP 中，第二产业的增加值所占比重不大，但绝对量不小，科技含量高。例如，尽管美国工业比重只占 16%，但劳动密集型工业基本上都已经转移到其他国家，产业科技含量非常高。发达国家的经验说明，在现代工业和农业的发展过程中，服务业所占比重不断提升是未来产业结构的趋势。服务业的发展不仅能拓展出新的空间，而且通过对工业、农业等其他产业部门的渗透、融合，促使传统产业转型升级。因此，第三产业特别是现代服务业占较大比重、第二产业科技含量高的体系将成为体现国际大趋势的现代产业体系。

事实上，三次产业分类法存在着一定局限性：第一，三次产业分类法试图对"全部经济活动"进行最简明的分类，并把除家庭内部活动以外的一切社会经济活动都视为能够创造国民收入的生产部门，使得社会再生产过程显得过分简单与笼统。

第二，在具体将现实的经济活动分类时，三次产业分类法还有较多矛盾，不能自圆其说。第三，第三次产业的内容非常庞杂。第三次产业是除了属于第一次产业和第二次产业以外的所有经济活动，把性质相距甚远的部门、行业混杂在一起，难以分析第三次产业的变化实质，尤其是科技、教育等领域的差异更大，不应该庞统地都归入一类。

（二）农轻重产业分类法

农轻重产业分类法是以物质生产的不同特点为标准的分类方法。这里所讲的生产特点，主要指劳动对象、劳动资料、生产过程、加工方式和劳动产品的不同。农轻重产业分类法将社会经济活动中的物质生产划分成农业、轻工业和重工业三个产业大类。具体分类方法是：

1. 农业

农业包括种植业、林业、畜牧业和渔业。种植业包括粮棉油种植业和经济作物种植业，畜牧业主要包括草原畜牧业和山区畜牧业，渔业主要包括淡水渔业和海洋渔业，林业主要包括原始林业和人造林业。

2. 轻工业

轻工业是主要生产消费资料的各工业部门的总称。轻工业主要包括食品、纺织、制革、毛皮、缝纫（服装）、造纸、印刷、家具、家用电器、钟表、日用金属、日用化工、卷烟、玻璃、陶瓷、医药、文教体育艺术用品等工业部门。由于轻工业生产的产品主要用于生活消费，也有一部分用于生产消费，因此，我国在计划经济时期和改革初期，还将轻工业具体划分为第一轻工业（生产生活消费品的轻工业部门）和第二轻工业（部分产品用于生产消费的轻工业部门，如工业用布、工业用革等部门）。

3. 重工业

重工业是生产生产资料的各工业部门的总称。重工业主要包括冶金（如钢铁）、煤炭、石油、化工、燃料、电力、机械、建筑材料等工业部门。重工业生产的产品主要用于生产消费，也有一部分产品用于生活消费，如生活用的电力、煤炭等。

农轻重产业分类法的优势是比较直观和简便易行。它可以大致显示社会再生产过程中两大部类之间的比例关系，而且有利于从宏观上计划和调控国民经济，有利于研究社会工业化实现进程，具有较大的实用价值。因此，不仅社会主义国家采用农轻重产业分类法，而且一些实行其他经济体制的国家和世界组织也采用。例如，联合国工业发展组织（简称"工发组织"）认为"按轻重工业来考察制造业产值，有助于说明制造业各部门总的发展情况"，并采用农轻重产业分类法进行研究报告。

农轻重产业分类法的局限性在于：第一，农轻重产业分类法虽然包括了国民经济活动的绝大部分物质生产部门，但没有把全部物质生产部门都包括进去，更没把非物质生产部门包括进去。这种分类法针对主要的物质生产部门，因而存在着涵盖面不全的缺点。第二，农轻重产业分类法中农轻重三者的界限越来越模糊，如何确定产业划分界限越发困难。一方面，由于经济的发展和科技的进步，这个部门生产那个部门的产品的现象越来越多，这使传统的农轻重之间的界限尤其是轻重工业之间的界限日益模糊。如属于传统重工业部门的机械工业越来越多地生产家用小汽车、家用电器等消费资料。另一方面，工农业之间也出现了同样性质的相互渗透现象，这些现象在工业发达国家更为明显。在我国，既出现了工业部门的企业投资发展现代高科技农业的情况，也出现了传统农业向工商业发展的趋势，特别是传统的农村副业已发展成规模巨大的乡镇工商业，且农业产业化发展出现了农工贸一体化趋势。因此，农轻重产业分类法在分类界限上已日益模糊，划分界限的确定将更加困难。

（三）霍夫曼的产业分类法

德国经济学家霍夫曼（W. G. Hoffmann）研究了工业化及其发展阶段，在1931年出版的《工业化的阶段和类型》一书中提出将产业划分为三大类。第一类是消费资料产业，包括食品工业、皮革工业、纺织工业和家具工业。第二类是资本资料产业，资本资料是形成固定资产的生产资料。该产业包括运输机械工业、一般机械工业、冶金及金属材料工业和化学工业。第三类是其他产业，包括木材、橡胶、造纸、印刷等工业。

霍夫曼产业分类的主要目的在于区分消费资料产业和资本资料产业及二者的比例变化趋势。霍夫曼在进行产业分类时确定了产业分类原则，以避免出现生产某种产品的工业既属于消费资料产业，又属于资本资料产业的现象。当某产业产品的用途有75%以上是消费资料时，该产业被归入消费资料产业；而当某产业产品的用途有75%以上是资本资料时，该产业被归入资本资料产业。其他产业则纳入了难以用上述分类原则确定产业归属的产业。

（四）生产要素集约分类法

生产要素集约分类法是根据不同的产业在生产过程中对资源的需求种类和依赖程度的差异，即以生产要素集约程度的不同作为标准划分产业的一种分类方法。其中的资源是指劳动、资本、土地、知识和技术、管理、自然资源等投入生产活动的生产要素的总和。根据生产产品的技术和产品的特征的不同，各产业在生产单位产量时所需投入的各个生产要素的量有很大差别，因此，以生产要素的集约度或密集度为标准将产业划分为劳动密集型产业、资本密集型产业、技术密集型产业、知识密集型产业。

1. 劳动密集型产业

劳动密集型产业是指在生产过程中对劳动力的需求依赖程度较大的产业。或者说是在其生产的产品中资本所占比例较小，体力劳动所占比例较大的产业。劳动密集型产业有传统种植业、服装业、食品业、服务业等等。可用就业系数作为其产业范围的界定标准。

2. 资本密集型产业

资本密集型产业是指在生产过程中对资本的需求依赖程度较大的产业，或者说在其生产的产品中物化劳动即投入资本量所占比例较大的产业。如机械、钢铁、化工、造纸等产业属于资本密集型产业。可用资本系数作为其产业范围的界定标准。

3. 技术密集型产业

技术密集型产业是指在生产过程中对技术的需求依赖程度较大的产业，或者说是在其生产的产品中技术含量高、脑力劳动所占比例较大的产业。技术密集型产业有电子计算机、新材料、新能源、航天、测控仪器等等。

4. 知识密集型产业

知识密集型产业是指在生产和服务过程中对知识的需求依赖程度较大的产业，或者说是以知识的生产和传播为主体的产业。

生产要素集约分类法的特征是其产业划分标准是相对的而非绝对的。因为任何一个产业被确定为某一资源密集型产业都是相对的，它会随着科学发展、技术进步和资本有机构成提高而发生动态变化。如传统农业是劳动密集型产业，而现代农业由于资本量大，应属于资本密集型产业了；电子计算机产业技术含量高，劳动力多，既可被视为技术密集型产业，又可被视为劳动密集型产业。

生产要素集约分类法的优势有：第一，便于判断整个国家的经济发展水平。从发达国家的经济发展历程中，我们看出由于产业工业化，产业体系一般经历了以劳动密集型为主的产业结构到以资本密集型为主的产业结构，再过渡到以技术（知识）密集型为主的产业结构的发展过程。所以不同生产要素在生产过程中的作用与经济发展阶段有较强的关系。第二，便于研究各产业对生产要素依赖程度的差异，可以为整个宏观国民经济求得最佳效益和制定经济发展战略提供依据，具有重要意义。

生产要素集约分类法的局限性是不易确定各种产业类型的界定范围。由于各产业产品的工艺特征决定了各产业对生产要素不同的依赖程度，各种生产要素在生产过程中具有一定的可替代性，这导致了同一产业在不同地区对各个要素不同的依赖程度，其结果是同一产业在不同地区可能会分属于不同的产业类型。

（五）产业发展状况分类法

产业发展状况分类法是根据产业发展的技术状况和变化趋势进行分类的方法。它具体包括两种方法。

1. 按技术先进程度进行产业分类

科学技术发展对产业发展和产业结构变迁起着重要的推动作用，因此，我们可以运用科技进步理论解释产业发展问题。其中首先是以产业技术含量不同为标准进行产业分类，按技术先进程度的不同将产业划分为传统产业和新兴产业（高新技术产业），这就是产业的技术分类法。

（1）传统产业

传统产业是指其应用的技术并不代表现代新技术的发展，在经济发达国家中增长缓慢甚至下降的产业。如传统种植业、纺织业、钢铁业、煤炭业、造船业、一般机械制造业等。虽然传统产业在经济发达国家的产业结构体系中存在下降趋势，但是在经济落后的发展中国家的产业结构体系中仍然占有十分重要的地位，有些传统产业还是发展中国家的支柱产业。

（2）高新技术产业

高新技术产业（High – tech Industry）是高技术产业和新技术产业的统称。它是指其应用的技术代表了世界技术高水平的新的发展趋势，且在经济发展中增长较快的产业。按联合国有关机构的分类，高新技术产业包括信息产业、生命工程产业、新能源与可再生能源产业、新材料产业、环境保护产业、航空航天产业、海洋开发产业和咨询服务产业。

按技术的先进程度进行产业分类法的目的在于明确技术的先进程度在产业发展中的地位和作用。该分类法便于研究工业化过程中传统产业与高新技术产业的比例关系和结构演变，对于揭示产业结构在工业化过程中的技术演变特征提供了有利条件。

2. 按产业发展趋势进行产业分类

按产业发展趋势的不同，可以将产业划分为夕阳产业和朝阳产业两类。

（1）夕阳产业

夕阳产业又称衰退产业。这是指其产品需求量逐步下降，产业增长率低于国民经济各产业的平均增长率且呈下降趋势，在国民经济和整个产业结构中的地位和作用不断下降的产业。随着科技的发展和产业结构升级，原来的支柱产业可能被替代，成为夕阳产业。如在英国工业化发展过程中，纺织工业曾是主导产业，随着机械工业的发展，特别是高新技术产业的发展，纺织工业退居夕阳产业地位。一般来说，传统产业都可能变成夕阳产业，但传统产业并不等同于夕阳产业。在现代多元化的复杂产业结构体系中，有些传统产业仍有存在的必要性。如果不对夕阳产业进行技术改造，那么夕阳产业发展到一定时候，就会因技术老化、需求萎缩、成本上升、长期亏损而不能适应市场需求而退出市场，成为淘汰产业。因此，夕阳产业的出现是产业生命周期自身演化和产业结构有序变动的必然结果。为了将低效率、低效益的夕阳产业的资本存量向高效率、高效益的主导产业、支柱产业或新兴产业有序转移，以优化资源配置和推动产业结构高度化，需要制定和实施对夕阳产业进行援助或调整的产业政策。

（2）朝阳产业

朝阳产业又称新兴产业。这是指其产品需求量逐步上升，产业增长率高于国民经济各产业的平均增长率且呈上升趋势，在国民经济和整个产业结构中的地位和作用不断上升的产业。朝阳产业代表着市场的新需求，代表着产业结构转换的新方向，代表着现代科学技术产业化的新水平，它能对产业结构系统的运行和发展起重要的导向作用。在现代经济中，与作为物质产品生产部门的第一次产业和第二次产业相比，第三次产业就是朝阳产业，它如旭日东升，在国民生产总值和社会就业总量中所占的比例日益上升，地位和作用日渐重要。一般来说，高新技术产业和新兴的环境保护产业都属于朝阳产业。朝阳产业的产生和发展既是科技发展的必然结果，也是产业结构升级的必然要求。但是，朝阳产业在产生初期都较弱小，也称为幼稚产业或幼小产业，在产业竞争中处于劣势，因此需要制定和实施对它进行扶植、培育和保护的产业政策。

这种划分方法称为产业的趋势分类法，目的主要是为了把握产业发展变化的趋势，弄清产业的现状与未来之间的关系。其优点是便于了解影响产业发展的因素，便于准确掌握产业发展的趋势和规律，从而提前做好相关经济调整政策。

（六）与经济周期关系分类法

各产业变动时，往往呈现出明显的、可测的增长或衰退的趋势。这些变动与国民经济总体的周期变动是有关系的，但关系的密切程度又不一样。据此，我们可以将产业分为三类。

1. 增长型产业

增长型产业的运行状态与经济活动总水平的周期及其振幅并不紧密相关。这些产业收入增长的速率并不会总是随着经济周期的变动而同步变动，因为它们主要依靠提高技术、推出新产品及提供更优质的服务，从而使其经常呈现出增长形态。

比如，过去几十年的计算机和复印机产业就是如此。在经济高涨时，这些产业的发展速度通常高于平均水平；在经济衰退时，其所受影响较小甚至仍能保持一定的增长。而这些产业的增长形态使人难以把握，因为它不会明显地随着经济周期的变化而变化。

2. 周期型产业

周期型产业的运行状态与经济周期紧密相关。当经济上升时，这些产业会紧随其扩张；当经济衰退时，这些产业也相应衰落，且该类产业收益的变化幅度往往在一定程度上夸大经济的周期性。产生该现象的原因是，当经济上升时，对与这些产业相关的产品的购买相应增加；当经济衰退时，对与这些产业相关的产品的购买被延迟到经济改善后。典型的产业如：消费品业，耐用品制造业等需求收入弹性较高的产业。

3. 防守型产业

防守型产业的经营状况在经济周期的上升和下降阶段都很稳定。这是因为该类产业的产品需求相对稳定，需求弹性小，经济周期处于衰退阶段对这种产业的影响也比较小。甚至有些防守型产业在经济衰退时还有一定的实际增长。该类产业的产品往往是生活必需品或必要的公共服务，公众对其产品有相对稳定的需求，所以该类产业中有代表性的公司盈利水平相对较稳定。典型的产业有公用事业和食品业。

（七）产业地位分类法

产业地位分类法以产业在国民经济中的不同地位和作用为标准进行产业分类。依据该方法，可以将产业划分为基础产业、瓶颈产业、支柱产业、主导产业、战略产业和先行产业等类型。这种分类法又称为产业的功能分类法。具体来说是：

1. 基础产业

基础产业是指在产业结构体系中为其他产业的发展提供基础和条件并为大多数产业提供服务的产业。作为其他产业赖以发展的基础和前提条件，基础产业一般会得到先行发展。如果没有先行、充分发展基础产业，整个国民经济的进一步发展会受到制约。基础产业的具体内容或结构会随着经济的发展而变化。

2. 瓶颈产业

瓶颈产业是指在产业结构体系中没有得到应有发展而已经严重制约其他产业和国民经济发展的产业。如果产业结构体系中存在瓶颈产业，其综合产出能力会受到较大的限制。未得到先行的、充分发展的基础产业，就可能成为瓶颈产业。所以，克服产业的瓶颈限制，优先发展瓶颈产业，才能使产业结构得到优化，产业的综合产出能力得到提高。

3. 支柱产业

支柱产业是指在产业结构体系的总产出中占较大比例（一般为占 GDP 的 5% 以上）的产业。支柱产业是一国财政收入的主要来源，对国民生产总值的增长和整个国民经济的发展都具有重要的作用，因此，支柱产业是一国经济的主要支柱，是一国重点支持发展的产业。

4. 主导产业

主导产业是指在产业结构体系中处于主体地位并对产业发展起引导和支撑作用的产业。主导产业具有产业关联性强的特点，能够带动其他产业一起发展，因此，主导产业在很大程度上可以决定产业体系结构的基本特征和发展方向。

5. 先行产业

先行产业是指在产业结构体系中因关系到国民经济发展而必须优先发展的产业。先行产业有广义与狭义之分，广义的先行产业包括狭义的先行产业和先导产业。狭义的先行产业是指根据产业结构发展的内在规律必须先行发展以免阻碍其他产业发展的产业，它包括瓶颈产业和基础产业；先导产业则是指国民经济发展的需要，必须先行发展而又能够带动和引导其他产业发展的产业。

产业地位分类法的目的主要在于确定不同产业在国民经济发展中的地位和作用。其优点是明确了产业与经济发展的关系，有利于政府通过制定相关产业政策和进行相关产业管理，促进产业发展甚至带动整个国民经济发展。其局限性在于，这种方法强调各产业在横向比较下的地位问题，而产业之间的纵向关系和产业群的培育和形成问题容易被忽视。

综上所述，产业分类标准不同，产业分类方法也不同。不同的产业分类标准是不同的产业分类方法的条件和基础。因此，产业分类方法是产业分类标准的具体运用，见表 2－1 所示。

表 2－1　　产业分类标准与产业分类方法

产业分类标准	产业分类方法
产业发展层次顺序及其与自然界关系不同	三次产业分类法
物质生产特点的不同	农轻重分类法
工业生产的特点不同	霍夫曼分类法
生产要素集约程度不同	生产要素集约分类法
产业技术先进程度与发展趋势	产业发展状况分类法
与经济周期的关系密切程度不同	与经济周期关系分类法
产业在国民经济中的地位和作用不同	产业地位分类法

第二节　产业发展与产业革命

一、产业发展的内容

产业发展是指产业的产生、成长和演进。从主体来说，产业发展包括单个产业的进化，也包括产业总体的演进。从内容来说，产业发展包括产业类型、产业布局的演进，也包括产业组织的变化、产业规模的扩大、技术的进步、效益的提高。产业发展的过程，是单个具体产业产生、成长、繁荣、衰亡或单个大类产业产生、成长、不断现代化的过程，也是产业总体的各个方面不断由不合理走向合理、由不成熟走向成熟、由不协调走向协调、由低级走向高级的过程。

产业发展包括量的增加和质的飞跃，包括绝对的增长和相对的增长。从最广泛的意义上来说，产业经济学就是产业发展经济学，产业各个方面的演进规律，也就是产业发展的规律。

历史地看，产业的形成和发展过程是社会生产力发展的过程。一方面，产业的形成和发展是社会生产力发展的结果和实体现象形态，是国民经济的推动力量和物质表现形式；另一方面，产业的形成和发展又必然扩大社会生产力的规模，促进社会生产力的发展和水平的提高，带动国民经济的增长。因此，研究产业发展对促进国民经济的发展具有重大的意义。

二、产业发展的要素

产业发展是伴随着产出的增长而出现的经济结构、社会结构、政治结构及观念意识的变化或变革。这些变化包括投入结构、产出结构、产业技术结构、产业组织结构、产业市场结构、产业布局等的变化以及由此引起的分配状况、消费模式、社会福利、文教卫生、群众参与等一系列的变化。它的基本要素是：

1. 产出增长，即一个国家或地区在一定时期内的产品和服务（或人均产品和服务）的实际产出量的增加。产出增长的实质是规模不断扩大的社会再生产过程和社会财富的增值过程。衡量产出的增长可以用不同的方法，常用的方法是采用反映产业经济活动的某种综合性指标来计量产业增长的水平和速度，如国民生产总值、国内生产总值、产业增加值以及折合成产业内某一典型产品的实物数量指标。

2. 结构变迁，主要是指产业结构的变化，也包括产业组织结构、产业技术结构、产业布局结构、分配结构、职业结构等各方面、各层次上的经济结构变化。更广义的结构变迁还包括与经济结构变化直接相关的社会结构和政治结构等的变化，如家庭结构、阶层结构、政治体制等的变化。

3. 福利改善，即社会成员生活水平的提高。一般认为，发展的中心意义是社会和个人福利的提高，产业发展的落脚点也必然是社会福利的改善。如何判断、衡量和评价社会福利水平是一个比较复杂的问题，其中具有相当程度的主观性。社会福利水平的提高和产出的增加有密切关系，但两者又不是一回事。一个国家产出总量的增长不等于一定能使大多数社会成员的生活福利状况获得改善。在分配不合理或结构不协调的情况下，产出增长可能只使少数人获益，而大多数社会成员的生活条件并没有显著改善，甚至比以前更加恶化。这样，即使产出增长较快，社会生产水平有所提高，也不能视为理想的产业发展，或者说算不上是真正的产业发展。

三、产业革命

产业革命是产业的质的飞跃，是产业发展的巨大推动力，研究产业革命是研究产业发展时必不可少的内容。

（一）产业革命的内容和条件

1. 产业革命的内容

产业革命是指产业及其各方面的根本性变革，其内容有单个产业和产业总体的根本性变化，具体来说主要是旧有产业的衰退、新产业的形成、产业结构、产业关联、产业布局、产业组织和产业技术基础的根本性变革。产业革命的概念有广义和狭义之分，广义的产业革命是一般而言的产业的根本质变，人类社会已发生过三次产业革命。狭义的产业革命专指第一次产业革命，最早的产业革命发生在英国，用机器大生产代替手工小生产，以农业为主的产业结构向工业为主的产业结构演变的第一次产业革命，所以狭义的产业革命又称为工业革命。

2. 产业革命发生的条件

产业革命只在具备必要条件的特定的时期内才可能发生，条件有以下几个方面：

（1）科学技术必须取得突破性进展

产业革命中的产业结构化升级、产业发展水平的提高都离不开科学技术上的突破。产业革命的历程表明，产业革命必然伴随着科技革命。历史上发生的三次科技革命，与三次产业革命相对应，且科技革命是产业革命的先导。具体见表2-2。

表2-2　三次科技革命与三次产业革命的对应关系

科技革命的内容	产业革命
经典力学、微积分的形成和发展，"化学革命"，纺织机和蒸汽机的发明	第一次产业革命
电磁学的创立、电机、内燃机、炼钢法的发明	第二次产业革命
"物理学"革命、原子物理学、相对论、量子力学、分子生物学的创立，原子能技术、空间技术、遗传技术、电子计算机技术、网络技术的发明	第三次产业革命

（2）必须积累相当数量的资本

产业革命意味着要诞生新的产业，产业结构和布局要重大调整；产业革命也是生产技术革命，因为要广泛采用大量新工艺、新技术、新设备，意味着要更新改造大规模的固定资本。这都需要相当数量的资本，也就是大量的投资。

（3）市场经济必须有了一定的发展

诞生新产业，采用新技术、新工艺、新设备的前提条件是，该新产业和实现根本性变革的产业的产品具有大量潜在的市场需求。而且需要大量生产要素由传统产业流向新兴的或经过根本变革的产业，又要求有自由流动的生产要素、基本形成的市场体系、市场良好的调节作用等。这些要求只有市场经济有了一定的发展，才能得到满足。

（4）至少必须初步形成自主企业制度和企业家队伍

产业是企业的集合，产业革命要靠企业和企业家的行动去实现；产业革命也是产业创新，产业创新以企业的创新为基础，而企业的创新首先是企业家的创新。企业必须产权明晰、自主经营、自负盈亏、由企业家经营，才能形成创新机制，推进产业革命。约翰·伊特韦尔的《新帕尔格雷夫经济学大辞典》中说，"企业家是产业革命的英雄、变革的伟大代表"，必须"使企业家们得以不受限制投资的垄断倾向所限而自由地扩大投资"。

（二）产业革命的历程

1. 第一次产业革命（18世纪60年代～19世纪40年代）

第一次产业革命又称工业革命，是工场手工业向机器大工业过渡、轻工业取代农业成为主导产业的根本性变革，是18世纪中叶首先在英国发生的人类社会由农业经济时代向工业经济时代转变的产业革命。

工业革命开始于英国棉纺织业的机械化。由于棉纺织业是英国18世纪才发展起来的新兴幼弱产业，面临本国处于垄断优势地位的毛纺织业和国外棉纺织业的激烈竞争，迫切需要技术革新。1773年英国钟表匠约翰·开伊发明了飞梭。1764年织工兼工匠哈格里夫斯发明了新型的珍妮纺纱机，大幅度提高了生产效率。英国工匠瓦特发明的蒸汽机，为纺织机提供了新的动力来源，引起了能源革命，燃料由木柴转为煤炭。

纺织机和蒸汽机是"机器时代"的象征，但"创造机器的机器——工作母机"的产生发展才是"机器时代"的基础。亨利·莫兹利和约瑟夫·布拉默发明的车床，标志着机械制造业的诞生。工作机、动力机和工作母机的生产和使用，扩大了对原材料铁的需求。德比一家发明的炼焦法，使铸铁大量生产，制铁业也迅速扩大。海外棉花大量进口，煤炭和铸铁的运输及其他物流的扩大，伴随着蒸汽机的改进和推广，引起了轮船和铁路业的发展。各产业部门广泛采用蒸汽机作为动力，制铁工业应用焦炭冶炼法，则带来了机械工业和制铁工业的兴旺。制酸、制碱方法的发明，合成染料、香料、杀菌剂、解毒剂和化学肥料的制造，使化学工业兴起。各类产业的发展，极大地增加了资本的需求和流动，这又推动了银行的扩张，证券业的形成和发展。

第一次产业革命，主要通过发明、使用和改进各种机械，各种产业互相关联、互相带动，生产技术革命、运输革命、通信革命、能源革命和金融创新革命互相影响、互相促进，这样逐步展开和完成，使产业发展由手工技术时代进入机械化时代，使产业结构发生了革命性的巨大变化，形成了由以纺织业为主的消费资料部门，以普通机械和运输机械（火车、轮船）为主的劳动资料部门，以制铁业为主的原材料部门，以煤炭为主的能源部门，以铁路、海运为主的运输部门，以电报、邮轮、火车为主要手段的通信部门构成的工业部门格局。

2. 第二次产业革命（19 世纪 40 年代～20 世纪 50 年代）

第二次产业革命是重工业取代轻工业成为主导产业的根本性变革，是 19 世纪 40 年代至 20 世纪 50 年代主要发生在美、德、英、法等国的产业革命。

第二次产业革命的内容十分丰富，涉及许多产业领域。

能源动力部门的革命是第二次产业革命最主要的内容，第二次产业革命又是从能源动力部门的革命开始的，电气化是能源动力革命的核心。随着"伏打电池"、手摇交流发电机、商用直流发电机、发电站的出现，工业的动力机械迅速完成了由蒸汽机向电动机的转换，产生了许多新兴产业。

内燃机的发明和应用，既是能源动力革命的重要内容，又引起机械制造业的巨大变化。第一台具有现代特征的燃气轮机、第一台四冲程往复活塞式内燃机，第一台汽油机，第一台柴油机的发明和应用使人们更加感受到内燃机马力大、重量轻、体积小、效率高的特点。内燃机很快取代了蒸汽机，成为更重要的动力机械。

能源由煤炭向石油发展，也是能源革命的重要组成部分。19 世纪中叶，人们开始掌握石油分馏提炼技术。1859 年美国出现了世界第一口用钻机打的油井，开采和提炼石油的石油工业兴起。

19 世纪中叶，随着铁路、轮船、车床、武器等生产的发展，迫切需要大量钢铁，铸铁的性能和数量远远不能满足需要，推动了新炼钢法的产生。1856 年，英国工程师首创转炉炼钢技术，1864 年德国西门子和法国的马丁发明平炉炼钢法。1865 至 1870 年世界钢产量增加 70%，钢铁工业成为支柱产业，钢铁成了机械制造的主要原材料。

随着经济的高速发展，人类迫切需要新的通信技术和手段。电报发明之后，

1876 年美国的贝尔和华生制成了最早的使用电话。1896 年意大利的马可尼在英国进行了第一次无线电接收表演。1900 年至 1901 年俄国科学家波波夫和雷博金创制了无线电话接收机。

第二次产业革命在第二次科学技术革命的推动下，通过电力、机械制造、钢铁、石油、通信等产业部门的兴起和发展，使产业发展进入电气化、石油化、钢铁化的新阶段，再次使产业结构发生根本性的变革，形成了以重工业为主导的格局。

3. 第三次产业革命（20 世纪 50 年代至今）

第三次产业革命是以信息产业为核心的高新技术产业和现代服务业取代重工业成为主导产业的根本性变革，是 20 世纪 50 年代开始并且仍在继续的、主要在发达国家首先发生的、人类社会由工业经济时代向知识经济或信息经济时代演进的产业革命。

第三次产业革命的内容更广泛、丰富和深刻。

原子能的开发利用揭开了第三次技术革命和产业革命的序幕。1942 年，美国建成了世界上第一座核反应堆，标志着原子能时代的开始。20 世纪 50 年代，苏联、美国、英国、法国等纷纷先后建设核电站，核潜艇、核动力航空母舰先后下水，掀起了开发利用原子能的高潮，形成了新兴的原子能产业。

电子计算机的发明、改进和应用，以通信卫星、移动电话、可视电话、传真机为标志的现代通信技术的发展，以计算机网、电信网、传媒网及三网互联为主要内容的网络技术诞生，生产、收集、处理、存储、传递和运用信息的现代信息技术的形成，与这些技术相关的产业兴起和发展，是第三次科技革命和产业革命的主要内容。1945 年，世界第一台电子计算机在美国诞生，标志着人类进入计算机时代。此后，信息产业迅速发展，成为增长最快的新的主导产业。

空间技术、航空航天技术的发展，人造卫星、运载火箭、宇宙飞船、航天飞机制造业的产生，是第三次产业革命的重要组成部分。1969 年，美国实现"阿波罗"登月计划，人类第一次登上月球，表明人类宇宙航行时代的开始。1981 年，美国航天飞机首次试飞成功，标志着人类的空间飞行进入了一个新阶段。

各种新材料、新技术的产业也在第三次产业革命中形成和发展，比如：塑料、合成橡胶、化学纤维，激光技术、纳米技术、超导技术、光导纤维、纳米材料等等。生物工程技术、生物医药也是在此期间产生和应用的。

随着科技的进步，劳动生产率的提高，第一、第二次产业需要的劳动力大幅度下降，需要流向别的产业就业；随着经济发展，人们对精神、文化和各种服务的需求迅速增长，这两方面的原因推动了第三次产业的快速发展。金融业、保险业、商业、会计和各种生活服务等第三次产业的发展，也是第三次产业革命的重要内容。发达国家第三次产业的比重不断提高，已经达到了 70% 左右。

第三节　产业发展规律

一、产业链与产业价值链

（一）产业链

产业链，是指产业按特定顺序依次进行的生产经营环节而构成的具有连续性、关联性的链条或系统。最简略的产业链可以概括为由供、产、销三环节构成的链条，顺序联系是先通过供应取得机械设备、原材料和劳动力等生产要素，然后进行生产，最后销售产品，取得收入，即供应→生产→销售。比较复杂的产业链则可能是更多环节构成的复杂链条。通过对信息流、物流、资金流的控制，从研究开发、设计、市场调研与预测开始，采购原材料、购买机械设备、雇用工人，到生产中间产品以及最终产品，包装运输，最后进行市场营销把产品送到用户手中，还要进行售后服务和用户反馈。

产业链的思想来源于亚当·斯密的分工理论，但是主要局限于企业内部分工。马歇尔将分工扩展到企业与企业之间，强调企业间的分工协作的重要性。产业链不仅涉及单个产业内部各个生产经营环节及其相互关系，而且还可能涉及产业与产业间的关联关系。比如：属于不同产业的供应商、制造商、分销商、零售商、直到最终用户连成的一个整体的功能网链结构模式。也就是说，各个产业部门之间基于一定的技术经济关联，并依据特定的逻辑关系和时空布局关系也能形成产业链。比如，机械制造业需要的钢材和电力，要由钢铁行业和电力部门提供；产品研究开发可以由专门的研发机构进行；产品销售也可以通过物流、商业公司实现。由此可见，产业链有单个产业内部形成的产业链，还有由某产业内部环节为主体与其他相关产业共同构成的产业链，这两类可以称为狭义产业链；由多个存在关联关系的产业构成的产业链，可以称为广义产业链或大产业链。本节主要分析狭义产业链。

（二）企业价值链

产业链是一个相对宏观的概念，存在两维属性：结构属性和价值属性。其结构属性表现为，产业链从产业经济活动的实物上看是产业实物链，反映的是产业各生产经营环节的实物变换过程。其价值属性表现为，产业链从价值增值角度看是产业价值链，反映的是产业各生产经营环节的价值增值（即附加值）的情况及其变动。

价值链（value chain）的概念是由美国哈佛商学院教授迈克尔·波特1985年在《竞争优势》一书中提出的。他认为，大部分企业都可以看作是一个由管理、设计、采购、生产、销售、交货等一系列创造价值的活动所组成的集合体。他主要研究的是企业价值链（图2-1）。对于具体企业来说，它所从事的处于该链条上的每一项活动都会产生成本，同时也会带来一定的价值增值。当它所出售产品或服务的价格比其创造所花费的成本高时，就可以获得一定的利润。因此，企业的总价值包括价值活动和利润这两部分。其中，价值活动就是指企业所从事的物质和技术上的界限分明的活动。这些活动根据其在价值增值过程中的参与形式可以划分为两大类：基本活动和辅助性的支持活动。

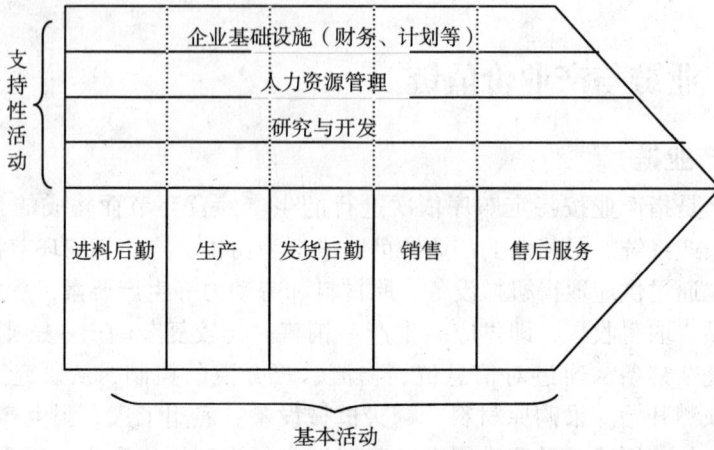

图 2 - 1　迈克尔·波特的价值链分析模型

1. 基本活动有五种类型。

（1）进料后勤，包括原材料搬运、仓储、库存控制、车辆调度和向供应商退货。

（2）生产作业，包括机械加工、包装、组装、设备维护、检测等。

（3）发货后勤：包括产成品库存管理、原材料搬运、送货车辆调度等。

（4）销售，包括广告、促销、销售队伍、渠道建设等。

（5）售后服务，包括安装、维修、培训、零部件供应等。

2. 支持性活动有四种基本类型。

（1）企业基础制度：企业基础制度起到了支撑企业价值链条的作用。如：会计制度、行政流程等。

（2）人力资源管理：人力资源管理对基本和支持性活动起到辅助作用，支撑着整个价值链。如，所有类型人员的招聘、雇佣、培训、开发和报酬等各种活动。

（3）研究与开发：每项价值活动都包含着技术成分，无论是技术诀窍、程序，还是在工艺设备中所体现出来的技术。

（4）采购与物料管理：采购指购买用于企业价值链各种投入的活动，采购既包括采购企业生产原料，也包括支持性活动相关的购买行为，如研发设备的购买等；另外也包含物料的管理作业。

波特认为，并不是企业参与的每个环节都创造价值，只有某些特定的价值活动才真正创造价值，这些真正创造价值的经营活动，就是价值链上的"战略环节"。企业要想保持竞争力，就要在价值链某些特定的战略环节上保持优势。企业的优势既可以来源于价值活动所涉及的市场范围的调整，也可来源于企业间协调或合用价值链所带来的最优化效益。价值链列示了总价值，包括价值活动和利润。价值活动是企业所从事的物质上和技术上的界限分明的各项活动，这些活动是企业创造对买方有价值的产品的基石。利润是总价值与从事各种价值活动的总成本之差。对于企业价值链进行分析的目的在于分析公司运行的哪个环节可以提高客户价值或降低生产成本。

总之，价值链的框架是将企业价值从基础材料到最终用户分解为独立工序，以理解成本行为和差异来源。通过分析每道工序系统的成本、收入和价值，业务部门可以获得成本差异、累计优势。

（三）产业价值链

按照迈克尔·波特的逻辑，每个企业都处在产业链中的某一环节，一个企业要赢得和维持竞争力不仅取决于其内部价值链，而且还取决于在一个更大的价值系统（即产业价值链）中，一个企业的价值链同其供应商、销售商以及顾客价值链之间的联接。企业的这种关系所反映的是产业结构的价值链体系。对应于波特的价值链定义，产业链上企业在竞争中所执行的一系列经济活动从价值的角度来界定，称之为产业价值链（industrial value chain）。

以汽车产业为例，从铁矿石、钢厂、橡胶厂、轮胎厂、螺丝加工厂、化工喷漆一直到汽车总装出厂，有运输企业负责运输，有广告公司负责市场推广、品牌定位，有销售公司销售，最后还有汽车维修厂和参与汽车保险的保险公司，这些企业都是汽车产业价值链上的一个环节。

对产业链进行分析，实质上就是将某一产业价值链进行分解考察，通过区分和界定处于产业价值链上的不同企业在某一特定产业内的各种活动，比较各个环节的价值和变化，以分析产业链上企业的竞争力和产业的发展方向。产业链分析有利于不同国家或地区的企业和产业根据自己独特的比较优势和竞争优势进行相应产业价值链环节的选择，进而一方面因正确的产业定位和选择而形成自己独特的产业竞争力，另一方面也促使不同国家或地区的生产者在同一产业价值链上不同环节间有效协作和分工的形成。

知识拓展

迈克尔·波特

迈克尔·波特（Michael E. Porter）（1947～ ），当今全球第一战略权威，被誉为"竞争战略之父"，是现代最伟大的商业思想家之一。波特出生于密歇根州的大学城——安娜堡，父亲是位军官。波特在普林斯顿大学学习的是机械和航空工程，随后转向商业，获哈佛大学的 MBA 及经济学博士学位，并获得斯德哥尔摩经济学院等七所著名大学的荣誉博士学位。32 岁即获哈佛商学院终身教授之职。曾在 1983 年被任命为美国总统里根的产业竞争委员会主席，开创了企业竞争战略理论并引发了美国乃至世界的竞争力讨论。他先后获得过大卫·威尔兹经济学奖、亚当·斯密奖、五次获得麦肯锡奖。迈克尔·波特博士获得的崇高地位缘于他所提出的"五力理论"（五力包括同行业竞争者，供应商的议价能力，购买者的议价能力，潜在进入者威胁，替代品威胁）和"三种竞争战略"（总成本领先战略、差异化战略、专一化战略）的理论观点。目前，波特博士的课已成了哈佛商学院学院的必修课之一。波特博士至今已出版了 17 本书及 70 多篇文章。其中三部经典著作《竞争战略》《竞争优势》《国家竞争力》被称为竞争三部曲。《竞争战略》一书已经再版了 53 次，并被译为 17 种文字；另一本著作《竞争力》，至今也已再版 32 次。

（三）产业链的特征与分类

1. 产业链的特征

（1）关联性

构成产业链的各个环节或产业，紧密相关，相互之间存在多种多样的经济技术联系，从联系的内容、性质、方式上来看，包括工作协作联系、竞争合作联系、供求联系、物质联系、价值联系、资金联系、技术联系、单向双向联系等。

（2）连续性

产业链的各个环节或产业之间的联系，具有连续不断的特点，一环接一环，不能间断。

（3）顺序性

产业链间的各个环节或产业之间的联系，不仅是连续不断的，而且是严格按照特定顺序依次连接的。比如，先有产品的研发和设计，才会有生产环节。

（4）整体性

产业链的各个环节或产业，都是为着共同的目标，相互依存，相互制约，互相联动，相辅相成，通过连续不断的、按照特定顺序依次连接的方式，构成一个有机整体，使经济活动最终达到预期目标。

（5）要素需求差异性

产业链的各个环节或产业的生产经营活动，所需要的资本、技术、人力、物质资源等生产要素的种类和数量并不完全相同，甚至存在较大的差异。比如，产品的生产研发，主要依靠知识、智力和人才；而生产装配，主要依靠普通劳动力。

（6）增值性

产业链同时是价值链，产业链的各个环节或产业的生产经营活动都会产生附加值即新增价值，而且每个环节或产业的增加值不一样，还可能存在较大差距，并且发生变动。

（7）层次性

产业链是分层次的，至少存在三个层次的产业链：基本层次是单个产业内部的产业链；中间层次是以特定具体产业内部环节为主体与其他相关产业共同构成的产业链；较高层次是完全有多个相关产业组成的大产业链。

（8）变动性

产业链的构成状况和特点会随着技术进步、产品的更新换代、分工专业化协作程度等情况变化而变化，甚至可能随着某种产品退出消费或市场导致相应产业衰亡而消失。

2. 产业链的分类

（1）按产业链形成的产业范围分类

依照产业链形成的产业范围不同，产业链可以划分为狭义产业链和广义产业链。狭义产业链是指由单个产业内部形成的产业链，以及由某产业内部环节为主体与其他相关产业共同构成的产业链；广义产业链是指由多个存在关联关系的产业构成的产业链。

（2）按实物与价值角度分类

依照实物和价值的不同角度，产业链可以划分为产业实物链和产业价值链。产业实物链是产业链从产业经济活动的实物上看，反映产业各生产经营环节的实物变换过程的产业链。产业价值链是产业链从价值增值角度看，反映产业各生产经营环节的价值增值（即附加值）的情况及其变动的产业链。

（3）按产业链所在地域分类

按产业链所在地域（即空间分布）的不同，产业链可以划分为国内或地区产业链和国际产业链。某个具体的产业链的所有环节或相关产业可以全部都在一个国家或地区范围内，也可能分布在不同的国家。国内或地区产业链是指在一个国家或地区范围内形成的、所有环节或相关产业全部都在一个国家或地区范围内的产业链，国际产业链是指在世界范围内形成的、所有环节或相关产业分布在不同国家的产业链。

（4）按生产经营环节和复杂程度分类

根据生产经营环节的多少和复杂程度的不同，产业链可以划分为长产业链和短产业链。长产业链是指生产经营环节较多和联系比较复杂的产业链，短产业链是指生产经营环节较少和联系比较简单的产业链。

（四）产业价值链的微笑曲线

台湾宏碁集团创办人著名企业家施振荣先生，在1992年为"再造宏碁"提出了有名的"微笑曲线"（Smiling Curve）理论，以此作为宏碁（企业）确立发展战略方向的理论基础。他用一个开口向上的抛物线来描述个人计算机制造流程中各环节的附加价值。由于该曲线类似微笑的嘴型，因此被形象地称为"微笑曲线"。产业价值链特别是制造业价值链中各环节的附加值存在一定的变动趋势，微笑曲线正是这种变动趋势的反映。

如图2-2所示，"微笑曲线"将产业链分为三大环节。一是位于抛物线左侧的上游环节，包括生产及加工技术的提高、技术培训、创意设计、研发、采购等分环节，其产品附加价值逐渐下降。二是位于抛物线右侧的下游环节，包括仓储、分销物流、批发及零售、品牌管理及售后服务等分环节，其产品附加值和盈利率也不断提高。最后是处于抛物线底端的中游环节，包括采购、生产、终端加工、库存管理、包装等分环节，该环节利润空间小、市场竞争激烈，是整个价值链条中附加值最低的部分。一般而言，处在"微笑曲线"两头的产业利润率在20%到25%之间，而处在中间的加工制造产业的利润率只有5%左右，甚至更低。20世纪六七十年代"微笑曲线"的幅度还不是很大，而到了90年代后曲线的幅度变大了，说明随着时代的发展，产业链的中游环节与上、下游环节在附加值上的差距越来越大。产业或者企业未来应朝微笑曲线的两端发展，也就是在左边提高研发的创造技术与专利技术，在右边加强客户导向的营销与服务。

上游环节和下游环节之所以附加值或收入高，主要是因为上游环节和下游环节生产经营活动的技术含量更高、劳动更复杂、难度更大，可能还有由此形成某种垄断因素而带来更多收益，所以附加值多的环节又被称为产业价值链的高端；中游环节之所以附加值或收入低，主要因为中游环节生产经营活动的技术含量低、劳动较简单、更容易从事，并由此可能存在激烈竞争而只能取得微薄的收入，所以附加值少的环节又被称为产业价值链的低端。

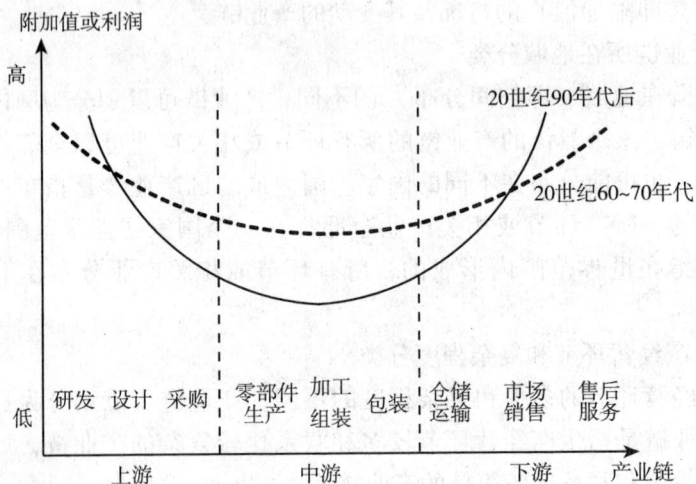

图2-2　微笑曲线

微笑曲线对分析企业和产业的发展现状、进行正确的经营决策具有重要应用价值。从微笑曲线可知，一个企业要实现利润最大化，最好进入产业价值链的高端，专门从事或主要从事上游环节和下游环节的生产经营活动；一个国家的地区的产业要更有竞争力，经济效益更高，在国际产业价值链中也要创造条件，尽可能进入高端。由于中游环节的生产经营活动相对而言，要求不高、难度不大、比较容易进入，企业往往先进入低端，先求得生存，然后再图发展。

二、产业生命周期

（一）产业生命周期的内涵

只要存在社会分工，只要是社会化大生产，就会存在由多种不同的产业构成的产业总体，因此从总体上来讲的产业将永远存在，产业总体也就不存在由产生直至消亡的生命周期。如果产业总体也有生命周期，也会走向消亡，那就意味着国民经济也要消亡，人类社会也就不存在了。产业总体的发展过程就是不断由不完善、不成熟的低水平向更完善、更成熟的高水平演进的过程，而且只要人类社会存在，这个过程就是无止境的，这是产业总体发展的一条最基本的规律。但是，单个具体产业则不同，大多数产业都会存在由产生直至衰亡的生命周期。因为，单个具体产业是生产同种类产品的企业的集合，某种具体的产品大多数都存在生命周期，当某种产品走向消亡的时候，生产这种产品的企业要么衰亡，要么转产而变成别的产业的企业，由生产消亡产品的企业集合而成的产业也就会走向衰亡。因此，可以说产品的生命周期也就是产业的生命周期。

产品生命周期（product life cycle）简称PLC，是指产品从准备进入市场开始到被淘汰退出市场为止的全部运动过程，是由需求与技术的生产周期所决定的。企业开展市场营销活动的出发点，是市场需求。而任何产品都只是作为满足特定需要或解决问题的特定方式而存在，不断会有领先产品出现，取代市场上的现有产品。产品的销售就像人的生命一样，要经历出生、成长、成熟、老化、死亡等阶段。具体可以分为开发期、进入期、成长期、成熟期、衰退期五个阶段，在图形上表现为一条"S"型曲线。如图2-3所示。

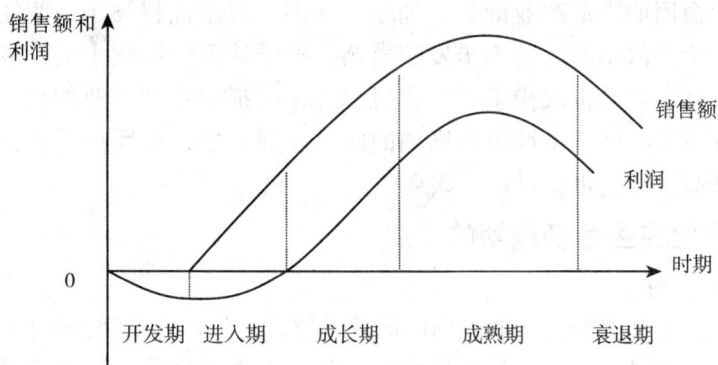

图2-3　产品生命周期

产品生命周期和产品的使用寿命是两个完全不同的概念。前者指的是产品的经济寿命，即产品在市场上销售的时间，它以产品在市场上的销售额和企业利润额的变化为依据进行分析判断，反映的是产品的销售情况和获利能力随时间演变的规律。而后者指的是产品的自然寿命，即产品物质形态的变化、产品实体的消耗磨损。有的产品使用寿命很短，但生命周期却很长，如肥皂、爆竹等；而有的产品生命周期很短，但使用寿命却很长，如时尚服装等。

由图2-3可见，第一阶段是产品投放市场的时期，由于刚开始，成本和价格较高，人们还不了解，销售渠道还不多、不畅，所以产品销售额很小，还不可能产生利润，产业也只是初步形成。第二阶段是成长期，市场逐步打开。销售额不断增加，开始有了利润并随销售额的增加而增加，产业开始发展、壮大。第三阶段是成熟期，产品成本和价格下降，规模经济形成，产品被人们熟悉和广泛接受，销售渠道增多、畅通，销售额大幅度增加。逐步达到顶峰，利润也逐步达到最大化，产业成熟、发达。第四阶段是衰退阶段，在销售额和利润量较高的状况持续一段时间以后，出于新产品的出现或消费结构的变化，市场对某种产品的需求会大量减少甚至完全消失，该产品的销售额和利润量必然会随之大幅度下降，逐步走向衰落甚至消失，产业也走向衰退。

从长期来看，大多数产品都有市场生命周期，但也有少部分产品的生命周期并不明显，比加大米、面粉、食盐等产品就看不出"s型曲线"的变化。而且，不同产品的市场生命周期的时间长短和周期性特征也不完全相同，有的产品如流行服装、时尚商品的市场生命周期短，而有的产品如日用品的市场生命周期长；有的产品如相机、手机的投入期、成长期很长，而有的产品如电子计算机投入期、成长期都非常短。产品市场生命周期产生的主要原因，是科学技术的进步和消费结构的变化。科学技术进步能开发出许多功能更新更全、性能更好、质量更简、价格更便宜的新产品，消费结构变化会使某些市场需求减少以至消失、使某些市场需求增加、使新的需求产生，这都会引起产品的更新换代、导致老产品不断被淘汰，新产品不断出现，取代老产品的趋势，从而形成产品的市场生命周期。

产品的生命周期决定产业的生命周期。比如：汽车代替马车，使生产马车的产业走向衰亡、生产汽车的产业逐步发达繁荣；电子计算机淘汰手动计算机、程控电话取代手摇电话、收录机取代手摇留声机等等，也都导致老产业的衰落和消亡，新产业的形成和发展。产品市场生命周期的四个发展阶段，也反映了相关产业兴衰的演变过程，产品兴亡史也就是产业兴衰史。

（二）产业在生命各周期的特点

1. 产业开发期

几乎所有产业都要经过一段时间的萌芽过程，这就是开发期。一个产业的出现不是凭空创造的，而是具备一定的经济技术条件。人类的物质文化需要是产业最基本的动力。马斯洛认为人的一切行为都是由需要引起的，人的需要是分层次的。第一层次是生理需要，第二层次是安全需要，第三层次是爱和归属的需要，第四层次是尊重的需要，第五层次是自我实现的需要，人的需要随着生产力发展和收入水平的提高而不断地进行新旧更替和上升。人类需要的数量、质量、结构、层次、变化趋势决定着产业的发生、数量、质量、结构、层次和变化趋势。在开发期，产业一直处于开发产品，投入资金的状态，所以没有产出，利润是负的。在开发期，产业前途未卜，不知道该产业是不是能满足人们的需要，所以产业前景是不可预测的。

2. 产业进入期

一旦产品开始销售，产业就迈入了进入期。这时，企业会开始得到产出回报，慢慢弥补之前的投入资金，直到产生利润。该产业应具有专业化的从业人员，包括专门的设计、技术人员、管理人员以及工人群体。还应具有专业化的生产技术装备和技术经济特点。相比成长期、成熟期，进入期呈现以下几个特点：首先，进入期的产业规模小，生产批量小，制造成本高。因为此时产业集中度还不高，只有一个或少数几个企业生产这种新产品，企业对市场的反应还在进行测试，产品技术和生产工艺还不成熟，产品的设计还在变动中，产品功能也有待于改进，还不具备大批量生产的条件，这样也提高了制造成本。其次，宣传推广费用比较大。作为新产品，市场上人们对之还不了解、不熟悉。为了把该产品推向市场，必须营造出很大的推广势头，宣传其优点，使顾客乐于采用。第三，由于产量小，成本相对较高，同时生产上的技术问题未能完全克服，以及广告费用高昂，产品售价往往偏高。

3. 产业成长期

产业的销售收入逐渐增多，直到抵消了之前的投入资金，开始获得利润，产业就进入了成长期。成长期的特点是：第一，产业通过形成期的发展，已经为消费者所了解和熟悉，形成了相当大的市场需求；其次产品设计和制造方法已经定型，生产工艺完善，产品功能比较稳定，具备了大批量生产的条件。第二，竞争者认为该产业有利可图，纷纷进入市场，产业集中度由低向高发展。产业规模迅速增加。产业利润率也变高。因此，如果说产业开发、进入期是产业从"无"到"有"的产生过程，那么产业的成长期就是产业从"小"到"大"的充实和发展过程。第三，生产成本大幅度下降。一方面，生产工艺完善了，产业规模增加了，规模经济效应发挥，降低了成本。另一方面，产业组织日益合理，产业链也逐步完善，为成本降低创造了条件。第四，利润迅速增长。产业成长期，厂商为了占领市场，可能降低销售价格，但由于大批量生产，成本降低更快，企业的利润在迅速增长。

4. 产业成熟期

产业经过成长阶段之后，生产能力和市场空间的扩大趋于停滞，随之进入产业成熟期。产业成熟期的特点：首先，产业生产能力扩张的速度减慢，生产要素投入的增长率下降，进入的企业减少。同时与其他阶段相比，进入成熟阶段的产业在国民经济中地位也处于最高的时期。因为，当一个产业到了成熟期，社会对它的需求和市场占有额才能达到最大，才能有长期和稳定的产出与收入。其次，产业的市场销售量还会有所增加，但增长的速度趋于缓慢，市场需求量已趋于饱和，社会认同度、普及率都很高。第三，竞争往往转向更注重成本和服务方面，由于较缓慢的增长，竞争就会趋向于变得越来越具有成本导向和服务导向。在成本方面增加的压力还可能通过迫使厂商获得最现代化的设施和装备而增加对资本的要求。第四，市场销售量达到最大值后开始下降，利润达到最大值后开始下降。市场销售增长率减缓，使厂商生产能力发生过剩，导致激烈的价格竞争而迅速压低价格水平。竞争也使广告等促销费用提高，利润率下降。因此，在产品进入成熟期后，产业的销售量仍有增加，但利润量不但不能维持增长的势头，反而有比较稳定而逐步走向下降的趋势。

5. 产业衰退期

经过成熟阶段以后，产业进入衰退期。在衰退期，产业的市场需求逐渐萎缩，生产能力过剩，丧失了增长潜力，并在整个产业结构中的地位和作用不断下降。从产业发展的过程分析，一个产业进入衰退期是该产业发展的必然结果。产业的衰退期有以下特点：第一，能力过剩。"能力过剩"的概念是由20世纪30年代美国著名经济学家张伯伦提出来的。第二次世界大战后日本最早确定的衰退产业是煤炭业，随后是纺织、造船、有色金属等一批产业，并对这些衰退产业制定了各种调整援助政策和各项法律。生产能力过剩表现为开工严重不足，产品普遍性的供过于求，产品积压。世界钢铁、造船、自行车、缝纫机、钟表、打火机、半导体、重型设备等产业出现生产能力严重过剩，标志着这些产业在世界范围内出现衰退。与经济周期而引起的短期性的过剩不同，产业衰退造成的生产能力过剩，在本质上是没有增长潜力的，产业的收入弹性很低，在整个国民经济总产出中所占比重大幅度下降。第二，过度竞争。"过度竞争"的概念是由20世纪60年代贝思提出来的。所谓过度竞争，是指某个产业由于进入的企业过多，使许多企业甚至全行业处于低利润率甚至负利润率的状态，但生产要素和企业仍不从这个行业中退出，使全行业的低利润率或负利润率的状态持续下去。第三，财务状况恶化。衰退产业导致生产能力不能有效利用，利润率下降，现金流入减少，支付能力和偿债能力下降，债务负担加重，利息支出剧增，甚至要变现短期甚至长期资产，财务状况恶化。

（三）产业生命周期的特点

产品的市场生命周期决定产业的生命周期，产品市场生命周期可以说就是产业生命周期。与其他事物有生必有亡的生命周期相比较而言、产业生命周期又具有自己的特点：

（1）不是所有的产业都有生命周期。不仅总体上产业没有生命周期，大多数大类产业如农业、工业、服务业及其再下一个层次的种植业、轻工业、旅游业等也不存在生命周期，而且单个具体产业也不一定都存在生命周期，不一定都会走向衰亡，比如理发业、清洁水供应业等。

（2）产业生命周期存在缩短的趋势。随着新的科技革命的迅猛发展，人类社会向知识经济时代迈进，知识更新速度加快，技术开发周期缩短，产品升级换代步伐加速、使得产业很快由成熟期进入衰退期，有的产品的市场生命周期只有几年甚至只有几个月，因而产业生命周期大大缩短。

（3）许多产业可能"衰而不亡"。世界各国产业结构演进的历史表明，进入衰退期的许多传统产业，虽然在国民经济中所占的比重在不断下降，但对这些产业产品的需求不会完全消失，因而这些产业的比重也不会下降到零，具有明显的"衰而不亡"的特征，真正完全"消失"或"死亡"的产业并不多见。例如，烟草和卷烟业在全球均进入了衰退期，但由于人类难于杜绝吸烟而不可消亡。

（4）衰退产业可能"起死回生"。由于科学技术进步和消费结构的变化，使得有些进入衰退期的产业可能用高新技术进行改造和武装，降低成本，提高质量，改进性能，增加花色品种，重新焕发"青春"，增强生命力，再次显示出产业成长期甚至成熟期的特征。

（四）产业生命周期中产业地位和性质的改变

单个具体产业的生命周期一般要依次经历开发期、进入期、成长期、成熟期、衰退期等五个发展阶段，处于不同发展阶段的产业在产业结构和国民经济中的地位是不相同的，具有不同的性质，并且随着进入不同的发展阶段，产业的地位和性质也会随之发生相应的变化。

划分产业生命周期的不同阶段，主要是按照该产业在全部产业中所占比重的大小及其增长速度的变化而进行的。在产业的形成阶段，由于不同产业代表产品的市场需求状况的不同或其他原因，有的产业在形成期发展的较快，在生命周期曲线上表现为斜率变化大，曲线上升很快．有的却发展的十分缓慢，在生命周期曲线上表现为斜率变化不大，曲线上升平缓。因此，该阶段的产业生命周期曲线对不同的产业而言会呈现出不同的形状。但总的来说，这时期该产业在整个产业中所占的比重还很小。当某产业的产出在整个产业系统中的比重迅速增加，并且该产业在促使产业结构变动中的作用也日益扩大时，就可认为该产业已度过了形成期而进入到成长期阶段。处于成长期阶段的产业的一个主要特征是该产业的发展速度大大超过了整个产业系统的平均发展速度，并且其技术进步迅猛而且日趋成熟，市场需求容量也迅速扩张。在生命周期曲线上表现为斜率较大，上升较快。当某产业经过成长期的迅速增长阶段，由于一方面其产出的市场容量已渐趋饱和与稳定；另一方面，该产业对产业结构变动所起的作用也基本上得到了发挥。那么，它发展的速度必将会放慢。这就标志着该产业从成长期步入了成熟期，这时的生命周期曲线表现为斜率很小，变化平缓。这时期，与其他阶段相比较该产业在整个产业中所占的比重最大。当技术进步向市场上推出了在经济上可替代此产业的新产业时，该产业占整个产业的比重就会下降，发展速度开始变为负数，表明该产业已进入衰退期。这时的生命周期曲线具有不断下降的趋势，并且其斜率一般也为负数。

处于进入期和成长期的产业，一般是新兴产业、"朝阳产业"、先导产业。这些产业的特点是，市场潜在需求巨大，生产新产品，技术先进，代表产业发展的方向，发展速度快，增长率高，有的还具有很强的带动其他产业发展的能力，能够引起产业结构的变动，可能发展成为主导产业。

处于成熟期的产业，一般的特点是市场需求可能达到最大，具有较为长期和稳定的产出和收入，虽然并不都是主导产业、支柱产业。但只要是主导产业、支柱产业必然是处于成熟期的产业。因为只有处于成熟期的产业，才有可能在产业结构和国民经济中占较大的比重，才能发挥主导作用和支柱作用，对其他产业发展产生较大影响，支撑着整个国民经济的发展。

处于衰退期的产业，一般是传统产业、"夕阳产业"、衰退产业，这些产业的特点是，市场需求萎缩以至消失，产品老化，技术陈旧，增长缓慢甚至下降，在产业结构和国民经济中占的比重持续下降。进入衰退期的主导产业、支柱产业则会失去"主导"、"支柱"的地位和作用，比如发达国家的钢铁工业、纺织工业等。进入衰退期的产业一般有三条出路：一是由衰退走向消亡；二是转移到别的经济发展水平较低、产业结构演进也处于低级阶段的国家和地区，开辟新的市场，焕发新的生机；三是用高新技术进行改造和武装，重新焕发青春和活力，再次走上发展之路。

产业的地位和性质，按产业生命周期四个阶段的顺序，依次为新兴产业、"朝阳产业"、先导产业，成熟产业、支柱产业、主导产业，以及传统产业、"夕阳产业"、衰退产业。这一发展趋势，既反映了产业生命周期不同阶段产业类型演变的特点，也是产业发展的一般规律。

三、产业发展的影响因素

（一）产业竞争力

决定和影响产业发展的因素是很复杂的。大的来说，有政治、经济、文化、历史等因素，具体地说，有需求、供给、对外贸易、经济制度以及经济发展战略等因素。一种产业若能持续发展，必然有自己的竞争力。产业竞争力理论主要由两个方面的内容组成：一个是以波特的"钻石模型"为代表的产业竞争力成因理论，该理论以定性分析为主要方法；一个是产业竞争力计量分析理论，以定量分析为主要方法。本书主要介绍波特的"钻石模型"。

产业竞争力，也称产业国际竞争力，指某国或某一地区的某个特定产业相对于他国或地区同一产业在生产效率、满足市场需求、持续获利等方面所体现的竞争能力。竞争力是一个比较的概念，内涵涉及两个基本问题：一个是比较的内容，一个是比较的范围。具体来说：产业竞争力比较的内容就是产业竞争优势，而产业竞争优势最终体现于产品、企业及产业的市场实现能力。产业竞争力在国家或地区的范围内作比较的，产业竞争力是一个区域的概念。因此，产业竞争力分析应突出影响区域经济发展的各种因素。

（二）波特的钻石模型

迈克尔·波特的《国家竞争优势》一书的目的就是解释一国的经济环境、组织、机构和政策在产业竞争力中所扮演的角色，并找出一个国家可以维持产业竞争力的那些因素。波特根据对 10 个国家、上百种产业的历史研究，归纳出"钻石体系（Diamond, determinants of national advantage），以分析国家如何在特定领域建立竞争力"。所以，我们可以用迈克尔·波特的《国家竞争优势》描述的钻石模型来阐述影响产业发展的因素（图 2 - 4）。

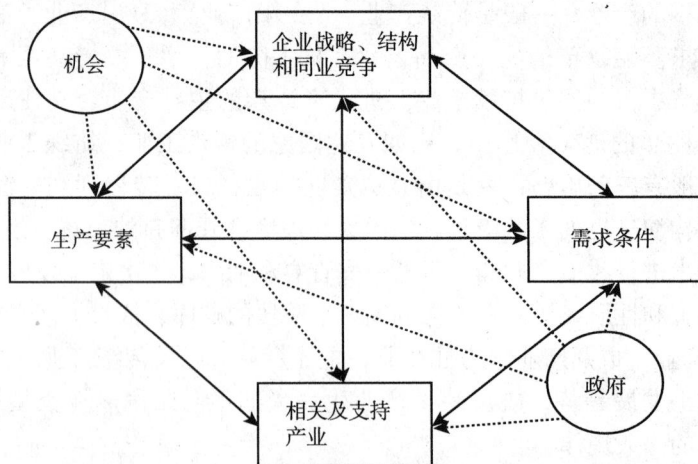

图 2 - 4　迈克尔·波特的钻石模型

一个国家为什么能在某种产业的国际竞争中崭露头角？答案必须从每个国家都有的四项环境因素来讨论。

1. 生产要素，即有关生产方面的表现，如：人工素质或基础设施的良莠不齐；

2. 需求条件，是指该项产业所提供产品或服务在本国市场的需求；

3. 相关产业和支持产业的表现，要研究的产业的相关产业和上游产业是否具有国际竞争力；

4. 企业的战略、结构和竞争对手——企业在一个国家的基础、组织和管理形态，以及国内市场竞争对手的表现。

在产业的竞争力上，还有"机会"和"政府"两个变数。产业发展的机会通常是指础发明、技术、战争、政治环境发展、国外市场需求等方面出现重大变革与突破。政府在钻石模型中的作用，是指各级政府对产业竞争力的影响。比如，教育水平的提高可以改变生产要素，政府的收购可能影响相关产业兴起等等。因此，"政府"条件也不能忽视。

1. 生产要素

生产要素是各个国家互通有无的根本。生产要素如人工、耕地、天然资源、资本与基础设施等是任何一个产业最上游的竞争条件。根据贸易理论，每个国家有不同的生产要素，国际之所以会有贸易活动，就是因为每一个国家出口本身生产要素相对充沛的产品。生产要素可以被归为以下几类。

（1）人力资源

人力资源，即人员的工作量和技术能力、人力成本。

（2）天然资源

天然资源包括先天资源的充沛与否、质量优劣、土地价格、水力、矿藏、渔场及其他有形资源。气候与国家的地理位置、面积等。

（3）知识资源

知识存在于大学、政府研究机构、私立研究单位、政府统计部门、商业与科学期刊、市场研究报告与资料库、行业协会及其他来源。

（4）资本资源

资本资源可以通过信用贷款、抵押贷款、风险资本等形式运作。一个国家的资本市场以及使用它的形式，又受到国民储蓄率和资本市场结构的影响，因此随各国国情形态而有所不同。

（5）基础设施

基础设施包括运输系统、通信系统、健康保险等。其质量和使用成本都会影响产业的竞争力。基础设施也包括房屋供给和文化机构等因素，因为它们会影响到这个国家的人民的生活质量。

这些生产要素通常不是单独出现的，由于每个产业性质不同，产业对它们的依赖程度也不同。在有些产业中，企业只要能掌握低成本或独特高质量的生产形态，就能巩固竞争力。

波特将生产要素划分为初级生产要素和高级生产要素，初级生产要素是指天然资源、气候、地理位置、资金等，高级生产要素则是指现代通讯、信息、交通等基础设施，研究机构等。波特认为，由于对初级生产要素的需求越来越小，初级生产要素重要性越来越低。高级生产要素对提高竞争力具有不容置疑的重要性。高级生产要素需要先在人力和资本上大量和持续地投资，而且高级生产要素很难从外部获得，必须自己投资、创造。

2. 需求条件

国内需求市场是产业发展的动力。企业可以及时发现国内市场的客户需求，这是国外竞争对手所达不到的。因此波特认为竞争全球化并没有减少国内市场的重要性。比如，加拿大第一个发明了胰岛素，但是胰岛素在加拿大缺乏国内市场，加之基础科学的整合能力不足，产业中的相关企业零星分布，因此不能把领先推出的发明转换成具有国际竞争力的产业。而像丹麦这样，具有胰岛素国内市场需求的国家，很快在技术上赶上了加拿大，而且建立了今日由诺和诺德领头的强有力的胰岛素产业。本国市场要能产生产业的竞争力，必须具有以下三项特色：

（1）细分市场需求的结构

在绝大多数的产业中，市场需求可以被细分为各个小组。许多人认为，产业的竞争力应该与它的国内市场大小有关，因为市场会影响规模经济的大小。然而，波特认为国内市场对某产业环节的需求量，并不是必然等于这个产业的国家竞争力。而企业的国内市场规模就算不大，照样可以进军国际市场，做出规模经济来。

细分市场需求之所以重要，是因为它能调整企业的注意方向和优先发展顺序。通常，比较大的产业环节受到注意比较早。这种现象在新崛起或正在发展中的产业里尤其明显。抢先进入的厂商会把注意力放在标准型的产品上，努力满足市场的成长需求。这一类产业环节通常很容易被外国竞争者抢占。

市场细分的重要说明了一项事实：小国根据本身需求所努力发展经营的产业环节，即使只算是大国的次要产业市场，照样可以为小国带来产业上的竞争力。当产业将国内市场的各个产业环节连接起来时，当产业环节联合成更大的产业部门时，都会为本国带来更大的竞争力。

（2）欢迎内行而挑剔的客户

波特指出，本地客户的需求非常重要，内行而挑剔的客户的需求更加重要。如果本地客户对产品、服务的要求很高或非常挑剔，就会激发该国在该产业提高竞争力。也就是，如果能满足最难缠的客户，其他的客户要求就不在话下。而企业与这类型客户在地理和文化上的相近，使得企业更容易察觉新的需求，并与发展创新密不可分。

内行而挑剔的客户是本国厂商追求高质量、完美的产品造型和精致服务的压力来源。如日本消费者在汽车消费上的挑剔是全球出名的。而美国人大大咧咧的消费习惯致使美国汽车工业缺乏竞争力，在石油危机时无力招架。环境特色也会造成客户对某些产品特别苛刻。日本夏季炎热潮湿，住家狭小紧张，所以能以轻薄安静的家用冷气机打进国际市场。影响本国客户会有特殊需求的因素有很多，像地理环境、气候、天然资源、税制、法律规范和社会标准等。

（3）预期型需求

因为先进的产品需要前卫的需求来支持，如果本地的客户有预期型需求，也就是本地的客户需求领先于其他国家，这也将成为本地企业的一种优势。本土需求之所以重要，是因为它能协助厂商掌握新产品信息和趋势，而且这个持续过程可以刺激厂商的产品不断升级、增长面对新形态产业环节的竞争能力。例如，由于德国高速公路没有限速，当地的汽车工业就努力满足德国人对高速的狂热追求，保证汽车的质量与速度，而高达300公里的时速在其他国家却没有实际意义。有时候，这种预期型需求由于该国政策或社会价值导向所产生，进而成为其他地区的共同需求。如有关汽车安全、节能的法规和税费政策等。较其他国家领先的法规制度也会有助于形成某产业的竞争力。

3. 相关支持性产业

相关产业和支持性产业与优势产业是一种休戚与共的关系，它们共同形成产业集群。即一个优势产业是不会单独存在的，它一定是同国内相关强势产业一同崛起。例如，德国的印刷机业雄霸全球，是由于德国有着强大的造纸业、油墨业、机械制造业。再如，瑞士的酵素工业很早就具有国际竞争力，导致瑞士制药业到现在一直很成功。

相关支持性产业中本国供应商是很重要的一员。产业要形成竞争力，就必须有世界一流的供应商，还要有上下游产业的密切合作关系。具有国际竞争力的上游产业，对下游产业是很有利的。首先，下游产业可以在来源上做出快速反应，甚至可以降低成本。另外，本土相关产业可以持续与供应商合作，降低交易成本。相对外国供应商，本国供应商稳定性较高，因为本地市场更真实，较容易预测。而本土企业与本国供应商在文化和地缘上的一致性，也使得它们的管理人才和技术人才背景相近、设备和信息相近，进而降低沟通和执行时的成本。

另一方面，具有竞争力的本国产业通常会带动相关产业的竞争力。因为它们的产业价值相近，可以分享信息，可以达成合作。产业的这种提升效应（pullthrough effect）会使企业认识更多新机会，也让有新观念的人获得机会投入这个产业。相关产业中的本地企业通常并肩行动，有时并因此联盟。提升效应通常与产品的互通技术比例的高低有关。不过，提升效应最强的时机通常是产业在生命周期的初始阶段，受益最明显的是那些行动快的企业。

不过，不论是本地供应商或相关产业，都必须与钻石模型的其他关键要素搭配。若掌握不住先进技术、国内市场无法及时反映市场变迁，或缺乏强而有力的本土竞争者以激发斗志，就算供应商的水平是世界一流，它对下游企业竞争力的贡献仍然相当有限。例如，美国的电视机产业，虽然美国的半导体产业领先全球，但是电视企业专注于发展大尺寸电视，忽略了整个世界趋势，更缺乏改善技术，上游供应商的竞争力于事无补。

4. 企业的战略、结构和竞争对手

在对产业的影响作用中，第4个关键要素就是企业，这包括该如何创立、组织、管理公司，以及竞争对手的条件如何等。企业的目标、战略和组织结构往往随产业的差异而不同。产业成功的前提是，企业必须善于运用本身的条件、管理模式和组织形态，更要掌握国家环境的特点。比如，意大利的照明、家具、制鞋等产业有国际竞争力。这些产业大多由经济规模较小、以合作代替联盟的企业所组成，避开标准化、利润低的产品，战略上则力求遵循满足各种客户的不同需求，开发造型特殊的产品。这些意大利的企业讲求个人创意，因此着重于抓住市场趋势，并在企业结构上具备随时调整的弹性。德国就与此相反，在光学、化工等需要高度技术的产业上很成功。这是因为德国企业中，具有工程和技术背景的高层主管在企业战略上，比较喜欢发展系统化的产品，避免尝试高风险的竞争。由于德国产业重视复杂、精密加工和完善售后服务的产品，所以德国的企业结构服从于高度的纪律。

波特指出，拥有持续的产业竞争力的最大因素是在国内市场有强有力的竞争对手。一般认为，国内竞争激烈的话，会过度消耗资源，不利于规模经济的发展，一个产业有两到三家企业独大是最佳的市场状态。但是，波特研究了十个国家的产业竞争力，在具有国际竞争力的产业中，普遍存在着强有力的国内竞争对手。比如：全球制药业排名第一的美国辉瑞公司在就有礼来、强生等本土的竞争对手。

由于国内市场竞争对手不仅激励了企业的静态效率，它还能为企业提供改进和创新的原动力，所以非常重要。成功的产业必然先经过在国内市场进行搏斗，进行必要的改进和创新，然后参与国际竞争，带着更强的竞争力进入海外市场。

5. 机会

机会是可遇而不可求的，机会通常不是企业，甚至政府所能控制的。机会可以调整产业结构，提供一国的企业超越另一国的机会，同时也可以影响到钻石模型中其他关键要素的变化。

属于机会的情况大致有这几种：战争、基础科技的发明创造、传统技术出现断层、外因导致生产成本突然提高（如石油危机）、金融市场或汇率的重大变化、市场需求的剧增和外国政府的重大决策等。引发机会的事件很重要，因为它会打破原本的状态，提供新的竞争空间。这些事件使得原本的竞争者丧失优势，新势力取代旧势力，能满足新需求的厂商，就能获得发展的机会。

引发机会的事件也会影响到钻石模型中各个关键要素的变化。比如战争会加大本地军事、科技的投资力度，但也会抑制客户关系等需求条件，从而阻碍产业的发展。德国拜耳公司制造的阿司匹林，因为第一次世界大战德国战败，在海外市场的资源和商誉就有所损失，美国、英国、瑞士等战胜国的化工制药业则因此戏剧般的崛起。

国家的产业竞争力的核心是"发明"和"企业家"。有人认为发明和企业家只是一种随机条件，产业的诞生、发展要靠运气。但是波特的研究表明，把机会列入影响因素并不代表产业的命运无法预测。

6. 政府

政府是决定竞争力的最后一个因素。从事产业竞争的是企业，而非政府，竞争力的创造最终必然要反映到企业上。政府能做的只是为企业提供所需要的资源，为产业创造发展的环境。政府直接投入的应该是企业无法进入的领域，也就是外部成本，如：发展基础设施、开放资本渠道、培养信息整合能力等。

政府只有扮演好自己的角色，才能成为扩大钻石模型的力量，政府可以创造新的机会和压力，政府对于钻石模型中4个关键要素的影响首先是：政府的补贴、教育和资金市场等政策会影响到生产要素。政府对国内市场需求的影响是，一方面，政府制定有关本地产品的相关政策时，必然会影响到客户的需求状态；另一方面，政府本身也常常是一国市场的主要客户之一。政府既有可能促进产业发展，也有可能阻碍产业发展。另外，政府可以通过规范媒体的广告形式或产品的销售方式来影响一种产业的上游和相关产业。运用政策工具如金融市场规范、税制或反托拉斯法等，政府又可以影响到企业的结构、战略和竞争对手的形态。

波特认为，政府政策再有利，产业发展如果没有其他关键要素的搭配，也不行。若政府政策在产业具备其他关键要素的基础上运用的话，就可以强化产业的优势。

产业若要建立国家竞争力，必须要善于运用钻石模型中的六大关键要素。钻石模型还是一个互动的体系，它内部的每个因素都会强化或改变其他因素。通过钻石模型，我们可以知道国家环境对产业竞争可能产生的效果，它们会引导企业创造和保持本身的竞争力。模型中的这些要素对产业发展有很大的影响力，也是分析产业竞争力必备的工具。

第四节　医药产业的发展特点

一、医药产业的概念、分类及特点

（一）药品定义及特点

凡能预防疾病、治疗疾病、诊断疾病、计划生育的物质都可被称为药物。这些物质可来源于植物、动物、矿物或人工合成品，广义的药物还包括与人们日常生活密切相关的多种食物，如米、面、糖、茶等。药品一般是指由各国政府药品管理部门认可的商品药物，它们具有法定意义，而且使用上更科学、更严谨、更安全。根据2001年12月1日起实施的《中华人民共和国药品管理法》第一百零二条关于药品的定义：药品，是指用于预防、治疗、诊断人的疾病，有目的地调节人的生理机能并规定有适应症或者功能主治、用法和用量的物质，包括中药材、中药饮片、中成药、化学原料药及其制剂、抗生素、生化药品、放射性药品、血清、疫苗、血液制品和诊断药品等。

药品具有一般商品的两个基本要素即使用价值与价值。但药品又不同于一般商品，它是一种用于防病治病、康复保健、计划生育和抢险救灾的特殊商品，具有被国际公认的特殊性。

1. 药品质量的特殊性

由于药品的使用价值集中表现为质量，所以药品的质量必须百分之百的可靠，从生产到流通都必须有严格的质量检测手段，不合格的药品一律不得流通。但是药品的质量很难从外观上看出来，必须依据一定的标准由政府指定的机构进行检测和认定。药品质量不同于其他商品的特殊性还在于即使是合格品也具有一定的毒副作用，甚至有的药品本身就是毒药。

2. 药品管理方式的特殊性

药品消费方式是被动消费，消费者在药品的品种与质量方面很少有选择的余地，药品质量在于对政府、药品生产商、经营商实行特殊的管理。

3. 药品使用范围的专属性

药品不像一般商品在使用方面有一定的随意性，同类商品之间甚至可以任意替代。对于药品的使用来说，"对症下药"是亘古不变的真理。而且即使有了对症的药品，在大部分情况下也需要在医生的指导下使用，有时甚至要在医护人员的监护下方能使用，否则药品就难以或不能达到治病救人的目的。目前，药源性疾病逐渐增多，滥用药品就是主要原因之一。据WHO统计，全世界因病死亡的人中约有三分之一死于滥用药品。

4. 药品的两重性

药品在具有防治作用的同时也具有不良反应，如果使用得当，就可以防病治病、保障人民的身体健康；但如果使用不当或失之管理，就会危害人民的身体健康。如吗啡，使用得当时，是一种镇痛良药；而使用不当，管理不善时，就是一种毒品。

5. 药品的时限性

药品的时限性有两层含义，一是指一般商品短时间缺货时可能无碍大局，而药品的社会需要往往带有突发性，"不用不买、买则急需"。所以药品生产经营部门要有超前性、预测性及适当的储备，特别是当有重大疫情、灾情发生时，要能够做到保证数量及时运抵事故地点。如2008年512汶川大地震时，政府就要从附近省份紧急调运药品来救治伤员。在应对汶川、玉树地震灾害中，调运了200多个品规的总值近3亿元的医药产品，为抗震救灾做出了积极贡献。药品时限性的第二层含义是，由于药品有规定的有效期，过期的药品，只能报废销毁。

6. 药品经营的特殊性

一般商品可以用价格来调节其需求。如当商品库存过多时可以搞"清仓处理"或按时令进行"削价处理"，消费者可以适当地购买一些暂时用不着但生活必需的商品储存起来。由于药品具有"专属性"，而且讲究"对症下药"，价格刺激和经济形势的变化对药品需求的影响甚微，一般不能用价格来调节其需求。再加上药品具有"时限性"，所以，在药品的经营中具有一定的特殊性。这就要求药品经营者要正确地掌握市场对药品的需求情况，以便掌握经营的主动权。

（二）医药产业的概念

医药产业是我国国民经济的重要组成部分，其主要门类包括：化学原料药及制剂、中药材、中药饮片、中成药、抗生素、生物制品、生化药品、放射性药品、医疗器械、卫生材料、制药机械、药用包装材料及医药商业。医药产业对于保护和增进人民健康、提高生活质量，为计划生育、救灾防疫、军需战备以及促进经济发展和社会进步均具有十分重要的作用。

医药产业是指与药品（包括医疗器械）研制、生产、流通有关的所有厂商的集合。主要包括中药种植、化学原料药、中成药、化学制剂、生物制药、医疗器械、医药包装、医药商业等子产业。考虑到数据的可得性，本书的"医药产业"与我国政府的产业分类中一般使用的"医药工业"是一个相同的概念。西方经济学文献中的制药产业（Pharmaceutical industries，也译作制药工业）起初主要是指化学制药企业的集合，但最近十几年的文献中逐渐约定俗成地将新兴生物制药企业纳入制药产业的范畴内，因而也属于本书的医药产业范畴。

（三）医药产业的分类

医药产业按照不同的分类方法，会有不同的分类结果。

1. 按产品分类

（1）产品形态分类法

根据国家发改委 2006 年颁布的《医药行业"十一五"发展指导意见》，医药产业应包括五个子产业，即化学制药工业、中药工业、生物制药工业、疫苗生产工业、医疗器械工业。

这是根据企业的产品形态划分的。

（2）产品作用分类法

①治疗性药品，如阿司匹林、头孢氨苄等。

②预防性产品，如维生素 C 含片、各类接种疫苗等。

③健康产品，如某些有增强体质，提高免疫力功效的医疗器械、保健食品、饮品。

④有治疗作用的化妆品。

（3）主体市场分类法

①非处方药（OTC 药品）市场。这类市场以 OTC 药品为主，其主要特征是：市场容量巨大；市场进入壁垒相对较低；市场开拓和发展主要依赖广告宣传和促销；具有同一治疗作用的产品品种多，药品之间替代性强；消费者选择余地大；没有强大的宣传手段很容易被分散，单一品种的企业市场占有率低下，企业市场控制能力不足。因此，高强度的市场营销和对成本的良好控制是核心竞争能力，并成为压制竞争对手的主要力量。

②处方药品市场。这种市场的特点是强烈依赖技术进步，垄断性和专属性强；

市场进入壁垒高；消费者选择余地很小；品种的替代性极低；市场容量不是很大。特别适合领导企业下的专业子公司（中小型科技型企业）进入，并容易控制市场，将侵入者抵御在进入壁垒之外。专利垄断将成为排他性地压制竞争对手的有效手段。

2. 按产业分类

（1）依据三次产业分类法

我国的医药产业是一个传统产业和现代产业相结合，集一、二、三产业为一体的产业。按照三次产业的分类方法，我们可以把医药产业分为：药材种植业、医药制造业（化学药品制造业、中药药品制造业、生物生化制品、兽用药产业、医疗器械、卫生材料及医药用品）和医药商业。第一次产业的属性是其生产物取自于自然。医药产业内，中药材的种植即中药农业，属于第一次产业。第二次产业是对取自于自然的生产物进行加工。中药饮片加工炮制属于第二次产业。第三次产业是在有形物质财富生产基础上的无形财富的生产部门。如药用包装行业、医药商业等。

（2）依据资源集约分类法

医药产业在中药材生产的上游阶段属自然资源、劳动密集型产业；中成药、化学原料药、化学药品制剂生产属技术、资本密集型产业，现代中药新产品和化学药品科研开发更是以创新为制胜因素的高技术产业；医药商业则属于人才和管理密集的前沿产业。

（四）医药产业的特征

医药产业发展对国民经济具有强大的推动作用，医药产业对国民经济的贡献是巨大的。从直接贡献来看，医药产业发展对国民经济总量的增加起到推动作用，目前医药产业产值在我国 GDP 中的比重已接近5%，而西方发达国家则已达到10% - 15%。从间接贡献来看，可以说离开医药产业及医疗服务业对劳动力健康的维护，社会就会丧失从事经济活动的基本能力，经济增长只能成为空谈。医药产业是依赖于研发的高技术产业，其特点有高技术性、高投入性、高风险性和高回报性。

1. 高技术性

医药产业是一个高技术性行业，尤其新药研究更属于高科技的范畴。医药的研究与生产需要综合许多学科最新理论成果和现代知识手段，它是一个国家基础研究和各类前沿科学研究进展的具体体现，需要分子生物学、细胞生物学、生物工程学、组合化学、计算机科学等多学科相互配合支持，同时还需要超微量分离分析技术、细胞培养技术、基因重组技术等多种技术手段联合应用。新技术的启用是制药企业持续发展的动力，也是制药企业在市场竞争中最重要的手段。现在制药技术的发展趋势主要有以下几个特点：生命科学等基础研究促进了新药研发的飞速发展；多学科交叉渗透及各种新方法、新技术的集成大大加快新药研制速度；医药科技成果创制和转化速度大幅加快。

2. 高投入性

医药产业高投入的特性主要表现在产品研究的早期和生产过程中严格的标准和质量控制，以及最终产品上市和市场开发中资本的高投入，尤其是新药研发过程耗资巨大。药物研发分为药物研究和药物开发。在药物的研究阶段，首先要了解想要治愈的疾病的病理，然后要发现或者合成一种可以治疗疾病并且服用安全的分子，这才进入药物的开发阶段。开发阶段可以被分为两个阶段——临床前（preclinical）阶段和临床阶段。临床前的阶段主要是确定药物的候选方案，并通过动物实验和细胞培养分析其特性。制药公司拥有庞大的备选药物方案库——通过计算机程序迅速扫描就能得知药物分子是否正好击中了基础研究发现的疾病的致命弱点。此外，还可以利用动物、植物或是矿物资源来合成或是萃取新的分子。临床前的药物候补方案中只有很少的一部分会最终在人类身上进行测试——这就是非常关键的临床阶段。

尽管临床阶段是整个过程中最不具有创新性的阶段，但它却是最昂贵的阶段。绝大多数的备选药物从此被排除掉，而在此之前人们在它们身上已经花费了大量的金钱和时间。据美国药物研究和制药联合会（PHRMA）的数据显示，现在研发一种新药的费用高达 10 亿美元。近年来，新药创制的难度越来越大，单个新药的研发成本呈现不断上升的趋势。

3. 高风险性

药物从研制、开发，到被美国食品和药物管理局（the Food and Drug Administration，FDA）和英国药品安全委员会（the Committee on Safety of Medicines，CSM）等各种机构的审批，可以说是耗资巨大的系统工程，任何一个环节失败都将前功尽弃。根据制药业的资料，只有五千分之一的备选药物最终进入了市场。换句话说，在所有备选药物中，只有千分之一的药物通过了临床前测试阶段，这其中又只有五分之一通过了临床测试。一种备选药物，从临床前研究到最终推向市场，整个过程要花费 6~10 年。

4. 高回报性

医药产业是一个高回报性的产业，发达国家医药行业的销售利润率一般高达30%。特别是创新药物的利润回报率很高，一种新药一般上市后 2~3 年即可收回所有投资，可以说，新药产品一旦开发成功，投放市场后将获取暴利。20 世纪 80 年代以来，医药产业的发展环境发生了很多变化，新技术不断出现，行业竞争加剧，各国卫生保障体系的变化，新药研发到生产的严格审批等等，使得医药行业的吸引力有所降低，即便如此，医药产业现在仍然是收入回报最为丰厚的产业之一。垄断现象也很明显，医药企业一旦拥有一个"重磅炸弹"（单品种年销售额过 10 亿美元的药品），就会得到丰厚的利润。比如，美国辉瑞公司 2010 年的销售收入是 556 亿美元，而立普妥就给辉瑞带来了 126 亿美元的收入。但是 2011 年 11 月立普妥专利到期后，它就不能再给辉瑞带来如此丰厚的回报了。

二、医药产业的发展规律

（一）医药产业链

考虑到医药行业及其医药产品的特点，医药产品的研究与开发由于其在整体医药产业中的重要地位应该包含于医药产业链中，完整的医药产业链为：医药产品的发现、医药产品开发、医药产品制造、医药产品销售。

医药产品的发现环节以计划新药开发为起点，以确定候选药物为终点。通过从植物、动物、矿物、微生物和海洋生物中提取或通过计算机药物分子设计等多种途径获取新的化学物质。为了找出具有结构类型新颖且药理特性显著的先导化合物或者是新型的化学组合物需要将这些物质在特定的体内体外药理模型上进行筛选评价。然后，处理得到一系列与先导化合物结构类似的物质，进行定量构效关系研究，优化化合物的治疗指数，从中选择一个最佳化合物作为新分子结构实体（NCE），即候选药物。

医药产品的开发环节以获得优良的化合物——候选药物为起点，以获得新药申请 NDA（New Drug Application）批准为终点。临床前/临床试验分为两个步骤，第一个步骤是临床前研究，主要目的是通过实验室研究和动物实验系统评价候选药物，确定其是否能够进入人体临床试验。以向 FDA（美国食品药品监督管理局）注册药物为例，通过临床前试验的药物需要经过新药研究申请 IND 才能进入第二个步骤——临床研究。临床研究又分为临床 I 期、临床 II 期和临床 III 期，主要考察药物的安全性和有效性。之后，获得新药申请 NDA 批准，标志着开发环节的结束。值得注意的是临床研究还有临床 IV 期，主要考察药物的不良反应，在内容上属于产品的开发环节，但由于时间持续长，会延伸到产业链的产品生产、销售环节。

医药产品的发现和开发两个环节中参与的组织主要有药物研究所、高等医药院校、制药企业药物研究部门、合同委托研究机构（contract research organization，CRO）等。当前，国外参与此链节工作的还有风险投资机构等。这些组织的作用是根据消费者需求，研究并开发能够更好地满足消费者需求的医药产品。

医药产品的制造环节以获得新药申请的批准为起点，以药品能够被直接传递给患者为终点。这一环节可以分为原料药制造、制剂制造和包装三个阶段。原料药制造是指经过有机化学合成、半合成，天然物萃取纯化，微生物发酵或发酵后半合成，以及基因工程技术改良细胞发酵纯化回收等其中的一个或多个化学单元反应，将药品原材料或原辅料进行操作，制成用于制造药物制剂的活性成分 API（Active pharmaceutical ingredient）。制剂制造是将原料药通过各种制备方法，制成适用于医疗和预防形式的的剂型的过程。根据用药的途径不同，原料药可以加工成不同的剂型供临床使用，如片剂、胶囊剂、注射剂、颗粒剂以及其他新型制剂。原料药经过制剂制造后，不仅可以确定用量，还增加了药品的稳定性，甚至可以减少毒副作用。药品的包装起着保护药品安全、有效，方便药品贮存、运输和销售的重要作用。由于剂型的不同，包装选材和方式也不同，如注射剂的包装通常是玻璃容器，而粉针剂的铝盖通常是金属包装材料。医药产品的制造环节中参与的组织主要是各类制药企业等，其主要作用是生产、制造各种质量优良的医药产品并投放到医药市场中，供消费者选择使用。

医药产品的销售环节以生产出患者直接能够使用的药品为起点，以药品通过各种流通渠道离开生产企业为终点。药品的销售需要采取各种不同营销的手段，如针对非处方药（OTC，over the counter）的各种大众媒体广告，针对处方药的专业医学杂志广告、专题讨论会等。经过销售环节，药品完成了从最初的原材料转变为最终商品的全部历程。医药产品的销售这个环节中参与的组织主要有医药商业企业（代理商、批发商、零售商等）、第三方物流企业、医院等。虽然医院主要提供医疗服务，但由于医院是医药产品的最主要流通渠道和交易场所，所以医院是医药产品的销售这个环节中的一个主要组织。此外，随着现代医药市场营销实践，越来越多的制药企业主动参与医药产品的销售。这些组织的主要作用是让消费者能够方便、顺利、快捷地获取医药产品。

医药产业链（图 2-5）具有一般产业链相同的规律，都是通过对信息流、物流、资金流的控制与管理实现价值增值。信息流、物流、资金流在产业链中的流动既可以是单向的，也可以是双向的。因此，医药产业链中各链节是互相依存、密不可分的。医药产品研究与开发是医药产品制造的技术基础；医药产品的制造为满足消费者的需求提供了物质保证，也为医药产品的销售提供了物质基础；医药产品的销售是连接医药产品和医药产品消费者的桥梁，也是实现产品价值增值的关键。

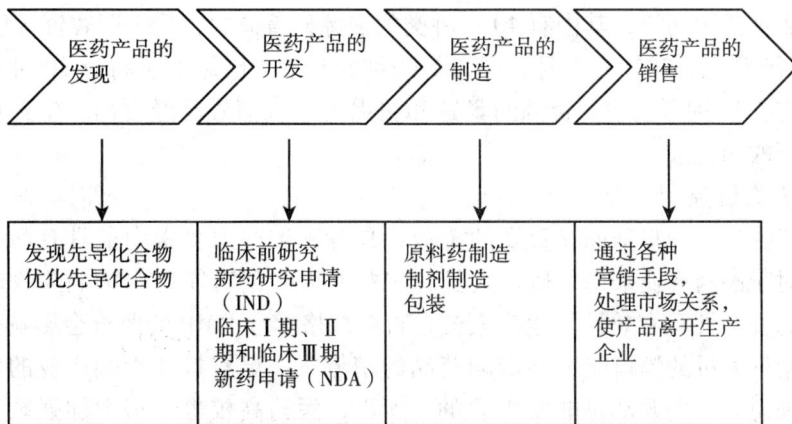

图 2-5　医药产业链

（二）我国医药产业发展的影响因素

从表 2-3 中，我们可以看出我国医药产业产值很高，增幅也很大。但有的年份增幅较大，有的年份增幅较小。是什么影响了因素使得每年的增长情况不同？是什么因素影响了我国医药产业的发展？

表 2-3 全国医药工业总产值及增幅

年份	2001	2002	2003	2004	2005	2006	2007	2008	2009	2010
工业总产值（亿元，现价）	2143	2460	3013	3523	4364	5340	6718	8381	9946	12368
比上年增长率（%）	16.85	14.79	22.48	16.93	23.87	22.36	25.81	24.75	18.68	24.35

数据来源：SFDA 南方医药经济研究所"中国医药经济运行分析系统"

1. 生产要素

生产要素的支持是医药产业经济成长的基本条件。细分生产要素又可划分为自然资源、人力资源、知识资源、资本资源及基础设施五大类资源，通常这些生产要素并不是独立出现的，它们之间相互关联，医药产业对它们的依赖程度也因其特性而不同。

（1）自然资源

自然资源的稳定供给是医药产业形成的物质基础。中药资源是影响中药产业发展的最大因素。虽然我国中药资源十分丰富，但是，随着产业化的发展和国外企业的低价掠夺，人们狂采滥挖，造成部分药用资源紧缺，如甘草、麻黄、红豆杉、野生人参、冬虫夏草等很多品种，已使资源遭到严重破坏，甚至濒临枯竭。另外，由于生态环境的恶化，相当数量的品种在迅速减少或消失，品种和蕴藏量在下降。而栽培品种由于多次栽培，退化现象较严重，药材产量降低，质量下降。据统计，现今我国处于濒危状态的植物有近 3000 种，其中具有药用价值的约占 60%～70%，列入中国珍稀濒危保护植物名录的药用植物达 168 种。国家重点保护野生动物名录中包括了 162 种药用动物，其中有 40 个种类的资源显著减少，现今麝香资源已经比 20 世纪 50 年代减少了 70%，虎骨、犀角等物种的濒危，已影响了将近 30 种动物药材的市场供应。22 种野生中药资源的紧缺和枯竭的危险信号已经发出，中药产业的发展面临着严峻的挑战。

（2）人力资源

人力资源是一种特殊而又重要的资源，是各种生产力要素中最具有活力和弹性的部分。对于医药产业来说，研发人员的实验能力和创新能力会影响药物研发的品质和药物的安全性和有效性。生产人员是否会严格遵守 GMP 的要求会影响药物的安全性。而销售人员的销售能力会影响药品的销售量，更直接地影响产业的发展。从各个环节来说人力资源都是非常重要的。所以，医药高校也在努力加强教育，对培养我国的医药人才做出贡献。

（3）知识资源

医药产业是技术先导型产业，具有明显的技术壁垒，必须发挥知识资源的重要作用，如要重视医药产业从业人员中的科学家和工程师比例和发明专利技术的数量。我国医药产业科技活动人员数及其中科学家和工程师人数在 2003 到 2011 年总体呈上升趋势，年均增长率都达到 15%，2011 年末科学家和工程师人数达到 5.97 万人。医药产业对知识的大力投入，创新绩效得到不断增强，产业得到快速发展，体现在专利申请上。2011 年我国医药产业专利的授权数达到 6527 件，是 2000 年的 14.19 倍。

（4）资本资源和基础设施

医药产业是高投入行业，没有资本资源就像"无水之源"，有了丰厚的资本资源才能获取诸如厂房、设备等良好的基础设施。吸引其他先进国家或地区到一国来投资，国际资本不仅能加快该国的产业改革进程，而且能为该国的医药产业带来先进的技术和管理经验。我国政府还在加紧完善面向以医药产业为代表的高技术产业的二板市场，设立较低的入市门槛和较宽的股票发行条件。另外，投资银行、保险公司、捐赠基金、银行控股公司、有投资意向的家庭和个人等的资金都可能做为资本资源，投入到日益发展、收益丰厚的医药产业尤其是生物医药产业上来。有了良好的资本资源，定期按照 GMP 标准审核，保证基础设施的质量，从而保证药品的质量。

2. 需求条件

（1）老龄化程度

国际上通常把 60 岁以上的人口占总人口比例达到 10%，或 65 岁以上人口占总人口的比重达到 7% 作为国家或地区进入老龄化社会的标准。目前，全世界 60 岁以上老年人口总数已达 6 亿，有 60 多个国家的老年人口达到或超过人口总数的 10%，进入了人口老龄化社会行列。人口老龄化是医疗进步、教育水平提高和经济发展的直接成就，也是公共卫生事业，例如饮用水卫生、克服营养不良、克服传染病和寄生虫疾病，以及降低母婴死亡率的结果。截至 2011 年底，我国 60 岁及以上老年人口达 1.85 亿，预计到"十二五"期末，全国老年人口将增加 4300 多万，达到 2.21亿，届时 80 岁及以上的高龄老人将达到 2400 万。老年人口的药品消费已占药品总消费的 50% 以上，老年人的平均医药卫生费用支出是其他人口平均数的 6 到 7 倍。随着社会老年化速度的逐渐加快，对老年人疾病用药及医疗保健需求升高，患有像高血压、心脏病、糖尿病等病症的人数增加，从而引发我国医药产业思考新药的研发方向。

（2）医疗保险

社会医疗保险（social medical insurance）是国家通过立法，强制性地由国家、单位和个人缴纳医疗保险费，建立医疗保险基金，当个人因疾病需要获得必需的医疗服务时，有社会保险机构按规定提供医疗费用补偿的一种社会保险制度。我国的社会医疗保险模式有城镇职工医疗保险，城镇居民医疗保险和新型农村合作医疗（简称"新农合"）。社会医疗保险是社会保障体系的核心部分，具有福利性、强制性、经济性和公益性。城镇职工基本医疗保险保费由用人单位和职工双方共同负担，社会统筹和个人账户相结合。城镇居民医疗保险则以没有参加城镇职工医疗保险的老年人和未成年人以及没有工作的居民为主要参保对象。新农合从 2003 年以来实行，由政府组织，农民自愿参加，以大病统筹为主的农民医疗互助共济制度，采取个人缴费、集体扶持和政府资助的方式筹集资金。

我国目前正在实施的医疗保险药品目录主要有 3 种，即国家和地方基本药物目录、国家和地方基本医保目录以及省级"新农合"医保目录。医药企业也都努力使产品进入这 3 类医保目录，来扩大销量。2009 年卫生部首次发布了《国家基本药物目录》，引起业界广泛关注。2012 年新版《国家基本药物目录》于 2013 年 5 月 1 日起正式施行。新版目录增加了品种数量，规范了剂型规格，包括化学药品和生物制品 317 种、中成药 203 种，共计 520 种，新增了肿瘤药和儿童用药。2009 年 11 月 30 日国家人力资源和社会保障部公布了《国家基本医疗保险、工伤保险和生育保险药品目录（2009 年版)》，中药 987 种，西药 1 164 种，比之前有所增加，有利于满足更多患者的药品需求，给医药产业的发展带来积极作用。自 2003 年起，卫生部试行新农合制度，新农合医保目录是服务于广大农民医保的新型农村合作基本医疗保险药品目录，各省级区域卫生厅（局）负责制定地方的新农合药品目录。

3. 医药产业相关与支持性产业

相关与支持性产业的健全程度影响着一国的医药产业在多大程度比其竞争对手具有比较竞争优势。如，瑞士发达的酵素工业很发达，对其制药业在国际竞争取得优势起到了重要作用。在一定区域范围内，医药产业集群能够降低企业之间的合作成本，降低风险，互通技术知识和人力资源，同时也加强了企业间的相互竞争，有利于促进产业健康发展。近年，我国生物医药产业就利用了集群化发展的优势快速发展。生物医药产业集群一般分布在经济发达、高校比较集中的地区以及其周边地方，共享生物技术和人才，如拥有诺和诺德制药公司和 8 个生物科技国家 863 项目的北京中关村生命科学园区和由罗氏、葛兰素史克、强生、施贵宝、扬子江等 40 多个国内外一流药厂组成的上海张江药谷产业集群。

4. 医药企业同业竞争状况

大型制药企业集中于西方发达国家，2007 年全球制药企业 50 强排名中美国 20 家、英国 4 家、日本 7 家、瑞士 4 家、德国 5 家、丹麦 2 家、以色列 1 家、意大利 1 家、比利时 2 家、法国 2 家、澳大利亚 1 家、冰岛 1 家。大型制药企业都是专利药的所有者，往往拥有多个"重磅炸弹"，R&D 投入巨大。而我国医药产业以小型企业为主体。加入世界贸易组织前，我国大中型企业数的比重 24%，2010 年下降为 16%。

我国医药产业呈现出不同所有制类型企业相互竞争的市场格局。医药产业包括国有及国有控股企业、外商投资和港澳台投资企业、私营企业、民营企业等类型企业。国有及国有控股企业、外商及港澳台投资企业可以发挥规模经济效应，不仅能创造巨大的经济效益，而且会通过直接投资带来先进的技术知识、管理经验和营销理念。国内医药企业规模偏小，研发投入比例通常在 1% 左右。"十二五"期间，中央财政动员"重犬新药创制专项"投入资金才从 266 亿元上升到 400 亿元。研发投入不足，所以企业只能仿制国外技术和产品，产品雷同严重，竞争非常激烈。比如在国内已上市的基因工程药品中，除 a1b 型干扰素（IFN－a1b）是创新药外，其他均为仿制品。

5. 政府行为

药品是特殊的商品，医药产业的发展不能完全由市场调控，国家要通过税收、法律等手段来维持医药市场良好运行。

（1）知识产权保护

国内外医药产业发展的实践表明，没有科学理论和技术作为支撑，医药产业几乎不能发展。近几十年来，如果没有方兴未艾的生物科技革命的技术支持，很少从化学科学与工程学科中获得突破性的成果的医药产业，将很难实现快速发展。对于这一点，世界各国的认识都是一致的。因此，为了推动医药产业的技术创新，大多数国家都制定了严格的专利保护制度，以保护个人、企业参与技术创新的积极性，促进本国在医药产业上的优势地位。发达国家之所以居于医药产业的霸主地位，得益于其垄断了先进的医药科学技术，而中国的医药产业发展与世界水平相比之所以竞争力弱，主要还是因为技术比较落后，我国目前97%以上的药品都是仿制药品的事实将在很大程度上制约医药产业的快速发展。在这种情况下，制定严格的专利保护政策对于医药产业的长远发展是非常重要的。

（2）政府的产业政策

2012年1月工业和信息化部发布了《医药工业"十二五"发展规划》，此规划明确了2012～2015年医药卫生体制改革的阶段目标、改革重点和主要任务，是未来四年深化医药卫生体制改革的指导性文件。2012年1月，国家发改委发布《药品流通环节价格管理暂行办法（征求意见稿）》，拟对政府定价范围内药品经营者批发环节和医疗机构销售环节差价率（额）实行上限控制。2012年2月，现在的国家食品药品监督管理总局（简称CFDA）（原国家食品药品监督管理局，SFDA）制定了《2011～2015年药品电子监管工作规划》。2011年5月5日，商务部正式对外发布了《全国药品流通行业发展规划纲要（2011～2015）》。2011年1月5日，原SFDA印发了《关于加强中药饮片监督管理的通知》。2010年11月19日，国务院印发了《建立和规范政府办基层医疗卫生机构基本药物采购机制的指导意见》来规范基本药品招标的行为。这些近期新政策的实施都会影响医药产业研发、生产、流通等方面的发展。

6. 环境保护

医药工业对环境的破坏是很大的。1990年，CFDA的前身——国家医药管理局就制定了《医药工业环境保护管理办法》。2008年1月1日，国家环保总局起草的《制药工业污染物排放标准》开始实施，直指化学原料药企业的环保问题。而近几年，人们越发注意到产业梯度转移的问题。所谓产业梯度转移，是指医药产业发达的国家或城市在实现产业升级的过程中，迫于环境、土地、劳动力等要素成本上升的压力，很自然地把原有的医药工业向发展中国家或城市转移、扩散，发达国家的制药公司有很多在我国设厂。我国虽然经济越来越发达，但是温室气体排放量也在加大，这似乎就是我国成为全球原料药产业转移地及其他类似产业的代价。

我国中成药产业的钻石模型分析

生产要素:从物质要素方面看,中成药起源于我国,现有的中药资源种类已达 12807 种,药材基地 600 多个,常年栽培药材 200 余种。从知识要素方面看,中成药在我国已有几千年的历史,成熟的中成药临床处方多达上万个。这些成熟的理论有利于我们对中药资源进行二次开发。从技术、资本要素方面看,天然植物提取物在药品、保健品和化妆品等领域广泛应用,近几年,如青蒿素、芦荟提取物、银杏叶提取物受到欢迎,这促使更高的技术的发展和更多的资本投入。但我国在中药产业管理、资本投入、新技术应用和中药产品可持续性发展等方面,比发达国家落后。从人力资本要素方面看,由于中药历史悠久,中国人对中药都有基本的认识和应用。从科研上来讲,已经建立起一套比较完整的中医药产、学、研体系,建有大批中医药高校、中医药研究所、中药材公司、中药厂,专业人才队伍不断扩大。

需求要素:政府加大财政投入,改善了整体医疗环境;进行医疗体制改革,扩大医疗保障覆盖面,拉动了居民的整体医疗消费。近几年政府把更多的中药列入报销目录中,更加大了中药的需求量。

相关产业和产业支持:中成药的产业链涉及广泛,主要的环节有:中药材种植,加工;新药研究开发;中成药生产、包装、销售等。中药产业的竞争力必须有相关产业的强力支撑,如种植业、化工、药用机械、金融、环境保护等产业,近年来我国的中成药产业及其相关产业群都有了相当大的发展,但还存在产业集中度不高的特点,仍徘徊在粗放型发展的状态。

企业战略、结构和同业竞争:我国中成药产业投入资金缺乏,市场同质化现象非常严重。企业经营战略简单,战略目标不清楚,多数企业生产低水平重复。

政府因素:目前我国已与世界 70 个国家(地区)签订了含有中医药合作内容的政府协议。中成药产业一直是我国重点扶持的行业。科技部等部门制定的中医药国际科技合作规划纲要指出,力争到 2020 年,初步形成中医药国际科技合作网络,建立有重要国际影响力的中医药临床研究中心、联合实验室共 10 至 20 个;在国外完成 10 个具有市场潜力的中药品种的临床多中心研究。

机遇因素:近年来,国外化学药品出现了研发投入过高,筛选范围过大和筛选成功率降低,以单靶点对抗多系统疾病的治疗效果难以令人满意以及出现耐药性等等。此时,人们的关注点转移到了天然药物和植物药。这种环境的变化,为我国中成药产业的发展提供了契机。

本章小结

1. 产业按照不同的分类标准，产生不同的分类方法：三次产业分类法、农轻重分类法、霍夫曼分类法、生产要素集约分类法、产业发展状况分类法、与经济周期关系分类法、产业地位分类法和标准产业分类法。

2. 产业发展是指产业的产生、成长和演进。产业革命是产业的质的飞跃，是产业发展的巨大推动力。研究产业革命是研究产业发展时必不可少的内容。

3. 产业链，是指产业按特定顺序依次进行的生产经营环节而构成的具有连续性、关联性的链条或系统。产业链的特点有关联性、连续性、顺序性、整体性、要素需求差异性、增值性、层次性、变动性。依据波特的钻石模型，产业发展的影响因素有生产要素、需求条件、企业战略、结构和同业竞争、相关支持性产业、政府和机会。

4. 医药产业是我国国民经济的重要组成部分。医药产业是依赖于研发的高技术产业，其特点有高技术性、高投入性、高风险性和高回报性。完整的医药产业链为：医药产品的发现、医药产品开发、医药产品制造、医药产品销售。影响医药产业发展的因素有生产要素（自然资源、人力资源、知识资源、资本资源和基础设施）、需求条件（老年化程度升高、医疗保险普及）、医药产业相关与支持性产业、医药企业战略、结构和同业竞争、政府（知识产权保护、政府的产业政策）和环境保护等。

思考题

1. 产业发展的一般规律有哪些？

2. 试分析某一特定产业（如食品产业）的类型。

3. 试分析某一特定产业（如食品产业）发展的影响因素。

4. 为什么说医药产业是永不衰落的朝阳产业？

5. 请从产业发展的角度，对比分析我国的医药产业和美国、英国、瑞士等发达国家的医药产业。

第三章

产业组织理论基础

【**教学目标**】

本章主要介绍企业的基本理论，产业组织理论的发展与流派，重点分析 SCP 范式的崛起和衰落以及新产业组织理论和新制度产业组织理论的观点和政策主张；西方产业组织理论的研究方法和工具，以及波特的五力模型对产业组织理论的影响，最后联系实际将五力模型运用到医药产业内。通过学习本章内容，使读者能够全面了解产业组织理论从古至今的发展历程。

【**教学要求**】

1. 了解：企业理论；产业组织的概念；产业组织理论的起源和发展阶段

2. 熟悉：产业组织理论的主要流派；可竞争市场理论的方法论特点

3. 掌握：传统产业组织理论与新产业组织理论的区别；五力模型在医药行业的运用

4. 重点掌握：哈佛学派 SCP 分析框架的基本思想及评价；波特的五力模型

第一节　企业理论

企业理论是当代经济学关注的热点问题，也是产业经济学主要的研究对象。我们需要清楚地了解企业理论的相关知识，这样才能更加清晰地理解有关企业界限以及并购等方面的问题，也才能从不同市场结构中去分析研究企业。

一、企业的性质

市场是配置资源的一种有效方法，通过价格机制这只"看不见的手"可以实现资源的有效配置，现实生活中为什么还要有企业，企业为什么会产生，它与市场是一种什么关系，要回答这些问题，就要先了解什么是企业的本质。

（一）新古典企业理论

企业理论的早期发展可以追溯到现代经济学之父亚当·斯密，他从劳动分工的角度分析企业，这是最早的古典企业理论。亚当·斯密认为商品价值是独立于市场价格的，即商品的自然价值（自然价格）主要取决于生产商品所耗费的必要劳动。在古典理论中，企业只是处于一个模糊的经济实体状态，没有形成真正意义上的企业理论，所以对企业理论的探讨需要从新古典理论开始。

新古典企业理论主要从技术角度出发分析企业，认为企业是一个投入产出的"黑匣子"，从生产函数的角度出发研究企业，是把企业看作一种生产工具，而不是一种组织，所以在研究中更侧重于对分工、协作以及投入和产出的分析。同时，对企业研究的过程中主要使用了边际分析的方法，如分析企业的最佳产出水平和均衡市场价格水平。

当企业被看作生产函数时，在技术给定的前提下，投入要素与产出之间需要存在某种关系。新古典企业理论的核心是：企业行为的目标是利润最大化。所以企业在利润最大化目标驱动下追求既定成本下的产量最大或既定产量下的成本达到最小。当边际收益等于边际成本，即 $MR = MC$ 时，可以达到企业利润最大化，此时的产量和价格就是利润最大化时的产量和价格，同时，在平均成本达到最低时，企业可以实现其最理想的规模，而决定因素是企业的生产技术。

在新古典企业理论中，有种观点是企业行为是建立在两个假设前提基础上的：①企业具有完全理性，追求利润最大化的目标；②企业已经存在于市场，是一个完全有效运转的完整经济单位，既可以是一个个体生产者，也可以是一个规模巨大的公司。新古典企业理论在研究企业的整体行为以及企业间的策略时是有效的，但这一理论也存在着许多缺陷，无法解决一些新问题。例如：完全忽略了企业内部的组织和运行方式，只强调技术和生产要素的数量作用，显然企业的不同运行方式带来的结果就必然不同，不同的委托权安排，不同的激励监督机制必然会产生不同的激励效应；新古典企业理论没有对企业边界和企业规模的决定因素进行梳理，即很多企业的规模并不与企业所需要的规模相适应，并且假设所有的企业都是同质的，在零交易费用的世界里，可以实现利润最大化的结果，但是这一点与实际不相符。

（二）企业家理论

在新古典企业理论的基础上，一些学者如约瑟夫·熊彼特（Joseph Schumpeter）等提出了企业家理论这个概念。他们认为"企业"是企业家的企业，或者说"企业"是企业家用来创新的机制，创新是企业家的职责，因而当企业家把一种新型的生产函数引入到企业当中，就会带来企业效益的提高。具体来说，这种引入新的生产函数可能是指引进新型的技术，在制造过程中使用新的原材料或者新的生产方法，在企业内实行新的组织形式以及开拓新的市场等。在非均衡的背景下，企业家建立新企业是一种创新活动，并且这种创新活动是非连续的，通过这种创新活动，企业家获得了报酬，也就是利润。

在熊彼特眼中，"企业家"从实质上看就是"企业家的才能"，不仅要具有组织生产要素的能力，而且要承担风险，利润一定程度上就被看作承担风险的回报。企业家的作用不是寻找原始资本，不是探索新产品的开发和利用，企业家的核心作用是为企业建立一种企业文化，一种正确经营的思想。这种文化和思想与企业本身相融合之后，就会为企业创造无限利润。企业家们在不破坏现有的生产要素（有形）前提下，在企业内部引入"新的生产组合"，使得在现有生产要素发挥作用的同时更加增加企业效益，创造超额利润。熊彼特认为："新的生产组合"包括"新项目的开发和用新办法开展原有的项目"，这两点是"新的生产组合"得以为企业创造高效利润的关键因素。

熊彼特从创新的角度分析"企业家"、企业的创新等，但熊彼特太过看重企业的创新能力，而忽视了对企业存在及内部组织运行的解释，企业的稳定运行也并非创新就能说明，也并非所有企业都具有或者都应具有创新的能力。正是为了回答一些新古典企业理论和企业家理论中无法回答的问题，才有了后来现代企业理论的形成与发展。

（三）现代企业理论

现代企业理论是从新古典企业理论的基础上发展而来的，是产业经济学的另一个发展方向。具有代表性的现代企业理论的经典著作是1937年罗纳德·哈里·科斯（Ronald·H·Coase）的《企业的性质》一文。他认为企业是对市场的一种替代，企业用内部的组织成本和协调成本代替了市场的交易成本和摩擦成本。因为企业的内部生产行为节约了成本，从而很大程度上提高了稀缺资源的配置效率。科斯也指出了新古典理论的弊端，即新古典企业理论中没有说明企业为什么存在，企业的性质是什么以及企业的界限在哪里。

1. 交易成本理论

为了弥补新古典理论的不足，在科斯的现代企业理论中，首先引入了"交易成本"的概念，他认为市场运行是有成本的，这种成本就是所谓的"交易成本"。这种成本包括度量和界定产权的成本、用契约约束权力斗争的成本、监督绩效的成本、进行组织活动的成本以及耗费租金的等待成本等。当市场交易成本大于内部组织成本时，资源配置就会倾向于以企业这种经济组织来进行；相反当市场交易成本小于企业内部组织成本时，资源配置就会倾向于通过市场来完成。

科斯的现代企业理论中阐述了市场运行会发生成本的转变，或者就是企业在市场上交易所产生的交易成本，他认为这种成本费用是以下两个原因造成的：

（1）资产的专用性

如果某种资产是特制的，用途具有唯一性，在市场交易中产生高额成本的可能性就较大。例如，卖方所提供的产品只有一个买方需要，则卖方很难向其他买方推销这种专用性资产，一旦唯一的买方违约，那么卖方也会损失惨重。另外，生产具有专用性的资产往往需要特制的生产设备，这种生产设备很难生产其他产品。所以在这种情况下，合约一旦签订，双方都会受到机会主义行为的威胁，一方可能会损失惨重，而另一方往往有机可乘。

（2）市场条件的不确定性

未来的不确定性是现代企业理论中产生高额交易成本的另一个原因。未来的市场条件难以预测，具有不确定性，而人又具有有限的理性，这就使得合约双方很难将所有突发事件都写在合约之中。由于合约双方不能规定所签合约如何变化，当市场条件发生变化时，双方都有可能发生违约行为。当合约双方再次谈判时，一方就可能需要支付高额的交易成本费用。

科斯的主要观点是市场机制被企业所代替，主要是因为交易成本的存在，而企业正是因为可以节约交易成本而产生。但是企业不能无限扩张（如世界上不可能仅存在一家巨大的企业），因为企业内部运行也会发生成本，如协调成本、监督成本等，当这些成本很高甚至已经超过市场的交易成本时，在企业内部进行交易就是无效率的。所以科斯认为企业是有边界的，在确定企业规模时需要权衡比较市场成本（即使用价格机制的成本）与企业内部的组织成本。当交易成本与企业内部的组织成本相等时，一项交易在企业内部或在市场中进行才是无差异的。

2. 交易费用理论

尽管科斯引入了交易费用理论，但是他并没有给交易费用下确切的定义。科斯认为交易费用是"使用价格机制的成本"，而哈罗德·德姆塞茨（Harold·Demsetz）则定义为"交换所有权的成本"。

一般认为，交易费用又称交易成本，是指个人交换对于经济资产的所有权和确立他们的排他性权力的费用。达哈曼（Dahlm）沿着科斯的解释，整理出一套相关理论，他认为可以根据交换过程本身所包含的不同阶段对交易成本进行分类，交易双方如果要实现交易，寻找交易对象是第一步，无论是从花费时间上，还是耗费资源上，寻找的本身是需要付出成本的；当寻找成功后，双方必须彼此通报出现交易的机会，信息传递的过程也需要耗费资源；有时，交易双方可能各有几个交易伙伴供彼此选择，于是在确定交易对象之前还要产生决策成本；双方确定交易后，交易的条款还要通过有关各方进行谈判才能促成，谈判活动也要花费成本；交易一旦达成，即要监督对方根据条款的规定确保契约的执行，继而产生监督成本。所以，寻找成本、信息成本、谈判成本、决策成本、监督和实施成本是对一个具有可操作性的交易成本概念的近似表述。

马修斯（Matthews）对达哈曼的交易费用理论加以补充，他指出"交易费用包括事前准备合同和事后监督及强制合同执行的费用，与生产费用不同，它是一个履行合同的费用"。"交易费用与经济理论中的其他费用一样是一种机会成本，它也可以分为可变成本与不变成本两部分"。如果把交易成本定义为使用市场的成本，那就可以简单的定义为，准备合同的成本，达成合同的成本，监督和实施合同的成本。

3. 委托——代理理论

詹森和麦克林（Jensen and Meckling）认为，企业是契约的联结，其特点是，在一个组织中，现金流和资产上其实会有分割及剩余索取权的存在，而这种剩余索取权的出售通常不需要得到其他缔约人同意。按照他们的理解，企业不是人，不存在所谓的"社会责任"，从而将企业问题转移到代理成本上。

他们认为代理问题产生需要两个条件：一是代理人与委托人的效用函数不一致；第二个条件是信息的不对称，由此产生了代理成本，假如资本的所有权和控制权分离，此时无论委托什么样的代理人所产生的效用函数（表示消费者在消费中所获得的效用与所消费的商品组合之间数量关系的函数）发生不一致是肯定的。委托人身为资本所有者是拥有剩余索取权的，而他的追求就是资本增值或者资本收益达到最大；同时，作为代理人的经理人员拥有公司的控制权，除追求更高的货币收入外，还力图追求获得更多的非货币物品，实现尽可能多的非货币收益。同时，信息不对称也很难判定代理人的工作努力程度，因此必须使用信息显露机制，设计最优的激励方式。

詹森和麦克林从委托——代理的方面思考，他们认为企业可以被看作是一种用来激励的工具，比如，一项任务通常存在两种采购方式，一是内部雇佣，二是外部购买，同时，任务的不同和约束人的不同会导致监督成本和达到的激励效果都不同，而采取两种采购方式中的哪一种就是由这种监督成本和达到的激励效果决定的。在一个企业中，通常有三种激励方式，分别是：绩效激励、自由激励以及产权激励，而假如能在这些不同的激励方式间寻找到一种平衡，那样就可以得到最理想的激励体系。

现代企业理论，除了上述的理论之外还有一些经典理论，如：赫伯特·西蒙（Herbert·Simon）的"企业行为理论"和青木（Aoki）的"合作博弈理论"等。经过几十年的发展，这些理论已经演变成为分析现代企业的主要理论依据，各个理论之间没有互相排斥，针对不同的研究方向给出不同的答案，在严谨的经验研究层面用数学这一量性分析方法，将各个理论特点区分开来，形成今天我们所见到的现代企业理论。

二、企业的分类

企业按组织形式进行分类可分为三种，即业主制企业、合伙制企业和公司制企业。

（一）业主制企业

业主制企业（proprietorship）又被称为"独资企业"，它是指由个人独自出资并经营的企业。在业主制企业中，出资者自然而然地成为企业主，他拥有着企业中所有业务的经营权力，并且能够独享企业获得的全部利润，同时，他也必须独自承担企业会面临的所有风险，并且要对企业所有的债务承担无限责任。业主制企业与法人不同，业主制企业对外的业务活动往来完全依靠企业主个人的信用。业主制企业是最简单的企业组织形式，也是最早的企业组织形式，这种组织形式 20 世纪以前在美国非常多，虽然企业的数目很多，但在总销售额中所占的比重很小。业主制企业的主要特点是企业规模很小，基本上没有内部管理机构，企业主享有该企业的全部经营所得，但同时要对企业负有无限责任。

（二）合伙制企业

合伙制企业（partnership）是指由两人以上按照协议投资，共同经营、共负盈亏的企业。合伙制企业财产由全体合伙人共有，共同经营，合伙人对企业债务承担连带无限清偿责任的经济组织。合伙制企业的优点是能够扩大企业的资金和信用能力，同时能够提高企业的经营决策水平。这种企业组织形式的主要缺点是合伙人对企业的债务负无限的责任，风险性很大。例如，当企业破产时，某个合伙人没有资产或资产非常少，其他合伙人就要对企业的债务负全部的个人责任，即使企业破产不是由具有资产的合伙人的过失而导致的。同时，由于合伙制企业是由合伙人共同经营管理，所以企业稳定性较差。另外，合伙人的意见有时还会发生分歧，从而导致企业的决策延误。总而言之，合伙制企业的风险性很高。

（三）公司制企业

公司制企业（corporation）又叫股份制企业，是指由二个以上投资人（自然人或法人）依法出资组建，有独立法人财产，自主经营，自负盈亏的法人企业，主要包括有限责任公司和股份有限公司两种类型。其中，有限责任公司是指股东以其出资额为限对公司承担责任，即股东对公司的债务所负担的有限责任以初始出资额为限。有限责任公司的主要特点是公司的股东人数较少，公司不发行股票，公司的相关账目不需要向社会公开。股份有限公司是指公司的全部资本分成若干等额股份，每一份就是一股，股东以其所持有的股份为限对公司承担有限的责任。股份有限公司的主要特点是公司的股东人数较多，公司发行股票，而且股票可以自由转让，公司必须向社会公开公司相关账目。公司制是一种比较现代的企业组织形式，实现了企业所有权与经营权的分离。

第二节　产业组织理论的形成和发展

一、产业组织的涵义

从传统意义上来说，"组织"通常是一个多义词，它可以指"事物组合的形式及各组成部分间的相互关系"，也可以指"能够依照一定的原则联结而形成的结合体"，还可以指"联结或安排人、事的行为"。但是"组织"一词在经济学范畴内，其定义就要具体细致多了，"组织"的概念最早是在1890年出版的《经济学原理》这本书中被提出，这本书的作者是著名的英国经济学家马歇尔。他把组织列为一种新的生产要素，把组织看作一种能够强化知识作用的生产要素。其内容包括企业内的组织、同产业内不同企业之间的组织以及不同产业之间的组织，此外还有政府组织等。

产业组织（Industrial Organization）的定义是：指同一产业内部企业之间的关系。在市场条件下，企业之间因相互关系而产生的利益纠纷是通过市场特征来表现的。具体而言即：市场占有关系、资源占用关系、市场竞争、市场交换关系和垄断关系等。

"产业组织"一词在经济学范畴内不单单是企业关系的描述，在产业组织中，"产业"与传统观念上的产业不同，它指的是一种企业集合，这些企业生产同一类产品或是生产具有高度替代性的产品；或者是指狭义的产业，狭义的产业的划分标准是在同一商品市场上进行生产、经营活动。此外，在产业组织中，"组织"与通常意义上的企业组织、生产组织也不同，它专门指产业"各组成部分间的相互关系"。

二、产业组织理论的发展

（一）亚当·斯密的竞争理论

最早关注市场竞争效率与生产组织内部经济的经济学家是古典经济学家亚当·斯密。当时是资本主义工场手工业从初创走向鼎盛的时期。这一时期，英国的国内外市场迅速扩大，对商品的需求量急剧增加。从 16 世纪开始出现的以手工业为主的劳动方式遇到了新的发展机会。但是，资本主义在萌芽时期受到封建势力和重商主义的限制，新兴的资产阶级主张平等的贸易权利，要求解除束缚，实行自由贸易和自由竞争。亚当·斯密在其名著《国富论》中全面阐述了自由贸易和自由竞争的基本原则，论述了市场机制的作用，为当时的社会发展做出巨大贡献。

亚当·斯密在《国富论》中指出：一切特惠或限制的制度一经完全废除，最明白最单纯的自然自由制度就会树立起来。每一个人，在他不违反法律时，都听其完全自由，让他采用自己的方法，追求自己的利益，以其劳动及资本与任何其他人或其他阶级相竞争。他把"利己"的心态看作自由竞争的动力，他认为每一个进入市场的人，在追求个人利益的同时，都通过"看不见的手"创造理想的市场秩序和最优的经济社会。因为，如果生产者为了自身的利益大量生产，供给一旦超过需求，价格必然下降到自然水平以下。地租、利润和工资之中的某一部分或三者就会撤出，使价格恢复到自然价格的水平上。反之也是这样。供需相符的自然价格调节着土地、资本和劳动的投入量。所以自由竞争增加了社会的整体福利，公平地分配着社会的经济资源，从而实现资源最优配置和经济福利的最大化。在呼吁建立自由竞争的社会秩序的同时，亚当·斯密还注意到工业化生产初期的生产分工和专业化生产所带来效率的提高。他在《国富论》中说到"劳动生产率上最大的增进，以及运用劳动时所表现的更大的熟练、技巧和判断力，似乎都是劳动分工的结果。劳动分工要以较大的市场为前提，因为分工是在劳动人数密集的条件下出现的，如此多的人共同劳动，将会提供相当大的产量，只有较大的需求才能使分工效率得到实现"。因此分工的程度总要受交换的范围所限制，即，要受市场广狭的限制。同时，分工还能提高劳动生产率，使得个别劳动过程更加专业化从而促使技能更加娴熟，长时间的采用劳动分工还能减少因为更换工种而造成劳动时间的浪费，从而从根本上提高了工作效率。

亚当·斯密还明确指出不能孤立地考虑分工等劳动生产组织方式的经济性，分工所产生的效率受到市场需求的制约，没有可以吸纳更大产量的市场，就没有分工的效率。所以，生产组织方式的变革，要以市场的发展为条件。

（二）马歇尔的产业组织理论思想

亚当·斯密提出关于市场竞争机制的产业组织理论，而将此理论实践到具体经济学工作领域的是新古典学派经济学家马歇尔。在马歇尔编著的《产业经济学》和《经济学原理》等著作中都能看到他对于"产业组织"和与产业组织有关的"生产要素"的相关理论。马歇尔在让·巴蒂斯特·萨伊（Say, Jean Baptiste）的三大生产要素是资本生产要素、土地生产要素和劳动生产要素的基础上，提出了第四生产要素——"组织"。并专门设立章节分析描述了分工的利益、产业向特定区域集中所产生的利益、大规模生产所能带来的利益、收益递增及收益递减等概念与内容以及供求理论。这些理论中的许多观点和内容至今仍然是经济学类课程中十分重要的内容。在《经济学原理》一书中，马歇尔认为"组织"是第四生产要素，并首次提出企业内、外部经济间存在的矛盾是资源配置效率的关键问题。同时，马歇尔主张，在"资本"这个公认概念中，发挥作用的并不只有货币资本，资本能够增值，原因在于在运营货币资本的过程中，知识与组织投入同时存在，假如不存在知识与有效的组织，那么货币资本是不可能自动产生新价值的。马歇尔主张将"组织"这个被货币资本掩盖的要素分离，并将其看成是一种独立的生产要素，以此来强调"组织"对利润的形成过程具有重要作用。他的这些观点，为作为资本的一部分的组织和管理参与利润的形成提供了十分关键的理论依据，对其产生了很大的影响。

马歇尔的观点在当时引起经济学家和经济政策制定者的强烈关注。在规模经济较为显著的产业中，企业为了自己的经济利益就势必会扩大企业规模，产业内的集中度不断发展，直至可以操控市场，这样就会产生垄断，此时价格就不再会因为需求和供给的变化而上下波动，也不再能使经济资源变得更有效，这样就会导致企业不能有效地进行生产活动。由于垄断者最关心的是如何能获得最多的报酬，所以当垄断者的势力不断增长以至于能够对市场的供给量起到决定性作用的时候，价格就会成为垄断者获取最大化垄断利益的工具。正是经济系统运作中的这个矛盾，使当时经济学家的观点和经济政策制定者的行为带有某种倾向性，要么倾向市场竞争活力，要么倾向充分利用规模经济。也就是说如果经济政策倾向于制造有利于企业追求规模经济的环境，垄断就成为必然结果；如果经济政策倾向于维护市场竞争活力，就不能放任企业充分利用规模经济，市场低迷。马歇尔提出的规模经济与市场竞争的矛盾，这一观点被后来的经济学家称之为"马歇尔冲突"。

知识拓展

阿尔弗雷德·马歇尔（Alfred Marshall，1842～1924）及其著作《经济学原理》

阿尔弗雷德·马歇尔是近代英国最著名的经济学家。马歇尔于1842年出生在伦敦郊区的一个普通的工人家庭，父亲是一名牧师，马歇尔从小就接受父亲十分严厉的教育，后来他在剑桥大学的圣约翰学院攻读数学并且获得了学士学位，还被评选为该院的教学研究员。然而，1877年马歇尔和他一名学生玛丽·佩利结婚而迫使他终止了剑桥大学的工作（因为那时剑桥大学和牛津大学要求他们的研究员保持独身，就像牧师那样）。此后，马歇尔担任了布里斯托尔大学的校长，在要求保持独身的条件被废除后，他担任了牛津大学和剑桥大学的讲师与教授。英国政府进行的政策咨询活动他也参加过。1880年，他成为英国协会的第六小组主席，并正式领导创办了英国（后来改为皇家）经济学会。1890～1894年，身为皇家劳工委员会成员的马歇尔在其中颇有影响力。1885～1908年马歇尔在剑桥大学担任政治经济学教授，同时也成为了英国正统经济学界中不容置疑的领袖人物。产业组织经济学者之所以把马歇尔视为产业组织理论的先驱，不仅因为他对"组织"的地位的肯定，以及对规模经济的分析，而且因为马歇尔曾明确指出，由于企业总是在追求规模经济，这样就会导致集中的产生，而集中会抑制甚至消除对手，从而使市场垄断形成，进而降低了市场资源配置的效率。马歇尔认为：如果某种商品的生产和经营具有报酬递增规律，从而给予大生产者以很大的优势，那么追逐大规模生产的利益，会使这种生产很容易为少数几家大工厂所操纵。而少数几家大工厂的这种商品生产，其实在很大程度上具有垄断的性质。它的价格多半取决于那些追求扩大势力范围的竞争对手之间的斗争，很难有一种真正的正常水平。

马歇尔被西方学者誉为产业组织理论的先驱，他对产业组织理论的创立和发展为后来从事产业研究的人们提供了无限有价值的参考。但这只是西方主流学派的观点。事实上，马克思早于马歇尔数十年之前就在其著作《资本论》中论述了竞争和垄断的关系。并分析了自由竞争走向其对立面——垄断的必然性。后来，列宁等马克思主义者进一步发展了马克思的竞争——垄断理论。

（三）不完全竞争理论

到了 20 世纪 30 年代，随着垄断主义的不断深入发展，自由资本主义已经逐渐被吞并，随着市场竞争的不断加剧，欧洲爆发了经济危机。这使得马歇尔的产业经济理论与客观市场的反应形成巨大反差，这使得越来越多的经济学家重新针对垄断主义的发展和竞争的贸易市场进行研究剖析。1933 年，英国剑桥大学经济学家及数学家琼·罗宾逊（Joan Robinson）所著的《不完全竞争经济学》以及身为美国哈佛大学的产业组织理论教授的爱德华·哈斯丁·张伯伦（E·H·Chamberlin）的《垄断竞争理论》这两本著作的问世，预示着西方经济学对竞争和垄断的研究进入了另一个实质性的发展阶段，完善和发展了竞争——垄断这个传统西方经济学中的理论。

张伯伦在《垄断竞争理论》中对"产品差别"的内涵进行了细致阐述。他认为：通常情况下，产品都存在差别。这种定义差别的标准也许是具体的，也许是想象的，只要它对购买者有必要性，使购买者喜好这种商品而不喜好另一种商品的话，都可以构成差别的标准。张伯伦给出的概念比较明确，即：产品差别是对消费者而言的，只要消费者认为某个商品比其他商品更重要，那么产品之间就是有差别的，不论是产品本身真的有差别，还是只不过是消费者的主观判断而已。他分析导致产品差别的因素有很多。差别性可能是根据产品本身的某种特点，如独有的专利权、商店名称、商标、包装特点的不同；或是品质、设计、颜色式样的特点不同；或是产品销售条件、服务态度的不同而产生差异。在多数市场上，供给者的数量众多，为了争夺更大的市场，提供同类产品的企业之间存在着互相竞争的关系。但是在差别化的情况下，某些企业可能依靠自身产品与别的产品的差别，从而在细分市场上形成垄断，其中产品差别的程度决定了垄断的程度。因此，企业的市场行为总是同时存在着竞争与垄断，而绝大部分的市场是垄断竞争同时存在的市场。这就是张伯伦的《垄断竞争理论》。

张伯伦在书中分析垄断竞争的价格行为和产品行为时，还提出了"进入"及"退出"的概念。一个企业成本－收益的关系通常由该企业"进入"某一产业的难易程度决定。随着企业不断进入及退出市场，"集团"企业和"非集团"企业也可能在某一点上达到均衡。他认为"生产集团"内的利润率假如比竞争状态时能达到的平均利润率要高的话，经济资源就会被吸引进入"集团"，使超额利润下降。如果"生产集团"内的平均利润率比竞争状态时的平均利润率低的话，经济资源就会从产业中退出，从而使利润率又恢复到竞争状态时的平均利润率，所以"集团"内的企业只能获得平均利润。

张伯伦主张的这些观点，为现代产业组织理论的发展提供了重要的理论基础，因此，后人将张伯伦誉为"现代产业组织理论奠基人"。而罗宾逊和张伯伦的不完全竞争理论，在市场经济中现实存在着。为实证经济学的发展提供了基础，为现代产业组织理论的发展做出了巨大贡献。

三、产业组织理论体系的形成

马歇尔、张伯伦等经济学家的开拓性研究为最终产业组织理论体系的形成做出了巨大的贡献，尤其是张伯伦提出的垄断竞争理论首先完成了经济学理论研究由规范研究向实证分析方法论的转变，从此，西方研究学者逐渐将研究中心转移到产业组织理论的实证研究上来。

1939年梅森（E·Mason）发表《大企业的生产价格政策》一书的问世被后人奠定为产业组织理论体系的基本形成。梅森和他在哈佛大学建立的产业组织研究小组在继承马歇尔和张伯伦等人的观点基础上，具体提出了产业组织理论的研究方向，他们将"有效竞争"的定义和实现"有效竞争"的条件作了分类和总结，分成两个标准：一是将能够维护有效竞争的市场结构的形成条件归纳为市场结构标准；二是将从市场绩效角度来判断竞争有效性的标准归为市场绩效标准。这就是著名的"有效竞争标准二分法"。

1959年，哈佛大学的产业组织研究小组成员贝恩（J·Bain），在梅森的指导下完成了他的博士论文——《产业组织》，在经济学研究领域内这是首次系统地论述了产业组织理论。贝恩在文中提出产业组织理论基本框架一说，他归纳市场结构的基本构成因素有：规模的经济性、产业的市场集中、纵向生产一体化、产品的差别化、进入的阻碍等。贝恩在分析论述市场集中如何发展的时候，认为集中度上升的首要原因是企业总在追求规模经济。贝恩强调，当集中度较高时就必然会造成垄断的形成，因此，贝恩分析市场竞争活力和规模经济这对基本矛盾时用了很多的篇幅。贝恩所著的《产业组织》拥有系统性的研究内容及创造性的研究方法，标志着产业组织理论体系正式形成了。

（一）哈佛学派的产业组织理论体系

继贝恩《产业组织》的出版，许多哈佛大学的学者都开始深入地研究产业组织的相关理论。谢勒（Frederic. M. Scherer）的《产业市场结构和经济绩效》于1970年出版了，其将市场行为和市场绩效间的关系作为主要的研究内容。由于像贝恩和谢勒等哈佛大学的学者他们研究产业组织理论的框架大体一致，同时，他们还对反托拉斯政策的研究也基本相同，因而后来的学者称以梅森、贝恩和谢勒为代表的那个时期产业组织理论的学者为"哈佛学派"。

1. SCP 分析框架

哈佛学派的产业组织理论，继承了马歇尔、张伯伦等人的垄断理论的同时，按照实证将产业组织细解为围绕"市场"为基础，以"结构"、"行为"和"绩效"作为标准的"三分法"来分析产业，并构建了系统、全面、符合逻辑的市场结构（Structure）——市场行为（Conduct）——市场绩效（Performance）分析框架（简称 SCP 分析框架），SCP 分析框架能够用来实际测量各个层面的市场关系，从而实现了从实证的角度对产业组织理论体系的规范。

哈佛学派在产业组织理论的分析框架中把市场结构、市场行为和市场绩效作为基本内容，并将它们与政府公共政策进行了结合。SCP 分析框架中的结构、行为和绩效间存在着因果关系，承上启下：一个企业的行为取决于市场结构，而企业的行为会决定市场如何运行，市场的运行又进而使经济绩效产生。因此，将获得更优的市场绩效作为目标，并将不合理市场结构的改良和公共政策的调整作为手段，从而形成产业环境中的竞争性的市场行为。具体内容如图 3-1。

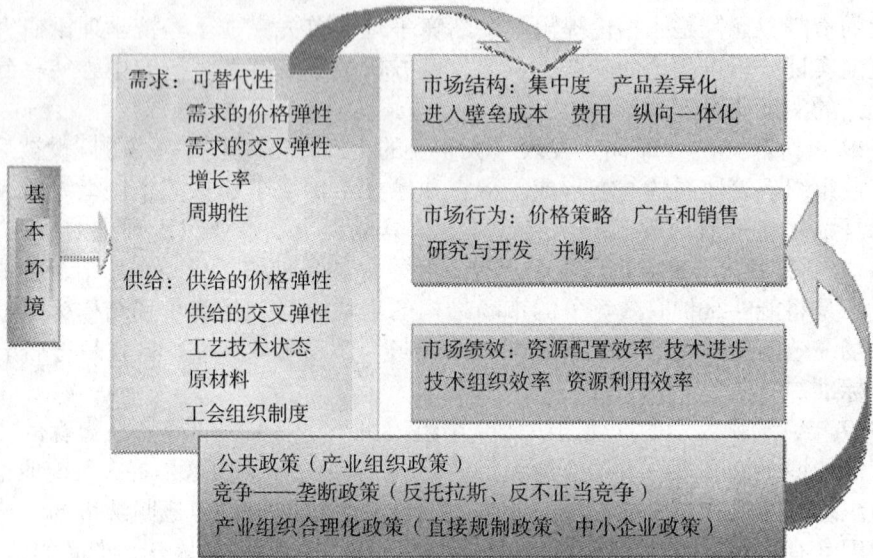

需求：可替代性
　　需求的价格弹性
　　需求的交叉弹性
　　增长率
　　周期性

供给：供给的价格弹性
　　供给的交叉弹性
　　工艺技术状态
　　原材料
　　工会组织制度

基本环境

市场结构：集中度　产品差异化
进入壁垒成本　费用　纵向一体化

市场行为：价格策略　广告和销售
研究与开发　并购

市场绩效：资源配置效率　技术进步
技术组织效率　资源利用效率

公共政策（产业组织政策）
竞争——垄断政策（反托拉斯、反不正当竞争）
产业组织合理化政策（直接规制政策、中小企业政策）

图 3-1　产业组织理论的 SCP 分析框架

一般情况下，产业的价格水平和边际成本在短期内并不始终保持一致。但从长期来看，一个产业的价格水平高于平均成本，就会存在超额利润，必然也会导致其他厂商进入该市场去瓜分剩余价值。如果进入的厂商数目很多，在给定了的技术条件下，超额利润就会被耗尽，竞争会使得高于平均成本的价格下降，并趋向于最优定价水平，即边际成本，这就是一个一般的竞争均衡过程。贝恩发现，在某些产业部门中，长期存在一种高于平均成本的价格，但同时潜在进入该产业部门的厂商也并不情愿进入该产业。这就意味着，现有企业可以在没有进入者竞争的情况下一直获得高额利润。

图 3-1 中的"市场结构"，理解为在市场中，竞争的激烈程度以及影响价格形成等的市场组织特征，进入壁垒成本的高低、产品差异化的程度和市场集中度是市场结构的基本决定因素。其中，市场结构的关键因素是市场集中度，卖方集中被认为是有利于非竞争的，而买方集中被认为会导致非竞争行为难以维持。"产品差异化"是指同一产业内的不同企业生产的或者是同类产品却是不同品牌生产的，由于这些产品在性能、质量、款式、信息获取方式和销售服务等各方面通常存在一定的区别，从而造成了产品的不可完全替代，进而使卖方市场的注意力由价格竞争转化为非价格竞争。进入壁垒则可理解为在特定的产业内，存在的诸多障碍或是不利因素阻碍新企业的进入，通常进入一个相对容易的产业，产业内原有企业所获得高于成本的价格相对越少，获取的超额利润相对越难。贝恩将进入壁垒视为决定市场结

构的核心变量。他根据企业获得超额利润的能力的大小定义了进入壁垒概念。所谓进入壁垒，即现有企业的定价水平能高于最低的平均成本，同时在这个水平上该产业并没有进入者愿意进入。现有企业的能力应包括规模经济、必要的进入资本需求量、政府限制（费用或专利申请等）和绝对成本优势（更低的成本原料供应、更好的技术和学习效应）。因此，在SCP范式中，市场结构的决定因素并不取决于行业内生的变量，而是取决于市场外部的环境变量。

图3-1中的"市场行为"指的是在企业对市场供求状况和自身企业与其他企业的关系作了充分了解后所采取的各种策略和行为，主要有：研究与开发、确定价格的策略、产品和广告策略、与对手相互竞争的行为等。贝恩认为，市场结构影响单个厂商的经济行为包括两个方面：直接和间接。直接的影响，如厂商的内部组织结构，包括用工策略、工作条件等；间接影响，如厂商内部资源配置及其产品定价和竞争策略。贝恩认为，传统的产业组织理论是企业的市场行为取决于市场结构，因而并没有深入分析企业行为本身以及企业行为对市场结构的影响，而是对不同的市场行为会带来怎样的市场绩效进行了着重分析。

图3-1中，"市场绩效"是指在特定的市场结构与市场行为的条件下，市场运行最终产生的经济效果，其主要是从产业的利润率水平和资源配置、规模经济、产品销售费用、产品的质量水准、款式、生产力过剩和劳动生产之间的相对率、价格的伸缩性、多样性和变换频度等角度出发，用直接或者间接的方式评价市场绩效。假如根据上述的评价标准，在评价市场绩效时得到市场绩效能力相对低下的结果，就必须对市场结构采取政策介入的手段。

哈佛学派SCP分析框架的创建，创立了产业组织理论研究的里程碑。至此，全世界的经济学家都将自己的研究重点与SCP理论分析框架进行结合，不仅提出了新的观点也为各自国家的产业组织理论发展做出贡献，为本国的产业组织政策提供理论依据。不仅如此，哈佛学派的理论还对美国和其他主要工业化国家的经济政策产生了重要影响。建立在哈佛学派理论基础上的产业组织政策有十分明确的目的，即维护企业间的竞争活力，发挥市场机制的作用，以最大限度地满足市场需求和推动技术进步。为了实现这一目的，必须制定严格的反垄断政策，完善维护公平竞争的法律体系。这些法规应当包括禁止卡特尔、禁止垄断行为、限制横向企业间的合并与兼并、取消歧视性价格等内容。结构-行为-绩效范式开创了产业组织理论分析的框架和范围，在大量的经验性分析中运用了主流微观理论的推论并提出假设问题，从而大大深化了厂商理论的微观经济研究。贝恩所代表的SCP范式从美国制造业的经验性分析中得出产业内的市场结构，尤其是进入壁垒与高利润率有着显著的正相关关系，从而构建出市场结构差异性的主要因素，并用这些经验分析高利润形成的条件。在方法论的角度上，结构主义明显带有经验色彩，强调历史和现实，由此衍生出一些基于历史和现实的描述。

2. "集中度-利润率"假说

在哈佛学派的SCP分析框架中，分析重点应该是有关市场结构指标中的"集中度"和市场绩效标准指标中的"利润率"这两个要素。在"集中度"较高的产业中，进入壁垒较高，从而限制了竞争，同时，某些企业间协调和串谋的行为也削弱了市场竞争，这样就导致了超额利润的产生。尽管行业利润率较高，但是降低了资源配置的效率。因而，贝恩认为市场中若持续存在超额利润或经济利润，就说明市场存在着垄断。行业的利润率越高，垄断形式就越强。这就是贝恩著名的"集中度——利润率"假说。

通常价格理论认为，竞争的市场机制本身能保证资源的有效分配，因为这时的价格和边际成本相等，所有企业都只能获得正常的利润，各产业的利润率水平大体一致。因而此时可以用利润率来作为评价资源配置效率的标准，而产业间平均利润率的形成则可以看作是资源配置的优化。可往往现实中，利润率是偏离正常利润率的，这是因为存在着"垄断利润"、"创新利润"、"风险利润"和"意外利润"。由于后三者都是短期，不可能长期存在，所以，在哈佛学派看来，如果某一产业的利润率长期高于正常利润水平，那么就认为是该产业的"垄断利润"所造成的。在集中度——利润率假说的检验中，贝恩对美国制造业的集中度与利润率作了实证分析，结果如表 3-1 所示。

表 3-1　美国制造业的集中度与利润率

产品	集中度 CR_8（>70%）	利润率	产业	集中度 CR_8（<70%）	利润率
油毡	100	9	屋面材料	68.2	7.4
香烟	99	14.4	地毯	68.2	4.7
打字机及部件	99.3	15.8	钢铁	63.8	4.9
口香糖	97.3	16.9	肉制品加工	63.5	3.6
玉米加工	95	9.3	铸铁管	63	8.6
汽车	94.2	16.3	石油精炼	58.9	6.8
轮胎	90.4	8.2	金属线	54	7.5
人造丝加工	90.2	12.1	食用香料	54	1.8
农器具	87.7	9.1	雪茄	50.7	6.9
石膏	86.4	10.1	金属门	49	18.3
管制及生铁制品	85.6	9.1	印刷机械	47.4	2.2
照相机及照相器材	84.9	12.9	水泥	44.7	5.4
烟丝	84.3	11.7	面粉	37	7.6
铁道车辆	84	2.8	皮革	34.3	0.8
铝	83.7	9.7	车床加工	32.9	8.2
肥皂	83.1	15.2	鞋	30.8	7.5
钢笔、圆珠笔	82.8	12.3	水果与蔬菜罐头	30.4	7.4
锌	82.2	4.7	人造丝制造	27.1	8.4
洗衣机	79.7	14	纸制品	23.7	12.4
飞机及部件	72.8	20.8	糕点	19.9	17
蒸馏酒	71.4	14.2	木制品	7.6	9.1

资料来源：贝恩的《产业集中度与利润的关系》，载《经济季刊》1951 年第八期。

从表 3-1 中可以看出随着集中度的提高，利润率也有所提高，但集中度和利润

医药产业经济：原理与政策

率之间的相关关系并不太明显，据研究相关系数为 0.28。贝恩选取的研究样本是美国制造业的 42 个产业，他把样本分成两组，每组各 21 个产业，第一组是 CR_8（最大的 8 家企业市场集中度）大于 70% 的产业，第二组则是 CR_8 小于 70% 的产业。结果显示，这两个市场集中度不同的产业群的利润率存在较为明显的差异，CR_8 大于 70% 的平均产业利润率达到 11.8%，CR_8 小于 70% 的产业利润率平均只达 7.5%。

哈佛学派根据上述调查研究结果提出：在市场结构具有垄断或寡占的产业中，由于某些企业间会存在协调、共谋等行为，同时，用高市场进入壁垒来限制竞争，市场竞争就被削弱了，这样通常会导致超额利润的产生，并使资源配置效率降低。假如具有市场支配能力的企业的数量增加，那么经济整体都会受到垄断的伤害，因此，哈佛学派主张为了恢复和维持市场秩序，进行有效竞争，对这些产业必须采取禁止兼并、企业分割等公共政策，并且这些公共政策要能直接对市场结构作用。

哈佛学派的"集中度——利润率"假说是在强调经验性的产业研究，通常运用回归分析找出各个产量之间的关系。这种基于描述性的统计是有意义的，他可以让我们对各个经济变量之间可能存在的关系有所了解。但其缺陷在于对回归结果往往缺乏因果关系的逻辑解释。因为变量与变量间拥有良好的计量统计指标，并不代表这些变量之间就必然有因果关系，一些毫不相干的变量间也有可能存在巨大的相关性。所以这个方法在逻辑学上存在缺陷，从而导致"集中度——利润率"假说受到质疑，统计相关并不能说明产业利润是来源于垄断势力还是来源于大企业运作的高效。

3. 哈佛学派提出的政策意见主张

哈佛学派提出的 SCP 框架采用实证研究方法来对市场结构、市场行为和市场绩效进行剖析，而研究重点放在了对当下的市场结构进行分类和规整。贝恩等学者认为寡占的市场结构会导致寡占的市场行为的产生，进而导致不良市场绩效的产生，尤其是非效率的资源配置。因此，一个产业组织政策若想有效，就必须首先注重形成有效的市场秩序，维护在此市场结构下能有效竞争，必须对经济生活中存在的寡占和垄断采取一些规制的政策手段。在第二次世界大战结束后，西方市场经济发达的国家开始以美国为首，哈佛学派提出的 SCP 分析框架以及他们对产业组织理论的政策主张，对这些西方国家开展和深化反垄断政策都产生了重大的影响。

现归纳哈佛学派有关反垄断理论的政策意见和学派主张：

首先，政府必须强制执行反垄断等相关法律政策。在市场结构模块的垄断执行上，结合技术进步因素和市场规模经济的背景，适当矫正其结构要素；对于自然垄断，要正视垄断定价才是造成市场低效率重复建设的主要原因；同时，竞争市场中的势力集团是由于集中度相对较高的大厂家或大制造业之间暗箱操作，相互勾结以谋取利润而逐步形成的，这一因素也是政府亟待解决的。

其次，强烈要求政府实行严厉的法令。对企业之间诸如联合与并购等行为进行严格管制，无论兼并以何种形式进行，都可能产生效率的变化，对此必须给予相当的重视。

最后，政府必须严格实行反托拉斯法以规范市场秩序。在集中度高的市场中，十分容易产生垄断合谋限制产出、默契的价格领导、市场协议分割、固定价格等行为，这些行为都会对市场绩效产生不良影响，因此，政府必须通过颁布法令等手段来对这类行为进行限制。

哈佛学派开创了产业组织理论研究的先河，它的SCP理论分析框架在20世纪上半叶对美国甚至全球的经济发展起到促进作用，为美国反垄断法规的实施提供了理论依据和实行方法，切实的对高度集中的垄断起到抑制作用。20世纪后期，但随着世界经济的发展，哈佛学派逐渐走向衰退，SCP理论分析框架的部分内容抑制了大多数行业的正常经济贸易发展。虽然SCP分析框架的理论观点已经信奉者寥寥，但是其作为一种重要的行业分析方法依旧具有其生命力，也是为更多新产业组织理论的创建和发展提供了理论基础。

四、产业组织理论的发展

在第二次世界大战后，美国严格按照哈佛学派的反垄断政策来调节市场经济秩序，但是随着政策的实施，曾经是国际主要竞争力的美国工业制造业、钢铁产业、汽车产业等的市场份额日趋下降，越来越多的经济学家认为过度的反垄断政策阻碍了市场贸易的发展。20世纪70年代以后，很多经济学家提出了新的观点－即反对反垄断政策调节市场及批判结构主义。伴随着新观点的提出一些新理论及研究方法也随之产生，其中具有代表性的是芝加哥学派的产业组织理论、威廉·杰克·鲍莫尔（William Jack Baumol）等人的可竞争市场理论及新制度学派、新奥地利学派理论。

（一）芝加哥学派的产业组织理论

芝加哥学派有关产业组织理论的观点是在人们对哈佛学派理论产生质疑的同时崛起的。20世纪60年代初，哈佛学派的SCP理论分析框架诞生并在具体运用到产业经济学中。随后，许多知名大学的专家学者针对"结构——行为——绩效"为分析框架的产业组织理论进行了探讨，并且对现有的产业组织理论产生了深远影响。芝加哥学派的主要代表是芝加哥大学教授乔治·斯蒂格勒（George·J·Sigler）、哈罗德·德姆塞茨（Harold·Demsetz）、波斯纳（Richard·Allen·Posner）等人，这些学者在针对哈佛学派理论和反垄断政策的实行轮战中，提出了芝加哥学派的核心理论—全新的市场公共政策和产业竞争理论的说法，帮助芝加哥学派跻身主流学派之中。同时这些理论对20世纪七八十年代的美国里根和布什政府时期对于产业经济的限制政策和反垄断等政策的转型产生了深远影响。

1. 芝加哥学派的主要理论观点

芝加哥学派的理论观点是主张竞争机制在自由市场中的作用，充分相信市场力量的自我调节能力，提出了市场中出现的竞争现象是市场力量自主调节的一种表象，认为这种自由作用是优胜劣汰对于市场的生存检验过程。同时，芝加哥学派还认为国家不应该过多的干预市场竞争，认为国家在市场竞争过程中只是提供一个制度框架，市场最终形态不应当受到国家政策的影响，芝加哥学派认为这样做能够在市场竞争的过程中通过不停的竞争来确保经济主体能够不断的自主调整，最终能够在不断变化之中完全适应市场，达到市场均衡。

芝加哥学派与哈佛学派观点不同之处在于高度集中的市场机构中的高额利润来源，是来源于大型企业自主的高效率运作还是来源于市场经济体系中庞大的垄断势力。芝加哥学派认为，即便市场中确实存在垄断势力或者不完全竞争的现象，只要政府能够不进入规制之中，那么这种不均衡的现象只不过是市场趋于均衡之前的阵痛。企业在高度集中的市场中通过私下协调等共谋行为来私下交易有可能产生很高的利润率，但是即便是高集中度形成的市场势力而致使垄断的产生，这种情形也只是短暂的或者是非均衡的一种表象。只要没有政府对市场做出具体的政策干预，就算是产生短暂的高利润率也会因为新企业的注入或者卡特尔协定的破裂而立即中断。集中度很高的市场中，企业即便获取了高利润，也只是市场非均衡的一种现象，这种现象会随着市场不断的趋于均衡而消失不见。

哈佛学派的学者认为 SCP 理论框架的决定性因素是市场框架，不同的市场结构会造成不同的市场绩效。芝加哥学派的学者则认为市场绩效在竞争环境中起到决定性的作用，企业绩效决定着市场结构，绩效不同结构不同，在市场竞争中能够取得较高的生产率的企业才能够获得高额的利润，获得了较高的利润之后企业能够扩大自身规模及市场的集中占有度，从而市场结构也形成了以大企业和集中度高为主的基本特征。芝加哥学派还认为大型企业在高集中度的市场环境因素下一定能够具有较高的生产效率，而产生高效率的主要原因是：先进的设备、领先的技术、完善的企业管理、良好的产品质量和大规模生产带来的规模经济性等。如果某一产业能够长期出现高利润的现象，那么有可能是该产业中的大型企业拥有着较高的生产效率的作用结果，并不是哈佛学派所认为的垄断势力造成的。由此可见，如果市场具有良好的绩效表现，就算出现垄断等情况，政府规制也没有介入市场的必要。

乔治·斯蒂格勒和哈罗德·德姆塞茨等经济学家从很多时政的角度提出很多对于哈佛学派"集中度——利润率"假说的批判。他们认为，不能用集中度高产业中的高利润来作为评价资源配置的非效率指标，高利润和生产效率成正比，集中度和利润率之间的关系不能通过正相关来反应集中度高的产业中大型企业的更高效率及较低的成本。哈罗德·德姆塞茨针对集中度水平和规模不同的企业做了对比，结论是利润率和不同产业的集中程度并不成正相关。因此，在高集中度环境下，企业通过垄断行为从而获得高利润这种说法并不符合市场的具体情况。芝加哥学派的支持者布罗曾（Y. Brozen）研究发现，贝恩 1951 年最初在《产业集中度与利润的关系》中对 42 个产业进行了研究对比，其中集中度较高的产业群（$CR_8 > 70\%$）比集中度较低的产业群（$CR_8 < 70\%$）的利润差额在 4.3%。但是在 20 世纪中叶，该差值已降至 1.1%。因此，芝加哥学派认为，是市场中的大企业高效率的经营模式致使了在市场上长期出现高利润率的现象，因为如果高利润率的产生不是因为高效率经营的结果，那么就会出现大量的其他企业涌入的现象，从而利润率会迅速降至平均水平。

上述芝加哥学派的观点对于哈佛学派的 SCP 框架造成了颠覆，它完全否认和运用实证手段对于市场结构决定市场行为并决定市场绩效的因果关系做出了批判，芝加哥学派认为真正的市场秩序是由市场绩效或者市场行为决定了市场结构。对于效率指标的重视是整个芝加哥学派的指导思想，所以，信奉芝加哥学派的人也可以称呼他们为"效率主义者"。

2. 芝加哥学派的理论贡献

20 世纪 60 年代末，芝加哥学派创始人之一的乔治·斯蒂格勒出版了《产业组织》一书，该书的出版代表着芝加哥学派理论步入成熟。乔治·斯蒂格勒对产业组织进行了长期研究，涉猎垄断、兼并、市场容量和劳动分工、政府规制、规模经济和信息理论各方面领域，并且做出了很大的贡献。1982 年乔治·斯蒂格勒获得了诺贝尔经济学奖，这也标志着他对产业组织理论和芝加哥学派的创立和发展所做出的不可磨灭的开创性研究和巨大贡献。

芝加哥学派对产业组织理论的主要贡献体现在以下几个方面。

（1）对进入壁垒理论的修改

乔治·斯蒂格勒在《产业组织》一书中提出了新的概念，称之为"所有权进入壁垒"。乔治·斯蒂格勒将之定义为新进入市场的企业应当承担、而市场上现有的企业不需要承担的成本，简单来说就是新企业如果进入某一市场领域，相比于旧企业要多承担一些附加成本。这一观点的提出，否定了哈佛学派主张的传统壁垒因素（包括产品差别化、资本需求量、规模经济等不同因素），将这些因素认定为实现经济收益的某些手段。只要政府不进入规制内，实际市场中几乎不存在真正地进入壁垒，因此市场中原有企业都会面临新进入市场企业的竞争冲击。芝加哥学派的这一观点理论对于日后的竞争市场形成和五力模型的开发都产生了空前的影响。

（2）推动了法律经济学的诞生

芝加哥大学法学院的波斯纳（R. Posener）等学者也是芝加哥学派产业组织理论的重要研究者，这些专家学者与学院派专业经济学家相互合作，对反托拉斯法采用价格理论的方式来开展研究。波斯纳于 1971 年编著了《反托拉斯法：案例、经济学解释和其他材料》，对于美国的反垄断政策造成了深远影响。波斯纳认为，反垄断法的目的是通过促进经济发展，提高经济效益，从而促使消费者能够获得最大利益。他认为反托拉斯法不只是要保护竞争者，更应当保护整个市场的竞争环境，所以，对于企业的市场行为进行判定的时候，不应该针对企业是否对于竞争者做出了侵害或是排斥，而应该着眼于企业是否能够促进整个社会的经济发展，是否能够带来经济效益。如果市场上竞争者数量过多，就会导致市场过度拥挤，不利于规模经济的利用，不能够提高经济效益，这种时候就应该允许市场竞争和兼并等手段来推动市场发展，加大市场的集中度。这种观点当时称之为"反托拉斯的芝加哥学派"，受到芝加哥学派、法律领域的广大专家学者和政府官员的大力支持，对于 20 世纪七八十年代反垄断政策的转折做出了深远影响。波斯纳等研究反托拉斯法的学家们在研究过程中不经意间推动诞生了一个全新的边缘学科，即法学经济学。

（3）对规制经济学的贡献

芝加哥学派还对产业组织理论研究中政府规制分析做出巨大贡献。在当时，普通民众指出，政府针对煤气、电力、电邮通信和交通运输领域采取的进入规制和收费规制都是正常的，没有人会质疑该措施的效果。乔治·斯蒂格勒等人在针对政府规制产生效果的实质性检验之后发现，政府规制在很多的产业领域都没有达到预期的效果，反而造成了很坏的影响，因此这些学者就政府是否应该介入市场提出了反对。同样的，他们还分析了政府规制的实施背景，针对市场的交易和问题采用价格理论的方式进行深入解析。芝加哥学派对于政府规制的研究取得了不错的进展，不仅开创了经济学领域的微观规制经济学，还作为"规制缓和的芝加哥学派"的理论观点对美国1970年末以来政府放松规制的政策做出了积极的贡献。

3. 芝加哥学派的反托拉斯政策主张

芝加哥学派对政府是否介入不同的市场领域，开展干预政策是否必要提出了质疑，学者认为，政府应该尽全力减少对于产业领域的政策介入，增加个人和企业的自主经济活动的范围；在一个能够产生满意的市场绩效的市场环境中，政府应该做的事情是不参与，让市场力量自动调节市场竞争环境。他们还认为，哈佛学派提出的所谓严重的垄断情况不会出现在现实生活中。随着大型企业的生产效率日益增强，大企业产生高额利润有可能是企业经营效率高而产生的结果，这一结果与市场的垄断势力并无直接关系，因此，芝加哥学派对于政府采取规制政策和反托拉斯法的实施都采取不鼓励的态度。

芝加哥学派的学者对于哈佛学派主张针对大型集中度的企业采取严厉兼并、控制、拆分等政策的做法也强烈反对。他们认为，大型集中企业的形成是企业自身通过内部或者外部的效益增加来达到成形的，企业内部效益如果增长，这就代表了该企业在产业领域中相较于竞争对手拥有更高的生产效率。如果拆分这些通过内部增长而达到大型规模的企业，这就会打击企业内部增长的效率，破坏了企业效率增长的来源。企业通过外部增长来提高效益的基本手段是兼并，兼并能够使经营不善、效率较低的企业流入生存力、竞争力更强的企业之中，从而改善资源配比的效率。就算是市场中没有人为的进入规制，也有可能存在潜在的竞争压力，这些竞争压力会导致兼并后的企业依旧处在竞争之中，并没有很好地改善。除了个别案例（例如高度寡占市场中的横向兼并）以外，政府不应当过度的监控企业兼并。反托拉斯政策要把眼光放在对于企业市场行为的干预，要做好对于卡特尔等企业间的价格协调行为和市场分配的行为做好控制和监管，这些行为对于产业的整个发展来说很局限，也不能提高企业的生产效率，最终结果只会是对消费者的福利造成损害。

伴随着芝加哥学派和哈佛学派的争论，西方经济的发展进入了"黄金年代"，以大企业、大制造商为代表的生产方式日益成为制造业的主导力量。1970年后，世界格局发生了很大的改变，这些改变的出现，致使传统的生产行为转向国外，造成了产业空心化。里根就任美国总统之后，任命米勒（Miller）出任美国联邦贸易委员会的主席，任命贝格斯特（Baxster）出任司法部反托拉斯局的局长，任命波斯纳出任联邦法院的大法官。从此之后，芝加哥学派开始主导美国的垄断政策，成为美国反垄断政策的转变的推手。20 世纪 80 年代上报反托拉斯局的起诉案件十有八九都是卡特尔案件，而在 1981~1985 年之间，反托拉斯局接到的起诉案件中针对垄断行为的只有 3 件，这一时间关于合并的案件有 28 件，跟以前相对比有了很大的减少。同时，联盟贸易委员会接到的反托拉斯案的数量也大幅度的降低。这一时期的政策改变被人们称为反垄断政策中的"芝加哥革命"。

（二）新奥地利学派的产业组织理论

在欧根·冯·庞巴维克（Eugen·Bohm·Bawerk）和门格尔（Carl·Menger）等人创立的传统奥地利经济学派的思想与方法之上，新奥地利学派建立了产业组织理论。该学派的主要代表人物为哈耶克（F·Hayek）、罗斯巴德（Murray·Rothbard）等。虽然叫新奥地利学派，但是其理论在美国和英国的学术界都占有一席之地。即便是有些学者不认为自己为新奥地利学派，但是他们依旧认同该学派的主要理论观点，并且在产业组织理论的分析研究过程中做出了重要贡献，如熊彼特（J·A·Schumpeter）、伯克（R·Bork）等人。

1. 新奥地利学派的主要方法论特征

新奥地利学派也基本反对哈佛学派传统的反垄断政策，这一观点与芝加哥学派相一致，但是相同之处在于新奥地利学派不认可新古典经济学的核心价值理论。他们对于事物发展的过程和个人行为逻辑分析都十分重视，认为实际市场中不一定存在静态均衡的状态。因此，新奥地利学派信奉自由主义，主张市场有秩序的结构这一点和芝加哥学派一样，但在实际获得市场结构的问题上，又与新古典主义有所分歧。新奥地利学派是按照自己独特的方法论对市场过程来深入研究，这观点与芝加哥学派注重基础理论有很大区别，这就是新奥地利学派的最大特征。

2. 新奥地利学派的主要理论观点

新奥地利学派的主要理论观点是注重个人行为的逻辑分析，而不是芝加哥学派的新古典主义的均衡分析，在对市场的定位和理解上强调正在发生的连续动态过程。新奥地利学派批判完全竞争市场概念，他们认为，实际情况下不可能存在完全竞争理论，因为该理论没有就竞争的过程给出建设性的意见。在现实的市场大环境里，企业围绕很多方面都处在竞争之中，竞争包括产品的成本、价格、质量和新产品开发等各个方面，这些竞争争夺的过程才能够体现出市场竞争的内涵。在完全竞争的过程中，如果企业只是价格降低，不针对竞争者改变成本结构，不做宣传工作，也不明确的划分产品类别，而是只对竞争结果进行均衡状态的描述，那么，完全竞争就代表着没有任何的市场活动，而这一概念从根本上是名不副实的。

芝加哥学派的新古典经济学完全竞争理论有关"信息的完全性"条件是指参与市场的所有企业都应当具有掌握市场信息和知识的能力和条件，不存在不确定的可能性。但是新奥地利学派却认为，完全竞争理论存在的主观条件不仅不可能存在，还有可能误导竞争者，因为如果在现实的市场环境下存在完全信息，那么对于市场环境中的所有可利用资源都可以进行完全的合理有效的调控分配，所有市场上存在的经济问题都会迎刃而解。所以，无论政府、企业还是个人，都没有完全掌握市场信息和知识的可能性，因为每个人作为个体掌握的信息成百上千并且各不相同，这些个体掌握的信息不仅仅数量大，而且处在不断地进化改变之中。因此可见，市场运作最基本的解决方法就是如何及时地获取这些分散信息，并且能够及时统筹起来，使这些资源更好地被市场和社会所使用，达到这一目的的方法只有通过市场的竞争才能够彻底实现。

芝加哥学派的新古典主义理论对于企业和企业家的作用主要采取被动方式和静态效果，这就说明了该理论的侧重点是强调信息和市场的完整性，而芝加哥学派指的市场是能够针对现有经济环境做出最大的市场协调。而新奥地利学派从信息不完全的角度出发，在对于市场的分析深入过程中着重对于市场的学习和认知过程，该派系学者认为市场的竞争性的本质其实是对于市场上分散知识的统筹和利用的过程，对于企业家和创业者在这个信息统筹的过程中起到了重大作用，在市场竞争的环境中，企业家对于资源的流动起到推进作用，能够更好地满足消费者的需求。奥地利学派学者柯兹纳（Israel·Kirzner）指出，经济生活的目的和手段是受到创造性的人为行动所影响，即会受到创业精神的影响。创业精神就是指人们从本质上对于新的事物都有好奇、探索和掌握的需求，并且具有满足这些需求的能力、技术、资源的调配能力。企业家的作用就是能够发现市场上存在但是未被有效利用的这些资源，通过对新资源的合理运用来更好地满足消费者的需求，实现自身的利益。导致市场不均衡情况的出现是由于市场参与者对于市场认知不充分，对于市场中的信息不能充分的开发从而做出错误的决策失去了获得利润的机会，由此可见，市场的过程就是一种调整市场不均衡现象的过程，企业家在该过程中的作用其实是为了维护市场的均衡。介于这一过程的必要性，新奥地利学派的专家学者对于政府对产业过度干预的行为做出了抵制，他们认为政府对于市场的信息了解也是不完全的，如果过多的干预市场，反而会遏制市场的发展，最终对经济的基础绩效造成损害。

3. 新奥地利学派对反垄断政策的批判

新奥地利学派对于哈佛学派的结构主义政策主张也是持完全反对态度的，他们认为，竞争的强弱不能够通过企业数量、市场占有份额和集中度等指标来做到均衡的衡量，他们认为竞争的来源主要是由企业家的创业精神所决定，创业精神是伴随着企业发展共同成长的，不可能被其他企业抢夺。所以，只要能够确保市场的进入自由，企业自身的创业精神会给整个市场带来充分的竞争压力，这些竞争压力与市场的集中度程度无直接关系。

他们还认为，根据产品的差别化来确定垄断程度的观点并不实际，新奥地利学派认为产品差别化是市场竞争过程中的一种体现。企业通过产品差别化能够发现新的利润机会，并且最大程度的满足了消费者的需求。所以，产品的差别化是市场整个过程中不可忽略的一个关键因素，也是竞争过程的具体表现形式。

新奥地利学派在进入壁垒方面的认知也与哈佛学派有着很大的不同。他们认为，传统进入壁垒因素比如产品的差别化和经济规模等对于市场竞争都不能很好的抑制，因为是否有新的企业进入市场是由企业家是否努力来决定的，如果一家新的企业能够充分满足消费者的需求，那么就能够彻底进入市场。新奥地利学派认为进入市场的唯一壁垒是政府的政策垄断和进入规制的政策。因此，对于竞争最有效的促进手段就是取消当前没有必要的政策垄断和不适宜当前市场发展的规制政策。

就规制政策和反垄断方面，新奥地利学派与哈佛学派的主要区别在于对于两种不同经济效益的性质和重要性上的不同观点。哈佛学派看重效率的配置，这些配置效率包括完全竞争的标准与平均利润率的形成；而新奥地利学派则认为，生产效率及新产品和技术的引入有效地提高了人类的福利。新奥地利学派注重企业内部的生产效率水平，对于大企业甚至是有一定垄断势力的企业都相对较宽容。他们认为，市场是一个优胜劣汰的过程，如果没有政府的强制干预指导，垄断企业的本质实际上是通过市场的激烈竞争并且存活下来的最有生产效率的企业。

（三）可竞争市场（Theory of Contestable Markets）理论

美国著名的经济学家威廉·杰克·鲍莫尔（W·J·Baumol）在1981年首次提出可竞争市场的概念。次年，鲍莫尔与伟利格（R·D·Willing）、帕恩查（J·C·Panzar）等人又从产业结构的角度深刻剖析了芝加哥学派的产业组织发展理论，并出版了《可竞争市场与产业结构理论》，该书的问世预示着结构完整的、全面系统化的可竞争市场理论的形成。

可竞争市场理论的主要假设是：

第一，任何企业无论进入该产业（市场）中或者退出其本身所在产业（市场）都是完全自由的，现有企业相较于潜在进入者无论是在技术工艺、质量控制还是销量等方面都不占优势。

第二，一个产业（市场）的发展前景、价值评估或是否有盈利性的等方面都是影响潜在进入者是否进入该产业（市场）的判断依据。

第三，打了就跑（"hit - and - run"）的策略：潜在进入者对于市场来说是绝对自由的，其拥有快速进入与退出市场的能力；潜在进入者可以把握市场中任何一个短暂的获利机会，进入市场；当该行为的价值已降至无利可图的时候，而此时潜在进入者又获得了盈利，于是迅速退离市场；更为关键的是，潜在进入者退出市场时不会产生任何沉没成本的流失，所以退出市场的障碍也不存在。

可竞争市场理论的主要观点是：

第一，可竞争市场中无超额利润可言。因为进出市场的自由制度导致一个行业（市场）一旦有超额利润的产生都会迅速吸引潜在进入者快速进入市场，并用同样的成本价和市场中已经形成的寡头垄断或完全垄断企业分割盈利及市场份额，而即便潜在进入者在行业内的产品定价低于现有的其他企业，但他们同样能正常获益，甚至获得部分超额的利润。这一市场现象就迫使部分寡头垄断或完全垄断企业不得不制定出可维持价格（"sustainable price"）了。可维持价格是指：潜在进入者迅速进入市场并以低于现有产品定价的价格销售给消费者从而快速获得巨额盈利；但此时，寡头垄断或完全垄断企业还没有对产品价格进行下调，所以这些企业迫于无奈只能将超额利润压缩为零来防止或杜绝与潜在进入者进行竞争。这一定价策略事实上说明了市场竞争并不受垄断的影响，而行业受到潜在进入者的迅速进入和快速退出也许会对寡头垄断或完全垄断企业造成影响，将他们原来的销售目的由高价垄断原则转变为维持定价原则。

第二，可竞争市场理论引入一个新概念：X－低效率（X－Inefficiency）。它是指一种组织或动机的低效率。其中 X，代表造成非配置（低）效率的一切因素。X（低）效率是客观存在的。例如，在厂商要素投入量给定的情况下，如果要素投入变化可以使得某些产品的产出增加但并没有使其他产品产出减少，这就说明该厂商不存在 X 低效率，反之，则说明它有 X 低效率。其实在市场中的企业，只有提高管理效率和生产效率才有可能减少不必要的成本流出，而正是这些低效率造成的非正常成本流失，才会吸引具有高效率的潜在进入者快速进入市场瓜分市场份额。但从另一个角度来看，但凡行业内存在低效率企业就会马上吸引高效率的潜在进入者进入，如此长期循环下去，势必会将整个行业内现存的企业进行生产低效率和管理低效率的"改头换面"。所以，企业存在低效率的现象只局限于一个相对时间内的。

第三，可竞争市场理论形成于 20 世纪 80 年代，在此之前美国国内正在进行新一轮的技术革命，一场以微电子技术、生物技术和新型材料技术为主改革直接影响和改变了原有的经济管理体制和系统技术的应用。这迫使政府一再减弱对汽车制造业、运输业、电子通信业和航空制造业等产业的法律规定，随着技术革命在欧洲的迅速推广，以美国为中心的发达国家政府都做出了放松规制的倾向。在经济变革的同时，大量的经济学家和社会学家也针对当时的社会状态就政府相关法律规定进行批判，对于规定中的不平等、对社会无正向促进作用和没有给经济带来高效率的规制都进行了全盘否定。而正是这一社会动荡的时期，鲍莫尔等人提出了可竞争市场理论，对当时社会规制政策和经济调整和转变都起到了重要的理论依据。

（四）新产业组织理论

20 世纪 70 年代后期还涌现出大量的新产业组织理论观点，博弈论的观点也首次被泰勒尔（Jean·Tirole）、克瑞普斯（Kreps）等经济学家引入产业组织理论的研究领域，博弈论是一种以企业策略行为为主要研究手段的分析产业组织理论的新方法，这种新方法的形成和发展逐渐形成了一种全新的分析手段即新产业组织理论（New Industrial Organization，简称 NIO）。新产业组织理论为产业组织的研究统一了研究手法，即博弈论成为统一方法。

1. 新产业组织理论的主要观点

新产业组织理论的主要创新之处在于：第一，他突破了哈佛学派 SCP 理论的传统框架，将研究手法从市场结构转向了市场行为方向，运用厂商的行为主义取代了原先的结构主义模式；第二，新产业组织理论运用动态型的、多向结构框架取代原先静态和单项为主的传统研究范式；第三，新产业组织理论在原有的传统产业理论基础上建立了有关厂商理论的假设，构建了在不完全信息的条件下市场行为分析的范式。最后，新产业组织理论还对产业组织研究中的问题重新进行探讨，并产生了一系列新的理论研究成果。

（1）策略性行为理论（Strategic Behavior）

作为新产业组织理论的核心研究内容，策略性行为理论主要有合作策略性行为和非合作策略性行为两种，而非合作策略性行为作为新产业组织理论的研究重点为框架范式增加了重要理论基础。竞争市场不是一个外生的市场，尤其对于垄断和寡占市场来说，厂商可以采取策略性行为来主导和改变现有的市场环境从而达到干预竞争者的目的，改变竞争者对未来可能发生的市场行为所做出的预测和判断，从而促使竞争对手做出对主导厂商有利的决策行为。

策略性行为理论阐述的主要观点：第一，（未来）市场的需求函数与成本函数受到策略性行为的影响，改变市场的行为模式包括品牌多样化的策略、提高对手成本的策略和过度生产能力的策略等；第二，它起到干预和改变竞争对手对未来有可能发生的市场行为所做出的预测和判断的策略性行为，改变市场的行为模式包括掠夺性定价策略、研发竞赛策略、消耗战策略及与遏制进入和引诱退出相关的限制性定价策略等。

（2）产品差别化理论（Product Differentiation）

产品差别化对于企业非价格竞争来说是一种十分重要的形式。产业组织理论中，主要划分为以下两种差异化：一是横向差异化，表示不同消费者对于相同产品的评价不同。若以相同价格出售不同品牌的差异化的产品，不同消费者偏好不同的品牌，那么，这些产品具有横向差异。二是纵向差异化，主要存在于不同商品具有不同质量的情况下，而且这种质量能够明确列出次序。若以相同价格出售不同品牌的差异化产品，所有的消费者都会选择同一种品牌，那么，这些产品具有纵向差异。这样，每种产品在产品空间中都有自己的特定位置，从而赋予了厂商市场力量。

厂商进行产品差异化的方式主要有以下四种。第一，选择比较有利的工厂位置和销售地点。如果工厂比较靠近铁路、码头等，它们提供的到岸价格将更低。如果厂商距离居民区比较近，则消费者为购买所支付的交通费用等交易成本就比较低，从而产品更具吸引力。第二，提供附加服务。良好的服务会提高消费者对商品的评价，从而愿意支付更高的价格。尽管各种宾馆都能为顾客提供住宿，但是星级宾馆的服务更加优质到位，故在消费者看来这些"产品"是不同的。第三，提供的产品本身具有质量差异。比如微软公司向消费者提供Win98、Win2000以及WinXP等多种操作系统，以适用于不同配置的计算机。同时，苹果公司也有自己的电脑操作系统。这些操作系统之间确实存在质量差异。第四，厂商可以通过广告等商业手段，影响消费者的偏好，确立自己的品牌，这种差异化往往是虚拟的。

2. 新产业组织理论的研究方法——博弈分析法

20世纪70年代中后期，产业组织理论在研究方法上发生了很大的变化，诸多的理论创新都开创了新产业组织学的发展方向和分支。例如：定性与定量分析、实证与规范分析、静态与动态分析、结构分析、系统动力学分析以及博弈分析等方法，其中，以法国著名经济学家蒂罗尔（Jeau·Tirole）为代表的西方学者通过博弈分析法对整个产业组织理论体系进行了再造，其影响也是最为深刻的。

博弈分析法作为新产业组织理论的主要研究方法，它的具体作用是描述与检验其他理论的工具，它为解释和分析不完全竞争的市场提供了很好的分析媒介。传统的边际分析工具由于受到假定条件的限制不能给不完全竞争条件下的厂商行为进行很好的诠释，例如：进入企业组织的动机、在寡占模型中寡占双方产品的价格和数量的决定条件及均衡存在、非价格策略（质量、广告、技术进步）对市场结构和绩效的影响等方面。而博弈分析法通过对各种反应函数的分析，使得关于厂商策略性行为对市场绩效结构影响的解释更有逻辑性和合理性，并将传统的产业组织理论SCP理论分析框架的单项关系重新进行演绎。

博弈分析法的提出为经济学家解决多元垄断及寡占状况下的市场结构、企业战略行为、反垄断规制以及不完全竞争市场中的定价等领域的难题提供了十分强有力的分析工具；另一方面，博弈分析法也为新产业组织理论提供了一种新的研究手法，即将研究重点转向研究分析企业的战略行为等方面。因此，英国威尔士大学教授卡布尔认为："新产业组织理论的诞生，尤其是博弈分析法的应用，使得产业组织理论成为七十年代中期之后经济学中最激动人心、最富生机的领域"。

3. 新产业组织理论的创新发展

随着全球经济格局的快速变化和发展，产业组织理论在20世纪90年代进入到一个全新的高速发展时期。一些跨学科的经济学家提出的理论范式为产业组织理论的实际研究领域注入了许多新鲜的研究手法，使得产业组织理论与其他学科相交融从而取得新的进展。

（1）开拓研究领域

在新产业组织理论全速发展的几十年当中，不断有学者带着其自身领域的研究手法来拓展新产业组织理论的研究视野，他们运用原有的产业组织理论基本原理与研究方法分析新的经济问题的同时，还借鉴了其他学科的各种研究方法，充分丰富了产业组织理论的内涵。他们取得的主要成就有：

第一，将研究重点深入到企业制度层面。新产业组织理论的发展打开了企业这个"黑箱"，深层次的分析了企业内部的组织结构，在企业制度理论的提出和管理方面取得了很大进步。

第二，将产业组织理论运用到分析国际经济贸易发展上去。随着各学科理论的不断支撑，新产业组织理论逐渐对国际贸易、跨国投资与并购、跨国公司策略性行为以及国际寡占等国际经济现象进行深入分析、研究其发展动态并取得了创新的研究成果。

第三，研究与发展了网络经济等新的经济因素。

（2）深化传统理论研究

随着新的研究方法不断注入和丰富，产业组织理论的经济学家们运用这些新的方法进行了更加深入的分析与研究，形成了不同于传统产业组织理论的创新成果。使得新产业组织理论和传统产业组织理论相互渗透，深化发展。

第一，将新理论、新方法和新模型重新分析组合，构建传统产业理论的新框架结构。比如，运用博弈论重新研究市场结构；分析研究进入——退出壁垒与市场绩效和市场份额关系；研究电信、银行业、航空等具有自然垄断性质的产业等等。

第二，对原有领域出现的新问题进行研究，深化了传统产业组织理论，丰富了新产业组织理论。比如，委托代理关系和激励性管制，企业技术创新和策略性行为，反思新形势条件下的竞争政策等等。

（3）丰富产业组织理论的方法论

进入20世纪90年代之后，由于实证研究方法在各领域不断深化改革和发展，同时实际数据的准确性及可获得性越来越高，所以理论研究者们会采用一些实证研究方法，从而达到更多地接触实际生活的目的。在理论博弈的基础上，实际案例研究方法逐渐受到学者重视。最新的产业组织理论研究方法还包括：误差修正模型（ECMs）、协整（Cointegration，又称共整合统计学）模型、Threshold自回归、双线形模型及推测变差方法（Conjectural Variations Approach）、混沌模型（Chaotic Model）、经济时间序列（Time – Series Analysis）的线性和非线性方法等。与此同时，统计学家普拉特（D·Platt）的实验方法模型（Experimental Method）也是一种非常符合社会经济发展的实证研究方法，如今已被越来越多地运用到市场行为的分析当中。

随着经济的不断发展，20世纪90年代之后，产业组织理论表现出与其他的经济理论相互融合发展的趋势，产生了诸如管制经济学、计量经济学和法经济学等交叉学科；同时，又出现与传统产业组织理论交错共存、综合发展的现象，从而更加丰富了新产业组织理论的创新和发展。

（四）新产业组织理论和传统产业组织理论的比较

西方产业组织理论形成与发展的基本线索是：萌芽于马歇尔的"生产要素理论"，奠基于张伯伦等人的"不完全竞争理论"，形成于贝恩的"产业组织理论"。其后，经众多学者的努力，在与传统产业组织理论相比，新产业组织理论在分析框架、理论基础、研究重心和研究方法等方面都取得了开拓性的进展。下表为新产业组织理论和传统产业组织理论的比较（表3-2）。

表3-2　新产业组织理论和传统产业组织理论的比较

	哈佛学派	芝加哥学派	新奥地利学派	新产业组织理论
形成时间	20世纪30年代	20世纪50年代末60年代初	20世纪70年代	20世纪70年代后
理论基础	信息完全、垄断竞争理论	信息完全、经济自由主义、可竞争市场理论	信息不完全	信息不完全、激励机制理论
方法论	归纳法、实证研究、价格短期均衡分析	新古典主义的价格长期均衡分析	过程分析方法	演绎法、博弈论、信息经济学
研究重点	市场结构	市场绩效	创新和竞争过程	策略性分析
主要观点	SCP范式的结构主义	绩效主义，政府管制	创新精神，企业家精神	厂商行为主义
政策主张	政府应对市场结构进行干预，分拆大规模垄断企业	政府应放松管制，管制的重点在于协调大企业的价格行为	反对政府干预经济，对企业的行为放任自由	针对大企业策略性行为的反垄断政策和激励性政府管制

产业组织理论经历了传统产业组织理论的哈佛学派以及之后的芝加哥学派等新产业组织理论和各个分支流派的不断演化和发展，均得出了符合当时实际市场要求

的结论和政策主张。哈佛学派的传统产业组织理论以结构主义作为垄断竞争理论的基础，采用静态的实证研究方法，以市场结构为研究重点，提出了反垄断的政策主张；芝加哥学派主张绩效主义，坚持效率主义的观点，认为是企业绩效决定市场结构，反对政府政策的干预；随后的新产业组织理论运用交易费用理论、博弈论等新的理论和方法深化了产业组织的研究，在研究方法、政策主张和理论范式等方面使传统产业组织理论有了巨大的突破和创新。

第三节 产业组织理论的应用：以五力模型为例

一、迈克尔·波特的竞争战略理论的形成背景

20 世纪七八十年代，随着生产国际化和世界经济一体化的深入发展，市场和竞争日益国际化。第二次世界大战以后美国的全球经济霸主地位逐渐面临着西欧和日本等国家的威胁，这一局面使得美国的传统优势产业如钢铁化工、家电、汽车等行业的垄断局面逐渐消退，而美国整体的工业企业及产业竞争力全线下降。迈克尔·波特（Michael·Porter）就针对这一经济环境提出了一系列对竞争本质问题的全面研究分析。

1973 年迈克尔·波特博士毕业后在哈佛大学商学院从事产业组织学和竞争战略方面的教学与研究，他将研究重点从以往的产业结构和国家政策转移到产业与企业的关系上来，以传统学术前辈的理论分析为基础、加上数量分析和实业界数以百计的案例结合起来对产业组织理论进行广泛的研究。成功地将他的学术理论原则与企业界的实践操作相结合，因此迈克尔·波特成为经济学派中投身于商业实践的先驱者之一。同时也成就了他的著名"竞争三部曲"，即：《竞争战略》（1980）、《竞争优势》（1985）和《国家竞争优势》（1990）。

波特的竞争理论秉承了哈佛学派的战略研究特点，竞争理论实际上是将哈佛学派的结构——行为——绩效（SCP）为主要内容的产业组织理论引入到企业战略管理理论领域中，借鉴产业组织的经济学有关学科的研究成果，重点对公司战略展开研究。《竞争战略》和《竞争优势》以产业结构、产业内优劣对比、进入壁垒、退出壁垒、壁垒后的行为等概念和相关理论解释企业如何制定战略以获得持续超额利润。波特不仅采纳了产业经济学中的 SCP 范式，还把该模型应用于商业战略环境当中，创造性地研究和开发了一套在公司层面、行业层面和国家层面这三者相结合的竞争模型。《国家竞争优势》一书强调了"产业集群"的作用，解释一国的经济环境、组织、机构与政策在产业竞争优势中所扮演的角色，并归纳出"钻石体系"（Diamond，determinants of national advantage）等。"竞争三部曲"奠定了波特在世界战略研究领域的大师地位，同时也为国家和企业进行战略环境分析提供研究基础。

迈克尔·波特的"五力模型"概念最早出现在其 1979 年发表的《竞争力如何塑

造战略》（How Competitive Forces Shape Strategy）论文中。该论文的发表，历史性地改变了大众以往对于企业战略的认识，这篇论文也被当时发表的刊物——《哈佛商业评论》评为创刊以来最具影响力的十篇论文之一。

二、五力模型概述

（一）波特的五力模型组成

五力模型可以有效分析客户的竞争环境。五种力量将大量不同的因素汇集在一个简便的模型中，以此分析一个行业的基本竞争状态，从而制定出最优竞争战略。在竞争市场中，公司必须找到其自身在行业中所处地位和等级，这才是竞争战略的本质，而行业氛围的宽度涉及社会、经济、政治等因素，但是对于公司本身，竞争市场指的是公司投入到市场中的那一种或那几种产业所占的市场份额。

迈克尔·波特认为一个行业中的竞争远不止在原有竞争对手之间进行，而是存在着五种基本的竞争力量，它们是现有竞争者之间的竞争、替代品的威胁、潜在进入者的威胁、买方议价的能力、供方议价的能力。一种可行战略的提出首先应该包括确认并评价这五种力量，不同力量的特性和重要性因行业和公司的不同而变化。如图 3-2 所示：

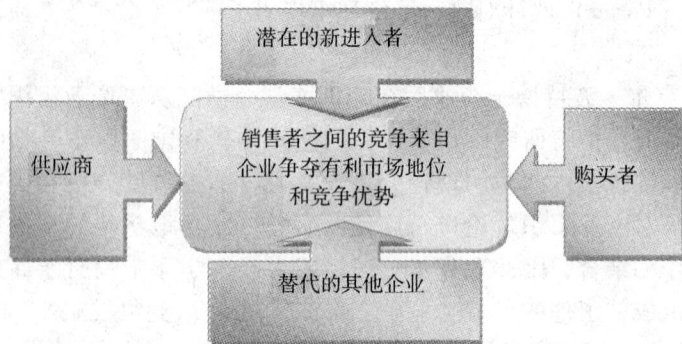

图 3-2　迈克尔·波特的五力模型结构图

这五种作用力表面上毫无关系，但是却共同影响着该产业最终的利润潜力，利润潜力是产业的长期投资所获得的回报，在此基础上，它表示着产业在摒弃外界影响后所能够获得利润的潜力。就如人的潜力因人而异，有大有小一样，利润潜力也不例外。随着产业的变化，利润潜力也相应变化，相同产业的利润潜力也是各不相同，强弱不定。在此，决定产业利润潜力的根本因素仍然归结于以上五种力合力的变化。这五种作用力的强度会随着产业的不同而不同。当作用力强度较大时，产业所能获得的利润已基本饱和稳定，一般不会出现利润超常的现象，如钢铁、造纸、轮船等行业；相反，当作用力强度相对比较缓和时，企业通常可获得超常的回报利润，如我们熟悉的化妆品及卫生用品产业，以及油田设备及服务设施产业等。

从五种竞争作用力所涉及的方面可以观察到，一个产业的竞争远远不是现有参与者的竞争这么简单。它的竞争压力同样来源于其他的"竞争者"，如以上的潜在的进入者，顾客，供应商以及替代的其他企业。它们在不同的具体情况之下，潜在的与产业竞争，或多或少的给予产业市场压力，这种广义的竞争我们通常称之为"拓展竞争"。

这五种竞争作用力共同作用，决定着产业自身的竞争力以及产业间竞争的强度，当然，还有产业的利润率。其中，作用力的强弱决定着它们的主导地位，最强的或者是几种作用力会自然的处于统治地位，从战略形成的角度来看，它们对产业的竞争起着关键性的作用。例如，就算一个公司不存在潜在进入者的威胁，同时，它也处于极有利的市场地位。此时，当它面临一个低成本更先进的替代品时，为了提升市场竞争力，它就必须得相应的进行价格竞争或者提高产品的质量，来吸引投资者，或者得更新设备，或者得吸收新型人才，相应的生产成本便会提高，在控制价格的同时，它所获得的收益相对于之前必定会降低。就算不存在替代品，也没有潜在进入者，现有竞争者的争夺市场也会限制潜在收益。

竞争作用力的强弱因素对产业的影响具有自身的特点，它不同于诸多的短期影响因素，短期影响因素对产业的影响是有时限的，通常只会短暂的影响产业的竞争及利润。例如，在经营周期内，诸如物资短缺、罢工、需求猛涨等经济条件的波动会影响很多产业内的几乎所有公司的短期利润。虽然这些因素也许有一些战术意义，但分析产业结构的焦点能够让企业了解、研究技术与经济中基本的及更深层次的产业特征，从而制定出利于自己发展的竞争策略，它更能够让企业明白自身优势与劣势，扬长避短，来适应产业结构。在这个方面，每个企业适应产业结构的能力有强有弱，产业结构可能会随着时间的迁移而渐变，这就要求在制定策略时，需要制定者充分理解产业结构，分析出本质，这样才能以不变应万变。

（二）五力模型的五种市场竞争力分析

1. 潜在进入者的威胁（The threat of the entry of new competitors）

一个行业的进入者通常能引进新的业务能力，带有获取市场份额的欲望，同时也常常带来可观的资源，结果价格可能被压低或导致该行业内企业的成本上升，收益下降。有一些公司本来不在某一行业内，但它通过兼并扩张进入该行业，并利用自身的资源造成冲击。因而这种旨在建立市场地位而进入一个产业的兼并也应当作为新的进入者来考虑。迈克尔·波特认为，对于一个产业来讲，进入者威胁的大小取决于该产业的进入壁垒以及准备进入者可能遇到的行业内现有企业的反击，也可能会遭到行业外部潜在的侵袭。决定潜在进入者进入障碍大小的主要因素有以下几个方面。

（1）规模经济

规模经济是指生产单位产品的成本随生产规模的扩大而降低。规模经济的作用是迫使行业新进入者必须以大的生产规模进入，并存在现有企业强烈反击的风险；或者以小的规模进入，但要长期忍受产品成本高的劣势。这两种情况都会使新进入者在进入某行业时三思。例如，在钢铁业、造船业和汽车工业中就存在规模经济的情况。大企业的生产成本要低于小企业的生产成本，小企业要想进入该行业就会遇到规模经济的进入壁垒。

迈克尔·波特认为，规模经济形成的进入壁垒表现在许多方面：首先表现在企业的某项或几项职能上：如生产、研究与开发、采购、市场行销等职能上的规模经济，都可能是主要进入壁垒；其次表现在某种或几种经营业务和活动上，如在电视机的生产中，彩色显像管的生产有很强的规模经济性，而在外壳生产及整机装配方面便显得不太重要；再者表现在联合成本上，即企业在生产主导产品的同时还能生产副产品，使主导产品成本降低，这就迫使新进入者也必须能生产副产品，否则在竞争中就会处于劣势。

（2）产品差异优势

产品差异优势，是一个长期的"投资"所获得的回报优势。企业在产品质量或外观等的投资，在过去对客户的服务投资，对本产品所作的广告投资，或者是由于该企业在本行业以内历史悠久——这也可以视为是商家信誉的投资，都为企业带来了产品差异优势。这种优势体现在原有企业所具有的产品、商标信誉及用户的忠诚度上。产品差异化形成的壁垒，迫使新进入者耗费大量资金来树立自己的信誉和克服现有用户对原有产品的忠诚。这种努力在初始阶段，通常都是通过牺牲企业的收益来换取的，并且短期内见效不大，它是一个长期的投资过程，这样建立一个品牌的投资带有许多风险，因为一旦进入失败，企业就会徒劳无功，前功尽弃。

（3）资本需求

想要与原有产业竞争，就需要足够的资金，因为竞争需要大量的投资行为，而这对于大多数的创业者来说，是他们进入市场的一个壁垒，尤其是高风险或者无法回收的前期研发和广告等。不仅在生产设备上需要资金，甚至库存、启动亏损及顾客信用等都需要预留资本。但当今的大企业凭借其强大的财力足以进入几乎任何一个产业，只有像计算机和矿业这类的特殊产业所需的巨额资金才能限制潜在进入者的脚步，使这些特殊产业不受潜在进入者的威胁。纵使资金市场可以为投资者解决资金问题，能够提供足够的资金让他投入某一产业，但这存在较大的风险，而且进入者须付出一定的风险溢价（Risk premium，即一个投资项目面临的风险比较大的，它相应的就需要较高的报酬率）。

（4）转换成本

当一个购买者决定将自己一贯购买的一个供应商的产品换为另一个新的供应商的产品时，它就需要支付之前购买成本上额外的一次性的成本，这就是所谓的转换成本。这种成本包括很多方面，例如，新型设备的引入，需要新的操作人员及维修人员，需要培训新的业务人员，产品的设计，以及检测新资源，这都属于转换成本的范畴。如果这些转换成本高，那么新进入者必须为购买者的成本或服务做出重大的改进，以便购买者可以接受。

（5）获得分销渠道

新进入者想要进入市场，就必须得有分销渠道，因此，分销渠道也成为了进入壁垒的一个重要因素。在某种程度上，虽然条条大路通罗马，但是此时的大路却早已有先驱者占据，产品的理想分销渠道早已被原有公司占据，新进入者因此就必须得"另谋小路"。例如，新的公司会通过协同商量，承担部分的广告费用，或者降低价格，或者给予相比于原有产业更大的回扣来使分销渠道接受他的产品。但毫无疑问，这增加了新进入者的成本，因此所获得的收益必将减少。例如，食品制造商必须要对零售商承诺进行促销并做出降价销售，零售商才会同意在竞争相当激烈的货架上留出一席之地摆放新货物。因此，对于零售与销售渠道较少的商品，现有竞争者就越能牢固的掌控本商品的渠道，跻身入本产业就越艰难。现有竞争对手可能通过老关系、高质量服务控制了这些渠道，某些特殊的制造商甚至可能独占渠道而建立起排他关系。有时这种进入壁垒高得难以逾越，导致新的企业必须建立全新的销售渠道。

（6）与规模经济无关的成本优势

原有的企业常常在其他方面具有独立于规模经济以外的成本优势，新进入者无论取得什么样的规模经济，都不可能与之相比。如专利产品技术、占据市场的有利位置、政府补贴等。尽管存在以上种种进入壁垒，但潜在进入者的威胁都不同程度地存在着。

2. 替代品的威胁（The threat of substitute products or services）

与原有的专利客户产品相对应的便是替代品，它与客户产品一样，具有相同或类似的功能，也就是眼下发展很火热的"山寨"产品，由于原产品的功能在市场上并非是独特而唯一的，这种替代品的出现便会威胁到原有产品的独有地位，他们相对原有产品而言，价格更低廉，更加吸引中低层的消费者，甚至是更多的投资者。由于此特点，便会限制市场价格的上限，对原有产业而言，替代品的出现降低了他们的原有收益。从更大范围来看，同产业的所有公司都与生产替代产品的产业发生竞争。替代品设置了产业中公司可牟取利润的定价上限，从而限制了一个产业的潜在收益。替代品的性价比越有吸引力，产业利润的空间就越小。识别替代品就是去寻找能够实现本产业产品同种功能的其他产品。如果某种产品显著改善了产品的性价比，它就有极大可能迅速抢占市场，排挤出原有产品，或者原高盈利产业所衍生出的替代品，这类替代品就需要极大的关注它的动向。

如上面所说，替代产品相对于原产品具有更大的价格吸引力，他更满足了消费者的消费需求，增加了经销商、投资者的利润空间，由此，由于价格低廉的特点便造成了对原有产品极大的冲击。对既想要获得足够利润又想让自身在低价替代品中大放光彩的原产业而言，便可以采取合作方式，联盟本产业的其他公司共同调控。例如，食糖的生产厂家面临着被高糖糖浆（糖精）的大规模生产而替代；中国铁道运输业的发展会导致高价格高风险的飞机运输业面临威胁。一般情况下，替代产品不仅限制了该行业的利润，而且在产业繁荣时也导致获得的超额利润大大降低。以1978年的绝热材料为例，由于能源成本的不断升高和严冬的威胁，人们对玻璃纤维绝热材料需求高涨。但是该产业的提价能力却受到其他的绝热材料的限制，如赛璐珞（一种硝化纤维塑料）、石棉和聚苯乙烯塑料等。可见，一个行业一旦现有的工厂增容至可满足消费者需求时，这些替代品生产厂家马上会成为原有行业生产者们提高利润率的最大限制者。

迈克尔·波特认为，在所有具有成为原产业强劲对手的潜力的替代品中，需要极度警惕的主要是以下几种产品：第一，具有改善产品价格、性能比，有可能排挤原产业产品，具有抢占市场主流趋势的；第二，是由高盈利产业生产的，在第二种情况下，可能由于本产业中某些发展性能的变化，使得原有产业的竞争加剧，由此导致的直接后果可能是价格下降，或产品质量的改变甚至产品行业服务质量改变。鹬蚌相争，渔翁得利，替代品很可能由此脱颖而出。例如，电子报警系统在保安产业中成为潜在的替代者，而且这些报警系统会随着时代发展变得越来越重要。因为劳动力密集的保安服务面临不可避免的成本升级，而与之相反地电子报警系统会不断改善性能且控制降低成本。对此，保安公司应当保持警觉，将保安人员与电子系统结合使用，如将保安人员重新界定为熟练操作电子报警系统的操作人员，从而适应形势的发展需要。

3. 供应商的议价能力（The bargaining power of suppliers）

一个产业中，供应商们可能会联合提价，或者由于某些因素而降低产品质量与售后服务，这都是对企业的威胁，都会使企业受到不同程度的压力。企业如果成本上升，为了获利只有提高价格，但来自供货商的压力却可以迫使一个产业因无法使价格跟上成本而失去利润。例如化工公司通过提价导致生产喷雾剂灌装的零售商利润受到损害，这是因为零售商面临买方自己解决制罐的问题而形成的强大竞争压力，使得其不能自由地定价。迈克尔·波特认为，供方实力的强弱与买方的实力是相互消长的，在这种情况下，供应商可能会利用自身的商家信誉或历史悠久所占的优势来提价，以此换取更大利润，或者为节约成本降低产品的制造原料质量（一次造成产品质量的下降）或所承诺的服务质量，这都可以影响行业竞争，供应商对竞争的影响力主要由以下几个因素构成：

（1）供应商所在行业的集中化程度

当供应商向一些行业销售产品且每个行业在其销售额中占很大比例时，供应商便拥有更大空间的议价能力。反之，如果某行业是供应商的重要主顾，供应商对该行业的依赖性就较强，就会采用公道的定价、研究与开发渠道等援助活动来保护该行业。

（2）供方产品是买方业务的主要投入品（Input，生产过程中所使用的任何资源都是投入品）

这种投入品对买方的生产工艺或产品质量方面的成功至关重要，这使供方实力大增。这一点在投入品无法储存时尤为突出，因此就可能促使买方去建造存货库房。

（3）供货商的前向整合（Forward Integration，即公司扩展业务，使之包含生产及直接分销生产的产品的一种纵向整合）

这种情况下，购买者行业若想在购买条件上议价就会遇到困难。例如，矿石公司想要自己用铁矿炼铁，那么对炼铁公司就构成威胁。我们通常将供货商视为一些其他公司，其实我们也应该把劳动力包含在供方范围内，在某些情况下，他们对许多产业施加巨大压力。短缺的、高技能雇员以及紧密团结起来的劳工可以同企业议价，企业相当一部分利润潜力便被消减。当劳工紧紧地团结组织起来或者是稀缺劳动力的供应受到某些限制无法增加时，劳务供应方的实力就会变得强大起来。

4. 购买者的议价能力（The bargaining power of customers／buyers）

买方的议价能力也直接威胁着本行业的利润收益，从消费者心理而言，消费者当然是想物美价廉，由此，购买者会通过各种方式来砍价，压低购买价格，或者需要卖家承诺提供更多更优的售后服务，或者期望以本产品的价格来获得比本产品质量更好的产品。其结果是使得行业内的竞争者们相互竞争导致该行业的利润下降。迈克尔·波特认为，在下列情况下，购买者们有较强的议价能力：

（1）购买者相对集中并且大量购买

如果销售额的很大一部分是由某一个特定买方购买，那么该厂商会提高对买方的重视程度。如果产业固定成本很高，如玉米加工及大量生产的化工品，而且必须使生产能力充分的使用才能赢取利润，那么大批量的购买者就对该产业形成强大地势力。

（2）购买的产品占购买者买量中很大的比重，甚至占其全部

在此情况下，购买者愿意花费必要的资金购买，购买者议价的能力就强。反之，如果只占购买者全部费用的一小部分，那么购买者通常对价格偏低或稍高都不甚在意，也就不存在议价。

（3）从该行业购买的产品属于标准化或无差别的产品

购买者在这种情况下确信自己总是可以找到可挑选的销售者，可使得销售者之间互相倾轧。在此情况下，买方既可以买到需要的产品也可以得到厂商相互竞争后的低价。这种情况多发生在大型制品企业。

（4）购买者的行业转换成本低

转换成本使得买方依赖于卖方，反之，如果卖方有转换成本则买方力量会加强。高的转换成本将购买者固定在特定的销售者身上。相反，如果转换成本低，购买者议价能力就大。

（5）购买者的利润很低

低利润促使买方极力压低购买成本，此时卖方可从长期的合作关系考虑维护供应商利益。

（6）购买者采取后向整合（指一家企业与其上游的供应商进行联合的商业行为，也叫后向一体化）的现实威胁

如果买方实行了部分整合或者后向整合，则他们在议价中就处于能迫使对方让步的有利地位。如一些大的汽车生产厂家，通常以使用"自己生产"这一筹码作为降价手段而著称，他们实际采取了所谓的"有限整合"，即对某一零件，厂内生产一些以满足部分需要，剩下部分从外部供应商处购买。在此情况下，不仅存在进一步进行整合的威胁，而且厂内生产一部分零件而使得其增加了成本，从而增加谈判的筹码。

（7）购买者对产品质量敏感

如果购买者对所需购买的产品质量敏感，希望获得更好的产品质量或优越的服务，此时就很难在价格上保持优势。

（8）购买者掌握供应商充分信息

如果买方充分了解需求、实际的市场价格或是供应商成本等方面的信息时，买方就拥有更多的议价筹码。一旦买主掌握充分信息，并且处于有利位置，就能够从卖方那里享受优惠价格，同时使供应商受到竞争压力。

以上情况的买方实力大多源自于消费者工业和商业买主。例如，消费者在购买的产品价格与之收入相比较为昂贵时，又或者该类产品质量对于他们并非特别重要，此时，消费者会比较在意价格。

5. 行业内现有竞争者的竞争程度（The intensity of competitive rivalry）

在一个竞争行业中，企业最先关注的是现有的竞争对手，并关注竞争对手对于市场变化所采取的竞争策略。通常行业间的企业利益总是息息相关，相互制约的。为了能够让自己的企业拥有优于其他企业的优势，制定实际可行的竞争策略是重要且必不可少的一环，它是一个企业整体发展战略的一部分。然而，在战略实施过程中必然会与其他的企业冲突与碰撞，这些对抗自然就发展成了企业间的竞争——主要表现在产品的面市宣传广告，产品的介绍，价格以及售前售后服务等。竞争的产生通常来源于以下两点：当竞争者间感到了来自其它竞争者的压力时，他必然会采取相应的措施，竞争就会产生，或者，当一个企业发现了它潜在的发展机会时，竞争也会产生。如果一个企业的竞争行动对其对手有显著影响，竞争对手就会采取相应的行动进行报复或抵制。如果竞争行动和反击行动逐步升级，则行业中所有企业都有可能遭受损失。图3-3分析了行业内竞争者竞争强弱的因素（图3-3）。

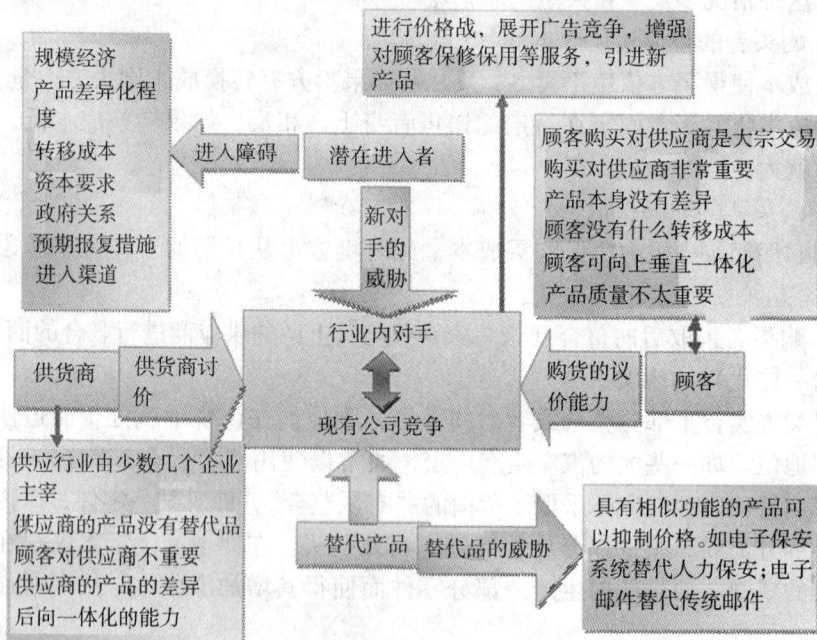

图 3-3 行业内竞争程度分析图

通常，以下情况的出现将会使企业间的关系更紧张，它加剧了行业中企业的竞争：

（1）有众多或势均力敌的竞争者

当行业中的企业为数众多时，必然会出现这样一种情况：有些企业为了占有更大的市场股份，期望获得更高的利润回报，于是他们"独辟蹊径"，突破本行业的正常渠道，采取打压其他企业的竞争行为，以此来排挤其他企业，其结果是在现有竞争者之间形成激烈的竞争。即使在企业为数不多的情况下，如果各企业的实力相当，由于它们都有支持竞争和进行反击的经济资源，那就会使现有企业间竞争更加激烈化。

（2）行业增长缓慢

如果行业增长缓慢，企业为了谋求扩大生产规模，争夺现有市场的占有率便成了企业的目标，从而加剧现有企业之间的竞争。而在行业快速增长的情况下，行业内各企业能够与行业共增长，在这种情况之下，企业还能边增长，边制定出适宜的资金与资源利用的计划，充分利用自身资源，由此，竞争相对于以上也会较缓和。

（3）行业的产品差异化很小或没有行业转换成本

当产品缺乏差异时，价格和服务便成为顾客主要的选择标准，这就会使生产者在价格和服务上展开竞争。同样，转换成本低时，购买者有很大的选择自由，类似的情况也会发生。

（4）行业具有相当高的固定成本

当行业的固有成本较高时，由此造成的一个直接结果便是企业会加大产量增加生产率，以此来降低单位产品的固有成本，结果是引发价格战，从而导致价格迅速下跌。如果行业生产的产品库存起来非常困难或费用极高，在这种情况下，企业为了加快产品的销售而降低供应商价格，相应的加剧了市场的竞争。

（5）行业中的总体生产规模和能力快速提高

在这种情况下，行业的供需平衡必然因新的生产规模而不断增加，使行业产品供过于求，迫使企业不断降低销售价格，使现有企业之间的竞争激化。

（6）竞争者的战略、目标以及组织形式等方面千差万别

企业如果把市场当作是解决生产能力过剩的途径，倾销过剩的产品常常会成为企业采取的做法。多种经营的企业，如果把某行业经营的产品看作是有丰厚利润可图的，就会采取扩大或巩固销售量的策略，尽力促使该行业的稳定。但小企业为了保持经营的独立性，可能情愿取得低于正常水平的收益来扩大自己的销路，即采取降价措施，从而引起竞争的激化。

（7）行业发展趋势的推动

行业对企业兴衰至关重要，如果行业在发展道路上遭到外部环境诸如经济、政治等因素影响而不稳定时，行业中企业之间的竞争就会更加激烈而反复无常。

（8）退出行业的障碍很大

当退出障碍高时，经营不好的企业只得无可奈何地继续经营下去，这样也会导

致现有企业间的竞争激化。退出障碍的主要来源有：退出的费用高，如高劳动合同费、职工安置费、设备备件费；战略协同关系，如果企业某一经营单位退出，就会破坏这种协同关系；政府和社会的限制，政府考虑到失业问题、地区经济问题的影响，有时会出面反对或劝阻企业退出行业；感情障碍，如退出行业经营影响职工的忠诚，对个人事业前途充满畏惧等。

以上各种力量，构成了对行业中各个企业的威胁，不同的只是程度大小。对于客户而言，他们也必须要面对行业中每个竞争者的举动所带来的影响。为了保护自己，客户通常都采取一些侧面的措施——如设置进入壁垒，其中包括差异化及转换成本。当然某些情况下——如要求占有更大的市场份额，正面交锋是非常必要且有益时，客户也不会回避。基于以上几种情况，使产业内产生激烈的竞争，除了现有的竞争者之外，企业还得考虑潜在的进入者所产生的威胁。

三、五力模型在医药行业中的运用

在研究新型药物对疾病的作用时，都是要分析找出作用靶点。医药行业想要更好的发展，获得更多的市场股份，也必须得找到"靶点"。上文中波特提出的决定产业竞争程度和规模的五种力量就是企业的突破口。通过分析企业的现有竞争者，潜在进入者，替代品，买方议价能力以及卖方议价能力可以知道企业位于何种竞争环境。然后结合企业本身的内部与外部优势，可以分析出企业的发展潜力。针对自身优势与弱势，制定出一套扬长避短的发展策略，同时应该根据现实情况不断的调整方向。在此，根据我国的医药企业的现状，运用"五力模型"对此进行分析，并针对性的提出一些战略对策。

（一）医药产业的五种竞争力分析

1. 医药行业内潜在进入者的威胁

对于医药企业而言，由于具有高投入、高产出、高风险和收益周期长等专业性和特殊性，决定了潜在进入者对医药行业的威胁不如其他行业那么明显，因为它的进入壁垒，相对其他行业较高。

（1）经济壁垒在医药产业中的表现

一般来说，造成医药企业风险压力过大的原因有很多种，相对于产业研究来说，企业一方面为了维护规模经济的有效运作必须投入大量资金以便与现有的垄断或寡占企业竞争来获取盈利，争夺市场份额；另一方面，由于资金成本的制约，企业只能屈居于规模经济的制约之下进行生产运作，而造成成本过高不利于市场中的激烈竞争。

（2）政府行政管理方面的壁垒

药品是一种商品，但是它同时又比商品特殊，它不是随便一个厂家就能生产的，也不是随便一个零售商都可以卖的，因为人类的生命安全与药品息息相关，它需要也必须被严格监督。国家食品药品监督管理局的设立意义就在于此，它监管着人民的用药安全。《中华人民共和国药品管理法》上严格规定，凡是没有取得相应类别GMP（药品质量管理规范）证书的企业一律不得自行生产或销售。正因为行业内所有的企业都要进行资格审查并获得许可证，而取得许可证又是一件比较耗时的事，这就造成了医药企业的一道壁垒。另一方面，国家在新药注册生产方面也有着一定的保护政策，这又构成了另一道壁垒，这使得原有企业有着更大的垄断优势。

（3）资本需求的壁垒

国家为医药产业造就了如此高的门槛，这也对医药产业的启动具有极大的影响。相对于其他产业而言，医药产业的启动需要更高的资本。一方面，需要建立起符合国家GMP要求的厂房与生产线，这需要大量资金；另一方面，为了在各种品牌的药品中，让更多的人知道自己的产品，在投入市场前，企业需要投入大量的资金打广告做宣传。当然，并非是做到了这些，产品就能顺利大卖，获得回报，制药企业同时还得克服使用者对于现有药品的品牌忠诚度的障碍。尽管，进入医药产业具有重重阻遇，但是也阻挡不了众多的人的脚步，因为在我国，医药产业极为诱人——我国地大物博，人口众多，药品的消费市场潜力巨大，同时医药企业的回报也丰厚。从最近几年很多拥有雄厚经济实力的外行产业跨界参与或投资医药行业的科技研发，如华润集团、电脑巨头联想集团等纷纷控股和收购医药企业的现象就可以看出我国医药产业的吸引力。不仅如此，还有许多国外医药巨头也尝试通过独资或合资来跻身进入我国医药市场。如此之多的新的进入者，必然会导致更剧烈的医药市场竞争之战。

2. 医药行业替代者的威胁

药品，是具有预防、诊断、治疗作用的物品，由于它极强的需求性和专业性，是保健品、医疗器械、消毒产品等其他产品无可替代的，所以药品的替代品较为局限，医药产业因替代品所产生的竞争相对较小。

3. 医药行业供应商的议价能力

医药供应商——主要是指原料药或辅料的生产厂家、能源的供应者等等，他们的议价能力强弱，密切关系着医药企业的生产成本。对于原料药，医药企业具有一定的议价优势，因为我国资源丰富，物种众多，由此具有相对于其他国家更多的原料药生产厂家，而生产厂家为了争夺这个相对固定的市场，竞争较激烈，厂家便会相应地降低价格。但与此对比，医药企业在能源采购方面便无议价优势，原因是因为能源价格由国家相关机构统一定价。但由于近年来，环境污染严重，地球生长环境恶化，能源耗竭，原材料挖掘无计划，无节制，原材料产量降低，再加上我国也是原料药主要的出口国，因此，2003年以来，原料药及能源价格暴涨，造成整个医药供应链的各个环节的价格都相应的上涨。同时，随着中共中央、国务院公布的"关于深化医药卫生体制改革的意见"（俗称新医改政策）的深入实施，国家在医药行业的各个环节的价格控制方面做了适当的调控措施，医药企业的议价能力区间将更加微小。

4. 医药行业购买者的议价能力

医药行业的购买者由于其所处的特殊环境而具有很强的议价优势。这里的购买者主要包括了药品零售商、药品批发企业和医疗机构。一方面，对药品批发企业而言，它是医药行业产品的主要流向，能够与不同的卖方进行交易。在交易过程中，它获得更多的市场反馈，并掌握着大量的消息。相对于药品批发企业，它具有更多增加经验的机会。再加之医药企业间产品差异不大，因此医药企业的议价空间便远远小于药品批发企业。特别是近几年，我国的医药批发企业都趋向于联盟化和规模化，所占的市场份额愈益加大，这更降低了医药企业在贸易中的地位。另一方面，对于处在销售终端环节的药品零售商和医疗机构，它们在议价谈判中也是占有着独一无二的优势。因为他们是能够直接接触消费者的环节，对于消费者，购买何种药品品牌，很大程度上都受到零售商和医疗机构的影响，就如我们去医院，我们所购买的药品就取决于医院医师所开处方药的品牌。

5. 医药行业内现有竞争者的竞争能力

（1）国内医药企业间的竞争

由于研制创新药要耗费巨大人力物力，风险大，时间长，这就导致了我国现有医药生产企业中，绝大多数企业都是制造仿制药，自主知识产权的品种较少。由此使得产品同质化严重。我国医药企业竞争如此激烈的原因也是在于此，因为一种相同或类似疗效的药品总会有成百上千的企业竞争生产。发展到目前，企业间的竞争项目和范围已经经历了多种变化，从药品数量上的比拼转移到质量上的比拼，由提高经济效益的目的转移至垄断市场份额的目的，由小范围的产业部分企业竞争上升为大范围的整体医药产业链的竞争。总之，竞争已经趋向于白热化。而在这种紧张的竞争环境下，有的企业却投机取巧，采取"回扣返利"、"挂金销售"的不正当手段，带坏了竞争风气，使医药市场整体的正常竞争受到严重冲击。

（2）国内医药企业和国外医药企业之间的竞争

2006年的统计数据向我们昭示着一个事实：中外合资与外资企业正逐渐的抢占中国医药市场。它们虽然药品生产数量有限，只占有1/5左右，但是它们达到的工业产值却占有全国医药工业总值的40%以上，在利润方面，更是连续5年超过了我国医药行业利润的一半。为何国外医药能够在中国占到如此巨大的市场份额，甚至还有扩大的趋势呢？原因就是他们具有绝对的资本优势以及创新能力等优势。不仅如此，我国加入WTO使得阻挡部分国外医药企业的壁垒消失。关税的减免与非关税壁垒的废除，使更多的国外医药巨头对中国市场虎视眈眈，这都预示着我国的医药产业还会受到国外医药企业更大的影响。

（三）基于"五力模型"下的我国医药企业的发展战略

通过前文"五力模型"对我国医药企业的深入分析可以看出，目前我国的医药企业正处于十分严峻的竞争环境中，基于此分析，我们可以从以下几个方面来制定我国医药企业发展的战略。

1. 合作竞争战略

合作竞争战略，对处于如此激烈竞争环境中的单个医药企业的发展有着实际且重要的意义，也促进了医药企业的正常发展。合作竞争战略的实施需要医药企业各个产业价值链环节上的合作。俗话说，众人拾柴火焰高，一方面，通过与其他企业合作，各个企业能够更大限度地利用自己的资源和优势，增强了研发实力，这可以解决以上提到的经营成本高所造成的保量不保质的问题，从根本上提高核心竞争力，从而获得更大的市场份额。另一方面，企业在合作过程中，能够充分调整自身的增值活动。调整发展方向以适应产业链上其他的产业，这可以解决以上所说的供应商和购买商的议价优势太高的问题。同时，企业还能与产业链上的购买者和供应商建立合作关系，减少两者间的竞争。没有了与购买者和供应商之间竞争的顾虑，企业便可以将自己的主要资源集中在价值链核心战略的环节，用以创造更大的价值。

2. 创新发展战略

创新能力是推动医药企业发展的根本动力，我国医药企业与国外医药企业的差距就在于创新能力，想要从根本上改善我国医药企业的现状，就得培养创新思维。当前，我国的医药企业也已经深刻认识到创新的重要性。目前我国医药产业的一个重点发展战略就是综合自身优势，制定出具有中国特色的产品创新体系。

第一，多种新药创新模式并进。对于目前状况下的医药企业，想要快速的提高自主研发能力是异想天开，这必须得循序渐进。一方面，可以考虑购买国外药物研发机构发放的专利许可，另一方面，可以培养新思维，从原有药物的适应症、功能上进行再次开发，著名的沙利度胺事件就是如此。

第二，充分利用我国的中医药资源。众所周知，我国中药的使用历史悠久，并拥有许多的研究著作，如《本草纲目》《黄帝内经》等，我们的先者为我们留下了大量的已被证明具有确切疗效的成熟方剂，这些就可以作为我们的研究思路及突破口。由于在目前，中药中发挥作用的具体成分还不明确，这限制了中药发展，但是，这却是我国医药企业可以把握的一个发展方向，利用我国在中药领域的独有优势将中药带向世界，提升国际地位。

第三，广泛开展多领域的合作，全面创建医药企业研发机构。对我国的医药企业，为了保持与时俱进，应该着重于观察各学术前沿。其一，发展与行走在学术研究前沿的高校、科研院所的密切合作关系，以早期介入的方式进行超前的研究，甚至有需要时，可以将科研院所收纳入本企业用以提升团队的研发力量。其二，可以在国内外建立具有国际水准的联合实验室，良好的研发设施与环境，能吸引到来自各国的优秀研发人才，达到深入开展产、学、研工作的目的。

第四，分析国际新药研发的趋势，从薄弱的环节突破，以此避开研究热点。对于产业发展而言，这样既能够不偏离国际新药研发，又可以获得差异化发展。目前，由于人类环境恶化及生活习惯，导致了心血管疾病、肿瘤、糖尿病和艾滋病等疾病的爆发，它们已经日益发展成为人类杀手，国际医药企业大都把焦点聚集在以上几个领域，而忽略了其他具有发展潜力的药物。其实，目前对计划生育、传染病以及老年病方面的药物需求很大，但是研发新药的企业却为数不多，因此，它有着非常光明的研发前景，中国作为人口大国来说研发创新这类非国际热点的药物是一个可遇而不可求的发展机会。

3. 差异化战略

针对目前我国产品同质化现象严重的问题，企业可以采取差异化战略，所谓差异化战略，即是提供与其他企业不同甚至独特的产品或服务的一种竞争战略。采取差异化战略，能够给企业带来极大的竞争优势，是一个必须慎重考虑与实行的决定。企业主要可以从以下几个方面实现产品的差异化。

（1）产品或服务的差异化。一种产品能否获得消费者的欢迎，在于产品是否能够满足消费者的要求。医药企业可以通过搜寻和掌握大量市场信息来得知消费者的需求，从而从这里寻找新的突破点，获得新的增长点。比如，对于服药依从性较低的人群，缓控释片占有优势，因为它能减少至少一半以上的服药次数，泡腾片等新剂型也能够吸引他们的眼光；通过改变生产工艺来减少药物杂质的产生，减少药物的不良反应；还能开通免费的咨询热线，让患者在家也能够了解病症，这都会增加企业服务的质量，使消费者的忠诚度增加。

（2）营销渠道的差异化。企业走哪一条营销渠道，需要具体结合产品的特点，用以发挥自身优势。就如，想要面市的新药、特药，可以减少药品的流通环节，不经过分销代理商，直接面向零售商与批发商。这样由于流通环节的减少，企业能获取更多的利益回报；再者，可以充分利用现有网络发展的电子商务，这可以使企业摆脱自身规模的束缚，因为从电子商务时代，消费者注重的是商家信誉及服务，由此，企业能够获得更平等的发展机会，从而赢得更多的客户。

（3）品牌的差异化。对于消费者而言，良好的医药产品品牌在很大程度上都影响着他们的消费观。一个企业，具有一个良好的医药产品品牌将会为企业无形中带来巨大的资产。所以，发现并确立自身品牌的核心价值是企业的第一步，然后，再通过某些手段如营销来创造一个消费者所关注的热点——企业形象，让消费者看到一个光明诚信，积极向上，以及具有鲜明个性的企业。得到了消费者的认同，便得到了更多的发展机会。

案例分析

国家发改委反垄断调查

2013年7月，国家发展与改革委员会（以下简称发改委）对美赞臣、多美滋等7家奶粉企业进行反垄断调查，它们被指价格垄断。涉案企业的迅速降价可能会带动奶粉价格理性回归，降幅在一到两成。国家对婴幼儿奶粉市场的治理，已经由生产质量向价格领域延伸。资深反垄断专业律师表示，涉嫌垄断的奶粉企业将面临上一年度销售额1%~10%的罚款。由此测算，最高可面临超过22亿元处罚。

从液晶面板到茅台五粮液，再到奶粉，反垄断调查呈增多趋势。目前发改委反垄断调查主要集中在一些关乎国计民生、民众反映强烈的行业。估计医药行业、汽车和银行等领域都会是下一步发改委反垄断调查的焦点。

2011年，发改委曾对山东潍坊的潍坊顺通医药有限公司和潍坊市华新医药贸易有限公司开出 700 万元罚单。两家企业被指控非法控制抗高血压药复方利血平原料药、哄抬价格、牟取暴利。在医药领域，大公司控制产品和价格的行为较为突出，尤其是一些跨国医药巨头，估计发改委会对定价过高的药品进行干预。

据媒体报道，发改委已经下发通知，将对部分药企展开成本价格调查，以了解和掌握药品生产流通过程中的成本、价格及有关情况，及时制定调整药品价格。

反垄断与反倾销相对应，一个价格过高，一个价格过低，都对市场秩序构成威胁。《反垄断法》本质上不是反对垄断的企业，而是企业的垄断行为，即滥用市场支配地位，损害消费者利益。

本章小结

1. 现代企业理论是从新古典理论的批判中产生的，具有严谨的经验研究和大量的数学应用，深入到产业组织的"黑箱"里，分析企业内部的运行结构和运行方式。

2. 产业组织理论是基于规模经济与市场竞争活力的矛盾形成的。马歇尔率先提出的规模经济与市场竞争的矛盾开辟了最早的产业组织理论。

3. 随着产业组织理论的发展，哈佛学派的贝恩开创 SCP 结构范式，并分析较高的集中度必然导致垄断；芝加哥学派反对积极的反托拉斯政策，反对政府过多的介入经济，主张放任自由竞争的市场机制发挥作用，认为市场配置资源是最有效率的；新奥地利学派认为市场是一个连续的过程，这个过程的性质无法通过市场结构表现出来。

4. 新产业组织理论，在传统产业组织理论的基础上融入了博弈论等方法，从策略性的角度重点分析以企业行为为主的市场竞争。

5. 波特的五力模型着眼于企业的竞争环境，分析五种作用力共同决定着该产业的最终利润潜力。

6. 以五力模型为例分析医药行业的竞争趋势，认识到企业所处的竞争环境，分析企业的内部因素和外部因素，判断企业在整个产业中的盈利潜力，从而能制订出使企业在竞争中处于优势的战略。

思考题

1. 探讨企业理论对于产业经济学有何意义？

2. 产业组织理论主要研究什么问题？

3. "马歇尔冲突"的内涵是什么？

4. 简述哈佛学派 SCP 范式的主要思想、SCP 范式、主要概念、理论基础、研究核心、观点和政策主张。

5. 简述传统产业组织理论与新产业组织理论的联系和区别。

6. 简述五力模型与哈佛学派 SCP 分析框架之间的关系。

第四章

市场结构

【教学目标】

根据市场不同的竞争和垄断程度，可以将其分为完全竞争市场、垄断竞争市场、寡头垄断市场和完全垄断市场四种结构类型。本章对四种市场结构的概念和特征以及市场集中的概念、衡量指标和进退壁垒的分类进行详细论述，在此基础上阐述了医药市场的市场结构、市场集中度、进退壁垒等相关内容。目的在于希望读者了解产业经济学的一般理论在医药市场的应用情况。

【教学要求】

1. 了解：市场结构的影响因素与影响医药市场结构的因素
2. 熟悉：医药市场集中度的影响因素以及医药市场进退壁垒的分类
3. 掌握：市场结构的概念与基本类型以及每种类型的特征
4. 重点掌握：集中度的含义与衡量指标，进入与退出壁垒的含义与分类

第一节　市场结构的概念与类型

一、市场结构的含义与特征

（一）市场结构的含义

市场结构是产业组织学的核心内容，本章先介绍一般的市场结构的概念和特征及衡量指标，在第四节将介绍医药产业市场结构的相关内容。

为了理解市场的内在结构，首先有必要界定市场的概念和边界。对于"市场"，人们的理解各不相同，与人们日常生活息息相关的市场往往指的是商品交换的场所，例如各类商场、商店、新兴的电子商务等等。实际上，市场还是调节人们经济行为的一种方式，由于产业组织理论主要关注特定产业或市场上的企业间关系，因此从供给者的角度，可以将市场定义为生产和提供同种产品或者同类产品的企业集合。这一含义的"市场"，与产业组织理论中的"产业"意义几乎一致，因为在产业组

织层面上谈到某一"产业"时，实际上指的也是提供该种产品的企业集合，例如医药产业就是由所有生产或者经营药品的企业构成的。

什么是市场？市场是指从事物品买卖的交易场所或接洽点。一个市场可以是一个有形的买卖物品的交易场所，也可以是利用现代化通讯工具进行物品交易的接洽点。从本质上讲，市场是物品买卖双方相互作用并得以决定其交易价格和交易数量的一种组织形式或制度安排。

市场结构（market structure）有狭义和广义之分，狭义指买方构成市场，卖方构成行业。广义是指一个行业内部买方和卖方的数量及其规模分布、产品差别的程度和新企业进入该行业的难易程度的综合状态，也可以说是某一市场中各种要素之间的内在联系及其特征，包括市场供给者之间（包括替代品）、需求者之间、供给和需求者之间以及市场上现有的和潜在的供给者、需求者之间的关系。

（二）市场结构的影响因素

1. 买者和卖者的数量与规模分布

在买者即需求既定条件下，卖者越多，每个卖者规模越小，卖者之间的竞争越激烈；卖者越少，每个卖者规模越大，卖者之间尽管也可能存在激烈竞争，但是也可能合谋垄断市场。

2. 卖者销售的产品的差异程度

消费者对两种产品需求的交叉价格弹性越小，这两种产品的差异越明显，这两种产品卖者之间的竞争相对越弱，对各自的买方就越具有垄断力量。

3. 新企业进入市场面临的困难程度

前两者主要从市场上已有卖者及其生产的产品出发考察某一产业的市场结构，对来自该市场之外其他卖者的考察则涉及潜在的进入者对已有企业的竞争压力。

4. 已有企业的成本曲线形状

如果企业销售的产品价格既定，成本便成了企业扩张规模和提高市场占有率的根本制约因素。显然，假如企业面临的平均成本曲线在很大的产量区间内递减或者不变，企业必然会进一步扩大产量，进而提高市场占有率。

5. 企业生产多样化的情况

在特定的产业或市场上，专业化中小企业越多，企业之间竞争越激烈。如果少数生产多样化的大型企业和众多专业化中小企业并存，那么该市场结构可能是垄断与竞争并存。

在上述诸多因素中，市场集中度、进退壁垒、产品差异被认为是反映和影响市场结构的三个主要衡量指标，这三项影响因素将在后文详细介绍。

二、市场结构的基本形态

在经济分析中，市场结构被划分为四种结构类型，即完全竞争市场、垄断竞争市场、寡头市场和垄断市场。

决定市场类型划分的主要因素有以下四个方面：1、市场中厂商的数目；2、厂商所生产的产品的差别程度；3、单个厂商对市场价格的控制程度；4、厂商进入或退出一个行业的难易程度。接下来我们详细介绍每一种市场结构类型。

（一）完全竞争市场

在完全竞争市场中，供需双方的决策不能影响市场中的价格，竞争过程中不受任何阻碍和干扰，也不存在任何的外力控制，因此完全竞争又称之为纯粹竞争。换而言之，一个属于完全竞争的市场中，价格不受任何一个买者或卖者的个人行为所影响，完全竞争市场是一种非常理想化的市场。这种市场结构具有以下四个特点：

1. 市场中企业多而小

完全竞争市场中一种商品有众多的供给者与需求者，这些人的个人份额相对于整个市场来说微不足道，所以这些人的行为对市场价格不具备控制力量。在这种情况下，单个的消费者或者厂商都只能被动接受市场价格而无法对其产生影响。典型的完全竞争市场拥有大量的厂商和消费者，但有些行业即使只有少数几家厂商仍然拥有完全竞争的全部特性。

2. 产品具有同质性

在完全竞争的情况下，市场内有很多企业，每个企业所生产的产品在质量、性能、外形、包装等等方面没有差别，因此市场内厂商提供的产品具有同质性和完全可替代性。对于消费者来说，无论购买哪一个企业的产品都是同质无差别产品，所以消费者无法根据产品的差别而形成偏好，而供给者无法通过产品的某些特点来控制价格。

3. 进出无障碍

完全竞争市场没有进退壁垒，任何厂商都有充分的自由进入或退出任何行业，生产要素的转移不会引起成本或费用的改变。因此，当某个行业市场上有净利润时，就会吸引许多新的厂商进入这个行业市场，从而引起利润的下降，导致利润逐渐消失；而当行业市场出现亏损时，许多厂商又会退出这个市场，从而又会引起行业市场利润的出现和增长。

4. 完全信息

所谓完全信息是指市场的参与者可以了解到供给者的产品、技术和成本，也了解消费者的偏好和支付能力。在经济人客观理性的前提下，买卖双方根据自己掌握的对称信息进行最优决策，以获取最大的经济效益。这样就避免了由于信息不通畅而可能导致的一个市场同时按照不同的价格进行交易的情况。完全信息下不会出现高价购买和低价销售的情况，这样保证了生产者与消费者的利益最大化，也保证了资源的合理配置。

由于完全竞争市场的假设条件十分严格，在现实的经济生活中不存在真正的完全竞争市场，只有某些农产品市场被视为比较接近完全竞争的类型。

（二）完全垄断市场

完全垄断简称为垄断市场，它是一种特殊的市场结构，其特点是在存在巨大进入壁垒的市场中仅有一家厂商生产高度差异化的产品。垄断者的产品没有近似替代品，所以垄断者面对的需求曲线将有很大的负斜率，为了追求利润最大化，垄断者的产量是小于边际收益等于边际成本时的产量。完全垄断市场的市场结构具有以下特征：

1. 供给者唯一

完全垄断市场中一家垄断企业排斥其他竞争对手控制了某种产品的全部供给，因而可以决定该产品的价格和产量，以获取垄断利润。

2. 无替代产品

市场中的产品有唯一的提供者，所以不存在其他的相近替代产品，唯一的供给者在制定价格时不必考虑其他的替代因素。但是"相近替代品"的概念是模糊的，相对于钢铁来说，其他建筑材料（如塑料或木材）是否为其相当接近的替代品呢？如果是的话，那么，即使只有一家钢铁生产者，也不能把它看作是垄断者。又如，对地方电力公司来说，其用于照明的电力供给，具有很大的垄断力量，尽管手电筒、煤油灯和蜡烛也是电灯的替代品，但它们被当作很次要的替代品，与此同时，用于加热的电力则有相近的替代品，如煤气、天然气、煤和木炭等，因此，为家庭供热的电力市场被认为是具有相对竞争性的。

3. 进入障碍非常高

新企业很难或者不能进入该产业，存在的进入障碍主要有三个：技术壁垒，已有企业垄断了某种生产工业，使得其他企业难以进入；资本壁垒，有些企业存在显著的规模经济，初始投资规模非常大，可能会阻碍新企业的进入；法律法规壁垒，例如来自政府的专利授权直接赋予企业垄断某项技术成果的权利；策略性壁垒，现有企业为了维持垄断地位，采取的各种遏制新企业进入的手段。

在市场经济中垄断情形也不多见，在一定时期内的垄断产业发展到另一个时期可能变成竞争性结构，例如传统的邮政公司垄断了整个邮政业务，但是随着邮件快递、包裹邮递等私人公司业务的拓展，邮政业发生了由垄断向竞争的转变。再如，移动电话的出现和发展对于垄断性的固定电话业务构成了挑战。

（三）垄断竞争市场

垄断竞争是一种介于完全竞争和完全垄断之间的市场结构，在这种市场中既有垄断又有竞争，既不是完全竞争又不是完全垄断的市场，是处于完全竞争和完全垄断之间的一种市场。

在完全竞争市场中存在着许多厂商，每一个厂商相对于市场总容量而言是微不足道的，它们生产没有差别的产品，是市场价格的接受者，不具备任何市场支配力。而垄断竞争市场厂商可以将价格提到高于边际成本，但同时又面临其他厂商的竞争。美国经济学家张伯伦和英国的经济学家琼·罗宾逊（Joan Robinson）夫人相继在20世纪30年代提出垄断竞争理论后，垄断竞争市场被认为是最接近实际经济生活的市场类型。现实中很多市场都具备垄断竞争的结构特点，在这些市场中每个供给者都在追求自己产品的异质性，所以供给者具备一定的垄断实力但是较为弱小，因为市场中存在多个供给者，他们所提供的产品之间的可替代性又造成了竞争，于是这样的市场中既有一定的垄断，同时又存在着竞争。垄断竞争市场的特征如下：

1. 市场上有数量众多的小企业

垄断竞争市场中有较多的厂商，每个厂商的规模都比较小，他们对市场可以施加有限影响，但不能控制价格，企业之间既存在价格竞争，又通过产品差异化进行竞争。

2. 产品存在差异化且具有可替代性

张伯伦发展的产品差异理论认为，在消费者看来产品总是存在着差异的，这种差异源于产品本身的物理特点，或者源于消费者的主观感受。既然不同企业提供的产品有差异性，那么每个企业都拥有一定数量的消费群体，能够自主定价，因此具备一定的市场垄断力量，可是在一个大市场中，多家企业之间还是竞争关系。在完全竞争市场中，假定产业是由生产同质产品的厂商联合组成的，即生产同质产品的所有厂商构成一个行业。分析垄断竞争市场，可以把生产基本性能相同，但产品却存在着差别性，产品间有密切替代关系的厂商归并在一起，合称为产品集团，这些类似的产品被称为产品群。

3. 产业的进入障碍较低

每个企业生产的产品存在差异而具有一定的垄断势力，但是由于企业规模较小，而且进入市场面临的技术、资本、法律法规壁垒较低。当市场中已有企业利用垄断地位获得超额利润时，新企业为了追逐利润进入该产品的市场。反之，当竞争过于激烈导致企业亏损时，会立即撤出市场。这一点可以说是垄断竞争市场和寡头垄断市场的一个显著的差异。

（四）寡头垄断市场

寡头垄断是占市场份额很大的少数大企业相互竞争的市场结构，同时包含垄断因素和竞争因素而更接近于完全垄断，它的显著特点是少数几家厂商垄断了某一行业的市场。在现实中，诸如汽车、飞机、钢铁、铝业、石油化工、电子设备和计算机等资本密集和技术密集型产业都属于寡头垄断的市场结构。寡头垄断的主要特点如下。

1. 几家企业占据大部分市场份额

市场内少数几个大企业占据很大的市场份额，对产品价格有一定的控制能力。

2. 少数垄断产业有的产品有差别，有的产品没有差别

所提供的产品可能同质，也可能存在差异，存在产品差别的市场称为"差别少数垄断"，不存在差别的市场称为"纯粹少数垄断"。

3. 进退障碍很高

市场中的现有企业规模大、资本投入高，而且在筹集资本、技术、生产和销售规模、营销网络等方面占有绝对优势，因此新企业进入产业往往相当困难。

4. 相互依存性

这一点是寡头垄断市场区别于其他市场结构的一个重要特征，在寡头垄断的产业内，由于主要企业的供给量在产业供给总量中都占有很大的比重，因此，其中任何一个企业调整产品销售价格和产量时，都会影响其他企业的市场占有率，引起其他企业的反应。例如，如果其中一个企业试图通过薄利多销提高市场占有率时，会引起其他几个企业竞相降价，以保住各自原有的市场占有率；如果其中一个企业在原材料涨价时，试图通过提价弥补成本开支，而其他企业并没有相应涨价，那么单独提高价格的企业市场占有率就会下降。所以在寡头垄断产业中，企业在采取价格策略时，必然关心其他企业的反应，企业之间依存性较强。

（五）四种市场结构的总结

上述四种类型是对现实市场的高度抽象，在纯粹理论意义上讲，从完全竞争到完全垄断可以分出非常多的垄断和竞争程度存在着差别的市场类型，采用上述分类是因为这四种市场类型特征明显，易于区分。完全竞争市场与完全垄断市场代表了两种极端类型，是进行理论研究的基本参照标准，产品相似而不相同，可以替代但又不能完全替代，这是现实中的普遍现象，垄断竞争市场就是对这一类市场的概括；生产高度集中于少数大企业，竞争主要在少数大企业之间展开，这是现实中的又一类普遍现象，寡头垄断市场就是对这一类市场的概括。

完全竞争和完全垄断市场主要用于理论分析，在实践中几乎不存在。在现实的经济生活中，大量的企业处于垄断竞争市场中，而寡头垄断市场上的企业对整个经济的影响是最显著的。当市场达到长期均衡时，完全竞争市场和垄断竞争市场上的企业都只能获得零利润；完全垄断市场上的企业可以维持超额利润；寡头垄断市场上的企业既有可能只取得零利润，也有可能获得超额利润，这要视具体情况而定。

从效率的角度来看，完全竞争市场社会福利达到最大，是最有效率的市场；垄断竞争和完全垄断都会带来效率和社会福利的损失，总的趋势是竞争越接近于完全，这种损失越小；寡头垄断市场有可能是有效率的，也有可能是无效率的。

可以把这四种市场的情况归纳于表4－1中：

表4－1　市场结构的划分和特征

市场结构	厂商数目	产品差别度	价格控制度	进退壁垒	举例
完全竞争	很多	完全无差别	没有	很容易	农产品
垄断竞争	很多	有差别	有一些	比较容易	轻工业
寡头	几个	有差别或无差别	相当程度	比较困难	钢铁、石油
垄断	唯一	无替代品	很大程度	很困难	水、电

数据来源；高鸿业《西方经济学》

第二节 市场集中度的概念与衡量指标

一、市场集中度的含义

在经济领域，集中是指国民经济和部分产业中少数大企业占有了较大部分资源的现象，通常可以分为市场集中和一般集中。

（一）市场集中度

市场结构指的是市场的组织特征，特指那些决定买者之间、卖者之间、买卖者之间、原有卖者与潜在卖者之间关系的那些特征。换句话说，市场结构特指那些对市场竞争性质和价格行为产生战略影响的市场组织特征。经典理论往往使用企业数量来刻画市场结构。行业中只有一家企业可能意味着垄断，少数一些企业可能意味着寡头，许多企业接近于完全竞争。实际上，企业数量并不是一个令人满意的度量竞争状态的指标。包含几百个企业的产业可能被少数几个企业所主导，相对于只有几个势均力敌企业的产业，这个产业可能具有更强的垄断性。如果假设企业规模分布信息较好地反映了企业在市场中的地位或者势力，那么综合反映企业数量及其规模分布信息的集中度数据就能够描述市场竞争的激烈程度或者操纵程度。

市场是由买卖双方组成的，相应地市场集中度也包括买方集中度和卖方集中度。由于买方集中度仅限于某些特殊产业，因此产业经济学所研究的市场集中度主要是指卖方集中度。

市场集中度表示在特定产业或市场中，卖方或买方具有怎样的相对规模结构的指标，它与市场中垄断力量的形成密切相关，成为衡量市场结构的主要指标。

（二）一般集中度

一般集中度表示在整个国民经济或全部企业的经济活动中，最大的企业所占比重的指标。例如最大的 50 家企业职工人数占全制造业职工人数的比重，最大的 100 家企业占全部工业企业资产或销售额的比重等等。从已有数据看，一般集中度的变化趋势并不十分明确，不同的时间区间、不同的资源种类、不同的企业范围、不同的企业数量计算出来的变动趋势存在较大差异。

表 4-2 2011 年中国企业 500 强营业收入占同年 GDP 比重（%）

年份	2008	2009	2010	2011
比例（%）	69.61	76.27	69.37	76.98

一般集中意味着少数大企业的部分高级管理者对整个社会经济事务拥有较高的影响力。这种影响力可能引起两方面的忧虑。一是经济上对市场结构的影响，引发社会对市场有效性的忧虑。需要指出的事，一般集中度并不必然与市场集中度相关，

也就是说较高的一般集中度并不意味着市场竞争性的缺失。二是这种状况可能与民主政治的理念相冲突。在民主国家，名义上实行一人一票的普选制度，实际上通过资助竞选、游说立法、俘获管制，每个人的政治影响力可能与个人财富以及个人控制的财富有关。因此即使没有经济上的理由，政治上可能也需要降低一般集中度，减少寡头政治的危险。一般集中度仅仅反映了人们对个人权利集中本能的恐惧，因此主要是社会学、政治学研究的问题。

市场集中度直接对市场的竞争状态产生作用，而一般集中度则以市场集中度为媒介间接地对市场的竞争状态产生作用。因此早期产业组织理论更重视对市场集中度的研究，但是后来的研究者发现，在市场集中度不变的情况下，企业多角化、系列化经营提高一般集中度时，往往会对市场竞争状态产生影响。例如当企业通过系列化来控制原料、流通渠道时，或企业通过多种经营进行搭配销售和排他性的互惠交易时，都会间接地对该市场的竞争条件产生不利影响。这种一般集中度的间接的、累积的影响是不能完全忽视的。因此，当代产业组织理论也开始重视一般集中度的研究。

二、集中度的衡量指标

在不同产业或者不同时期、不同国家的同一产业内部，企业数量以及企业的相对规模并不相同，集中度概念涉及企业数量、企业的相对规模、资源份额（包括运输量、产出、员工数量、资本、增加值、控制的技术等）的非均等程度，这些因素都被看作影响市场竞争的主要因素。

只有恰当反映市场力量的集中度指标才是良好的集中度指标，经济分析史上学者们曾经提出并使用了许多方法测量市场集中程度。豪和泰德曼（Hall and Tideman）提出六个判断标准：第一，一维指标；第二，独立于产业规模；第三，符合转移原则（较小企业的市场份额向较大企业转移，将提高集中程度）；第四，如果所有企业都被分成 k 个大小相同的部分则集中指标将降低 1/k；第五，如果市场有 n 个大小相同的企业则集中指数是 n 的减函数；第六，集中指数在 0 和 1 之间。罕拉和凯（Hannah and Kay）提出了七个标准：第一，提高 i 个最大企业的总份额将提高集中程度；第二，转移原则成立；第三，低于某些规模的新企业进入将降低集中程度；第四，兼并会提高集中程度；第五，消费者随机地更换品牌将降低集中程度；第六，新企业的规模越小，其对集中程度的影响也将变小；第七，企业成长中的随机因素将提高集中程度。

当然，经济学家对这些标准的必要性以及正确性存在一定的分歧。最后还要注意，大多数市场集中度指标记录了某个时点上企业规模分布的特征，在这个意义上它们都是静态指标。一些批评者认为，如果高集中的产业中主导企业随时间不断发生变化，那么静态的高集中程度并不意味着缺乏竞争。好在一些学者的实证研究表明，企业的份额与排序高度相关，从总体上不能拒绝静态集中指标。

(一) CR_n

最基本的市场集中度指标是绝对集中度，通常用在规模上处于前几位企业的生产、销售、资产或职工的累计数量（或数额）占整个市场的生产、销售、资产、职工总量的比重来表示。其计算公式为：

$$CR_n = \sum_{i=1}^{n} X_i \Big/ \sum_{i=1}^{N} X_i$$

上式中，CR_n表示市场上前 n 位企业的市场集中度；X_i为第 i 个企业的生产额或销售额、资产额、职工人数等；n 的取值取决于研究需要，通常情况下 n = 4 或者 n = 8；N 为市场上卖方企业数目（计量买方集中度时指买方的数目）；$\sum_{i=1}^{n} X_i$ 表示前 n 位企业的生产额、销售额、资产额或职工人数之和。

CR_n可以用作识别市场结构的一个指标，CR_n介于 0 ~ 100% 中间，其值越大说明前几位企业占据的市场份额越大，市场的垄断程度也越高。当 CR_n = 100% 时说明市场是完全垄断，如果 CR_n接近于 0 意味着市场趋向于完全竞争。

贝恩（J·Bain）教授最早运用绝对集中度指标对产业的垄断和竞争程度进行分类研究，他将集中类型分成 6 个等级，并依据这种分类对当时美国产业的集中程度进行了测定，见图 4 - 1。

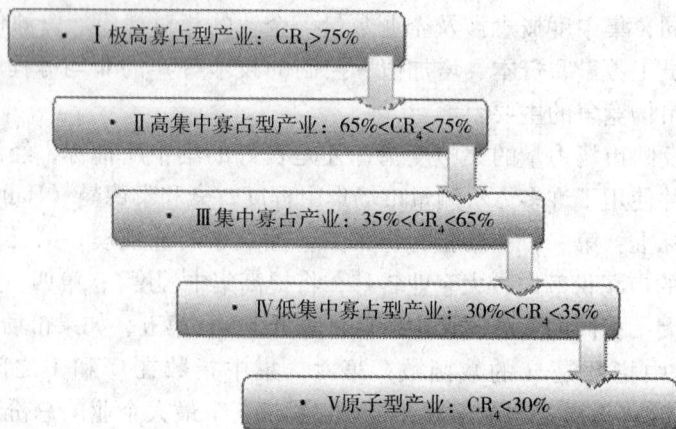

- Ⅰ极高寡占型产业：$CR_1 > 75\%$
- Ⅱ高集中寡占型产业：$65\% < CR_4 < 75\%$
- Ⅲ集中寡占产业：$35\% < CR_4 < 65\%$
- Ⅳ低集中寡占型产业：$30\% < CR_4 < 35\%$
- Ⅴ原子型产业：$CR_4 < 30\%$

图 4 - 1　贝恩关于产业集中度的划分

对产业集中程度的测定与把握，是政府制定有关公共政策，维护和健全市场秩序的基础。绝对集中度指标应用广泛，但是不同国家有不同的国情，所以各国对于垄断和竞争类型的划分标准也各不相同。例如日本著名产业组织论学者越后和典教授，根据贝恩的分类方法和日本产业分类的实际情况，将日本产业的垄断和竞争类型分成五类，分类标准如下：

A 型（极高寡占产业）：$CR_1 > 70\%$

B 型（高寡占产业）：$CR_3 > 80\%$，$CR_5 = 100\%$

其中：B_a型：$CR_1 > 50\%$

B_b 型：B_a 型以外的情况

C 型（中寡占产业）：$CR_{10} \geqslant 80\%$

其中：C_a 型：$CR_1 \geqslant 35\%$

C_b 型：C_a 型以外的情况

D 型（准中寡占产业）：$CR_{10} > 50\%$

E 型（低集中产业）：$CR_{10} < 50\%$

根据上述分类标准对日本 17 个部门 156 个产业的垄断和竞争程度进行的分类。156 个产业包括了日本工业中的大部分主要产业。其中，属于 E 型的仅 21 个产业，加上 D 型也不过 57 个产业，可见日本工业中的绝大多数产业属于寡占产业。集中度高的产业最多的部门是化学工业，而集中度低的产业最多的部门是纤维制品和木材、木制品工业。

利用 CR_n 衡量集中度的优点在于容易获得相关统计资料，计算直观简单，而且这一指标又能较好地反映产业内生产集中的状况，显示市场的垄断和竞争的程度，因此使用得非常广泛。但是该指标存在的不足在于：只反映规模最大的前几位企业的总体规模，忽略了其余企业的分布状况，也忽视了前几位企业内部的规模分布状况，因而难以全面反映整个产业的市场集中度状况。

例如两个产业的两个四厂商集中度都是 0.9，各自 4 个企业的市场份额如下表所示，产业 A 和产业 B 具有相同的 CR_4，意味着集中度相同。实际上，产业 A 中存在一个主导企业，其市场份额达到 0.8；而产业 B 中各企业规模相当。在此，四厂商集中度没有揭示最大 4 个企业中是否有一个或几个企业主导了整个产业。

表 4 - 3　两个产业中最大 4 家企业的市场份额

	企业 1	企业 2	企业 3	企业 4
产业 A	0.8	0.05	0.03	0.02
产业 B	0.25	0.23	0.22	0.20

通过提供更多其他的 CR_n 例如 CR_1、CR_2 可以弥补这个缺陷。不过这个办法只是解决了部分问题，最理想的还是用一个指标来表示集中程度。

（二）HHI 指数

HHI 指数也称赫芬达尔——赫希曼指数（Herfindahl - Hirschman Index），其公式为：

$$HHI = \sum_{i=1}^{n} \left(\frac{X_i}{X} \right)^2 = \sum_{i=1}^{n} S_i^2$$

其中：X 代表总的市场规模，如总产量、总销售额、总资产额等；X_i 代表第 i 个企业的规模；$S_i = X_i/X$ 表示第 i 个企业的市场占有率；n 为该产业内的企业数。

HHI 指数反映了市场中企业的数量与相对规模，当市场中企业的规模相等时，HHI = 1/n，当 n 趋向于无穷时，HHI 无穷接近 0，则市场趋于完全竞争；当 n = 1

时，说明市场中仅有一家企业，则市场属于完全垄断结构，此时 HHI = 1。HHI 指数对规模较大的企业赋予更大的权数，例如，市场中有 4 家企业，各占 25% 的市场份额，则 HHI = 1/4，若其中两家进行了合并，则 $HHI = \left(\frac{1}{2}\right)^2 + \left(\frac{1}{4}\right)^2 + \left(\frac{1}{4}\right)^2 = \frac{3}{8}$，说明企业合并后 HHI 指数就会增大，反之，企业若分解则 HHI 指数会减小，因此 HHI 指数也可以反映企业支配力的变化。

理论应用时习惯上将求出的赫芬达尔指数乘以 10000。例如美国司法部 1984 年公布的水平合并指南规定：对于 HHI 高于 1800 的市场，政府有可能对使指数提高 50 - 100 个点的合并进行干预；对于 HHI 在 1000 ~ 1800 之间的市场，一项合并若使指数提高 100 点，政府就要进行调查；对于 HHI 低于 100 的市场，政府不会对合并进行干预。

与 CR_n 相比，由于 HHI 指数考虑到了所有企业的规模情况，因此能够更为全面地反映整个产业内企业之间的竞争状况。如表 4 - 4 所示，利用集中度方法计算产业 1 和产业 2 的 CR_4，我们会发现这两个产业的集中度相同。可是，这忽略了两个产业中企业市场份额分布的差异状况。如果利用 HHI 指数则可以看出两个产业集中度的差异。同时，在利用 HHI 指数测算市场集中程度时，由于选取了各个企业市场份额的平方，测算出来的指数对于各企业市场份额的非均等分布非常敏感，能够相对客观地反映市场中企业规模的差异状况。在表 4 - 4 中，与产业 2 相比，由于产业 1 中企业规模分布更为不均匀，计算出来的 HHI 指数相应也较大。

利用 HHI 指数测算市场集中度存在的主要问题是需要搜集的信息量非常大，成本相应较高。因为它需要获得每个企业的市场份额状况；尤其是在测量比较不同产业的集中度时，需要获取相关产业所有企业的市场份额，这样做的难度和代价都非常大。

表 4 - 4　HHI 指数与产业集中度的关系

市场份额（%）	CR_4	HHI
产业 1	80	3850
产业 2	80	2000
产业 3	100	3333
产业 4	98.5	4802

（三）洛伦茨曲线（lorenz curve）

洛伦茨曲线是表示市场中由小企业到大企业的累计百分比与这些企业市场份额的累计百分比之间关系的曲线，如图 4 - 2 所示。在图中横轴表示的由小到大排列的企业累计百分比，纵轴表示这些企业的销售额占市场销售总额的百分比。图中对角线为均等分布线，洛伦茨曲线反映产业内全部企业的市场规模分布情况，如果洛伦茨曲线与对角线重合，表明某一特定的市场上所有企业的规模完全相同；当企业的规模不完全相同时，洛伦茨曲线是均等分布线下方的一条曲线：曲线越偏离对角线，企业规模分布的不均度越大，换句话说，该产业的市场集中度越高。

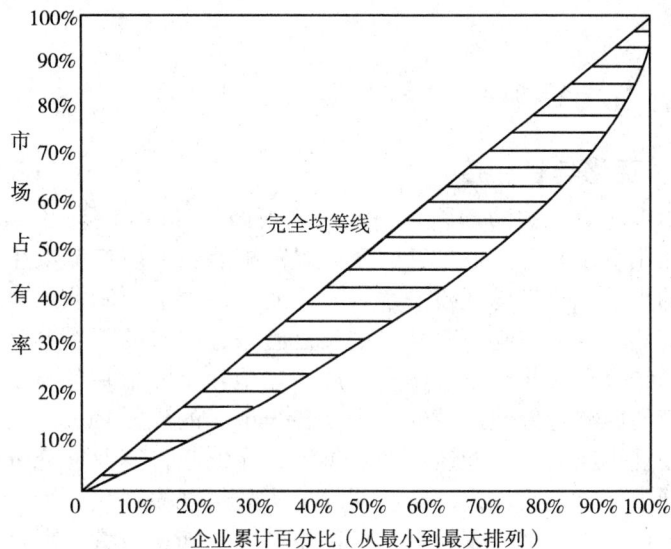

图 4 - 2　洛伦茨曲线

（四）基尼系数（Gini coefficient）

基尼系数是建立在洛伦茨曲线基础上的一个相对集中度指标，它等于对角线和洛伦茨曲线之间的面积与以对角线为斜边、以横轴为直角边构成的三角形面积之比，即：

$$基尼系数 = \frac{均等分布线与洛伦茨曲线之间的面积}{均等分布线以下的三角形面积}$$

基尼系数的取值范围介于 0 与 1 之间，当基尼系数等于 0 时，即意味着所有企业规模完全相等；基尼系数趋于 1 时阴影部分面积越大，则意味着企业规模的分布越来越不均等。

洛伦茨曲线和基尼系数作为衡量集中度的相对指标，最大特点是比较直观，可以反映某一特定市场上所有企业的规模分布状况，但是，这种相对集中度指标也有其局限性。

首先，它们主要衡量的是产业内企业规模分布的相对状况，而不能够反映各个企业规模的绝对状况，也不能有效表现少数企业集中和垄断增长的情况。正如有学者所言，"产业中企业的减少使得剩下来的企业规模上彼此更加接近了，也就是说，绝对集中度上升了，可是与此同时，相对集中度或不均匀却下降了"。不仅如此，由两家各占50%的市场份额的企业组成的产业与100家各占1%市场份额的企业构成的产业，洛伦茨曲线和基尼系数衡量的市场集中度是一样的，基尼系数都是 0，但是这两个市场的企业各自所占份额是相差很大的。

其次，基尼系数和企业规模分布状况并不是一一对应的关系，相反，不同的企业规模状况可以表现出同样的基尼系数。这是因为，不同形状的洛伦茨曲线和对角线可以围成相同的面积。

再次，测算洛伦茨曲线需要获得产业中所有企业市场份额的确切数据，这往往是很困难的。

三、影响市场集中的主要因素

（一）规模变化与集中度

企业规模扩大的最基本的动因是企业对规模经济性的追求。任何卖者（企业）在竞争的强制作用下，都力求把自己的企业规模扩展到单位产品的生产成本和销售费用达到最小的水平，即最优规模的水平。因此，每个追求利润最大化的企业都在追求规模经济，然而每个产业的市场容量又是有限，有限的市场容量和各企业追求规模经济的动向结合在一起，就会造成生产的集中和企业数目的减少。企业追求规模经济对集中度的影响与最佳规模的大小和各个市场的规模相关，因为在不同的产业里，由于利用规模经济的可能性存在着差异，导致各自产业能充分发挥规模经济性所必需的最低限度的企业规模，即所谓的最小最优规模也是有所区别的。如果一个产业的市场容量较小，而产业的最小最优规模水平却比较大，那么市场可以容纳的企业数量必然就少了，集中度也会相应提高，这个产业中就容易形成垄断或寡头垄断。据贝恩对美国20个产业所作的调查研究表明，半数以上的产业前4位最大规模的企业的平均规模并不在最小最优规模上。日本学者植草益的研究也表明日本多数寡头垄断产业的企业规模大大超出最小最优规模的水平。这表明，影响企业规模的因素不仅仅是规模经济性，还有其他因素：

1. 企业有扩大规模的动机。企业扩大规模经济一方面是为了获得竞争优势以获取高额利润，为了实现利润最大化的目标，企业会尽力减少竞争对手，扩大和巩固市场份额。只要企业规模的扩大，不会带来单位生产成本的上升从而产生规模的不经济性，企业就会充分运用上述各种手段，把企业规模扩大到最小最优规模以上。另一方面是出于垄断的动机，企业采取各种行动试图通过扩大规模、提高市场占有率以占据一定的垄断地位，从而获取垄断利润，其做法包括掠夺性的降价行动、限制性的交易协议和默契的共谋之类的强制性行为以及水平合并、控股等手段。同时，企业为形成产品差别化和设置进入壁垒而采取的一系列手段，也对企业规模的扩大和卖者集中具有很大影响。前者如企业的广告、宣传活动以及对流通过程的控制等，后者则包括企业的专利和技术垄断、资源垄断、进入阻止价格的设定以及与金融界的稳固关系等等。

2. 技术进步为企业扩大规模提供了可能。技术的进步使企业获得持续的竞争力，开拓出与规模经济相适应的市场规模；此外工业技术的发展扩大了企业的生产经营规模，也在一定程度上改善产品质量、降低产品价格，以此来提高市场占有率，从而实现规模经济。

3. 经济政策和法律的影响。在影响市场集中度各种政策与法制因素中，有些有利于促进集中，而有些则成为限制集中的因素。例如许多国家为了防止垄断带来的不利影响而制定的反托拉斯法，维护了市场内的竞争秩序，但是限制了企业的垄断与集中。相反的，有些政策有利于企业扩大规模，比如专利法就是维护垄断的法律，有利于企业巩固已有的优势，形成技术壁垒。另外对外贸易中的关税和非关税保护政策以及限制外资的法律限制国外竞争者，有利于本国市场的规模。还有其他优惠政策以及生产许可证制度鼓励企业扩大规模。

（二）市场容量变化与集中度

市场容量的变化会影响集中度，一般认为市场容量扩大致使集中度下降，这是因为市场的扩大抵消了企业合并和大企业规模膨胀而形成的集中优势，也为产业内中小企业和新企业降低了进入壁垒，从而使市场的集中度降低。反而言之，市场容量不变或缩小时，市场集中度可能会提高，因为一些实力较弱的企业在激烈的竞争中被淘汰，而大企业加强兼并活动以提高市场集中度。

影响市场容量变化的主要因素有：

（1）经济发展速度。经济发展会使总需求扩大，因而也带动了市场容量的扩容，而某一产业的相关产业发展则会促进该产业市场容量的进一步扩大。

（2）居民收入水平和消费结构的变化。居民收入水平的提高会带来购买能力的增长，也促进了市场的扩容；而消费结构的改变则直接影响着消费品产业的市场容量变化情况，也就间接影响到相关原材料的市场容量变化。

（3）国家经济政策。主要有两方面：一是财政货币政策，它通过影响总需求的变化进而影响市场容量的变化。例如，扩张的财政货币政策刺激总需求的扩张，扩大对生产资料的需求，提高居民购买能力，进而起了促进消费品产业和生产资料产业市场容量扩大的作用。二是产业政策，它是通过一系列对产业发展的扶持或限制政策的作用影响相关产业市场容量的变化。例如，扶持重点产业的发展，则会引起与重点产业相关联的产业市场容量的扩大。限制某些产业的发展，则会对与这些产业相关联的产业市场容量起限制作用。

（三）进入条件

不同的产业有不同的进入条件，进入障碍高的产业会推动市场集中度的上升；容易进入的产业市场集中度的上升得以制约。这是因为容易进入的产业会吸引很多新企业加入，使市场集中度有所下降；而进入条件较高的产业限制新企业进入，使现有企业保持稳定的经营环境，并不断扩大规模经济以提高产业的市场集中度。

（四）市场需求成长率

产品市场需求成长率是在一定时期内市场上对产品需求量的扩大比率。一般来说当一定时期内某产品市场需求成长率较高时，产品价格会在供不应求的情况下提高，产业内出现超额利润，从而吸引新的企业大量进入产业，改变产业的集中度。当产品的市场需求成长率较低时，市场价格稳定或趋于下降，新企业在低价格条件下，很难进入产业市场，现有企业之间的竞争也更为激烈。

现实中改变产业集中程度的原因很多，机会或者运气，技术原因或者基本条件包括市场规模、规模经济、稀缺资源、市场增长速度等；政府政策包括反垄断法、专利执照关税配额、并购政策、管制政策等；企业战略包括兼并、限制性行为、产品差异化等。

一般来说，并不存在适合所有产业的产业集中度演变趋势。成熟产业的集中度比较稳定，而新兴产业的集中度变化较大。一种较为常见的产业集中变动趋势表现为，产业成长阶段，产业基础技术、主导盈利模式尚不清晰，存在大量、多样化的竞争性企业，产业集中度较低；在产业成熟阶段早期，产业集中度迅速提高，形成少数一些主导企业；随后产业集中度稳定在较高的水平上。

企业可能主动采取策略性行为影响市场集中状况。企业兼并策略在短期内会提高集中度而在长期中对集中度的影响可能不太显著。企业还可以采取掠夺性定价、渠道闭锁（Foreclosure）、品牌扩散等行为建立策略性进入壁垒，提高市场集中度。这些人为的策略性行为，不仅可以配合市场集中的自然力量，还可以单独发挥作用，形成高度集中的市场结构。

总的来看，初始集中程度对集中度的影响最大，实证结果表明，初始的集中程度越高，进一步上升的可能性越小，下降的可能性越大。当然纯粹从统计的角度看确实如此，由于集中度数值的限制，只能在 0 到 100 之间，5 家厂商集中度为 95 的产业，集中度上升的空间只有 5，下降的空间却很大。相反地，集中度只有 10 的产业，上升空间远大于下降空间。从经济角度也可以解释为：一方面高集中产业内企业难以从其他企业争夺市场份额；另一方面固化的产业结构诱使领先企业多元化经营，进入集中程度较低的产业，从而提高了这些产业的集中度。

知识拓展

测定市场集中度的步骤

测量市场集中度还有一些技术性障碍，具体体现在测量操作程序中，具体步骤是：

1. 限定市场（或产业）的范围

首先是产品的定义，在理论上一般将需求交叉弹性高的商品群定义为同一市场或产业。从需求方的视角看，生产相近产品（并不必然要求相同，只要交叉弹性足够大）的一群企业就是一个市场。困难在于构建基于交叉弹性的集中指标，即使我们知道了交叉弹性，还是没有简单的标准去划分产品替代链条上的一个市场。此外，还必须考虑市场的地理范围，即市场是全国性的还是区域性的，是否考虑进出口因素等，即考虑包括进入本国市场的外国企业的产品等。此外，还有产品与企业的关系。市场集中指标通常隐含着这样的假设：企业与市场之间存在着清晰的对应关系，并且企业在他们各自的国家边界内营运。实际上，这两个条件都不满足。例如多工厂和多产品企业就难以准确地归属到某个市场。产业与市场并不必然是一致的。公开的资料没有详细地报告企业各个部门的生产情况，各个部门可能生产不同的产品。这样，集中度指标就难以揭示隐藏在集团公司中的支配地位。

2. 确定所使用的规模变量

企业和市场的规模是衡量集中度的基础，企业规模有多种不同计量基础，例如销售收入、总资产、员工数量等等。尽管不同的计量基础测量出来的集中指标可能高度相关，不同的计量基础仍然可能测量出不同的产业集中序列，因此选择良好的计量基础仍然是值得注意的问题。作为测量市场集中度的规模变量，可以是生产量或生产额、销售量、销售额、职工人数、附加价值额、资本额、生产能力等等。在市场集中度的测量中，除销售额以外，还经常采用附加价值额和资本额作为规模变量。

3. 确定具体的测量集中度的统计方法

在千变万化的市场中，不可能有任何一个集中指标绝对优于其他指标，所以集中指标的数学性质很难确定，测量集中度的统计方法也需要根据实际情况而定。在众多性质特点各不相同的集中度指标中应该尽可能地综合采用绝对集中度指标、相对集中度指标和 HHI 指数等进行测量，以正确反映产业集中的状况。

第三节　进入与退出壁垒

进入与退出壁垒是产业组织理论的核心问题之一，对于寡头市场进入与退出壁垒的研究构成了产业组织最具特色的理论。本节将分析结构性进入壁垒、策略性进入壁垒以及退出壁垒。

一、进入壁垒的含义及测度

（一）进入壁垒的含义

进入壁垒是反映和决定市场结构的一个重要因素，从已有企业和潜在进入企业之间的竞争关系反映市场的潜在竞争程度。所谓进入是指某个产业内出现了新的企业，该企业既可以是新设立企业，也可能是原来在其他产业经营的企业；新企业进入一个产业往往会遇到一些不利因素，这些不利因素都是进入壁垒。所以进入壁垒可以定义为产业内已有厂商对准备进入或正在进入该产业的新厂商所拥有的优势，或者说是新厂商在进入该产业时所遇到的不利因素和限制。这些优势反映在已有企业能够把价格提高到竞争水平价格以上，而又不会招致新企业的进入；劣势表现在新进入企业相对于已有企业多承担的成本。

（二）进入壁垒的测量

测量产业进入壁垒高低的指标有两种：

第一种是规模性指标，主要包括：经济规模与市场总规模的比例、必要资本量、产业和企业专利特许数量、销售金额占经营总成本的比重等。日本著名经济学家植草益提出了利用经济规模障碍高低来测量产业进入壁垒的方法：规模障碍系数 d = 最优规模/市场容量×100%。植草益提出的测量标准是：当 d = 10% ~25% 时，该产业为高度规模经济障碍；当 d = 5% ~9% 时，该产业为较高规模经济障碍；当 d < 5% 时，该产业为中等或较低程度规模经济障碍。

第二种是价格指标。从实践上看，对特定产业的进入壁垒要做出客观、全面的测量是比较困难的，因为测量进入壁垒不仅需要考察市场需求、产业技术特点等结构性特征，而且要考虑已有企业的数量、规模、行为以及进入企业的预期等等复杂的因素。但是从理论上说，当一个产业存在进入壁垒时，由于来自潜在竞争者的竞争压力减弱，已有企业可能通过制定垄断高价等手段获得较高的短期利润；由此可以把已有企业制定的价格作为是否存在进入壁垒的依据，见下图4-3：

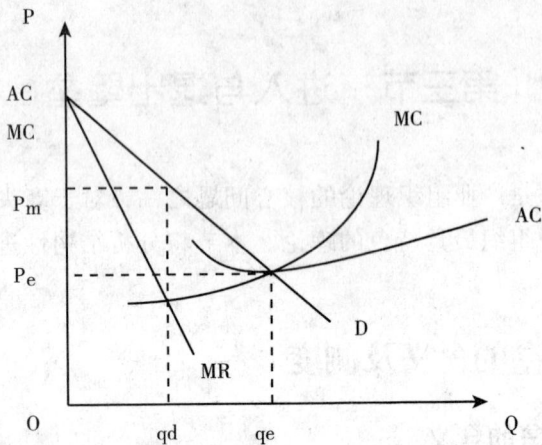

图 4-3　进入壁垒的理论衡量

图中 D 为已有垄断企业面临的需求曲线，MR 是其边际收益曲线，AC 和 MC 分别表示企业的平均成本和边际成本。其中 P_e 为完全竞争条件下的价格（$P_e = MC = AC$），MR 已有企业根据边际收益等于边际成本的原则收取 P_m 的价格时，实现了垄断企业短期利润最大化。如果已有企业定价大于价格 P_e，一直到 P_m 时都没有吸引新企业进入，那么该产业就存在着进入壁垒。其中，可以将稍高于 P_e 即平均成本的某个价格看成最低进入壁垒；而把接近或等于 P_m 的价格看做最高进入壁垒，介于两者之间且高于产业平均成本一定百分比的价格表示具体的进入壁垒程度。

与此类似的有贝恩提出的利润率指标：当价格高于平均成本 10% 时，新企业仍难以进入的行业是高壁垒产业；当价格高于平均成本 6%～8% 时，新企业仍难以进入的行业是较高壁垒产业；当价格高于平均成本 4% 时，新企业难以进入的行业，是中等壁垒产业；价格高于平均成本 1%～2%，新企业就容易进入的行业是低壁垒产业。

二、进入壁垒的分类

进入壁垒可以分为外生进入壁垒和内生进入壁垒两大类，其中外生进入壁垒又称结构性进入壁垒，是新进入者遇到的由产业市场的基本特征造成且不受已有企业控制的一些不利条件。例如一些产业市场容量较小、具有显著的规模经济、必要资本且较大等等；内生进入壁垒则是新进入者面对的由已有主导企业采取的战略性行为造成的不利条件，又常被称为策略性进入壁垒。

（一）结构性进入壁垒

结构性进入壁垒是传统产业组织理论研究的重点，构成进入壁垒的结构性因素主要有以下五个：

规模经济壁垒。在市场容量有限的情况下，产业的规模经济越明显，单个企业的相对规模就越大，新企业进入这样的产业面临的进入壁垒就越高。这是因为进入者在进入初期难以达到最小最优规模经济，平均成本甚至会高于市场价格，就会出现亏损的局面。如果进入者达到了最小最优规模经济，市场上的产品供给会大幅增长，在超过市场需求后会造成产品价格的下降，当价格低于进入者的平均成本时，进入者也会遭受损失。

绝对成本。市场中的已有企业利用先行优势已经排斥性地占有一些稀缺资源，如必需的生产要素、专利技术、技术人员、管理人员、熟练员工、销售渠道和消费者的认知及偏好等，对于新进入者来说如何获取这些资源是其面对的绝对成本壁垒。

必要资本量。企业进入任何一个产业都需要最低限度的初始投资，由于产业技术、企业生产和销售等方面的特点不同，不同产业需要的必要资本量差异很大。对于进入者而言，必要资本量越大意味着需要筹集的资本越多，资本进入壁垒就越高。

产品差异化。在市场竞争中，已有企业具备先行者优势，通过率先占领合适的市场位置和产品空间，通过种种策略已经在消费者中建立起一定的认同和偏好。而新进入者则需要花费更大的成本去争取消费者的认可，如果新企业没有独特的新技术、新产品，没有比较完善的促销手段和售后服务系统，则其进入必然会很困难。

网络效应。某种产品对一名用户的价值取决于使用该产品的其他用户的数量，这被称之为网络外部效应。在一个市场中，老企业拥有稳定的客户群，这些客户也得益于某一产品被其他很多用户使用所带来的网络外部效应，这就导致新企业在进入市场后将面对客户群不发生转移的现象。

政策法规制度。政府针对一些产业颁布的相关规制政策和法律法规有时是企业面临的主要进入障碍。德姆塞茨（Harold Demsetz）、施蒂格勒（GeorgeJ. Stigler）等芝加哥学派学者尤为反对政府实施的许可证制度、资金筹措管理制度、有差别的税收壁垒和专利制度等造成的进入壁垒。因为对于进入者而言，政府设置的壁垒不仅难以通过采取一些市场行为加以克服，而且还容易导致市场行为的扭曲。

根据上述六个因素可将结构性进入壁垒分为以下几种类型：

1. 规模经济壁垒

规模经济是指企业生产的平均成本随着产量的增加而下降，企业的最小有效规模（MES）是其长期平均成本最小时企业能生产的最小产量。

如图4-4所示，D为市场需求，AC是已有企业和新进入者的平均成本曲线，Q_3表示市场的总需求量，当进入者不能达到最小有效规模时产量为Q_2，如果市场价格是P_1，那么进入企业会蒙受损失；如果新企业达到了Q_1的产量，那么市场总供给的增加超过了市场需求，价格将低于 P_1，由于新企业的平均成本高于这一个新价格，企业还是会出现亏损。

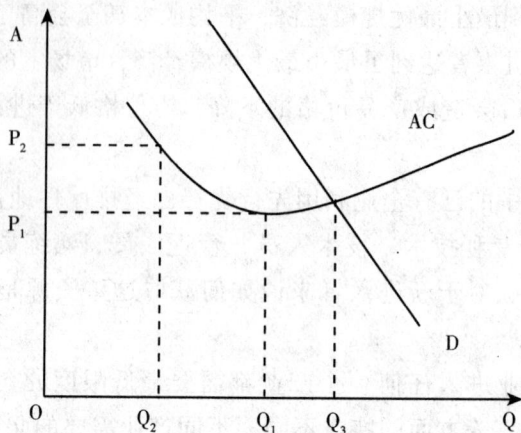

图4-4　规模经济与进入壁垒

因此，在产业的市场需求有限，同时存在规模经济的前提下，一个或少数几个企业在最小有效规模进行生产并获得经济利润，如果再有新企业以同样的产量进入，则所有企业可能都会亏损。这时新企业无法通过进入这一产业获利，规模经济成为进入壁垒。

规模经济壁垒的高低主要取决于：①市场对产品总需求量的大小；②最小有效规模下的产量与总需求量的相对大小；③未达到最小有效规模产量时价格随产量的变动情况。一个企业的最小有效规模越大，而且在总需求量中所占比例越大时，说明该产业能容纳的企业数就越小，进入壁垒也就越高。

经济大发展、人口增加及消费结构的变化、宏观政策的调控等因素可能扩大一个特定产业的市场容量，会降低进入壁垒；另外在某个产业的初创期和高速增长期时新企业进入相对比较容易。

2. 绝对成本优势壁垒

绝对成本优势是指现有企业在任意产量水平下的平均成本都低于潜在进入者。如图4-5，市场内现有企业的平均成本曲线低于进入企业的，由此导致进入者在竞争中处于不利地位。假定企业都处于各自的最小有效规模，那么由图可知，进入者的价格 P_2 要高于现有企业的价格 P_1，价格上没有竞争优势。根据市场需求曲线 D 的变化情况，只要现有企业把价格定在 P_1 和 P_2 之间并满足市场需求，则现有企业在获得经济利润的同时阻止了潜在进入者的进入，现有企业的绝对

成本优势构成了进入壁垒。

医药产业经济：原理与政策

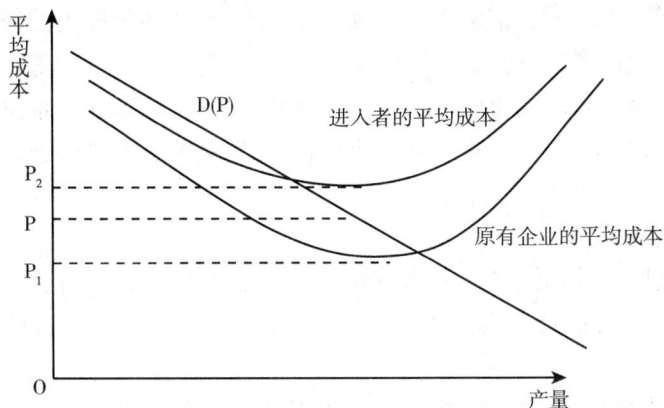

图 4-5 绝对成本优势

现有企业的绝对成本优势可能源于以下因素：①对待定原材料的优先排他性占有；②掌握了专利和关键技术工业；③对运输和市场网络的控制；④对包括管理在内的经营能力和专业人才的占有；⑤获取资金方面的优势等。

在分析绝对成本优势时，应考虑到现有企业所拥有的优质资源的机会成本。如果被现有企业独占的优质资源能通过市场进行交易，那么现有企业可能无法获得经济利润，因此对资源的独占并不构成进入壁垒。

德姆塞茨（1982）以城市中出租汽车牌照为例说明了拥有稀缺资源并不能给现有企业带来绝对成本优势。出租车牌照的供给数量是固定的，而且也是经营出租车服务必需的。牌照的限量供给阻碍了资源向该产业的流动，但由于牌照可以按市场确定的价格进行买卖，因此不能为它的拥有者带来绝对成本优势和经济利润。即使牌照的所有者是通过免费方式获得的牌照，但它的机会成本仍然是它的市场价格或者是它为所有者带来的经济租金，考虑到这一机会成本，一个经营出租车服务的企业并不具备把价格确定在平均成本之上的能力，因而也就不存在进入壁垒。德姆塞茨认为，在出租车服务产业中真正阻碍进入的不是现有企业的绝对成本优势而是政府管理当局核发牌照的行政权力。

如果现有企业拥有的某项专利有准确反映该专利市场价值的价格，而进入企业除没有专利授权外与现有企业别无差异，在这种情况下，也不存在绝对成本优势。在现实中，现有企业往往形成了围绕核心优质资源的竞争优势，即使进入企业获得同样的优质资源，现有企业的成本仍然比进入企业低，这时现有企业就享有绝对成本优势，因此可以获得经济利润并阻止新企业的进入。

3. 必要资本量壁垒

在经济学理论中，潜在进入者为了进入某一行业所必须投入的资本为必要资本量，由此而形成的进入壁垒则为必要资本量壁垒，也称为资本需要量壁垒。不同产业中必要资本量也不尽相同，资本密集型产业所需必要资本量更大，新企业面临的必要资本量壁垒也就越高。另外由于信息不对称和经济活动的不确定性，新的进入者在筹集资本时与已有企业相比，其筹资成本往往较高；另一方面，如果进入者在进入后出现意外的风险时，能够通过转卖给他人等途径将所投入的巨额资本顺利收回，不会承受多大的资本损失，那么，进入一个产业的成本就较低，筹集资本的成本也将因此而下降。可现实是，进入者投入的大部分资本变成了难以收回的专用资本即沉没成本。这样，巨额资本量加上可能的沉没成本损失使得进入某些产业的必要资本量壁垒加大。

4. 网络效应壁垒

网络效应或网络外部性（network externality）是指消费的外部性，即购买某种商品的消费者数量的增加将提高消费者的效用水平，从而增加了消费者对该商品的需求。

网络效应分为两种：其一是直接网络效应，某一产品的消费者数量增多使该产品带给用户的效用值上升，有的学者也把这种效应称为消费方的规模经济。通信网络，诸如电话、传真机、在线服务、Email 等，都是体现直接网络效应的典型例子。

其二是间接网络效应，某产品消费者增多，使该产品的互补品销量增加、价格下降，而使用户获得更大的效用值。例如某种类型的计算机用户数量提高时，就会有更多的厂家生产该种计算机所使用的软件，这将导致这种计算机的用户可得到的相关软件数量增加、质量提高、价格下降，消费者因此获得了额外的利益。

用户从一种网络产品（或是直接的网络，或是间接的硬件/软件系统网络）所获得的效用依赖于未来长时期的实际网络规模的增长和与硬件产品配套的软件产品的数量、质量和价格。实际网络规模增长的越快，可获得的软件数量越多，质量越好，价格水平越低，则用户所获得的效用越大。因此，一个理性的用户在选择加入哪种网络或选择哪种硬件产品时必须对未来的网络规模的增长和辅助软件产品的可获得性、价格水平与质量形成一定的预期，而这种预期是以这种网络产品的用户基数（Installed Base）为基础的。某个网络的用户基数越大，越能吸引新的用户加入，而新用户的加入又使原有用户在不用增加付费的情况下增加了可连接性，用户基数的扩大增加了网络对新老用户的价值。

在硬件/软件系统中，一种硬件的用户基数越大，就意味着与这种硬件产品相兼容的软件产品的需求越大，因而会吸引软件产品生产商来生产兼容软件，软件产品的种类和数量就会增加。软件产品的生产具有生产上的规模经济和边际生产成本递减的规律，软件产品的产量越大，其价格水平可能越低，这又会吸引大量的用户购买这种硬件产品，从而使这种硬件产品的网络规模不断扩大，而这又促使大量的软件开发商为这种硬件产品提供配套软件，这就是网络产品的"正反馈效应"或"滚雪球效应"。

在具有网络效应的产品市场上，由于现有企业先进入市场，因此在用户基数上相对于潜在进入者往往具有明显的优势，正反馈效应的作用机制使潜在进入者处于十分不利的地位。对于潜在进入者，在存在直接网络效应的产品市场上，在业已存在一个拥有一定用户基数的现有企业的情况下，可能很难获得消费者和用户的支持，因此，用户基数的不对称就成为网络市场上的进入壁垒。潜在进入者要想成功进入，关键要使新网络和旧网络实现互联互通，使产品在技术上相互兼容，以共享用户基数。

在间接网络效应中，现有企业的硬件产品可能已经拥有大量的配套软件产品，在正反馈效应的作用下，现有企业与进入企业在辅助软件产品上的数量差异会迅速扩大，市场竞争的结果会进一步强化现有企业的主导地位，排斥进入企业。由于软件产品的开发与生产具有很高的固定和沉没成本以及生产上的规模经济，新进入企业需要在辅助软件的开发和生产投入大量的资本，进入企业的辅助软件的生产成本也可能比现有企业的高，这又增加了进入企业的生存难度。

另外，在存在间接网络效应的市场上，消费者转换到新产品上往往会发生很高的转换成本。消费者可能在以前的网络系统中投资了大量的软件产品，同时付出了很高的培训和学习成本。如果消费者转移到新产品上，由于这些投资是沉没成本无法收回，而且还需要花时间学习如何使用这些新产品以及作相应的投资，这大大增加了消费者转移到新产品的成本。这些因素的综合作用使现有企业相对于进入者处于明显的优势，建立在用户基数之上的辅助软件数量上的不对称成为存在间接网络效应市场上的主要进入壁垒。

5. 产品差异化壁垒

在市场竞争中，已有企业通过率先占领合适的市场位置和产品空间，特别是不断的广告、促销等策略性行为的实施，可以得到消费者的认同和偏好。这时候，进入企业要想获得一定的市场份额，要么需要制定比已有企业低得多的价格，要么需要支付更多的广告等营销费用，这种成本劣势构成了进入企业面临的主要障碍，如图 4－6 所示：D 表示已有企业的需求曲线，AC 是产业中企业的平均成本曲线。当已有企业将价格提升到 P^1 时，假定新进入企业的需求曲线是 D_e^1，对于进入者企业来说，产量为 Q^0 时达到利润最大化，此时，利润为 0，企业不会进入市场，价格 P^1 是存在产品差异进入壁垒的标志。当已有企业将价格提到 P^2 时，进入者面临的需求增加到 D_e^2，此时企业会进入市场并将产量扩大至 Q^1。

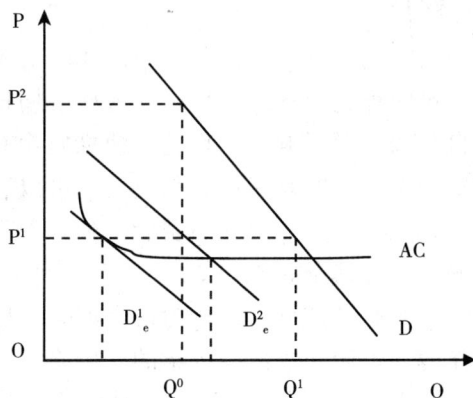

图 4－6　产品差异化壁垒

产品差异化壁垒的核心是指现有企业在市场中拥有进入企业所没有的消费者偏好优势。而对新进入企业，由于还没有得到消费者的认同，所以消费者不可能对它的产品形成特殊的偏好，进入企业获取或转移消费者偏好就需花费一定的成本。因此，产品差异使现有企业在生产和营销成本上处于优势，从而限制了新企业的进入。

6. 政策法律制度壁垒

为了限制某一产业内的企业数量，政府部门会实现许可证制度来限制新企业加入，以避免过度竞争。为保护发明者的利益，促进技术创新而实施的专利和知识产权保护制度也成为新企业进入某一产业领域的进入壁垒；政府的差别性税收政策以及政府的其他管制性政策也会成为新企业的进入壁垒。由于政府的政策和法律一般来说都是企业无法控制的外生变量，所以由此导致的进入壁垒是结构性进入壁垒。

在中国现阶段的某些产业中存在着以行政力量保护既得利益者的行政性进入壁垒。政府利用对资源的控制对不同性质的企业给予有差别的待遇，从而人为地造成企业之间在某些方面的不对称性，来排斥和限制企业的进入。一些地方政府利用行政措施限制外地产品的进入，优先销售本地产品，以垄断市场。这些行政性进入壁垒的存在，严重制约了市场竞争机制的有效运行，妨碍了公平竞争，是对市场秩序的最大威胁。只有通过不断完善市场机制，限制政府对经济活动的过分干预，打破这些人为设置的进入障碍，优胜劣汰的竞争规律才能真正发挥作用，经济运行的效率才会从根本上得到改善。

关于中国产业壁垒的实证经验分析，有学者根据进入壁垒的高低把所有行业分为3种类型：高进入壁垒的行业、中等进入壁垒的行业、低进入壁垒的行业。高进入壁垒的行业包括石油天然气开采业、烟草加工业、机床工业、食品工业、电力行业等9个行业；中等进入壁垒的行业包括化工业、医药行业、电子通信设备制造业等15个行业；低进入壁垒的行业有服装业、仪器仪表业、家具制造业等16个行业。大部分行业存在规模经济没有得到充分利用、市场效率低下的问题，因此保持适度的进入壁垒对提高中国相关市场的绩效是有益的。

（二）策略性进入壁垒

策略性行为是市场中已有企业对影响竞争对手选择的资源进行投资从而改变竞争环境的行为。随着市场集中程度的不断提高，寡占型市场日益成为主导的市场结构。寡头企业可以利用自身的力量影响市场环境，使之发生有利于己的变化。如企业可以利用雄厚的经济实力游说政府改变法规和政策，可以利用强大的研发能力改变行业的技术特点，通过大规模的广告改变消费者的偏好等等。因此，随着市场结构的演变，策略性进入壁垒日益成为主导形式。

策略性进入壁垒是为企业通过其策略性行为设置的进入壁垒，对策略性进入壁垒的分析是建立在非合作博弈理论和信息经济学的基础之上，进入和进入壁垒被看成是一个现有企业和潜在进入企业的博弈过程，见图4－7：

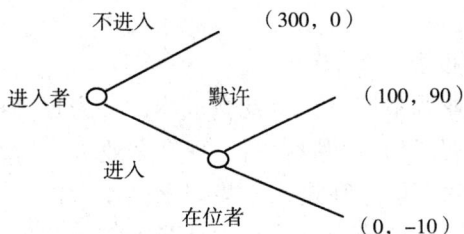

图 4-7 进入壁垒的动态博弈

模型解释为一个新企业（进入者）想进入被垄断企业（在位者）所控制的市场，进入者有两种选择：进入还是不进入；在位者也有两种应对策略：默许还是斗争。假设新企业进入前在位者的利润为 300，新企业进入后两者的利润皆为 100，进入成本为 10，进入后双方斗争时利润均为 0，就可以得到纳什均衡表（表 4-5）。假设在位者采取默许的策略，那么对于进入者来说选择进入策略时博弈结果为（100，90），即在位者利润为 100，进入者利润为 90；而进入者选择不进入策略时，在位者利润为 300，进入者为 0，此种情况下，对进入者来说选择进入策略获益更高。同理，如果在位者选择斗争策略，那么进入者采取不进入才能将损失控制在最低。假设进入者已经采取进入的策略，那么在位者默许时利润为 100，斗争时利润为 0，很明显默许是最优策略。动态博弈的关键是谁先采取行动，如果是在位者先行动，那么他肯定采取斗争策略，使得进入者被迫选择不进入；同样的，如果是进入者先行动，也必然会采取进入策略，如此的话，在位者只能选择默许策略。

表 4-5 进入壁垒均衡表

		潜在进入者	
		进入	不进入
在位者	默许	100，90	300，0
	斗争	0，-10	300，0

以上是从博弈论角度研究进入壁垒，在产业经济学范畴内，在位者要阻止潜在进入者进入市场，而进入者所要考虑的只有其面对的市场壁垒。所以由于在位者企业拥有首先行动和信息上的优势，它可以通过进行不可逆的投资或通过自己的行动向潜在进入企业传递对自己有利的信息，使潜在进入者预期到进入后无法获得经济利润，从而主动放弃进入。

根据现有企业的策略性行为影响未来收入预期的方式，可以把进入壁垒分为影响未来成本结构的进入壁垒、影响未来市场需求结构的进入壁垒和影响潜在进入者对未来事件估计信念的进入壁垒。

1. 影响未来成本结构的进入壁垒

现有企业通过策略性行为对进入后的企业的相对成本结构产生影响，使进入者在寡占市场结构中处于成本劣势，利用这种成本上的不对称，现有企业发动的价格战很容易使进入者遭受亏损，当进入者预期到现有企业的价格战是可信威胁时，就不会进入。

（1）过剩生产能力投资

在很多产业中，企业调整产量是要花费成本的，为提高产出，企业可能需要增加新的设备，投入必要的劳动力和原材料。现有企业可在潜在进入者进入前进行过度生产能力投资，这些生产能力在进入发生之前是闲置的。一旦进入者进入，现有企业可利用已投资的闲置生产能力迅速扩大产量，实施斗争策略，使进入者蒙受损失。潜在进入者在观察到现有企业所作的过度生产能力投资后，理性预期到自己进入后将招致现有企业激烈的价格战，自己无法从进入中获利，因此会放弃进入，这样就形成一定的进入壁垒

（2）干中学（Learning By Doing）

所谓"干中学"（Learning By Doing），就是在实践中学习，是指随着企业所生产的累计产量的增加，由于在生产过程中生产经验的积累使企业生产的效率不断提高，生产的平均成本下降，如图4-8。干中学（或学习效应）经验研究发现，在许多生产技术复杂的产业（如半导体、飞机、计算机制造等）中，都存在这种学习效应，而且生产过程越复杂，学习效应越明显。现有企业先进入市场，因此在学习效应上具有天然的优势，相对于进入企业拥有更多累积的生产经验，从而在市场竞争中就会享有成本优势。现有企业为达到阻止潜在进入者的进入，会充分利用干中学这一技术性因素。

可以用一个简单的两阶段分析来说明这一点。在第一阶段，市场上只有现有企业；在第二阶段，进入者可能进入市场。如果现有企业通过第一阶段的干中学，就会降低它在第二阶段的成本，从而使它获得了相对于进入者的成本优势。为了获得更多的生产经验和学习效应，第一阶段现有企业降低产品的价格以增加销量，它在第二阶段的成本将随着第一阶段累计产量的大幅增加而明显降低。第一阶段降低价格所损失的利润就是现有企业为阻止进入所进行的策略性投资，这项投资具有承诺价值，使现有企业获得了生产成本上的优势。如果干中学形成的成本优势足够大，潜在进入者可能选择放弃进入，而现有企业在以后阶段将获得较高的利润。

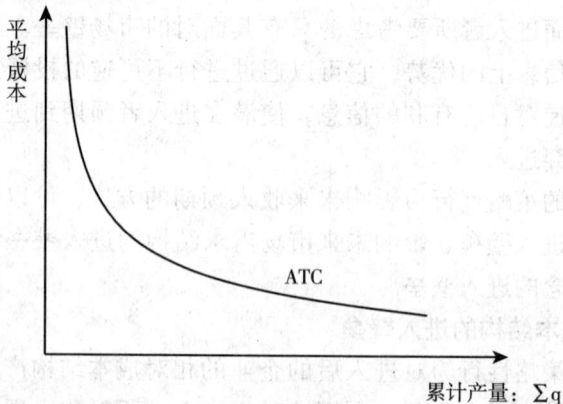

图4-8 干中学

干中学能使现有企业获得多少优势取决于两点：①现有企业通过干中学能比新进入企业降低多少成本；②学习需要花费的时间。如果学习周期很长或很短，现有企业所能获取的优势都不会很大。学习周期很短时，新进入企业会较容易赶上现有企业。学习周期很长时，现有企业只能稍稍领先，不会有太大的优势。当学习周期趋中时，干中学的策略效应比较明显，现有企业能通过在干中学上的策略性投资阻止进入，并获取较高的利润。

（3）提高竞争对手的成本

现有企业通过策略性行为提高竞争对手的成本的方法使自己处于成本优势，同样可以达到阻止进入的目的。提高竞争对手成本的方式很多，主要有以下三种。

①垂直一体化　现有企业通过垂直一体化的方式，进入后向的原材料生产阶段，或是进入前向的销售领域，使自己的市场控制力向前或向后延伸，从而提高竞争对手的生产和进入成本。比如，现有企业利用其对上游产品的控制力对最终产品市场上的竞争对手采取歧视性手段，提高向对手供应原材料的价格，或采取排他性供应的方式拒绝向竞争对手提供原材料，从而提高对手的成本。

②利用政府管制　现有企业可以凭借自身的在位优势，利用政府管制增加进入企业的生产和进入成本。比如，现有企业可以游说政府对新进入企业执行更严格的环保要求，同时利用"老企业"的身份要求对自己执行相对宽松的特殊政策，从而增加新企业的进入难度。

③利用产品的互补性和配件生产　现有企业可以利用自己的产品在市场上的优势，采取拒绝与竞争对手产品相兼容的方法，提高竞争对手的成本。

④提高工资和其它投入品的价格　当潜在进入者想进入市场时，现有企业利用自己在市场上的主导地位，影响行业的投入品的价格，使进入企业处于不利地位。比如，如果现有企业所采用技术的资本密集程度比竞争对手更高，那么它通过支付更高的工资率从而提高行业的工资水平使竞争对手承担更高的成本，处于成本劣势的地位。

2. 影响未来需求结构的进入壁垒

现有企业除了利用策略性行动来获取未来竞争的成本优势外，也可通过策略性行为增强消费者对自己产品的忠诚度，从而使未来的市场需求有利于己，由此可能锁定消费者偏好或市场需求，最终使进入者在寡占市场中的需求处于不利地位。进入者在预期到进入后的市场需求极为有限的情况下，如果销售收入不足以补偿生产成本，理性的企业就不会进入。现有企业影响未来需求结构的策略性行为主要有三种。

（1）产品扩散策略

由于消费者偏好的差异，产品市场往往被分割成不同的细分市场（产品空间），而企业也可能以差别化的产品供应某一细分市场。潜在进入者要想成功进入市场，就必须寻找到可使自己赢利的细分市场。在产品需求空间有限的情况下，现有企业可在进入发生之前推出多种产品或品牌，利用产品多样化的策略先占满相关的细分市场，使潜在进入者难以找到可以获利的产品空间，因而放弃进入。

（2）利用长期契约锁定产品需求

现有企业可以同用户之间签订长期契约的方式来锁定未来需求，当用户转向新的供应者时必须支付一定的违约金。用户由于不能确定进入者的产品质量和价格，为减少供应中的风险，也愿意与现有企业签订合理的长期契约。对进入者来讲，要想吸引用户转向自己的产品，其索取的价格要比现有企业低，使用户从低价格中的获益能补偿其必须支付的违约金。在成本条件相同的情况下，进入企业很难在这一低价格下获利，甚至成本比现有企业略低的潜在进入者也被排斥在市场之外。

（3）提高转换成本

转换成本是指消费者或用户因为从现有企业处购买产品转向从新企业处购买产品时而面临的一次性成本。转换成本主要包括学习成本、交易成本、转换品牌的优惠折扣损失以及改变习惯或更换品牌时的心理成本等。

学习成本是指针对某特定品牌产品的使用而付出的学习费用，这种投入具有不可传递性，不能随着品牌的转换而转换，它只能在使用原品牌时才具有价值。例如，一个熟悉 Windows 操作系统的消费者如果转向其他的操作系统就需要付出新的学习成本，消费者对 Windows 操作系统使用的时间越长，这种成本就会越高。

转换的优惠折扣损失所产生的转换成本主要是预期收益（折扣利益）的损失。比如航空公司为激发重复消费推出的"常客"计划，零售商根据消费累积额对消费者提供不同的交易价格、商店向顾客赠送下一次消费时可使用的折扣券等等。

心理成本是情感因素导致的成本感受，改变习惯与偏好本身可以被视为一种成本。消费者对风险的态度，对未知产品质量的预期等都属于心理成本。

交易成本是指寻找新的交易者，以及进行新交易所需付出的成本。它包括寻找新对象所付出的时间、精力、金钱；与新交易对象打交道过程中的谈判成本以及保证交易落实的种种费用，总之包括所有寻找新交易者的相关费用。

在工业消费品市场，一个企业要改变过去的供应商，可能会发生以下成本：已发生的投资（耐用设备的折旧情况及针对原设备进行的培训费用），寻找新的供应商的费用、购买新的辅助设备的费用、熟悉新资源所需的时间及成本、重新进行技术培训的费用、产品重新设计与流程改造的费用、因更改设备造成产品供应延迟所导致的信誉损失的成本、寻找新的供应商所发生的新的交易成本以及终止与老供应商合作需付出的心理成本。

转换成本的存在锁定了用户的需求，限制了其转换的可能，阻碍了新企业的进入。转换成本使用户的后期选择发生了变化，在初始选择时，用户虽然没有与任何企业建立特定关系，但是随着交易发生，相应的成本因素也就产生了，转换成本的出现将影响到顾客的再次选择。例如，当航空公司给予消费者只能在第二期才能使用的常客折扣时，会导致第二期的价格竞争是微弱的价格竞争，也就是说第一期存在竞争而第二期存在事后垄断。

转换成本的存在降低了用户的需求弹性，限制了用户的转移，从而导致新企业必须付出更高的成本才能吸引用户的转移。现有企业可以用提高用户转换成本的策略把用户锁定在自己的产品上，使进入者难以获得足够的市场需求，从而放弃进入。现有企业提高转换成本的方式很多，如对消费者进行培训和个性化服务，在系统产品中使自己的产品与对手的产品不兼容，根据消费者的累积购买量进行优惠折扣等。

3. 影响进入者信念的进入壁垒

在寡占市场上，市场上总是存在企业难以准确观察或预测的变量，如竞争对手的成本信息、市场的需求函数、未来的价格水平等。而这些信息在现有企业和潜在进入企业之间的分布上存在着明显的不对称，因为现有企业已经在市场上积累了丰富的经验，对于市场信息相对比较了解，也就是说，现有企业存在信息优势。潜在进入者为了实现进入，可以从现有企业的行动中获取和估计信息，在这些信息的基础上对进入后市场竞争的态势、进入后的利润做出预期，进而决定是否进入市场。

在进入的动态博弈中，现有企业认识到自己的信息优势和自己的行动所起的传递相关市场信息的作用，就会利用现有企业的先动优势力图操纵传递给进入者的信息，以影响进入者的信息推断。这种策略性行为即使不影响竞争对手所面临的成本和需求条件，但由于它能影响进入者事前对未来事件估计的信念，因此也会影响竞争者或进入者对未来收入的预期。这样，对于处于信息优势地位的现有企业来说，它们就会采取策略性行为，向处于信息劣势的潜在进入者传递不真实的信息，设法使进入者相信那些由自己传出的虚假信息，从而使潜在进入者的决策结果有利于现有企业。因此，在现有企业存在信息优势和先动优势的情况下，现有企业可以利用信息不对称进行有效地进入壁垒。

三、退出壁垒的含义及分类

（一）退出壁垒的含义

退出是和进入相对而言的，有进入就要有退出。所谓"退出"指的是一个企业从原来的业务领域中撤出来，即放弃生产或提供某一特定市场上的产品或服务。在市场经济条件下，企业的退出是市场机制发挥调节作用的自然结果，是市场对资源配置发挥基础性作用的正常反映。

企业进入的反面是企业退出，但是并不是所有进入壁垒的反面都形成退出壁垒。退出有积极退出和被迫退出。积极退出是指有关企业发现了盈利更高的机会，而主动转移到其他产业或市场；被迫退出是指企业破产或被兼并收购后转产。一般而言，某一企业在市场竞争中被其他企业击败，就应该退出该产业或市场，但由于受到种种限制和制约，很难从该产业或市场中退出，这些妨碍企业退出的限制因素，就称之为退出壁垒。退出壁垒是限制退出的各种因素，即当某一产业的现有企业不能赚取到正常利润（亏损）决定退出时所负担的成本，或者说现有企业被迫在亏损状态下继续经营所造成的社会福利的损失。

形成退出壁垒的因素多种多样，如经济的、政治的、法律的等。构成退出壁垒的结构性因素主要是资产的专用性，即沉没成本。沉没成本的存在增加了现有企业对已占领市场的依赖性，也是努力阻止进入的重要原因。构成退出壁垒的行为性因素主要是管理者的行为。在所有权与经营权分离的前提下，管理者及经营者的效用函数会对企业所有者的退出决策施加重要的、有时甚至是决定性的影响。

（二）退出壁垒的分类

产业市场结构直接约束了企业进入产业市场与退出产业市场的行为，同时产业市场结构也是企业竞争关系与行为的反映。按照理论上的分析，完全竞争市场结构对企业的退出行为约束不大，处于自由进退无障碍的状态下，市场退出的决定因素是企业利润分析中市场价格与企业生产成本的权衡结果，如果市场价格恰好等于平均可变成本的最低点，企业的收益也仅够弥补可变成本，与停产无异。因此常常把等于短期平均可变成本或长期平均成本最低点的价格成为"停产点"，当市场价格低于"停产点"时，企业连可变成本也收不回，宁可停产歇业退出市场。由于现实的市场结构往往是介于完全竞争和垄断之间的"中间状态"，产业内企业的数量越少，企业的规模越大，企业越易偏离自由退出状态，退出行为受多种因素制约，并不能单纯地以成本收益分析为依据，而需要面对如下几种退出壁垒：

1. 资产的专用性

企业的固定资产中有通用性资产、半通用性资产和专用性资产。与之相应，企业员工的技能也有类似的性质。因此当企业决定转产时，必须面对半通用性资产和专用性资产处置和变现的损失。对于产业市场中产业的规模经济来自行业专用的固定资产（如煤矿用地、油气管道等）的行业，有相当数量的投资一旦进入该行业就成为沉没成本（Sunk Cost），即那些即使完全停止生产也无法消除的成本。例如，当企业退出时，企业所持有的生产设备等专用性资产，由于无法在二手资产市场上出售或出售价格远低于其机会成本的部分、或难以回收而只能作废处理的有形资产的未折旧部分，以及用于研究开发、广告、员工教育培训等形成无形资产的支出中，由于专用性而难以回收的部分。沉没成本一经发生，必然形成一种实际净损失。它的大小一般与资产专用性成正比，如果市场上对某资产需求比较低，资产的专用性越强，沉没成本就越大。较大的沉没成本，致使资产清算价值下降，转移成本上升，企业主动退出行业的动机也就越弱。

2. 退出的固定成本

在大多数情况下，企业退出现处行业时通常要支付给律师、会计师、资产评估师等专业人员高额费用；还需要解雇工人支付退职金、解雇工资，有时为了让工人改行，还需要培训费用和转移费用；要向毁约的一方支付违约金等。这些费用就是企业在退出某产业时要付出的代价，也就构成了企业退出时的障碍。

3. 联合生产问题

举例来说，在精炼石油行业中，以石油为基本原料，同时生产汽油、煤油、重油等多种产品或关联产品。即使其中某种产品（如重油）的市场需求显著下降，也很难减少重油的产量。因此，由于联合生产的原因，即使某种或某些产品的市场严重萎缩，企业作为整体也难以轻易退出。

4. 战略性退出壁垒

实行多元化战略的企业要退出某一特定业务，可能会导致企业总体战略的损失。这一特定业务可能是企业标志和形象的中心，可能会损害企业与产业链中上下游企业的关系，可能会妨碍企业销售其它产品，也可能会动摇资本市场对企业的信心引发资金方面的问题，可能会影响企业纵向整合的其他环节等。

5. 政府和社会壁垒

在电力煤气等公益事业行业中，政府出于确保稳定服务的目标，对有关企业的退出往往是加以限制的。对于某些非公益性行业，如果在法律上实行的是特许经营制，政府也可能对企业退出加以阻止。在一些发展中国家，政府为控制价格总水平，对某些基础行业实行限价政策，结果往往导致有关行业出现政策性亏损。这种情况下企业要想退出该行业，也会受到政府的干预。另外退出对工人而言意味着事业，对政府意味地方经济的衰退、财政收入的减少和财政支出的增加以及社会矛盾的加剧。因此，政府和社会（尤其是产业结构单一的地区）会设法阻止企业退出所处行业，造成法律或政策上的限制。

第四节　医药产业的市场结构

药品关系到人民群众身体健康与生命安全，医药行业的发展对我国国民经济的增长也有重大影响。近年来，我国的医药经济发展迅速，企业的规模不断扩大，但是存在的问题也日益明显。医药是高科技行业，但是我国的医药企业自主研发能力较弱，整个市场中产品同质化严重，市场集中度较低，企业之间的竞争方式大多是价格竞争等，所以促进医药产业市场结构优化是刻不容缓的任务。

一、我国医药市场结构的影响因素

（一）医药厂商数量和质量

目前国内有 6700 余家制药企业，其中大型企业有 314 家，其余都是中小企业，这些企业的实力不足以支撑药品研发，技术设备方面也无法与大型外企相比；整个市场中的产品种类有原料药、制剂、中药，其中原料药 1500 余种，制剂 4000 余种，中药有 8000 余种，这些产品中严重缺乏具有核心竞争力的品种。而我国目前药品批发企业共有 1.3 万家，零售企业有 42 万家，这些药品批发企业数量太多，规模偏小。

（二）产品差异化

产品差异化就是企业努力使产品或者服务与竞争对手相比具有差异性优势，具体到医药市场中，产品差异化主要是品牌差异化、质量差异化、包装差异化、服务差异化等方面。由于我国医药产业自主创新能力较低，所以产品差异化很小，许多中小型企业生产的原料药、仿制药在质量方面没有很大区别，其竞争的焦点就集中在成本方面。

（三）市场集中度

通过前面内容的学习，我们知道市场集中度是决定市场结构一个非常重要的因素，它是指特定产业的生产经营集中程度，集中反映了产业市场垄断程度的高低。一般而言，集中度越高，意味着前几位企业在市场上的支配势力越大，市场垄断程度越高。有学者研究发现，我国高寡占型行业的市场集中度 CR_8 一般应大于 40%，寡占型行业的 CR_8 一般应在 30% ~ 40% 之间，低竞争性行业的 CR_8 则应该大于 20%。通常认为一个产业中的集中度越高，说明某些企业对市场的支配力越大，其垄断程度也越高。但是我国的医药产业目前正处于兼并重组的时期，产业结构还不是很稳定，医药市场集中度虽然有所提高，但是与发达国家相比，我国的医药产业集中度仍然偏低并且竞争较为分散。2009 年排名前 3 位的医药商业企业累计市场份额（CR_3），美国达到了 90%，英国 73%，日本 71%，法国 68%。与发达国家相比，我国医药商业企业市场集中度处于较低水平。根据 2003 ~ 2010 年《中国药学统计年鉴》，2003 年我国医药商业企业 CR_3 为 13%，此后每年都有相当幅度的增长，但绝对水平仍然较低，2010 年只达到 26.73%

依据贝恩等人的理论，市场集中度与行业的利润存在正相关的关系。因此，我国医药产业由于市场集中度低，其利润由于过度竞争而消散，从而造成许多效率低下的制药企业出现大面积亏损的局面。

1. 医药产业市场集中度的影响因素

在产业经济学的研究领域中，仍然没有找到一个兼顾规模经济与有效竞争的集中度水平，是因为在不同的产业中，集中度也是不同的，而同一产业的不同地区经济发展情况、市场容量、经济政策等因素不同，其集中度也存在差异。前面的内容介绍到产业集中度的影响因素有规模变化、市场容量、进入条件和市场需求成长率等。一般而言，医药产业中最小最优规模越大，新企业面对的进入壁垒越高，那么产业的集中度就越高；市场容量越大，就会吸引更多的企业加入该产业，从而导致市场集中度下降；医药行业是高新技术产业，有实力的企业对新产品的研发大力投入，一个原研药在专利保护的情况下可以获得很大的利润空间，这种具备差异性的药品市场集中度会因此提高。

2. 医药产业市场集中度低的原因

我国医药产业集中度较低的原因有许多，主要原因在于国内制药企业的规模经济水平低。许多的中小型企业受到市场份额、资金实力、生产技术等条件的限制，根本不能形成规模经济，而大型的医药企业又比较少，所以整个医药产业的集中度很低。另一个原因是医药产业的进入壁垒低，医药行业经济性进入壁垒和行政性壁垒失效，导致许多中小型企业纷纷涉足医药行业，从而造成市场集中度在很长一段时间内没有提高。

近年来，国家对医药市场调控越来越多面化，特别是 GMP、GSP 等标准的推行再加上在激烈的竞争压力下实力雄厚的跨国医药公司的进入，使得一些规模小、无法适应经济环境变化的企业逐步淘汰出市场，市场集中度由此而稍有提高，但是与发达国家相比仍然处于集中度很低的阶段。

美国药品市场由于具有完善、健全的法律法规以及成熟的市场机制，其药品批发企业经过长期的竞争之后，形成高度集中的市场结构。美国大型的药品批发企业不到100家，前三位药品分销企业麦克森、卡地纳健康、美源伯根的市场份额由1995年的31%提升到目前的96%以上。药品零售市场则由 CVS、Rite Aid 、Walgreen 三家公司垄断，市场份额占60%以上。分销与零售都构成典型的垄断竞争结构。日本的医药产业的集中度也处于较高的水平，排名前10的药品批发企业占据65%以上的市场份额，加盟全国药品批发商联合会的96家企业几乎占据整个药品批发市场。与发达国家相比，我国医药企业的规模与集中度相差更远，2011年进入中国500强的医药企业只有15家，即使是进入中国500强的企业与发达国家的现代大型医药企业相比也存在很大差距。

发达国家的现代大型医药企业都是由若干分公司构成的集约化集团，集团内的各子公司分别负责药品的研发、生产和销售。这种集约化的集团公司有3个特征：一是将研究开发、生产制造和市场营销有机地组合成一个整体；二是最大限度地发展相关的优势产业；三是发展优势产品的规模生产，最大限度地占有世界市场。而我国的制药企业进行规模化生产的非常少，虽有一些如华北制药集团、哈药集团等大型制药集团，但要具备世界级制药企业的特征尚有非常漫长的路要走。

3. 提高我国医药制造业集中度的对策

我国医药企业小而多、市场集中度低已经是老生常谈的问题了，不管是从占有率还是集中度，我国企业都无法与发达国家作比较。小而全的企业格局不仅导致经营成本高，也造成企业资源的分散，不利于企业核心竞争力的形成，更不利于我国医药行业健康持续的发展，应该从以下几方面着手改进。

（1）进一步完善我国的医药产业政策

相关部门应当借鉴美国、日本等发达国家的医药产业政策，并结合具体国情，通过价格规制、专利保护、促进研发等手段提高国内医药企业自主创新能力，提高仿制药质量水平，优化药品流通渠道，推动兼并重组和提高产业集中度。考虑到我国医药产业的发展情况，政府部门有必要进一步完善现有的医药产业政策，随着经济发展、技术更新、与国际接轨等方面的变化调整医药产业政策，不断优化市场中的资源配置；同时，合理的医药产业政策要在企业与市场之间找到平衡点，在医药产业受到市场经济的调节时，政府也要加强宏观调控。此外，相关部门应该优选部分企业给予政策上的优惠，从经济、技术和法律的角度扶植、培育大型医药企业集团，维护医药市场中的有序竞争，在优胜劣汰的经济环境中促进企业的兼并重组。为医药产业的发展提供完善的保障体系，大力推行产学研结合，从根本上提高企业的创新能力。除了一些促进医药企业发展的政策措施以外，也要从另一个方面抬高医药市场的进入壁垒，限制一些污染严重、浪费资源的小企业进入市场。

（2）发挥市场机制作用，实现企业规模经济

在当前的经济形势下，阻挡新企业进入医药市场并非提高国内医药产业集中度的良策，首选的方法应当是完善市场竞争体制，依靠良好有序的竞争形成一定的壁

垒。这样一些规模小、技术低、资金少的小企业就难以进入医药产业中，而市场中的某些竞争力较弱的企业也会被淘汰出局，从而提高我国医药制造业的市场集中度，另外具备竞争优势的新企业越过市场竞争的壁垒进入产业，可以进一步优化市场结构。目前国内医药企业通过实施股权和产权合并、盘活存资产、增资扩股等方式实现改制重组，这些大企业的脱颖而出增强了整个医药产业的技术创新能力与市场集中度。所以，外资企业入驻国内医药产业在带来冲击与挑战的同时，也可以优化医药产业结构，提高医药产业的整体规模。国内医药企业在压力之下提升核心竞争力，还可以充分利用外资企业所带来的"技术溢出效应"。我国医药产业市场集中度偏低，产业内企业数目庞大却没有具有强大的研发能力和营销能力的大型企业，此时合理地引进外资一方面可以促进产业向高技术、高附加值竞争方向演变，也可以吸收跨国公司丰富的经验以提升本土企业管理方式和经营理念，并在规模经济的基础上提高医药产业的市场集中度，形成具有规模经济的产业格局。

在我国，企业一体化发展是扩大医药企业规模的最有效战略，一体化包括水平一体化（又称横向一体化）、垂直一体化（又称纵向一体化）和混合一体化的方式。水平一体化指企业在原有生产经营范围内，通过兼并、联合同类企业或投资兴建新的生产经营单位，形成多工厂、多产品企业，以扩大企业规模，它所带来的经济效益主要来自"多产品经济性"，企业能够把相对稳定的固定成本（如管理成本）分摊到各工厂生产的大产品中，从而获得多产品规模经济，并可以通过在不同地理位置设厂，原材料就近供应，减少运输成本。多工厂企业能通过分厂专业化大批生产特定产品来提高生产效率。垂直一体化战略指企业进入后向的原材料生产阶段，或是进入前向的销售领域，使自己的市场控制力向前或向后延伸，从而节省交易成本，实现规模经济。混合一体化是指企业通过一定的方式控制多个产业中的若干个生产经营单位，实行跨产业经营。

（3）提高医药企业自身的技术创新能力

医药属于高新技术产业，创新能力是一个企业竞争力的根本，但是我国的大部分医药企业研发实力薄弱，一方面是资金因素，企业在科技研发方面投入不足，另一方面整个医药行业研发资源太过分散，单个企业的创新能力有限。因此有必要从各个方面提升企业的技术创新能力，构筑以重点企业集团和骨干企业为主体，以重点科研院所为依托，以国家投资、企业出资和民间融资为一体的科研开发平台，通过各种形式募集新的开发基金，创建实现滚动开发的良性循环机制；要进一步促进产、学、研一体化，加快科研成果向生产力的转化，支持科技人员创办科技企业，或以技术入股方式联合开发新品，争取市场主导地位。总之，只有增强创新意识，提高产品质量，创造自己的品牌，才能有效地扩大市场份额，提高市场集中度。

（四）进入壁垒

进入壁垒是市场结构的三大主要构成要素之一，是产业组织理论的一个重要组成部分。依据产业组织理论，所谓进入壁垒是指产业内新厂商多承担的成本劣势，或者是产业中新企业比老企业必须多承受的不利因素。简单地说，就是指新企业进入市场时所遭遇的一系列障碍。一般情况下，某一产业的进入壁垒越高，则该产业

医药产业经济：原理与政策

的市场集中度也越高,该产业的利润率相对而言也就越高。我国医药产业的进入壁垒除去资金技术设备等因素之外,最主要的就是国家颁布的政策性壁垒,有1998年实施的GMP和2000年开始推行的GSP。在这些限制性政策颁布之前,我国医药产业的进入壁垒很低,但这些企业的规模都比较小,产品的差异性和新科技、新技术含量非常低。直到实施GMP、GSP这些强制认证制度,才在一定程度上提高了医药产业的进入壁垒。

1. 医药产业进入壁垒的效应

限制潜在企业进入医药产业由此来减少竞争是进入壁垒的直接效应,而进入壁垒的间接效应如下。

(1)限制产业中医药企业的数量增加。进入壁垒的目的是阻止那些达不到医药产业要求的企业进入市场,与此同时就限制了产业内的企业数量。如果企业针对某种药品的生产扩张能力是一个常数,那么进入壁垒就会限制整个产业中该药品供给能力的扩张速度。

(2)在第一个间接效应成立的前提下,如果该药品的需求量扩张情况不变,那么在供给量受到限制的情况下,该药品的市场价格将会提高。

(3)一旦该药品的价格上升了,那么在边际成本没有递增的时候该药品的利润率也同时上升。

(4)虽然该药品的利润率上升了,但是进入壁垒阻止潜在企业进入产业,从而保护了已有企业的竞争力,起到提高市场集中度的作用。

2. 医药产业进入壁垒的决定性因素

有许多因素影响进入壁垒,但决定性因素应包括以下几个方面。

(1)规模经济

按照经济学的理论,规模经济就是指企业平均成本随着生产规模的扩大而下降。如图4-9所示,AC代表了医药产业中现有企业的平均成本曲线,假定现有企业最小规模经济时产量为 Q_2,新企业进入产业后生产力有限,只能达到 Q_1 的产量,那么新企业所承担的平均成本就高于现有企业。在产量 Q_2 时现有企业可以将价格定位 P_2,新企业在这个价格下只能亏损,如果新企业将价格定为 P_1,就更加没有竞争力。由此说明新企业因不能利用规模经济而导致成本较高,竞争能力较弱,从而构成了规模经济壁垒。

国内外的理论研究和实践经验表明,医药行业是一个规模经济较为明显的产业,医药产业的最小经济规模相对较大,达到最小经济规模的企业其所占的市场份额也较多。医药产业的规模经济壁垒使潜在企业面临一个难题,如果在达到规模经济产量,需要巨大的资金投入,还面临现有企业的激烈竞争;如果在规模经济以下生产,则成本太高,在市场中缺乏竞争力。所以,

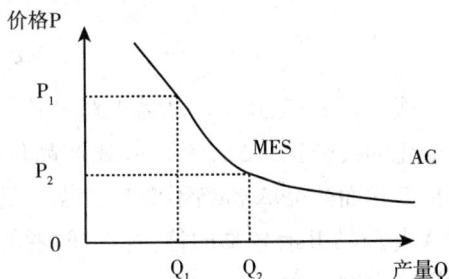

图4-9 规模经济示意图

在成熟的市场经济体制下，医药产业形成寡头垄断的市场结构，要归因于规模经济壁垒的作用。

（2）必要资本量

必要资本量壁垒是任何一个企业进入一个产业都要面临的壁垒，尤其是医药产业，因为其高投入、高风险的特征，导致必要资本量壁垒更高。在国外，研制一个新药，需要几亿美元的资金投入，而且研究周期很长，企业投入巨资所研制的新药能否通过药品管理部门审批以及药品投放市场后反应如何，都是未知的。如果新药没有获得批准或者没有市场容量，将会给企业造成巨大的损失。在我国虽然不是每一家医药企业都要投入研发，但是 GMP、GSP 认证资格是最基本的要求。企业想要进入医药产业，首先必须建造符合相关规定的厂房、仓库、实验室等，还有购买机器设备、试剂、专利等。除去这些硬件方面的投入，还要在人员、企业宣传等软件方面支出大笔资金。这些必要资本量的投入一旦失败，就会形成大量的沉没成本，给该企业造成巨大的损失。因此，筹集这些高成本的必要资本往往就会成为进入壁垒。

（3）绝对成本优势

绝对成本优势是指现有医药企业在某些方面拥有一定的优势，从而使新企业进入医药产业时要比现有企业承担更大的成本。现有企业的成本优势主要体现在药品原辅料的采购和控制、生产技术专利和新药保护、分销渠道以及与药品使用单位和零售终端的密切合作等资源获得方面，还包括现有医药企业凭借其经营业绩和信誉能以较小的代价筹措到所需的资金。例如，现有医药企业可通过专利或保密的方式独享药品的生产工艺、技术或生产经验，而新企业刚刚进入产业时不具备这些优势，无法缩小与现有企业的差距，始终处于落后的地位。

（4）产品差别化

医药产业中产品差别化表现在药品的适应证、药品的质量、药品的包装、药品的外形、药品的作用时间长短、药品的服用方法以及售后服务等方面，它使同一产业内不同企业的产品减小了可替代性。我们可用反映产品可替代性的需求交叉弹性来衡量产品差别程度的大小，需求交叉弹性就是某一产品的需求量变化率对另一产品的价格变化率之比值，即：

$$\varepsilon_{\text{交}} = \frac{\Delta Q_a\%}{\Delta Q_b\%}$$

式中，$\varepsilon_{\text{交}}$ 表示 A 产品需求对 B 产品价格的交叉弹性，$\Delta Q_a\%$ 表示 A 产品的需求量变化的百分比，$\Delta Q_b\%$ 表示 B 产品价格变化的百分比。以药品为例，当药品 B 的价格变化而药品 A 价格不变时，若 A 的需求量有较大变化，则交叉弹性大，说明药品 A 与药品 B 有较高的替代性，两者的产品差别化程度不大。反之，则两者的产品差别化程度较大。

医药产业中，药品的差别化也表现为顾客对某一药品的忠诚度。顾客对现有企业的产品已经产生强烈偏好的状况下，新进入者为了改变顾客的购买习惯，获取客户并建立其对自己药品的忠诚度，必须支出巨额费用，包括广告、改进药品包装、改变药品外形、开展合法促销活动等等。顾客"先入为主"的观念和现有厂商在创立商誉上的"先发优势"，往往导致新进入企业在使产品差别化过程中必须支付更高的成本，这一额外的费用就构成了该产业的进入壁垒。

（5）法规和政策因素

由于药品是关乎健康生死的特殊商品，在任何一个国家都受到药品主管部门的严格监管。主管部门通过制定法律、法规、政策和一系列指导原则，来干预控制药品的研发、生产、销售、使用过程，以及药品的进出口，从而在客观上形成了某种制度性的壁垒，同时这种制度性壁垒往往是企业难以用市场化手段克服的。

上述的进入壁垒可以按照其性质分为两类：其一是技术经济壁垒，包括规模经济壁垒、必要资本量壁垒、绝对成本优势壁垒和产品差别化壁垒；其二是非经济壁垒，政策和法规壁垒就属于这一类。医药产业中的进入壁垒不是单单某一种因素所决定的，而是多个因素相互作用而成。

（五）退出壁垒

根据产业经济学的理论研究，退出是指企业停止市场交易行为，从产业中撤离。如果某个企业长期亏损，负债严重，已经无法正常经营时，就应该选择退出，而企业的退出行为受到种种限制，这种企业退出产业所面临的障碍就是退出壁垒。由于医药产业是高风险和高产出且技术性极强的领域，医药企业的设备与技术具有很强的专用性，形成了较高的退出障碍，成一些效益差的企业本该退出却不肯退出或难以退出的被动局面。

1. 医药企业市场退出的经济学分析

经济学的基本假设认为企业是理性的，所采取的行为都是为了追求利益最大化，而医药企业进入或退出产业的决策同样是出于对成本收益的考虑。

利润最大化的条件是价格（P）＝边际成本（MC）＝边际收益（MR）。当边际收益大于边际成本时，说明企业增加产量可以带来更大的收益，此时企业应该扩大产能以追求更大利润；当边际收益小于边际成本时，说明企业每增加一个产量所消耗的成本大于其收益，此时企业应该缩小产量以避免更大的损失。成本包括可变成本与固定成本，当平均成本（AC）大于市场价格时，企业的决策取决于固定成本与可变成本的比例，如果市场价格高于平均可变成本，说明在此价格下，企业继续生产不但可以收回全部可变成本，还可以收回部分固定成本；当市场价格小于平均可变成本，每增加一单位的产量，其边际成本高于平均可变成本时，企业继续生产将扩大亏损额，因此在市场价格等于平均可变成本的这一点就构成了企业的停产点。

以上假设的前提是企业不存在沉没成本，但事实上由于医药企业资产的专用性很强，企业退出市场面临很高的沉没成本，与停产退出市场相比，继续亏损经营带来的损失比较小。这就导致了一些管理不善的医药企业在亏损时仍继续经营，造成过度竞争，使整个医药产业处于低水平。

2. 医药企业市场退出的方式

（1）企业并购重组退出产业

在产业政策和宏观经济环境的驱动下，医药产业正朝规模化、集约化方向发展，逐步摆脱产业小、散、乱的现状，而制药企业间的大规模并购是许多企业退出的重要方式。2013年新版GMP推行，据国家药监局预估，此次GMP改造会淘汰500家到1000家药品生产企业，这些无法承担改造费用的企业将被大型企业并购。对于被并购医药企业而言，被并购重组则是主动转型或成功退出医药产业的最佳方式。

（2）调整经营策略退出产业

新版GMP的推行势必会增加药品生产企业的改造成本，有关部门为此提出一系列鼓励政策，对企业兼并重组或企业集团内部优化资源配置而发生的药品技术转让注册等申请，进一步提高审评审批速度，由省级药品监督管理部门进行技术审评、生产现场检查以及质量保证体系审核，符合要求的，报国家药品监管部门审批；药品生产企业主动放弃全厂或部分剂型生产改造的，可按照上述要求，将其现有药品技术在规定期限内转让给已通过新修订药品GMP认证的企业，但一个剂型的药品技术仅限于一次性转让给一家企业。如此一来，取得药品批准文号却无力承担改造成本的企业可以被合并重组，也可以只将药品技术转让给已经通过新版GMP认证的企业。如此一来，使医药产业的退出机制更加科学合理，萌生退意的企业也少了顾虑，主动转产和退出，对医药产业结构调整起到促进作用。

（3）破产退出产业

对于某些亏损严重、技术设备落后老化、产品没有市场竞争力且没有并购价值的医药企业，可按照《破产法》的程序实施破产。法律意义上的破产，是指按照相关法律程序，对债务人进行清算或整顿，将其全部资产处理后由债权人公平受偿，以免除债务人无法清偿的其他债务。但破产程序的复杂冗长，会产生巨大的成本，包括经济成本、社会成本及给银行带来的信贷资产的损失，一般来说是医药企业市场退出最后的选择方式。

（4）强制关闭退出产业

制药行业是特殊的行业，药品的质量使企业生存的基础，国家对药品研发、生产、销售、使用都有严格的监控，并为此出台了诸多法律法规与管理办法，并不断提高相关的标准。例如2006年出台的药用辅料GMP只是作为推荐性的标准，要求企业在生产过程中参照，但是在2012年国家药监局召开新闻发布会，发布《加强药用辅料监督管理的有关规定》，要求药用辅料的生产企业今后将参照原料药的管理模式，强制性执行GMP（《药品生产质量管理规范》），不符合要求的企业将被强制关闭。2010年新修订的《药品经营质量管理规范》为药品流通企业设置了3年过渡期，到2016年规定期限后，仍不能达到要求的企业须停止药品经营活动。另外还有国家颁布《制药行业污染物排放标准》，对严重污染环境的医药企业实施强迫关闭或勒令淘汰某些生产工艺的方式使其退出。

3. 影响医药产业退出壁垒的因素

退出壁垒是市场结构的主要构成要素之一，是产业组织理论的一个重要组成部分，其目的就是优化产业结构、提高市场资源配置的效率。医药产业退出壁垒主要形成因素大体包括两个方面。

（1）结构性退出壁垒。结构性退出壁垒源于企业退出时所要承担的沉没成本、劳动者的解雇及安置成本以及联合生产而导致的企业退出壁垒。

①沉没成本。沉没成本是那些一旦投入就不能由现在或将来的任何决策改变且收不回的成本。医药企业的沉没成本在于其资产的专用性，用于药品生产、流通的设备技术很难用作他途，例如通过 GMP 认证的车间、设备、空调净化系统，已经投入的药品研发费用，为宣传所支付的广告费用等，这些都是阻碍企业退出的沉没成本壁垒。

②联合生产壁垒。在企业内部与企业之间有较强的经济关联，包括产业链上下游业务关系、企业形象、品牌等。当企业准备撤离某个业务时不仅会影响到本企业的其他协同业务，也会对其他企业造成影响，如此一来企业就很难采取撤退战略。这种退出壁垒还存在于消费者的服务上，或者可能损害企业其他产品的质量形象，使整个集团或企业的信誉遭受损失。如果这些损失超过企业退出产生的损失，使其退出无法实现。

③员工的解雇及安置费用。根据新的劳动法规定，医药企业在市场退出时，解雇员工需要支付一定的费用，如失业安置费、养老保险、医疗保险费用和员工转岗、转产培训费用等。医药行业是知识和技术密集型行业，医药企业员工的专用性也呈现增加趋势，相关费用和问题的存在提高了退出壁垒。

（2）制度性退出壁垒

①政府的干预。政府从经济角度看，一个企业是否可以继续存在，临界点是该企业能否按时按量缴纳税款；而从当地政绩来看的话，政府总是希望企业维持经营。出于以上原因，政府考虑到失业问题和对本地区经济的影响，会对医药企业特别是国有企业的退出施加干预，在某些情况下甚至全面介入，这样对医药企业的退出造成很大的障碍。

②资本市场不完善。国外的医药企业合并重组大部分都是通过证券形式完成的，而我国的资本市场还不够完善，致使企业之间的资本和产权转让合并受到限制。近几年国内的资本市场有所发展，股权分置改革也逐步开始推行，但是国内的医药企业中上市的不足十分之一，由于资本市场规模小，融资渠道有限，退出企业的资产和产权无人问津，造成退出障碍提高。

③医药产业期望障碍。如果企业认为需求还会回升，或在某一个特定的细分市场上企业的产品还有一定的销路，企业就不愿撤离这个经营领域，形成了一种期望的障碍。医药产业被誉为朝阳产业，企业的经营决策者对医药行业景气周期以及政府政策等一系列经济、社会等变量的预测与判断产生预期收益良好的期望，使得本来应该退出医药市场的企业，却长期滞留而不能退出，形成企业退出的期望壁垒。对于医药企业经营者而言，为保住自身的既得利益，实现自身效用最大化，往往也具有抵制企业退出市场的倾向。

4. 对医药企业市场退出战略选择的建议

及时的退出产业是医药企业的运营战略之一，退出不仅仅是停止经营，还要充分考虑企业未来的发展。

（1）企业应视情况主动退出市场。企业某些业务的撤退、剥离以至停产，不是等到企业完全陷入困境之后，被迫采取的仓促应急措施，而是要有计划地自觉行动，其目的是为了优化企业组织结构或产品结构和企业的长远发展。因此前者是一种被动退出，像东盛医药的白加黑和盖天力等优质资产被收购；而后者是一种主动的退出，像罗氏制药退出 OTC 业务而专注于处方药领域。

（2）企业的退出战略应考虑全局。根据产品的生命周期变化的特点，企业可以以并购方式进行产品转移，有选择的减少某一产品的投入与生产，转而扩大其他产品市场。随着医改方案的出台，医药市场格局也会发生巨大变化，具有战略眼光的企业会根据实际情况调整经营方案，主动并购其他企业的优质资源，在未来的竞争中取得优势。

（3）并购重组是医药企业退出市场的最佳选择。医药企业的资产具有高度专用性，企业一旦投产经营，只能维持下去，否则所有投入都将成为沉没成本。而勉强生产会致使产业内过剩的生产能力无法减少，会导致整个产业平均利润降低。这时如果经营不善的企业通过并购，将生产这一环节转变为其内部分工，从而可以节约交易费用，能够降低退出壁垒及经济和社会成本。

综上所述，我们可以得出下述结论：我国医药市场就总体而言是垄断竞争市场，即不完全竞争市场，且竞争因素大于垄断因素。就少数品种而言存在寡头垄断市场，但随着我国药品市场的开放，某些药品的寡头垄断因素将进一步降低，医药企业将面临更加激烈的竞争。为了应对这种挑战，医药企业必须通过技术创新、管理创新、制度创新、努力培育核心竞争力，才能在新经济条件下立于不败之地。

案例分析

感冒药市场分析

根据斯迈驰 2011 年医药市场调查统计，2011 年 OTC 市场销售大约 840 亿元，其中销售排名第一的感冒药占 OTC 总市场份额的 20.2%，超过排名第二的肠胃药 10% 左右。经上述数据计算，2011 年感冒药市场的容量大约为 169.7 亿元。2011 年 OTC 感冒药的市场容量增长率为 9.1%。

目前我国在感冒药市场中，消费者用药大都趋向于名牌产品，感冒药市场已经被领先品牌所控制，排名靠前的 4 个品牌无论销量还是销售额都占据了相当大的市场份额，感冒药的竞争已进入品牌竞争时代。在我国感冒药市场上，快克、康必得等合资品牌的销售额占总销售额的 61%，新速达感冒片、感康、三九感冒灵、正源丹等国产品牌的销售额占 39%。人们对感冒还是以症状治疗为主，要求见效快，而治疗感冒的中成药在这方面正处于弱势，因此，中药企业在感冒药市场争夺中颇显乏力。但业内人士认为，像正柴胡饮、三九感冒灵、正源丹等毒副作用低的中成药"绿色药品"，在未来的感冒药市场中其消费市场潜力巨大。

感冒药诱人的市场空间吸引了众多医药企业纷纷涉足，我国众多制药企业中，有1000多家在生产种类不同的感冒药。目前市场上，被消费者所熟知的感冒药品种至少有二三十种，但调查显示，占据着感冒药市场绝大部分份额的只是感康、泰诺、新康泰克、白加黑等几个知名品牌，而且这几个品牌的销量以较大的优势领先于其他品牌。感冒药市场是一个大品牌垄断、竞争已近白热化的市场，新的感冒药产品要想在市场上立足并分得一杯羹，必须具备两个差异化条件：

一是产品差异化。在大品牌把持的感冒药市场，新品要想成功突破，首先必须创新市场需求，重新划定市场，以差异化策略挑战品牌产品。

二是营销差异化。产品差异化是避免与原有大品牌正面交锋、降低竞争度的主要途径，而营销差异化则是产品在市场推广中取得理想的投入产出比的根本保证，也是品牌市场化的重要方式。

本章小结

1. 市场结构：指一个行业内部买方和卖方的数量及其规模分布、产品差别的程度和新企业进入该行业的难易程度的综合状态，也可以说是某一市场中各种要素之间的内在联系及其特征，包括市场供给者之间（包括替代品）、需求者之间、供给和需求者之间以及市场上现有的供给者、需求者与正在进入该市场的供给者、需求者之间的关系。市场结构的类型：完全竞争市场、垄断竞争市场、寡头市场和垄断市场。

2. 市场集中度表示在特定产业或市场中，卖方或买方具有怎样的相对规模结构的指标，它与市场中垄断力量的形成密切相关，成为衡量市场结构的主要指标。集中度的衡量指标：CR_n，HHI指数，洛伦茨曲线，基尼系数。

3. 进入壁垒的分类：结构性进入壁垒包括规模经济、绝对成本、必要资本量、产品差别化、网络效应和政策性因素；策略性进入壁垒包括影响未来成本结构的进入壁垒、影响未来市场需求结构的进入壁垒和影响潜在进入者对未来事件估计信念的进入壁垒。

思考题

1. 什么是市场结构，其类型有哪些？
2. 什么是产业集中度，其影响因素及衡量指标有哪些？
3. 什么是进入壁垒？进入壁垒分为哪几类？
4. 医药市场结构的影响因素有哪些？

第五章

企业市场行为

医药产业经济：原理与政策

【教学目标】

　　本章介绍了企业市场行为的相关概念及理论，并结合医药产业的特殊性加以分析研究，希望通过本章的学习，使读者能够全面了解医药产业中企业的市场行为。

【教学要求】

1. 了解：市场行为的研究方法
2. 熟悉：市场行为的主要内容以及市场行为的效果评价
3. 掌握：企业的协调行为
4. 重点掌握：企业的定价行为以及兼并行为

第一节　市场行为的概念与内容

一、市场行为的定义

　　市场行为是指企业在充分考虑市场的供求条件和其他企业关系的前提下，所采取的各种决策行为；或者企业为实现其既定目标而采取的适应市场要求不断调整其行为的行为。企业的市场行为（亦简称为企业行为）与市场结构的状态和特征相互作用，受其制约的同时又可以影响和改变市场结构的状态和特征。

二、市场行为主要内容

　　在产业经济学的理论研究中，一般情况下，企业的市场行为主要分为市场竞争行为和市场协调行为，二者的实施方式不同。市场竞争行为包含了价格行为、非价格行为以及组织调整中的兼并行为；而市场协调行为主要是为了避免在竞争中出现两败俱伤和获得更高的垄断利润而采取合作的策略性行为，包括共同决定产量和价格、划分市场区域等等。

　　所谓市场协调行为，是指同一个市场上的企业为了某些共同的目标而采取相互协调的市场行为。因为许多市场经济国家都制定了相应的法律来约束垄断势力的形成，故而企业之间往往只能进行暗中共谋，无法利用明确的协议规范彼此的市场行为。一般情况下，非价格协调行为和价格协调行为构成了市场协调性行为的主体，而非价格协调行为主要以产品共谋为主，如占支配地位的寡头企业首次变革产品，将本企业设计的产品类型作为市场流行趋势强加给消费者时，其他企业为了避免产品竞争的劣势，会自发追随支配企业，实施与支配企业相类似的产品变革，这是产品共谋行为的典型。更为常见的市场行为是价格协调行为，主要包括两种：卡特尔和领导价格。

（一）卡特尔

所谓卡特尔是指在寡头垄断产业中企业之间的一种正式协议。卡特尔成员企业可能在诸如价格、产量、市场份额、消费者分配、地区分割、串通投标、建立共同销售机构、利润分成等方面达成一致。企业的卡特尔行为在有些国家是被允许的，但是在大多数国家是受到禁止的。

根据卡特尔协定的内容，可以将卡特尔分为：价格卡特尔、条件卡特尔、生产数量限制卡特尔、零售卡特尔。其中价格卡特尔是最常见和最基本的卡特尔形式。

1. 卡特尔的不稳定性

卡特尔协议中的成员企业按照正常的约束条件都应该遵循彼此的约定，但是出于追逐最大效益的理性经济人的本质，会有部分企业企图利用其他成员的守约行为而擅自暗中降低自己的商品价格增加销售量从而获取高额利益，一旦不守约成员的数量过多，卡特尔将无法继续维持，因而需要相应的保障措施。具体原因可以分为三个方面：

（1）卡特尔成员都有强烈的欺骗动机。因为卡特尔的高价是通过每一个成员限制生产来实现的，如果对卡特尔成员产量监督的成本很高，那么每一个成员都可以通过暗中扩大生产的方法增加自己的利润，而大家都扩大生产，市场总供给量就会增加，卡特尔高价就维持不住。

（2）卡特尔成员之间利益分配矛盾难以协调。卡特尔成员矛盾的焦点集中在产量的分配上，从理论上讲，各成员的边际成本相等的产量分配是最优的。但实际上，产量配额的决定往往是市场地位、企业实力较量的结果：一旦市场环境与企业实力发生变化，利益格局就需要重新安排，利益冲突又会激化。

（3）卡特尔的高利润会吸引新的厂商进入。如果进入壁垒不高，供给弹性不小，那么新厂商带来的新增供给将迅速影响卡特尔价格，高价不能维持的结果不仅使卡特尔成员失去垄断利润，还将失去市场份额。

卡特尔的不稳定性决定了必须采取措施进行维持和管理，通常采取的基本组织措施为组织内强制和组织外强制。组织内强制是指为保证协定的执行，监督卡特尔成员企业，并惩罚实施了违反协定行为的企业。组织外强制则是卡特尔用各种手段排挤未参加卡特尔的企业，迫使其退出市场或者参加卡特尔。

2. 卡特尔的成功条件

卡特尔要成功的话，不仅需要组织措施，它还必须满足下列基本条件，这些条件能增加卡特尔成功的可能性。

第一，卡特尔必须控制大部分现有产量和潜在产量。不存在来自卡特尔外部的有效竞争。

第二，有效的替代品必须是有限的。因为如果长期存在着对卡特尔产品的替代可能性时，卡特尔通过限产提价的企图就会因出现替代品而难以实现，从而卡特尔协定难以维持。

第三，对卡特尔产品的需求必须是相对稳定的。如果需求不稳定，起伏波动大，那么要维持和管理卡特尔协定规定的价格和产量，难度会大大增加。

第四，卡特尔内的企业必须愿意而且拥有足够数量的产品来影响市场，消费者也不会因卡特尔的存在而大量囤积这种产品。

要指出的是卡特尔限制产量、提高价格，这破坏了价格机制的作用，使资源不能得到最优配置。因此，在发达国家，除了一些有特殊目的，经政府特别批准的所谓的合法卡特尔，如以产业合理化为目的的合理化卡特尔，以增强出口竞争能力为目的的出口卡特尔等以外，通常卡特尔被认为是违反公平交易原则和反垄断原则的，是违法的。

（二）价格领导制

在寡头垄断市场上，厂商之间的勾结、合谋不一定是正式的或文字化的，而可以是隐含或心照不宣的，由于公开的卡特尔一般是非法的，厂商常常寻求暗中的勾结。价格领导制是暗中配合的主要形式，一般是市场上最大的厂商率先制定或变动价格，其他厂商跟随其采取相应的行动。价格领导制主要有三种形式：支配型价格领导制、低成本厂商价格领导制、晴雨表式的价格领导制。

1. 支配型价格领导制

在寡头垄断产业中，占支配地位的厂商往往拥有较大的生产规模、市场份额和较强的资本实力，因而可以按照自身企业的情况率先定价、确定产量，而后其他企业自愿或被迫跟随定价。其他企业之所以跟随定价主要是由于实力较弱，若不跟随很可能由于涨价而失去市场份额，由于降价而引起价格战，造成更大损失。再一点是跟随定价可以避免由于信息缺失而造成的定价和变价的风险。我国的微波炉产业就是一个典型，格兰仕微波炉占全国市场50%以上的份额，而其他任何一家微波炉厂家的市场份额都不足10%。

图5-1表明了支配型企业是如何确定它的利润最大化价格的。图中，D是市场需求曲线，S_F是小企业的总供给曲线，支配型企业的需求曲线D_D由市场需求曲线与小企业的总供给曲线之间的差距决定。根据利润最大化原则，支配型企业的产量Q_D与价格P_D由MC_D与MR_D的交点所决定。既然支配型企业决定了市场价格为P_D，这个价格就成了小企业追随的市场价格，小企业在这一价格水平下的总产量为Q_F，整个产业的总产量为$Q_T = Q_D + Q_F$。

这是最广为接受的分析支配型价格领导行为模型。但是，这一模型存在一个明显的不足：支配型企业的需求曲线 D_D 被假定为市场吸纳小企业生产能力之后的剩余需求曲线。在图 5-1 中，当价格为 P_1 时，支配型企业的产量为零，市场需求由小企业的产量来满足。这一假设显然与实际情况不符：作为支配型企业，控制一定水平的市场份额是它所追求的目标之一，因此，支配型企业的需求，应该由支配型企业自主确定，小企业的需求曲线应该是市场吸纳支配型企业的产量后的剩余需求曲线。图 5-2 表明了支配型企业自主选择需求曲线的价格决定，假设支配型企业将维持 50% 的市场份额作为定价的目标，那么它的需求曲线 D_D 可以由市场需求曲线与坐标图纵轴的距离的一半决定。最后根据 MR_D 与 MC_D 的交点决定价格为 P_D，在这一价格下，支配型企业的产量为 Q_D。为产量总产量 Q_T 的一半，另一半为其他小企业瓜分。

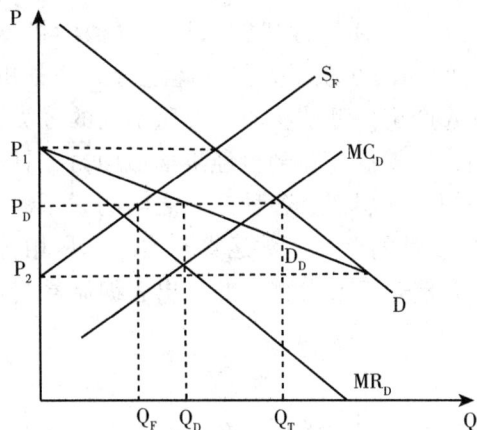

图 5-1　支配型价格领导制（1）

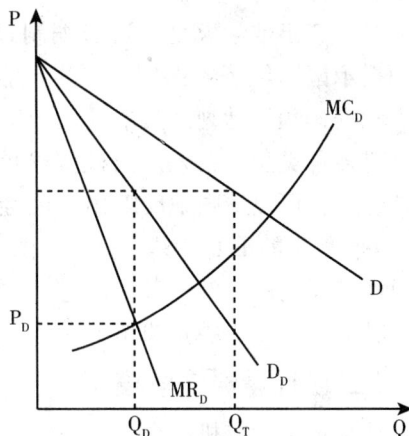

图 5-2　支配型价格领导制（2）

2. 低成本厂商价格领导制

在这种模型中，率先制定价格的不是占支配地位的厂商而是低成本厂商。由于厂商的成本不同，低成本厂商可以按企业情况定价，即使定价较低，其仍可以获得高额利润。而高成本厂商若不跟随很可能失去市场，若跟随由于成本高仍要受到损失，因此这种形式似乎不太可能。但现实中由于反垄断法的限制，以及市场容量的扩大，低成本厂商很难垄断市场，因此，往往是低成本厂商获得较大的市场份额和较高的利润，而高成本厂商只能占有剩余的较小份额。

3. 晴雨表式的价格领导制

在这种模型中，价格领导者不一定是占支配地位的厂商或低成本厂商，而是对市场情况、价格变动最为敏感的厂商，其率先调价而后其他企业跟随调价。由于晴雨表厂商并不一定是大厂商，而可能是某个小厂商，因此其他厂商并不总是跟随在晴雨表价格领导者之后。此外，厂商们可能在跟随晴雨表厂商之前拖延一个很长的时间。因此晴雨表厂商之所以能够支使其竞争对手依附于自己的价格，仅仅是因为自己的价格比较及时地反映了市场状况。

这种价格领导行为常与以下四个方面的条件相关：①有相对较低的市场集中度；②有一批小企业；③参加价格串谋企业的产品与其他同行业企业的产品具有高度替代性；④进入壁垒较低。前二个条件说明现有企业对价格的控制力有限；后两个条件说明串谋企业的外部控制力较弱。

三、市场行为的研究方法

市场行为的研究方法主要包括经济数学模型分析法和博弈论。

目前主要的经济模型有四大类，分别是投入产出模型、计量经济学模型、经济控制论模型以及系统动力学模型等。四种模型间的理论基础以及应用各不相同，故而分别适应于不用的研究领域。

（一）投入产出模型

投入产出数学模型是通过编制投入产出表，运用线性代数工具建立数学模型，从而揭示国民经济各部门、再生产各环节之间的内在联系，并据此进行经济分析、预测和安排预算计划。其中投入产出表是投入产出模型的核心，按照不同的分类标准其有多种类型。投入产出模型简单、明确，易掌握，在剖析经济横截面时，具有独特优势，可以清晰地反映出国民经济各部门、各层次、各种产品之间的联系，是"综合平衡"的重要工具。但是，由于其运用线性的生产函数运算与实际不尽相符，同时由于时间滞后等一系列动态问题，以及大量耗费人力物力的产出表编制最终都导致其无法应用于中长期预测。

（二）计量经济学模型

计量经济学有机结合了经济学、统计学和数学三门学科，在研究中理论和事实分别构成了其中的两个基本部分。简单地说，计量经济模型是为了研究分析某个系统中经济变量之间的数量关系而采用的随机代数模型，是以数学形式对客观经济现象所做的描述和概括。

应用计量经济模型进行预测的期限一般情况下都比较短，因为模型预测的基础是利用历史数据构造常参数模型，当经济结构发生较大变化时，历史数据无法准确的完成预测，往往会发生较大的误差，只有处于经济平衡发展时期，计量经济模型才能取得理想的效果。目前此问题尚待解决，同时，统计资料的数量与质量亦决定了计量经济分析的成与败。

（三）经济控制论模型

着重讨论基本原理的控制论（Cybernetics）和侧重技术的控制理论（Control Theory）构成了经济控制论的主要内容。在理性经济人追逐最大经济效益的本质驱动下，经济系统的最优控制问题成为二者共同研究的重要方面。经济控制理论模型则正是应用经济控制论和现代控制理论识别和评估宏观经济系统，并通过计算机的仿真运行实现宏观经济系统的最优控制或次优控制。可以说经济控制论模型是从宏观经济系统总体出发，利用经济控制论以及输入、输出、反馈、协调、优化等基本概念建立的宏观经济系统的数学模型。

（四）系统动力学模型

系统动力学（system dynamics，简称 SD）是美国麻省理工学院（MIT）的福瑞斯特（J. W. Forrester）教授在 1958 年为分析生产管理及库存管理等企业问题而提出的系统仿真方法。系统动力学在系统论的基础上，汲取了控制论、信息论的精髓，是一门认识系统、分析系统同时又可以研究信息反馈系统的交叉综合学科，同时也是结合了自然科学和社会科学的横向学科。SD 模型可以用于进行长期、动态和战略性的定量分析研究。

四大类模型的主要特点、局限性及应用范围等加以归纳综合如表 5 - 1 所示，会更清晰地发现各自的长短，要求在实践应用上"博采众长"，构造适当的、更切合实际的、有效的模型体系，以解决经济问题中的具体实际问题。

表 5 - 1　市场行为研究模型总结

模型类型	主要特点	局限性	主要应用范围
投入产出模型	清晰反映各部门的生产联系	1. 较难处理经济活动中的动态问题； 2. 尚未确定最终需求同时忽略了生产和收入间的联系	综合平衡的重要工具；主要应用于生产系统的平衡问题
计量经济学	将经济学理论、统计学、数学和计算机仿真技术有机地结合在一起	1. 难以保证经济统计数据的高质量； 2. 境界结构经济结构的变化影响模型的预测	1. 经济结构分析； 2. 经济政策评价； 3. 经济预测，但预测期限不长
经济控制论	较充分地反映了国民经济的调节控制机制，利用了控制理论的现代成果	实用的模型目前仍处于开发阶段	1. 能预测各种界限； 2. 能进行战略研究和制定最优经济政策； 3. 可用于辅助制定五年计划
系统动力学	以反馈控制理论为基础能作长期的、动态的、战略性的仿真分析与研究	预测精度不高。难以研究分析系统的动态行为	可用于国民经济中的中长期发展规划，进行战略研究与政策分析

产业经济学中研究市场行为的另一种研究方法是博弈论。

目前博弈论已经成为经济学的标准分析工具之一，广泛应用于经济学、国际关系、政治学、军事战略生物学等多学科。博弈论作为运筹学的重要学科，主要用于研究具有竞争性质现象的数学理论和方法。博弈根据标准的不同可以进行不同的分类，通常认为博弈由合作博弈和非合作博弈构成。合作博弈和非合作博弈的本质区别在于相互发生作用的当事人之间是否达成具有约束力的共识，缺乏此共识的博弈为非合作博弈，反之为合作博弈。一般情况下，合作博弈论需要考虑的因素更为复杂，故而当前经济学家们所谈的博弈论通常是指非合作博弈，并且，非合作博弈的理论相对合作博弈理论更为成熟。

四、市场行为的效果评价

受政治、经济形势以及市场行为内容复杂性的影响，在评价市场行为效果时往往采用不同的标准。但是，通常情况下，市场行为的效果都有积极与消极的简单之分。当市场行为的效果产生了有利于生产、有利于流通，有利于促进经济发展，有利于提高人民生活的影响时，可以称之为符合市场规范、积极的市场行为，反之，则为不规范的、消极的市场行为。通常情况下对市场行为效果的评价标准和依据有以下几种：

1. 是否有利于资源的合理配置

是否能够实现资源的合理配置是评判市场行为综合效果的最根本依据。从宏观角度而言，资源的合理配置是指社会中各种资源的组合状态能够实现发挥最大效用的目标；微观角度而言，则是指资源本身能够得到最充分、最合理的分配和使用。在市场经济条件下，国民经济稳定、协调、可持续发展的前提是重视市场的基础性调节作用，保障市场能够通过供求、价格机制以及竞争机制调配资源。故而，积极的、规范的市场行为也应该是能够保障市场正常发挥其资源配置功能的市场行为，这也是为什么在垄断盛行的市场中，资源无法得到有效、合理的配置的原因。

2. 消费者权益是否受到损害

我国社会主义市场经济发展的主要目标是不断发展生产力，满足人民群众日益增长的物质、文化需要。但是，如果市场经营主体背离诚信，制假造假、欺骗消费者，损害消费者的合法权益，这就背离了我国市场经济发展的主要目标，同时，也使得广大人民群众无法获得与其劳动相匹配的商品，违背了我国按劳分配的原则。同时，这种市场行为损害了商品的正常属性，为广大消费者的使用带来生命、财产的风险，破坏了市场经济的秩序，也为经济的发展带来不良影响，是属于消极、违规的市场行为。可见，市场行为如果使消费者的合法权益受损，即使是企业获得短暂的微观经济效益，也无法评价为合理的市场行为。

3. 商品生产者和经营者的正当权益是否受到损害

商品生产者和经营者作为国民经济有机整体中的重要组成部分，其组织进行的正常生产经营活动是推动国民经济发展的重要动力，而其正当权益的保障则是其进行正常生产经营活动的前提条件。一旦生产、经营企业的合法权益受到损害，生产经营活动和成果势必会受到影响，进而影响整个市场经济运行的秩序甚而可能造成经济的运行迟缓和停滞。因此，是否能够不损害生产经营者和个经济主体之间的合法权益也是评判市场行为的主要标准之一。

4. 是否在实质上限制或破坏正当竞争

市场机制的发挥需要营造公平、平等、充分竞争的市场环境，因为充分竞争的缺乏势必导致诚信的缺失、投机侥幸的滋生，假冒伪劣横行、垄断盛行，劳动生产率降低、生产秩序混乱，甚而导致经济的倒行，这些将严重影响国民经济的可持续发展，也正是因为如此，市场主体的市场行为是否有利于营造公平、平等、充分的的竞争环境也是评价的依据。

第二节 企业的价格行为

产业组织理论中主要研究的是寡头垄断（亦称寡占市场）结构中企业的市场行为，主要包括市场竞争行为和市场协调行为。在企业的竞争性市场行为中运用最为广泛的是企业价格行为，主指企业定价行为，其基本特点是控制和影响价格主要内容包括价格歧视行为、驱逐对手定价行为、阻止进入定价行为等。

本节内容将系统地介绍企业定价行为的定义、原理以及分类等相关知识。

一、企业定价行为概述

（一）企业定价行为定义

定价行为是不完全竞争市场上具有一定市场实力的企业采取的一种竞争行为。企业定价行为可分成短期定价行为和长期定价行为两大类。所谓短期定价行为主要涉及"现有"企业之间的价格竞争，包括企业间觉察得到的相互依赖性和觉察不到的相互依赖性两种情况下的企业定价行为。长期定价行为则不仅考虑"现有"竞争对手，还要考虑"潜在"的竞争对手。短期的企业非线性定价行为主要指价格歧视，而长期的企业定价行为则包括合作策略性定价以及非合作策略性定价。

（二）企业定价相关理论原理

1. 企业定价理论模型

产业组织理论主要研究寡头企业的行为。寡头垄断的情况非常复杂，至今还没有一套完整的理论模型。目前，有关寡头企业的均衡价格和产量的决定模型，都需要比较严格的假定。并且假定不同，答案也不同。

通常情况下，寡头企业在决策时既要考虑自身决策导致的市场影响，又要考虑竞争对手相应的决策反应，两相比较，综合决策。而在推测竞争对手的决策反应时，往往存在两种假设：一是假定竞争对手不作为，即不对己方的决策做出任何价格、产量等方面的调整；二是假定竞争对手积极作为，采取了较为明智的对策。下面介绍两种模型。

（1）古诺模型

1838 年，法国学者古诺对寡头企业的定价问题作了开创性的研究。古诺模型分析的是两个出售相同产品的生产成本为零的寡头厂商的情况。

古诺模型的假定是：市场上只有 A、B 两个厂商生产和销售相同的产品，他们的生产成本相同且保持不变，他们共同面临线性的市场需求曲线，同时 A、B 两个厂商都准确地了解市场的需求曲线；并且 A、B 两个厂商都是在已知对方产量的情况下，各自确定能够给自己带来最大利润的产量，即每一个厂商都是消极地以自己的产量去适应对方已确定的产量。

具体假设：某产业只有两家企业 A 和 B，A 和 B 成本均为固定不变的 C，且线性需求函数为 $P = \alpha - \beta X$，$X = X_A + X_B$。其中：P 是市场价格，X 是市场销售量，X_A 和 X_B 分别是 A 和 B 企业的产量，α 和 β 是正常数。

企业 A 和 B 的利润函数分别是：

$$\pi = PX_A - CX_A$$
$$\pi_B = PX_B - CX_B$$

两企业都按利润最大化目标定价，则有

$$dPX_A / dX_A = dCX_A / dX_A$$
$$dPX_B / dX_B = dCX_A / dX_B$$

经整理

$$P + X_A dP/dX \left(1 + \frac{dX_B}{dX_A}\right) = C$$

$$P + X_B dP/dX \left(1 + \frac{dX_A}{dX_B}\right) = C$$

古诺假定两个企业都推测竞争对手不会对自己的决策做出反应，即 $dX_B/dX_A = dX_A/dX_B = 0$。又因为 $dp/dX = -\beta$，所以上面两式可以变换为：

$$P - \beta X_A = C$$
$$P - \beta X_B = C$$

两式相加得：$2(P - C) = \beta X$

又因为 $P = \alpha - B_X$

所以，$P = (\alpha + 2C)/3$

这就是根据古诺模式所得出的寡头企业的定价模型。

（2）张伯伦模型

1933 年，美国学者张伯伦提出的张伯伦模型与古诺模型很相似。他假设双方企业均推测竞争对手会针对己方决策进行积极作为，并采取明智措施，同时双方都意识到平分市场份额，共享垄断利润是最为明智的决策，即假设 $X_A = X_B$，X_A 和 X_B 分别是 A 和 B 企业的产量，且，$dX_A/dx_B = dX_B/dX_A = 1$。于是就有

$$P - 2\beta X_A = C$$
$$P - 2\beta X_B = C$$

两式相加，$2(P - C) = 2\beta X$。

因为，$P = \alpha - \beta X$，那么有 $P = \alpha + C/2$，其中 P 是市场价格，C 为生产成本，α，β 都是正常数。这就是根据张伯伦模型所得出的寡头企业的定价模型。

2. 成本加成定价方法

西方国家的大量调查表明，在现实世界中，绝大多数企业不按边际原则定价，

采用最普遍的定价方法是"成本加成定价"（cost－plus pricing）。在德国 70% 以上的企业采用成本加成定价；在英国，这一比例接近 60%；美国和其他欧美国家的情况较为类似。在我国，成本加成定价法也是占统治地位的企业定价法。

"成本加成定价"属于完全成本定价（cost－plus pricing 或 markup pricing），即以平均成本（AC）为基础，追加一个按加成率计算的利润确定价格。作为成本基础的平均成本既包括了平均可变成本（AVC）也包括了每件产品分摊的固定成本（AFC），属于"完全成本"，这一定价方法也因此称为"完全成本定价"。

成本加成定价法的标准公式是

$$P = AC(1 + S)$$

该式中，S 为成本加成率，它的含义是为生产产品所耗费的每 1 元成本应附加的利润，因此

$$S = \frac{\pi}{AC \cdot Q}$$

式中，π 是根据企业的目标投资回报率（return of investment，简称 ROI）所确定的目标利润。Q 是根据企业的标准开工率计算的产量，而 AC 就是根据这一产量计算的平均成本。

另一个成本加成公式也被广泛应用于企业定价。设 d 为销售利润率，即

$$d = \frac{p - AC}{p}$$

则有 $p = (1 - d) = AC$

$$P = \frac{AC}{1 - d}$$

该公式尽管形式上与前述成本加成定价标准公式不同，但实际上是一致的，因为该公式可以变形为：

$$p = AC\left(1 + \frac{d}{1 - d}\right)$$

即该公式可以理解为 $S = \frac{d}{1 - d}$ 时的标准成本加成定价公式。

企业采用成本加目标利润定价方法的原因是：第一，信息不完全。由于企业无法掌控整个市场的供求变动情况，因而真实的边际成本和边际收入曲线就难以确定，也就无法利用利润最大化原理（MR = MC）进行定价。此时，依据经验数据进行的成本加利润定价成为相对更实用的方法。第二，企业重要组成人员彼此之间关注的重点不同。企业所有者更为关注利润最大化的实现，而企业的经营者则更为关注企业的可持续成长，职工则是主要关心薪酬的设定，按成本价利润的定价方法恰好可以综合考虑以上多方因素，更好的满足企业需求。

二、企业定价行为的分类

(一) 价格歧视

价格歧视 (Price discrimination) 是指对购买生产成本相同的同一产品的不同购买者收取不同价格，或对同一购买者的不同购买量收取不同的价格的行为。市场经营主体常常利用价格歧视的手段来攫取消费者剩余。

垄断厂商通常会利用价格歧视的手段来追求最大化的利润，但是如果是在完全竞争的市场结构中，厂商只能接受统一的价格，所以可以说价格歧视是一种非统一的定价。

1. 价格歧视的实施条件

(1) 在"市场失效"的前提下，企业具有一定控制价格的能力，可以将价格确定在边际成本之上。

(2) 企业对于消费者每单位产品的支付意愿具有一定的预测能力，并且要综合考虑消费者、销量对于支付意愿的影响，通常情况下可以在产品需求弹性较小的市场制定较高的价格，反之制定较低的价格，以此追求高额利润。

(3) 企业能够利用差异化服务、商品属性、交易费用等手段来避免或限制转卖行为，有效地分隔市场或市场的各部分。

2. 价格歧视的基本类型：

(1) 一级价格歧视。又称完全价格歧视，是指垄断厂商按不相同的价格出售不同单位的产量，该价格会因消费者的不同而不同，如图 5-3 所示。

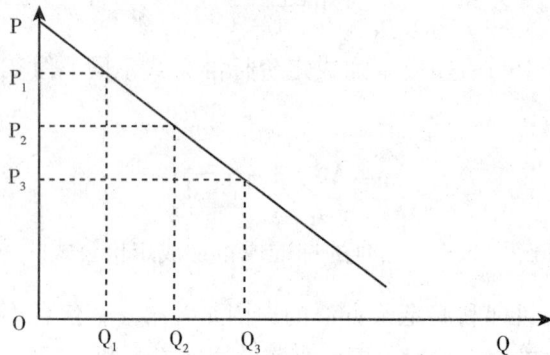

图 5-3 一级价格歧视

图 5-3 显示，垄断厂商可以对 Q_1 单位的产品索价 P_1，对 Q_2 单位的产品索价 P_2，如此类推。在此种情况下，由需求曲线表示出来的代表商品边际效用的消费者，买进一定量产品所愿支付的价格就成为垄断者的边际收入曲线。因此，在统一定价下的消费者剩余将全部转化为垄断者由于实行一级价格歧视的追加收益，即生产者剩余。在现实的经济世界中，几乎不存在纯粹的一级价格歧视。

(2) 二级价格歧视。又称非线性定价歧视，是指垄断厂商可按不同的价格出售不同单位的产品，但购买相同数量的每个消费者所支付的价格却不相同，如图 5 - 4 所示：

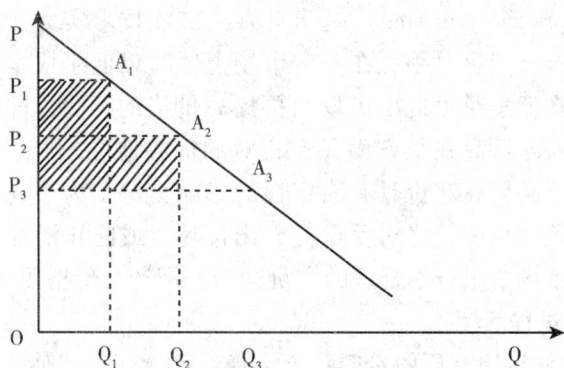

图 5 - 4　二级价格歧视

假设某公司只获准收取一种价格 P_3，则对应销量为 Q_3，总收益为 $0Q_3A_3P_3$。若存在三种价格，Q_1 数量按 P_1 销售、Q_2 数量按 P_2 销售，Q_3 按 P_3 销售，则厂商总收益就为 $0Q_3A_3P_3$ 加上阴影部分。垄断者所获取的消费者剩余由阴影部分表示出来，没有得到的消费者剩余是图 5 - 4 中的三个小三角形之和，它们恰好是保留下来的消费者剩余。

（3）三级价格歧视。是指垄断厂商对不同的消费者按不同的价格出售产品，但卖给某特定消费者每单位产品却都按相同的价格出售，如图 5 - 5 所示：

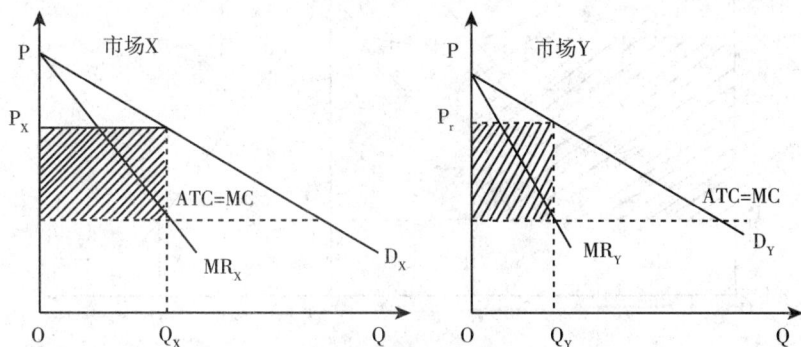

图 5 - 5　三级价格歧视

如图 5 - 5 所示，假设一个实行价格歧视的垄断者可以把他的产品分为两个市场 X 和 Y。在需求弹性较大的 X 市场，根据 $MR_x = MC$，决定其价格为 P_x，销量为 Q_x。此时垄断厂商获得了利润最大化，同理 Y 市场的情形也相同。图 5 - 5 中的阴影部分分别为两个厂商的经济利润。

（二）掠夺性定价

1. 掠夺性定价定义

掠夺性定价（predatory pricing）是指具有经济或技术实力、在行业中处于支配地位的厂商，为了排挤竞争对手，在一定市场上暂时以低于成本的价格连续销售商品或提供劳务，并在竞争对手退出市场后再提高价格的行为，即厂商通过承担短期损失来换取长期利益。厂商在某方面具有相对的优势地位，如运营资金来源、已拥有的垄断利润、对下游厂商定价具有决定性的影响力等，为了在产品定价无法做到完全自主决定的竞争市场中，将对手厂商赶出市场，或防止潜在竞争者随时可能进入市场，而在竞争市场中施行不合理的定价行为，把产品价格压低至成本之下。

2. 掠夺性定价过程

如图 5-6 所示假定原有厂商希望将价格降到 P_0 水平，以使竞争对手蒙受亏损而退出市场，则该厂商就必须生产 Q_0 才可以满足价格为 P_0 的市场需求。假设原厂商和竞争对手的 MC、AC 均相同，竞争对手的产量为 Q_1，其亏损为阴影部分（P_0ABC），价格仍为 P_0。为生产 $Q_0 - Q_1$ 单位的产品，原厂商的 MC、AC 就会高于 P_0，其损失为 P_0FED。故在实行掠夺性定价行为时，原厂商的损失要大于竞争者，但这种低价对消费者是有益的。

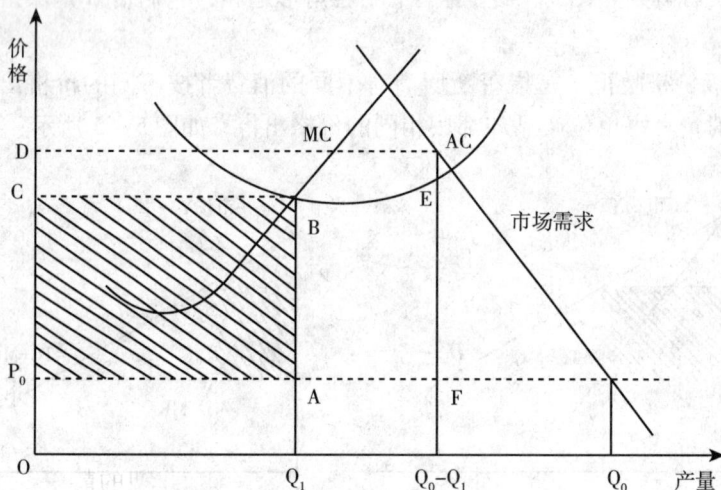

图 5-6　掠夺性定价行为

掠夺性定价并不是经常发生的，大企业对小企业通常是兼并而不是驱逐出产业。因为兼并既能避免短期降低价格的损失又能达到消灭竞争者的目的。在两种情况下会出现掠夺性定价：一是兼并成本过高；二是在兼并的谈判过程中，大企业会进行一些降价活动，以便提高其讨价还价的条件。

3. 掠夺性定价的特征

掠夺性定价有 3 个重要特征：第一，它的目的不在于扩大需求，而是为了遏制竞争对手和控制供给，通过控制供给，最终达到使价格攀升的目的。第二，企业短期内可能遭受损失。发起"价格战"的企业先把价格定得低于成本，待将对手制服后再把价格提到可获经济利润的水平，实现"先亏后赚"。第三，它一般是实力雄厚的大企业发起的，因为只有大企业才有能力承受短期的局部损失。

（三）限制性定价

1. 限制性定价含义

限制性定价（limit pricing）的基本思想是：如果进入前的价格和进入速度存在着正向关系，那么在位厂商就有削减价格的激励阻止进入。通过低价向潜在进入者宣告产业的微利性，降低本行业对投资者的吸引力。限制性价格是在位者预期能够阻止进入的最高价格，它取决于进入者的成本函数，而该成本函数又依赖于对市场需求和市场份额的估计以及进入后的竞争和合谋的程度。在位厂商仅仅通过改变价格变量，即将价格定在低于短期利润最大化的水平上，以影响进入者对进入后利润水平的预期，进而达到阻止新进入者的目的。

早期的限制性定价模型归功于贝恩（J. Bain）、莫迪格里安尼（Modigliani）和西洛斯－拉比尼（SyLos－Labini）。在他们建立的模型中，有这样几个前提假设：

（1）原有企业和潜在进入企业都谋求长期利润最大化。

（2）潜在进入者实施行业进入后会导致价格的下降，因为其相信，原有企业不会因为新企业的进入而改变产量，因此由行业原产量和新进入企业产量共同构成的行业总产量将超出需求量，进而过多的供给导致了价格的下降。

（3）原有企业很容易串通起来采取限制性定价的行为，并且通常是由占有优势地位的寡占企业与其他企业协调并率先实施的。

我们可以发现，企业采用限制性定价的直接目的是阻止新企业进入市场，但实质上是一种牺牲部分利润以追求长期利润最大化的行为，因此限制性定价同掠夺性定价一样，都是企业长期定价的策略性行为。有所不同的是，采用限制性定价的企业在短期内仍有"微利"可获，而采用掠夺性定价的企业在短期内处于亏损状态。

2. 限制性定价主要内容

（1）静态限制性定价

贝恩（J. Bain）、莫迪格里安尼（Modigliani）和西洛斯－拉比尼（SyLos－Labini）是对早期静态限制性定价理论进行研究的主要学者。早期的静态限制性定价模型是基于西洛斯－拉比尼假定的，即潜在进入者实施行业进入后会导致价格的下降，因为其相信，原有企业不会因为新企业的进入而改变产量，因此由行业原产量和新进入企业产量共同构成的行业总产量将超出需求量，进而过多的供给导致了价格的下降。在基于贝恩－索罗斯假定的早期模型中，在位厂商则会调整其产量及价格水平，消除引诱潜在进入厂商的因素，遏制其进入行业领域。

（2）动态限制性定价

在位厂商在面对潜在进入厂商时，一般情况下只有两种选择。一种是通过制定遏制进入价格，在维持其原有市场地位的同时长期获得较低利润；另一种则是通过设定相对较高的垄断价格，在短期内获得高额利润，但是却会诱使更多的潜在企业进入市场，在时滞的影响下，在位企业的市场份额会逐渐降低，让位于潜在厂商，从而损失利润。因而，在位厂商为追求利润最大化，必须平衡好当前利润与未来利润，制定跨时期的定价策略以实现利润目标。通常情况下，当新厂商或从属厂商的进入、扩展速度不同时，在位厂商会分别采取相应的主导厂商模型、结团进入模型和连续进入模型等定价策略。

主导厂商模型认为理性的主导厂商无法不计代价地驱逐所有的竞争性从属厂商，因而其定价会低于垄断厂商。这是因为当潜在进入厂商能够及时、自由地进入市场并且能够接受主导厂商的定价水平时，主导厂商的生产成本优势丧失，也就无法制定过高于完全竞争水平的价格，此外潜在进入厂商本身也会带来一定的价格威胁。在结团进入模型中，主导厂商会将价格制定在能完全遏制进入的价格与短期垄断的价格之间，这是基于从属厂商在经历决定进入与实际进入之间的时滞效应后，同时进入市场时的假定。

连续进入模型中，在位厂商会综合考量市场需求以及从属厂商的价格敏感性等多方因素来确定均衡价格和最佳定价策略，此时，假定从属厂商会在不同时间段逐渐进入市场。

（3）不完全信息下地限制性定价

至20世纪80年代，在策略性行为理论中博弈论和信息经济学广泛应用的大势所趋之下，米尔格罗姆（Milgrom）和罗伯茨（Roberts）与哈尔瑞顿（Harrington）将不完全信息假设引入了限制性定价理论研究中。在米尔格罗姆和罗伯茨的研究中，现实的市场信息通常情况下都是不完全的，大部分的企业无法完全获知整个市场的需求情况以及竞争对手的成本函数和战略性决策。当市场信息不完全时，潜在进入厂商只能通过利用先验概率和修正的概率评估在位厂商的成本类型以及可能的收益函数，而在位厂商亦可通过价格行为传递成本信息，进而干扰竞争者对其类型的评估，此时双方进行的限制性定价行为可视为不对称信息博弈行为。米尔格罗姆和罗伯茨的限制性定价模型，强调的是在市场信息不对称的前提下，进入者无法预知在位者的生产成本类型，而在位者则利用这种信息缺失，通过相应的限制性定价手段迷惑潜在进入厂商，使其误认为在位厂商存在极大成本优势，在进入市场后只会卷入毫无获益的价格战之中，进而打消实施市场进入的意图，在这个过程中，在位企业理性地利用限制性定价手段，以非确切的信号显示方式实施了市场信息的干扰。

（4）影响限制性定价的主要因素

①市场进入壁垒的高低。壁垒高，阻止进入的价格也高。因为壁垒高，新企业难以进入，所以阻止进入价格可高一些；壁垒中等，阻止进入价格就低一些；壁垒很低，新企业容易进入，要阻止其进入，必须按平均的甚至更低的利润水平来定价。

②经济规模。在经济规模是主要的进入壁垒时，原有企业制定阻止进入价格的原则通常为：第一，使在非经济规模条件下生产的新企业无利可图，被迫退出市场；第二，在位企业通过适当增加产量，抢占市场份额，迫使新企业占取份额有限，进而无法形成规模生产，导致的成本上升最终会迫其退出市场。

3. 掠夺性定价与限制性定价的比较

掠夺性定价与限制性定价从表面看来都是厂商的一种通过降低价格与对手竞争的行为，而在反垄断法中，通常只关注掠夺性定价，并且一般认定掠夺性定价是非法的，对限制性定价则没有明确的裁定，我们通过比较两者的主要差别能够发现其原因。

首先，两者的竞争对象是不同的。掠夺性定价的目的在于将市场中现有的厂商排挤出市场，当然，这种排挤的同时会产生一种强硬声誉的作用，对尚未进入市场的潜在进入者起到威慑力。限制性定价主要是为了防止潜在的竞争者进入市场，由于当市场有利可图的时候，希望进入市场的竞争者是源源不断地，因此厂商如果希望限制性定价起作用，它最好能一直保持这种限制进入价格，否则，一旦发现利润回归，又会吸引新的进入。

其次，掠夺性定价的降价是将价格降低到自己或者对手的成本之下，使得竞争对手无利可图且无法度过掠夺期而选择退出市场。而限制性定价是在位厂商利用自己的成本优势通过降价使进入者发觉进入是无利可图即可，而不一定要降低到成本之下。

可以发现，这两种策略都需要在位者有一定的市场支配能力或者诸如财务、成本等方面的优势。再次，掠夺性定价的厂商的最终目的是待对手退出后将价格提升到垄断的水平来获得永久的垄断利润并且弥补自己在掠夺期的损失，这一点是反垄断当局无法容忍的，也是掠夺性定价的危害所在，其对消费者和整个社会是不利的。限制性定价是为了吓退潜在进入者，如果厂商考虑再行提高价格，它必须同时考虑可能导致的第二次进入意图，这种潜在进入者似乎能够达到竞争市场结构中的某种状态。

第三节　企业的非价格行为

企业市场行为不仅包含价格行为，同时也包含了非价格行为，一般情况下非价格行为可以分为两类，一类是营销类非价格行为，包括产品差异化和广告行为；另一类则指企业的组织调整行为，比较典型的代表行为是企业的兼并活动。本节内容将系统的逐一介绍上述非价格行为。

所谓营销类非价格行为，主要是以研究与开发、形成产品差异、促销为基本内容的非价格行为，如技术开发行为、广告宣传行为等。商品生产经营者总是想要尽快地尽量多地把商品销售出去，以补偿生产经营中的耗费并获得预期的收益。它们通过制定营销策略，产品开发，广告宣传等手段进行营销，以实现经营目标。

一、营销类非价格行为

（一）产品差异化

产品差异化（Product Differentiation）是指企业以某种方式改变那些基本相同的产品，以使消费者相信这些产品存在差异而产生不同的偏好。根据产业组织理论，产品差异性是普遍存在的（在完全竞争市场中，产品存在同质性，在寡头垄断市场中，产品存在单一性）同时，产品的差异性也是构成市场结构的主要因素。企业通过在产品生产中创造实体要素差异或者在产品的营销过程中创造服务差异等手段，成功地塑造自身产品的差异特性和优势，进而赢得消费者的偏好和忠诚度，在拥有差异产品的绝对垄断权的同时，也有效地区别了其他企业，形成了自身竞争优势。该优势会迫使外部竞争者耗费巨资争取现有消费者的关注度和偏好，从而制造了其他企业进入本行业的壁垒。可以说，企业对自身产品差异化的成功度决定了企业控制市场的程度。也正因如此，产品的差异化可以帮助企业占据市场竞争优势，以其独特的作用影响企业的营销活动。

1. 产品差异化概述

产品差异化是指产业内相互竞争的企业所生产的产品之间可替代不完全。具体地说，产品差异化，是指企业向市场提供的产品或销售产品过程中的条件，具有可以区别于同产业内的其他企业的特点。

一个产业不同企业生产的产品可以互相替代。产业内不同企业的产品之所以具有密切的替代性，是因为这一产业的产品性能和使用目的相似或相同。例如，彩色电视和黑白电视都能够满足消费者同种特定的消费要求——收视新闻和各种节目，所以这些产品基本上面对的是只有同一消费要求的购买者群体。与同产业产品间的关系相反，其他产业的产品与本产业的产品之间，只具有疏远的替代性或没有替代性。

产品差异化与产品之间的替代性是基本同等的概念，同类产品因它们对于需求者来说互相可以替代，所以被归为同类。完全的替代性是指产品之间在使用性能、结构、外观、广告宣传以及售后服务等方面不存在任何差别，需求者完全把它们视为同一的产品。因此，说两个产品是完全替代的也就是说这两个产品无差别。但现实中无差别的产品或完全替代性几乎是不存在的，同类产品之间是不完全替代关系或部分替代关系，也即它们几乎都是差异化产品。

厂商制造差别产品的目的是占据有利的市场竞争地位，其可以利用产品差异化这种非价格的竞争经营手段，捕捉消费者对自身产品的特殊偏好，占据市场份额，增强竞争实力。产品差异化的重要性在于对买者需求造成影响，使消费者对某些厂商或某些牌号的产品产生偏好并宁愿多支付钱。这样一来，同一产业内不同厂商所生产的产品就减少了可替代性，从而带来市场竞争的不完全性和寡占或垄断。

产品差异化服务

在服务行业的竞争中，海尔无疑是当之无愧的佼佼者，有极好的口碑。

自 1995 年，海尔派出大规模、多层次的考察团队对国内外先进企业和市场进行访问和深入调研，根据调研结果立即全面推行"星级服务"。在"星级服务"思想指导下，2001 年，空调事业部针对现实中缺少空调安装设计、安装过程尘土飞扬、配电困难、排水设计不重视等问题，海尔在全国各地成立了自己的空调家居设计中心，提供差异化的空调安装服务，继而海尔导入"无尘服务"方案。随后海尔新兴的生产部门——计算机事业部也提出了别具一格的"零距离"服务和"210 工程"，即先由海尔电脑在自己的 3C 店和大型商场的销售网点配备专门的销售员，负责协助消费者在"菜单"上选择最适合自己的功能块和软件，为其提供量身定做的产品模型，海尔再根据订单进行跟单式生产，在流水线上根据用户订单持不同配件，运用不同的操作方法生产不同的计算机，既能按个人用户的特殊需求单件生产，也可为商业用户的大订单进行批量生产，真正做到了产品差异化服务。

2. 产品差异化的因素及决策

（1）物理差异

物理差异是指产品的设计、结构、功能等方面的差异。即使同产业产品具有一致的使用目的，产品的实体性质，包括设计、结构、质量、功能使用以及相关的附加产品价值等方面都会存在或多或少的差异，而制造这种差异恰恰是企业争取消费者偏好的关键要素，也是企业进行非价格竞争的主要内容。例如，一个品牌的汽车，会在外形、功率、售后服务等方面与其他品牌的汽车相区别，正是这些独特的物理性质，会吸引更多目标消费者的关注，进而逐步培养消费者的产品忠诚度。一般情况下，企业可以通过两种方式来改变产品的物理性质：一是改变产品的外观、质量和服务但是却不增加相应的成本开支。例如，在原产品包装成本水平上更换为新的包装，在原来的服务项目上增减和调整服务内容等。也可以在设备更新之际，通过用新设备来提高产品质量。二是企业增加投入，利用高品质原料和创新技术设备，改进产品的设计、质量和服务，以持续更新的产品争取消费者的偏好。

根据产品差异化的物理因素，我们可以进行产品主体差异化的决策。根据营销学对产品的定义，产品包括核心产品、中间产品和延伸产品三个层次。一般而言，同类竞争性产品的核心产品部分是基本一致的，也正是这种一致性使这些产品相互之间形成了一定的可替代性。然而，他们的中间产品和延伸产品却为企业提供了一个很大的产品差异化的空间，比如，企业为他们各自的产品赋予不同的品牌，设计不同的外观和包装，还可以通过提供不同的服务让顾客对产品产生不同寻常的感觉。产品主体差异化是企业最经常使用的差异化手段，也往往是最有效的一种手段。

（2）心理差异

心理差异指企业的广告宣传和其他促销手段的差异。消费者在选择商品时，会不同程度的受到企业品牌、广告宣传等因素的影响，而其中，广告作为一种产品信息的载体，对消费者的商品选择具有举足轻重的影响。一般购买者对产品的物理差异（包括产品设计、结构、性能等方面的特征差异）具有有限的评价能力，而广告等促销手段则以更为简单直接的方式将产品的属性、特性输入消费者的信息接纳库中，进而影响消费者的购买意图。甚至在物理性能上只具有很小差异的产品，也会由于广告促销活动，使购买者认为产品之间存在着较大的差异。广告宣传的方式主要有两种：一是直接向消费者介绍可选择的替代产品的性能；二是说服性广告，通过广告的反复持续性宣传，凸显企业的产品优势、品牌号召力，塑造企业和产品的优良社会形象。

利用影响产品差异的心理因素，企业可以进行品牌差异化，从而凸显自身企业的产品形象。所谓品牌差异化，不仅仅是企业要给自己的产品设计和注册一个不同的品牌名称，而且更要强调这个品牌名称必须能够让顾客对企业或企业的产品产生有效的联想，因此，企业必须通过各种促销活动宣传产品品牌，丰富产品品牌的内涵，提高产品品牌的定位，树立良好的产品品牌形象，不断提高产品品牌的知名度和美誉度。我们甚至可以毫不夸张地说，在消费者的眼睛里，产品的品牌几乎就是产品所具有的全部差异的浓缩和象征，因此企业必须重视产品品牌差异化。

（3）服务差异

服务差异是指企业在售货前和售货后提供的服务内容和服务质量。产品的完全价值涵盖了服务，消费者在购买结构相对复杂的产品时，会倾向于选择具有完善服务价值的产品。

服务同时可以被看作是产品的延伸部分，近年来，随着技术进步和激烈竞争的优胜劣汰，企业核心产品的差异化空间不断缩小，人们普遍对服务这个能为产品提供附加值的要素产生了高度的重视。尤其是对于与有形商品相对的服务产品而言，服务差异化同样是一种更为重要的差异化手段。

（4）空间差异

空间差异可以理解为生产或销售同一种产品的企业分布在不同的地点，从而形成的产品间的空间差别。由于位置或距离而形成的产品差异，主要原因如下：一是消费者与经营者之间的距离不同，导致购买活动的时间耗费、方便程度等方面出现了差异；二是购买者从不同距离的销售点购买的同种产品的完全价格会有所不同，可能的原因是距离不同产生了不同的运输费用支出。所以，对于市场上的购买者而言，企业所在地和产品销售的位置不同，他们在选择产品时就会有不同的偏好。

上述产品差别化的因素和差异化决策，不一定在一个产品上同时存在，同时，各个因素对购买活动的影响也不同，所使用的决策方法可能也不尽相同。一般来说，这些因素对消费类产品的差别化有较强的影响。在消费产品中，这些因素在耐用消费品中表现得更为明显。消费者选购耐用消费品比非耐用消费品更重视质量、功能、外观、商标等方面，受广告宣传的影响也比较大。当不同的因素进行不同组合的共同作用时，企业就可以将各种差异化决策进行综合实施。

3. 差异化产品的分类

对于企业而言，无论是产品实质性的差别还是仅仅形式上的不同，关键在于取得消费者的认同，因为消费者一旦形成了对企业生产的产品特征的偏好，对企业生产的产品和同类产品的需求不再具有无限大的替代弹性，企业面临的剩余需求曲线将向右下方倾斜。这意味着企业具备了将价格提高到边际成本以上的市场力。鉴于此，根据消费者需求的特点，可以将企业生产的差异产品分为两大类：

（1）横向差异

所谓横向差异（horizontal differentiation）是指由于消费者的偏好各异，一些消费者从产品特征的变化中得益，另一些消费者则可能受损。例如，有些消费者喜欢喝甜一些的饮料，有些消费者则喜欢淡一点的饮料。如果在价格相同的条件下，饮料由原来较甜变淡了一些，好甜者就不喜欢，而好淡者则喜欢。另一个例子是地点，消费者总是喜欢去附近的商店成超级市场购物。

图 5-7 直观地反映了产品横向差异。长度为 1 的线段 AB 表示饮料的特征甜度、从左端点 A 向右一直到右端点 B 表示饮料越来越淡；假定消费者均匀分布在该条线段上，靠近 A 的顾客喜欢甜饮料，靠近 B 的顾客喜欢淡饮料。如果一个企业原来生产非常甜的饮料，即定位于左端点 A，为争取更多的顾客，现在向有移动到 a，那么，靠近左端点的顾客现在的满足程度下降，而靠近右端的顾客满足程度上升。

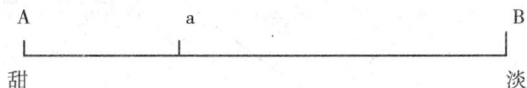

```
A              a                          B
├──────────────┼──────────────────────────┤
甜                                        淡
```

图 5-7　横向差异示意图

（2）纵向差异

纵向差异（vertical differentiation）是指由于消费者偏好的一致性，产品特征的变化使所有消费者都受益或受损。其中最典型的特征是产品质量，每一个消费者都希望购买的产品质量越高越好。如图 5-8 所示，假定消费者均匀分布在 AB 线段上，现在左端点 A 表示一种产品的质量非常差，由该点向右端点 B 的移动表示产品质量越来越高。这样，当一个企业由生产低质量产品到生产高质量产品即从 A 点向右移动到 a 点时，消费者的福利都得到了改善。

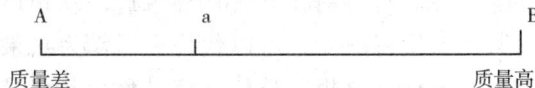

```
A              a                   B
├──────────────┼───────────────────┤
质量差                          质量高
```

图 5-8　纵向差异示意图

4. 产品差异化的衡量

（1）计量产品的替代程度

①需求的交叉价格弹性

前面已经分析过产品差别化或产品之间的替代关系反映了市场垄断和竞争关系，

因而可以通过对某产业内产品之间替代性程度的计量来反映该产业的垄断和竞争程度。要计量产品之间的替代性程度，需要运用需求的交叉价格弹性（crossprice elasticity of demand）概念。

需求的交叉价格弹性是指某种产品价格的相对变动而引起的另一种相关产品需求量的相对变动。假设 X 产品价格的相对变动而引起的其相关产品 Y 产品需求量的相对变动，即 Y 产品对 X 产品需求的交叉价格弹性系数为 E_{xy}、ΔQ_y 代表 Y 产品的需求量的变动量，ΔP_x 代表 X 产品的价格变动量，Q_y 代表 Y 产品的需求量的绝对量，P_x 代表 X 产品的价格的绝对量，则其数学表达式为：

$$E_{xy} = \frac{\Delta Q_y / Q_y}{\Delta P_x / P_x} = \frac{\Delta Q_y}{\Delta P_x} \times \frac{P_x}{Q_y}$$

当 $\Delta P_x \to 0$ 时（即价格变动量非常小）

$$E_{xy} = \lim \Delta P_x \to 0 \frac{\Delta Q_y / Q_y}{\Delta P_x / P_x} = \frac{dQ_y}{dP_x} \times \frac{P_x}{Q_y}$$

从理论上讲，可以根据 E_{xy} 的正负号把 X 产品和 Y 产品之间的关系分成三类（如图 5 - 9）：

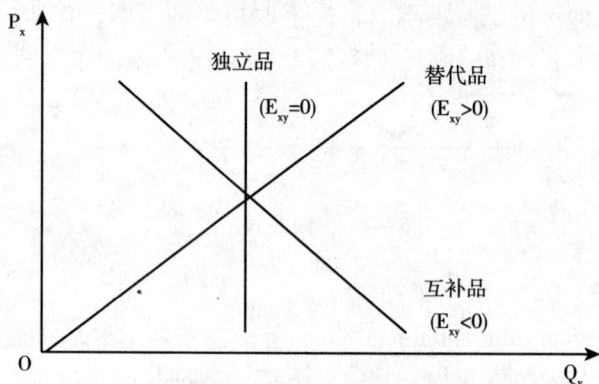

图 5 - 9　需求的交叉价格弹性模型

当 $E_{xy} > 0$ 时，X 产品和 Y 产品之间相互交叉的价格与需求量呈同向变动。它表明：若 X 产品的价格上涨，消费者就会将一部分本来准备购买 X 产品的支出转向 Y 产品，减少对 X 产品的需求量，增加对 Y 产品的需求量，以 Y 产品代替 X 产品。例如，梅子的价格上涨，其需求量将减少；可以代替梅子作为水果的苹果的价格虽然未变，但需求量将会增加。这种可以相互替代的产品称为替代品。两种互为替代的产品的需求的交叉价格弹性系数的值越大，其替代性越强。

当 $E_{xy} < 0$ 时，X 产品和 Y 产品之间相互交叉的价格与需求量呈反向变动。它表明，若 X 产品的价格上涨，消费者将减少对 X 产品的需求量，但同时也会减少对 Y 产品的需求量。例如，汽车的价格上涨，其需求量将减少；汽车必用的汽油的价格虽然未变，其需求量也会减少。这种必须同时使用的产品称为互补品。互补品需求的交叉价格弹性系数的绝对值越大，互补性越强。

当 $E_{xy} = 0$ 时，X 产品和 Y 产品之间相互交叉的价格与需求量没有关系。它表明，若 X 产品的价格上涨，对 Y 产品的需求量没有什么影响。说明这两种产品之间无相关关系叫独立品。

把需求的交叉价格弹性运用到计量市场垄断和竞争的程度，一般情况下是运用于分析产品的替代效应，即 $E_{xy} > 0$ 的情形。因为同一产业内的产品之间基本都是相关的。即一般存在或多或少的替代关系。$E_{xy} > 0$，说明 X 产品和 Y 产品可以互相替代。E_{xy} 的值越大，两种产品之间的替代程度越大，即竞争程度越强。E_{xy} 的值越小，两种产品之间的替代程度越小，即竞争程度越弱。

②供给的交叉价格弹性

前面从消费者角度分析了产品之间的替代关系并计量市场垄断和竞争程度。实际上生产要素和技术之间也存在替代关系。例如，对消费者来说，女鞋一般不能作为男鞋的替代品；但是，从生产者角度看，生产它们的生产要素和技术之间却存在替代性。这种替代性从生产要素和技术的角度反映了新企业加入市场竞争的可能性。替代性越强，就表明新企业加入市场竞争程度越强；反之，则相反。所以，我们也可以通过计算这种替代关系来计量市场垄断和竞争的程度。为此，要运用供给的交叉价格弹性概念，我们以 E_x 表示供给的交叉价格弹性系数，其计算公式为：

$$E_x = \frac{X 生产者提供的 X 产品数量变动百分比}{X 产品的价格变动百分比}$$

式中，E_x 表示当 Y 产品的价格上涨时，生产 X 产品的生产者把资源转向生产 Y 产品的能力。例如，当女鞋价格上涨时，生产男鞋的企业能在多大程度上把资源转向生产女鞋。E_x 的绝对值越大，说明资源转移的能力越强，市场竞争的程度也就越高；反之，则相反。

需求的交叉价格弹性和供给的交叉价格弹性虽然从计算公式上看很相似，但它们并不是一回事。前者是从消费者的角度，通过消费者对产品价格变化可能做出的反应来计量市场结构；后者是从生产者的角度，通过生产者对产品价格变化可能做出的反应来计量市场结构。

（2）广告密度

广告是企业用来传递产品差异信息的最重要和最常用的手段。

用广告费用的绝对额和广告密度两项指标来衡量产品差别程度。广告密度的计算公式为：

$$广告密度 = AD/SL$$

式中，AD 为产品广告费用的绝对金额；SL 为产品销售额。

广告对产品差别化程度影响较大，广告活动的数据相对比较容易收集，因此在产业组织研究中，主要是通过广告费用的有关指标来分析产品差别化程度。

曾经，日本著名学者植草益对日本 31 个产业 1997 年的广告费用和广告密度进行了实证研究，并用广告费用的绝对额和广告密度两项指标对衡量产业市场的产品差别程度的标准作了如下分类：

①AD/SL ≥ 3.5% 或 AD/SL ≥ 20 亿日元，为很高产品差别产业，并且产业市场中存在重要的非广告性的产品差别因素；

②1% ≤ AD/SL < 3.5% 或 10 亿日元 ≤ AD < 20 亿日元，为高产品差别产业，并且产业市场上存在较为重要的非广告性的产品差别因素；

③AD/SL < 1% 或 AD < 10 亿日元，为中产品差别产业。

5. 产品差异化的特点

产品差异化作为企业经营活动的一种策略，与企业的价格策略相比，具有两个显著不同的特点：

（1）产品差别化的不确定性

一般来说，当企业变更其产品价格时，根据以往的经验或者通过对需求变动的分析预测，大致上可以比较正确地预计到价格变化对产品需求的影响。但是产品差别化策略的效果却是不能够准确预测的。有时，企业虽然投入费用较少，但是却可能因为使用了得当的差别化方法而获取意外的收益。其中，广告效应就是最为典型的例子，当企业试图通过广告宣传的手段实施产品差异化策略时，能够取得的绩效并不是一定与投入的费用成正比的。但也正是这种产品差异化绩效的不确定性，使企业有可能既降低了成本损耗又取得了巨大的成功，所以基于利益的追求，企业将产品差异化作为常用的重要经营策略。

（2）产品差别化的时滞性

企业实施产品差异化策略的作业时间远远长于企业实行新的价格策略所需要的作业时间，这是因为在产品差异化策略的实施过程中，物理性质的改变，从设计、结构、性质、质量的更改到最终产品的诞生，都耗时较长，同时，即使是常用的广告宣传手段，在其发挥产品差异化的效应之前，也需要很长的时间产生累积效应，如此才能有效地影响消费者的购买行为。所以，产品差异化的时间滞后性决定了企业必须持续不断地推行差异化策略，一旦有所停滞，就会导致长时间内难以挽回处于产品差异化竞争劣势的局面。正是产品差异化绩效的不确定性以及时间滞后性，推动了市场经济条件下企业的产品差异化竞争日趋激烈。对于以追求最大限度利润为目的的企业来说，推行产品差别化是其赢得竞争优势的重要手段之一。

（二）企业广告行为

广告作为产品特性信息的传播载体，是企业实施差异化策略的重要手段，通过广告中的差异诉求，就可以实现与其他相关产品的区分，同时，广告本身也可以作为产品差异特性的一部分，创意独到的广告可以帮助企业的产品从同质产品中脱颖而出，更为迅速的被消费者认知、接纳。

1. 广告及其分类

广告既是企业向消费者传递产品质量信息的一种重要手段，又是影响或改变消费者偏好以获得市场势力的重要途径。企业销售产品的特点不同，做广告的意图也不一样。根据消费者获得产品信息的状况，可以将企业生产的产品分为搜寻品（search goods）、经验品（experience goods）和信任品（credence goods）。搜寻品是指消费者在购买前通过货比三家，能够对质量等特征有所了解的产品，例如西红柿和衣服等；经验品是指消费者在购买前对于质量等特征了解甚少，只有购买并消费之后才能了解的产品，例如有些药品、化妆品等；信任品则是即使消费之后对于质量等特征也不了解的产品，例如对于牙膏、药品等的成分人们所知甚少。

与上述搜寻品和经验品相对应，广告可以分为两种类型：信息性广告（Informative Advertising）和劝诱性广告（Persuasive Advertising）。信息性广告传递产品的有关基本信息，包括特征、价格、销售地点等等，以消除消费者的信息不对称；劝诱性广告则意在改变消费者的偏好，增加消费者对产品的喜爱程度。一般而言，由于消费者对于搜寻品在购买前就有所了解，所以企业对搜寻品所作的广告主要是信息性广告；对于经验品，企业则利用消费者的信息不对称更多地做劝诱性广告。

2. 广告的福利效果

产业组织学中，对广告福利效果的褒贬主要体现在以下几个方面：

（1）广告能够降低消费者的搜寻成本

消费者通过广告可以迅速、方便地了解什么是他们需要的产品、在哪里可以买到这些产品以及产品的价格。广告所传递的这些信息无疑可以降低消费者和企业之间交易成本中的一种搜寻成本。

（2）价格广告能够促进社会福利

大量经验表明有关相对价格的广告会增加竞争并促进福利。提供相对价格信息的广告倾向于降低市场价格，并让顾客了解在哪里可以更低的价格购买他们需要的商品。如果价格较低的商店为它们的价格做广告并吸引了更多的消费者，这些商店的规模就会增加，市场平均价格也会因此下降。许多实证研究表明有关价格的广告降低了消费者支付的平均价格。

（3）非价格广告能够克服劣质品问题

在某些市场上，消费者可能并不具备鉴别高质量产品和低质量产品的能力，由此企业就会感到出手高品质产品无利可图。但是如果企业通过广告显示了高品质，就可以吸引顾客试用并引致反复购买。因此，高质量产品的生产企业有更大的做广告的动机，因此这种广告能够导致反复销售，而低质量产品的广告只能导致当期销售。从这种意义上看，广告的确具有优胜劣汰的作用。

（4）广告过度问题

一些研究试图证明某些行业商场上企业做了过量的广告以诱使消费者购买产品，有的甚至是他们根本不需要的产品。企业为此投入的大量广告费用和消费者所购买的"没有效用"的产品都是对社会资源的一种浪费。

（5）广告导致市场集中度提高

广告的确会导致不同程度的市场集中，有学者就此认为广告会损害行业市场的竞争性，从而最终导致垄断势力的形成，使社会总福利水平下降。

事实上，这方面的研究仍在继续，无论是通过理论模型的推导还是实证研究，都无法得出一致的结论。但是，广告的福利效果确实是正负兼有的，毋庸置疑。

二、企业组织调整行为

以产权关系和企业规模变动为基本特征的企业组织调整行为，包括企业兼并、一体化行为、多元化行为、跨国经营行为等。如两个或两个以上的企业根据契约关系进行产权合并，以实现生产要素的优化组合，就实现了企业的兼并行为。企业兼并一般可分为三种形式——横向、纵向和综合兼并，企业兼并是企业经营管理体制改革的重大进展，对促进企业加强经营管理，提高经济效益，有效配置社会资源具有重要意义。

（一）企业兼并的含义

企业兼并是指在商品经济条件下，财产独立或相对独立的法人通过市场购买或其他有偿转让的形式获取其他企业法人的资产，从而实现产权转移的经济行为。

企业兼并是一种集中资本的基本形式，具有以下特点：①兼并过程中伴随有产权关系的转移；②原有企业的相关业务会转移并集中到兼并后形成的新企业之中；③兼并前的多家企业法人在兼并完成后会合并为一个企业法人，同时各企业的财产也进行了合并。企业兼并定义包括三个内涵：第一，企业兼并的存在基础是商品经济，企业兼并的本质及基本特征是商品经济中的有偿产权转让，一般情况下要通过市场实现。第二，参与企业兼并的活动主体是具有平等法律地位，能够在市场中自主经营、自负盈亏的财产独立或相对的独立的企业法人。第三，企业兼并的最终目标是吸纳、吞并其他企业法人的资产，完成产权转移，通过"优吃劣"的兼并，实现了市场竞争中的优胜劣汰。其中，值得注意的是，当企业兼并行为完成时，被兼并企业会全部丧失法人资格，而实施兼并的企业则会接纳转移的产权成为存续企业。

对企业兼并的评价有积极和消极两个方面：积极方面的意义是兼并可以实现资源的优化配置，通过产权的转移，资产的合并，新兴产业可以从中吸收资本存量从而进一步成长壮大，而衰退产业则可以借被兼并顺利退出市场，可以说兼并完成了资本存量的产业结构调整。而消极方面则是，兼并导致的集中可能会产生垄断。因此，各国都非常重视企业兼并的政策问题，通过有效的产业组织政策来趋利避害。

（二）企业兼并的类型

企业兼并的主要类型有三种。

1. 横向兼并（水平兼并）。横向兼并，亦称水平兼并，是指进行兼并的企业属于同一产业、生产同一产品或处于同一加工工艺阶段，例如医药企业与医药企业之间的兼并就属于横向兼并。

2. 纵向兼并（垂直兼并）。纵向兼并，亦称垂直兼并，是指进行兼并的企业之间存在着垂直方向（前向或后向）的联系，分别处于生产和流通过程中的不同阶段。例如生产医疗器械的企业与生产医疗器械配件的企业之间的兼并，属于纵向兼并。

3. 混合兼并（复合兼并）。混合兼并，亦称复合兼并，是指分属不同产业、生产工艺上没有关联关系、产品也完全不同的企业之间的兼并。例如，IT 企业与房地产企业的兼并就属于混合兼并。混合兼并可具体分为三种：

（1）产品扩张型，即产品功能具有互补联系而非替代关系的企业之间的兼并，因为若产品彼此的替代性较强则均属于同一市场。如一个生产清洁剂的企业与一个生产漂白粉的企业间的兼并就属于同一产品扩张型混合兼并。

（2）市场扩张型，即具有不同的市场区域或顾客对象但是却从事同阶段的相同经济活动的企业之间的兼并。其区别于横向兼并的主要特征在于市场区域的不同，例如两个城市（或地区）的连锁超级市场的兼并就属于是市场扩张型混合兼并，它们从事同样的商业活动，但顾客群体不同。

（3）纯混合型，即兼并企业之间的生产经营活动几乎没有任何关联，并且纯混合型既不属于市场扩张型也不属于产品扩张型。从美国的企业兼并的历史来看，20世纪20年代以横向兼并为主，到了40年代，兼并更加活跃，以纵向兼并为主，60年代兼并则以混合型为主。

（三）企业兼并的动机

企业兼并的根本目标是获取更多的利润，但是，兼并企业（Acquiring Firm）和被兼并企业（Acquired Firm）的动机有所不同。下面介绍的是兼并企业和被兼并企业的几种主要动机。

1. 兼并企业的动机

（1）获得规模经济效益

企业可以通过兼扩大经营规模，在规模效应的影响下，降低成本，获取更高的利润，这也是企业进行兼并的重要动机。一般情况下兼并取得的规模经济效益可以分为三个方面。首先，企业可以获得财务方面的规模经济效益。如，兼并带来大量的购买折扣降低了原材料的采购成本，同时中间环节的减少也降低了促销费用的支出，良好的财务状况也会带来较低利率的贷款。其次，通过兼并，企业还可以获得技术方面的经济规模效益。产权的转移，带来规模的扩大，更为充沛的资本存量，在资源优化配置的作用下，必然导致设备的专业化、生产的自动化与连续化水平的提高，从而在降低投入的基础上实现产量的大幅提高。最后，兼并会带来"协同效应"。企业间的兼并必然导致彼此的优势进行了互补和融合，在具有互补性的联合生产活动中获得产生协同效应，正如长于技术研究、开发的企业与长于管理的企业之间的兼并，彼此的优势进行融合，协同效应便由此产生。

（2）降低进入新产业的障碍

企业在进入一个新的产业时将会遇到进入障碍，兼并可以有效地降低进入障碍。一般来说，当企业试图进入新的产业时，它可以通过在新产业里投资新建企业的方式，也可以通过兼并新产业里的原有企业的方式。采用新建企业的方式，将会遇到全部的进入障碍，而且新增生产能力对产业的供求平衡会产生影响，如果新增生产能力很大，产业生产能力出现过剩，就有可能引发价格战。在采用兼并方法时，一方面可以大幅度降低进入障碍，另一方面，兼并不会给产业增加新的生产能力，那么产业内部的竞争结构就会在短期内保持不变，如此，引发价格战的概率就会大大降低。

（3）增强市场力量

通过兼并，企业的市场占有率上升，企业的市场力量即企业影响和控制市场的能力也随之增强。这也常常是兼并的重要动机。一般来说，市场占有率越高，企业的市场力量就越强，也就越有可能获得垄断超额利润。对于企业来说，提高市场占有率也可以采取价格竞争和非价格竞争等手段击败竞争对手，占领他的市场，但这时对方也会采取相同的手段加以还击，结果很有可能是两败俱伤。如果采用兼并的方式一举将对方吞并，则被兼并者的市场就自然归兼并者了。

（4）减少市场交易成本

企业的市场交易过程需要支付大量的交易成本，特别是在交易双方的资产都是高度专用性的时候，双方很容易被锁定在一起，这时候，任何一方违约都会给另一方造成巨大的损失。企业兼并是减少市场交易成本的一条重要途径。历史上著名的实例是通用汽车公司和渔夫车体公司之间的交易。当初双方签订的买卖合同规定，通用汽车公司长期购买渔夫车体公司制造的特定车身，渔夫车体公司为生产该车身进行了难以转用于生产其他车身的投资。这样，双方形成了你离不开我、我离不开你的锁定关系。但是到了后来，由于汽车市场发生了变化，双方围绕原来的供货合同发生了纠纷，后来通用汽车公司兼并了渔夫车体公司。

（5）分散经营风险

兼并企业通过混合兼并实现多样化经营有助于分散经营风险。企业生产经营活动中经常面临各种风险，如果仅仅经营某一种产品或服务难免受到出乎意料的外部因素影响而出现"大起大落"。多样化经营可增强企业对外部供求变化的适应能力，获得稳定的收益率。

（6）降低市场进入壁垒

与投资办厂相比，通过兼并的形式进入一个新市场可以规避某些障碍。投资办厂进入一个产业，需要的资本量非常大，而且会打破原有的市场均衡格局，对原有企业构成直接的竞争威胁，因此，可能招致原有企业的抵制和报复，例如会引发价格战。如果企业通过兼并部分原有的企业进入，短期内不会改变原有的供求状况，从而引发竞争者进行价格战和报复的可能性降低了。

（7）企业家的成就感和心理满足

企业规模的不断扩大，预示着企业兴旺发达。此时，作为企业领导人就会有一种成就感和心理满足，因为这些人是职业企业家，其职业就是领导企业取得发展。企业家与一般股东不同，股东只对股息感兴趣，只关心利润，而企业家则更多地关心企业长远发展，因为这将影响他们的权力、收入和社会地位等。因此。企业家的成就感和心理满足也是企业兼并的一个原因。

2. 被兼并企业的动机

企业一旦被兼并，往往意味着企业法人主体地位的消失，或者沦为兼并企业的子公司或者一个部门，有时候，其管理者也会遭到重组甚至清洗。但是，被兼并企

医药产业经济：原理与政策

业的管理者和所有者有时还是同意兼并，原因可能在于：

（1）避免破产

当企业状况由于需求、成本或技术变化等方面的原因而日益恶化，甚至面临破产的危险时，如果其他企业具有足够的资金和丰富的管理经验能够使濒临破产的企业"起死回生"，企业管理人员和所有者就可能被迫同意被兼并。

（2）减少经营风险

当企业面临的市场不确定性程度很高的时候，小企业往往感受到未来的不利影响可能更严重，因此，如果一个实力雄厚的大企业进行兼并而且出价不菲，那么，对于被兼并的小企业来说就可以大大降低经营风险。

（3）回收资本

通过被兼并，企业主可以顺利地收回全部或者部分投资，被兼并的形式转让产权也利于合法避税。

（四）企业兼并对市场结构的影响

我们在上述的学习中已经知道，企业兼并会带来积极和消极两方面的影响，其既可以推动产业存量的结构调整，实现资源的优化配置，亦可能因过度的市场集中而催生垄断势力，造成垄断的低效率并损失社会总福利，也正是因为企业兼并的这种"双刃剑"效应，各国都在利用适当的产业组织策略来调节企业的兼并行为。企业兼并行为对市场结构的影响主要表现在两个方面：

1. 市场支配力量的加强和垄断的出现

大企业之间的横向兼并会产生更为强大的市场支配力量，催生垄断势力，企业可以借助这种强大的市场支配力量提高产品价格，驱逐竞争对手，阻碍新企业的进入，同时，还易形成原材料方面的买方垄断。

2. 进入壁垒的形成

纵向企业兼并导致的产品生产过程高度一体化，会形成阻止新企业进入市场的壁垒。因为在这种生产境况下，新企业必须要投入更多的资金，承担更大的经营风险才可以满足同时进入多个生产阶段的条件，如此方能与原有企业进行市场竞争。此外，完成混合兼并的企业，具有了多市场和多产品的优势条件，通过实施掠夺性定价和限制性定价，在巩固自身市场垄断地位的同时，也构固了阻止潜在进入企业进入市场的壁垒。当然，如果企业具有雄厚的资金实力，能够承担短期的亏损，在完成混合兼并后，会有助于其进入新市场，并降低该市场的集中度，促进竞争。综上可见，企业兼并对市场结构带来的影响以增强集中度为主，某些情况下促进竞争为辅。

第四节 医药企业市场行为

在本章的前三节内容中，我们系统地介绍了企业市场行为的相关概念及理论，本节内容讲结合医药产业特殊性分析医药企业的市场行为。

一、医药企业的产品差异化

产品差异化是指企业向市场提供的产品或销售产品过程中的条件，与同产业内的其他企业相比，具有可以区分的特点。通常情况下，医药产品的差异化主要表现在药品的品牌号召力、适应证、成分纯度、药品作用时间、药品包装、剂型及售后服务等方面。正是这些药品独特的差异性减小了药品之间的可替代性。药品的差异化效应会吸引消费者的关注度，进而培养其对医药品的忠诚度。一般情况下，医药企业的产品差异化策略会使消费者建立起根深蒂固的医药产品偏好，此时，当潜在进入企业试图更改消费者的用药偏好时，需要支付包括广告投入、药品包装改进、合法促销活动等开支在内的巨额费用。这也可以理解为是在位药企凭借自身商誉的"先发优势"迫使新进入企业支付产品差异化的高额溢价，无疑这就形成了医药产业的一项进入壁垒。

（一）我国医药企业产品差异化现状

由于新药研发能力薄弱和药品生产方面严重的盲目投资、重复建设以及投资主体的急功近利，我国医药产品技术含量低、产品差别化程度不大，产品大量过剩，引发了同行业之间的恶性竞争，造成了相对过剩与有效供给不足并存的局面。大量的低水平重复建设严重阻碍了我国医药产业的健康成长，具体表现为：

1. 产品重复，供大于求

许多企业集中精力在一些老品种上，医药市场产品品种雷同现象严重，价格战硝烟弥漫。在新药开发中，低水平重复现象普遍，变相重复竞争，陷入低价竞销"怪圈"。

2. 企业竞相降价，扰乱市场秩序

重复建设产能过剩，不仅导致生产与消费严重失衡，而且还引发了医药行业内的一系列恶性价格竞争。近几年来大输液盲目扩产导致产能过剩，企业被迫陷入价格战。在药品质量管理规范（GMP）标准下生产出来的输液产品还不如一瓶纯净水值钱，这就是我国大输液市场价格严重扭曲的真实写照。

3. 缺乏大品牌，单一品种药品的销售规模很小

我国医药产业严重缺乏大品牌。从国内 OTC（非处方药）整体市场看，跨国企业占据约 30% 的市场份额，国内药企占 70% 左右。但跨国药企 30% 的份额是有为数不多的几个品牌分享，每个品牌实际分得的利润丰厚，并且已培养起相对稳定的顾客群。而国内药企的市场份额却被众多厂商瓜分，细化后的利润值普遍不高，且波动较大。这是由于我国制药企业专一的生产商很少，绝大多数企业中既生产处方药，又生产非处方药。而发达国家的制药企业对于这种界定十分清楚，正因如此，制药企业才能找准定位。

（二）医药企业产品差异化策略

1. 产品主体差异化

产品差异化是指在产品的设计或制造过程中，通过技术上的创新或改造，使产

品在品种、功能、性能或质量上具有独特性，以区别于其他同类产品的差异来吸引购买者的个性化需求。产品主体差异化表现为产品核心价值的差异，反应的是产品内在的、本质上的差异。产品主体差异化的途径有：

（1）研发具有独立知识产权的产品

研发具有独立知识产权的产品，是提高产品核心价值，区分同类产品，实现主体差异化的重要手段，也是实施差异化策略的最直接的途径。医药市场中，专利药具有独占性，在法律规定的专利保护期内，医药企业可以凭借其对专利药品生产享有的独占权，最大限度地获取利润，占据市场份额。

（2）改变药品的剂型

目前我国中小规模的医药企业占大多数，其无法承担高额的新药研发费用，因为无法创造研制新药的条件，大多数企业都选择了开发药品新剂型的方式，实现产品差异化。易可贴为太太药业赢得了不斐销售业绩，便是通过采用控释技术，成功地塑造了产品的差异性，快速占领了市场。

（3）挖掘消费者的潜在需求

成功的生产者应该善于发现并挖掘消费者的潜在需求，并积极主动的创造新市场，提供满足消费者新需求的产品。其中，拜耳企业生产的"白加黑"感冒药就是挖掘消费者潜在需求的典范，针对消费者白天与黑夜对于感冒药疗效的不同需求，设计了具有成分差异的黑色和白色两种药片，成功的创造了区别于其他感冒药的产品差异性，赢得了市场。

2. 形象差异化

产品、企业的形象影响着顾客对产品差异性的认可，而这种来自消费者的认可又决定了差异化战略能否成功，因此，产品在消费者心目中的形象至关重要。形象差异化，是企业通过提升产品形象、品牌形象及企业形象，使产品在外观、包装、整体形象等方面树立自身的特色，以区别于同类产品的其他厂家。产品有形价值层次上的差异反应为产品形象的差异化，主要体现在：

（1）外观及包装差异化

随着医药市场中同类产品的日趋相似，消费者对药品差异性的识别能力受到了极大的挑战。医药企业为了凸显自身产品的独特性，并区分于其他类似产品，往往采用产品外观及包装的差异化手段，在结合产品市场定位的前提下，竭力设计出能够满足顾客的审美需求，能够带来独特而良好的视觉、触觉、感觉效果的外观式样。正如，滋补类的药品常常以高级礼品的包装形式出售，正是满足了消费者的感官需求，而简易包装的常用药品则满足了消费者的经济心理需求。

（2）品牌形象差异化。

作为产品标志的品牌，以其代表的品质、信誉、服务极大地影响了消费者做出购买行为的判断。品牌号召力，有助于形成消费者的产品偏好以及忠诚度，因此医药企业应借助适当的沟通渠道，通过广告、赞助、宣传、合法促销等方式，在传播产品信息的同时，树立企业良好的品牌形象。

3. 市场差异化

市场差异化是指由产品的销售条件、销售环境等具体的市场操作因素造成的差异。市场差异化是产品附加层次上的差异化，主要包括：

（1）价格定位差异化

产品价格是一种重要的市场表现形式，企业通过产品价格的差异化反应产品的差异化，塑造产品独特的差异性。一般情况下，产品价格差异具有三种定位形式：一是低价定位，即将市场中竞争尤为激烈的药品价格定位为低于竞争者价格的水平，在提高销售量的同时抑制了竞争对手，目前医药市场中的感冒药、止痛药常常采用这种定价方式；二是市场平价定位，也就是将药品的价格定位为市场同类药品的平均水平之上；三是高位定价，即将具有良好品牌、质量、服务优势的产品价格定位为高于竞争者产品价格的水平之上，具有独占产权的专利药品常常采用这种高位定价方式。

（2）促销战略差异化

促销战略涵盖了促销对象的定位、促销媒介的选择、促销方式的组合以及相应促销费用的投入等多方因素，企业应该根据产品的不同特点，因地制宜地选择差异化促销策略。例如，新上市的非处方药就可以在药店终端，采用专业人员讲解、推销的方式，向消费者传播产品信息以及优势差异，帮助消费者确立产品印象，消除相关误区，作为购买选择。

（3）服务差异化

服务是整体产品附加价值的重要构成成分，也可以单独作为附加的产品，企业产品服务的创新，以其独特性赢取消费者的满意，进而获取消费者的忠诚。减肥药"赛尼可"就是通过提供"轻盈日记"的创意服务，以及免费热线、在线网络的周到服务，赢得了差异化竞争的优势，在众多减肥药产品之中脱颖而出。差异化策略的实施可以为企业带来可观的效益，创造具有优势的竞争环境，但是企业在实施差异化策略的同时，要注意避免过分追求差异化而忽视成本的做法，而且要认识到有些差异化的策略是毫无意义的，企业要加以甄别。医药市场的环境是时刻变化的，医药企业应该根据市场内外部环境的变化实施动态的差异化战略，只有通过不断的产品、技术和服务的创新，才能持续的取得竞争优势。

二、医药广告

医疗体制的改革推动了病人看病方式的转变，形成了"大病进医院，小病进药店"的新型药品消费模式，进而推动了药品零售市场的蓬勃发展。其中，OTC 药品得益于药品分类管理办法的实施，实现了最大程度的繁荣。消费者对于 OTC 药品的选择在很大程度上受到了广告效果的影响，这也是因为当今的消费者在一定程度上可以自主决策购药品种，以及自主决定购药地点。这些使得我国医药广告事业得到了长足发展，无论是内容、形式还是表现手法等方面都在科技进步、社会发展的推动下日趋丰富、日益精良。

（一）我国医药广告市场的现状

药品广告的宣传效应同样存在积极和消极的两面性。广告可以有效地传递产品信息，塑造企业和产品形象，这是广告的积极效应。但是相反的一面则是广告影响力夸大带来的不合理用药隐患。一则可能导致并不具备专业知识的患者仅仅根据广告宣传而盲目选择用药，或盲目要求医师开具处方，二则是作为特殊商品的药品，难以避免消费过程中信息的不对称性、委托代理关系以及第三方付费等，这些容易引致药品缺乏利用或过度使用。

药品的特殊属性决定了医药广告的监管更为严格，但是药品广告市场的繁荣还是不可避免的带来了一些问题：企业为达到营销目的，不择手段的在广告中发布虚假信息，夸大产品效果，为消费者带来了不可估量的损失和危害；另外，还有企业盲目依赖广告宣传的效果，过度投放广告，浪费资金的同时亦降低了企业的收益。由此可见，药品监管部门应着力规范药品广告市场，保证群众的安全合理用药。相关部门在查处、治理违法广告的过程中发现，20%的违法广告是企业获得广告审查批准文号后，擅自篡改广告内容并加以发布的，剩下80%的违法广告则是根本就没有经过审查就发布了的。由此可见，企业、广告商和媒体应该作为整顿的重点主体，并且药品广告审查、监督人员也应该着重提升自身的业务能力和责任心，相关部门还应加大健康合理用药知识的宣传，提高消费者的素质，如此方能有效地整顿药品广告市场。

（二）医药企业广告效果

1. 医药广告效果现状

广告效果是指广告作品通过媒体传播之后所产生的作用，或者说在广告活动中通过消耗和占用社会劳动而得到的效果。广告效果按照性质进行划分可以分为经济效果、社会效果以及心理效果。经济效果主指广告宣传带来的商品销售以及利润的增加，是广告促销效益的集中体现；社会效果则指广告的发布对于社会风俗、道德习惯、语言文化等方面的影响；心理效果是指广告对消费者心理偏好的影响程度以及促进购买行为的影响。当前我国医药广告的投放比例与收获的广告效果之间并不成正向比例，企业试图通过广告扩大产品市场份额而盲目投入，造成了业界大量的医药广告，但是收效甚微。企业广告的设计与宣传有时亦会误入歧途，过于重视独特的新意反而忽视了广告的内容，亦或者仅仅注重广告发布的时间与频率，却没有将其与消费者的接受度相匹配，形成了大量的垃圾广告。

2. 医药广告效果不佳原因

（1）广告媒体过滥，虚假广告乘虚而入

广告媒体的泛滥，使得广告的信誉度下降，伴随着众多广告媒体的蜂拥而至，虚假广告也掺杂其中，充斥市场。医疗、药品、保健食品分别排在了虚假违法广告的前三位。虚假广告在损害消费者合法权益的同时也消耗了其对医药广告的信任，也因此严重削弱了广告的积极效果。

（2）消费者理性与日俱增

随着社会经济的发展，物质生活水平的提高，市场中的产品种类日益丰富，同样增长的还有消费者的消费理性。越来越成熟的消费心理，改变了消费者的购买思维模式，提升了消费者的广告甄别能力，使得单纯宣传促销信息的广告无法取得积极效果，可以说能够影响消费者购买行为的因素已向多元化、复杂化发展。

（3）广告制作存在误区

目前大量的广告制作人缺失对消费者心理、产品主题的精确把握，却侥幸的希望借用过度的美女效应、情感诉求来实现广告效果，这些广告的制作往往偏离了市场需求，并且涉及严重的模仿抄袭缺乏新意，这些都导致了我国医药广告效果的江河日下。

3. 提高医药广告效果的措施

（1）创新策划和提高技巧

广告的宣传应该结合受众选择性接受信息的特点，分析广告受众的价值观、心理和行为特征，根据需求，在提高制作技巧的同时，创新策划，制作受众乐于接受、易于接受的广告。

（2）通过营销整合提高广告效果

广告有助于塑造企业形象，促进产品销售，是企业整体营销活动的重要组成部分，而广告的效果的提高也是与企业其他的促销活动密切相关的。营销整合是以构建品牌优势为核心，通过整合与品牌相关的一切元素（包括广告、公关、人员推销、营业推广等），形成整合优势，建立起企业与顾客间的亲密关系，进而扩大销售的一种促销方式，这种方式同时也是提高广告效果的重要手段之一。企业应充分的运用营销整合，在新的营销环境下，结合其他促销手段，实现广告效果最大限度的提升。

（3）通过选择优势媒体提高广告效果

由于受众对于媒体的选择空间日益增大，企业需要结合媒体的覆盖面、目标受众的收视率以及媒体本身的信誉度这三方面的因素充分考虑进而选择适当的广告媒体。媒体的覆盖面积在一定程度上决定了受众对广告的接受几率，同时，目标受众的媒体收视率也对广告效果具有举足轻重的作用，此外，媒体的信誉度也关系到受众对于载于该媒体的广告信息本身的信任度，这些都综合影响着广告的效果。

（4）加强广告效果的管理

通过以上的学习，我们已经知道广告效果根据其对受众产生的影响可以分为广告传播效果、销售效果以及社会效果三类，而通过加强对不同广告效果的管理可以有效的提升广告的积极效果。一般情况下，广告效果的管理主要是评测销售效果和传播效果。销售效果的评测是对广告产生的经济效果的评价，其反映了广告带来的销售量变化，最为直接的反映了广告效果。而传播效果的评测则是对广告心理效果的评估，主要还是要评价广告对于消费者购买心理的影响及导向，是否能够帮助消费者了解或感知广告中的企业、产品，这是体现广告效果的间接指标，当企业试图通过广告来塑造品牌及企业形象时，该指标尤为重要。广告传播效果的评测，反映

医药产业经济：原理与政策

了广告社会传播的深度和广度，有助于企业改良广告策略，收获良好的销售效果。

三、医药企业的兼并行为

（一）国际医药企业兼并

1. 国际医药企业兼并概况

自 20 世纪 90 年代，诸如葛兰素－史必成、辉瑞－华纳兰博特、赫斯特－罗纳、阿斯特拉－捷利康等名列前茅的跨国医药公司都陆续经历了不同规模的联合、重组、兼并，从而形成现今超大的企业规模。这些跨国公司均具有资本实力、技术开发、以及代理配送体系等方面的优势，在彼此的竞争、博弈中，创造接连不断的国际医药企业并购案例，并频繁更迭彼此的行业排名。仅以美国 2006 ~ 2010 年间发生的医药市场兼并为例，涉及的案例数量及金额如下表 5 - 2 所示，其中 2009 年达到了美国医药市场兼并交易的高峰是因为发生了辉瑞公司并购惠氏以及默克收购先灵葆雅等重量级的兼并活动。可以说，快速的兼并进程加速了产业集中度的提高，更有利于跨国公司分割、控制医药市场。

表 5 - 2   2006 ~ 2010 年美国医药市场兼并统计

年度	案例数	并购总额	平均并购金额
2006	10	363.02 亿美元	36.30 亿美元
2007	8	189.90 亿美元	23.74 亿美元
2008	7	708.95 亿美元	101.28 亿美元
2009	8	1948.00 亿美元	243.50 亿美元
2010	5	95.85 亿美元	19.17 亿美元

2. 国际医药企业并购的特点

（1）强强联合、优势互补

国际医药企业并购的重要目标是建成经营范围遍布全球、技术开发能力卓越、投资能力雄厚的世界级大公司。成功实现这种并购的典型案例便是 2000 年辉瑞（Phizer）以 900 亿美元的巨资完成对华纳兰博特公司（Warner）的兼并，并收获了十分成功的兼并成果。当是时，Warner 公司的增长率在全球医药企业中名列翘首，而辉瑞则屈居第二，但是经过企业间成功的并购，辉瑞公司的增长率跃至第一，并且兼并后的辉瑞也以高达 2640 亿美元的市场资本自世界市场资本 500 强排名的 37 位跃升至第 4 位，此外并购后的三年，公司的纯利增长率以及销售额增长率都有了大幅提高。兼并前已经开发研制了丰富新药品种的 Warner 公司与以强大经营能力著称的辉瑞公司之间的兼并可谓是典型的强强联合，彼此间产品系列的几无重叠性，造就了相当的规模优势，并使得合并后的公司收获了超过 12 亿美元的成本降低和实现合理化的效果。大型医药公司的重组、兼并在实现优势互补的同时，突出了主业，强化了其核心竞争力，在全球医药市场的割据中占据了更加优势的地位。

（2）战略驱动型的经济活动

发生在不同年代的并购目标各不相同，20 世纪 60 年代的混合并购浪潮是为了追求多样化的经营；80 年代的企业进行并购，目的在于利用杠杆效应直接获取短期收益；至于 90 年代的企业则是更多的从战略角度出发，为实现企业的长远发展，争取国际市场的战略优势而做出的并购决策。伴随着 21 世纪的到来，现代生物技术对医药产业的发展产生了革命性的影响，这也吸引了众多医药企业的投资并购目光，为了各自企业的长远发展，纷纷将收购集中在生物技术、基因技术领域。企业着眼于未来竞争而做出的战略并购有别于通过股票市场炒作来缓解经营、财务压力的短期战术行为，这就决定了恶意兼并的减少以及合作型并购的增加。

（3）企业经营专业化

有别于 20 世纪 60 年代众多企业为了单纯追求多样化经营而进行的并购举动，90 年代的企业更多的是通过分拆、剥离的手段，在出卖不相关业务或成立独立专业公司的同时，集中技术力量与企业资金，突出主业，塑造专业优势。1999 年的美国杜邦大化学公司便是将分离其石油公司科诺克而获得的 30 亿美元投资到公司未来重点培养发展的医药品相关领域，同样的还有瑞士罗氏公司与美国强生公司关于其美国医疗企业的出让以及默克公司从化学领域的华丽撤退，这些都是企业为实现专业化经营，强化专业优势而做出的战略决策。

（4）企业间合作成为国际医药企业并购发展趋势

市场竞争推动企业不断地优化资源配置，将有限的优势集中在某一特定生产经营环节之上，这种单一企业优势的有限性在市场激烈竞争的催化下衍生了企业之间寻求合作的迫切需求。当前，为解决社会老龄化带来的开发老年用药的社会性课题，也为了抢占老年用药市场的商机，欧美公司也正在紧锣密鼓的实施企业之间的协作。如，德国拜耳与美国专业开发型企业米雷尼安合并投资 465 亿美元，共同开发癌症及骨质疏松的治疗药物。

3. 国际医药企业并购动因分析

（1）全球化经济的蓬勃发展

全球经济一体化和国际贸易自由化便利了跨国资本的流动、减少了国际贸易壁垒，为企业的并购创造了优良的宏观环境，也正是在全球一体化程度的加深、技术进步的加快以及国际竞争的加剧三者的共同作用下，国际医药企业的并购产生了新发展和新动向，推动了跨国医药行业的结构调整和行业重组。同时，国际医药企业的并购亦积极反作用于全球一体化、技术进步和国际竞争。

（2）各国政府对企业并购政策的改变

以往各大企业的兼并项目受限于反托拉斯法，但是随着经济全球化格局的改变，欧美各国逐步意识到了反托拉斯法对本国企业发展的阻碍，一改曾经对并购行为采取的苛刻态度，放松了对企业兼并的限制。同时，现今的企业兼并更多的是为了实现企业的优势互补，借助扩大的经营规模获取成本和价格方面的优势，进而增强企业的国际竞争力，这与昔日医药垄断集团为实现市场垄断施行垄断价格而进行的兼并是大为不同的。如此，以美国为代表有关国家均改变了本国的相关政策，扫除了新兴企业并购的法律障碍。

（3）技术进步加快，争夺先进技术

科学技术在经济全球化的背景下取得了突飞猛进的发展，而医药产业领域中往往以先进的科研产品作为市场竞争中企业立于不败之地的重要"法宝"。近年来生物医药的发展，为医药产业带来了一缕新风，其以众多新型生物技术药物为敲门砖，打开了医药产业变革的大门，并利用生物技术实现了传统产业的改造。但是生物医药产业的发展，需要进行基因生物以及信息技术等方面的巨额投资，且一般需要7～15年的长期研制周期，这必然导致大部分企业无法承担这些费用的支出。同时，更多的企业在争先恐后的采取"绕道专利"的做法，通过新路径的合成，在专利药品仍处于专利保护期内快速的生产出与新药相类似的药品，以极小的投资来分割专利药品的市场，并且不会受到法律的惩治。如此，致力于新药研发的企业在面临着新药开发难度增大，开发费用上升，并且巨额研发投资已无法获得与预期相匹配的回报时，纷纷选择通过兼并获取最新技术的研发捷径。世界医药公司近年来的大规模兼并活动均是为了通过企业兼并，吸纳相关知识资产，结合已有的市场、资金和技术上的优势获取垄断性的专利权。

（4）国际竞争日趋激烈

经济全球化之下的市场国际化使得知识产权的保护更为严格，加之药品研发的市场成本不断增加，为了扩大市场份额，跨国企业只能进行大规模的联合与兼并，通过国际资本的运营，建立遍布全球的生产、销售网络。正如21世纪初，英国第二大的制药企业葛兰素威康与史克公司的兼并，最终形成了市值1777亿美元，市场占有率达7.3%，拥有250亿美元全球销售额的葛兰素史克公司。合并后的第三年起，新公司每年可以节约16.3亿美元的陈本，并将其1/4都投入到新药研发之中，管理费用也实现了大幅降低。除此之外，政府对于药品价格的深入管控，产品的专利保护期限以及产品渠道的减少都在促使市场竞争趋于更加激烈的状态，这些也在诱发更多的全球医药行业进行不断的兼并和收购。

（二）中国医药企业兼并

我国医药行业的市场竞争格局正在发生深刻的变化，变化过程中逐渐呈现出了三大特征：一是"国内竞争国际化，国际竞争国内化"；二是行业中低成本竞争正趋向于长期化和常态化；三是医药产业掀起了连续不断的并购重组浪潮，并且高潮迭起。不同于国际药企间的兼并，中国医药企业是将并购作为了增强核心竞争力，突破常规竞争态势的重要手段。

1. 中国医药企业兼并概况

（1）并购规模较小

国际医药企业的并购具有资本集中、人才集中、技术集中、设备集中、产品集中的五大集中性特点，同时并购的规模也在逐渐扩大，而中国国内企业间的并购往往规模较小，具有自身独特性，需要更为缜密、精细的战略思维策划并购的方案，这与国际大型药企间的并购无法相提并论。

（2）主要目的是扩大经营规模

我国医药企业目前的生存现状存在着"一小，二多，三低"的问题，企业规模小，数量多，重复性产品多，企业的产品科技含量低，生产力利用率低，管理水平低，当前医药行业接连不断的浮现企业并购也正是为了解决上述问题，企业试图通过并购来扩大经营规模，取得规模经济效益，由此可见，并购已经成为推动我国医药行业发展与壮大的重要因素。

（3）政府主导型重组仍起着较大作用

国外医药企业的并购通常是在市场竞争的作用下做出的战略决策，是一定程度的纯粹的市场行为，政府方面仅仅会依据反垄断法等法律法规来保护消费者和投资者的合法权益，而不会对企业的并购行为横加干涉。对比之下，源于我国社会经济发展的独特性，医药行业的发展在一定程度上受到了国家相关政府部门的干预，为了打破企业数量多、规模小、行业集中度低的医药产业窘境，政府迫切地希望借由企业并购形成高集中度，具有规模经济效应的医药产业。但是，由于我国相关法律的建设尚待完善，科学的评价机制尚未确立，加之政府的相关干预可能会违背企业自身的发展需求，这些都导致我国医药行业的并购出现了盲目无序、效率低下、效果不确定等特点。

（4）跨行业并购多

国外制药企业一般不会涉足医药流通领域，而我国的制药企业由于其产、销、工贸一体化经营的特点，实行企业并购往往是为了整合上下游资源而进行的战略决策，这也为业外企业进入医药产业提供了机会，但是也捎带了"非专业性"进入医药领域。研发型企业与销售企业收购或重组制药企业就是为了突破国家对于药品生产过程中委托生产、加工等方面的政策限制。国内外制药行业并购特点的对比分析揭示了彼此关键环节的差异。国际药企的并购是在新产品研发压力的作用下做出的战略决策，而我国的医药企业并购更多的是在政府的主导下，为实现产销链的畅通以及规模的扩张而进行的。可以预见的是，未来大型国际制药企业将会在产品线不足、研发成本高昂以及市场份额压力的综合作用下，集中并购新兴的中小企业，尤其是那些拥有良好应用前景药物的生物和技术创新型企业。

2. 我国医药行业并购的发展历程

自新中国成立，我国医药产业的并购经历了三个极具中国特色的阶段，整体并购态势呈现出了旺盛的生命力。第一阶段，截至20世纪80年代，我国医药产业的并购经历了行政性关停并转；第二阶段，企业改革的初期，企业间进行的联合、兼并和收购都具有半企业性和半行政性；第三阶段为实行市场经济体制后，医药企业以公司形态为特征实行企业并购。

第一阶段的行政关停并转处于传统的高度集中的计划经济体制下，具有强制性行政以及无偿划拨资产的特点，医药企业只有经过国家的行政调控方能重组资产。中央政府在1963年开始领导实行试办国家托拉斯行政性企业重组，中国医药工业有限公司就是1964年经过中共中央、国务院批准而试办的一个全国性专业公司，当

医药产业经济：原理与政策

时，公司接管了全国 187 个生产企业，成为统一管理全国医药工业经济核算和计划的单位。可以说该阶段医药行业的并购是国家探索经济发展道路时期的产物。

第二阶段的企业改革初期，市场驱动了半企业、半行政性的医药企业联合、兼并和收购。改革开放带来了中国经济的复苏，曾经计划经济和文革时期遗留的无法适应市场发展，技术设备落伍的企业亟需整顿，所以才有了保定和武汉为"扶持先进，淘汰落后"而掀起的第二次并购热潮。

第三阶段始于 1994 年，此时市场经济体制的确立拉开了全国范围内医药企业以公司形态开展并购热潮的序幕。这期间的资本结构优化具有"增资、改造、分流、破产"的特征，其通过改革和破产等方式顺利地完成了市场中医药企业的优胜劣汰。在公司制企业和证券市场发展日益趋于规范化时，我国开始涌现了部分医药企业以公司形态通过股权交易进行企业收购的现象，同时，该时期的医药企业并购方式呈现出了证券化、多样化、国际化的发展趋势。自 20 世纪 90 年代以来，在国企转型改革的推动下，我国的医药行业并购重组保持了快速平稳的发展势头，2001 年中国的入世也为医药行业的并购创造了有利条件。2002 年中国华源集团重组上海医药集团，全年淘汰国内 1000 家医药企业；2004 年国药集团药业股份有限公司控股一致药业股份有限公司、云南医药集团有限公司，华源集团并购北京医药集团，华润集团收购山东东阿阿胶股份有限公司等，这个阶段我国医药企业包括国有大型企业的重组、并购高潮此起彼伏，正在逐步培养中国医药行业的大鳄。

我国医药行业的并购经历了三个不同的阶段，每个阶段都有着不同的时代、经济、政策背景，造就了不同阶段医药企业的并购动因、并购性质以及并购手段各具特色，大相径庭。近 40 年的发展历程，反映了我国医药行业并购从强制性行政调控到市场调控的发展；从行政性目标到以适应国际市场为目标的改变；从资产无偿划拨到规范股权交易的进步，可以说分别处于高度计划经济、改革开放、市场经济不同经济背景下的我国医药行业并购的三个发展阶段都揭示着我国医药产业的发展正在与时俱进，竭力与国际接轨，并且察觉国际医药市场动态的敏锐性也在快速攀升。

3. 我国医药行业并购的动因

（1）外因

①宏观因素

在经济结构的调整过程中，国有经济选择坚守某些特定领域而退出一般竞争性领域。虽然我国上市公司并购业务存在着流通股与非流通股的分割、并购法律、制度、政策缺失等问题，但是伴随着 21 世纪我国的入世、跨国资本的流入，证券市场日趋规范，兼并法律制度及相关配套政策亦随之进行了完善，这些在解决问题的同时也为上市公司的并购重组创造了历史性的机遇。

②行业因素

我国加入世界贸易组织之后，基于入世承诺，开放部分领域的部分国内市场，承诺可在 5 个经济特区和北京、上海、天津、广州、大连、青岛 6 个城市设立中外合资零售企业；入世 3 年内，取消对外资批发和零售服务的地域、股权、数量限制，取消对外资参与特许经营的所有限制（若连锁药店拥有超过 30 家的分店，则不允许外资控股）；5 年内取消对外资参与分销领域的所有限制。上述承诺无疑为跨国医药企业进驻中国，占据中国医药市场份额创造了大为有利的条件，这也使得中国本土的医药企业面临着空前巨大的挑战，迫于跨国国际资本的压力，国内医药企业也在积极寻求并购重组的道理，这也就形成了该时期医药行业对资源的瓜分、对优势企业的收购、对终端市场的大规模投入十分惊人的表现。即使是我国排名前几位的诸如哈药集团股份有限公司、上海医药集团股份有限公司等之类的大型企业在与跨国医药巨头相比时，无论是资本实力、销售收入还是技术研发、管理水平都存在着天渊之别，实力悬殊，为此，国内医药企业就必须把握新的市场竞争规则，在立足国情的基础上，尽快借助重组并购等措施做强、做大、做精，积极应对跨国企业的挑战，主动扩展新形势下的企业生存空间。

（2）内因

目前我国医药产业存在着"一小、二多、三低"的状态特征，众多中小企业无法积累雄厚的资本，无法承担高额的研发投入，无法实现高端管理，如此情形之下只能依靠仿制药品的销售赚取微薄的利润，长此以往又形成了产业发展的恶性循环，企业只有通过大规模的并购、重组，整合现有资源要素，形成一定的产业集中度，创造规模经济效益，将众多中小医药企业的力量加以联合，才能打破僵局，找到提升医药企业开发创新能力的有效路径。综上所述，推动现阶段我国医药企业并购的内部因素主要有：创造生产、销售规模效益的迫切需求；增加研发投入，增强未来竞争力的迫切需求；提升管理能力，完善管理机制，引进新型管理模式的迫切需求；实现企业低成本迅速扩张的需求。此外，我国企业的并购重组并不仅仅是为了谋求竞争优势，在很大程度上还是为了实现企业机制转变、国有经济重组以及产业结构调整而实行的战略决策。通过对具有互补性质（包括了产品、管理经营以及地理上的互补性）的企业进行重组和并购，兼并后的企业将获得营销渠道的掌控权，增加市场反应敏感度，在降低交易成本的同时，抢占市场份额，获取细分市场上的垄断寡头利润。

4. 我国医药企业并购存在的问题

事物的两面性告诉我们，在看到我国医药产业并购平稳、快速发展壮大的同时，还应该认识到其中仍然存在的一些问题，他们主要表现为：

（1）法律法规尚待完善

企业的重组与并购作为一项极具政策性质的工作，是在众多因素的共同影响下形成综合平衡的系统工程，其中相关的政策法规为其顺利进行提供了法律保障，因此一个良好的法律政策环境对于企业的并购重组而言是必不可少的。但是相对于西方发达国家近百年的并购发展历程，我国的法律体系完善仍然需要时间。目前我国医药企业的并购主要遵循《公司法》、《证券法》、《破产法》、《关于企业兼并的暂行办法》、《关于出售国有小型企业产权的暂行办法》、《股票发行与交易管理暂行规定》及《国有资产评估管理办法》等法律法规，但是对于并购中的债权保护、收购谈判的披露等专业领域，更具针对性的相关法律建设仍待完善，这些增强了并购的非市场性质，在一定程度上影响了并购重组的发展。

（2）政府干预较大

我国的企业并购，除了国有企业因为其独特的经济属性，由政府作为关键性的决策主体做出并购举措之外，其他性质的企业在实行并购重组时亦不可避免受到政府相关目标的影响，在政府的干预下做出决策。虽然政府的支持有利于企业顺利完成重组并购，但是其中主体错位带来的消极影响却也是不可忽视的。正如我国现今多数的企业并购属于区域内并购，而跨区域的并购却少之又少。区域内的并购案例大多数是当地政府为保障就业、实行地方保护而做出的强制性干预举措，在一定程度上影响了资源的优化配置，在违背市场经济发展规律的同时，导致优势企业不但无法通过并购重组取得规模效应，反而会因对落后企业的扶持与兼并而被拖垮，在整体上影响了区域经济的发展。导致这些问题的本质是我国经济发展进程中相关产权制度、经营体制以及国有资产管理的改革尚不到位，政府仍在经济运行中占主体地位，承担着资产所有者和管理者的职责，从而极易因政府管理的需要而干预企业的市场经济行为。

（3）企业并购目的值得深思

在上述的内容学习中，我们已经知道中国的入世在为我国医药产业的发展带来旷世机遇的同时也为我国医药企业的并购带来了前所未有的挑战。大多数企业在积极应对挑战时，试图通过前后一体化或控制区域销售网络的并购做大企业规模，抵制外资收购。但是，这种并购并不能给企业带来可观的利润收益，在医药市场中，企业并购对象的选择是基于产品和市场的互补性而做出的。

（4）企业产权的明晰度不够

我国医药企业是医药行业的重要组成部分，其中医药类上市公司，尤其是国有医药上市公司更是在医药行业中具有举足轻重的地位。但是由于产权制度改革尚未完成，产权机制不够完善，国有医药企业就会因所有者缺位而存在产权不明的问题，这将会导致企业在一定程度上呈现出并购的行政特性，更有甚者政企不分，加之国有医药企业法人治理结构尚待完善，市场体制缺失，身处名义报酬偏低市场中的经理人就会为竭力避免自身既得利益因控制权的丧失而受到损害，进而采取措施抑制并购活动，这就是典型的内部人控制现象，在这些因素的阻碍下，即使并购活动能够使得公司实现价值最大化，并购过程也会举步维艰。

（5）资本市场尚待完善

虽然我国的《上市公司收购管理办法》及《上市公司股东持股变动信息披露管理办法》等法律法规对上市公司的收购规则、方式以及法律责任、持股变动信息等方面做出了详尽的、可操作的规定，但是医药行业中资本大规模的介入对资本市场的运行提出了更高的要求，而我国资本市场的建设尚待完善。这是因为我国证券市场起步晚，目前正处于初级发展的阶段。加之，我国证券市场规模小、股权严重分裂、大量国有股和国有法人股无法上市流通，这些都严重限制了证券市场中的战略并购。同时，资本市场的不完善也导致了中介结构发展的滞后，根据美国以往的并购风潮，我们可以发现银行等金融中介机构在并购过程中起到了十分重要的作用，但是相比之下，我国的部分具有投资银行功能的券商等中介机构只是从事基础证券业务，缺乏对具体行业的专业性了解，即使积累了部分股份改组、证券经营的经验，仍然无法胜任医药上市公司间的并购重组工作，只能拘泥于原有传统业务领域，发展极端滞后，这与西方发达国家先进的、完善的金融中介发展体系有着较大差距。

案例分析

医药行业并购热潮

我国医药行业的并购重组于 20 世纪 90 年代后期开始逐步掀起了此起彼伏的高潮。其中以 2002 年底中国华源集团对上海医药集团的重组为开端，中国医药集团总公司等国有大型企业在医药行业并购和重组中逐步崭露头角并大放异彩。统计显示，2004 年前 3 个季度，医药行业掀起了并购狂潮，累计金额高达 34.68 亿人民币，共计发生了 43 起并购事件；而 2005 年的医药行业并购市场温度不降反增，延续着以往的并购高温，发生了并购事件 19 起，涉及金额亦达到了 20.14 亿元，直至 2005 年的第二季度，医药产业的并购开始了降温的过程，并购金额降至 7.03 亿元，并购市场逐渐趋于沉寂，一些兼并大鳄开始遭遇被并购的命运，如曾先后收购数家医药集团的华源集团就成为诚通集团收购的对象。如此迹象表明，医药行业正在从近几年的异常狂热中走向冷静，步入正轨，开始对并购后的资源进行整合，也在为下一轮并购重组积蓄能量。

2006 年至 2010 年，中国医药并购市场共完成 92 起案例，其中披露具体金额的并购案例共有 78 起，并购总额为 22.63 亿美元。2009 年，随着甲流的暴发与政府疫苗采购，国内疫苗市场容量骤增，吸引葛兰素史克（GSK）、诺华、赛诺菲安万特等公司进军国内疫苗市场。GSK 相继与江苏沃森、深圳海王英特龙公司组建合资企业，研发、生产、销售面向中国市场的小儿疫苗、人用流感疫苗、狂犬疫苗等。法国赛诺菲安万特公司亦斥资近 7 亿元在深圳投建年产 2500 万剂疫苗的生产基地。2009 年年底，诺华制药收购国内第二大疫苗生产企业天源生物 85% 的股权，大举进发国内市场。

2010 年中国医药并购市场共完成 41 起并购交易，同比增长高达 310.0%；披露金额的 36 起并购案例涉及金额 7.28 亿美元，同比增长达 336.3%，不论并购案例数量还是并购金额都创造了新的历史纪录。

2011 年中国医疗健康产业的并购案例数达到 89 起，涉及并购金额 15.48 亿美元，案例数较上年有比较明显的提升，但是并购金额的提升幅度相对较小。2012 年上半年则披露相关领域 32 起，涉及金额 3.50 亿，并购热度有所下降。值得注意的是，医药流通领域并购行为异军突起，2011～2012 年上半年披露了 18 起并购行为，超出该领域 2006 至 2010 年的累积案例数。

医药产业经济：原理与政策

医药行业是一个科技含量高、集约化和国际化程度高的产业，与人民的生命健康和生活质量等切身利益息息相关，被称为是"永远的朝阳行业"。进入 21 世纪以来，我国医药行业一直保持较快发展速度，同时产生的问题也十分突出。运用并购手段推动医药行业整合重组将成为医药业持续健康发展的必由之路。

本章小结

1. 企业的市场行为一般情况下分为市场协调行为和市场竞争行为，目前市场中的企业行为以竞争为主。市场竞争行为包括了价格行为和非价格行为，产业经济学理论中着重介绍了企业的价格行为，其包括了以价格歧视、掠夺性定价以及限制性定价为主的价格行为还有以产品差异化、广告、兼并等为主的非价格行为。

2. 企业市场行为在一定程度上还会反作用于市场结构，有时会产生积极的影响，正如产品差异化的营销策略可以帮助企业占据竞争有利地位，广告可以影响消费者的购买偏好，但是同时，企业行为也可能会给社会福利、社会效率等方面带来消极影响，正如兼并可能导致的垄断势力的产生。

3. 我国医药产业中的企业兼并由于我国的社会性质以及经济发展的阶段水平、特点，与跨国医药企业的兼并存在很多的不同之处，也经历了不甚相似的发展阶段，各具特点。本章节中进行了详尽的对比分析，目前我国医药企业的兼并重组与跨国医药企业的兼并重组仍在兼并规模、资金、资源整合等方面存在较大的差距。

思考题

1. 试论述掠夺性定价与限制性定价行为的主要特征及其对市场结构的影响？
2. 产品差异化的主要方式有哪些？产品差异化如何影响市场结构的？
3. 简述广告行为对市场结构的影响？
4. 试述企业兼并的主要动机及其对市场结构的影响？
5. 对比分析我国医药企业的并购重组与跨国医药企业的并购重组的差异？

第六章

医药产业市场绩效

【教学目标】

本章介绍了 SCP 范式的最后一个部分—市场绩效。主要内容为市场绩效的概念及其衡量指标、综合评价方法，市场结构、市场行为与市场绩效的关系，产业组织合理化、有效竞争及其衡量标准，我国医药产业的市场绩效分析等内容。通过本章的学习，使读者全面了解 SCP 分析范式、市场绩效及其衡量指标和评价方法、有效竞争及衡量指标、我国医药市场的绩效情况等。

【教学要求】

1. 了解：产业组织合理化、有效竞争衡量指标的确定原则、当前我国医药产业市场绩效。

2. 熟悉：SCP 范式评价、市场绩效概念、有效竞争概念及其衡量指标。

3. 掌握：从短期和长期不同视角，把握市场结构、市场行为以及市场绩效三者之间的关系；能够运用相关统计指标对我国医药产业的市场绩效进行分析。

4. 重点掌握：市场绩效的衡量指标和评价方法、我国医药产业的市场绩效的评价指标和评价方法等。

第一节 市场绩效的概念及衡量指标

一、市场绩效概念

市场绩效（market performance）是指在特定市场结构下，通过一定的市场行为使某一产业在价格、产量、产品质量、品种、成本、利润及技术进步等方面达到的最终经济成果。根据 SCP 范式可知，市场绩效取决于市场行为，而市场结构又决定了市场行为。根据前面已经介绍的市场结构和市场行为的相关内容，可以看出，市场结构和市场行为对市场的绩效能够产生重要的影响。如果说市场经济的运行基础和运行过程是由市场结构和市场行为来反映的，那么经济最终的运行结果则由市场的经济绩效来反映。即前两者反映的是经济运行的环境和方式，而后者则反映的是经济运行最终的成果。具体而言，可以从下面四个方面来衡量和评价市场活动的绩效的好坏：

第一，具有较好经济绩效的企业关于所生产产品的种类、数量以及如何进行产品生产等方面的经营决策应当是有效率的，要避免稀缺资源的浪费，同时需要具备感知消费者的需求并做出反应的敏锐洞察力。第二，具有较好经济绩效的企业追求技术的进步，希望通过利用科技提供的机遇来提高单位投入的产出水平，力求为消费者提供质优的新产品，并能起到长期推动社会人均实际收入增长的作用。第三．具有较好经济绩效的企业能够充分利用稀缺资源尤其是人力资源。避免浪费是对资源的一种节约，但节约不是目的，只有充分有效地利用稀缺资源，使其能为公司的绩效提高服务才是真正发挥稀缺资源的作用。第四，具有较好经济绩效的公司能够公平地分配收入。在市场经济中，人们应该享有相对平等的选择机会，此种选择机会的获得以收入和财富分配的相对公平为基础。为了达到这一目标以及其他社会目标，就必须要求生产者对自身提供的产品和服务指定合理的价格，尽量使其产品和服务的价格在大多数相关消费者的消费能力内。

二、市场绩效的内容

绩效反映的是市场经济活动的主体实现经济活动目标的程度，所以市场的结构和行为直接决定了市场经济活动的成就，可以说，市场绩效的评价与市场经济活动的主体以及其要达到的目标息息相关。在经济全球化的今天，任何一个社会经济活动的主体都具有多元化的特点，它涉及个人、企业、行业或者产业，有的甚至涉及整个国家乃至世界。由此可见，对作为反映市场运行效率的市场绩效的研究必不可少，产业组织理论主要从以下两个最基本的方面来研究市场绩效。

一是描述和评价市场绩效。资源配置效率、产业规模结构效率、技术进步以及X非效率等是学者们描述和评价市场绩效的主要方面，他们对市场绩效的基本情况进行直接或间接地研究，并评价市场绩效的优劣。二是在 SCP 范式下研究市场绩效。学者们对市场绩效与市场结构、市场行为之间的关系进行研究，并力求从这三者的相互作用关系中，寻找影响市场绩效的因素，便于解释某种市场绩效出现的原因。

（一）市场经济活动目标

市场结构和市场绩效反映的是市场经济运行的基础和过程，而市场绩效反映的则是最终的结果。经济学理论认为，社会福利的提高程度应该作为市场绩效的评判依据。而社会福利的提高则涉及效率、平等、稳定、进步等多种要素。要想获得社会福利的提高不可避免的要提高企业外部效率，提供平等的机会，稳定人们的生活，并使技术、经济结构、体制制度等得到进步和转变。

（二）市场绩效的内容

若想得到较好的市场绩效，则要达到效率目标、稳定目标、公平目标、技术进步等要求。其中，效率目标包括资源配置的效率、企业内部效率（X 效率）、规模结构效率；稳定目标包括稳定就业、抑制通货膨胀、缓和经济波动；公平目标包括结果公平、机会公平；技术进步又有狭义技术进步、广义技术进步两个方面，具体内容在本书中均有所涉及。

（三）市场绩效的评价标准

社会经济活动中，经济活动的主体往往具有多样化的特点，每一个经济主体从事的经济活动及其要达到的目标也多种多样，这就决定了对经济绩效的评价需要采用多元化和多层次的标准。就结果来说，有时候经济活动的目标是一致的，如技术进步能够促进资源配置效率的提高，资源配置效率的提高也能够促进进步目标的实现。但也有的时候，经济活动的目标间会出现冲突，如效率的提高和公平之间往往存在冲突，很难同时实现。在评价市场绩效时又因研究者的研究方法、角度等因素的不同而使得各经济目标在评价中的权重不尽相同。

市场绩效的评价一般主要包括以下准则：

1. 价格能够引导生产要素的流动

若是价格的变动能够将生产要素引向生产效益好、生产成本低、市场需求大的产业和企业，那么市场就能够取得很好的绩效，否则，难以获得理想的市场绩效。

2. 产业内企业的生产量能够带来规模效益

由经济学理论可以，在一定限度内，随着规模的扩大，企业是可以产生规模效益的。若市场上的主要供给者达到了规模经济的要求，能够使产业的平均成本长期处于最低水平，而且长时间内不出现产能过剩问题，那么市场就能够取得很好的绩效。

3. 产业内企业的生产消耗和其获得的利润率比较合理

若是企业在经营上不存在浪费，如销售费用、产品改型等生产费用的使用合理，整个产业的平均利润率维持在适当的水平上，那么市场就能够取得很好的绩效。

4. 所提供产品的质量以及品种规格能够较好地迎合市场消费者的需求喜好

如果产业内企业所提供产品的质量能够达到国家标准、行业标准，甚至高于以上标准，并且所提供的产品规格是市场内常用规格且符合消费者的使用习惯，那么就能够很好地迎合市场上消费者的需求喜好，从而取得较好的市场绩效。

5. 产业的技术进步步伐不断加快

据 SCP 范式，市场绩效由市场结构和市场行为共同决定，但不管市场化的程度如何，都或多或少受到国家制度的影响，与政府的产业组织政策密切相关。

（四）市场绩效的衡量指标

产业经济学是以社会角度（消费者）来定义市场绩效的，并认为在以效率为标准的前提下，从最抽象的分析开始，便可证明完全竞争对市场绩效的提高最为有利。相反，垄断则带动经济偏离完全竞争状态，带来市场绩效的损失。经济学家通常采用三种方法即收益率、勒纳指数、托宾 q 值和贝恩指数来判断一个产业的市场绩效在多大程度上接近于完全竞争状况。

1. 收益率

收益率（The Rate of Return）指标是衡量市场绩效的常用指标，是一种衡量每一元投资盈利多少的方法。完全竞争的市场上，资源在产业间、企业间的流动是完全自由的，资源的配置呈现最优状态，此时的社会效率最高，利润率在不同的产业间趋向于平均化，此种情况下的企业只能获得正常的利润，因此是否获得较高的利润率、行业内是否存在平均利润率便成为衡量市场绩效高低的重要指标。

一般，计算利润率的公式如下：

$$R = (\pi - T) / E$$

公式中，R 用来代表税后的资本收益率；π 用来代表税前利润；T 用来代表税收总额；E 则代表自有资本，包括股本和所有者权益。

式（6.1）表达了利润率计算的基本思想，需要注意的是，产业组织理论中所说的收益或利润是经济利润，而不是会计利润，经济利润是收入减去机会成本的数额，会计利润则是依据标准的会计原则计算得到的利润。因此在计算利润率时，经济利润等于收入减去资本成本、物资费用（原材料的成本）以及劳动力成本（包括劳动力工资等方面）。资本成本等于资本财产出租可获得的总租金。总租金又等于每单位财产租金率乘以资本量。经济利润与资本的租金率有密切相关。资本的租金率是在设备折旧以后资本的所有者所能获得的一定收益率。折旧是资本在其使用期间所减少的经济价值，亦可称为经济折旧。

$$经济利润 = R - 劳动力成本 - 原材料成本 - 资本成本$$

上式中，R 代表收入，资本成本是通过资本的租金率乘以资本价值。如果资本价值用 $P_k K$ 表示，其中 P_k 代表资本的价格，K 代表资本量。资本在使用的过程中其经济价值会降低，也就是发生折旧。扣除折旧后实际赚得的收益率对投资者才是真正获得的收益，对受益者而言最为重要。这样，租金率就可以表示为赚得收益率加上折旧率，收益率和折旧率分别用 r 和 δ 表示，那么，经济利润的计算公式可以变为：

$$经济利润 = R - 劳动力成本 - 原材料成本 - (r + \delta) P_k K$$

赚得的收益率是使经济利润为零的那个 r。上式中的经济利润为零，可以解出式上式中的 r，为：

$$r = (R - 劳动力成本 - 原材料成本 - \delta P_k K) / (P_k K)$$

所以，赚得的收益率等于净收入除以资本价值，此处净收入为收入减去劳动力成本再减去原材料成本最后减去折旧得到。

用收益率来衡量市场绩效时，如果收益率越高，表明越多的超额利润被企业所获得，所在市场状态据完全竞争状态偏离的也就越多，表现为更低的资源的配置效率；如果收益并非超高或超低，而是在正常的利润水平附近波动，那么市场的竞争状态就越完全，市场资源的配置效率也就表现的越高。

需要特别注意的是，收益率的正确计算存在一定的困难，根据费雪（Fisher）和麦高恩（McGowan）的归纳，主要存在以下几个方面的困难：第一，由于通常使用的是会计定义而非此处所用的经济定义，因此是否能够做到正确地估计资本容易被忽略。第二，通常情况下，估算时较少能够很好把握折旧的计算。第三，由于广告及研究和开发（R&D）具有跨时期的特点，它们的影响并不能在投入时立刻显现，故而也很难被准确地估价。第四，由于通货膨胀的影响，名义收益率和实际收益率两者之间常存在较大的差异，难以较好结算。第五，垄断利润能否被恰当地包括在计算的收益率内也很难把握。第六，税收通常是从收入中扣除的，但在哪一阶段扣除税收直接影响收益率的大小，有时可能会忽略税收的影响，误将税前收益率当成了正确的税后收益率。第七，收益率可能缺乏恰当的风险调整。第八，还有一些收益率的计算没有恰当地考虑负债。明确了问题，在实际的评价中就要应该避免出现这些问题，并对已经出现的问题引起的偏差进行矫正。

用收益率来评价市场绩效时，非常重视市场的势力，但实际生活中，导致市场偏离完全竞争状态的并不止市场势力这一种因素，至少还包括以下几种：①风险投资带来的风险利润。②难以预期的需求以及费用变化带来的预期外的利润。③成功开发和引进新技术所获得的创新利润。可见，超额利润并不完全由市场势力决定，此种情况下再用收益率指标来衡量市场绩效就显现出了一定的局限性。

此外，由于不同产业、不同企业、不同期间计算的成本和利润的方法和口径不尽相同，所以通过计算收益率来研究市场绩效在研究方法论方面存在一定差异。实践中，还存在一个更为严重的问题，就是数据的获得可能受到限制，这样就难以客观、准确地计算收益率，通常计算出来的并不是经济收益率而是其他收益率。当然，如果计算出来的收益率在不同的产业之间偏差相似，那么比较这两个产业的收益率时仍然就有一定的价值，这在进行跨产业 SCP 实证分析时可以使用。

通过以上的分析不难看出，正的经济利润就是高于竞争水平时所赚得的收益率。实践中，正的经济利润或者说超额收益主要来源于四个方面：第一，不可预期的需求和费用变化带来的非预期利润；第二，大风险投资成功所获得的风险利润；第三，成功开发和引进新技术获得的创新利润；第四，垄断市场获得的利润。从产业角度看，前三种都是短期的，对长期超额收益的形成并无益处，故传统产业组织理论认为，如果一个产业能够长期获得正的经济利润或者说超额收益，那么就可以认为该产业存在一定的垄断力量。

2. 勒纳指数

如上所述，用收益率这一指标来衡量市场绩效，常会遇到一些问题，从而影响衡量的效果。阿贝·勒纳（Abba Ptachya Lerner）提出了一种以垄断势力为基础的计算——勒纳指数（Lerner Index），也就是价格—成本加成。它能够避免使用收益率衡量市场绩效时出现的计算问题，因而使用勒纳指数来衡量市场绩效得到了许多经济学家青睐。微观经济学理论认为，完全竞争市场长期均衡的条件是价格等于边际成本，帕累托最优，资源的配置效率最高，社会福利达到最大。换句话说，价格与边际成本是否相等也是衡量社会资源配置效率最优效果是否达到的一个基本的定量指标。这是勒纳指数能够用来衡量市场绩效的理论依据。

勒纳指数是指价格高出边际成本的比率，即：勒纳指数 = （价格 – 边际成本）/ 价格。其计算公式方式如下：

$$L = 1 / |\varepsilon| = (p - MC) / p$$

式中，MC 用来代表商品的边际成本，p 代表市场价格，而 ε 则用来代表市场需求的价格弹性。可以通过如下过程推导得到勒纳指数 L：

假定市场是完全垄断的结构，那么从垄断厂商追求利润最大化的目标出发，就不难得到其利润函数为：

$$(q) = p \cdot q - C(q) = TR - C(q)$$

由一阶必要条件能够得到

$$d(TR)/d_q = C'(q) = MC$$

$d(TR)/d_q$ 表示边际收益，即为 MR

可见，垄断企业追求利润最大化的条件为边际收益等于边际成本，即 MR = MC。那么勒纳指数就可以表示为：

$$L = (p - MC)/p = (p - MR)/p = 1 - MR/p$$

由微观经济学理论可知，$MR/p = 1 + 1/\varepsilon$，其中，ε 为产品的市场需求的价格弹性，是一个负值。因而：

$$L = -1/\varepsilon$$

所以，勒纳指数可以表示为：

$$L = 1/|\varepsilon| = (p - MC)/p$$

由以上推导可知，勒纳指数的数值在 0 到 1 之间变动。勒纳指数越小，反映价格偏离边际成本的程度越小，也就意味着市场势力越小，此种情况下市场的竞争程度越高，资源的配置效率也就越高。反之，勒纳指数越大，反映价格偏离边际成本的程度越大，也就意味着市场势力越大，此种情况下市场的竞争程度越低，资源的配置效率也就越低。当市场为完全竞争的状态时，产品的价格等于其边际成本，此时勒纳指数为 0。当市场为垄断状态时，产品的边际收益等于其边际成本，此时勒纳指数变大。当 MR = MC 时，由于 MC 不小于 0，可知 ε 的绝对值不小于 1。否则，若 ε 的绝对值小于 1，则 MC 便小于 0，这与常理不合。而如果 MC 大于 0，则产品的需求价格弹性大于 1。由此可知，垄断厂商在正常情况下会选择在需求弹性较大的区域内从事生产，而不会出现在产品的需求价格弹性小于 1 的区域内。这种情况下，勒纳指数就不可能超出 1。所以说，勒纳指数的数值在 0 到 1 之间变动。

根据勒纳指数的计算可知，产品的需求弹性大小决定了该产品市场的市场竞争是否充分和垄断程度的高低；产品越富有需求价格弹性，市场上产品之间的竞争性越强，产品出现价格偏高的概率就越小，垄断产品的边际利润也就相对较低，也就是产品的垄断程度就越低；相反，产品的需求价格弹性越缺乏，垄断产品的出现价格偏高的概率就越大，那么产品的垄断程度就越高。究其原因是，在完全竞争市场上厂商产品价格等于其边际成本，也就是说，勒纳指数越趋近于零，市场竞争程度越完全。而从公式也可以看出，需求价格弹性的绝对值越趋近于正无穷的产品即越富有弹性；反之，产品的垄断程度越高，其价格与边际成本之间的差额也就越大（垄断者的垄断利润也就越大），不难看出，这样产品的需求价格弹性的绝对值将趋小。需要注意的是，讨论勒纳指数时不能忽略它的一个必要条件—产品的弹性都大于 1。

不得不注意的是，勒纳指数反映的是在市场存在支配能力时产品价格与边际成本的偏离程度。它试图从市场绩效的角度来反映市场结构，但是实际上反映的却是企业的实际行为，无法得知企业的潜在垄断行为。也就是说，当垄断企业为了谋取或是保持垄断地位而采取限制性定价和掠夺性定价而使价格接近甚至低于边际成本时，勒纳指数接近或是直接为 0，但显然，它并不表示该市场是一个完全竞争的市场。由于勒纳指数是以比较静态价格的理论为基础，所以它无法得知目前所知的价格和边际成本之间的差额是否确由过去的行为所引起。此外，公式计算中所需的边际成本难以获得，由于价格是与产品质量相关的，也很难确定价格会不会是由其他因素（如质量）引起的，而非垄断的结果。在实际计算中，研究者常常使用平均成本来代替边际成本，这会带来较大偏差。

3. 托宾 q 值

詹姆·托宾（Jamas Tobin ,）是美国最杰出的凯恩斯主义经济学家。他自始至终认为可以通过扩展和完善原始的凯恩斯主义收入决定理论来分析 20 世纪 80 年代的宏观经济，不愿参加"货币主义"运动。对货币需求利息弹性所开展的开创性理论研究、对消费和储蓄进行的经验研究、对金融变量对支出决策效应影响的分析、为把经济周期和货币融合到经济增长模型中所付出的努力、对米尔顿·弗里德曼的货币主义理论架构提出的尖锐批评，以及为维护需求管理而对"新古典宏观经济"的消极结论做出的反驳，所有这些努力和成就为他赢得了 1981 年的诺贝尔经济学奖。而他的 q 理论作为经济理论中的一个重要观点，在很大程度上影响着现实生活中的经济分析。1969 年詹姆斯·托宾提出了著名的 Q 比率理论，即如果资本是不存在损耗的（即资本折旧率为零），企业资产的边际 q 值，即新增资产预期利润净现值与重置成本的比率，是在投资决策中的重要因素。

托宾 q 值是一家企业资产的市场价值（MV）与这家企业资产的重置成本（RC）的比率，即 q = MV/MC，式中，企业资产的 MV 可以通过其已公开发行并售出的股票和债务来衡量确定。托宾 q 值的计算公式为：

$$q = (R_1 + R_2) / Q$$

式中，q 表示托宾 q 值；R_1 表示企业股票的市场价值；R_2 表示企业债券的市场价值；Q 表示企业资产的重置成本。托宾 q 值根据企业资产市场价值的变化来衡量其市场绩效的高低。

托宾 q 开始是被用来进行投资决策的，它会对公司投资产生影响。分子部分可以看作是投资所带来的现金流入现值，分母部分可以看作投资所需要的现金流出现值，q 值能够反映在同一时点上每单位投资所带来的收益，即每单位现金流出的现值所带来的现金流入现值，相当于利润率或收益率的意思。根据这一原理，当股票价格升高时，托宾 q 值会随之增加，企业将会在资本市场上已发行股票的方式进行融资，对新设备的投资也将会随着增加，随之产品的产出也得到增加。随着该理论的发展，托宾 q 值逐渐被应用到企业评价中，被作为衡量公司业绩表现或公司成长性的重要指标。

当托宾 q 值大于 1 时，表明企业市场价值（以股票和债券计量）大于资产重置成本（以当前市场价格评估），意味着企业在市场中能够获得垄断利润，企业在购置新设备时将会选择发行股票这种低成本的融资方式。随着托宾 q 值的增大，企业能获得的垄断利润不断增大，社会福利损失也就越来越多，而市场的绩效则越来越低。当托宾 q 值小于 1 时，说明企业市场价值（以股票和债券计量）小于资产重置成本（以当前市场价格评估），此种情况下企业应通过出售其资本来维持生存。当托宾 q 值等于 1 时，说明企业市场价值（以股票和债券计量）等于资产重置成本（以当前市场价格评估），企业应当维持原有的资本存量。托宾 q 值是反映企业市场价值的重要指标之一。

托宾 q 值作为市场绩效的衡量指标，其使用虽没有收益率和价格—成本加成两个指标使用的多，但是它可以避免收益率和边际成本估计的困难，在计算重置成本时还充分考虑了通货膨胀等因素的影响，具有非常好的应用前景。但是，在使用托宾 q 值衡量市场绩效时准确计算企业的市场价值和其资产重置成本非常重要。而在计算企业的重置成本时很多因素如广告、研究开发、长期经营形成的无形资产价值等难以准确把握，而导致偏差的产生。由于准确计量 q 值较为困难，国内一般采用以下两种变通的方法计算 q 值。其一，市场价值直接用非流通股的账面价值代替，重置价值则用总资产的账面价值代替；其二，测算一个折价百分比，非流通股的市价用流通股的市价乘以该折价百分比来替代，重置价值的计算方法同第一种方法。但不论哪种方法计算的 q 值都与其原本定义相去甚远。而且实务中，股票市场具有很大的不确定性，不完全的股票市场并不总能正确评价企业的价值，很可能导致资本市场评价的信息失真。

4. 贝恩指数

通过以上的介绍可知，如果市场中的超额利润（经济利润）持续存在的话，一般情况下能够表明该市场上存在垄断势力，而且超额利润的高低和市场上的垄断力量的强弱呈现正相关关系。鉴于此，产业组织学的先驱之一贝恩（J. S. Bain）提出了衡量市场绩效的贝恩指数（Bain Index），该指数是利润率指标的一个特例。根据经济学理论，以企业家才能作为生产要素所得的报酬为正常利润，生产过程中使用的要素的报酬为成本，那么企业的成本应该包括会计成本和正常利润，超过正常利润部分的利润才是经济利润。贝恩指数的计算区分了会计利润和经济利润。会计利润的计算公式为：

$$a = R - C - D$$

式中，a 表示会计利润，R 表示总收益，C 表示当期总成本，D 表示折旧。

由上面的介绍可以知道，要得到经济利润，还需要从会计利润中减去正常利润，即：

$$e = a - iV$$

式中，e 表示经济利润，i 表示正常投资收益，V 表示投资总额。那么贝恩系数可以表示为：

$$B = e/V$$

实际上，贝恩指数就是表示超额利润率，在现实中是可以得到的。贝恩指数的优点在于应用上比较简单，在所要求的基础数据的获得上，贝恩指数较勒纳指数容易，这样利用贝恩指数结算的结果产生系统偏差的可能性就相对较小。但是由于现实中很难准确确定正常利润水平，而且无客观的可以直接比较的标准和依据，因此现实中企业的正常利润水平的确定主观性很大。此外确定超额利润时，还需要考虑企业的经营管理水平、技术水平、折旧摊销水平等因素有关，贝恩指数的大小就不一定能够完全反映垄断势力的大小。此外，贝恩指数以不完全竞争的理论假定为基础，但行业或企业的高额利润并非一定是通过垄断力量来获得。由于具备垄断能力的企业往往会制定低价格来驱逐竞争对手和阻止新竞争者进入，从而使行业市场显得无利可图，导致实际存在垄断力量的市场指标无法表现出来。所以，贝恩指数反映的是可能存在的垄断势力而非对垄断势力的直接计量。

第二节 市场绩效的评价与有效竞争的实现

一、市场绩效的评价

市场绩效是在一定的市场结构下，通过一定的市场行为使某一产业、产量、费用、利润、质量和品种以及技术进步等方面所达到的现实的状态。市场绩效实质上反映的是特定市场结构和市场行为条件下市场运行的效率，它是产业组织合理化的基本判别标准，是产业组织学的三大主题之一。

（一）市场绩效的综合评价

市场绩效既反映在特定市场结构和市场行为下市场运行的效果，也表示最终实现经济活动目标的程度。产业组织学是从产业和整个国民经济层次上来探讨经济活动的目标的。那么了解产业和整个国民经济层次上的目标便是我们对市场绩效进行评价的前提。产业和国民经济的目标具有多元化的特点，从经济角度分析的话，包括社会经济活动的效率、公平、稳定和进步等多层次、多方位目标在内的社会福利是最主要、最具综合性的目标。所以，对市场绩效的评价也应该是多层次、多方位的，任何某个单一指标都难以全面反映市场的绩效。而且有些目标之间还是相互冲突和矛盾的，对市场绩效的评价也就不能单纯使用某一个指标来衡量，要进行综合评价。本部分将从产业的资源配置效率、产业的规模效率、产业的技术进步程度、X非效率等多个方面来对市场绩效进行评价。

1. 产业的资源配置效率

现代产业组织理论认为，产业的资源配置效率是衡量产业市场绩效最重要的指标，在实际中资源配置效率常是利润率标准。该指标从生产者的生产效率高低以及消费者的效用满足程度这两个角度来评价资源的利用状态。资源配置效率主要包括以下三个方面的内容：

其一，消费者由消费在其群体中分配的有效消费产品而获得的效用满足程度；

其二，生产者根据在其群体之间分配的有限生产资源而获得的产出大小；

其三，同时考虑生产者和消费者，即生产者利用有限的生产资源所获得的产出多少程度和消费者使用生产者提供的产出所获得的效用满足程度。

微观经济学中常用剩余来分析市场资源配置状态。消费者剩余用来衡量消费者购买和消费商品时所获得的效用，生产者剩余用来衡量生产者生产和出售产品所获得的效用；消费者剩余和生产者剩余一起构成社会总剩余。

福利经济学认为，完全竞争市场能够实现消费者和生产者剩余的最大化，实现资源配置的帕累托最优状态。换句话说就是，改变资源配置已无法在不使任何一个人的处境变差的前提下使其他人的处境变得更好，即达到帕累托最优。1906年，意大利经济学家帕累托（V. Pareto）使用无差异曲线和埃奇沃思盒状图相结合的方法，证明了完全竞争市场自动满足资源配置最优的三个条件：消费者效用最大、生产者产出最大、消费者效用最大和生产者产出最大同时实现。此时，价格由自由竞争市场决定，资源在企业间、产业间自由流动，促使产业间的利润率趋向于平均化，所有的产业和企业都能获得正常利润，不存在垄断利润。虽然，完全竞争状态是一种理想的而非现实的市场状态，但是它能够为制定政策提供参考。

一般情况下，市场竞争越是充分，资源的配置效率也就越高。相反，垄断市场的资源配置效率是随市场垄断的提高而降低。垄断市场的供应量比完全竞争市场低，而垄断价格通常却比竞争价格要高。相比于完全竞争市场，垄断企业以比较高的价格向市场提供较少产量的商品，从而攫取一部分的消费者剩余，减少了消费者剩余，并导致了社会福利的净损失。

垄断企业将消费者剩余向自身转移的途径有：其一，通过垄断定价将一部分消费者剩余转化成企业的利润；其二，垄断企业为消费者提供服务时，通过使用价格歧视来将消费者剩余转化成企业的利润；其三，经营多项公共产品和服务的垄断企业，使用一方服务领域的超额利润来弥补另一服务领域的过低利润，即交叉补贴，再分配不同领域的消费者；其四，提供差别服务，垄断企业可以通过为一些消费者提供服务，而拒绝为另一些消费者提供服务来转化消费者剩余。不止这些做法会造成社会资源的配置效率低和浪费，为谋求垄断利润，企业可能会为获得垄断地位而寻租，在获得、维护以及保护垄断地位上所投入的资源也是一种浪费，是社会福利的损失，是资源配置效率低下的表现。

2. 产业的规模结构效率

规模结构效率又称为技术效率，反映的是产业组织的规模经济和规模效率的实现程度。经济学中，规模经济通常是指产品的单位成本随规模（即生产能力）的提高而逐渐降低的规律，可分为产品、工厂、企业以及行业四个层次的规模经济。通常，用达到或接近经济规模的企业的产量占整个产业产量的比例来表示规模经济效益的实现程度。产业的规模结构效率不仅与单个企业的规模经济水平密切相关，而且还反映产业内企业之间的分工协作水平的程度和效率。可以从以下三个方面来衡量某个特定产业的规模结构效率：①产业内经济规模的实现程度：通过达到或接近经济规模的企业产量占整个产业产量的比例来描述。②规模经济的纵向市场程度：通过实现垂直一体化的企业的产量占流程各阶段产量的比例来反映。③产业内规模能力的利用程度：通过考察产业内是否存在企业生产能力的剩余来反映。

产业内企业规模经济效益实现的情况可以分为三种状态。

（1）低效率状态

此状态下的市场上的活跃的主要是规模不经济的企业。这表明该产业的规模结构效率较低，规模经济效益的利用不充分，产业内运作大量的低效率的规模不经济企业。

（2）过度集中状态

此状态下的市场上的活跃的主要是实现或将要实现规模经济效益的大企业。由于市场上的企业过度集中，企业的长期平均成本无法降低。资源配置效率也由于大企业过度增强的市场力量而难以提高。

（3）理想状态

此状态下市场上活跃的主要是实现或接近实现规模经济的企业。这表明在产业内，规模经济效益得到实现且并规模经济效益也得到了充分利用，产业获得了最低的长期平均成本，资源配置和利用效率均处于最优状态，获得了理想的规模结构效率。

在市场经济发达国家的多数产业中，市场上的主要供给者是实现了规模经济的企业。例如，贝恩对美国石膏产品、水泥、汽车、钢铁等20种产业的调查表明达到经济规模的企业生产了70%～90%的产品，而在另一部分产业中则呈现过度集中状态。贝恩发现，许多过度集中的产业的生产成本要高于规模较小的企业，这表明存在不必要的超经济规模，可见，过度集中实际上降低了产业的规模结构效率。同时，一部分没有实现规模经济的企业仍然存在大多数产业中，虽然这类企业利润率比较低，但它们能够长期存在。有日本学者认为造成这种现象的原因可能是：产品差异化，小企业是始终无法和大企业拼综合实力的，但是小企业可以走专业化道路，通过实现自身产品的差异化来吸引顾客，只要能够生产出满足顾客喜好的有特点的产品，即便将价格定得稍高，也能够留住自己的顾客；廉价劳动力，大企业有一套规范的用人标准，而小企业则不然，他们可以雇佣廉价的劳动力来弥补由于为达到规模效益而进行的小规模生产所带来的成本上升，此现象在劳动密集型产业中尤为多见。

影响产业规模结构效率的主要因素有两个方面。一个是产业内的企业规模结构：产业内的企业规模结构是指产业内不同规模的企业的构成和数量比例关系，它可以反映大企业和小企业分别所占的比例。不同产业形成符合自己特点的有利于在生产上实现协同效应的由大型、中型、小型企业按一定比例组合而成的规模结构。另一个是市场结构，市场结构直接影响产业规模结构效率。

3. 技术进步

作为企业市场绩效的一项重要内容的技术进步能够反映动态的经济效率。技术的进步能够促进经济的增长，在带来更多的新产品的同时降低生产成本，从而降低产品价格。随着技术的进步，消费者能够接触到更多实惠的产品，消费者的福利也能够得到改进和提高。技术进步具有非常广泛的含义，一般广义和狭义之分。广义的技术进步包括除劳动投入和资本投入之外的技术进步，诸如发明创造、组织创新、结构调整、教育水平等所有能够促进经济发展水平和效率提高的因素。狭义的技术进步主要包括两个方面：一是发明、革新和技术转移；二是提高劳动生产率。其中发明是指研究开发对人类生产活动有用的新技术，革新是应用开发这种新技术，并将之企业化。革新还可细分为新生产方法革新和新产品革新。在产业经济分析中对市场绩效的衡量采用的是狭义的技术进步概念，主要包括发明、革新和技术转移。扩散是指新产品或新的生产方法被广泛采用。

产业的技术进步不是一蹴而就的，而是一个过程，它被美国著名经济学家熊彼特将分为了三个阶段。①发明阶段。通常，我们将对人类生活或生产活动有用的新产品或新的生产方法的构思和相关技术问题的解决称为发明，发明阶段相当于研究开发阶段。②创新阶段。创新是指第一次应用发明并产生一种新产品或新的生产方法的阶段。在产业中，创新就是企业家对市场调查等进行可行性研究并筹集资本，将实施发明的成果并提供新产品和可应用的新生产工艺。③技术转移阶段：技术转移是指新产品或是新的生产方法在产业中被得到广泛应用的同时所伴随的新技术模仿和扩散过程，故也可以称为模仿、扩散。一般而言，在新技术扩散的初期，多数企业采取"观望"态度，因其无法对创新的价值做出肯定判断而不愿意承担新技术投资的风险，因而导致了很多新技术的扩散速度缓慢。但随着某些企业对新技术的使用，它的价值得到体现。鉴于它为使用它的企业所创造的更多收益，其他企业开始纷纷效仿先行企业，希望通过加紧模仿跟进并分享新技术创造的收益，从而加快了新技术的扩散速度；在扩散的晚期，新技术被越来越多具备采用新技术实力的企业所采用，仅剩下一些不具备采用新技术实力的企业，随之新技术的扩散速度再一次缓慢下来。技术创新的预期收益和实际收益、企业规模的差异、企业的数量、产业的劳动密集程度、产业市场容量的扩张等因素都影响着产业内新技术的扩散速度。

可以说，产业组织的生产结构和生产行为的各个方面都有技术进步的空间。产业的技术特点直接影响着产品的差别化；高效率的技术发展、必要的资本壁垒影响着规模经济的实现与否、时间长短；产业的技术进步的类型、条件、程度等同样密切影响着企业集团化和系列化的发展、价格和非价格竞争的类型和程度等。但最终，技术进步程度是通过经济增长的市场绩效来表现的。

不得不说的是，很少有免费的技术进步和创新活动，它们通常需要耗费一定的人力和物力，有时是高昂的成本代价，如制药公司的新药研发的支出。此外，技术进步和创新过程也充满着不确定性。通常，我们难以预料一项技术的发展究竟会产生什么后果。例如，核技术、克隆技术的发展等会对人类产生的后果是难以预测的。但对于经济分析来说，创新的基本标准还是很清楚的：应该对其成本和收益进行权衡。也就是说，对 R&D 资源的投入应该达到使其边际收益等于边际成本。只用这样才能对一项技术开发的必要性做出较为客观的评价。

4. 企业内部效率

内部低效率理论是由哈佛大学教授莱宾斯坦（Leibenstein）于 1966 年首次提出，也称 X 非效率（X – inefficiency）理论，是指在垄断企业的组织内部存在着资源配置的非效率状态，它用来反映市场绩效的优劣。雷本斯坦教授认为，具有垄断能力的大企业的外部市场竞争压力不大，企业机构庞大且内部的组织层次较多，加之所有权和经营权分离。凡此种种使得企业在形成利润最大化和费用最小化的共同行为方面困难重重，导致企业的利润费用化，内部资源配置效率很低。他称这种状态为 X 非效率，相反的情况成为 X 效率。企业内部效率是指通过企业内部的有效组织和管理带来的效率，管理者运用各种方法来节约成本、提高工作人员的生产积极性、使经营活动维持在一种正常有序的状态，这些都是带来企业内部效率所必需的因素。如果企业能够做到这些，即通过企业管理来使每一产出水平下都达到低成本，那么可以说，该企业就实现了 X 效率，其内部效率就比较高。

X 非效率理论涉及市场环境（ME）、企业组织（EO）和经济效率（EE）三个变量之间的关系。经济效率是市场环境和企业组织的函数：

$$EE = f (ME, EO)$$

在变量 ME（即，没有市场竞争压力）给定的条件下，变量 EO（即垄断厂商）适应环境的情况将决定着变量 EE（即，X 非效率的程度）。该理论是建立在"庇佑下的厂商追求利润极小化"这一前提假设之上的，即人性的弱点使得人们天生的目标就是跟组织的目标背道而驰的，故而厂商无法获得极大化利润。这有悖于传统理论中的"经济人"假设，将人性的弱点假定为"惰性"以及由此形成的"习惯"：

$$企业行为 = f （惰性，环境）$$

因此，在没有竞争压力的市场环境中，垄断性企业的最高决策者采取的是"极小型"的行为模式为，即最高决策者没有办法从最高层次将市场竞争压力逐级传导下去（决策层—管理层—执行层—操作层）。于是，垄断企业的全体员工的这种利润极小化行为模式就"集体"构成了企业组织的行为模式。在没有压力的市场环境下，经济效率的值就只能 X 非效率，而不能 X 效率。

现实中，在集中度高的产业，大企业普遍存在 X 非效率的现象，而且企业的规模越大，内部效率就可能越差。导致 X 非效率的原因首先是经营权和所有权的分离。现在，大企业多采用股份公司的组织形式，由于股东数目众多、股票分散，企业的实权多掌握在高层管理人员（经理）手中。公司中，股东关心的是利润和利息，而经理关心的则是自己的利益，如追求规模扩大、组织膨胀、自己的报酬和自由裁断权等，两权分离会慢慢使得企业行为偏离利润最大化原则，并带来一系列问题。如果市场的竞争压力比较小，经理往往倾向于对企业内外的同时扩张，这一做法会降低组织运作效率、浪费资源，进而增加了成本。其次，一般大企业的职工和工人的工资都比较高，但其劳动效率低下，两者不成正向变动关系，相比于中小企业，大企业的职工与公司的利益的联系并不十分紧密，甚至可以说不明显，高层领导难以掌握和控制职工劳动效率。竞争压力较小时，企业倾向于通过招聘更多的员工和提高职工工资、奖金等办法来确保劳动生产率的稳定，在市场上，则将增加的成本通过使用提价的方法转嫁给消费者。最后，大企业组织机构庞大，易出现内部信息传递会出现传输损失的现象。随着企业规模的不断增大，管理层级增加，组织内需要交换的信息量大增，组织协调工作也变得多而繁琐，随着信息在组织中的不断交流传递，失真的可能性相应增大。

5. 销售费用水平

从产业组织角度看，作为非价格竞争手段之一的广告宣传，具有明显的双重特征；一方面有效的、合理的广告费用支出，不仅能够向消费者提供信息和服务，帮助消费者寻求物美价廉的产品，也能够成功地将劣质产品驱逐出市场，从而有扩大销售、促进竞争的积极作用；另一方面，过高的广告费用支出将造成过度的竞争，大量的经济资源荒废在了不创造价值和财富的非生产活动之中，不仅限制了社会总财富的增长，而且也给消费者造成了消费困境，即面对地毯式的广告宣传，消费者在商品的选择中迷失了方向，产生了困惑。因此，衡量市场广告费用支出的有效性和合理性自然也成为衡量市场绩效的综合性指标。但是，要判断广告活动是合理还是过度就如同判断生产能力是否过剩一样，只能做一些抽象的分析，难以找到有效的评价标准和方法。有些研究是通过广告宣传费与销售收入或广告宣传费与国民收入的比较，通过各产业广告费分布的国际比较等方法，进行粗略的评价。

（二）市场绩效分析

1. SCP 分析理论框架

产业组织理论的哈佛学派构建了现代产业组织的描述性研究范式，即"市场结构－市场行为－市场绩效"，简称 SCP（structure－conduct－performance）研究框架。这一理论的形成大致经历了两个阶段：

第一阶段，贝恩在其 1959 年出版的《产业组织》一书中提出从市场结构推断竞争效果的"结构－绩效"模式。贝恩认为，不能只依赖市场行为或市场绩效来判断一个行业是否具有竞争性，而要同时根据行业的市场结构的若干要素来判断。贝恩通常是在假定市场结构决定市场行为，市场行为再决定市场绩效的基础上进行产业组织研究的，其大多数分析直接从效果到效果，或是从结构到行为、效果的组合。该方法从理论基础和研究路径等方面为个别产业的具体分析和实证研究提供了帮助。贝恩对产业集中、产品差别化、进入壁垒、规模经济性等市场结构形成的重要因素的相关研究与市场结构和市场绩效关系的分析，直接推动了众多相关研究成果在各国的发表，这些案例极大地丰富了组织研究活动。但也不难看出，被人们称为结构主义者的贝恩十分强调市场结构对市场行为以及市场绩效的决定作用，但忽视了市场行为对市场绩效的影响。

第二阶段，谢勒在其 1970 年出版的《产业市场结构和市场绩效》中，提出了完整的"市场结构－市场行为－市场绩效"的模式，进一步总结了有关市场行为，特别是价格形成、广告活动、研究开发等方面的研究成果，弥补了贝恩对市场行为论述的不足。谢勒认为，市场结构首先决定市场行为并由市场行为又决定市场绩效。可见，谢勒在看到了市场结构对市场绩效的意义的同时，更强调市场行为的重要性。他认为只用通过具体分析不同市场结构的市场行为后才能确定市场的效果。以贝恩、谢勒等为中心的哈佛学派研究者主要以案例研究和对不同产业进行横截面分析的方法，推论出市场结构、市场行为和市场绩效之间存在单向的因果联系。该学派认为企业采取的市场行为由市场集中度的高低决定，该市场行为继而决定市场绩效的好坏。这样就形成了产业组织理论的"结构－行为－绩效"范式（如图 6－1 实线部分所示）。根据 SCP 范式，具有市场势力的企业倾向于通过串谋来提高产品价格、为市场潜在的进入者设置进入障碍，阻碍其进入市场，以便谋取垄断利润。但这一做法会阻碍到技术的进步，造成资源的非效率配置。若想改变此种状态，获取理想的市场绩效，则必须通过调整产业组织政策并改善不合理的市场结构，保持较为稳定的适度竞争的市场状态，避免市场垄断力量过度发展。

SCP 模式的形成标志着产业组织理论已趋于完善。SCP 范式开创了产业组织理论的第一次研究高潮，并在第二次世界大战后的半个世纪里在产业组织领域一直占据主导地位。但是，对于市场结构、市场行为和市场绩效三者之间的关系的探讨也在继续，这种理论范式仍然受到了诸多学者的批判。

20世纪70年代以施蒂格勒（George J. Stigler）等为代表的"芝加哥学派"和米塞斯（Ludwig von Mises）、哈耶克（Hayek）等为代表的新奥地利学派从自由市场信仰出发对SCP范式提出了激烈的批评。芝加哥学派认为哈佛学派提出的SCP范式过于简单和武断。市场结构、市场行为和市场绩效之间并非所陈述那样是一种简单的单向因果关系，这三者其实是双向、相互影响的多重关系。此外，一般情况下，企业效率决定着市场结构和市场绩效，而非哈佛学派所强调的市场结构决定市场行为、市场行为决定市场绩效。当然，在批判哈佛学派的同时，芝加哥学派也提出了自己的主张，他们主张利用价格理论来研究产业组织问题。新奥地利学派不同于他们，是从动态的市场竞争过程出发，强调企业行为是形成垄断、导致市场绩效下降的原因。

到了20世纪70年代末，市场行为特别是企业之间的策略性行为逐渐成为了"新产业组织理论"研究者们的研究重点。随着泰勒尔（Teller）、克瑞普斯（Kreps）等为代表的经济学家在产业组织理论研究中引入非合作博弈论分析方法，该方法便成为产业组织理论的基本研究方法，"新产业组织理论"从此而生。新产业组织理论认为应该将企业行为特别是企业策略性行为作为研究的重点，该新的理论建立了双向、动态的研究框架，突破了传统产业组织理论单向、静态的研究框架。

总的来说，学者们对SCP范式的批判主要集中在几个方面：首先，SCP范式建立在跨部门的实证研究上，得出的是经验式的结论，范式的核心思想是在根本上强调市场结构对市场行为的决定作用，进而对市场绩效产生决定性的影响。也就是说，在传统的SCP范式中，市场结构对市场行为和市场绩效的影响是单向的因果关系。但事实上，企业间的市场行为同样会对产业的市场结构产生重要影响和作用，市场绩效也能够影响市场行为与市场结构。例如企业间的合并行为、研发行为、产品策略行为以及产业内新企业的进入等都会很大程度地改变产业的市场结构。所以，学者们认为，市场结构—市场行为—市场绩效三者之间并不是简单的单向因果关系。其次，SCP范式推出的著名"集中度、进入壁垒与盈利性假说"是通过经验性的产业分析得到的。该假说直接揭示了以集中度与进入壁垒为主要衡量指标的市场结构与市场绩效间的经验性关联。斯蒂格勒认为进入壁垒是一种由新进入者承担而无需现有企业承担的额外成本，相比于现有企业，只要新企业不遭受成本上的不利，那么其进入产业就是自由的。芝加哥学派的观点认为多数产业的进入壁垒并没有SCP范式所表明的那么高，也就是说，其实进入壁垒没有那么重要。再次，SCP范式的理论基础缺乏。正如上面的论述，SCP的主要理论和研究结论建立在跨部门经验性研究的基础上，以一种非正统的经济学方法来解释市场结构、市场行为和市场绩效之间的关系。最后，SCP范式难以提供对现实经济中广泛存在的不完全竞争市场普遍适用的分析框架。在不完全竞争的市场环境下，厂商面临的是不完全的信息，企业很可能了解相互间行动的相互依赖性，在考虑竞争对手对自身行为的反应的情况下，市场上企业间的策略性行为是相互影响的。从产业组织的角度来看，企业的市场行为不仅取决于他们所面临的市场结构，还取决于企业自身所面临的信息结构和厂商间的相互影响的。SCP 范式依赖经验性分析，通过判断市场结构来考察企业的行为，这一方法难以在不完全竞争市场上发挥作用。

尽管这么多年来，对 SCP 范式的批判林林种种，SCP 范式也确实存在种种缺陷，但无法否认，以哈佛学派为代表的 SCP 范式对推动产业组织领域的研究产生了深远的影响。目前为止，产业组织学者们认为这三者之间具有极为复杂的关系。短期而言，某种程度上，作为市场行为的外部环境的市场结构决定了企业的市场行为，而产业内所有企业的市场行为又决定了市场绩效。换句话说，市场结构、市场行为和市场绩效三者之间是市场行为受到市场结构的根本性制约，而市场行为又直接决定市场绩效的关系。长期而言，市场结构也处于不断的变化中，而这种变化正是由企业的市场行为的长期作用而形成的，市场绩效的变化某些时候也会直接给市场结构带来变化。所以不难看出，在一个较长的时期内，这三者之间是双向的因果关系。（如图 6-1 虚线所示）具体内容可以详见相关章节。

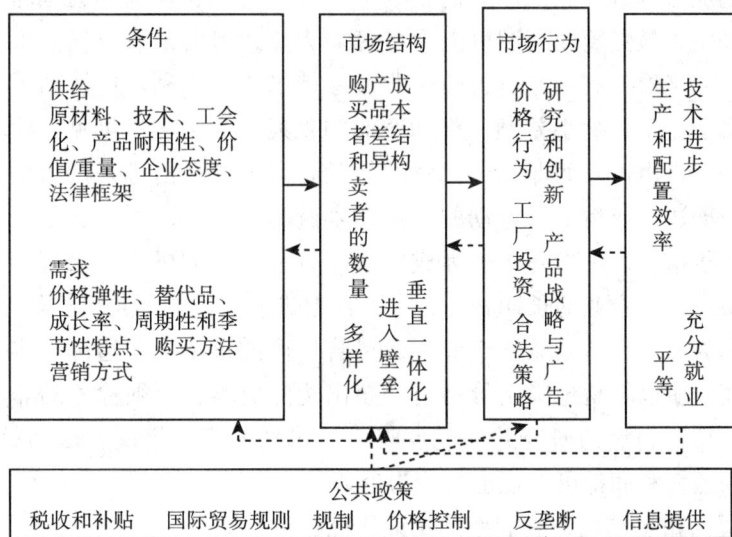

图 6-1　市场结构、市场行为、市场绩效之间的关系图

2. 市场结构与利润率的实证分析

根据 SCP 范式，市场结构决定了企业产品的价格（P）和边际成本（MC）之间的关系以及经济利润的大小。因而在垄断企业中，企业可利用其市场力量将价格提高到边际成本以上，从而获取高额经济利润，但此种状态下市场的资源配置效率较低，市场的绩效也比较差。而随着竞争的加剧，企业间的竞争程度越高，各企业的市场势力也就越小，能够控制价格的能力也同样减小，市场上产品的价格就越接近产品的边际成本，企业难以获得超额利润。但此时，市场的资源配置效率比较高，市场的绩效也比较好。价格（P）与边际成本（MC）的关系以及经济利润的存在及

持续取决于市场结构，如表6-1所示。

表6-1 以市场结构为基础的预期

	P - MC	πSR	πLR
竞争	0	+ 或 -	0
垄断竞争	+	+ 或 -	0
垄断	+	+ 或 -	+ 或 0
寡占	+	+ 或 -	+ 或 0

注：P = 价格，MC = 边际成本（短期），πSR = 短期利润，πLR = 长期利润

在一个能够自由进入的竞争产业中，产品的价格等于短期边际成本，短期的利润有时为正，有时为负，在零上下浮动，当长期看来，长期利润为零。竞争状态下，由于通常每家厂商都能够平等地获取相同的技术和投入，所以即便厂商是价格的接受者，对其最终的利润影响也不大，他们的利润长期来看为零。产业内，一些厂商的成本如果低于其他厂商，那么这些厂商的利润不会因有新进入者而被完全侵蚀掉。完全竞争市场能够调节以保证产业内获利最少的厂商的长期利润为零。而在垄断或是寡占的市场中，虽然短期利润可能为零可能为负，但由于该市场上价格高于边际成本，故而长期来看，利润非负，即企业盈亏持平或是赢利。价格高于边际成本的情况会慢慢带动竞争，缩小差额，推动企业的长期利润为零。可见：检验长期利润是否为零是一个自由进入而非完全竞争的检验。因为在自由进入的市场上，产品的价格是围绕短期边际成本上下浮动的，长期来看利润为零，而不管是完全竞争市场还是非完全竞争市场，价格高于边际成本这一有利可图的机会都会带动竞争，从而缩小利润，最终使得企业的长期利润为零。自由进入保证的不是价格等于边际成本，而是长期利润为零。在垄断竞争产业中，尽管厂商的价格高于边际成本，其也有可能获得零利润。所以若是想确定价格是否超出边际成本，必须检验的非利润数据而是价格数据。短期利润的研究并不能反映一个市场的真实情况，因为就短期来看，所有市场上的短期利润都可能正也可能为负。

（1）国外对市场结构与利润率的实证研究

将市场结构和市场绩效联系起来，从实证的角度研究这两者之间的相互关系是哈佛学派的主要研究领域。在这方面获得开创性成果的首推贝恩，他对产业的利润率和市场结构之间的关系进行了大量具有开拓性意义的研究，为后续的研究工作奠定了坚实的基础。贝恩在1951年采用了美国制造业1936~1940年的资料对产业集中与利润率之间的关系进行了考察。他调查了42个产业，发现这些产业的集中度和利润率之间的关系并不是很明显。于是他把42个产业分成了两组，一组是 $CR_8 \geqq 70\%$ 的21个产业，另一组是 $CR_8 < 70\%$ 的另外21个产业，再做比较时贝恩发现，两者存在较大的差异，集中度较高的前者平均利润率为11.8%，而集中度较低的后者的平均利润率只用7.5%。1956年，贝恩在此基础上又根据自己对进入壁垒程度的估计对产业做了分类，并提出假说。该假说认为："在高集中度和高进入壁垒的产业中，

利润率也比较高。"

20 世纪 60 年代，曼恩（Mann）利用 1950～1960 年的数据进行实证研究，得出了与贝恩相似的结论，再次印证了许多贝恩早期的结论。曼恩采用和贝恩同样的标准把样本产业分为两组，结果发现，$CR_8 \geq 70\%$ 的 5 个产业的平均利润率为 13.3%，而 CR_8 低于 70% 的产业的平均利润率就只有 9.0%。如下表 6-2 所示。

表 6-2　平均利润率（样本产业）

$CR_8 \geq 70$		$CR_8 < 70$	
产业	利润比率（%）	产业	利润比率（%）
汽车	15.5	鞋类	9.6
烟草	11.6	啤酒	10.9
处方药品	17.9	烟煤	8.8
酒类	9.0	灌装水果和蔬菜	7.7
钢	9.0		
所有被研究产品的平均数	13.3	所有被研究产品的平均数	9.0

资料来源：吴汉洪主编. 产业组织理论. 北京：中国人民大学出版社，2007.288.

曼恩还调查了利润和他对进入壁垒主观估计间的关系。他发现，进入壁垒极高的产业获得的利润比进入壁垒较高的产业获得的利润高，进入壁垒较高的产业又同样地获得比中低壁垒产业高的利润。曼恩证实了贝恩的预期和发现：具有极高进入壁垒的集中产业的平均利润率高于不具有极高进入壁垒的集中产业。见表 6-3。

表 6-3　根据曼恩进入壁垒得出的高集中产业平均利润率（1950～1960 年）

产业	利润率（%）	产业	利润率（%）
极高壁垒		肥皂	13.3
汽车	15.5	平均数	11.1
口香糖	17.5	**中低壁垒**	
香烟	11.6	玻璃容器	13.3
平均数	16.4	剃须刀	8.5
较高壁垒		平均数	11.9
钢	10.8		

资料来源：吴汉洪主编. 产业组织理论. 北京：中国人民大学出版社，2007.289.

不难发现，曼恩所选择来做研究的样本行业数量比较少，缺乏一定的代表性。1969 年，美国联邦贸易委员会、盖尔（Gayle）以及琼斯（Jones）等人也发现在某种条件下集中度与利润率之间存在正相关关系。但贝恩提出的集中度与利润率成正相关的假设，在后来的实证检验中没有得到完全一致的结论。

布罗曾（Brozen）对贝恩的研究提出了不同的意见，他认为贝恩所研究的行业可能处于非均衡状态，他所用的利润率是产业中主导厂商的利润率而不是产业平均利润率，因而布罗曾认为贝恩的结论不可信。事实上，在贝恩 1951 年得出的高集中度组合较不集中组之间的4.3%的利润差异到50年代中期已经降到了1.1%。布罗曾还认为贝恩所使用的主导企业的利润率可能歪曲了研究结果。他认为，具有先进技术的企业增长速度与横向集中之间具有正相关关系，那么一定是低成本所带来的，而非垄断权力带来的，基于这样的原因，相对较高的利润是单个企业现象；相反，若是高利润是得益于垄断市场权力的话，那么该产业的所有企业都应该能够获得高利润。1974年，布罗曾又指出，竞争同时会导致仿效，从而会降低企业间利润率和市场份额方面的差异。因而，在有效竞争条件下，关于利润率与横向集中之间的正相关关系完全属于过渡性质。

此后，斯蒂格勒、谢菲尔德等都对利润率、集中度这两者之间的关系进行了研究。斯蒂格勒认为产业集中度与利润两者之间的线性正相关关系非常不明显。他做的实证结果表明产业集中度与产业内部利润率分布的关系较为明显：竞争性产业内企业的利润率较为接近；寡头产业内企业的利润率分布则很不均匀。斯蒂格勒的研究数据显示利润率和单个企业的市场份额之间存在正相关关系。但是他还是没有办法回答利润率是不是以及在多大程度上受到垄断市场结构的影响或受到低成本的影响。戴维斯（Davies）和格罗斯基（Gloski）以及鲍尔温（Baldwin）和高莱基（Lakey）分别对美国和加拿大的研究表明，任何产业里各企业的市场份额的变动都很大。可见市场份额的高变动性是有效竞争的标志，因而，高集中度并不能准确地说明竞争的激烈程度。也就是说，高集中度本身并不足以证明竞争不充分。

（2）中国市场集中度与利润率的实证研究

改革开放以来，中国的经济得到了飞速发展，市场化进程也有了很大的进展。中国诸多经济学者对中国各产业的集中度与利润率的关系进行了实证研究。表6-4给出了1999~2007年中国乳品产业集中度CR_4、CR_8与销售利润率数值。对乳品产业的集中度与利润率进行时间序列动态分析得知，集中度CR_4与利润率之间的相关关系比集中度CR_8与利润率之间的相关关系弱，该研究也证实了产业的集中度与该产业的利润率之间存在正相关关系。

表6-4　1999~2007年中国乳品产业集中度与销售利润率

年份	1999	2000	2001	2002	2003	2004	2005	2006	2007
CR_4	0.1813	0.2244	0.3415	0.3306	0.3188	0.3336	0.3873	0.3019	0.2209
CR_8	0.2294	0.2450	0.3431	0.3478	0.3550	0.3848	0.4023	0.4373	0.4860
利润率	1	3.52	5.4	7.2	9.8	9.6	27.2	12.4	31.8

数据来源：何玉成，郑娜，曾南燕（2010）．乳品产业集中度与利润率关系研究。

3. 市场行为与市场绩效

（1）价格行为与市场绩效

经过前面的分析，我们知道，价格行为总是与有市场势力的企业联系在一起。产业组织理论证明了垄断定价会导致社会福利的损失。在垄断市场上，垄断者通过边际规则来寻求利润的最大化。但是垄断价格使得社会对产品的消费数量较少，造成消费者剩余减少，相对应地，由于需求量较少，生产企业的生产能力无法充分发挥，出现低效率。这必然使得社会需求降低，使得消费者剩余与生产者剩余之和下降，社会福利出现净损失。

我们知道，在完全竞争市场上，厂商都是价格的接受者，对产品价格的制定没有决策权，只是被动地接受市场的调节。但实际生活中，几乎不可能出现完全竞争市场，因此，每一个厂商对自己产品的价格制定都有一定的决策权。在不完全竞争市场上，有些企业会采取价格歧视策略销售产品，即采用不同的价格将相同的产品出售给不同的消费者。价格歧视是非统一定价的一种，能够给企业带来更多的利润，价格歧视一般对市场绩效有负面的影响。厂商也只有拥有一定的市场势力、了解或能够推断消费者购买意愿、能够阻止或是限制转卖行为等特定条件下才能够成功实施价格歧视，从而获得所期望的效果。

（2）广告行为与市场绩效

广告行为也是能够影响到市场绩效的市场行为。企业经常通过做广告的方式来帮助消费者从主观上认清原以为相似的产品的差异性，从而吸引消费者对自身产品的关注，以达到促销的目的。广告费用有时会成为新进入企业的进入壁垒，因为很多广告费用相当高，新进入的企业需要承担更多的成本。众所周知，在市场上，某一种产品需求的增加可能会致使另一种产品（比如替代品）需求的降低。因而在评价一个广告的福利效应时，需要考虑另一市场上消费者剩余的变化。也就是说，评价某一广告市场绩效的优劣不仅要关注其所在市场上的长期利润，还要考虑受其影响的市场上的长期利润情况。

二、有效竞争的实现

（一）产业组织合理化

产业组织合理化问题是产业组织理论研究的核心问题。产业组织合理化是指产业内形成有效的竞争环境，在保持市场机制下竞争活力的同时，充分利用规模经济，建立社会化的大批量生产体系，从而实现资源合理配置的目标。经济学家们对产业组织理论进行研究的主要目的就是希望通过对产业组织各构成要素的性质及其变动的分析，寻找产业组织合理化的有效模式及其实现路径，促进产业组织的合理化，实现产业内资源的优化配置和产业的高效发展。

知识拓展

产业组织合理化

产业组织合理化集中体现在竞争活力和规模经济两个方面。在保持竞争活力的同时取得规模经济效益的产业组织才是合理的。产业组织合理化包括市场结构合理化、市场行为合理化和企业组织合理化三个方面。市场结构合理化是指市场集中度恰当、对消费者有利的产品差别化程度不断提高、市场进入与退出壁垒合理的过程。市场行为合理化是指企业逐步趋向合理地进行价格竞争和非价格竞争，企业组织结构和规模经营日趋完善的过程。市场绩效高度化是指单个产业的市场绩效不断提高的过程，即单个产业的资源配置效率和规模结构效率不断提高、技术不断进步的过程。

（二）有效竞争

从本质上来讲，市场经济就是一种竞争经济。现代产业组织理论的观点认为，兼容了规模经济与竞争活力的有效竞争才是高效率的竞争。政府在制定与实施产业组织政策时，应该以有效竞争为目标导向。但迄今为止，针对有效竞争的研究还很少，有效竞争缺乏具有可操作性的衡量标准。

1. 有效竞争含义

有效竞争的提出与"马歇尔冲突"有关。马歇尔在《经济学原理》（1890 年）一书中，对劳动、土地、资本和组织这四大生产要的组织进行分析时，充分肯定了规模经济效益。马歇尔的观点主要有以下几个方面：①大型企业的内部分工有助于提高工人的劳动熟练程度和劳动技能，有利于使用并不断改进专业化机器设备；②大型企业的大批量采购能减少采购成本并降低运输费用；③大型企业的销售量大，故而能够节省销售费用和广告等促销费用；④大型企业的产品品种多，可以为顾客提供多样化的选择，满足多种需求，从而增加顾客对企业的信赖；⑤大型企业能够更好第发挥员工的才能和知识，这有助于提高管理效率。他还认识到，垄断会出现在追求规模经济的过程中，而受人为因素控制的垄断价格会扼杀自由竞争。这将减弱经济运行的原动力和企业的竞争活力，资源也就难以在价格机制作用下得到合理配置。根据马歇尔的观点，冲突便出现在了规模经济和垄断，规模经济和竞争活力成为两难选择，这便是著名的"马歇尔冲突"。

克拉克（Clark）在解决"马歇尔冲突"以使规模经济和竞争活力有效结合的驱动力下，于1940 年提出了有效竞争的概念。该概念经过梅森（Mason）等人的总结归纳，形成了有效竞争理论。有效竞争理论是指将规模经济和竞争活力两者有效地协调起来，从而形成有利于长期均衡的竞争格局。有效竞争作为组织合理化的目标模式，是对产业内企业间组织结构及其垄断、竞争的理想状态的综合性描述。规模经济和竞争活力是有效竞争的两个决定变量。规模经济是优化配置社会资源，提高经济效率的手段和途径；而竞争活力与价格机制、供求机制能够产生综合作用，在发挥市场机制自身的组织功能的基础上实现社会资源的优化配置，从而提高经济效率。可以说，规模经济和竞争活力虽以不同的途径发挥作用，但都达到了优化社会资源配置、提高经济效率的共同目标。然而，这两者之间又具有相互排斥性，特别是在规模经济比较显著的产业中表现尤为明显。随着企业规模的扩大，生产开始集中，但是众所周知，集中不断发展，到达某一阶段必将走向垄断，而垄断将会使得经济缺乏竞争活力。

如何协调规模经济和竞争活力，对它们进行合理界定，使两者所发挥的综合作用带来社会经济效率极大化是研究的重点所在。有效竞争实质上就是寻求"马歇尔冲突"的解决，充分利用规模经济的同时保持有竞争活力的产业组织状态，即追求较高的经济效率，这正是产业组织合理化的核心。

有效竞争要求规模经济和竞争活力两者相兼容、相协调，而市场竞争活力又由进入壁垒和市场集中共同决定。可见，规模经济、市场集中度和进入壁垒三个变量共同决定了有效竞争状态。其中，规模经济是"一级"变量，市场集中和进入壁垒是两个"二级"变量，它们共同决定市场竞争活力。

2. 企业适度规模理论

规模经济是评价一个企业是否具有适度规模的最基本依据。产业经济学中，规模经济和规模不经济一般通过边际成本（MC）和平均成本（AC）的对比关系（即判定系数 FC）来识别：当 FC 小于 1 时，AC 小于 MC，企业存在规模不经济，此时平均成本随着产量的增加而增加，平均成本曲线呈现上升状态；当 FC 等于 1 时，AC 等于 MC，企业规模收益不变，此时当产量在一定的范围内时，平均成本不变，平均成本曲线呈现水平线状态；当 FC 大于 1 时，AC 大于 MC，企业存在规模经济，此时平均成本随着产量的增加而降低，平均成本曲线呈现下降状态。此处所讨论的成本是长期成本，包括长期平均成本和长期边际成本。规模经济包括产品、工厂、企业和行业四个层次的规模经济。

3. 市场竞争度理论

经过前面的介绍可知，市场竞争度（也就是竞争活力）是由市场集中度和进入壁垒决定的。具体而言，产业的市场集中度越高，进入壁垒越高，新企业进入的难度越大；提高产业的进入壁垒，将会提高产业的市场集中度。随着市场集中度和进入壁垒越来越高，市场竞争度则会越来越低，反之则越来越高。可见，市场竞争度与市场集中度、进入壁垒之间是反向的相关关系。说的更确切点，市场竞争度（DC）是市场集中度（CR）和进入壁垒（BE）的并集的倒数，用式子表示为：

$$DC = 1/(CR \cup BE)$$

式中，市场集中度的测量方法前面章节已有介绍，而进入壁垒的测量通常采用产业超额利润度量法和价格扭曲率度量法来测量。

以垄断价格扭曲竞争价格的程度来测量进入壁垒高低的方法 C 称之为价格扭曲率度量法。假设某种产品在完全垄断市场上的销售价格为 P_0，在完全竞争市场上的销售价格为 P_1，那么垄断价格减去竞争价格的差额与竞争价格的比率就称之为价格扭曲率（R）。R 值的大小代表了价格扭曲程度的高低，同样就显示着进入壁垒的高低，用公式表示即为：

$$R = (P_1 - P_0)/P_0 = \Delta P/P_0$$

用产业利润率（P）减去社会平均利润率（P⁻）的差额作为超额利润率（Δp）来测量进入壁垒高低的方法称为产业超额利润测量法。产业超额利润率越高，超额利润越多，进入壁垒也就越高。该测量方法的优点在于，可以避免价格扭曲度测量法公式中的 P_0 和 P_1 的实际值难以获得的缺点，最终的测量结果更为可靠。产业超额利润率的计算方法是：

$$\Delta P = P^- P^- = (P - C^-)/P - P^-$$

4. 有效竞争的衡量标准

在克拉克提出了有效竞争概念之后，衡量市场竞争是否有效的标准至今还是一个没有解决的问题，一直没有令人满意的答案。也有一些学者深入研究了有效竞争的衡量标准问题，此处介绍两个有影响的研究成果：梅森标准和索斯尼克标准。

（1）梅森标准

1957 年，在总结诸多学者对有效竞争实现的客观条件和度量方法所做的大量研究的基础上美国学者梅森（Mason）分别从市场结构和市场绩效的角度提出了有效竞争的标准：

市场结构标准。该标准是在寻求有助于实现有效竞争的市场结构，以及形成此种市场结构的条件。它的内容包括：①市场上存在相当多的卖者和买者；②任何卖者和买者均占有比较小的市场份额；③任何卖者和买者都不存在"合谋"行为；④新企业能够进入该市场。

市场绩效标准。该标准从由竞争带来的市场绩效出发，寻求竞争的有效性：①市场压力促使企业不断改进产品和生产工艺；②价格在费用下降到一定程度时能够下调，具有一定的弹性；③生产集中在适度且最有效率的规模单位下进行，但未必是在费用最低的规模单位下进行；④生产能力与实际产量基本上协调一致，无慢性设备过剩；⑤可以避免销售活动中的资源浪费。

实际上，以上两个标准运用起来问题仍然层出不穷。如市场结构标准的第一条要求就可能会有悖于规模经济的要求，因为在某些产业（如具有自然垄断性质的公共产业）为了实现规模经济，是不可能存在许多企业的；第二条基本否定高市场集中度的必要性这一点也不符合许多产业的实际要求；第三条市场行为的内容在实际操作中存在很多难以把握的问题；第四条不能反映进入壁垒的合理高度。

（2）索斯尼克标准

1958 年，经济学家索斯尼克（Sosnick）依据标准的"结构－行为－绩效"分析范式概括出了有效竞争的标准，该标准有 15 条内容，被发表在《经济学季刊》杂志上面。索斯尼克标准具体包括以下 15 个方面：①无人为限制企业进入和退出；②价格对产品质量差异具有敏感性；③交易者的数量符合规模经济要求；④不存在厂商之间相互勾结的行为；⑤厂商不使用掠夺性的、高压性的或排外性的竞争手段；⑥在进行推销时，厂商无欺诈行为；⑦无有害的价格歧视；⑧对于对手是否会追随价格进行调整，竞争者无法完全获知；⑨获得的利润刚好足以支付投资、创新和效率的报酬；⑩随消费者需求的变化，厂商提供的产品数量和质量随之变化；⑪厂商会努力采用新技术和新生产工艺；⑫没有"过度"的消费支出；⑬每个厂商的生产过程都是富有效率的；⑭最好地满足消费者需求的卖者得到的收益最多；⑮周期不会因价格的变化而不稳定。

其中，①～③为市场结构方面的标准，④～⑧为市场行为方面的标准，⑨～⑮为市场绩效方面的标准。索斯尼克提出的有效竞争标准似乎更为全面，但可操作性却反而减小了，因为在某些指标的表述上模糊不清，如"有害的"、"刚好"、"过度"等词，具体内容让人很难准确把握。而且，在这15项内容中，经常会遇到一些内容满足了，但另一些内容不能满足的情况。而规模经济和市场竞争活力原本的相克特点又使这一问题更加普遍，这15项内容几乎不可能实现完全符合。此外，上述内容能否用来衡量所有产业的有效竞争也是一个问题，如结构方面的"不存在进入和流动的人为限制"对不少行业来说就过于理想化了。它就不适用于提供公共产品的产业，各国政府对电力、通讯等产业无一不采取必要的政府管制，是否就可以认为以追求有效竞争为政策导向的政府反而在有意采取损害有效竞争的行为？这显然在逻辑上是相互矛盾的。因而，有些学者认为，不管在理论上还是实践上，有效竞争内容都无法解决实质性问题。但组织政策在制定和实施产业时，又不得不把有效竞争作为一个出发点和努力的方向。

（3）有效竞争研究原则

由上面的介绍可知，前人已经进行了大量有效竞争的衡量标准的研究，但效果总不能令人满意，实践效果更差，可见要建立一套适合的有效竞争衡量标准绝非易事。但在深入思考和研究的基础上，学者们也提出了研究有效竞争衡量标准时需要注意的一些原则。

①有效竞争的竞争收益明显大于竞争成本　市场竞争在有助于优化配置和使用社会资源的同时还能够促使企业积极开展各类创新活动，从而推动技术进步，普遍提高企业的劳动生产率。但企业也不是每时每刻都是赢利的，处于市场竞争中的企业时而获利、时而亏损。如果亏损期太长，企业就会面临破产倒闭。竞争也会使得企业生产能力过剩，资源闲置而造成资源浪费。不难看出，市场竞争一方面会提高企业的收益，另一方面又会给企业带来竞争成本。而有效竞争必须要求竞争效益大于1，即要求竞争收益减去竞争成本后的净收益相当大。至于具体要达到多大要视各国各时期的具体情况而定，但至少它为有效竞争设置了一个最低限额。

②有效竞争应适度　适度竞争是相对于过度竞争或竞争不足而言的。过度竞争会使得产业内的企业数量和生产规模供过于求，市场组织化程度低且产能严重过剩。竞争不足除了会抑制市场竞争功能的有效发挥并影响社会资源的配置和使用外，还无法为企业带来创新动力和压力，长远来看无益于发展社会生产力、繁荣社会经济。虽然过度竞争和竞争不足是任何一个国家都无力消除的，但有效竞争要求把这些现象控制在较低限度内。事实上，也只有适度竞争才能产生较大的竞争效益。

③有效竞争应符合规模经济要求　规模不经济情况下的低水平竞争意味着企业的经济效率低下，这显然有悖于以追求较高经济效率的有效竞争目标。因此，只有在规模经济条件下的有效竞争才能实现较高的经济效率。

④有效竞争需定量化的标准　产业组织理论提出的许多有效竞争标准都非定量化的，这就可能使得不同的人对同一标准的认识千差万别，故而对同一现象做出不同的结论。因此，现有的有效竞争衡量标准难以成为产业组织政策指南，故而有效竞争标准需要定量化。

⑤有效竞争的标准应具有分类性　由于在不同产业中有效竞争的三个决定变量（即规模经济、市场集中和进入壁垒）存在很大差异，因而难以给出一个固定统一且能适用于所有产业的有效竞争标准。应当针对不同产业特征量体裁衣，建立符合各自实际的有效竞争标准。但各国的多产业性现状在客观上又使得为每个产业分别建立一个有效竞争标准变得不切合实际。面对这一问题，可以对产业进行分类，然后根据由相似产业组成的产业群特征建立与之基本适应的衡量有效竞争的具体标准。

在这五个原则中，原则 1 是目标性原则，原则 2 和原则 3 是实质性原则，而原则 4 和原则 5 则是实施性原则。

第三节　医药产业市场绩效

一、概述

"市场结构-市场行为-市场绩效"（SCP）范式是贯穿主流产业组织理论的一个完整而富有代表性的分析框架，该范式以新古典学派的价格理论为基础，以实证研究为主要方法，将产业分解为特定的市场，按照结构、行为、绩效三个方面来对产业进行分析，构造了一个同时兼顾具体环节和系统逻辑的分析框架。

与其他行业相比，医药产业有其自己的特殊性，因为它直接关系人民身体健康。医药产业是个高技术密集型产业，具有高投入、高产出、高风险、高技术的特点。随着人们健康意识的增加，对健康保健的需求与日俱增，自 20 世纪 90 年代以来，医药产业发展迅速，在整个制造行业中所占据的比重大幅度上升。世界各国也都把医药产业作为重点产业，并且医药产业被誉为朝阳产业，近几年来一直是投资的热点。

自改革开放以来，国内的医药产业也逐渐地发展壮大起来，虽然目前所占的国内生产总值（GDP）比重较小，但近年来的医药产业市场绩效充分表现而且证实了该产业的活力和发展潜力。然而与发达国家相比，我国的医药产业还存在明显的不足。本节运用产业经济学中的 SCP 分析框架来分析中国的医药产业，以探究影响我国医药产业市场绩效的主要因素。

根据 SCP 产业组织理论，市场的基本条件决定了市场结构，市场结构决定市场行为，市场行为又决定了市场绩效，市场行为又对市场结构、市场绩效存在着反作用；同时，政府及行业的公共政策对产业市场结构、行为和绩效都产生影响。

二、我国医药产业绩效分析

(一) 医药产业绩效概况

1. 我国医药产业总体绩效分析

医药产业是我国发展较快的产业之一，改革开放以来，随着医药卫生需求的增长，我国的医药产业的发展驶入了快车道。以下将对2003～2011年，我国医药行业的发展情况做一个简要的概述。

首先要说明的是，此处所说的医药工业总产值包括所有行业产值，可以分为两大部分：医药制造业产值和专用设备制造业产值。其中，医药制造业包括化学原料药制造、化学药品制剂制造、中药饮片加工、中成药生产、生物药品制造、卫生材料及医药用品制造等子行业；专用设备制造业包括制药专用设备制造、医疗仪器设备及器械制造等子行业。

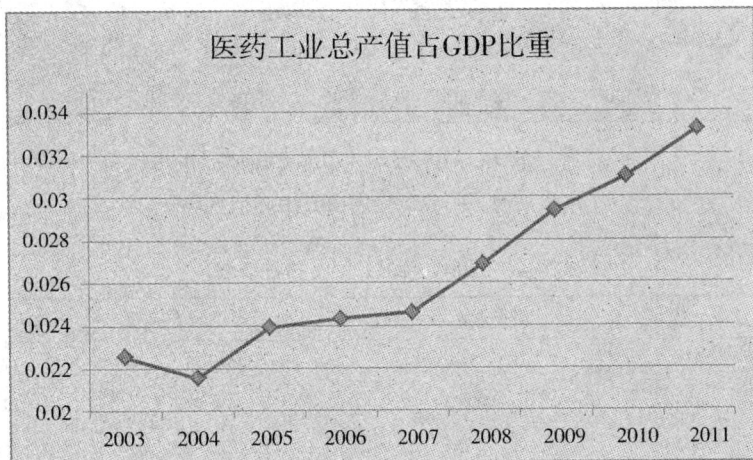

图 6-2　2003～2011 年医药工业总产值占 GDP 比重
数据来源：国务院发展研究中心信息网

2003年我国的医药工业总产值为3061.63亿元，占GDP的比重为2.25%。2004年医药工业总产值为3447.17亿元，是这9年中医药工业总产值占GDP比重最低的一年，仅为2.16%，但相比于2003年来说总产值还是有所增加。在经历了2005年较为明显的提高后，2006年和2007年医药工业总产值占GDP的比重较为稳定。2007年以后，我国医药工业总产值占GDP的比重呈现较为明显且稳定的上升趋势。医药工业总产值占GDP的比重由2003年的2.25%上升到2011年的3.32%，医药工业总产值占GDP的比重平均为2.64%，可见我国的医药产业正随着国民经济不断发展。到2011年，我国医药工业总产值达到15693.97亿元，全国医药工业总产值2003年至2011年年均增长22.78%，高于同期GDP的增长速度（2003年GDP的产值为135822.76亿元，2011年为473104亿元，从2003年到2011年GDP年平均增长速度为16.94%），医药产业成为国民经济中发展最快的产业之一。从折线图（图6-2）也可以看出，医药产业对国家 GDP 的贡献在逐年增加。细看医药工业自身，这 9 年也处于蓬勃发展中。相比于 2004 年的 12.59% 的增速，2005 年医药工业总产值年增长非常显著，达到了 28.30%，2008 年也出现了与 2005 年相当的增长速度。这与 2005 年和 2008 年这两年的工业总产值相对提高较大不无关系，纵观这 9 年的发展，医药工业仍处于不断发展中，年均总产值达到了 22.78%，超过了同期 GDP 的增长。

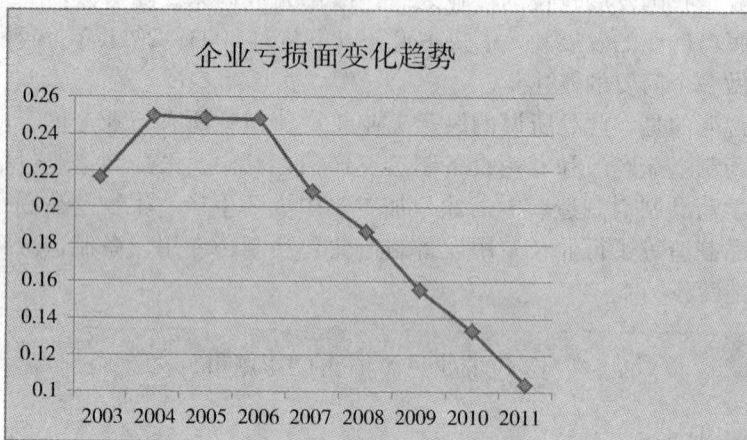

图 6 - 3　2003～2011 年医药企业亏损面变化趋势
数据来源：国务院发展研究中心信息网

表 6 - 5　2003～2011 年医药行业概况

年份	企业个数（个）	亏损企业个数（个）	工业总产值（亿元）	就业人数（个）
2003	4359	944	3061.63	1224268
2004	4738	1183	3447.17	1228721
2005	5053	1255	4422.72	5581025
2006	5482	1359	5262.99	1361363
2007	5789	1206	6542.50	1430034
2008	7215	1347	8433.97	1671704
2009	7464	1160	10007.63	1744300
2010	7782	1034	12426.73	1894206
2011	6440	670	15693.97	1965330

数据来源：国务院发展研究中心信息网

表 6 - 5 节选了 2003～2011 年我国医药产业的相关数据，从表中可以看出，2003～2011 年，我国医药行业的企业数量从 2003 年的 4359 个经过 9 年的发展，到 2010 年总数达到 7782 个，2011 年有所降低，为 6440 个。众所周知，医药行业是个高风险行业，进入壁垒也相对较高，并不是每一个进入者都能够盈利并自由地全身而退。2003 年，我国有 944 家企业亏损，2004 年全国企业在 2003 年的数量又增加了 379 家，亏损企业数量没有减少反而上升，且亏损速度超过了企业总数的增加速度。但随着市场经济的不断完善，行业技术的进步，或是外界环境变好，或是企业自身发

医药产业经济：原理与政策

展良好，继 2006 年亏损企业数量的又一次增加后，亏损企业数量总体呈现下降趋势，而产业内企业数量总体则呈现上升趋势，直到 2011 年的企业总数 6640 个，亏损企业总数 670 家。从图 6-3 可以看出，我国医药工业在 2003 年到 2005 年期间亏损企业的比例不断增加，企业亏损面由 2003 年的 21.66% 上升到了 2005 年的 24.84%。虽然说医药行业相对于其他行业（尤其是某些服务行业）来说，需求弹性变化很小，但是宏观经济形势对某些医疗资源的使用以及医药进出口等都有较大的影响。在经济不景气等情况下，医药行业受影响的企业比例较低，已属难得。2006年以后，医药工业的企业亏损情况有所好转，总体呈现下降趋势，经过 5 年的发展，到 2011 年企业亏损面降到了 10.40%。如果说 2006 年以前，我国医药产业的市场绩效不断恶化，那么经过其后 5 年的发展，我国医药产业内企业的总体绩效正在走上坡路，整个行业的绩效不断提高。

从表 6-5，不难看出，从 2003 年到 2011 年，我国的医药企业的总数总体上呈现增加趋势，而亏损企业总体上也呈现减少趋势，并且企业增长的数量明显多于亏损企业数量减少。2003 年至 2011 年，医药行业的集中度降低，竞争在医药行业得到了一定的发展。2003 年至 2011 年，医药行业的工业生产总值稳步增长，从 3061.63 亿元增长到 15693.97 亿元，9 年的时间，总产值增长了将近四倍。而医药行业的从业人员从 2003 年的 1224268 人次增长到了 2011 年的 1965330 余人次，人数的增长也较为稳定，整个医药行业呈现扩大趋势。

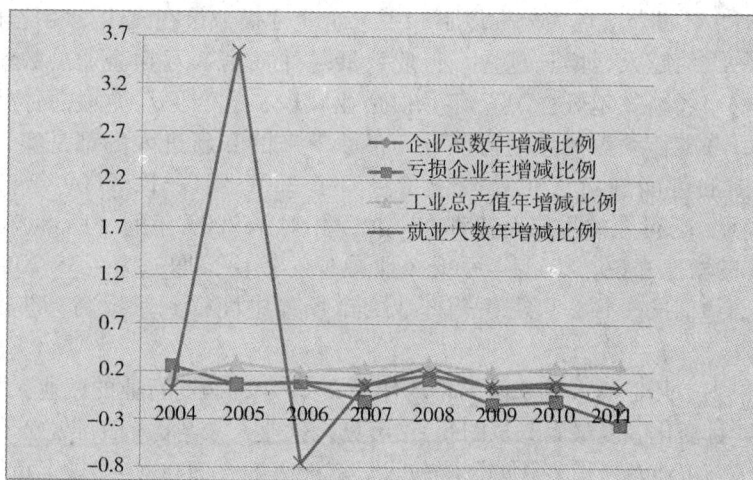

图 6-4　2003～2011 年中国医药行业概况
数据来源：国务院发展研究中心信息网

从图 6-4 中，可以更为直观地看到 2003～2011 年，医药行业各相关数据的变化情况。首先，由图可见，企业总数、亏损企业总数、工业总产值、就业人数这四个指标的变化趋势具有很强的相关性，也就是说，医药工业总产值的大小、企业数量和亏损企业数量的增减以及就业人员的多少直接影响着医药产业的市场绩效。只有在工业总产值增加、企业总数和就业人数适宜、亏损企业减少的情况下产业有望获得较好的市场绩效。

从 2003~2011 年，工业总产值在的曲线都在横坐标以上，也就是说，医药工业总产值一直处于增长阶段，而且相对于其他几项来说，增长稳定。从图 6-4 中就可以看出，医药行业工业总产值的增长曲线总体上位于其他几个曲线之上，也就意味着工业总产值的增长较其他几个指标来说，增长速度更快，除了 2004 年的 12.59% 的涨幅外，其他各年的增长幅度都在 18% 以上，最高则达到了 28.91%。虽然从 2003 年到 2011 年医药工业的总产值变化较大，想随着行业的不断发展，增长逐渐趋于稳定，9 年的平均涨幅达到了 22.78%，行业发展势头迅猛。

企业总数在 2003 年的时候为 4359 个，直到 2010 年，每一年都在以不同的速度增加。并非说企业数量的增加市场绩效就一定能够提高，企业数量的减少也并非不利于绩效的提高，适宜的市场集中度反而很大程度上能够提高市场绩效。2006 年以前，企业亏损面一直保持在 24% 以上，其后随着市场绩效的不断提高，企业亏损面不断降低。2003 年到 2011 年的企业数量年平均增速为 5.57%，产业内的企业数量呈现增长趋势，可见整个产业正处在发展阶段，市场绩效有望进一步提高。值得提出的是，2011 年医药产业内的企业数量出现了减少，当然不能排除宏观经济形势的影响，但在工业总产值增加的前提下企业数量的较少足可以说明市场集中度的提高，医药产业的市场绩效较先前往年有了提高。

2003 年到 2011 年，亏损企业的变化相对于其他几个指标来说，曲线在坐标轴以下的部分比较多，且趋势较为明显。曲线中，五年的点在 0 以上 2007 年、2009 年、2010 年和 2011 年四个点在横坐标以下，可见企业亏损数量在减少。相比于图中的另外三个指标的数值越大，增长越快，行业发展越快而言，亏损企业的数量是减少的越多，行业的市场绩效越好。2007 年亏损企业减少，这与医药企业总体数量增加不多不无关系，在整体绩效欠佳的情况下，存活下来的和新进入的都是实力较为雄厚的企业，亏损的可能性自然也就降低了。除了 2007 年以外，2009 年、2010 年和 2011 年，我国医药行业的亏损企业都在减少，相对于 2009 年的 -13.88% 和 2010 年的 -10.86% 的增速来说，2011 年亏损企业减少的较快，增速为 -35.20%，是 9 年中企业亏损面最低的一年，可见医药产业的市场集中度得到了提高，获得了较好的市场绩效。

相对于中国十几亿的人口来说，2003 年至 2011 年，医药行业的就业人数增加比经济增长的快，且变化幅度最大。从图 6-4 可见，就业人数与医药工业总产值呈正相关关系，且受医药工业总产值变化的影响较大。就业人数在 2006 年出现了负增长，其他各年均为正增长。经历了 2005 年的最大幅度增长后，其他各年的增速较为稳定。如果说以前的医药行业是个劳动密集型行业的话，那么经过这些年的发展，医药产业逐渐由劳动密集向科技主导方向发展，2011 年就业人数增速放缓便是很好的佐证。从这一点也可以看出医药行业的进入门槛相对较高，从业人员要进入相关的领域，需要具备的相应的专业知识或是专门技能。总体来说，2003 年到 2011 年，医药产业就业人数保持了较高的增速，年平均增速为 39.70%，行业就业容量正不断扩大。

随着国内经济的不断完善，作为衡量一个国家经济水平的重要指标之一的进出口，在 2006~2010 年也得到了相应的发展，图 6-5 显示了我国 2006~2010 年期间医药行业进出口的变化情况。从图中不难看出，2006 年、2007 年、2008 年三年我国医药行业的进口金额明显高于出口金额，进出口金额的总量也相对较低。但随着我国医药市场的不断发展，医药企业的不断壮大，市场绩效不断提高。从2009年开始出口金额赶超进口金额，并且差距有不断扩大的趋势，结束了以往的贸易逆差局面，这在一定程度上也反映了我国医药市场的绩效正在不断转好，国内市场正处于良性发展中。

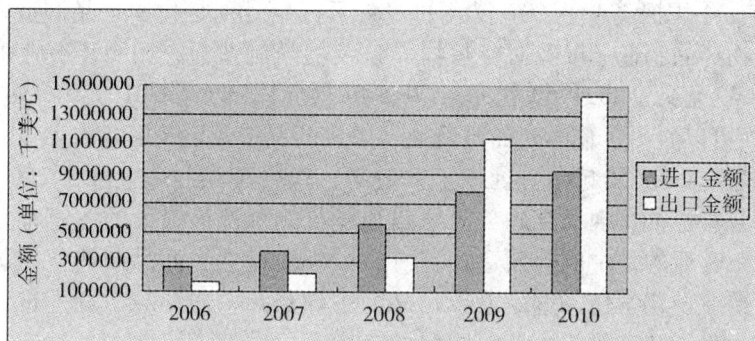

图6-5　2006～2010年我国医药行业进出口概况
数据来源：CSMAR数据库

　　具体而言，2006年我国医药行业的进口金额为2638671千美元，到2010年进口金额达到了9243402千美元，五年年平均增长率为37.34%，增长非常快。其中，2008年增长率的最高，达到了49.68%，2009开始进口金额增速开始有所下降，2010年仅为18.01%。2006年我国医药行业的出口金额为1650575千美元，2009年我国医药行业的国外市场绩效有了巨大提升，达到了11429948千美元，2010年的出口金额仍然呈上升趋势，五年年平均增长率为88.27%，保持了良好的发展状态。其中，2009年的增长率最高，达到了244%，较其他年份最高，在经历了2009年的巨大增长后，2010年出口金额仍有所增加，但增速有所放缓，为24.91%。比较2006年至2010年这五年间我国医药行业的进口金额可知，2006年医药行业进出口贸易逆差为988096千美元，2007年逆差又增加了541050千美元，2008年医药行业的进出口的贸易逆差进一步扩大，达到了2290092千美元，这三年的贸易逆差的涨幅平均达到52.26%。2009年开始，我国医药行业的进出口差额发生变化，由原来的贸易逆差逆转为贸易顺差，仅一年就获得了3597408千美元的贸易顺差，2010年贸易顺差继续保持，并比2009年增加了1436307千美元。

　　总体来说，2006～2010年之间，不管是进口还是出口，我国医药行业的市场都呈现不断扩大状态，可见五年内医药行业的海外市场发展状态良好。数值显示，出口金额的增长速度明显高于进口金额，在2009年我国医药行业的出口金额出现巨大变化，究其原因，可能是2009年全球H1N1流感的爆发使得我国获得了巨大的世界市场空间，当然，我国海外市场的不断完善，市场绩效的不断提高也是有目共睹的。

　　综合以上数据分析，不难看出，2003～2011年，我国的医药行业发展状况较为乐观，工业产值在GDP中所占的比重不断增加。就业人员数量增加，医药行业的发展为我国社会福利的提高起到了一定的促进作用。此外，也不难发现，医药产业本是个高进入壁垒的产业，但近五年，我国的医药企业数量不断增加，这在一定程度上能够反映出我国的医药行业的产业集中度比较低，但随着亏损企业的减少，可推测整个行业还是处于产业生命中期的前半阶段，仍有较为光明的发展前景。而海外市场的不断开拓与发展，也为我国医药市场绩效的提高与行业不断壮大贡献了重要力量。

2. 不同子行业绩效分析

2011 年，中国医药产业产值较大的四个子行业分别是化学药品制造业、中成药制造业、生物药品制造业以及医疗仪器设备及器械制造业，四个子行业的总产值分别为：7213.47 亿元、3521.53 亿元、1782.44 亿元以及 1359.01 亿元（如图 6 - 6 所示）。从图中可以看出，化学药品制造业、中成药制造业以及医疗仪器设备及器械制造业的总产值自 2003 年起一直处于上升趋势，生物药品制造业除了 2004 年稍有减少外，其他各年也都呈现上升趋势。这四个子行业总产值最大的一直都是化学药品制造业，紧跟其后的是中成药制造业，份额较小的为生物药品制造业和医疗仪器设备及器械制造业。化学药一直是世界药品的主导药品，在全球市场上也占据重要地位，中药作为我国特有的药品，在国内的市场上仍占据不可忽视的地位，而对技术要求高的生物药品制造业的市场地位现仍无法与前两者抗衡。与生物药品制造业产值相当的医疗仪器设备及器械制造业在这 9 年中也呈现了不断上涨的趋势，但产值仍无法与化学药品制造业以及中成药制造业相比，这可能是由于器械的使用具有高覆盖性，尤其是高精尖的检查、治疗设备。但医药产业的这四个子行业中，总产值年平均增长率最快的是生物药品制造业和医疗仪器设备及器械制造业。生物药品制造业的年平均增长率为 29.61%，医疗仪器设备及器械制造业紧随其后，年平均增长率为 27.16%。而化学药品制造业和中成药制造业的总产值的年均增长率则分别为 20.36% 和 23.37%。可见，随着医药产业的不断发展壮大，医药产业的技术正在不断进步，生物药品制造业创新价值很高，医疗仪器设备及器械的使用也越来越普遍。

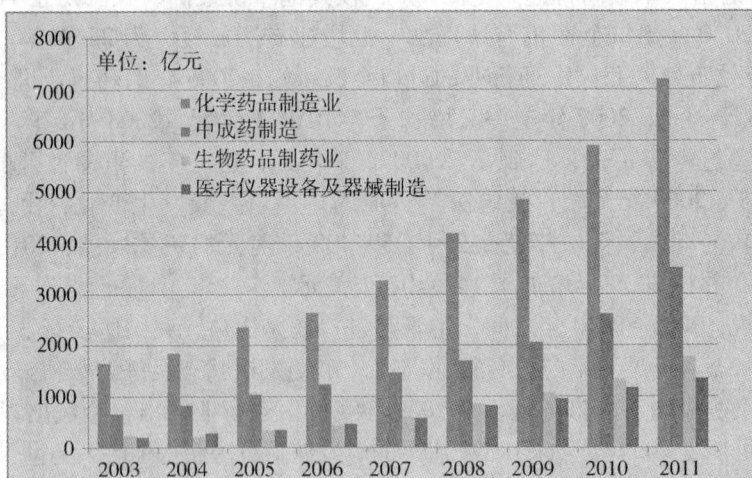

图 6 - 6　2003 ~ 2011 年不同子行业总产值
数据来源：国务院发展研究中心信息网

医药行业内四个市场贡献率较高的子行业的企业数量也正在逐年增加。化学药品制造业的企业数量最多，这与其工业产值份额最大是相关联的。化学药品制造业的企

医药产业经济：原理与政策

业数量从 2003 年的 1747 家发展到 2010 年的 2508 家，每年企业的数量都有所增加，但 2011 年我国化学药品制造业的企业数量有所减少。总体增长的速度缓慢，低于全国医药产业企业数的总体增长率。可见在整个医药产业中，化学药品制造业的企业数量相对比较稳定。2003 年到 2006 年，化学药品制造业企业的亏损数量也随着企业总数量的增加而增加。2007 年企业总数增加而亏损企业数量减少的现象，但随后的 2008 年，企业亏损数量又随企业数量增加而增多。但在经过了前面几年的发展后，从 2009 年开始企业亏损数量呈现出与企业数量相反的走势。从图 6 - 7 也可以看出，从 2003 年到 2006 年企业亏损面均 24% 以上，从 2007 年开始，企业亏损面呈现稳定的下降趋势，到 2011 年已经降低到 13.61%，产业内企业的总体盈利能力进一步提高。

　　企业数量紧随其后的中成药制造业增长速度相对于化学药品制造业更为缓慢，2003 年企业数量为 1014 家，除了 2007 年和 2011 年数量有所减少外，其他各年的企业数量都有所增加。亏损企业的数量从 2003 年的 234 个随着总数的增加不断增加，2007 年出现短暂减少后，从 2009 年开始稳定减少，到 2011 年亏损企业的数量减少为 1409 个从图 6 - 7 可以更直观的看出中成药制造业的企业亏损面；2003 年到 2005 年企业亏损面不断扩大，达到了 29.93%；但经过 2006 年一年的发展，2007 年开始企业亏损面呈现不断下降趋势，截至 2011 年降为了 11.57%。现阶段，我国的中成药发展正面临着一系列的发展问题，虽然前景光明，但是过程很是曲折，还处于不断摸索发展中。但透过医药产业的宏观数据，我们有理由相信中成药产业的绩效将越来越好。

　　生物药品制造业和医疗仪器设备及器械制造业虽然企业总量很少，当增长速度较快。生物药品制造业的企业数量从 2003 年的 352 个经过 9 年的发展增加了一倍有余。而亏损企业的数量在经历了增加、减少等变化后，2011 年亏损企业的数量甚至低于 2003 年。从图 6 - 7 可以看出，生物药品制造业的企业亏损面明显低于化学药品制造业和中成药制造业，企业亏损面年平均为 16.28%。这与生物药品制药业是个技术门槛高的行业不无关系，只有实力雄厚的企业才能够进入该行业，这在一定程度上也提高了该行业的市场绩效。医疗仪器设备及器械制造业的企业数量略多于生物制品制造业，其企业数量从 2003 年开始到 2010 年一直处于增加状态中，2011 年减少了 400 多家，亏损企业也在经历了增长、减少等变化后，降到了与 2003 年相当的水平。图 6 - 7 呈现了医疗仪器设备及器械制造业企业亏损面的变化图，其曲线缓慢地下行，提示着这一子行业市场绩效的不断提高。

　　就整个产业来说，化学药品制造的发展速度正在放缓，市场上的企业较多，较为分散，产业集中度不高，还属于待集中状态，综合实力不强。中成药行业的企业数量相对于化学药品制造业较少，现有的企业生产能力、研发能力也都有待提高，整个行业的规模还不够，难以发挥行业的规模经济，尚处于规模不经济状态。生物药品制造业和医疗仪器设备及器械制造业是技术含量相当高的行业，企业增长缓慢，除了整个行业的原因外，还因为其进入的技术壁垒相对于其他子行业来说很高，企业规模一时难以扩大。但随着技术的不断进步，生物药品制造业和医疗仪器设备及器械制造业将能够发挥其技术优势夺得发展先机，从这两个行业的企业亏损面曲线位于化学药品制造业和中成药制造业曲线之下便可见一斑。

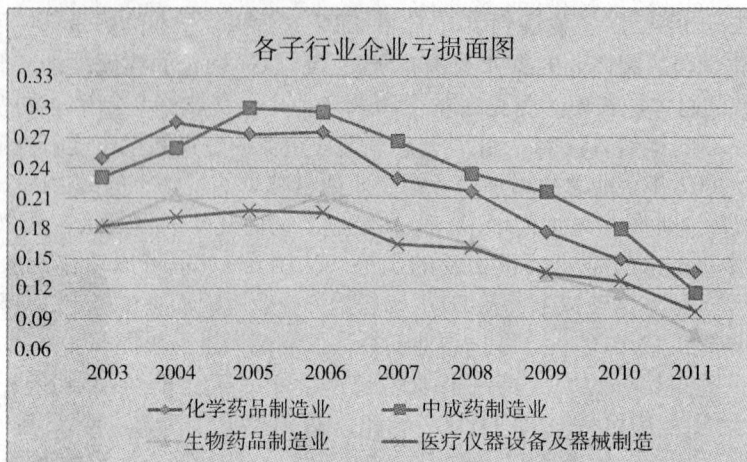

图 6 - 7　2003～2011 年不同子行业企业亏损面

数据来源：国务院发展研究中心信息网

表 6 - 6 是我国医药产业 2003 年至 2011 年总产值领先的四个子行业的就业人数情况。总体来看，从 2003 年到 2011 年，四个子行业的就业人群都在不断增加。化学药品制造业就业人数从 2003 年的 615072 人增加到 2010 年的最高值 827459 人，2004 年、2006 年和 2011 年略有减少。2008 年涨幅最大，而 2011 年减幅最大，年平均增长率为 3.81%。中成药制造业除了 2007 年出现就业人数减少外，其他各年就业人数均不断增加。中成药制造业的年平均增长率为 6.96%，高于化学药品制造业。相比于前两个子行业，生物药品制造业的增长速度较快：除了 2004 年就业人数少量减少外，其他各年就业人数均不断增加，2008 年增速达到了 33.59%，年平均增长率为12.09%。医疗仪器设备及器械制造业市场容量与生物药品制造业相当，2003 年其就业人数也与生物制品制造业相差近 1 万多人，但经过 9 年的发展，行业的劳动力不断扩充，数量增加到了 25 万余人次，年平均增长率为 15%，显著高于化学药品制造业和中成药制造业，同样高于生物药品制造业。从就业人数上可以明显看出，化学药品制造业的从业人数最多，生物药品制造业和医疗仪器设备及器械制造业的从业人数最少，但不可否认，生物药品制造业和医疗仪器设备及器械制造业的人员增加速度快于产值排在其前面的两个子行业。从这一点也可以看出，生物药品制造业和医疗仪器设备及器械制造业的市场容量正在扩大，市场绩效不断提高。但是鉴于其过高的进入壁垒，从 2009 年开始，市场扩容速度放缓，但总体仍保持上升趋势。

表 6 - 6　2003～2011 年不同子行业就业人数（单位：人）

年份	化学药品制造业	中成药制造业	生物药品制造业	医疗仪器设备及器械制造业
2003	615072	287198	73350	85243
2004	594731	331858	62653	122279
2005	619913	350806	74450	123061
2006	617830	364546	81852	144247

年份	化学药品制造业	中成药制造业	生物药品制造业	医疗仪器设备及器械制造业
2007	650510	362166	95278	160201
2008	729804	394950	127279	222682
2009	762740	397530	137320	232300
2010	827459	426017	150906	252965
2011	822882	486811	173164	241308

数据来源：国务院发展研究中心信息网

（二）医药产业的销售利润情况

1. 总体情况

销售收入是指企业在报告期间内生成的成品、自制半成品和工业性劳务取得的收入，无论是一个企业还是一个产业，其生产的产品只有通过交换才能将其使用价值转化为价值，成为被市场所接受的有用商品。因此，销售收入是一个行业效益的重要度量。

表 6 - 7　2003～2011 年医药产业工业销售产值与营业利润表

年份	销售收入（亿元）	利润总额（亿元）
2003	2883.77	260
2004	3247.71	267.33
2005	4166.34	350.4
2006	4978.24	387.81
2007	6182.34	579.08
2008	8036.99	861.086
2009	9574.83	1058.82
2010	11824.33	1392.05
2011	14965.94	1731.71

数据来源：国务院发展研究中心信息网

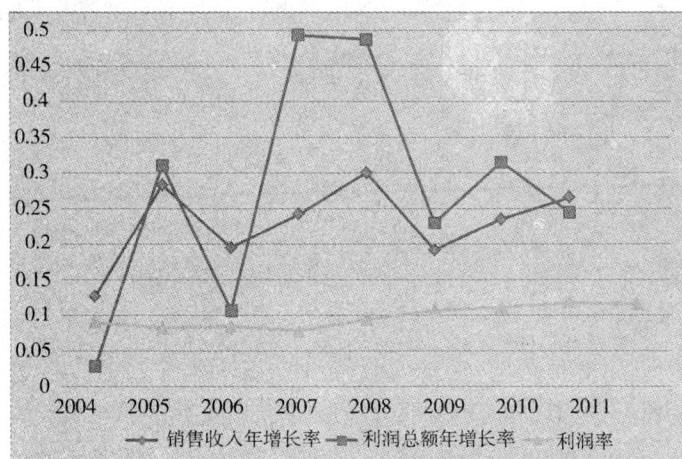

图 6 - 8　2003～2011 年医药产业产品销售情况

数据来源：国务院发展研究中心信息网

中国医药产业的产品销售收入逐年增长(表6-7),2004年3247.71亿元人民币,同比增长12.62%。2003年至2011年,医药产业产品销售收入从2883.77亿元人民币增长到14965.94亿元人民币,9年间增长了12082.17元人民币,增加值约为2003年销售收入的4倍。从图6-8可以看出,除2004年以外,销售收入年增长率都在15%以上,2006年和2009年销售收入年增长率逼近20%,2005年、2008年和2011年这三年年增长率在25%以上,五年的销售收入年平均增长率为22.97%。随着销售收入的增长,产品利润也在不断增长,从2003年的260元人民币到2011年的1731.71元人民币,9年时间里,利润一直呈现增长趋势。2007年和2008年增长较为迅猛,分别为49.32%和48.70%,2004年和2006年增长稍慢,其他各年均在较高的水平上稳定提高。利润总额年平均增长率为27.68%,高于销售收入的年平均增长率,可见,经过9年的发展,医药工业的市场绩效不断提高。利润状况的好坏,直接关系到一个产业的市场绩效。经过前面的分析可知,利润率(也就是收益率)是衡量市场绩效的重要指标之一。从图6-8利润率曲线位于横坐标以上可知,2003年至2011年的9年时间里,中国的医药市场中的企业整体而言是有利可图的,2006年的利润率最低,为7.79%,此后每年利润率都以超过10%的状态处于不断增长状态,截至2011年,销售利润率为11.57%。从2003~2011年,9年时间里的年平均销售利润率为9.77%,市场绩效处于稳步提升中。

2. 不同经济类型的医药企业销售利润率分析

我国的经济体制类型为以公有制为主体,多种所有制经济共同发展的类型。此处,将我国的经济类型分为:国有企业、集体企业、股份制企业、外商及港澳台投资企业以及其他企业等五类。图6-9为我国2003~2011年不同经济类型的企业的产品销售利润率变化图。

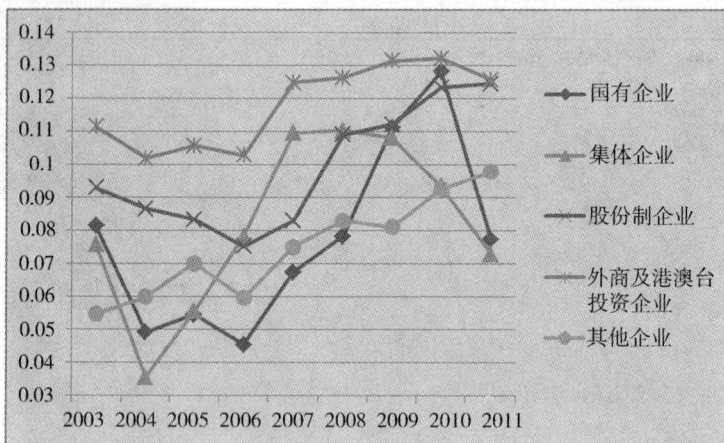

图6-9　2003~2011年医药产业不同经济类型的利润率比较
数据来源:国务院发展研究中心信息网

从2003年至2011年这9年中,随着改革开放的深入、市场经济的不断发展,股份制企业在国内的发展情况总体上比较好。销售收入不断提高,由2003年的

1253.31亿元提高到了2011年的6252.75亿元，增长了近四倍。除2006年和2009年这两年的销售收入增长率在15%左右外，其他各年的销售收入增长率均在20%以上，9年的平均年增长率为22.37%。利润也一直处于上升趋势，除2006年的利润增长率仅为2.21%外，其他各年利润增长率均保持在10%以上，最高达到了67.30%。2003年到2011年这9年中，利润总额的年平均增长率为27.98%，超过了销售收入的年平均增长率。销售收入和利润总额的提高一定程度上能够说明市场绩效的改善，但更具说明力的是利润率的提高。从2003年到2011年这9年里，股份制企业的利润率均保持在7%以上，较为稳定。2008年以后，利润率每年都以超过1个百分点的速度上涨，非常稳定。由此可见，国家倡导发展市场经济这一措施为股份制企业的发展带来了前所未有的机遇，医药产业内的股份制企业得到了良好且稳定的发展，市场容量不断扩大，为医药产业市场绩效的提高贡献了巨大力量。

自加入WTO以后，我国非常重视对外商及港澳台投资的引入，从在我国医药产业中市场份额仅次于股份制企业的是外商及港澳台投资企业这一点便可看出国家对外商及港澳台投资的重视程度。外商及港澳台投资企业的销售收入从2003年的666.57亿元，经过9年的发展，提高到了4104.06亿元，增长了五倍有余。相应地，营业利润也以相应的速度不断上涨。外商及港澳台投资企业销售收入的年平均增长率为25.65%，增长显著，利润总额的年平均增长率为28.15%，超过了销售收入的增长。纵观9年外商及港澳台投资企业的利润率走势不难发现，其利润率明显高于其他几类经济类型的企业，且增长趋势非常明显。究其原因，这可能得益于国家引进外资的各类优惠政策。不管怎样，外商及港澳台投资企业为我国医药产业市场绩效的改善贡献了不可磨灭的作用，其地位不容小觑。

相对于股份制企业和外商及港澳台投资企业来说，国有企业的利润率并不高，但由于所有权归国家，企业受市场因素的影响相对较小，产品的市场份额变化小，经济地位较为稳固。但在国家倡导市场经济的大背景下，国有企业的年销售收入呈现负增长趋势，为−1.17%；年利润总额呈现缓慢的增长趋势，为4.39%。国有企业的利润率变化幅度是几种经济类型中变化最大的，但年平均利润率较为稳定，为7.70%。可见，虽然国有企业的市场份额不大，但在国家的宏观调控下，市场绩效比较稳定。集体所有制也是我国经济体制中的重要组成部分，其企业的所有权归属于集体组织。在实践中，集体所有制企业的发展由于缺乏有效的激励机制或是先进的管理制度等软件设施，导致其发展动力不足，市场占有率不高。从2003～2011年，一直以较稳平稳的状态增长着，但2009年以后其利润率呈现不断下降趋势。

其他企业是除上述四种类型企业外的其他类型企业的总称，包括由自然人投资设立或由自然人控股，以雇佣劳动为基础私营企业等盈利性组织机构。在我国的医药市场中，很多企业都可归类为其他企业，虽然它们规模不一、质量良莠不齐，但是不可否认的在我国的医药市场中发挥着自己独特的作用，积极推动整个医药产业的发展。销售收入从2003年的302.64亿元人民币到2011年的4040.29亿元，利润总额从2003年的16.55亿元到2011年的395.23亿元，销售收入和利润总额分别增长了 12 倍、22 倍有余。销售收入年平均增长率为 38.97%，利润收入年平均增长率为 50.34%，利润率自 2006 年以来一直在 6% 以上增长。数据显示，其他类型企业在医药市场上大展拳脚，利润总额逐年增长，经过 9 年的发展，其市场绩效非常可观。

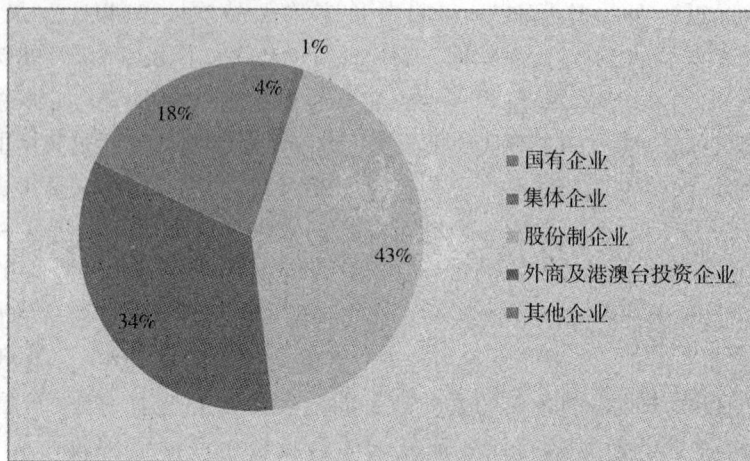

图 6 - 10　2003 ~ 2011 年几大经济类型市场利润份额

数据来源：国务院发展研究中心信息网

综上可知，2003 年至 2011 年的 9 年时间里，我国医药行业内存在着诸多经济类型的企业，国有企业、集体企业这两类企业的市场利润份额较为有限，分别为 4% 和 1%；股份制企业以 43% 的市场利润份额稳居第一；外商及港澳台投资企业紧随其后，占据了 34% 的市场利润份额；其他类型企业则占据了 18% 的市场利润份额（图 6 - 10）。从这些数据和比例不难发现，近些年来，国内的医药行业虽然发展迅猛，利润指标衡量的市场绩效比较理想，但是整体实力还不够强，外商及港澳台投资企业在国内发挥着举足轻重的作用，内陆市场上医药企业的整体能力、集中度等还有待提高。医药产业市场的纵向变化与横向变化基本一致，各类型的公司都处于增长阶段，利润的增加表现出市场是有利可图的，说明医药产业的发展正逐步完善中。

3. 不同省份医药销售利润

众所周知，我国共有 34 个省级行政区域，从上面的分析中可以看到，港澳台及外资企业占据了我国很大的医药市场，其他省份很难与之抗衡，比较也就没有太大意义了。此外，选择了除香港、澳门以及台湾省以外的 31 个省级单位作为研究对象，对其2003 年至 2011 年医药市场上的工业总产值以及年平均利润率进行统计、比较，以便读者在了解了全国总体状况后可以较为直观地了解国内不同区域的医药企业在市场上的绩效情况。表 6 - 8 给出了我国 31 个省份从 2003 ~ 2011 年每一年的工业总产值，不难看出，总产值排在前三位的分别是山东、江苏、广州，而青海、新疆、西藏等排在最后三位，这主要是受地理位置、技术水平、相关政策等条件的影响。各省份水平不一，沿海省份、直辖市等工业产值较大，而偏远欠发展地区工业产值很小，甚至出现一个省份的产值低于一个发达城市的现象。由此可见，我国医药产业的区域发展不均衡，各地市场绩效不一，这一定程度上也影响了整个行业的进步。

我国各地区的市场利润总额相差甚大，其中市场绩效相对而言最好的当属山东，其后依次为江苏、广东、浙江等省份。究其原因，这几个省份相对而言集中了全国较多的医疗资源，山东人口众多，市场需求量大，相对而言利润额也比较大。江苏、广东、浙江这三个省份的经济发展状况相对好于全国的很多省份，不管是地理位置、经济环境还是指导政策都走在全国的前列。利润是反映市场绩效的重要因素，从这三个省份的医药市场利润额来看，医药企业的绩效相对于其他省份来说较为理想。不得不提的是四个直辖市：北京、天津、上海、重庆，鉴于辖区的面积，这四个城市的利润总额相对于前面四个省份来说较少实属正常现象。但是，作为四个经济发展走在前列的城市，北京、天津、上海的医药市场利润总额还是高于部分省份的，如甘肃、青海、西藏、新疆等地。重庆的利润总额在四个直辖市中是最低，这和重庆的地理位置、经济发展状况、政治文化环境不无关系，但重庆仍比新疆、西藏、青海等省份的市场利润总额高很多。从这一条条高低不平的曲线我们不难看出，我国各省份的经济发展非常不平衡，山东、江苏、广州、浙江、北京、上海、天津等地的经济较其他省份而言较为发达，医药市场的绩效也相对较好。

图 6－11 是 2003～2011 年这九年中我国各省份的年平均利润率，平均利润率排在前三位的分别是西藏、海南、北京。利润率是反映市场绩效的重要指标，但应该在合理的范围内，并非说越高越好。西藏的年平均利润率达到了 25%，但这并不能说明西藏的医药产业市场绩效最好。恰恰相反，这可能是由于西藏较为偏远，欠发达，该地企业所提供的产品供不应求从而导致利润偏高，当然也有可能是就地取材，成本低而带来了高利润。总之，利润率是反映市场绩效的一个重要指标而非决定性指标。从图 6－11 可以看出，除了个别极高或极低的省份外，各省份的利润率相差不大，市场绩效较好的省份的利润率一般都保持在适宜的范围内。

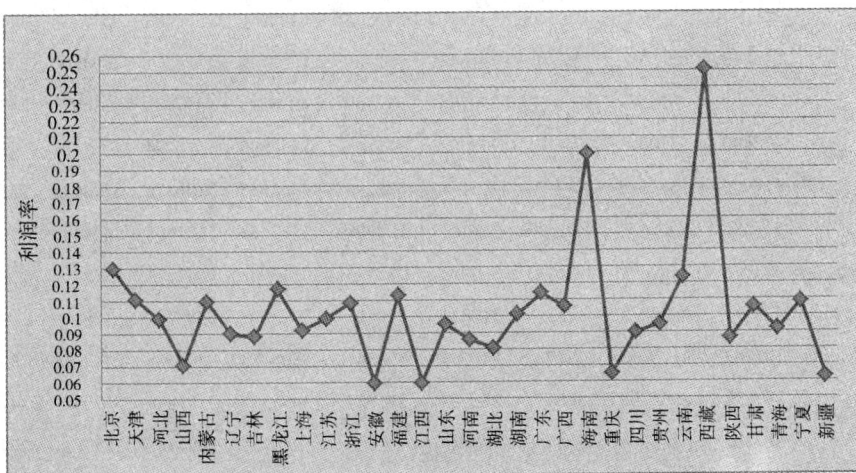

图 6－11　2003～2011 年不同省份年平均利润率

数据来源：国务院发展研究中心信息网

总的来说，从 2003 年到 2011 年，全国绝大部分省份的医药市场利润总额都处于不断上升趋势，医药市场蓬勃发展，市场绩效不断提高，经济条件比较好的省份的医药市场绩效增长很快。

表 6 - 8　2003 ~ 2011 年不同省份医药工业总产值

工业总产值	2003	2004	2005	2006	2007	2008	2009	2010	2011
北京	1449854	1696733	1748105	2023513	2520939	3390566	3942149	4585756	5457317
天津	1109699	1224607	1487529	1817835	1953739	2118716	2615374	3029279	3415978
河北	1812908	1736809	2153753	2257043	2901181	3497516	3604471	4531405	5295017
山西	385769	369451	470861	526097	659382	747784	805218	1037205	1133046
内蒙古	209767	452004	397456	536649	693051	863881	1202986	1706456	2594716
辽宁	911543	902748	1534433	1819348	2401078	3059098	3358263	4170957	5463014
吉林	1155205	1484969	2133860	2669691	3232062	4007883	4603041	6005894	8206870
黑龙江	1002353	933063	1096417	1142887	1299146	1534221	1868695	2238836	2457743
上海	2015702	2346233	2622801	2951461	3400259	3586997	4388193	5148635	5511234
江苏	3505617	4212265	5198787	6055559	7407812	10086990	12700580	16522520	20807459
浙江	2907439	2908052	3587080	3785090	4472279	6492585	7040760	8244331	9063104
安徽	365287	518224	528991	652643	924378	1334617	1757191	2650527	3781698
福建	517414	587844	699501	886814	1012999	1198221	1339018	1662190	2026010
江西	838885	548902	942938	1300062	1551154	3036335	3655146	4962478	6272723
山东	2253240	3170314	5345297	6765206	8803609	11331311	13891965	16470215	20646950
河南	981728	1345230	1784782	2593533	3706955	4750215	5605257	7226498	10730080
湖北	1314896	981720	1485550	1796565	2269433	2692960	3170234	4147405	5485238
湖南	616138	753043	985133	1219841	1495309	2405885	2907164	3789046	4849414
广东	2593442	3009733	3355958	4343609	5181746	6188948	7523453	9502388	11018576
广西	518810	586659	736881	791643	955759	1090177	1354861	1694908	2294025
海南	255699	291758	336038	332768	372759	487851	589778	814667	1437816
重庆	473400	511000	693894	742053	985551	1347890	1636284	1787306	2122423
四川	1139899	1381668	1797277	2151442	3082945	4361555	5100378	5794638	8359356
贵州	512535	580365	840009	961189	1094998	1193553	1507668	1804109	2273145
云南	373078	416769	499699	589023	787583	957398	1041814	1395827	2114366
西藏	32874	40972	41723	51588	57430	57959	59887	61281	59965
陕西	1012632	1125065	1274785	1376546	1568440	1808473	2009515	2329095	2800555
甘肃	207678	206479	232895	242620	282627	345333	318184	377035	547835
青海	51728	58459	72689	93642	128408	125625	168446	205773	277964
宁夏	48264	55086	88843	104612	155278	172554	212561	253906	302469
新疆	42768	35489	53248	49346	66735	66560	97752	116720	133602

数据来源：国务院发展研究中心信息网

我国中药产业 SCP 分析

中药是我国的特色之一，对中药产业的市场绩效进行分析，对评价产业发展情况、为国家制定产业政策提供建议等都具有积极意义。

一、中药产业的市场结构

1. 与其他产业相比，中药产业是高差别化的产业。其差别化主要来自三个方面：药品的疗效差异导致的产品差别化，消费者主观偏好导致的产品差别化，消费者缺乏专业知识导致的产品差别化。不难发现，产品差别化高的中药产业的市场竞争程度要低于产品差别化较低的西药产业。

2. 中药产业（工业）包括中成药生产业和中药饮片生产业两大子类。在中药产业市场上，活跃着非常多的来自于两类子产业的厂商，到 2011 年末，已经注册的同类生产商数目已经达到 2010 多家，尚未注册的不在统计范围内的其他厂商则不计其数。

3. 产业集中度

行业中的企业数量越多，企业规模就可能越小，企业相互之间的竞争就越激烈，市场集中度也就可能趋低。反之企业规模越大，在行业中所占比份额越大，市场集中度也就可能趋高。就行业来说，规模越大企业数量越少，企业规模就可能越大，行业集中度也就可能趋高。集中度是衡量产业结构是否合理的一个非常重要的指标。

4. 市场进入壁垒

资金壁垒：中药生产厂商企业规模小，新建成本不是很大，导致低资金壁垒。但随着中药生产现代化步伐的加快，进入的资金壁垒有所提高。技术壁垒：新建中药制药企业必须持有国家颁发的相关证书且须达到 GMP 标准。成本壁垒：实务中，企业之间的竞争还没有涉及成本竞争，成本压力较小，故而成本壁垒较低。行政壁垒：国家在新药证书和 GMP 生产方面对新建中药企业有严格的规定，这也提高了中药产业行政壁垒。

由此可见，目前我国中药工业的市场结构特点是产品差别化较大，市场集中度较低，新企业进入壁垒较低，属于垄断竞争型市场结构。

二、中药产业的市场行为

产品质量竞争不足：中药标准低，国内达到 GMP 标准的企业不多，中药制药设备水平低下加之企业研发投入不足导致产品质量缺乏竞争力。价格竞争日渐激烈：消费者的消费取向直接影响着消费者主导型药品生产企业的行为，针对国内消费者高价格弹性这一特点，OTC 市场上各大中药生产企业仍以价格战为重点。终端销售策略加强：对制药企业来说，洞察零售终端在药品销售实现过程中的重要作用是必要和有益的。随着药品市场的竞争越来越白热化，越来越多的制药企业采取高度重视终端营销策略的竞争战略。新产品开发不足：我国企业拥有研发能力的企业少之又少，中药新产品开发面临瓶颈。

三、中药产业的市场绩效

2003～2011年，我国医药工业总产值的年平均增长速度为22.78%，但医药行业在全社会工业总产值的比重是逐年下降的。我国中药行业自2003年以来，工业总产值呈上升趋势，由837.17亿元经过九年的发展增加到4314.02亿元，增长了四倍有余。中药产业的总产值除2004年是以10.59%的速度增长外，其他各年均保持20%以上的增长率，最高达到了31.46%，年平均增长率为22.90%，高于同期医药工业总产值的年平均增长率22.78%。2003年至2005年连续三年，中药行业工业总产值在我国医药行业所占比重呈下降趋势，由27.34%降到了26.45%。但2006年，中药行业工业总产值占全国医药行业总产值的比重有所回升，略高于2003年的比重，为27.47%。其后中药行业工业总产值占全国医药行业总产值的比重又出现下滑，且在2008年达到了最低点24.71%，也就是说近两年医药行业的其他子行业发展速度快于中药行业。2008年以后，中药行业总产值占医药行业总产值的比重以较为稳定的速度上升，在2011年达到了27.49%，略高于2003年和2006年。总的来说，中药行业工业总产值占全国工业总产值的比重基本没有提高，其发展速度明显低于其他产业的发展。

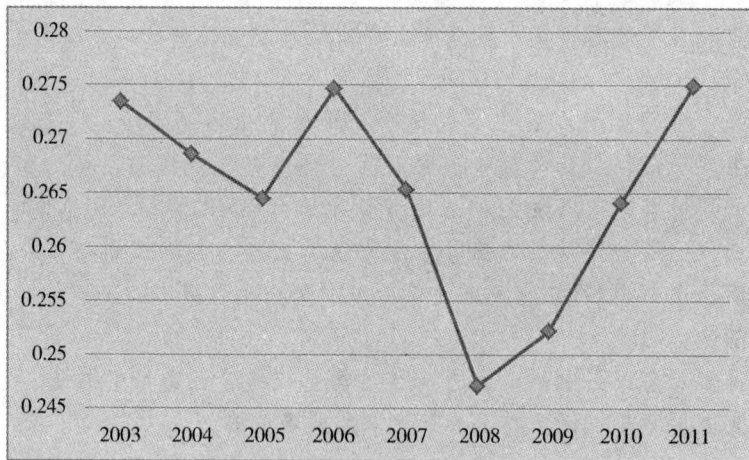

中药工业总产值占医药工业总产值的比重
数据来源：国务院发展研究中心信息网

医药产业经济：原理与政策

本章小结

1. 在哈佛学派的 SCP 分析框架中，产业组织理论的基本分析路径是按照市场结构－市场行为－市场绩效－公共政策的方向展开的。该分析框架以价格理论为基础，通过对产业内部企业之间竞争与垄断及规模经济的矛盾关系的具体考察，着力探讨这种产业组织状况及其变动对资源配置效率的影响，从而为维护合理的市场秩序和经济效率提供理论依据、分析方法和对策途径。

2. 本章重点介绍了市场绩效的概念、内容，市场绩效的衡量指标及综合评价方法，分析了市场结构和市场行为因素与市场绩效的关系，并介绍了有效竞争的概念及其衡量标准。

3. 本章的最后将研究重点放到医药产业，运用市场绩效的衡量指标和评价方法分析我国医药产业的市场绩效，运用产业经济学的 SCP 分析思路来考察我国的医药产业，以便读者更好地运用经济学思维理解我国医药产业。

思考题

1. 试述 SCP 分析框架的形成与其论述方法的特点

2. SCP 分析框架中市场结构、市场行为与市场绩效的关系，它们都受哪些因素的影响，相互之间又是如何影响的？

3. 市场绩效的衡量指标和评价方法都有哪些，各自的优缺点是什么？

4. 有效竞争对市场绩效有什么影响以及如何选取合适的有效竞争衡量标准？

5. 我国医药产业总体状况如何，如何评价其绩效？

6. 影响我国医药产业市场绩效的因素有哪些？

第七章

创新与医药产业

【教学目标】

本章介绍了创新的概念、特征、类型和机制，创新理论的产生和发展，专利制度的有关内容，专利保护与社会福利、技术创新的关系，并以国家创新系统理论为基础阐述医药产业创新系统的内容和结构，比较各国医药产业创新模式的发展特点，通过本章的学习，使读者全面了解有关创新的相关理论知识，把握专利制度的有关内容，理解创新与医药产业的发展的关系，明确有关医药产业创新系统的相关理念。

【教学要求】

1. 了解：创新的特征，专利的构成要素，专利对企业的作用。、

2. 熟悉：创新的要素和机制，技术创新理论，制度创新理论，专利的概念和宗旨。

3. 掌握：创新战略选择，专利保护与技术创新的关系，各国医药产业创新体系比较。

4. 重点掌握：熊彼特创新理论，国家创新系统理论（NIS），医药产业创新系统的定义和结构。

第一节 创新概念与理论

一、创新的概念

在 1912 年出版的《经济发展理论》中经济学家约瑟夫·阿罗斯·熊彼特（Joseph A Schumpeter）最早提出创新的概念。熊彼特认为："资本主义的现实与教科书中所描述的景象不同，重要的竞争形式不是完全竞争，而是对新产品、新技术、新的供给渠道、新的组织形式的竞争，这些领域的竞争不是表面上现存企业间的利润边际和产量的竞争，而是对于更根本的因素进行竞争。"因此，他认为经济学的中心问题不是均衡而是结构性变化，而是通过新的生产要素和生产条件的"结合"产生生产体系的"创新"。古典经济学不考虑创新，认为创新是经济学的外部因素，不是

经济学的组成部分，而熊彼特则认为创新是现代经济学的精髓，它是"创造性破坏"，它使已有的固定设备资本投资变得陈旧过时，促使资源从旧的过时的产业转移到新的更富有成长性的产业，从而使得资源的利用效率提高，社会总福利增加。

熊彼特之后的经济学家都继承了创新研究的这一经济学传统。在重新阐释评价熊彼特创新概念的基础上依照各自的不同理解而定义。在综合考虑各种关于创新定义界定的基础上，本书认为可把创新定义为在经济活动中引入新产品或新工艺，从而实现生产要素的重新组合，并在市场上获得成功的过程。

关于创新本书还需要强调以下几点关键问题：

1. 创新是属于经济学范畴的概念

创新与发明创造不同，发明创造是科技行为，而创新是经济行为，它是把发明创造和其他科技成果引入生产体系，利用那些原理制造出市场需要的产品，从而使生产系统产生震荡效应。发明与创新的区别，是熊彼特学说的一大贡献。熊彼特认为，创新是发明的第一次商品化。在发明未能转化为创新之前，发明只是一个新观念、新设想。发明不一定导致创新，但创新的前身大多是发明。这种科技成果的商业化或是产业化的过程才是创新。创新的核心是将生产要素的新组合应用于生产中，应用于商业化的生产系统中，所以它是一个经济概念。

2. 技术创新与研究开发的关系

经济合作与发展组织（OECD）对于研究开发（research and development，R&D）的定义是："研究和实验开发是在一个系统的基础上的创造性工作，其目的在于丰富有关人类、文化和社会的知识库，并利用这一知识库进行新的发明。"R&D 一般包括三种活动：基础研究、应用研究和实验开发。它是创新前期阶段，是创新的投入，创新成功的物质和科学基础。可以说是创新的实体化机构。

从本质上看，创新是一种经济行为，是企业家将生产要素进行重新组合，建立起效能更强、效率更高和费用更低的资源配置系统，最终是以市场实现而完成的。因而，它包括科技、组织、商业和金融等一系列活动的综合过程。而 R&D 是技术行为，目标是选择和实现特定目的的技术，其成果水平的判断依据是技术指标，关键在于提出新思想、新概念、新原理，其原型设计和实验则是研究开发工作的重要阶段。

尽管如此，二者还是存在着紧密联系。创新始于 R&D 而终于市场实现，没有 R&D 就谈不上创新，R&D 是构成创新的一个必要环节，重大的创新更需要有 R&D 来支持。创新最后以市场实现而告终，它通过营销环节来实现 R&D 的价值。

3. 企业家是创新的核心

按照熊彼特的论述，企业的厂长、经理不等于企业家，只有当他对实际上生产要素实现新的组合时才算是一个企业家。企业家的职能是通过利用一种新发明，或更一般的利用一种生产新产品或用新方法生产老产品的没有使用过的技术可能性，通过开辟原材料的新来源或产品的新销路，通过重组产业等改革生产模式使它革命化。所以企业家是具有新观念、新意识和能力并进行创新的独立的商品经营者和生产者。一个停滞不前不进行技术革新的企业就不存在企业家。

企业家是创新的核心，因为他是技术创新全过程的决策者和组织者。创新过程的每一个环节都需要企业家具有敏锐的目光、果断的决策和高效率的组织，都需要用其所掌握的生产要素作为后盾。市场的需求与占有率和超额的利润前景始终是诱发企业家创造的动力。

4. 创新的目的是为了获取潜在的超额利润

没有创新的企业，最多能够获得的是所处行业的平均利润；而技术创新成功的企业，由于"新组合"的引入，建立了一种新的生产函数，它的新产品、新技术在别人没有模仿、技术没有扩散前往往可以垄断市场，采取高价的营销策略，从而获取高于行业平均利润的超额利润。创新之所以能够获得超额利润，在于它把最新的科学技术融入生产过程中，使新工艺提高产品质量、新组合方法提高劳动生产率、新产品开拓市场、新原料供给来源降低生产成本。

从熊彼特提出创新理论至今已有将近一百年的时间，这期间有众多学者对创新问题进行了大量研究，形成了许多有特色的理论。表7-1给出了一些学者或机构对技术创新的定义。

表 7 - 1　创新的多种定义

机构或学者	技术创新的定义
熊彼特	建立一种新的生产函数或供应函数，即企业家对生产要素进行新的组合
曼斯菲尔德	一种新产品或者工艺首次引进市场或被社会使用
OECD（世界经合组织）	包括产品创新、工艺创新以及在产品和工艺方面显著的技术变化
NSF（美国科学基金）	将新的产品或者改进的产品、过程或服务引进市场

二、创新理论的产生和发展

（一）熊彼特创新理论

熊彼特在《经济发展理论》中首次系统的提出创新理论（Innovation theory），"创新"就是"一种新的生产函数的建立"，即实现生产要素和生产条件的一种从未有过的新结合，并将其引入生产体系。

熊彼特对创新的定义一般包含5个方面内容：①制造新的产品：制造出尚未为消费者所知晓的新产品；②采用新的生产方法：采用在该产业部门实际上尚未知晓的生产方法；③开辟新的市场：开辟国家和特定的产业部门尚未进入过的市场；④获得新的供应商：获得原材料或半成品的新的供应来源；⑤形成新的组织形式：创造或者打破原有垄断的新组织形式。创新并不仅仅是某项单纯的技术或工艺发明，而是一种不停运转的机制，只有引入生产实际中的发现与发明，并对原有生产体系产生震荡效应，才是创新。熊彼特认为经济系统的均衡只是一种理想的状态，在实际的经济生活中是永远不可能达到的。因此，经济发展应该理解为一种变化，造成经济发展或经济变化的动因，"是流量系统自发的和不连续的变化，是对均衡的扰动，永远改变和替代不了先前存在的均衡状态"。这种经济系统内部"自发的和不连续的变化"，就是创新。

熊彼特的理论解释了经济周期现象。他认为，创新的出现，造成了对生产资料和银行的扩大需求，引起经济高涨；当创新扩展到较多企业后，盈利的机会就会减少，对生产资料和银行的需求也减少，导致经济萎缩；经济的衰退又会促使企业家进行新的创新以寻找盈利机会，从而导致下一轮经济的高涨、收缩，形成了经济周期的四个阶段。同时因为经济领域的广泛性，创新不是单一存在的，不同领域、多种多样的创新因其时间的长短和效果的差异导致了经济周期的不稳定性，呈现出长周期和短周期的差别。所以，资本主义经济的发展是以周期性的波动形式表现出来。创新使潜在的利润变成现实的利润并推动着资本主义经济的发展，同时也使一批无法创新的企业在此过程中被淘汰，据此，熊彼特认为，创新对于资本主义经济和企业的发展来说是一种"创造性的毁灭"。

在熊彼特之后，创新理论形成了以曼斯菲尔德（E Mansfield）、舒尔茨（T W. Schultz）等为代表的技术创新学派和以道格拉斯·诺斯（Douglass C North）等为代表的制度创新学派两个主要分支。到20世纪90年代"国家创新系统"（National Innovation System，NIS）开始兴起，成为继新古典经济学派、新熊彼特学派之后，用系统方法研究创新对经济增长影响的一个重要经济理论。随着世界经济正由工业经济向知识经济转变，高科技产业成为各国国民经济增长的主要来源，加之经济的全球化和知识化浪潮，使得人们更加重视对创新理论的研究，因此，国家创新系统方法很快在经济合作与发展组织（OECD）成员国中传播开来，并且成为分析国家创新能力和绩效，制定创新政策的一种重要方法。

（二）技术创新理论

1. 技术模仿论

美国经济学家曼斯菲尔德就技术创新中的技术推广问题，技术创新与模仿之间的关系和两者的变动速度问题补充了熊彼特创新理论。

曼斯菲尔德对新技术的推广问题进行了深入的研究，分析了新技术在同一部门内推广的速度和影响其推广的各种经济因素的作用，并建立了新技术推广模式。他提出了四个假定：完全竞争的市场，新技术不是被垄断的，可以按模仿者的意愿自由选择和使用；假定专利权对模仿者的影响很小，因而任何企业都可以对某种新技术进行模仿；假定在新技术推广过程中，新技术本身不变化，从而不至于因新技术变化而影响模仿率；假定企业规模的大小差别不至于影响采用新技术。在上述假定的前提下，曼斯菲尔德认为有三个基本因素和四个补充因素影响新技术的推广速度。这三个基本因素为：模仿比例，模仿比例越高，采用新技术的速度就越快；模仿相对盈利率，相对盈利率越高，推广速度就越快；采用新技术要求的投资额，在相对盈利率相同情况下，采用新技术要求的投资额越大推广速度就越慢。而四个补充因素具体来说：一是旧设备还可使用的年限，年限越长，推广速度就越慢；二是一定时间内该部门销售量的增长情况，增长越快，推广速度就越快；三是某项新技术首次被某个企业采用的年份与后来被其他企业采用的时间间隔，间隔越长，推广速度就越慢；四是该项新技术初次被采用的时间在经济周期中所处的阶段，阶段不同，推广速度也不同。

尽管曼斯菲尔德的理论填补了熊彼特创新理论中的一个空白：技术创新与模仿之间的关系以及二者变动的速度，在一定程度上有助于对技术模仿和技术推广的解释，但其理论假设的前提条件与实际相差太大，因此，曼斯菲尔德的理论对现实经济的解释是有限的。

2. 市场结构论

在熊彼特的创新理论中，创新被设定在完全竞争的市场条件下进行，从而忽略技术创新与市场结构的关系问题。20 世纪 70 年代，美国经济学家卡曼（M. I. Kamien）和施瓦茨从垄断竞争市场的角度对技术创新的过程进行了分析，回答了什么样的市场结构对技术创新最为有利的问题。他们认为：竞争越激烈，创新动力就越强；企业规模越大，在技术创新上所开辟的市场就越大；垄断程度越高，控制市场能力就越强，技术创新就越持久。在完全竞争的市场条件下，企业的规模一般较小，缺少足以保障技术创新的持久收益所需的控制力量，而且难以筹集技术创新所需的资金，同时也难以开拓技术创新所需的广阔市场，故而难以产生较大的技术创新。而在完全垄断的条件下，垄断企业虽有能力进行技术创新，但由于缺乏竞争对手的威胁，难以激发企业重大的创新动机，所以也不利于引起大的技术创新。因此，最有利于创新的市场结构是介于垄断和完全竞争之间的所谓中等程度竞争的市场结构。

3. 技术创新论

德裔美籍经济学家门斯（G. Mensch）在其代表作《技术的僵局》一书中，继承和发展了熊彼特的长波技术论，认为技术创新是经济增长和长期波动的主要动因，并利用统计资料证实了熊彼特的理论。

门斯认为经济萧条和大危机是技术创新和经济增长的必要前提。他通过分析关于基础技术创新的统计资料发现：在 1825 年、1886 年和 1935 年新的基础技术创新群发生了，并产生出新的产业部门。新的巨大市场使得这些部门得以快速增长并改进产品和生产过程，竞争、合理化和集中提高了新产业部门的能力。然而达到某一顶点后，市场无法容纳这种能力，出现需求饱和，经济的不景气开始并逐渐蔓延，只有出现新的基础技术创新和新的产业部门，经济才能根本好转，只有技术创新才能克服危机。门斯把这种迫使社会通过技术创新寻求出路的窘境认为是"技术僵局"，萧条和大危机的出现，才能迫使政府和企业寻求新技术，以摆脱困境，并且，基础技术创新的出现将会为下一次经济发展高涨奠定基础。

在修正熊彼特关于经济增长的正弦波模式的基础上，门斯提出了变形模式：在工业经济的发展中，特别是在资本主义的连续效率上，连续的上升会表现出突然的崩溃出现在大危机期间，危机又成为技术创新群涌现的酝酿期。于是由基础技术创新克服危机，增长再度出现，因此经济的长期波动不是连续的波形，而是断续的 S 形。变形模式突出了门斯的中心思想，亦即经济衰退和大危机刺激了技术创新，是推动技术创新高潮出现的主要动力，危机会迫使企业寻求新的技术，而大批技术创新的出现则会成为经济发展新浪潮的基础。

（三） 制度创新理论

1. 制度创新论

制度创新学派以美国经济学家兰斯·戴维斯（Lance Davids）和道格拉斯·诺斯等人为代表，戴维斯和诺斯在 1971 年出版的《制度变革与美国经济增长》一书中，提出了制度创新理论。该学派利用新古典经济学理论中的一般静态均衡和比较静态均衡方法，在对技术创新环境进行制度分析后，认为经济增长的关键是设定一种能对个人提供有效刺激的制度，该制度确立一种所有权，即确立支配一定资源的机制，从而使每一活动的社会收益率和私人收益率近乎相等；产权的界定和变化是制度变化的诱因和动力，新技术的发展必须建立一个系统的产权制度，以便提高创新的私人收益率，使之接近于社会收益水平；一个社会的所有权体系若能明确规定和有效保护每个人的专有权，并通过减少革新的不确定性，促使发明者的活动得到最大的个人收益，则会促进经济增长。戴维斯和诺斯把制度创新的全过程分为五个阶段：形成推动制度变迁的第一行动集团，即对制度变迁起主要作用的集团；提出有关制度变迁的主要方案；根据制度变迁的原则对方案进行评估和选择；形成推动制度变迁的第二行动集团，即起次要作用的集团；两个集团共同努力去实现制度变迁。

2. 诱致性制度变迁理论

拉坦（V W. Ruttan）在综合舒尔茨和诺斯等人理论的基础上，提出了一种关于制度变迁的诱致性创新理论模型。在他看来，"导致技术变迁的新知识的产生是制度发展过程的结果，技术变迁反过来又代表了一个对制度变迁需求的有力来源"，由此前提出发，他把技术创新和制度创新整合在一个相互作用的逻辑框架中，应用其对技术变迁的研究方法来考察制度变迁。对制度变迁需求的转变是由要素与产品的相对价格的变化，以及与经济增长相关联的技术变迁所引致的；对制度变迁供给的转变是由社会科学知识及法律、商业、社会服务和计划领域的进步所引致的。当社会科学知识和有关的商业、计划、法律和社会服务专业等知识进步时，制度变迁的供给曲线就会向右移动，社会科学和专业知识的进步降低了制度供给的成本。

（四） 国家创新系统理论

继熊彼特提出了创新概念以后，20 世纪 50 年代中期出现的经济增长理论和近年来发展声势颇大的新经济增长理论被相继提出。但是，这些理论在强调创新活动作为一个复杂的相互作用过程的共性的同时，却忽略了其赖以进行的具体历史环境和历史条件的特殊性，即国家专有因素的特殊作用，正是在这样一种背景之下，以弗里曼（Freeman）和纳尔逊（Nelson）为代表的一些新熊彼特主义技术创新经济学家开始强调古典经济学家弗里德里希·李斯特（Friedrich List）的政治经济学国家体系传统，重视技术创新的国家专有因素以及具体的社会制度与文化背景，从而将李斯特传统与熊彼特传统有机地结合了起来，形成了影响深远的国家创新系统理论。

20世纪90年代中叶，经合组织（OECD）在综合各学派的研究理论基础上对国家创新系统进行了比较完整的定义：公共和私人部门中的组织结构网络，这些部门的活动和相互作用决定着一个国家扩散知识和技术的能力，并影响着国家的创新业绩。

到目前为止出现的各种关于国家创新系统的理论和学说主要有：弗里曼的国家创新系统理论、纳尔逊的国家创新系统理论、伦德瓦尔（Lundvall）的国家创新系统理论、波特（Michael E. Porter）等人的国家创新系统研究、经济合作与发展组织（OECD）的国家创新系统研究等。

1. 宏观学派

该学派选取了国家层次的宏观角度，着重从制度设计方面考察国家创新系统的结构、性质和功能，以历史的眼光，强调国际比较，以国家为基本单元进行实证分析。代表人物是弗里曼和纳尔逊。他们的理论有一个预设前提，即国家创新系统和技术变革是存在的，并把技术变革的存在及演进作为研究的起点，认为国家创新系统是一组制度，制度的设定和功能是决定创新系统效率的关键。

（1）弗里曼的国家创新系统理论

英国经济学家弗里曼在1987年首先提出国家创新系统的概念。他的国家创新系统学说来自于对不同国家发展差距的反思，并从制度与产业结构上剖析创新的系统性和国家干预的重要性。弗里曼首先以日本为研究对象，通过分析新"技术差距"的特性及日本国家创新系统的性质来解释日本经济增长，并在某些重要新技术领域揭开重大"技术差距"的原因。他从组织网络角度对日本的政府、厂商、大学（教育培训系统）进行分析，从直接的经验观察来揭示日本的国家创新系统运行机制，认为国家间的追赶、超越乃至出现重大的技术差距不仅仅与发明及科学活动的增加和技术创新有关，而是制度、组织管理创新综合作用的结果，即国家创新系统是提高一国竞争力的源泉。

在1987年出版的《技术政策与管理绩效：日本的经验》一书中，弗里曼认为，日本国家创新系统的主要特点有：①政府（主要是通产省）的重要干预作用。政府在国家创新系统中所扮演的角色是从长远的动态视野出发，为整个国家经济的发展设计最优的资源配置。②企业的R&D活动在日本国家创新系统中的核心地位。③教育和培训的重要作用。第二教育和企业层次的教育培训的数量和质量是日本教育培训系统的特色，也是企业创新成功的关键因素。④独特的产业结构的重要作用。日本在技术落后的情况下，以技术创新为主导，辅以组织创新和制度创新，只用了几十年的时间，便使国家的经济出现了强劲的发展势头，成为工业化大国的事实说明：一个国家要实现经济的追赶和跨越，必须将技术创新与政府职能结合起来，形成国家创新系统。从长远的、动态的规划出发，充分发挥政府提供公共产品的职能，以推动产业和企业的技术不断创新。

（2）纳尔逊的国家创新系统理论

纳尔逊在 1993 年主编出版的《国家创新系统》一书中，分析了美国和日本等国家和地区的自主技术创新的国家制度体系，并且明确指出，现代国家的创新体系在制度上相当复杂，它们既包括各种制度因素以及技术行为因素，也包括致力于公共技术知识的大学，以及政府的基金和规划之类的机构。其中，以盈利为目的的企业是所有这些创新体系的核心，它们相互竞争也彼此合作。其特征有三：新技术的私有化、利润动机和市场压力对技术创造的推动作用；新技术有着多元的、独立的、竞争的来源；严重依赖于市场力量的事后性选择。纳尔逊对美国企业创新收益的独占性、企业技术共享与 R&D 合作、大学的作用，及政府对产业技术创新与技术进步的作用进行了具体分析，认为制度设计的任务是在技术的公有和私有之间建立一种平衡，既保持私人刺激以激励创新，又要保持公有性以促进技术的推广和应用。他将技术变革的存在及其演进特点当做研究的起点，将重点放在变革的必要性以及制度结构的适应上。强调科学和技术发展中的不确定性，并在此基础上提出了多种可能的战略选择。因此，纳尔逊认为，一个经济体的主要任务就是保持"技术的多元结构"。这就意味着，制度作为一个整体的丰富内涵，包括分享技术知识的机制，以及各机构与组织之间的合作表现出的相互依赖。国家之间在"产业组合"的差异"强烈地影响着国家创新体系的形态"。

2. 微观学派

以伦德瓦尔为代表的一些经济学家从研究国家创新的微观组成出发，探讨用户和生产厂商之间的相互关系。他认为，国家创新系统包含的要素，从狭义来看包括大学、研究开发部门等与研究、发展密切相关的机构设置和制度安排；从广义看包括所有能影响学习、研究、创新的经济结构和经济制度。研究创新系统的关键在于如何应用有价值的知识并在生产中获得经济效益。

伦德瓦尔开创了从微观角度对国家创新系统的构成进行理论分析的研究风格。实证学派假定了国家创新系统的存在，伦德瓦尔则要说明国家创新系统为何存在，并分析了其构成因素。他更多地吸收了熊彼特的思想，出发点是西方古典经济学派的企业追求利润最大化的基本假定不成立，认为经济学的基本问题是生产厂商和用户的相互作用，创新是用户和制造商的互动过程。他认为，尽管创新在很大程度上是由竞争者之间的横向竞争引起的，但纵向关系对创新和利用创新也是相当重要的；一个高度发达的纵向劳动分工与普遍的创新活动相结合时，大多数的市场是"有组织的市场"，而非"纯粹的市场"；国家是用户——生产者相互作用的框架；国家的生产体制和创新体制的结构是历史的产物，不会像"生产要素"那样容易转移，国界限制了生产者—用户交互作用关系的发展，各国拥有相对独立的国家创新系统；国家创新系统是一个社会体系，学习活动是其核心；在国家创新系统框架中，关键的生产要素是在学习和搜索过程中不断进化的相关知识。所以说国家创新系统是一个相互作用的学习过程，衡量一个国家创新系统的效率指标是生产、扩散和使用有经济价值的知识的效率。

3. 国际学派

这一学派以波特为代表，其特点是在经济全球化大背景下考察国家创新系统，把国家创新系统的微观机制和宏观运行实绩联系起来。

经济全球化的迅速发展和国际间经济合作不断加强的新趋势也必然会影响经济学家"看"国家创新系统的方式。波特认为，国家创新系统不是一个封闭的系统，其运转状况势必会受到国家间相互作用因素的影响。他在《国家竞争优势》一书中对国家创新系统运行过程的国际影响进行了具体分析，在经济全球化大背景下考察国家创新系统，成为独树一帜的国际学派。

在波特的理论中，国家只是企业的外在环境，政府的目标是为国内企业创造一个适宜的环境。因而，评价一个国家产业竞争力的关键是该国能否有效地形成竞争性环境和创新。在此基础上波特提出了著名的国家竞争优势理论和"钻石模型"，他认为决定国家竞争力的关键因素主要有四个：①要素条件：这决定一国在生产要素方面的地位，包括熟练劳动力的供给，基础设施状况，在特定产业中竞争必备的条件；②需求条件：本国市场对该产品或服务的需要；③相关支持产业；④企业战略、结构和竞争状况：这是一国控制企业创建、组织和管理的条件，也是该国国内竞争的状况。这些要素为企业的产生和学习如何竞争创造了国内环境。此外，影响竞争力的比较重要的因素还有机遇和政府。机遇和政府行为以各种方式改变四个关键因素，从而影响国家竞争力。以上六个要素构成了波特的国家全新系统钻石理论，该钻石是作为一个动态系统而运作的，钻石上每一点都是在国际竞争中获得成功的必要条件。波特理论的创新之处在于首先明确了国家创新系统的根本目的在于提高国家竞争力；其次提出一个完整的模型系统用以分析国家创新系统内部各要素之间的作用；再次，将机遇和政府两个变量引入到创新系统；最后，大量的案例分析为其理论的论证打下了坚实的基础。

在经济全球化的背景下，波特将国家创新系统的微观机制和宏观绩效联系起来进行考察。他认为，国家的竞争力反映在企业的创新能力基础上，政府应该为国内的企业创造一个适宜的、鼓励创新的政策环境。因此，每个国家应该根据本国的实际情况，创造适宜的政策环境，构建适于本国经济发展的国家创新系统，而并不存在对任何国家都适用的统一的、规范的内容。波特研究的最大特点是将国家创新体系的微观机制与其宏观运行实绩联系起来，在全球经济一体化的大背景下考察国家创新体系，因而属于国家创新体系研究的国际学派。在他看来，国家的竞争优势正是建立在成功地进行技术创新的企业的基础之上的。从某种意义上讲，国家只是作为一个公司的外在环境发挥作用，并加强或者是削弱其竞争力。因此，政府可以以不同的方式影响创新过程。波特认为，政府的主要目标是为国内的企业创造一个适宜的、鼓励创新的环境。每个国家都应该根据自己的独特状况形成自己的创新体系。

波特国家竞争优势理论作为国家创新理论微观学派和宏观学派的集大成者，代表了国家创新理论未来发展新的方向。

4. 区域创新系统理论

随着国家创新系统理论在学术研究上的成功，研究者将目光开始转移到更加微观的层次，从区域的角度来探讨创新在区域发展中作用。首先出现的是萨克森宁（Saxenian）对美国硅谷和波士顿128公里这两个世界著名高科技产业中心的比较研究。她发现在这两个地区存在着两种截然不同的组织结构环境：波士顿128公路属于资本密集产业相关联的独立企业系统，即企业更多的是与同属于一个集团内部的其他企业而不是地区内的非集团内企业产生交流；而硅谷地区则属于由众多中小企业构成的企业网络系统，在系统中生产者在深化其专业化能力的同时与其他竞争者也存在着合作关系。两种不同的区域创新系统在20世纪80年代以后的20余年中互竞短长，最终以网络系统为标志的硅谷模式在这场竞争中取得了胜利。

萨克森宁对上述两种创新模式的研究为后续者的理论研究提供了丰富的实证资料。随后在1996年，库克（Cook）在其主编的《区域创新系统：全球化背景下区域政府管理作用》一书中，对区域创新系统的概念做了较为详细的阐述：即认为区域创新系统主要是由在地理上相互分工与关联的生产企业、研究机构和高等教育机构等构成的区域性组织体系，而这种体系支持并产生创新。区域创新系统从本质上看应该只是国家创新系统在研究层面上的微观化，但是由于国家的创新能力往往由其内部的区域创新能力所决定，因此在政策上的应用范围更加普遍。区域创新系统虽然从研究体系和理论框架上同于国家创新系统，但仍旧存在着自身特色。

由于学者的研究视角不尽一致，目前关于区域创新系统的定义和内涵还未获得一致的认同。不过，他们一般都认为基本内涵应包括以下几方面：①具有一定的地域空间；②以生产企业、研发机构、高等院校、地方政府机构和服务机构为主体成员；③不同主体成员之间通过互动，构成创新系统的组织和空间结构，从而形成一个社会系统；④强调制度因素以及治理安排的作用。

5. 部门创新理论

在产业研究的视角越来越关注创新能力提升和创新发展转型的过程中，部门创新体系概念应运而生。按照其提出者 Franco Malerba（1999）的定义，部门指的是将针对已出现或正在出现的需求，为创造和使用一组新的或已有的技术，生产和整合一系列相互联系的产品群，由不同的行为主体进行市场和非市场作用的系统。部门创新体系则强调对产业创新发生作用的企业、非企业组织、制度等一系列联系和网络的作用。部门将一般意义上产业的概念加以延伸和扩展，延伸表现在：将生产链条的前端延伸至科学创造和知识积累，将市场渠道的后端延伸至包括消费者在内的整个社会群体；扩展表现在：除了企业、供应商、消费者等行为主体外，凡是会对产业创新产生影响的大学、研究机构、金融机构、政府机构、中介机构等组织均作为行为主体之一，参与到创新体系当中来，并在相互作用中形成不同层次的网络联系。

第二节　创新的分类与模式

一、创新的特征

由于创新对于企业成长与发展具有特殊重要性，因而在经济学与管理学研究中占有十分重要的地位。一般认为，创新具有以下几个基本特征：

1. 创造性

是指技术上的新发现与发明并应用于企业生产活动之中。这有两层创造活动：一是技术上的创造；一是将技术新发现和发明在企业生产活动中的第一次应用。技术的新发现和发明并不是技术创新，但它是技术创新的前提条件，二者结合起来，才构成技术创新活动。就创新者而言，其创新活动属探索性领域，其取得的结果是不确定的新成果。

2. 先进性

是指此项技术创新要比目前的技术水平先进，有其独到之处。先进性是反映技术成果的价值大小和技术水平高低的标志，它主要体现在三个方面：技术原理的进步，技术结构的进步与技术效果的进步。

3. 主动性

是指创新者的主观能动性，创新者具有献身精神，富有想象力并敢于承担风险去争取艰难的成功。熊彼特认为，企业家的职能就是实现创新，企业家通过创新活动，使其创造力、敢于承担风险的能力得到体现。

4. 实用性

是指技术创新能够在生产中得到应用。它包括两个条件：符合科学规律、具备实施条件和满足社会需要。在企业面向市场进行生产的今天，实用性尤其值得重视，如果一项技术创新尽管具备了先进性和新颖性，但脱离了市场需求，那么这种技术创新仍不能认为是成功的。

5. 经济性

是指技术创新能够为公司的生产经营与社会带来经济效益，它包括生产的经济性和使用的经济性。

6. 高风险性

是指创新活动的各个过程都具有探索的性质，包含着许多不确定性因素，从而使技术创新呈现出高风险，高风险性带来的是技术创新的高额利润或巨大损失。成功的技术创新会使企业在技术上处于领先优势，具有较强的竞争力；反之，失败的技术创新会使企业的技术创新投资一无所获。

二、创新的分类

创新作为一种基本的经济行为，其具体的表现形式是多种多样的，涉及社会经济活动的方方面面，创新的分类可以从两个方面进行考虑：按照创新技术变化强度的不同可以划分为渐进性创新和根本性创新；按照创新对象的不同可以划分为产品创新和过程（工艺）创新。

（一）渐进性创新和根本性创新

渐进性创新（也称为改进型创新）是指通过对现有技术的改进而引起的渐进的、连续的创新，如医药产业中，药品更改剂型和给药方式的创新就属于渐进性创新。

根本性创新（也称为重大创新）是指技术有重大突破的创新，它常常伴随着一系列的产品创新和工艺创新，并在一段时间内引起市场环境的重大变化。

（二）产品创新和过程（工艺）创新

产品创新（product innovation）是指企业创新获得并在市场上首次实现产品商业化的过程。包括新设想产生、研发、设计与研制、商业化的生产、营销服务和扩散这样一个多环节沟通的有序活动。按照技术变化量的大小，产品创新可以分为重大（全新）的产品创新和渐进（改进）的产品创新，广义的产品也包含服务（无形产品），因此，产品创新也就包括服务创新。

企业的经营实践已经表明，产品创新是企业技术创新的核心活动，是企业生产经营的主要活动。企业的创新一般都是从产品创新开始的，因为一种新的市场需求总是表现为产品需求。产品创新是现代企业成长的基础。对于中小企业而言，产品创新既是创业的重要途径，又是发展的必经之路。尤其是在医药、电子信息、汽车等高科技产业中，产品的创新领先的时间不断缩短，没有持续的产品创新，企业难以保持自己的竞争优势地位。

产品用途及其应用原理有显著变化者可称为重大产品创新。重大的产品创新往往与技术上的重大突破相联系。如杜邦公司和法本公司首创的人造橡胶、杜邦公司推出的尼龙和帝国化学公司生产出的聚乙烯这几项创新奠定了两大合成材料的基础。

渐进（改进）的产品创新是指在技术原理没有重大变化的情况下，基于市场需要对现有产品功能上的扩展和技术上的改进，或者对不同产品的功能进行重新组合开发出来的。如索尼公司取得巨大成功的"随身听"就是对原有录音机产品的功能作了某些微小的变动。

过程创新，也称为工艺创新，是指产品的生产技术的变革，包括新工艺、新设备和新的组织管理方式。过程（工艺）创新同样有重大和渐进之分，如大规模生产青霉素的深罐发酵技术、早期福特公司采用的流水作业生产方式以及现代的计算机集成制造系统等都是重大的过程创新，这些过程创新往往伴有重大的技术变化，与采用新的技术原理相联系或者与提高产品质量、降低原材料和能源的消耗、提高生产效率有着密切的关系，是技术创新中不可忽视的内容。

三、创新的模式

（一）创新的要素

影响创新的要素有：机会、环境、支持系统、创新者。四种要素相互作用、相互影响，如图7-1所示。创新者是指能够使创新结果商业化的企业家、科研单位负责人、政府计划管理人员等，这些创新者根据市场需求信息与技术进步信息，捕捉创新机会，通过把市场需求与技术上的可能性结合起来，产生新的思想。新的思想在合适的经营环境与创新政策的鼓励下（包括有吸引力的价格、公平的竞争、对技术创新的鼓励政策等），利用可得到的资源（包括资金、科技人员、信息等）和内部的组织功能（研究开发、试制、生产、营销），从而发展成技术创新。四种因素缺一不可，而其中创新者是将这些要素联系起来的核心因素。

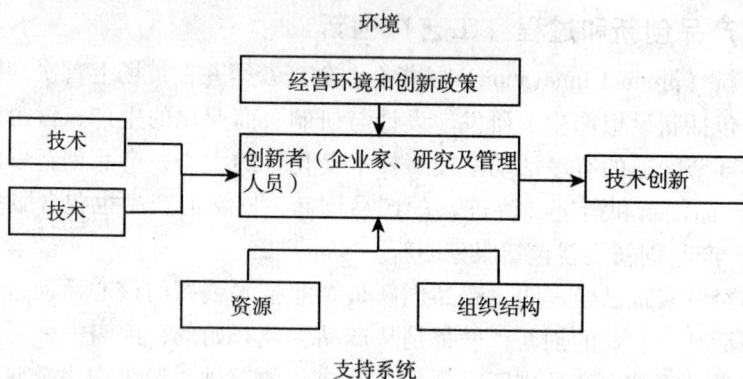

环境

经营环境和创新政策

技术

技术

创新者（企业家、研究及管理人员）

技术创新

资源

组织结构

支持系统

图7-1 创新要素关系

（二）创新的机制

创新总体而言是一个"在市场需求和技术发展推动下，将发明的新设想通过研究开发和生产，演变为具有商品价值的新产品、新技术"的过程。技术创新理论研究得出，技术创新是在内外环境综合作用下而启动与实现的，环境在不断地变化，技术创新的内在机制也变动。

1. 技术推动模式

技术推动模式是最早的创新动力模式。如图7-2所示，该模式认为技术创新是由科学发现和技术发明推动的，研究开发是创新的主要来源，市场是创新成果的被动接受者，研究开发产生的成果在寻求应用过程中推动创新的完成。无线电、晶体管、计算机的发明导致的大量创新均为此类创新。有效利用技术发展的成果及相应规律可以促进技术创新的成功。

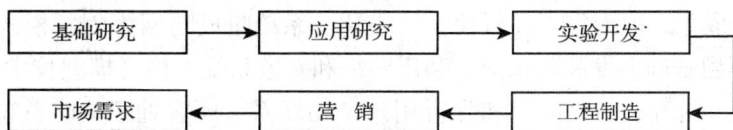

图7-2 技术推动的创新模式

2. 需求拉动模式

20世纪60年代中期，人们通过对大量技术创新的实际考察发现：大多数技术创新不是由技术推动引发的，需求拉动起了更重要的作用。需求拉动模式认为技术创新是市场需求和生产需要激发产生的。研究表明，60%~80%的创新是由市场需求引发的。因此，对企业而言，研究需求、有效通过需求拉动技术创新更为重要。当经济发展进入了调整增长时期，供求趋于平衡，企业间的竞争，营销成为成功的关键因素之一。市场需求的牵引效应愈加显著，市场的作用力上升。另外，技术创新的研究逐步深入，越来越多的实证研究表明，创新不单是技术所引致，还强烈地受市场需求影响，需求拉动的创新过程模型应运而生。其模型如图7-3所示。

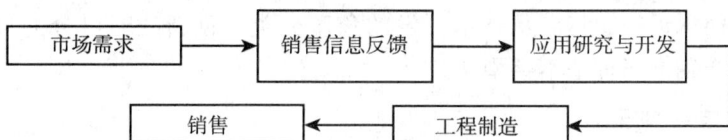

图7-3 需求拉动模式

3. 技术推动与需求拉动交互式模式

交互式模式是20世纪70年代末到80年代初在综合前两种模式的基础上提出的。这种模式强调研究开发与市场营销组织间的意见交流、反馈具有重要的意义。交互式创新过程模型如图7-4所示。各种研究与事实证明，加强技术的推动和市场的拉动在创新决策中的结合作用更有利于创新的成功。近年来，技术创新的发展主要以"并行开发"、"注重与客户、供应商的密切联系"，和"横向合作创新"为特点，技术创新的管理和组织更具有柔性，这些都为使产品更具有个性化创造了条件。

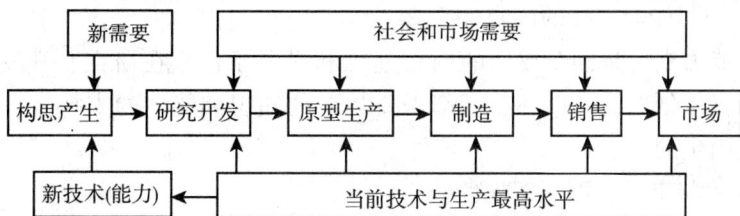

图7-4 创新过程的交互作用模型

4. 系统集成与网络创新过程（SIN）

20世纪90年代以来，产品生命周期越来越短，技术开发投入及难度越来越大，对企业的市场反应能力要求越来越高，从设计、制造到销售，整个流程各类创新资源要高度集成化、敏捷化、并行化、网络化。系统集成与网络创新模式是在"链环—回路"模型基础上发展起来的，利用网络和专家系统、仿真模型技术，充分集成，完全一体化并行开发与供应商和先行用户密切联系，顾客处于战略首位，在全球范围内创新资源优化配置。企业内外广泛合作，高度集成，动态结盟方式多样，强调组织柔性化，协同创新。最为显著特征是创新全过程、大范围电子化和信息化，努力运用网络与专家系统来辅助开发工作。SIN 不仅将创新看成是交叉职能联结过程，还把它看作是多机构网络交互过程。整个创新过程是一个企业内外交流路径所织成的复杂网络，技术创新实现在新型的网络组织之中。SIN 代表技术创新未来发展趋势，当前只有少数产业领先者努力引入。

四、创新战略选择

企业技术创新战略是指企业对技术创新活动总的谋划。主要涉及企业技术创新的基本原则、根本目标和主要规划等企业技术创新经济活动中一些带有全局性、长远性和方向性的问题。企业所选择和实施的技术创新战略将对企业竞争力、发展前途产生重大而深远的影响。从技术开发的角度分类，创新战略可分为自主创新、模仿创新、合作创新三种基本类型。

（一）自主创新

自主创新是指创新主体以自己的研究开发为基础，实现科技成果的商品化、产业化和国际化，获取商业利益的创新活动，又称内源创新，包括企业各种内容和层次的创新。

1. 自主创新的基本特点

（1）技术突破的自主性

自主创新所需的核心技术来源于企业内部的技术突破，是企业依靠自身力量，通过独立的研究开发活动而获得的，这是自主创新的本质特点，也是自主创新战略与其他创新战略的本质区别。自主创新技术突破的内生性有助于企业形成较强的技术壁垒。

（2）知识和能力支持的内在性

知识和能力支持是创新成功的内在基础和必要条件，在研究、开发、设计、生产制造、销售等创新的每一环节，都需要相应的知识和能力的支持。自主创新不仅技术突破是内生的。

（3）技术与市场方面的率先性

率先性虽然不是自主创新的本质特点，但却是自主创新努力追求的目标。技术上的率先性必然要求和带动市场开发方面的率先性。自主创新企业能先于其他企业获得产品成本和质量控制方面的竞争优势，并通过制定产品的行业标准和技术规范来奠定自主创新企业在行业中稳固的核心地位。

如丹麦的诺和诺德（Novonordisk）公司是在胰岛素开发和生产方面居世界领先

地位的生物医药企业。诺和诺德不断运用先进的生物技术完善胰岛素研究和生产手段，取得突破性进展，率先推出长效胰岛素、预混胰岛素、高纯胰岛素、人体胰岛素和胰岛素注射笔，近年来又成功推出新一类的口服降糖药——诺和龙，从而极大地提高了糖尿病治疗和控制水平，改善了糖尿病人的生活质量。该公司依靠自主研发始终掌握着最先进的胰岛素及类似物开发和生产的关键技术，确保了其在糖尿病治疗药物市场中的全球霸主地位。

2. 选择自主创新战略应注意的问题

（1）应注意其高投入和高风险的特征

为了获得有效的技术突破，不仅要投巨资于研发，还必须拥有实力雄厚的研发队伍，具备一流的研发水平，自主研究开发的成功率是相当低的，在美国基础研发的成功率只有5%，在应用研究中50%能够获得技术上的成功，30%能够获得商业上的成功，只有12%能够给企业带来利润，而研发的周期长，不确定性大，而且需要持续的研发投入，例如新药的研发周期目前一般在10~15年左右，平均研发成本在10亿美元以上。为了有效降低这种率先探索的风险和产出的不确定性，自主创新企业往往需要进行多方位、多项目的投资，因此，自主研发的负担和风险都是很高的。

（2）充分利用专利制度保护创新知识产权

自主创新企业的优势在很大程度上是通过自主研究开发，形成并掌握新的核心技术而建立的。能否独占并控制其核心技术，是自主创新战略能否奏效，达到理想效果的前提。要保证自主创新企业对新技术的独占性，仅仅依靠技术本身形成的自然壁垒是不够，还必须善于利用法律对于知识产权保护的各种制度。

（3）灵活恰当的进行技术转让

自主创新企业所开发的新技术已经授予专利，便成为了企业合法的无形财富。自主创新的企业既可保持对新技术的独占性，也可对新技术进行合理的转让。技术转让不仅可以使自主创新企业获得丰厚的经济回报，弥补研究开发的成本投入，而且对改善产业结构、加速新兴产业的发展、强化自主创新企业的竞争优势、奠定企业在产业竞争中的核心地位具有十分积极的作用。

（二）模仿创新

模仿创新是指创新主体以市场上已出现的创新产品或创新技术为追赶目标，并以其创新产品为示范，跟随它的研发思路，在此基础上对于原有产品和技术进行改进和完善、进一步开发和生产富有竞争力的产品参与竞争。模仿创新是各国企业普遍采取的创新行为，日本是模仿创新最成功的典范，日本索尼公司、松下公司、三洋电机等都依靠模仿创新取得了巨大的成功。

1. 模仿创新的基本特点

（1）技术模仿的跟随性

模仿创新的重要特点在于最大程度地吸取率先者成功的经验与失败的教训，吸收与继承率先创新者的成果。在技术方面，做有价值的新技术的积极追随学习者；

在市场方面，充分利用并进一步发展率先者所开辟的市场。模仿创新与自主创新具.有明显的区别，模仿创新战略是不以率先而取胜的战略，而是巧妙地利用跟随和延迟所带来的优势，化被动为主动，变不利为有利的一种战略。

（2）研究开发的针对性

模仿创新并不是单纯的模仿，而应属于一种渐进性创新行为。模仿创新并不是照搬、照抄率先者的技术，它同样需要投入足够的研究开发力量，从事其特有的研究开发活动。模仿创新的研究开发不仅仅包括对率先者技术的反求，还包括对率先者技术的完善或进一步开发，从而实现后来居上，在产品质量、性能、价格等方面建立自己的竞争优势。

（3）资源投入的节约性

模仿创新在研发资源投入方面，与率先创新有较大的区别。率先创新面临着艰巨的新技术和新市场开发的任务，必然要在创新链的前期和后期投入足够的人力物力，因此，率先创新在创新链上的资源投入较多，风险较大。而模仿创新由于省去了新技术探索性开发的大量早期投入和新市场开发建设的大量风险投入，因而研发成本较低。曼斯费尔德（Mansfield）曾对美国化工、医药、电子等行业的48项产品的率先创新和模仿创新的成本进行了比较，结果发现，模仿创新相对于率先创新而言，成本约为后者的65%，耗时约为后者的70%。

知识链接

民生领域里的"两弹一星"
——国产抗癌药物埃克替尼

对于新药创制而言，模仿创新是在已有专利药物的基础上，以已知药物结构作为先导化合物进行化学结构修饰和改造，并通过系统的临床前及临床研究，获取自己的专利药，它不同于完全照抄他人化学结构的仿制药。同时，这种方法因为有可供借鉴的药理评价体系，研究目的性较强，投资较少，周期较短，成功率较高，目前已得到许多制药企业的广泛采用。据统计，1975~1994年间，全世界共上市1061个新化学实体（NCE），其中属于模仿创新的共802个，占总数的76%。由此可见，模仿创新是国际上常见的一种后发优势明显的新药研发方法。因此有学者认为，结合中国当前国情，从科学技术角度和经济发展角度考虑，模仿创新是适合我国医药产业发展的最优战略选择。而我国近年来独立研发的抗癌新药埃克替尼（商品名：凯美纳）的问世为这种说法提供了最坚实的佐证。

2011年9月，我国第一个具有自主知识产权、被誉为"民生领域堪比'两弹一星'的重大突破"的小分子靶向抗癌药埃克替尼的上市，标志着"十一五"启动的"重大新药创制专项"逐渐进入了收获期。研究显示，在晚期非小细胞肺癌（NSCLC）的治疗上，埃克替尼与国外已上市的吉非替尼和厄洛替尼具有相同的分子作用机理，即通过特异地抑制主要存在于肿瘤细胞上的靶分子——表皮生长因子受体酪氨酸激酶，以杀死肿瘤细胞，在化学结构上也十分类似，治疗效果无显著差别，而且埃克替尼在安全性上具有显著优势，患者的治疗成本更是能够降低1/3以上。这一发现也意味着我国小分子靶向抗癌药完全依赖进口的日子将成为历史。

2. 模仿创新战略实施应注意的问题

（1）正确认识模仿创新战略的劣势

模仿创新战略在提高企业竞争力方面具有诸多的优势，但同时也存在一些缺陷。模仿创新战略的主要缺点是被动性。由于模仿创新者不做研究开发方面的广泛探索和超前投资，而是做先进技术的跟进者，因此，在技术方面有时只能被动适应，在技术积累方面难以进行长远的规划。在市场方面，被动跟随和市场定位经常性的变换也不利于营销渠道的巩固和发展。

（2）模仿创新与我国企业创新战略选择

从总体上看，模仿创新不失为我国企业现阶段创新战略的现实选择，是我国大多数企业技术创新的优选战略。其原因在于：首先，从资金方面看，目前我国企业创新资金投入明显不足，且在近期内难有根本好转。因此，在选择创新战略时，应特别要考虑降低风险，提高资金使用效率。而模仿创新就能够有效缓解我国企业创新资金紧缺的局面。其次，模仿创新是与一定的经济发展阶段相适应的。大量的事实证明，模仿创新正是后进国家以最小的代价、最快的速度实现技术自立的现实途径，是实现向自主创新过渡的必经阶段。要提高社会总体技术水平，技术扩散与技术转移起着十分重要的作用。模仿创新能够将扩散活动与扩散总体的经济效益紧密联系起来，成为目前最积极、最主动、最具效率的扩散方式。

（3）正确理解模仿创新与技术引进的关系

技术引进是模仿创新的重要途径，但并非一定导致模仿创新。如在我国目前的引进实践中，有相当部分的技术引进还只是引进生产能力，未能很好地对引进技术加以模仿复制，未能实现消化、吸收和一次创新。当然，模仿创新也不一定必须通过技术引进这一途径，也需要自主的学习和创造。我国企业如何通过提高自身的快速反应能力、学习吸收能力和技术改进能力，实现跨越式发展成为值得深入研究的问题。

最后，关于妥善处理知识产权保护与模仿创新之间的关系问题，也应得到充分重视。在某些情况下，模仿创新和知识产权保护可能会发生一定的矛盾。模仿创新通常会涉及专利技术、技术秘诀、商标、著作权（含软件），因此，要通过知识产权的合法交易，来保证模仿创新合法、有序地进行；由此，不仅保护了率先创新者的合法权益，而且也使模仿创新者的合法权益不被其他模仿者非法模仿。这一切，都有赖于一个完善的知识产权保护体系来实现。

（三）合作创新

合作创新是指企业与科研机构、高等院校之间或者企业间联合开展创新的做法，是自主与模仿相结合的创新活动。

1. 合作创新的必要性

当今世界全球性的技术竞争的不断加剧，企业技术创新活动中面对的技术问题越来越复杂，技术的综合性和集群性越来越强。即使是技术实力雄厚的大企业，也会面临技术资源短缺的问题，单个企业依靠自身能力取得技术进展越来越难。因此，以企业间分工合作的方式进行重大技术创新，通过外部技术资源的内部化，实现资源共享和优势互补，成为新形势下企业技术创新的必然趋势。

具体而言，合作创新可以缩短收集资料、信息的时间，提高信息质量，增加信息占有量，降低信息费用。合作创新可以使创新资源组合趋于优化，使创新的各个环节能有一个比较好的接触环境和接触条件，从而缩短创新过程所需的时间。合作创新可以通过合作各方技术经验和教训的交流，集中各方智慧，减少创新过程中的因判断失误所造成的时间损失和资源浪费。合作创新能使更多的企业参与分摊创新成本和分散创新风险，从而为参与合作的企业赢得市场，带来经济效益，提高企业在市场竞争中的地位。

2. 合作创新的一般形式

由于合作创新的成功取决于很多因素，除技术与组织因素外，还包括市场特征、公司文化、战略考虑、人际关系等等，因此，合作创新也就有多种多样的形式，如荷兰菲利浦公司惯于采用合资方式，而美国礼来（Lilly）公司偏向于成立研发基金的方式，我国医药企业普遍采用产、学、研合作方式。表7-2显示了各种合作创新的形式及其优缺点。

表7-2　合作创新的形式

合作形式	使用期限	优点	缺点
合同方式	短期	降低成本和风险	寻找费用
		缩短周期	产品性能和质量
技术许可证	定期	引进技术	合同费和约束
		加快速度	
联合研究（产、学、研联合）	中期	专场互补、设定标准	知识泄露
		费用共担	相应多样化
战略联盟	灵活的	优先承诺	潜在锁定
		获取市场	知识泄露
合资	长期	专用技术诀窍的互补	文化不融合
		改进管理	
创新网络	长期	动态的学习潜力	信息交流的复杂性

以上介绍的几种合作创新的方式各有其特点，企业必须根据自身需要，同对方在平等、互利的原则下，考虑兼顾各方面因素，因时因地制宜，采用最合适的形式，同合作伙伴在技术、产品、市场等能力上达到优势互补。

联合研究和动态联盟是现在最重要的两种合作创新方式。

（1）联合研究（发展）

联合研究（发展）是指若干个组织在一个具体的项目上进行共同的研究（发展）。联合研究可能存在多种形式，如美国较常用集中式，合作者同在一处进行工作；而欧洲企业较常用分散式，合作者分散在各单位定期进行交流；日本则两者混用，并在汽车零部件、半导体随机动态存储器开发上得到了成功的应用。我国的产、学、研合作大多采用分散型，仅在一些由政府组织的重大攻关项目上采用集中型。对于我国缺乏研究力量的中小企业，依靠大学和研究院所在研究阶段的合作与支持，具有十分重要的意义。

（2）动态（战略）联盟

所谓动态联盟是指多个企业之间或者特定事业和职能部门间，为实现某种共同的目标，通过公司协议和联合组织等方式，将各企业的核心能力和资源通过信息网络集成在一起，形成一个临时性的开放的组织，来进行产品或技术的合作开发。在这个虚拟组织中，各企业各自负责整个项目的子任务块，在自己的优势领域独立运作，并通过彼此之间的协调和合作达到整个项目的实现。动态联盟中各企业完成项目后，该组织自行解散，各企业继续参加其他的市场机会。

据统计，从 20 世纪 80 年代以来，西方发达国家企业间的战略联盟日益盛行。如戴姆勒—克莱斯勒公司与其竞争对手福特公司结成战略联盟，合作开发燃料电池汽车，戴姆勒—克莱斯勒拥有将燃料电池用于运输车辆的技术，福特公司则在电动驱动系统上领先一步，两家公司都不想独自生产燃料电池，因此都从加拿大燃料电池生产商巴拉德动力系统公司购买技术，并都与巴拉德公司合作成立了一系列公司，这些公司使得两大公司的经营业务得以进一步拓展。

第三节　专利制度与产业

一、专利的定义与分类

（一）专利的定义

专利是受法律规范保护的发明创造，它是指一项发明创造向国家审批机关提出专利申请，经依法审查合格后向专利申请人授予的在规定的时间内对该项发明创造享有的专有权。

专利权是一种专有权，这种权利具有独占的排他性。非专利权人要想使用他人的专利技术，必须依法征得专利权人的同意或许可。

一个国家依照其专利法授予的专利权，仅在该国法律的管辖的范围内有效，对其他国家没有任何约束力，外国对其专利权不承担保护的义务，如果一项发明创造只在我国取得专利权，那么专利权人只在我国享有独占权或专有权。

专利权的法律保护具有时间性，中国的发明专利权期限为二十年，实用新型专利权和外观设计专利权期限为十年，均自申请日起计算。

专利（patent）一词来源于拉丁语 Litterae patentes，意为公开的信件或公共文献，是中世纪的君主用来颁布某种特权的证明。对"专利"这一概念，目前尚无统一的定义，其中较为人们接受并被我国专利教科书所普遍采用的一种说法是：专利是专利权的简称。它是由专利机构依据发明申请所颁发的一种文件。这种文件叙述发明的内容，并且产生一种法律状态，即该获得专利的发明在一般情况下只有得到专利所有人的许可才能利用（包括制造、使用、销售和进口等），专利的保护有时间和地域的限制。

（二）专利的分类

1. 发明专利

我国《专利法》第二条第二款对发明的定义是："发明是指对产品、方法或者其改进所提出的新的技术方案。"

所谓产品是指工业上能够制造的各种新制品，包括有一定形状和结构的固体、液体、气体之类的物品。所谓方法是指对原料进行加工，制成各种产品的方法。发明专利并不要求它是经过实践证明可以直接应用于工业生产的技术成果，它可以是一项解决技术问题的方案或是一种构思，具有在工业上应用的可能性，但这也不能将这种技术方案或构思与单纯地提出课题、设想相混同，因单纯的课题、设想不具备工业上应用地可能性。

发明是指对产品、方法或者其改进所提出的新的技术方案，主要体现新颖性、创造性和实用性。取得专利的发明又分为产品发明（如机器、仪器设备、用具）和方法发明（制造方法）两大类。

2. 实用新型专利

我国《专利法》第二条第三款对实用新型的定义是："实用新型是指对产品的形状、构造或者其结合所提出的适于实用的新的技术方案。"同发明一样，实用新型保护的也是一个技术方案。但实用新型专利保护的范围较窄，它只保护有一定形状或结构的新产品，不保护方法以及没有固定形状的物质。实用新型的技术方案更注重实用性，其技术水平较发明而言，要低一些，多数国家实用新型专利保护的都是比较简单的、改进性的技术发明，可以称为"小发明"。

授予实用新型专利不需经过实质审查，手续比较简便，费用较低，因此，关于日用品、机械、电器等方面的有形产品的小发明，比较适用于申请实用新型专利。

3. 外观设计专利

我国《专利法》第二条第四款对外观设计的定义是："外观设计是指对产品的形状、图案或其结合以及色彩与形状、图案的结合所作出的富有美感并适于工业应用的新设计。"并在《专利法》第二十三条对其授权条件进行了规定，"授予专利权的外观设计，应当不属于现有设计；也没有任何单位或者个人就同样的外观设计在申请日以前向国务院专利行政部门提出过申请，并记载在申请日以后公告的专利文件中。"，相对于以前的专利法，最新修改的专利法对外观设计的要求提高了。

外观设计与发明、实用新型有着明显的区别，外观设计注重的是设计人对一项产品的外观所作出的富于艺术性、具有美感的创造，但这种具有艺术性的创造，不是单纯的工艺品，它必须具有能够为产业上所应用的实用性。外观设计专利实质上是保护美术思想的，而发明专利和实用新型专利保护的是技术思想；虽然外观设计和实用新型与产品的形状有关，但两者的目的却不相同，前者的目的在于使产品形状产生美感，而后者的目的在于使具有形态的产品能够解决某一技术问题。例如一把雨伞，若它的形状、图案、色彩相当美观，那么应申请外观设计专利，如果雨伞的伞柄、伞骨、伞头结构设计精简合理，可以节省材料又有耐用的功能，那么应申请实用新型专利。

外观设计专利的保护对象，是产品的装饰性或艺术性外表设计，这种设计可以是平面图案，也可以是立体造型，更常见的是这二者的结合，授予外观设计专利的主要条件是新颖性。

二、专利的构成要素

专利的重要作用是激励创新和限制抄袭，它是用产权制度保护专利发明人利益的法律工具，它的主要构成要素包含以下几个方面。

1. 新颖性和首创性

发明者所申请的专利是首次提出的原理或设计。这是专利的第一要素，旨在推动原创。所谓新颖是通过比较实现的，存在参照系的选择。由于专利制度是保护其在市场上应用以后所产生的利益，因此，其参照系也应是相同的市场。也就是，如果专利申请的市场上没有相同或相近的专利，就具备了新颖性。

2. 专利公开信息

专利必须以书面形式完整、清晰、简单、明确的表述，能够让市场以相同的方法制造，避免同类专利的重复开发。

3. 保护期限

为激励创新，需要对研究开发的成果加以专利保护。但是专利保护期限不能为无期限或过长，否则会给专利拥有企业过高的市场势力和过度的保护，成为长期垄断的法律基础，使科技知识难以有效传播，无法使社会从技术进步与创新中获得应有的收益。同时，专利保护的期限也不能过短，过短则不利于企业从事研究开发和创新活动。不同类型的专利保护期限有所差别，意味着它们在时间上留给社会的利益存在差别。

4. 保护宽度

保护宽度包括内容宽度和国家宽度。对所申请的专利的内容的详细程度与国家或地区的要求构成了内容宽度。内容宽度越大，对申请者越有利，对其他发明者的阻止作用和社会的不利影响就越大。内容宽度包括专利权的范围界定和制约模仿行为两个方面。它是用以调整创新者和模仿者利益关系和强化技术创新激励的重要政策手段。国家宽度是指国家间专利互认与联盟情况，影响着专利的地区保护范围，会在国际商务活动中产生重要影响。

5. 保护力度

保护力度通常理解为打击专利侵权的力度，在学术上理解为以多大价值设置门槛加以保护，即转让专利的价值高低。两者的意思并没有太大的差别，不同的是，前者是指行为，后者是指结果。

三、专利制度的宗旨

（一）鼓励发明创造

发明创造是人的智力劳动成果，有价值和使用价值。发明创造的水平直接反映一个国家科学技术的水平，而科学技术的水平已经成为决定综合国力最为重要的因素，这是当今世界形势的重要特点之一。发明创造不仅带动经济的快速发展，而且引起产业结构的不断调整变化，加快产品和技术的更新换代，促进市场竞争，推动社会生产和生活方式的变革，进而导致地区和国家力量的对比产生变化。

为了更为有效地鼓励发明人多发明创造，国家必须建立一种制度，使完成发明创造的单位或者个人能够从中获得经济利益。对发明创造授予专利权保证了专利权人享有优越的竞争地位，能够帮助他们收回完成发明创造所付出的投资，国家往往不需另外花钱奖励，就能促使发明人公开新的技术，为公众及时输送有用的技术信息，丰富人类知识宝库。美国前总统林肯有一句名言：专利制度是"给天才之火增添利益之油"，这个比喻是很恰当的。

事实上，并非所有的发明创造都能够产生良好的技术效果和社会效果。只有取得效果的发明创造才应当得到社会的回报，这是理所当然的。然而，如何正确、公正地评价发明创造能否产生效果以及能够产生何种程度的效果，却是我国过去一直在努力，但结果却始终不甚理想的一件事情。而这一点正好体现了专利制度和过去的奖励制度之间的高下。在专利制度下，专利权人获得经济利益是通过自己实施专利、许可他人实施其专利以及制止他人的侵权行为来实现的。获得专利保护的发明创造是否有价值由市场来决定，专利权是否值得保留由专利权人自己来判断，而不是由某些人或者某个机构以审核、鉴定的方式予以评判，因而其结果也就更为公正和客观。换句话说，专利制度的运作方式确保"利益之油"能够有选择性地增添在价有所值的"天才之火"上，这是专利制度的突出优点之一。

（二）有利于发明创造的推广应用

鼓励产生发明创造并不是专利法的终极目的。发明创造的意义在于通过其实际应用，能够减少投入、增加产出、提高质量、发展生产力、促进社会的进步与繁荣。如果一项发明创造仅仅停留在技术方案上，完成之后就束之高阁或不予实施或推广应用，再好的发明创造也没有实际意义。

首先，专利制度能够鼓励专利权人主动实施其专利技术。授予专利权为申请人提供了优越的竞争地位，任何他人使用其发明创造都应当向专利权人支付一定的报酬，从而为专利权人提供了获得经济利益的可能。但是，真正获得经济利益还要靠专利的实施，这就要求申请人通过自己实施或许可他人实施，将先进的技术付诸实践。在专利制度下，由于发明人有望通过实施其发明创造获得经济利益，这就为发明创造的推广应用增添了动力。专利制度是利用经济杠杆，而不是行政命令来鼓励发明创造的推广应用。实践表明，这种经济杠杆的作用更为有效。

其次，专利制度为他人实施专利技术创造了更为有利的条件。根据专利法的规定，专利申请人必须对发明创造做出清楚、完整的说明，使所属领域的技术人员通过阅读说明书就能实施该发明创造。专利法规定授予专利权的发明创造必须以政府公告的方式予以公开或公告，因此最迟到授权时，公众就能够通过正规的渠道获知发明创造的内容。专利文献构成了专门一类技术信息源，有专门的分类体系，其详细深入程度远远超过目前普遍采用的图书分类体系，使用者可以根据自己的需要方便、迅速地找到他所关心的内容。专利文献除了纸质形式之外，还有各种载体形式，公众可以很容易地获得。目前，各种类型的专利信息数据库有了很大的发展，具有十分强大的检索功能，公众可以通过联网方式进行查阅。这样，专利制度就为社会公众提供了一个内容详实、格式统一、查找方便，并覆盖各个技术领域的巨大信息源，大大地方便了技术信息的获取，从而也就大大促进了发明创造的推广应用，能够减少重复研究，降低研究开发的成本。

第三，专利制度有利于从外国引进先进科学技术，也有利于我国的先进科学技术走向世界，从而促进发明创造的国际推广应用。发达国家的新增国民产值大半是靠跨国公司经营国际贸易，占领国际市场而获得。专利制度的建立为我国企业跨出国门、参与国际技术贸易竞争创造了有利的环境。

（三）促进科学技术的进步与创新

专利制度能够促进技术信息的交流，有利于发明人回收科技研究的投资，避免重复研究，因而可以起到鼓励发明创造，促进科学技术发展的作用。具体而言，"促进科学技术的进步与创新"有以下两个方面的含义。

第一，将专利工作纳入技术创新体系。是指应当正确处理好专利与技术创新的关系，把专利的拥有量、质量和专利技术的实施程度作为衡量技术创新能力和水平的重要指标，把掌握和利用专利技术和专利信息纳入到科技跟踪、立项、研究开发、产业化等技术创新的全过程，解决科技与经济脱节的现象，为科技成果和新技术进入市场、实现产业化创造条件。

第二，确立和强化企业在技术创新中的主体地位。是指应当通过开展以获得专利为主的技术创新工作，形成一批拥有自主知识产权、具有竞争优势的高新技术企业，指导和帮助企业建立、完善专利管理和专利保护制度，解决企业技术创新能力薄弱等根本问题。

四、专利制度对于企业的作用

专利制度设计的最基本宗旨在于为了保护发明创造专利权，鼓励发明创造，有利于发明创造的推广应用，促进科学技术进步和创新。但对于企业来说，专利制度还可以达到以下目的。

1. 取得垄断权

专利权人可以直接防止商业对手相应的竞争，可以取得更高的利润回报。

2. 赚取特许费

一项专利，即使市场没有即时需要，那么日后很可能仍会察觉到该专利的用途，并愿意支付专利使用费。美国施乐公司发明了图形用户界面，但未申请专利，其后微软公司及苹果公司利用图形用户界面作为其个人电脑操作系统的基础，初步估计，施乐公司已白白损失了近10亿美元的特许费，而在另一方面，IBM公司在2001年通过转让专利，获得17亿美元的收入。

3. 作为防卫盾

如发明人未能在第一时间申请专利，竞争对手会捷足先登，届时，发明人研发的一切努力将会付诸东流，且发明人本人将不可运用本身的科研成果。

4. 协助开发外国市场

目前世界上已有170多个国家和地区建立并实行了专利制度，不少外国买家，尤其美国买家会要求当地制造商或卖家证明其拥有产品的知识产权，以保障本身不至于卷入侵权诉讼，这样才会愿意进行交易。

5. 以小胜大，增强企业竞争力

专利对大、中、小型企业及新型企业都同等重要，在竞争激烈的市场上，小型企业完全可以用得到专利的新发明反胜大型企业用巨额广告树立起来的主导产品。

6. 增加企业的价值

如有投资人愿入股投资一家公司，若该公司拥有若干有价值的专利，则公司的股价将可大幅度提高。1997年微软公司以4.25亿美元收购一家拥有不足6000用户的小公司，收购价是按用户数目计算的业内平均价格的40倍，微软公司愿意以该股价支付是因为该公司持有35项以互联网传送电视内容的重要专利。

7. 有利于企业科学正确的决策

通过专利分析，企业可以了解科技动态，行业动态，市场走向，新产品优势，进而预测，制定本企业的近、中、远发展规划，确定企业发展哪些产品以占据市场，保持企业的领先地位，扩大市场占有份额。

五、专利保护与技术创新

在技术创新过程中，必然伴随着发明创造的产生，这些发明创造将是重要的无形资产。如果知识没有产权，它的价值实现就得不到保证。技术创新是知识产权产生的基础和源泉，推动着知识产权制度的发展变化；知识产权是技术创新的保障和激励，实现技术创新资源的优化配置。专利保护作为知识产权中的一个重要分支，它与技术创新也是一种相互联系、相互作用、相互存在、相互支持的互动关系。

技术创新是企业提高经济效益、增强市场竞争力的内在源泉。由于技术创新的高投入性、不确定性和高风险性，对以盈利为目的的企业，如果技术创新在市场上得不到应有的保护，也就是其技术创新的高风险得不到相应的高回报，或者市场特征增加了其创新获利的不确定性，造成创新企业有形资产的巨大损失，同时还会严重挫伤企业和企业经营者创新的积极性，则必然导致创新动力的减退。因此，对技术创新进行专利保护具有一定的必要性，也会为社会带来一些积极作用。

专利保护是法律赋予权利人的一定期限内的垄断权，在权利的有效期内未经权利人许可，任何人不得使用。专利保护的优越性也源于此。专利权人根据专利法律的规定，有权独占一方市场，并通过许可使权利人收回成本或获得巨大收益，形成一个"创新—获利—再创新—再获利"的良性循环链，激励主体进行技术创新。专利制度提高了创新者的创新收益。专利制度可以通过赋予创新者对其创新产品独占性的权利，增加专利期间的收益，激励他们更多地从事技术创新。显然，专利制度保护了创新者，提高了创新回报，促进了创新热情的高涨。由于权利人拥有一定的垄断权，竞争者要避免侵权，赢得竞争优势，就必须进行新的发明创造，从而激励人们持续创新。

虽然专利保护对技术创新有着以上一些积极作用，但同时也有一些消极影响。由于专利制度赋予权利人在一定范围内的垄断权，所以在一定期限内他人未经权利人同意不得使用或仿制其专利技术。这在很大程度上限制了可供交易的科技成果的供应量，降低了科技成果从潜在生产力变为现实生产力的可能性，阻碍了科技成果更大范围的传播，也延长了发明与创造的循环周期。专利保护越长，个人独占利益越大，社会潜在损失也越大。对知识产权的过高保护将付出过高成本。技术引进的成本过高，过去对国外先进技术可以廉价甚至无偿使用，现在则必须支付转让费或使用费，否则就无法使用或者构成侵权。对一个技术比较落后的国家而言，国外跨国公司可能利用专利权合法的垄断本国的高技术市场，形成事实上的价格垄断或技术垄断。

由上可见，技术创新与专利保护相互作用，相互影响。技术创新决定着专利保护的产生、完善和发展，专利保护制度对技术创新也起着一定的反作用。但这种反作用既有积极作用，也有消极影响。专利保护是一把双刃剑，它对不同的国家或者一个国家的不同发展阶段的作用有所不同。因此一套有效的专利制度必须既有利于鼓励创新，又有助于创新成果的在全社会的推广应用，将两个目标有机地结合起来。

第四节　医药产业创新系统

一、医药产业创新系统的定义

产业创新系统，就是国家创新系统在某一个具体产业领域内的延伸与丰富，其基本构成、职能、内涵、运行机制等与国家创新系统基本一致，同时又围绕该产业的特性，把国家创新系统延伸到医药产业，就形成了医药产业创新系统。在医药产业创新体系的行为主体是各级政府、企业、大学和科研机构以及中介机构等，不同的行为主体在创新中承担不同的任务。

二、医药产业创新系统的行为主体

1. 医药企业

医药企业是医药产业创新活动的主体。创新是生产要素的重新组合,这种组合只有企业家通过市场来实现。在技术创新上,企业的研究开发机构之所以比大学实验室以及政府的研究机构更为重要,其原因在于:医药企业是处于技术的需求方,这与处于技术的供给方的大学和研究机构不同,技术的应用通常属于企业及其消费者。如果离开产业界的需求和创新意愿,技术创新根本不可能在产业内部发生。同时,要从技术创新获益,大多数情况要求研究开发、生产制造和销售之间密切配合和协调。不仅研究开发必须与医药企业的所有活动相协调,而且这种协调还必须是在企业外部环境发生变化的现实中进行。这一变化的本身也正是医药企业技术创新战略需要考虑的重要因素和内容。因此,最为有效的技术创新活动倾向于在一个组织内实现其全部过程。这就是当今所有国家都把医药产业创新系统建设的主要注意力投向医药企业的原因。

2. 政府部门

技术创新离不开政府的有效干预。市场经济条件下,某些公共物品性质的技术,市场配置资源的结果是民间对其投资率较低,而某些技术则较高,这要求人们在认识到政府应在市场失灵时干预经济的同时,也要明确政府应该干预的和不应该干预的。在我国,目前政府全方位支持技术开发,关键技术、适用技术和高新技术等均有相应的计划支持。然而市场经济中,竞争是平等的竞争,某个产品或技术开发,并不会因为受到政府的支持就必然获得市场的认可而获得竞争优势。这就要求我们能够适应计划经济向市场经济的转变,探索出适合市场经济的干预方式。

3. 科研机构和大学

技术创新需要很多与企业有关的特定知识,科研机构和大学都是重要的技术创新主体。知识经济时代的来临进一步强化了科研机构和大学在国家创新体系中的作用,因为企业的创新活动越来越依赖于它们生产的知识。大学一般担负着基础研究,政府设立的科研机构主要承担与国家利益紧密相关、涉及国计民生的高风险、耗资大的项目,而民间科研机构主要是利用其自身的灵活性,填补研究空白。大学目前承担的科研项目既有基础性研究,又有开发性研究和应用性研究。基础性研究虽然必须面向问题、面向环境、面向市场,但短期内一般不需和市场直接相连,而开发性研究和应用研究项目则必须完成向市场的成果转化才能实现该研究的最终价值。大学科研模式由封闭性、主要依靠政府研究拨款转向以开放性、市场化和政府拨款相结合的模式是大学能够成为产业创新系统重要力量的关键。

4. 中介机构

中介机构是沟通知识流动尤其是科研部门在中小企业间知识流动的一个重要环节。各国都把这种中介机构的建设视作政府推动知识和技术扩散的重要途径。从目前中介服务活动来看,主要可分为三类:第一类是对科技成果作进一步个性和完善的工程化、中试和设计等方面的服务，如工程技术中心、技术开发中心等；第二类是为解决技术创新过程中各类问题提供信息和解决办法的各种咨询服务，如生产力促进中心、创新咨询公司、合同研发组织（CRO）等；第三类是为技术创新活动提供场所、设备等硬件的服务，如高科技园区、创新中心、孵化器等。其中以中介咨询服务最为普遍。近年来，中国政府推出了加强成果转化的一系列措施，建设技术创新的支撑服务体系，形成了一定的规模和网络。

三、国内外医药产业创新系统

在建立与完善我国医药产业创新体系的过程中，我们应该考察世界各国特别是主要发达国家创新体系构建的经验，不断加强学习与借鉴，取他人之长，补己之短，来深化我们对于国家创新体系及行业创新体系的理解和把握。

（一） 美国医药产业创新体系

美国是世界上医药产业最为发达的国家，尤其是在创新药物研发方面，美国远远领先于欧洲和亚洲的竞争对手，在20世纪90年代成为世界药物研究开发的"领头羊"，这与美国独具特色、效率较高的国家医药创新体系密不可分。美国医药产业创新体系的特点是：政府给予政策支持，投资基础研究；企业是医药产业创新体系主体；大学和科研机构主要从事基础性研究工作。

美国是一个崇尚自由经济的国家，所以美国的国家创新体系是建立在私有制为主体的自由市场经济的基础上的，国家创新体系中最重要的内容就是以企业为创新主体，创造一个健康的、鼓励竞争的商业环境，从而刺激技术创新。

在国家创新体系中，政府和企业是界限分明。其医药产业创新体系是建立在私有制为基础的自由市场经济上的，但这并不意味着可以忽视政府在创新体系中的功能。在美国，政府主要是从创新的供给、需求、环境、法律和制度方面给予支持和调控，如增加对大学和科研机构基础教育和基础研究的投入、建设国内创新体系的法律环境、确定创新的重点和发展方向、制定鼓励创新的税收法律制度等。比如自20世纪80年代以来，美国政府制订的有关促进技术创新的法规达20多个，著名的Hatch－Waxman（药价竞争和恢复专利期限的法令）就为传统制药业注入了生机，并且为新药研发提供了所需的持续动力。

美国政府对科研的投入主要集中在对基础研究、大学教育和研究等方面的投入。2006年美国政府在生命科学及其相关医药领域的经费投入（仅统计美国国立卫生研究院和美国科学基金会的经费）约333亿美元，占民用科技投入的52%。美国国立卫生研究院（National Institute of Health，NIH）是联邦政府资助的国家级医学科研机构，集医学研究和行政管理于一身，是美国在大学技术研究、应用研究以及技术开发方面资助力度最大的联邦机构，在生物医学、生命科学和相关领域的研发中发挥着重要的作用。NIH的主要使命是促进生物医学研究，并支持其他各种促进医学发展的基础研究，提高罕见病和常见病的预防、诊断和治疗的水平。近年来，NIH不断改进资助方式和资助重点，使美国在生命科学基础研究领域保持全球领先地位，对美国医药的创新发展提供了有力的支持。除美国科学基金会和美国国立卫生研究院外，美国能源部和国防部也有部分资金用于资助生物医药的研究、开发和力量储备。

在美国，医药企业是医药产业创新体系中的主导力量，特别在技术创新中占据主体地位。二次世界大战后的美国医药企业，逐步从大规模的生产型转变到研发型，如今默克、辉瑞、施贵宝、礼来等全球最著名的跨国医药企业都以研发实力雄厚著称，这些医药企业每年都将企业销售额的15%以上的资金投入到研发过程中，这相当于我国所有制药企业每年在研发上的总投入。美国著名生物医药顾问公司BURRILL&COMPANY 的报告显示的统计，2006 年美国医药企业研发投入高达 552 亿美元，较 2005 年的 518 亿美元增长了 34 亿美元，创造了历史新高。美国医药企业平均新药研发强度为 25.93%。由于美国市场经济中充分体现了企业在各个方面的竞争，包括研发与创新，一个企业在研发中需要投入多少人力、物力、财力及研发什么项目，都由企业自己决定，并且企业通过研发创新获得的知识产权受到国家保护，这样企业就能在市场上获得丰厚的回报与收益，从而大大促进企业的技术创新。美国的制药企业通过创新获得了在市场竞争中可以取得收益巨大、属于"重磅炸弹"的专利药品，而这一收入又可以为企业的下一代产品创新提供资金支持，所以就是这样成功研发一代、销售一代、盈利一代的良性循环，使得美国制药企业在创新中独占鳌头。企业为技术创新的主导力量也直接促进了美国医药经济的高速增长。

在美国，大学和科研机构主要由政府资助而从事基础性研究。美国的大学和科研机构承担了全国近 60% 的基础研究，同时将科学研究、技术研究和基础科学结合在一起共同发展，通过知识创新促进美国医药产业的技术创新。除了通过教育与培训、为医药产业的创新提供新的思维和新的人才外，大学和研究机构还与企业共建合作研究组织或者科技研究中心，形成"科研 – 生产 – 设计"一体化体系。

（二）日本医药产业创新体系

同美国一样，日本也是世界制药研发的一个重要基地，虽然日本经历过第二次世界大战的重创，但是日本制药业通过引进、改良、模仿、吸收、自主开发这一循序渐进的过程，建立了与欧美等国家不同的国家创新体系，实现赶超和技术跨越，最终与欧美等制药强国并驾齐驱。

与美国企业主导的国家创新体系不同，在日本的国家创新体系中，政府具有了决定性作用。政府主要采取积极引导和重点扶持的强制干预措施。如日本在二战以后，针对国内发展低迷的医药产业，日本通产省制定"引进、改良、模仿、吸收、自主开发"这一循序渐进的创新策略，通过各种措施尽极大可能地引进世界上最先进的技术，并且加以改造、创新。比如二战以后，通过抗生素和维生素的成功引进、改良、模仿、吸收与自主开发和研究的过程，为整个日本的医药产业带来了活力和动力，直到 1990 年以前，日本的抗生素生产总值在各类药品中始终位居第一，这使得日本在经过 20 世纪五六十年代大规模技术引进之后的 20 年，即七八十年代便进入了创新的高峰期，为日本成为世界制药强国奠定了强大而又坚实的基础，实现了与欧美等国的并驾齐驱。2002 年日本制定了《生物技术发展战略大纲》，明确了"标准化战略"的发展方向，并制定和实施"生物产业立国"的国家战略。2003 年正式确立了"知识产权立国"的国策，推进知识成果创新、产权保护、成果转化和人才发展战略。此后，日本还新制定或修改了 21 项知识产权相关法案，使日本成为全球迄今知识产权战略最为系统化和制度化的国家。

日本制药企业在医药产业创新体系中的主体地位随着其产业创新能力的不断加强而显现出来。二战以后，特别是在 20 世纪五六十年代，日本经济不景气，市场机制不完善，制药企业的研发能力都比较薄弱，但是日本制药企业积极利用政府的优惠政策从国外引进包括抗生素在内的技术专利与先进生产工艺，并在引进、学习中不断创新，企业发展飞速，从而带来整个日本医药经济的振兴。从 20 世纪 70 年代开始，日本制药企业在短短 30 年的时间内，经历了快速发展的辉煌时期。日本医药企业十分重视研发工作，其研发强度丝毫不逊于欧美的大型制药企业。近年来，随着日本医药产业创新技术的不断发展，日本制药企业的不断崛起，越来越多的日本大型制药企业，比如武田（Takesa）、三共（Sankyo）、山之内（Yamanouchi）等等，都将每年销售额的 10% 以上的金额投入产品创新，这也间接使得日本政府在技术创新中的主体地位不断减弱，企业逐渐成为创新体系中的主体。

日本大学主要从事基础研究，日本国立科研机构主要从事基础、长远和重大或应急的科学研究，地方的科研机构主要从事应用性、普及性和技术操作性研究。日本大学和科研机构合作较多，积极促进研究成果的转化。

日本医药产业创新体系的特点是：政府起决定作用，企业是创新的主体，大学和科研机构与企业密切合作，促进医药产业的发展。日本独具特色的"官、产、学、研"四位一体的创新体系以及通过模仿渐进到创新的策略，促进了日本医药产业创新体系的不断发展与成熟。通过这一系列的医药战略和政策，日本的医药行业也得到了长足的发展。

（三）德国医药产业创新体系

德国是医药行业的传统国家，也是现代医药产业的诞生地。它的医药产业主要是从"合成染料产业"兴起和发展的，从 1820～1880 年乃至第一次世界大战之前，德国的医药产业凭借着本国在化学合成和药理学的学科的科学技术优势，几乎统领整个欧美医药产业，直到第一次世界大战爆发前，德国的药品产量几乎等于整个欧美医药产业药品产出总量的 80%。但是随着近年来美国和日本的崛起，德国的制药产业略显暗淡，但是其医药创新体系依然保持着持续的发展势头，成为德国医药产业不断发展的支柱。

德国政府在医药产业创新体系中起到了很大作用。与其他国家不同的是德国政府不仅重视联邦层次上的医药产业技术创新，而且从 20 世纪 80 年代起，政府还开始倡导各州进行创新体系的构建。1999 年德国科教部发表了"生物技术机遇"和"生物技术概要"两份政策性报告，明确生命科学和生物技术是 21 世纪最重要的创新领域，确立了今后若干年内德国政府科技政策的指导方针和科学发展的总体战略，并确立 2001 年为德国的生命科学年，生命科学研究明显得到加强。

德国政府非常重视技术创新，并且给予了长期稳定的支持。德国政府每年在生命科学领域投入为 15 亿马克（合约 10.3 亿美元），用于基础和技术资助。德意志联合会（DFG）是德国资助科学研究的最大基金会，资助类别有 6 种，其中，特殊研究领域（SFB）近年来对生命科学资助持续加大，2001 年增加到 6.63 亿马克。其中对生命科学领域的投入最大，为 2.534 亿马克，占总资助额度的 38.2%。

和美国、日本等发达国家一样，德国也拥有历史悠久、世界闻名的大型制药企业，比如德国默克（Merck）、赫希斯特（Hoechst）、拜耳（Bayer）、勃林格殷格翰（Boehringer – Ingelheim）等，它们利用其在有机化学和合成染料方面的专业特长和竞争优势开始转向大规模生产药品，为企业的研发积累了雄厚的资金和实力，并且在研发中逐步调整、更新产品领域，渐进地向现代化学制药、生物医药过渡。2004年德国医药企业研发总投入达 52 亿美元，比 1998 年增长了 140%。但由于近年来德国政府实施药品价格控制政策，其中包括对创新药物的价格控制，较大地影响了国内医药企业研究和开发的积极性，部分企业将研究与开发投入转移到了美国等国家，因此导致 2000 年以来德国企业整体研究与开发投入增长幅度不大。德国领先医药企业默克、勃林格殷格翰、拜耳每年的研究与开发经费都在 11～12 亿美元水平，已经远远落后于美国等优势国家，但研发强度在 10%～20% 之间。和其他国家一样，尽管德国有强大的研发和高等学府作为医药产业研发的重要组成部分，但是企业还是依托政府所创导的合理有序的竞争机制和健全的法制化市场经济大环境，自觉并且努力地成为医药创业创新的真正主体，由于德国各大小规模制药企业在研发上的合作，还使得德国制药企业间的研发形成了"共生效应"，加速技术创新。

德国是世界上最早设立专门研发机构的国家之一，其研究机构和大学院校、科研机构规模庞大、实力雄厚，是医药产业创新体系中的重要组成部分。大学和科研机构基础研究和应用研究并重，大学是德国科研体系的核心，其特点是研究与教学、研究与人才培养紧密结合，研发机构、高等院校与企业之间的合作非常密切。特别是从 20 世纪 80 年代起，为了促进企业之间、企业与政府研究机构之间的合作，德国国内建立起了大量医药科学园吸引新成立的医药高科技公司，或者促进新企业从研究机构中衍生出来。这就加速了知识在各个使用者、创造者之间的流动、传播与应用。而且，德国的医药产业政策倾向于科学研究与产业发展相结合，政府政策鼓励推动学术研究成果，实现产业化和技术创新。

德国的医药创新体系，就是科学自由、合作创新、联邦与各州分权管理、产业与科研有机结合，这样的体系促进了德国这个老牌制药强国在制药领域内经久不衰。

（四）中国医药产业创新体系

长期以来我国医药产业创新体系带有浓厚的计划色彩。医药产业创新体系主要是"政府主导型"，即由政府直接控制，相应的组织系统按照功能和行政隶属关系严格分工，创新的计划、资源、配置以及执行者、组织者都由政府担当。改革开放后我国医药产业创新体系有所改变，政府逐渐淡化了强制计划的色彩，主要起宏观调控与各方协调的作用。

依据《国家中长期科学和技术发展规划纲要（2006～2020年）》的部署，国务院决定组织实施"重大新药创制"科技重大专项。"十一五"期间，"重大新药创制"科技重大专项共建设15个以药物研发技术集成为目的的综合性大平台。形成一批功能完备、技术优势突出、功能互补、创新能力强的新药研究开发技术平台，促进企业技术创新主体的形成，部分平台逐渐实现了国际互认，初步构建了我国创新药物研发的技术体系，从而大大缩短我国与发达国家新药研发技术方面的差距。

在2009年9月，被誉为"中国版NIH"的国家自然科学基金医学科学部成立，全新的医学科学部将遵循在科学研究领域自由探索和国家需求导向"双力驱动"的规律基础上，提倡以防病控病为目标，侧重基础研究和人才培养，注重与国际同类研究接轨和合作，推动具有我国特色的中医药和原创性研究的开展，提高我国医学科学基础研究和应用基础研究水平。近年来，中国政府对生物医学领域的资助强度虽然有所加大，但与发达国家相比差距仍十分明显。

新药研发具有高投入、长周期、高风险的特点，发达国家医药企业通常耗时10年，花费10亿美金才可能产出一个有市场的新药，中国医药企业显然难以承受这样的研发消耗。"十一五"期间，医药企业研发投入占总收入比平均值为2.6%，重点药企研发投入占总收入比约为5%，远远低于发达国家10%～20%的水平。我国医药企业规模偏小、收入少、利润低导致企业没有能力投入大量的资金进行新药的研究和开发，也难以承受研发失败带来的经营风险。因此我国医药企业研发投入不足，企业创新能力不强，企业尚未成为医药产业创新体系的主体。

我国有中国药科大学、沈阳药科大学、广东药学院、北京中医药大学等一批高质量高等药学院校，还拥有独立的药物研究所130个。医药类大学和科研机构有多年的新药研究基础，构建了比较完整的新药研发体系，聚集了一大批有实力的新药研发人才，承担了国家各类科技攻关项目，在新药研究与开发，尤其是重大新药创制方面发挥骨干作用，是中国新药研究的主力军。几十年来，青蒿素、二硫基丁二酸、石杉碱甲等一批中国在世界上有一定影响力的创新药物皆出在大学和科研院所。

我国医药产业创新体系的特点是：政府主导，制定一系列产业政策，为医药企业创新营造良好环境；大学和科研机构是创新的主体；企业规模小，创新能力有限，尚未成为真正的创新主体。

案例分析

从科学假说到"重磅炸弹"

——阿瓦斯汀的发现历程

1973年，美国科学家福克曼（Judah Folkman）在研究中发现，肿瘤增生的过程伴随着新生血管的形成。福克曼进一步提出了一个大胆的假说：癌细胞依靠新生血管提供营养，如果促使新生血管形成的生长因子被遏止，癌细胞就会被活活"饿死"。这种假说区别于传统上手术、放化疗等保守疗法，为癌症治疗开辟了新的思路。福克曼也因为提出"肿瘤血管生成"学说，曾被《时代》周刊誉为"最有希望治愈癌症的科学家"。

1989 年，基因泰克公司的科学家费拉拉（Napoleone Ferrara）成功地从牛脑腺中分离出了这种生长因子，因为这种生长因子只对血管内皮细胞起作用，所以费拉拉命名该生长因子为"血管内皮生长因子"（VEGF）。

经过三年多的实验，费拉拉终于制备出了 VEGF 的鼠源性抗体，随后为了降低鼠源性抗体的免疫原性，费拉拉继续攻克难关，将鼠源抗体的骨架换做人源抗体 IG1 的部分，这样既可以保持抗体对 VEGF 的中和能力，又避免了异源抗体进入人体后引起的免疫排斥。于是，癌症治疗领域里的明星药物——阿瓦斯汀（贝伐单抗）诞生了。

阿瓦斯汀区别于已有抗癌药物，以 VEGF 为药物靶点，加之抗体分子的药物作用，配合放、化疗法联合使用，使得其临床疗效显著。在人体试验中，即使对于晚期的癌症患者，注射阿瓦斯汀也可延长寿命数月。

2004 年，阿瓦斯汀正式获得 FDA 批准在美上市，用于治疗转移性结肠癌和非小细胞肺癌，甫一上市，阿瓦斯汀便取得了 15 亿美元的销售额，到 2009 年更是达到了 59 亿美元，成为业内瞩目的"重磅炸弹"级药物。阿瓦斯汀更以出色的临床表现验证了"肿瘤血管内生"假说的科学性，于是，爱必妥（西妥昔单抗）、乐明晴（兰尼单抗）等一批以 VEGF 及其受体为药靶的治疗性单抗药物纷纷上市，在头颈癌、结直肠癌和老年黄斑变性等治疗领域里都有出色的临床表现。

从福克曼提出"肿瘤血管内生"假说到费拉拉研制出抗癌单抗阿瓦斯汀，其间历时三十余年。福克曼在基础研究中大胆的假说，费拉拉在药物发现中小心的探索，最终成就了癌症治疗领域革命性的改观。但受当前技术条件的限制，阿瓦斯汀等治疗性单抗药物的价格依然十分昂贵，普通患者要负担很重治疗费用，迫切需要开发新的制备工艺。就像 20 世纪青霉素的发现，它作为抗感染用药挽救了无以计数的生命，但是，问世之初价格却堪比黄金。如今青霉素的大规模发酵制剂工艺日益成熟，一支普通青霉素制剂的价格也降到了几毛钱。可见，为了给患者提供安全、有效、廉价的药品，医药人在为人类健康谋求福祉的道路上还有很长的路要走。

本章小结

1. 创新是一个从新产品或新工艺设想的产生到市场应用的完全过程，包括了新设想的产生、研究、开发、商业化生产到扩散等一系列的活动。它强调创新是一个科技经济一体化的过程，其核心是企业家；本质是将"新组合"应用于生产和商业化；目的是为了获取潜在的超额利润。

2. 熊彼特最早提出完整的创新理论体系，之后创新理论开始朝着两个方向发展，出现了以曼斯菲尔德、舒尔茨等为代表的技术创新学派和以道格拉斯·诺斯等为代表的制度创新学派，20世纪90年代初"国家创新系统"开始兴起，成为继新古典经济学派、新熊彼特学派之后，用系统方法研究创新对经济增长影响的一个重要经济理论框架。

3. 企业技术创新战略是指企业对技术创新活动总的谋划。从技术开发的角度分类，创新战略可分为自主创新、模仿创新、合作创新三种基本类型。

4. 专利制度宗旨是鼓励发明创造、促进科学技术的进步与创新、有利于发明创造的推广应用。最优的专利系统应该是在激励研发动机和防止因市场势力（随专利权而来）增加而造成的成本之间取得平衡。

5. 产业创新系统，就是国家创新系统在某一个具体产业领域内的延伸与丰富，其基本构成、职能、内涵、运行机制等与国家创新系统基本一致，同时又围绕该产业的特性。世界上的医药工业强国的产业创新系统呈现出不同的特点。

思考题

1. 从创新的概念和内涵入手，谈谈技术创新与发明、研究与开发（R&D）之间的关系。

2. 你认为大企业和小企业那个更具有技术创新的动力，哪个更具有技术创新的能力，哪种市场状态下更能促进技术创新？

3. 熊彼特认为，所谓"创新"，就是"当我们把所能支配的原材料和力量来生产其他的东西，或者用不同的方法生产相同的东西"，你如何看待这种说法？

4. 试比较自主、模仿、合作三种技术创新模式的优缺点，谈谈我国医药企业技术创新战略模式的选择。

5. 从我国医药产业的发展现状考虑，你认为我国应该对医药产业采取怎样的专利保护强度？

6. 比较美国、日本和德国的医药产业创新系统，我国应学习什么样的发展经验？

第八章

医药产业布局

产业布局是一个国家或地区产业的各部门各环节在地域上的动态组合分布,它体现了国民经济各部门的运动发展规律,是一种具有全面性、长远性和战略性的经济布局。本章通过对产业布局相关理论的介绍,让读者了解产业布局的重要性,并熟悉国内医药产业分布与集群的现状,掌握产业布局的特点、分类、形成原因以及影响因素。

【教学要求】

1. 了解:产业布局的概念、重要性、产业集群的概念和特点。

2. 熟悉:国内医药产业分布与集群的现状、存在问题及未来发展趋势。

3. 掌握:产业布局的分类、影响因素以及原则。

4. 重点掌握:产业布局的理论,产业集群的理论,形成原因以及产业集群的总体特点。

第一节 产业布局的概念与理论

一、产业布局的概念与重要性

(一) 概念

产业布局,简单地说,就是指产业在空间上的结构,它的研究领域涵盖了产业经济学与区域经济学。从研究对象来看,产业布局是指企业组织、生产要素和生产能力在地域空间上的集中和分散情况;从研究目标来看,产业布局就是为了实现资源更有效合理的配置。从纵向方面考察,产业布局是同一产业在各地区的配置与关联;从横向方面考察,是集聚于同一地域空间的各产业的关联与组合。从静态考察,产业布局是指产业生产力在一定地域空间的分布状态;从动态考察,是产业生产力诸要素在空间上的安排部署和调整,是政府对产业在空间上的规划、部署、协调和组织。

综上，我们认为：产业布局，又称产业分布、产业配置，是指产业在一定地域空间上的分布与组合，它是一种全面性、长远性和战略性的经济布局。产业布局的涵义有狭义和广义之分，狭义的产业布局是指工业布局，广义的产业布局是指包括农业、工业、服务业在内的所有产业在地域空间上的分布与组合。合理的产业布局不仅有利于发挥各地区的优势，合理地利用资源，而且有利于取得良好的社会、经济和生态效益。

（二）产业布局的重要性

上文提到产业布局是一种具有全面性、长远性和战略性的经济布局，从产业的地区结构方面反映着一个国家产业发展的规模和水平。产业布局实际上是一种政府的干预行为，反映了政府对产业空间分布和发展的规划。在无政府状态下在产业空间发展中发挥作用的是市场机制。由于产业分布是微观企业布局所形成的宏观结果，此时影响产业布局分布的主体是企业，而企业做的所有选择都是以追求自身利润最大化为目标的，因此企业在布局时主要依据市场价格信号与价值规律，自主选择最优区位。由于市场机制存在着一些自身难以纠正的缺陷与局限性，如果仅凭市场进行调节而没有政府的干预与调整可能在整体上影响国家经济的发展。

通过政府对产业布局进行干预与调整能够加速产业空间演变的进程，从而保证产业分布符合国家的整体利益。原因如下：首先，产业布局能够充分有效地利用自然资源、人力资源和技术经济条件，促进各地区经济协调发展；其次，产业布局能够有利于建立合理的地区分工与协作，消除不合理的运输，提高经济效益；第三，有利于合理使用和节约国家建设投资，发挥投资效益；最后有利于充分利用自然净化能力，维持生态平衡，促进可持续发展。

但是一旦产业布局发生失误就有可能产生严重的后果。首先是经济损失巨大，会严重延缓整个工业，以至整个国民经济的发展速度。同时影响时间长，例如如果把污染环境的工厂放置在城市的上风或河流的上游，会使整个城市和流域长时期持续受到工业污染的危害。而且失误一旦形成，将很难改变。因此，我们要重视产业布局的规划与完善。

二、产业布局的影响因素

作为产业在一定地域空间上的分布与组合形式，产业布局是一种全面性、长远性和战略性的经济布局行为。自然资源禀赋、经济技术条件、社会文化制度等是影响产业布局的基本要素。伴随着知识经济的出现和经济全球化趋势的增强，以及现代科学技术进步，产业布局的宏观环境与微观基础也在悄然发生变化。这些变化一方面强化了自然资源禀赋、经济技术条件、社会文化制度等基本要素在产业布局的作用，同时也使得这些要素与知识、全球化、创新等环境与条件不断融合，成为影响现代产业布局的新区位要素——基于传统区位要素的新发展。

不同的产业部门，由于生产函数和其他经济技术特点的差异，在空间分布过程中都具有一定的区域集中的倾向，这种倾向就是产业的区位导向。产业区位导向决定着产业布局的形成，并进一步影响着产业布局的调整。事实上，有一系列因素决定着产业区位导向的形成和产业布局的调整。影响产业布局的导向性因素主要有以下几类。

（一）传统角度的影响因素

1. 自然因素

自然因素包括自然条件和自然资源两个方面。自然条件指一个地域经历上千万年的天然非人为因素改造成形的基本情况，包括地形、气候、土壤条件，动植物、矿产资源等，自然条件的各要素相互联系、相互制约形成的自然综合体，对人类产业活动的空间影响很大。自然资源是指自然条件中被人利用的部分。联合国环境规划署（United Nations Environment Programe，简称 UNEP）认为自然资源是在一定时空和一定条件下能产生经济效益，以提高人类当前和将来福利的自然因素和条件。自然因素是产业布局形成的物质基础和先决条件，在人类社会发展的不同阶段，自然因素对产业布局有不同的影响；自然资源对第一产业具有决定性的影响，例如平原趋利于大规模现代化耕作、灌溉，若有开阔的场地供制造业、建筑业使用和发展各种运输线路，则是最优的产业布局场地。

上述两方面并不截然分开，随着人类科学技术的进步，对自然环境的改造，可不断地变自然环境为可利用的资源。因而在人类社会发展的不同阶段，自然因素对产业布局的影响程度也不断发生变化。再者，自然条件和自然资源的各种要素对各个产业的影响和作用也是大不相同的，必须在实践中充分考虑。

2. 经济因素

影响产业布局的经济因素主要有经济发展水平、市场条件、资本情况、价格与税收等。

（1）经济发展水平

生产力水平是产业分布发生量的扩展和质的飞跃的原动力。在农业社会，水能资源开始作为动力在手工业中被利用，那时手工业分布一般指向沿江沿河，呈分散布局状态。第一次产业革命时，随着蒸汽机的出现，工业开始摆脱依水而设的格局，而趋向燃料指向，使各主要煤炭产地和交通枢纽成为产业分布中心。在实现以电力为主要动力的经济发展中，许多新的产业部门能够分布于远离燃料的大城市，工业生产分布进一步走向集中，形成工业点、工业区、工业城市、工业枢纽、工业地区、工业地带等空间上的集中分布形式，城市成为产业分布的集中点。现代计算机、信息和生物技术等新的科技手段融入经济后，又将使产业分布从过分集中走向适当分散。

（2）市场条件

产品的市场需求容量是产业分布的空间引力。在市场经济条件下，产业分布总是以一定范围市场区域对产品的需求量为前提的。在不同的市场区内，会形成不同的市场需求结构，而市场需求结构是产业分布部门结构的决定性因素，能够对产业、辅助产业之间展开协作配套生产的地域综合体的形成起到指导性作用。市场竞争能够促进生产专业化，使产业形成合理聚集。这是由于专业化程度高的地区或企业能在市场竞争中占据有利地位，而为了提高竞争力，产业分布必然向有利于推广新技术、提高产品质量、提高劳动生产率的专业化协作方向发展；同时，具有一定规模和强大技术、经济实力的生产综合体更有利于发挥聚集经济效益，这又促使产业分布朝合理聚集的方向发展。市场竞争可使产业分布指向更有利于商品流通的合理区位，这就是市场导向的产业布局，也可以简称为消费地导向的产业布局。

（3）资本情况

资本市场对产业布局的影响在现代社会表现得特别突出：资本市场发达、体系完善、融资渠道多样且畅通，尤其是产业投融资基金发达，产业布局就可以突破地域资本稀少的限制；相反，产业布局就会受到地域资本稀少的限制。发展经济学也认为，对一个国家或地区来讲，如有持续的资本供给，该国家或地区对产业就会有更大的吸引力。一地的资本供给主要取决于内部的积累水平和外部融资能力。从内部积累来看，主要取决于两个因素：一是一国或一区内居民的储蓄能力，二是居民的储蓄意愿。前者与国民收入正相关，后者则与居民文化、消费习俗直接相关。

（4）价格与税收

价格主要通过以下三个方面对产业布局产生影响：国家的价格政策、产品地区差价及产品之间的比价关系。国家的价格政策是指国家为达到一定的宏观目标，在商品价格上所采取的一系列方针、措施的总称，它体现了国家对市场经济的宏观调控，合理的价格政策会对产业布局产生积极的影响。产品的地区差价客观地体现了商品生产和消费在空间上的差异与矛盾，合理的地区差价有利于企业按价值规律选择最佳区位。另外，产品的各种比价关系对产业内部结构的调整和生产的地区分布有重要作用。

与价格类似，税收也会对产业布局产生重要影响。税制结构合理能够控制重复建设现象，克服以大挤小现象，并在一定程度上打破地方保护主义，促进产业布局的合理化进程，对地区经济的协调发展起关键作用。同样的政府部门想要控制或者调整同一产业在不同地区的发展也可通过改变税率的方法来进行。

3. 社会政治因素

影响产业布局的社会政治因素包括社会历史因素、人口因素、地理因素、政治环境、国家的政策法律等。

（1）社会历史因素

社会历史因素包括社会经济基础、经济体制、政治条件、法律和文化等，而产业布局具有历史继承性，已经形成的社会经济基础对再进行产业布局具有重大影响，历史上形成的产业基础始终是新产业分布的出发点之一。政府通过政治的、经济的、法律的手段对产业区位指向进行干预和宏观调控，也是产业区位的重大影响因素。决策者、生产者和消费者在产业分布过程中的行为偏好，文化习俗也会在一定程度上作用于产业区位。特别是在现代产业集群的发展过程中，内嵌于特定区域的专有文化，已经成为影响产业布局、产业发展，以及产业集群竞争力的关键要素之一。

（2）人口因素

人既是生产者，也是消费者。首先，人作为一种生产要素，一定区域的人口数量、密度以及技术文化素质的高低，都将对一定时期产业布局的重点、方向和实现途径等产生着重要影响。其次，人作为生产者来说，人口多，区域内劳动力供给充足，劳动力价格便宜，劳动密集型产业发展较快。反之，产业分布多趋向于自然资源开发及其加工产业，分布点趋于分散。在现代科学技术不断发展的条件下，人口质量对产业分布的影响作用日益突出，特别是对新兴高技术产业具有更强的吸引力。再次，人作为消费者，一定区域内人口多少表明区域内社会需求和市场容量的大小，这必然影响到该区内消费品生产部门的分布和结构。与此相联系，必然影响相关产业如生产资料生产、交通运输等产业部门的分布和发展规模。

（3）地理因素

地理因素是影响产业布局的重要因素，一个地区地理位置好坏决定了该地区的自然条件是否优渥、交通是否畅通、信息是否沟通无障碍以及与这些相关的社会经济条件是否发达。影响产业布局的地理因素主要有以下两个：

①经济区位。经济区位是指一国、一地区或一城市在国际国内地域分工中的位置。它是由社会、自然、经济、技术、文化等因素在长期的历史发展过程中形成的。正是由于地域分工差异，使得各国和各地区根据绝对利益和相对比较利益，发展那些收益大、增长快的支柱产业部门。各国或各地区通过发展那些自身优势最大的产业，不仅能够降低成本，提高劳动生产率，而且又能促进区域性乃至全国性分工协作体系和商品交换体系的形成，提高整个社会的效益。

②特殊地理环境。一些产业（如旅游产业）的发展对自然环境的质量，如空气、日照、气候、水等要求较高。

（4）国际政治环境

任何一个国家的经济发展都必须有一个稳定、安全的国际政治环境。因此，国际政治条件对产业布局有重要影响，特别是在制定战略性产业布局规划时，必须正确分析国内、国际形势。如果国际形势趋于缓和，在一个较长时期处于和平建设时期，那么在产业布局上对国防条件的考虑就可以稍后于其他条件。如果面临紧张的国际形势，就应强调国防的安全，在建设计划中多安排与国防有关的项目，并把有关产业布局在相对较安全的地区。

（5）国家的政策、法律

政府通过制定和完善政治法律的政策措施、通过宏观调控措施来干预和调控产业的发展规划、区位选择等来影响产业布局。正确的政策可以推动经济的发展和产业的合理布局；反之，则会对经济发展和产业布局带来消极影响。

需要指出的是，在实践中产业布局往往受双重或多重导向的影响，且这些导向也只是表示某些产业布局的基本倾向或趋势。同时，产业布局的导向也不是固定不变的，产业所处的经济发展阶段，生产力的发展，生产技术条件的变化都会改变影响产业布局的主导和次要因素，一些因素从原来的主导因素降为次要因素．另一些从原来的次要因素转变为主导因素，从而改变产业的布局，甚至会改变同类产业的导向性，如钢铁工业就经历了由燃料导向型到原料导向型再到现代的消费导向型产业的转变。只有对时间、地点、条件、产业进行综合的具体分析，才能看出产业布局是由多种因素共同作用的结果。

4. 技术因素

科学技术是构成生产力的重要组成部分，是影响经济发展和产业布局的重要条件之一。产业布局受技术水平高低以及不同地区技术水平差异的影响，技术能够对产业布局产生影响主要是因为技术决定着自然资源的开发利用程度，技术的进步能够加强人类开发和利用自然资源的能力，使自然资源不断获得新的经济意义。技术水平的提高能够改变原料、能源动力及各类矿物资源的平衡状况和地理分布状况，扩大产业布局的地域范围。技术进步能提高人们对自然资源的综合利用能力和使用效率，转变单一产品生产区为多产品的综合生产区。而不同地区之间技术水平的不同则能够在地区之间形成产业梯度，通过技术创新和转化使具有不同生命周期的产业梯度进行转移，最终发展与改善地区之间的产业结构。技术水平决定交通运输方式，并使许多产业向海港、航空港、沿海地区等地方集中，出现诸如"临海型"、"临空型"的产业布局。

（二）现代角度的影响因素

1. 知识经济

知识经济（Knowledge Economy）是以知识为基础的经济，它的兴起对投资模式、产业结构、增长方式产生深刻的影响，与工业经济相比，知识经济提高了产业区位选择的灵活性。在工业经济时代，工业生产需要消耗大量的原材料，生产出的产品体积和重量大而价值低，因此运输费用成为决定区位选择的决定性因素。工业生产一般会在原料产地或销售市场集聚，聚集发展是工业时代产业布局的主要趋势。产业高度密集的地区往往是那些在节省运输成本方面具有巨大优势的地点。相对而言知识密集型产业产品一般体积和重量小、价值高，单位产品的运输成本少。特别是随着网络技术的发展，大量的信息能够以很低的成本传递到世界各地，大大削弱了空间和时间对信息的限制，提高了产业区位选择的灵活性。

随着知识经济的发展和产业结构的高级化，产业空间布局将进一步有序化，呈现分散与聚集共存的新趋势：一是生产技术已经标准化和程序化的传统劳动密集型和资本密集型制造业将从城市中心区向外扩散，从发达国家向发展中国家扩散．二是需要大量信息和彼此频繁接触、交流和联系的知识密集型产业，主要是生产服务业，如企业管理、控制和协调等职能和价值链环节将逐渐向城市中心区聚集。由于知识经济的发展，产业发展越来越依赖智力资源、信息资源、文化资源等这类不遵循"边际效益递减"规律的资源，此类资源能够给企业带来超额利润，它们的开发运用逐步降低了自然资源的重要性。与此同时由于知识经济、绿色经济、循环经济等新兴的经济形态能够对部分物质资源起到一定的节约作用，这也在一定程度上减少了自然资源对产业区位的制约，扩大了产业布局空间。但是知识的交流、传播、创新以及商业运作仍需要在地理上的集聚，建立在知识创新基础上的高新技术产业仍将聚集在一起。

2. 经济全球化

经济全球化（Economic Globalization）是指世界经济活动超越国界，通过对外贸易、资本流动、技术转移、提供服务、相互依存、相互联系而形成的全球范围的有机经济整体。经济全球化有利于资本与产品的全球性流动，在全球范围内合理配置资源和生产要素，便于科技的全球性扩张，促进世界范围内相对不发达地区经济的发展。通过全球化，物质资源的流通得以跨越各个国家的行政边界，转变产业内部的生产组织形式，使其从传统的大批量生产转变为柔性生产，并进一步加强了产业的内部分化，向生产规模小型化，生产方向专业化方向转变。为了迎合个性化的市场需求，应当灵活运用柔性的资源配置方式和恰当企业组织模式，在多种类型的地段内进行产业布局，弱化产业对具体地点的指向性，降低运输因子的制约能力，从而扩展产业布局的地域范围。在全球化背景下，模块化生产方式的出现和发展，更赋予了产业布局及优化以新的内涵，使得某些区域的产业集群成为产业布局优化的一个重要内容。此外，作为全球化重要驱动力量和载体的跨国公司，其对外直接投资的规模和方向，也对一个国家或地区的产业布局产生着不可低估的影响。

3. 新区位因素

在知识经济和经济全球化背景下，产业布局的区位因素也相应地发生了一些变化。除传统区位因素外，另有一些因素能够对产业布局产生比较重要的影响，如市场潜力、政策环境、信息技术、基础设施投资状况以及法律制度等，这类区位因素统称为新区位因素。新区位因素所产生的新区位优势是集硬件、软件优势为一体的产业集聚化优势，在知识经济与经济全球化的背景下，产业发展的基础将逐渐从大规模消耗原材料、能源、资金和人力向以人的智力和物化在产品中的信息转变，这样最能影响产业发展的资源因素就变成了知识技术与有效信息。为了使产业布局的新区位因素能够更好地发挥作用，政府应当从以下几个方面完善相应的措施：

（1）加强基础设施建设。基础设施是指包括交通、通信、能源、水资源供应系统等等在内的能够为社会生产和居民生活提供公共服务，保障国家地区社会经济活动正常进行的物质工程设施，是产业发展的硬环境。交通运输的发展，特别是物流业的发展能够加快产品的对外输出，疏通本地区原材料和产品的流通渠道，得益于此，企业能够发展壮大自己的产品。在信息化和经济全球化时代，产业必须依托发达的交通网络和信息网络才能够在全球范围内共享信息资源，对各类物质资源进行合理配置。信息网络作为产业布局的一个重要区位因素能够降低地理空间对产业发展的限制，减少了产品的生产、研发、销售、管理过程中的许多中间环节，从而能够节约交易成本，加快产业进程。

（2）完善技术创新环境。技术创新是推动产业发展的根本动力，在知识经济时代要想保持产业永续竞争力，必须建立完善的技术创新环境。技术创新环境作为产业区位选择中的一个关键因素主要是指与技术创新有关的各种要素相互作用交织而成的网络，这些因素包括以企业、大学、科研院所为代表的创新执行主体；以技术标准、数据库、信息网络、科研设施为代表的创新基础设施；以人才、知识、专利、信息、风险资本为代表的创新资源和以政策与法规、管理体制、市场与服务为代表的创新支撑体系。充满活力的技术创新环境可以在提高创新效率的同时降低其成本，通过活化技术创新所需的各种资源来增加产业生产的灵活性。

（3）营造适于创业和投资的宽松的环境。产业布局时必须考虑的软性区位因素就是当地的政策环境，适合创业和投资的政策环境能够消除企业的后顾之忧。政策环境中的政策法规在产业发展过程中能够调整生产关系、调节投资行为、保障产业利益；政府的行政管理水平能够对企业交易的透明度以及交易成本产生影响。可以说一个地区政府的办事作风，决策方式，地区的市场环境，治安状况信用环境对产业发展的非生产性成本，产业运营效率有影响。举例来说，波士顿附近的 128 公路地区尽管拥有哈佛与麻省理工两所著名的大学，同时由于靠近金融商业中心——纽约而具备充足的资金，但是该地区却并没有取得如硅谷那样瞩目的发展，其中一大原因就是硅谷所处的加州拥有适于创新的制度法律环境。

（4）建造优美的生态环境。优美的生态环境有助于形成和谐的合作氛围，激发创造灵感。随着产业区位自由度的提高，产业布局将更加追求较好的环境质量和较浓的文化氛围。世界各国对新兴产业进行布局时选址都从传统工业区转向自然条件优美的地区，例如坐落于旧金山附近圣何塞的美国"硅谷"、坐落于日本九州的"硅岛"以及选址在英国的苏格兰中部低地、德国的慕尼黑、印度的班加罗尔等地的新兴产业区。产业布局选址于拥有优美生态环境的地区除了因为它对合作氛围改善，创造灵感激发等方面有积极影响，还因为精密度高、污染低、耗能低的高技术产业的生产需要清洁、无噪音、无污染的内部环境，例如：微电子工业对空气洁净度的要求是每立方米空间所含有直径 0.5 微米的颗粒要小于 100 个。

（5）加快人力资本投资。人力资源是产业布局中最积极最活跃的因素，它相对于实物资源更具有能动性、社会性和复杂性。随着世界产业结构的升级换代，技术、知识密集型产业在整体产业中所占的比重越来越大，产业要想获得高额利润必须重视知识和技术，而作为知识和技术的创造者和使用者的人才就成为产业进行技术创新和知识更新的保障，因此必须加快人力资本投资。一些高新技术产业园毗邻大学、科研院所而建正是为了获取那里丰富的人力资源和浓厚的学术氛围。举例来说，"硅谷神话"的诞生在很大程度上归功于区域内斯坦福大学，20 世纪 30 年代 Hewlett 和 Packard 正是得益于斯坦福工程学院院长特曼教授（Frederick Terrman）所给予的"天使资本"（Angel Capital）成功地创办了惠普公司。

（6）加强地方文化的亲和力。区域内特有的社会文化环境，风俗习惯，价值观念都能够对产业发展产生间接影响。官轻民重、鼓励冒险、积极求变的价值观能够会对产业的发展起到正向作用。当今世界的产业布局空间被称为平滑空间（slippery space），某一地区很难长期地留住企业，更不用说使其产生溢出效益，但是具备包容性与亲和力的地方文化却可以增强区域"黏滞性"，使得外来企业对所在地产生认同感和归属感，愿意根植于区域内固有的社会、经济、文化土壤，并吸引关联企业前来聚集，从而能够真正带动当地经济的发展。因此政府必须加强地方文化的亲和力，使得更多的企业愿意在当地安家落户。

三、产业布局相关理论

产业在地域空间的分布与组合是存在着规律的，产业布局理论的主要任务就是研究产业空间分布规律，为合理布局产业提供理论和政策指导。因此，研究产业布局理论，探讨产业布局的一般规律和基本原则，对于了解产业领域的变化和战略具有十分重大的现实意义。

（一）产业布局的区位理论

空间分布、组合的规律是产业布局区位理论的主要研究内容，其作用是为合理布局提供规划方案。产业布局区位理论的形成与发展是人类生产活动与科学技术发展到一定程度的必然产物。产业革命导致了产业的多样化和复杂化，使已有的经济理论无法解决门类繁多的产业如何合理布局的问题，从而在实践上产生了对产业布局区位理论的强烈需求，而经济学和地理学等学科的进一步发展与融合，则在理论上为产业布局区位理论的形成与发展奠定了理论基础。随着产业发展和产业布局的调整，产业布局的区位理论也随之得到迅速发展和不断完善，并形成各具特色的产业布局区位理论。

1. 产业布局区位理论的形成——古典区位理论

19世纪初至20世纪中叶，资本主义生产力迅速发展，地区间的经济联系空前扩大，商品销售与原料地范围愈来愈大；同时，经济危机频繁爆发。如何合理布局产业已成为迫切需要回答的问题。虽然大卫·李嘉图（David Ricardo）的经济思想中已经涉及比较成本等有关生产力在不同区域布局的论述，但公认的杜能（Thunen）的《孤立国同农业和国民经济的关系》是产业布局理论形成的始端。杜能、马克思·韦伯（Max Weber）等经济学家运用地租学说、比较成本学说等许多经济学研究成果，创立了古典区位理论。

（1）杜能环

1926年德国经济学家杜能提出了著名的孤立国圈层理论。他认为农业经营方式并不完全取决于自然条件，还必须把运输因素考虑进去。他认为，利润 π 是农产品价格（P）、农业生产成本（C）和农产品运往市场费用（T）的函数，即 $\pi = P（C + T）$。他用此公式计算出各种农作物组合的合理分界线，设计了孤立国六层农业圈：第一圈层为自由农作圈，主要生产鲜菜、牛奶；第二圈层为林业圈，主要生产木材；第三圈层为轮作农业圈，主要生产谷物；第四圈层为谷草农作圈，主要生产谷物、畜产品，以谷物为重点；第五圈层为三圃农作圈，主要生产谷物、牧产品，以畜牧为重点，1/3 土地种燕麦，1/3 种稞麦，1/3 土地休闲；第六圈层以外是荒野。如图 8-1 所示：

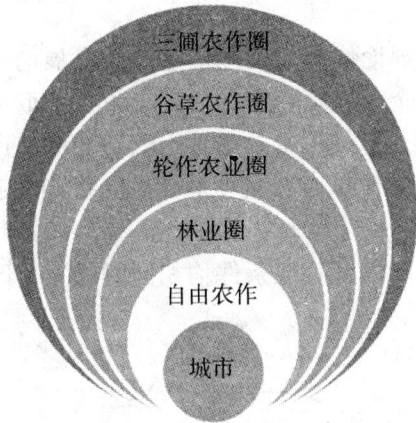

图 8-1 杜能环

尽管杜能环的推导过程中忽略了自然条件这一农业生产中较为重要的因素，也没有研究除了农业外其他产业的布局，但西方许多工业区位理论的研究者们依然从他的农业区位理论中得到了深刻的启发。他所采用的抽象化的理论演绎的研究方法以及对空间区位的关注，并根据具体条件对农业生产进行合理空间布局的基本思想奠定了区位理论的基本研究方法和研究思想，并且首次透彻地分析和揭示了运输运费对区位布局的影响，这成为近代各种区位理论尤其是工业区位理论、城市空间结构理论的基础，成为世界上一些城市郊区农业地域分布的理论基础。

（2）韦伯的工业区位理论

19 世纪末 20 世纪初德国经济学家阿尔弗莱德·韦伯（Alfred Weber）是工业区位论的奠基人，古典区位论的系统阐述者。他于 1909 年发表了《工业区位论——区位的纯理论》，系统论述了工业区位理论，标志着古典区位理论进入了新的发展阶段。工业区位理论假定所分析的对象是一个孤立的国家或特定的地区，对工业区位只探讨其经济因素，运输费用是重量和距离的函数。其理论核心是运费、劳动力费用与聚集力三个因素影响工业布局，其中运费对工业布局起决定性作用，不同地区工业部门生产成本存在差别主要是由运费造成的。

尽管韦伯的工业区位理论还存在着许多局限性，但他是第一个将工业区位理论系统化，提出了一系列概念、指标与准则的人，其后的区位理论发展无不受其影响，因而韦伯被认为是现代工业区位理论的开创者。

总之，从产业布局区位理论的形成来看，由杜能农业区位理论和韦伯工业区位理论共同构成了古典区位理论。其共同的特点是立足于单一的产业中心或企业，目的在于以最低成本或最节省运输费用来实现产业利润最大化，均未考虑产品的市场销售因素和消费因素等问题，所以，古典区位理论又被称为区位理论的成本学派。

2. 产业布局区位理论的发展——近代区位理论

20 世纪 30~60 年代是西方产业布局区位理论的发展时期。在这一时期，科学技术革命和社会生产力的发展，国际经济联系的加强，第二、第三产业先后取代第一产业成为国民经济的主要产业，市场成为决定产业发展的关键因素。这样，工业区位就由立足于单一的产业中心转变为立足于城市或地区、由生产成本和运输费用因子分析转变为生产成本、运输费用和市场（市场区位划分、市场网络结构、市场范围扩大）因子分析，因而使以最低成本学派为代表的工业区位理论发展为以市场学派为代表的工业区位理论，同时也产生了以地理区位学派为代表的商业区位理论。在这样条件下所发展起来的产业布局理论，统称为近代区位理论。

（1）贸易边界区位理论

费特（E·A·Fetter）创立的贸易边界区位理论使得区位理论进入了发展的第二阶段——近代区位理论。费特认为，任何工业企业或贸易中心，其竞争力都取决于销售量，取决于消费者数量与市场区域的大小。但最根本的是，运输费用和生产费用决定企业竞争力的强弱。这两种费用的高低与市场区域大小呈反比。费特假定有 A、B 两个生产地，利用等费线方法，可以得出两产地贸易范围，见图 8 – 2，其中 Z_0 线表示 A、B 两地各自所需的生产费用和运费以及其他条件均相同时的贸易区边界。

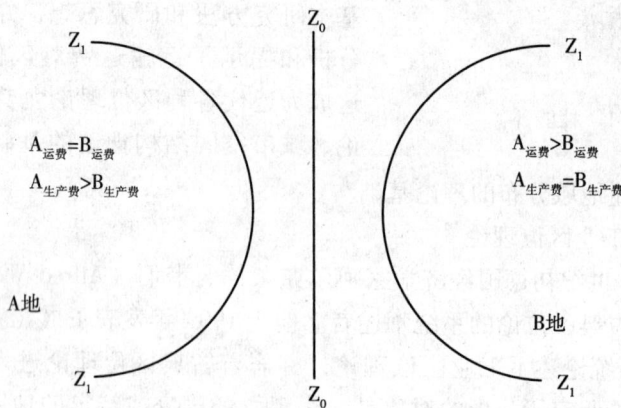

图 8 – 2　贸易区边界

费特根据两个生产地的生产费用和运输费用的不同，利用等费用线（上图中的 Z_0 线）方法，得出两个生产地贸易范围，从而提出两个生产地贸易分界线。如上图所示：如果 A、B 两个生产地各自的生产费用和运输费用以及其他条件均相同，则两地的贸易分界线是一条平分两个贸易区的中心垂直线；在其他条件相同的情况下，若 A、B 两地的生产费用不同而运输费用相同，则两个市场的边界线是一条弯向生产费用较高贸易区的曲线，即上图中弯向 A 地的那条曲线；如果两个生产地运输费用不同而生产费用相同，则两个市场的边界线是一条弯向运输费用较高贸易区的曲线，即上图中弯向 B 地的那条曲线。

（2）地理区位理论

产业布局区位理论产生于农业区位论，并随着工业区位论的发展而发展，其结果是派生了商业区位论。商业服务区位理论的产生与市场区位学派的工业区位论存在着密切关系，但在研究的出发点上两者存在着较大差别。正如杜能农业区位论和韦伯工业区位论分别占据着农业区位论和工业区位论的中心地位一样，中心地理论在商业服务区位理论领域也占有中心地位。

德国地理学家克里斯塔勒（Christaller）在研究了德国南部的中心城市和聚落分

布后，于1933年出版了《德国南部的中心地》，系统地阐述了中心地的数量、规模和分布模式，首次建立了中心地理论，又称中心地方论或中心地学说。克里斯塔勒中心地理论的提出，不仅标志着产业布局区位理论中地理区位学派的产生，使其成为近代区位理论的核心部分，他所首创的以城市聚落为中心进行市场面与网络分析的理论受到国际上许多学者的高度评价，而且使该理论在城镇居民点体系和交通网的规划中得到了成功应用，荷兰曾按其规划居民网点和交通网。

克里斯塔勒所谓的"中心地"，是指一个区域的中心点，它的基本功能是向区域内各点的居民和单位提供具有中心功能的商品和服务，中心地往往表现为区域内的中心城市（城镇）或聚落。中心地理论的基本内容是将商业服务区的布局区位和中心城镇聚落地分布进行了有机的统一探讨，并推导出一定区域内中心地（或城市）职能等级、数量和空间分布的系统理论，它也被称为聚落区位论或城市区位论。这一理论不仅成为产业布局区位理论地理区位学派的主要理论，成为商业服务区位理论领域的核心理论，而且成为其后广泛开展的区域规划、城市规划中的城镇体系布局规划的极具影响力的基础理论之一。

（3）市场区位理论

工业区位理论的市场区位学派产生于20世纪30年代初。他们认为，消费需求是影响工业区位的基本因子，在现实世界中，企业都无法忽视竞争者的市场分割，并推行一种控制最大可能市场区的配置策略。因为在激烈竞争中，市场特征已由卖方市场转变为买方市场，商品销售问题变成企业最突出的问题，这要求企业在考虑生产成本和运输费用的同时，还必须充分考虑到市场划分与市场网络合理结构的安排问题。因此，工业区位理论最根本的问题是寻求能产生最大利润的市场区位。这说明，市场区位学派理论的核心内容是主张产业布局必须充分考虑市场因子，并尽量将企业安排在利润最大的市场区位。

德国经济学家奥古斯特·廖施（August Losch）在1939年出版的《经济的空间分析》中论述了区位平衡理论、工业区位理论、经济区位理论和市场区位理论，从而建立了最为系统的市场区位理论。廖施因此成为工业区位论市场区位学派的重要奠基人和主要代表。

市场区位理论承认生产成本的重要性，提出了单个企业产品市场区的概念，并认为市场需求和销售价格存在着反比递减的关系，推导了多个市场区相互作用形成六边形市场网的最有效形态，提出了不同产品具有不同规模的市场网。

从产业布局区位理论的发展来看，近代区位理论已经从对工业区位进行探讨发展为对贸易区位、城市区位进行探讨，从局部均衡的区位理论发展成一般均衡的区位理论，从微观静态平衡的区位研究发展为宏观静态平衡的区位研究，从纯粹理论的讨论发展为区位规划和对策的研究；将研究对象从第一产业转向第二、第三产业和城市，将研究目标从追求生产成本、运输费用最低转向追求市场最优。这种发展为产业布局区位理论的多样化发展奠定了基础。

（二）产业布局的经济发展理论

20世纪50年代以来是西方产业布局区位理论的多样化发展时期。在这一时期，现代科学技术革命的深化、国际经济一体化趋势的加强。一些学者开始重视落后地区产业布局理论，以后起国家为出发点提出了增长极理论、点轴理论、地理性二元经济理论等，大大丰富了产业布局理论的内容。其中，尤以发展学派的有关理论引起后发国的注意。它们重点研究工业布局、生产力布局、资本与技术集聚、城市化等一系列问题，使产业布局理论获得进一步发展。其主要代表人物及理论有法国经济学家弗郎索瓦·佩鲁（Francois Perroux）的增长极理论、点轴开发理论、网络开发理论以及缪尔达尔（Gunnar Myrdal）的地理性二元经济理论。

1. 佩鲁的增长极理论

增长极理论是由法国经济学家佩鲁在其1985年发表的《发展极概念在经济活动一般理论中的新地位》一文提出的，其基本思想是：增长并非同时出现在所有的地方，它以不同的强度首先出现于一些增长点或增长极上，然后通过不同的渠道向外扩散，并对整个经济产生不同的影响。佩鲁认为，增长极是一国经济增长过程中某特定区域内或某城市里某些主导部门或者有创新力的企业集聚的中心，它能够产生吸引或辐射作用，促进自身并带动其他部门和地区的增长。增长极理论对发展中国家进行产业布局具有重要的意义。发展中国家在进行产业布局时，政府可有选择性地通过计划经济和重点投资来主动建立增长极，或者由市场机制自发调节引导企业和行业在某些城市或发达地区集聚发展而自动产生增长极，最终通过增长极自身发展以及对其他地区或部门的带动作用，促进整个经济发展。

在增长极的建设过程中，所选的主导产业必须具有生产规模大，有较强的增长推动力和与地区其他产业有着广泛关联，能够与地区现有产业的很好地融合的特点。嵌入产业的这种关联至关重要，否则它所引起的经济增长有可能脱离所处地区，使增长极不能对其周围地区产生应有的扩散作用，从而不能带动周围地区的经济发展。

2. 点轴布局理论

点轴布局理论是增长极理论的延伸。该理论将区域经济看成是由"点"和"轴"构成的网络体系。"点"是指具有增长潜力的中心地域或主导产业，"轴"指将各中心地域或产业联系起来的基础设施带。点轴布局理论可以指导产业有效地向增长极轴线两侧集中布局，从而由点带轴、由轴带面，最终促进整个区域经济的发展。这一理论是适应我国国情的产业布局理论的一次重要创新。

3. 网络布局理论

网络布局模式是一种比较完备的区域开发模式，可以说是点轴布局模式的延伸，它标志着区域经济开始走向成熟阶段。一个完整的现代化经济区域，其空间结构必须同时具备点、面、网三大要素，"点"是经济区域内的城镇；"面"是以城镇为中心的辐射范围；"网"是资金、信息、技术、劳动力、物流在区域内流通所需要的有形与无形的网络。而网络式布局正是将已有的流通网络，使经济区域内的"点"、"面"之间联系更加紧密，使其构成一个有机的整体。网络布局并不局限于某个经济区域之内，同时通过网络的外延性加强与区域外其他区域经济网络的联系，并扩大本区域经济技术优势覆盖的范围，在更大的空间中对产业进行布局。

4. 地理性二元经济结构理论

"地理性二元经济"结构（Geographical Dual Economy）理论是瑞典经济学家、1974 年诺贝尔经济学奖获得者缪尔达尔在 1957 年出版的《经济理论和不发达地区》一书中提出来的。该理论利用"扩散效应"和"回波效应"概念，说明了经济发达地区优先发展对其他落后地区的促进作用和不利影响，提出了如何既充分发挥发达地区的带头作用，又采取适当的对策刺激落后地区的发展，以消除发达与落后并存的二元经济结构的政策主张。缪尔达尔的地理性二元经济结构理论对发展中国家进行产业布局有重要的现实意义。首先，发展中国家在产业布局上应采取非均衡发展战略，促进一部分地区先发展起来。采用鼓励和促进发达地区经济优先增长的政策，通过差别性的产业布局政策和与此相关的财政金融政策，引导生产要素向先行发展的发达地区转移，赶上国际经济发展步伐。其次，在经济发展初期地区经济发展水平差异不大的情况下可以统筹确定优先发展的地区，但是，经过一定时期发展之后，应从控制全国地区之间贫富差距、维护经济相对平衡发展出发，在产业布局上应转而采取均衡发展战略，鼓励不发达地区的快速发展。

5. 梯度发展理论

梯度发展理论是基于产业生命周期理论提出来的。根据产业生命周期理论，不同生命阶段的产业有着不同的最优区位。一个地区经济发展水平的高低，取决于该地区支柱产业和主导产业在生命周期中所处的阶段。当一个地区的支柱产业正处于成熟期而主导产业属于成长期时，该地区的经济一般是较为发达的；而当一个地区的支柱产业在其他地区已是衰退产业，其主导产业是其他地区的成熟产业时，这一地区的经济一定比较落后。

梯度发展理论的主要思想是通过梯度转移来促进经济的发展。由于各地区经济技术的发展不平衡，不同地区经济技术的发展水平难免会存在差异，这就是经济技术梯度。从高梯度地区向低梯度地区推移是产业的空间发展规律，因此在进行区域开发时，要先分析各区域的实际梯度分布，优先发展高梯度地区，让其优先发展新技术、新产品和新产业，然后逐步向中梯度和低梯度地区推移，最终实现经济发展的相对均衡。

四、产业布局的原则

从我国经济发展水平及历史实践出发，在全面分析影响工业布局因素的基础上，认真研究我国工业布局合理化的原则，具有十分重要的意义。

（一）正确处理发达地区与不发达地区之间的关系

实现工业的均衡分布，求得各地区经济的协调发展，这样有利于充分利用各地区的资源和生态平衡。均衡是相对的，不均衡是绝对的。地区间工业和经济发展不均衡是一个带有世界性的普遍问题。因而，我们在战略上必须逐步实现地区经济发展的相对均衡化，积极发展落后地区的工业，繁荣落后地区的经济，缩小各地区间经济发展水平上的差距。地区间工业发展从不均衡到均衡是一个漫长的历史过程，不能急于求成，不能无视自然条件和经济条件的差别。贯彻均衡分布的原则，必须处理好当前利益和长远利益、局部利益和整体利益的关系。国家对不发达地区要进行帮助和支援是必要的，应着眼于加强地区经济发展的自我发展能力，地区间的相互支援也应坚持平等互利和等价交换原则，绝不能用限制发达地区发展的办法，而是要允许发达地区发挥地区优势加快发展。这样既能保证整个国民经济较快发展，又能有效地促进落后地区发展，缩小地区间经济发展水平的差距。

（二）正确处理沿海工业和内地工业结构

我国发达地区和不发达地区间的联系，宏观上表现为沿海与内地之间的关系，即东部（沿海）地区和中西部（内地）地区之间的关系。由于自然条件和历史因素的差异，我国沿海和内地经济发展水平有较大差距。新中国成立前，绝大部分工业集中于沿海地区，工业区域结构极为不合理。新中国成立后，国家集中力量在内地设置了一大批工业布点，使工业分布不合理的状况有了很大改变。但由于总体国力薄弱，在内地投入的力量过多，忽视了沿海老工业基地的作用，从而影响了国民经济整体效益。

正确处理沿海与内地的关系应在工业布局上兼顾这两者：一方面，东部沿海地区经济基础好一些，投资效益较显著，要集中力量发挥已有的优势。另一方面，中西部地区幅员辽阔，资源丰富，经济发展潜力很大，只要东部沿海地区的技术优势和中西部地区的资源优势都能充分发挥，优势互补，就能使整个国民经济取得良好的效益。

（三）搞好各地区的合理分工和综合发展

现代工业生产既离不开部门分工也离不开劳动地域分工。各地区应该根据地区资源和其他经济技术条件的特点，建立一个或几个能够发挥地区优势的主导专业化工业部门，实行合理的地区分工。实行地区间的合理分工不是只搞单一经济，孤立地发展一两个行业，而是围绕这些专业化重点部门进行适当地综合发展。搞地区间合理分工基础上的综合发展，并非要自成体系，搞地区封闭式的经济，实行地方保护主义，而是要把全国的整体利益放在第一位。

（四）正确处理集中与分散的关系

现代工业是建立在社会化大生产基础上的，企业在地点布局上的集中与分散，同地区间的经济发展有密切的联系。集中涉及企业内部和外部的规模经济问题，分散则关系到资源在各地区的分配比例问题。

工业布点适当集中有利于企业间建立密切的技术经济联系，有利于企业间的协作配套，迅速形成生产力，有利于综合开发利用资源，有利于基础设施的统一建设和使用，有利于解决劳动力就业和职工生活福利问题。工业布点过分集中，超过了应有的界限，会抵消由集中带来的效益，增加对能源、原材料的需求量和产成品的销售量，无形中增加了企业的流通费用和产品的成本；还会引起人口的过分集中，城市规模过大，给城市建设、工业生产、人民生活带来诸多不便，也不利于防止"三废"污染。所以，工业布点要适当分散，但也不能过分分散，否则会使建设条件差，拉长建设周期，增加工程造价，工业投产后内外协作条件差，生产经营费用增加。影响企业的经济效益，同时也给职工生活带来许多困难。

正确处理工业布局中的集中与分散的关系，必须坚持集中与分散相结合，既要适当分散，又要相互配合，反对过分集中和过分分散两种不良倾向。因而，工业布点要适当分散，对大城市不能盲目发展，在大城市周围搞卫星城，多发展中小城市，形成大中小城市密切联系、多层次、有活力的城市体系，这样有利于缩小城市差别，有利于改善工业布局，促进地区结构合理化。

（五）充分考虑政治和国防安全的需求

工业布局不单纯是经济问题，还必须考虑社会政治和国防安全的需要。在工业布局过程中注重边疆少数民族地区和经济不发达地区的经济发展。

以上工业布局的原则不是孤立的，它们之间是彼此联系、相互补充、相互制约的。这些原则的应用要因时、因地、因部门的不同而灵活掌握。

第二节 产业集群的概念和理论

1. 产业集群的概念

国外的学者根据不同的研究背景，给出了不同的产业集群定义：

工业区位经济学家韦伯（Alfred Weber）从空间角度研究了产业集群现象，他把区位因素分为区域因素和集聚因素，并认为集聚因素可分为两个阶段，即通过企业自身扩大而产生的集聚优势和各个企业通过相互联系的组织而实现的地方工业化，认为产业群是在某一地域相互联系的企业的聚集体。

新制度经济学家威廉姆森（O. Williamson）从产业组织的角度研究了产业集群现象，他认为在纯市场组织和科层组织之间，存在大量的中间性组织，这种中间性组织是克服市场失灵和科层组织失灵、节约交易费用的一种有效的组织形式。

管理学大师迈克尔·波特认为，产业集群是用来定义在某一特定领域中大量产业联系密切的企业及相关支撑机构在空间上集聚，并形成强劲、持续竞争优势的现象。

J. A. 西奥·罗兰特（Theo Rolelandt）和皮姆丹·赫托格（Pim den Hertog）运用创新网络理论研究了集群问题，认为产业集群是为了获取新的互补技术，从互补资产和知识联盟中获得收益，加快学习过程，降低交易成本，克服或构筑市场壁垒，取得协作经济效益，分散创新风险和相互依赖性很强的企业、知识生产机构、中介机构和客户通过增值链相互联系形成的网络。

综合上述概念，可以将产业集群（cluster）定义为：大量相同类型的企业及其相关企业在特定区域内的聚集现象。

二、产业集群的理论

产业集群是经济全球化形势下产业发展的必然趋势，也是企业应对激烈竞争的必然选择，产业之所以要集群主要是因为它能够为产业创造竞争优势，它具有的群体竞争优势和规模效益是其他产业空间组织形式所无法比拟的。产业集群能够给产业带来竞争优势有着坚实的理论依据。

（一）马歇尔外部经济理论

马歇尔（Alfred Marshall）在1890年出版的《经济学原理》中，把经济规模分为两类：第一类是外部规模经济，即产业发展的规模经济，与专业性的地区性集中有很大关系；第二类是内部规模经济，即单个企业的规模经济，它取决于企业的组织管理效率和资源的使用效率。马歇尔认为产业集群的好处在于实现外部规模经济，即企业层面的规模报酬不变，社会层面的规模报酬递增。外部经济给企业带来的竞争优势体现在以下几方面：

产业集群的外部经济来源于规模经济、范围经济和劳动力市场共享，通过这三种外部经济优势间的相互作用，降低了产业的生产成本，促进了产业集群的发展。

1. 规模经济

产业在地理上的集聚，形成了产品的规模生产和大规模的市场需求，使集群内企业获得从原材料到人才的低成本供给，如大批量购买原材料，不仅使原材料价格降低，也节约了单位运输成本。产业集群可以通过建立区位品牌，使集群内的单个企业借助集群的整体品牌效用获得营销的规模经济优势，单个企业的发展反过来带动了产业集群的发展。

2. 范围经济

外部范围经济是由集群内企业间的分工与合作而形成的，由于集群内专业化程度很高，企业往往集中于生产某一类的产品，同时利用自身的技能与其他企业紧密合作，协同参与价值链的全部增值活动。在这种情况下，生产系统被肢解为许多部分，分散在许多小企业中，企业之间再通过建立合作的网络关系进行交易，这些专门化的企业联合起来进行多样化产品的生产，便形成了集群的范围经济。

3. 劳动力市场共享

随着集群的扩大，集群内的人才机制也会逐步完善，吸引了大量本地或外地的专业技术和管理人才的涌入，形成劳动力供给充足的区域性市场。集群内企业可以根据自身生产的需要，及时调整工人的数量，减少工资成本和工人劳动保障方面的费用；同时，人才在集群内企业间自由流动，促进了信息、思想的传播和扩散，提高了集群内劳动力供给的效率。

（二）新经济地理学理论

20世纪90年代以克鲁格曼（Krugman）为代表的新经济地理学理论很好地解释

了产业集群为何会产生，认为之所以会产生产业集群主要是因为它能够产生递增的规模效应，该学派的理论为人为的产业政策扶持提供了理论依据。克鲁格曼将最初的产业聚集归于一种历史的偶然，初始的优势因路径依赖而被放大，从而产生锁定效应，所以聚集的产业和聚集的区位都具有历史依赖性。产业政策有可能成为地方产业聚集诞生和不断自我强化地促成因素。克鲁格曼以规模报酬递增、不完全竞争的市场结构为假设前提，提出了产业集群的形成原因：密切的经济联系导致集群优势。由于低技术产业也能形成集群，因此他认为技术外溢并不是集群的主要因素，而以下三方面因素促使了集群的产生与发展。

1. 市场需求

企业在最初选址的时候一般会选择市场需求较大的地方，这是由于市场需求大，企业会乐于扩大规模，形成规模经济从而给企业的收益带来增长。如果很多企业都喜欢以这个地点为中心向其他地方供货，那么很可能运输成本就会较低。市场需求越大，越容易吸引其他的公司，形成更高程度的集群。生产者愿意将企业设立在需求量大且原料运输方便的地方，可以说市场需求越大，运输费用越低的地区越容易形成产业集群。

2. 外部经济

外部经济共有三个来源：劳动力共享、专业化投入和服务、知识和信息的流动。其中劳动力市场共享是外部经济最主要的成因。集群能够吸引有专业技术的劳动者，共享既能够便于他们转换工作，也使得公司易于招聘到其他劳动者。外部经济的这三个来源形成了空间集群的向心力。在早期研究中，克鲁格曼强调了市场大小对空间集群的重要影响，但后来他认为其他因素更为重要，尤其是对大城市而言。他认为大城市可以通过密集的劳动力市场、地方性的知识传播来维持集群，而不必靠那些因为规模经济和运费低廉而出现的工厂来维持。

3. 产业地方化和地方专业化

产业地方化、地方专业化可能只是历史的偶然结果。但是，不管最初的形成原因为何，一旦这个专业化的格局形成，这一格局就会由于累积循环的自我实现机制而被锁定。初始的优势因"路径依赖"而被放大，从而产生"锁定"效应，所以集群的产业和集群的区位都具有"历史依赖"性。生产活动倾向于集群在市场大的地方，而市场因为生产活动的集群进一步扩大，这就是累积循环因果关系。

（三）波特的"钻石"模型以及竞争优势理论

迈克尔·波特（Michael E. Porter）提出了全球经济下的产业集群理论，从一个全新的视角—竞争力角度来分析产业集群现象，把产业集群理论推向了新的高峰。波特是契合他对国家竞争优势的研究展开产业集群研究的，他认为国家是企业的外在环境，政府的目标是为国内企业创造一个适宜的环境，因而评价一个国家产业竞争力的关键在于该国能否有效形成竞争性环境和促进创新。波特在《国家竞争优势》一书中提出了国家竞争优势的"钻石模型"，他认为构架"钻石模型"的基本因素有四个：①生产因素条件，即该国生产要素的地位，主要包括基本要素和高等要素，这些都是产业必备的竞争要素；②需求条件，即本地对产品或服务的需求状况；③相关的支撑产业，即该国是否具备该产业的支援产业或相关产业，以及这些产业是否具有国际竞争力；④厂商的结构、战略与竞争，即决定企业如何创建、组织与管理的国内条件以及该国的国内竞争性质。

波特强调，企业长期的竞争优势只有通过创新才能取得，保持竞争优势完全依赖于无止境的改善，企业能否进行无止境的改善取决于上述钻石体系所提供的国内产业环境。而产业在地理上的集中能够将钻石模型中的要素整合为一个有机整体，从而使得这些要素能够更好地相互作用和协调提高。他从产业集群在组织变革、价值链、经济效率和柔性方面所创造的优势来研究产业集群对产业竞争力的影响，认为以下几个方面的产业竞争优势对于某区域能否形成产业集群有比较大的影响：区域内企业的生产率如何，区域内能否指明创新方向和提高创新速度以及该区域能否吸引新企业来投资建厂。

三、产业集群的总体特点

（一）机构密集性

产业集群的内部机构不仅要包括各式各样的供应商、成品商、客商，还要包括各种中介服务机构、管理机构。具体包括最终产品或服务厂商、专业零部件、设备以及服务供应商、金融机构、营销机构、教育培训机构、贸易协会等。这些相互关联、支持或补充性企业和机构，在地域范围内密集结网，形成一个区域产业密集网络，即产业集群。例如江苏扬州杭集镇牙刷产业集群，全镇拥有牙刷生产及相关配套企业近千家，全镇牙刷从业人员 2 万多人，形成了从设计、生产、销售等一个分工协作的产业链，还有日用品、酒店用品及其与之配套的原材料和包装材料生产企业进入集群内，构成了完整的地方生产系统。

（二）地方根植性

从社会学的角度看，经济行为主体的活动不能脱离于特定的社会网络结构，只有嵌入于社会结构和人际关系网络中，各种行为才是现实经济社会所能接受的。集群内有共同的文化背景、制度环境（即根植性）以及不可替代的社会资本，如有共同的语言、背景知识、基本相同的道德规范、风俗习惯、价值标准等，因而具有更高的可预见性、信任度和安全感，避免了陌生人之间进行交易时可能产生的问题。这种人文因素是维持集群内企业所形成的长期关系的纽带，它使集群在面对外来竞争者时拥有独特的竞争优势。

（三）分工协作性

产业集群中的众多企业是以专业化分工协作为基础的、类似于一个生物生态系统，是一个有机的、相互作用、相互依存的企业共同体。正如生物种群一样，竞争在集群内部的企业之间普遍存在，也正是这种竞争，使得企业个体始终保持足够的发展动力以及高度的警觉习惯和灵敏性，在激烈的市场竞争中发展壮大。反之，就会逐渐走向衰亡，最终被淘汰出局。但是，我们所说的集群内企业的这种竞争，又不是一种简单的"你死我活"的关系，更多时候或者说更本质的是企业间广泛存在的协作关系，即竞争对手不是简单的敌人，而是共同发展的协作伙伴。企业协同竞争是产业集群的一个显著特征，最终目的是为了达到共同发展，因而产业集群是一个企业共生体。

（四）资源共享与区域创新性

产业集群是一种非正式的企业和个人网络，在其内部，一个企业和个人可以通过与客户、供应商、销售商、零售商、大学、科研院所、中介服务机构等的密切交往，获得有关生产技艺、市场前景、融资方法、市场开拓、技术诀窍、管理思维等方面的知识。各种知识可以在集群内部有效而迅速地传播，变成一种共享的公共产品。

资源共享使产业集群具有持续的创新能力，从而形成竞争优势和持续发展能力。在产业集群区，由于企业社会环境和知识背景相同，加上人与人之间频繁而密切的面对面交流，大大方便了创新信息的搜寻、获得以及适时调整，形成了创新的产业文化，提高了集群区域内创新的投入和产出效率。

四、产业集群的形成条件

（一）产品或服务必须具有较长的价值链

微软总部所在地西雅图没有形成软件业集群是由于操作系统的特性决定了它的研究过程需要高度的纵向一体化，外在参与者是很难进入这个产业的核心的。较长的价值链为分工合作提供了基础，也为新企业的进入创造了很大的空间，因为这给新的弱小的企业找到一个利益基础市场创造了良好的外部条件。新企业的进入是一个集群获取持续性竞争优势的关键，因为它是保持产业集群的旺盛生命力的关键。有的学者甚至就把产业集群称之为新企业的栖息地。

（二）全球化的市场

意大利的产业集群因其历史久远、文化的深厚而闻名于世，因此许多学者一直想把此因素归因于产业集群形成的主要条件，但是同样拥有长久历史文化的水泥、制砖和啤酒等行业却没有形成良好的产业集群。原因是什么？产业集群是企业在某个特定区域内高密度的聚集，它所产生的供给必然会远大于当地的需求，这自然要求其产品销往其他的地区。水泥、制砖和啤酒的运输成本都是很昂贵的，这就使得这些行业的企业大多成为了一个区域性企业，在某一个特定区域内由于市场规模的限制，必然没法形成大量同类企业聚集的现象。

对于全球化市场绝不能把它理解为产业集群形成的外在的、辅助性的条件，它是个核心条件，有时甚至是最重要的条件。义乌的小商品业集群发展就是一个最好的例子。鸡毛换糖的文化及当地宽松的政策环境，使义乌的小商品业集群在20世纪80年代迅速崛起，但其很快面临各地小商品市场的挑战，小商品作为一种价值链较短的产品无法支持义乌的持久竞争优势。义乌及时对其价值链进行了调整，形成了"买全国货，卖全国货"的局面，把产业集群的核心从小商品制造本身转移开来，避免了小商品制造价值链较短的缺陷。到了20世纪90年代末义乌更是向信息化迅速进军，电子商埠初具雏形，使其同全球市场的联系更加紧密，从而保证义乌模式不易被其他地区模仿。不在全球市场中竞争的产业群是很难形成成熟的产业集群的，墨西哥曾经有很强大的制鞋产业群，但随着其严密保护市场的开放，原先的产业受到了极大的冲击，进口额在短短几年内增加了10倍。

（三）知识导向的区域

波特在其《国家竞争优势》一文中指出自然禀赋、需求状况和相关及辅助产业的带动都能给一个区域带来竞争优势。但这种优势到底能不能长久呢？答案是否定的。没有知识的创造、传播和应用就不可能有持续性的竞争优势。对自然禀赋的过分依赖在受到其他具有更好的自然禀赋地区的挑战或技术大的变迁面前只能是束手就擒。对需求的过分依赖，在这个需求多变的年代更加是不可靠。相关及辅助产业的优势也不一定能给某个产业带来必然的竞争优势。

（四）完善的辅助性机构

产业集群作为一个系统，需要辅助性机构来实现制度规范，并对企业的经营活动进行支持。硅谷作为一个完善的集群，其辅助性机构也是很完善的，它聚集了全球主要风险投资企业，同时它还有完善的商业银行、律师事务所、会计师事务所、经理人市场和职业咨询机构，这些辅助机构甚至本身还形成了自己的集群，比如在斯坦福大学附近就聚集着硅谷的主要风险投资企业。

虽然辅助性机构有助于集群内的企业公平高效地开展合作与竞争，并进一步促进企业进行创新，但它并不能对产业集群的形成构成关键影响。这是因为大学及一些国有研究机构的目标同企业是有根本差别的，它们很少涉足高度依赖于市场需求的、从上游到下游的完整的技术创新过程。

（五）良好的社会资本

良好的社会资本可以促进企业之间的信任，增强企业合作的意愿，减少企业间的交易成本，加快集群内知识的扩散和应用。美国政治学家普特南（Robert Putnam）在其著作《让民主运作》中，运用社会资本理论解释了意大利传统工业社区社会资本发展程度与经济发展的关系。普特南把社会资本看作是类似于道德的经济资源，他认为，社会资本诞生并且体现于民众交往网络之中，由于长期以来民众对本地社会经济和政治生活的参与，社会资本逐渐演进成一种能够使人们互相信赖的经济资源，人们为了共同的利益而相互合作。在意大利的产业集群中，供应商、制造商和经销商之间以各种关系形成了紧密的纽带，促进了当地经济的发展。

五、产业集群的分类

（一）按产业组织组织和关联分类

根据集群内企业组织和关联结构，美国区域学者马库森（Markusen）把产业集群划分为马歇尔式、轮轴式、卫星平台式、国家力量依赖式产业集群，此种划分最具代表性：①马歇尔式产业区（Marshallian district），意大利式产业区为其变体形式；②轮轴式产业区（hub - and - spoke district），其地域结构围绕一种或几种工业的一个或多个主要企业；③卫星平台式产业区（satellite platform district），主要由跨国公司的分支工厂组成；④国家力量依赖式产业区（state - centered district），主要依靠国家政府部门的投资和科研能力支持开展活动。我们可以用表 8 - 1 表述其具体特点。

表 8 - 1   以马库森理论为基础的产业集群分类

	意大利式产业集群	卫星式产业集群	轮轴式产业集群
主要特征	1 中小企业居多	1 中小企业居多	1 大规模地方企业和中小企业
	2 专业化强	2 依赖外部企业	2 明显的等级制度
	3 地方竞争激烈	3 基于低廉的劳动成本	
主要优点	1 柔性专业化	1 成本优势	1 成本优势
	2 产品质量高	2 技能/隐形知识	2 柔性
	3 创新潜力大		3 大企业作用明显
主要弱点	1 路径依赖大	1 销售和投入依赖外部参与者	整个集群依赖少数大企业的绩效
	2 对经济环境和技术突变适应缓慢	2 缺乏竞争优势	
典型发展轨迹	1 停滞/衰退	1 升级	1 停滞/衰退
	2 内部劳动分工变迁	2 前向和后向工序整合提供更全面的产品或服务	2 升级，内部出现分化
	3 部分活动外包出去		
	4 轮轴式结构出现		

（二）按照产业性质分类

按照集群的产业性质划分，产业集群可以分为三种类型：第一种是传统产业集群，即以传统的手工业或劳动密集型的传统工业部门为主的大量中小企业在一定地域空间上聚集，形成一个有机联系的市场空间组织网络群体；第二种是高科技产业集群，它主要依托当地的科研力量，如著名的大学和科研机构，通过发起高新技术产业而形成，具有强烈的创新氛围和创新精神，是人们创业和创新的栖息地；第三种是资本与技术相结合的产业聚集。

1. 传统产业集群

它以传统的手工业或劳动密集型的传统工业部门为主，如发展纺织、服装、制

301

鞋、家具和五金制品等行业，大量的中小企业在空间上相互集中，形成一个有机联系的市场组织网络。在这种产业集群内，劳动分工比较精细，专业化程度较高，市场组织网络发达。

2. 高新技术产业集群

它主要依托当地的科研力量，如著名大学和科研机构，发展高新技术产业，企业间相互密切合作，具有强烈的创新氛围。美国的硅谷和印度班加罗尔软件产业集群是这方面的典型代表。但是，高新技术产业具有高投资、高风险、高附加值、高收益等特点，所以大多数高技术产业集群往往是一个国家乃至世界范围内技术创新的源头，引导世界技术创新潮流，并越来越显示出强大的生命力和竞争力。

3. 资本与技术结合型产业集群

如日本的大田、德国南部的巴登－符腾堡等。一般说来，由于存在着不确定性以及研发与生产的日益分离，高新技术企业比传统产业企业更倾向于聚集。据研究表明，在美国像电脑、制药等高新技术产业的创新活动明显比传统产业要多，与此相对应，高新技术产业的企业更加倾向于以集群的形式存在。目前，世界各地的高新技术产业集群如雨后春笋般涌现，各国政府也往往对这种基于知识或创新的高新技术产业集群给予大力支持。

六、产业集群对当地经济发展的影响

（一）对产业竞争力的影响

产业竞争力是一个国家或地区产业对于该国或该地区资源禀赋结构（比较优势）和市场环境的反映和调整能力。同一产业相关的企业群聚集在一起，相互竞争和协作，对提高产业的竞争力有很强的促进作用。

1. 提高产业竞争力

一般说来，产业集群形成后可以通过诸如降低成本、提高效率、刺激创新、加剧竞争的方式来提升整个区域的竞争能力，即形成所谓的集群竞争力，而这种竞争力是非集群和集群外企业所无法拥有的，即在其他条件相同的条件下，集群将比非集群具有更大竞争力。这主要是因为集群加剧了竞争，而竞争是产业获得核心竞争力的重要动力。

地理集中是产业集群的一大特点。集群中大量的相关产业在特定的地域范围内相互集中，由于地理位置接近，集群内部的竞争自强化机制将在集群内形成"优胜劣汰"的自然选择机制，刺激企业创新和企业衍生。在产业集群内，大量企业相互集中在一起，既展开激烈的市场竞争，又进行多种形式的合作，形成一种既有竞争又有合作的关系。这种合作机制的根本特征是互动互助、集体行动。通过这种合作方式，中小企业可以克服其内部规模经济的劣势，在培训、技术开发、金融、市场营销、产品设计、出口、分配等方面实现高效的网络化的互动和合作，从而能够与比自己强大的竞争对手相抗衡。在产业集群内部，一旦用发达的区域网络将许多单个的、与大企业相比竞争力较差的小企业联系起来，这些企业所表现出来的竞争能力就不再是单个企业的竞争力，而是一种比所有单个企业竞争力简单加和起来更加具有优势的全新的集群竞争力。集群使得许多本来不具有市场生存能力的中小企业不但很好地生存了下来，而且还通过相互间的竞争合作增强了集群的整体竞争力。

2. 减少成本的支出

地理上集中的企业，可以共同使用公共设施，减少分散布局所需的额外投资，还可以节省相互间物质和信息费用。集群内企业的共同采购、销售活动，不但能降低原材料价格，也能减少运输、库存、营销等费用。相同的地缘文化背景，有利于企业间建立起以信任、合作为基础的社会网络，降低了供应商定价过高或违约的风险，使双方容易达成交易并履行合约，还节省了企业搜索市场信息的时间和费用，节约了交易成本和信息成本。集群的区域性能够带来人才在地理上的集中，形成充足的专业化且有经验的劳动力储备，企业可以降低培训、搜寻成本。

3. 提高生产效率

在产业集群内，大量专业化的企业集中在一起，这些专业化企业的生产因为是集中于有限的产品和过程，形成了在各个产业环节上的高效率。当这些专业化的企业按照分工进行相互协作和补充而形成产业或产业集群时，就实现了产业集群的整体高效率，这不但解决了纵向一体化的大企业在迅速变化的环境中缺乏效率、反应不灵活的问题，而且实现了产业的规模经济效率。

4. 提高产品差异化

企业在空间上的集中使得市场对企业的产品和服务形成特定的地域性认识，进而形成区位品牌，依靠产业区位的知名度可提高产品的差异化。在产业集群内，各环节联系紧密，上游企业可以便捷、全面地了解下游客户对产品的新需求，企业的灵活性保证了一旦有新需求就会生产出新的产品，对需求的敏感促成了产品的精致化和多样化，从而提高了产品的差异化。

5. 推动产业创新

创新是区域发展最根本的内在动力，但是由于创新活动的复杂性，企业很难单独开展创新活动，往往需要多个相关企业及科研部门的共同参与，集群的发展恰好满足了这一要求。随着产业集群规模的扩大，大量企业聚集在一个地区，既加强了彼此的竞争，又可能产生互相学习的效应，加快了企业的技术创新步伐，具体表现为：

（1）创新的激励效应

由于在一定的区域内汇集了大量的竞争对手，使集群内的竞争更加激烈，强大的竞争压力迫使企业加快技术创新步伐，或者提升产品质量与产业层次，改善服务，或者将同质性竞争转变为差异化竞争，另辟路径，开发新的产品品种和工艺，竞争压力转化为集群创新的动力。

（2）创新的学习效应

学习效应是通过集群内部知识和经验的共享实现效率的提高和成本的降低，在知识和经验的共享过程中，这些无形的财富资源得以碰撞和升华，为创新提供了思想源泉和动力。

（3）创新的服务体系

产业集群的发展壮大吸引大量的服务企业及支持机构的进入，如科研单位、管理咨询机构、技术开发机构、行业协会等。这些机构加强技术的研发、交流和扩散，为企业创新提供了广泛的机会，同时又便于企业人员提高学习能力，有利于知识和信息的传播和积累，有力地支撑了集群企业的创新。

（二）对区域发展的影响

产业集群依靠内部联系网络，有力推动了当地区域经济的迅速发展，很多国家的地方政府通过培育地方产业集群，使本地生产系统的内力和国际资源的外力有效结合，提高了区域竞争力，取得了不少成功的经验。中国部分沿海地区开始形成了一批有较大影响力的产业集群，成为拉动区域经济发展、提高产业竞争力、实现跨越式发展的重要方式。产业集群对区域发展的影响，主要表现在如下几个方面。

1. 形成区域内的规模经济优势

产业在地理上的集聚，形成了产品的规模生产和大规模的市场需求，使集群内企业获得从原材料到人才的低成本供给，如大批量购买原材料，不仅使原材料价格降低，也节约了单位运输成本。产业集群可以通过建立区位品牌，使集群内的单个企业借助集群的整体品牌效用获得营销的规模经济优势。

2. 形成区域品牌

产业集群有利于推动区域营销，创建区域品牌，区域品牌是众多企业品牌精华的浓缩和提炼，与单个企业品牌相比具有更广泛、持续的品牌效应。区域品牌更有利于集群内企业的生存和繁衍，一方面，产业集群奠定了打造区域品牌的优势；另一方面，区域内那些已经具备了一定规模、实力和品牌的企业又能以自身品牌影响力增强区域品牌的效应。与单个企业、单个产品的品牌效应相比，一个地区的品牌效应更形象、更直接、影响力更大，因为它是众多企业品牌的聚集和提炼。由于产品成了地区的品牌，地方政府也更容易在质量监控、行业标准、人才培训、市场培育和开拓等方面给予扶持和推进。因此，区域品牌的生命周期会更长，对区域经济发展的意义更大。

3. 促进新企业的形成

产业集群是一个由完善、发达的供应商，经验丰富、挑剔的客户群，垂直、水平联系的众多企业和各个支撑机构之间共同作用，形成知识和技术创新及扩散的区域创新系统，持久的创新能力是产业集群持续发展的推动力。与企业和相关机构的紧密联系，可以帮助企业及早掌握技术、原材料、先进元件、机械供应、服务和市场需求的变化。企业之间激烈的竞争也迫使企业在创新上加快步伐。大学、研究所及企业都是创新的力量。企业可以通过行业协会或直接与集群内其他企业、大学、研究所进行交流与合作，组成产、学、研协作网络，联合攻关，解决创新上的实际困难，也加快了科技成果从实验室向市场的转化。

产业集中、产业聚集、产业链与产业群产业集群的关系

产业集中（Industrial Concentration）是指某一产业内规模最大的几个企业在整个产业内的份额。产业集中主要反映产业内企业垄断程度的离低，而与产业的空间分布没有直接关系，同时也没有对产业内企业间联系进行特别关注。因此，产业集中与产业集群的概念相差比较远，两者没有直接联系。

产业聚集（Industrial Agglomeration）是指产业在空间上的集中分布现象，是经济地理学的研究重点。产业聚集主要是研究产业的空间分布形态，特别注重产业从分散到集中的空间转变过程。产业聚集在某一共同空间发展，可以共享基础设施，带来规模经济受益。产业聚集与产业集群关系密切，但是两者又有区别。产业的空间聚集可以形成产业集群，但是并不是所有的产业聚集都可以形成产业集群。虽然有的产业聚集在一起，但是相互之间没有联系，就不能形成产业集群。

产业链（Industrial Chain）是指某种产品从原料、加工、生产到销售等各个环节的关联，早在 1958 年赫希曼的《经济发展战略》中就从产业的前向联系和后向联系的角度论述了产业链的概念。与产业链相关的还有价值链、生产链、供应链、商品链等不同概念。与产业集群相比，产业链也强调产业之间的联系，但产业链主要侧重于产业间联系，对于产业以外的机构如商会、协会、中介机构等关注较少，此外，产业链没有空间集聚的内涵。

企业群是指集中于单位空间的企业集合，它并非单个企业的简单累加，而是企业在一定空间上的有机结合。集聚而成企业群的企业可能多种多样，相互之间规模大小、生产内容和组织结构都可能存在很大差异，但是，如果具有某些共同特征的企业集聚在一起，就会产生一种新型的组织形式——产业集群。因此，产业集群概念是企业群概念的自然延伸。

第三节　医药产业布局与集群

医药产业作为 21 世纪的朝阳产业，已经成为我国国民经济的重要组成部分。随着国内医药市场的对外开放，医药产业面对的竞争压力也日渐增大。面对如此严峻形势，我国的医药产业必须要加快发展步伐，形成特色产业优势，发挥产业聚集效应，以应对激烈的市场竞争。随着医药产业的进一步发展，集群化是其必然趋势，也是医药工业化进行到一定阶段的必然结果，是优化资源配置的必然选择。近几年，我国多个地区将医药产业列为未来发展的重点支柱行业，纷纷建立生物医药科技园区，通过产业集群来发展我国的医药产业。本节内容将围绕有关医药产业布局和医药集群展开。

一、我国医药产业布局与集群

结合前文对产业布局理论的阐述，我们可以将医药产业布局解释为：医药产业

在一定地域空间上的分布与组合。

医药产业集群作为医药产业布局所表现出来的一种特殊形式，不但强调企业在空间或地理上的聚集，而且更强调企业间的相互联系和促进关系。近年来我国各地出现了建设生物医药产业基地的热潮，现在已经有 80 多个地区（城市）提出建设生物医药科技园（生物谷、药谷），同时各地也纷纷出现医药企业的自发聚集。现阶段的医药产业集群分布比较广泛，发展势头迅猛。

（一）我国医药产业布局现状

1. 我国医药工业已初步形成"两极五点半"的产业布局模式

"两极"是指我国医药工业已形成了华东地区、华南地区两个增长极，其中华东地区以山东和江苏、上海为中心，华南地区以广东省为中心。"五点"是指华中、华北、东北、西南、西北五个地区，其中华中地区以河南为中心，华北地区以北京、天津为中心，东北地区以黑龙江省为中心，西南地区以四川省为中心，西北地区以陕甘为中心；"半"是指我国医药工业主要集中在地图版块的右下方的一半区域。

2. 我国医药工业属于经济指向型

指向型是指产业布局的总体趋势。根据产业布局的影响因素，一般有自然资源指向型、经济指向型和科技指向型等几种类型。从上文所说的"两极五点半"的产业布局里面我们可以看出我国医药工业基本上是经济指向型。也就是说，医药工业发达地区总体上都是经济发达地区，是资金集中和投资渠道较为通畅的地区，而不一定是自然资源丰富地区或科技发达地区。这表明医药工业对整体经济环境有较强的依赖性，医药工业的产业布局应参考国家的整体经济布局。

3. 我国医药工业布局的特点是"整体稳定，局部变化"

产业布局常以区位商和总量指标结合分析。区位商又称专门化率，它由哈盖特（P. Haggett）首先提出并运用于区位分析中，用于衡量某一区域要素的空间分布情况，反映某一产业部门的专业化程度，以及某一区域在高层次区域的地位和作用等方面，因此在分析产业布局方面是一个很有意义的指标。区位商公式是：

$$Q_i = (Y_{ai}/Y_a)/Y_i/Y$$

其中：Q_i 为 i 产业在 a 地的区位商；Y_{ai} 为 a 地区某产业产值；Y_a 为 a 地区所有产业的产值；Y_i 为全国 i 产业产值；Y 为全国所有产业的产值。通过计算某一区域产业的区位商，可以找出该区域在全国具有一定地位的优势产业，并根据区位商 Q 值的大小来衡量其专门化率，Q 的值越大则专门化率也越大。据统计，1995～2011 年，医药工业规模最大的省份主要是山东、江苏、浙江、广东和上海，规模最小的四省一直是西藏、青海、宁夏和新疆。这说明近年来，我国医药工业的优势地区和劣势地区稳定不变。虽然医药工业的整体布局较为稳定，但是局部布局却有一些微妙的变化。尤其是在 1998 年机构改革后，部分地区的产业规模发生了转折。据统计，从各地区的医药工业不变价总产值来看，1998 年后，江苏省由原来的第一名下降到第五名，2011 年又上升至第二名，浙江省由原来的第五名一跃为第一名，后又跌出前三；另外，河北、上海的排名上升，山东一跃为全国第一。2012 年，江苏实

医药产业经济：原理与政策

现医药工业总产值2647.79亿元,同比增长24.71%,近年来首次赶超山东,跃居全国第一,占全国医药工业比重达14.18%。总体来说我国医药工业布局的动态特点是"整体稳定,局部变化"。

(二) 我国医药产业布局存在的问题

从以上分析可以看出,我国医药产业布局中存在的最大问题就是过于分散。聚集与分散是产业布局讨论的核心问题,到底是聚集好还是分散好,这要根据经济发展的不同阶段而论。在经济发展的早期阶段,应提倡适度的聚集,培养几个产业增长极,带动整体经济的发展,这有利于提高经济发展的效率。在经济发展较为成熟后,应提倡适度的分散,这有利于社会的公平性。

目前,我国医药产业布局还处于不发达阶段,我们应提倡产业布局的适度聚集。因此,医药产业布局过于分散的状况就与以追求高效率为目标的产业布局适度聚集的要求相矛盾。我们应该认识到,这一矛盾成因复杂,它不是一朝一夕形成的,当然也不是一朝一夕就能解决的。大体说来,这一问题主要有以下三个方面的原因:

1. 药品生产的高利润率和高经济增长率

我国药品在政策放开以后,就形成了一个稳定而又有利润空间的市场,药品生产与经销的利润率远远高于其他商品的利润率,药品生产的市场空间当然也就不会被忽视,理所当然地也就成为人们竞相追逐的首选目标。另外,由于药品生产的经济增长率也远远高于其他产业,地方政府也乐于发展医药产业,以提高地方的经济增长。

2. 条块分割

在条块分割、分灶吃饭的财政政策下,各地政府为了地方利益,难免会陷入一种相互攀比、恶性竞争的重复建设的怪圈。在这一点上,美国有值得借鉴之处。美国不按行政区划设置地方药品管理部门,而是按药品管理的对象和任务来设置地方机构。

3. 地方权力膨胀

过去,仿制药品的审批权放在地方,这就导致了各地争相仿制药品的现象,造成一个酮类药物全国上千家药厂生产的局面。国家药品监督管理部门意识到这一问题的严重性后,便将仿制药品的审批权收回,这一措施产生了良好的效果。但是,值得警惕的是,近年来,药品生产企业审批权下放到省级药品监督管理部门以后,各地建设药厂的势头强劲。

(三) 医药产业布局的战略选择

1. 我国医药产业布局的标准是"效率优先、兼顾公平"

我国医药产业布局应当遵循的总体原则是"效率优先、兼顾公平",这并不妨碍国家的西部大开发战略,因为开发西部是站在宏观经济的角度,而医药产业只是国民经济的一小部分。而且现代物流技术的发展,可以保证药品在不同地区之间的充分流通,所以,没有必要为了发展地区经济而造成医药产业的低水平重复建设。

2. 确定医药产业的优先发展发展战略

医药产业是一个特殊的产业，对各种资源需求比较大，根据产业经济理论，不应当过度关注产业的均衡性，而应该优先发展某些地区的产业经济，再通过这些地区的快速增长带动其他地区乃至整个国家产业经济的发展。当医药产业经济步入到发达阶段之后，政府再考虑产业经济的均衡性，侧重于扶持落后地区的医药产业发展。

具体到我国各省市医药产业发展情况来看，华东、华南、华中、东北、西南为五个医药发展较为迅速的地区，这五个地区分别以浙江、山东、河北、黑龙江、四川为中心。所以应当以华东、华南为发展重心，兼顾其他三个地区。对于生物医药产业来说，技术含量高、科技人才需求高、资金投入高的特点决定了其产业布局应该是科技指向型，所以生物医药重点发展区域在华东、华南和华中地区；中药产业混合型的布局趋向，应在西南、东北地区重点发展。

3. 充分发挥市场机制对资源配置的基础性作用

这主要是从市场对产业布局机制的影响而言的，因为对于一个产业如何布局，影响最大的因素是政府和企业。现在我国各地区医药行业重复建设、低效率竞争的问题主要是由于当地政府的过度干预所致，因此在产业布局中要适当地弱化地方政府调节机制，而要强化国家的宏观调控和市场本身的调节机制。医药产业布局到底走向如何，应该通过市场竞争来反映各地区的产业效率，并作为国家引导和扶持的依据。只有这样才能排除地方私利的干预，而着眼于整个医药产业布局的长远发展，才能真正提高资源配置效率，提高医药产业的总体实力。

4. 完善地方医药产业政策的审议与评估机制

地方的医药产业政策对医药产业布局的发展影响甚大，而我国的地方医药产业政策距离科学合理还有差距，最主要的问题是产业政策的审议与评估环节缺乏医药企业的有效参与。在日本，评估一项产业政策需要多方参与，有各地方省厅所设的审议会、国会所设的调研机构、自民党所辖的政策调查委员会，以及经济团体、其他党派人士、大众媒体，各方势力都可以从不同的立场出发对产业政策发表看法。目前我国还不存在类似的机制，一项医药产业政策的调查研究和立案由县以上的各级人大、政协、党委和政府所设的政策研究机构承担，而政策评估主体就是有关部门所设的研究机构，虽然也有全国范围的企业联合会，但是企业对产业政策的参与程度依然不足。在有关产业布局的法律规范中，有必要明确地方性产业政策的审议与评估主体，规定其权利义务，明确其法律责任，并确保产业界的大力参与，以求制定出更科学合理的产业政策。

（四）我国医药产业集群

波特认为，产业集群是由一组在地理上靠近、同处于或相关于一个特定产业领域的公司或机构由于具有共性或互补性而联系在一起所形成的产业集合模式。最近几年我国也有一些医药企业聚集在一起，例如吉林通化医药城、上海张江生物医药基地、北大生物城、广州国际生物岛等。其中的张江生物医药基地始建于1994年，由国家科技部、国家卫生部、国家食品药品监督管理局与上海市人民政府1996年在人民大会堂签署共建协议，并且中国科学院也在1996年加入共建协议，加快实施发展生物技术与现代医药产业的新兴科技产业战略。此外，园区内还聚集了近300家生物医药领域的创新企业，以及近30个国内外知名企业的研发中心、地区总部项目。由张江生物医药基地的蓬勃兴起可以看出，现代生物医药以及医药技术产业的发展和布局大多以空间集群的方式聚集，一个成熟的医药产业集群凭借优势整合资源，坚持产学研紧密结合，坚持自主创新，为整个医药产业的发展做出贡献。因此，产业集群是实现我国医药产业持续发展的有效选择。

1. 医药产业集群的内涵和特征及影响因素

（1）医药产业集群的概念

从国内外专家学者对产业集群的定义来看，医药产业集群应该包括四层含义：一是在某一地理位置上医药企业之间在空间上的聚集，即地缘上的接近；二是医药企业之间存在一定的联系和影响；三是医药企业外部存在着为集群提供了智力支持和帮助的相关机构和组织；四是地方政府提供的基础设施和政策支持着集群内医药企业的发展。所以，医药产业集群应该定义为：在医药领域中，大量的医药技术创新机构、医药技术企业以及相关的中介机构和公共服务平台在地理空间上的聚集通过合作竞争，形成了拥有强大的企业规模、产业链和增值链以及强劲、持续的竞争优势和创新能力的产业形态，这种产业形态就是医药的产业集群。

（2）医药产业集群的特征

①人才、知识、资本高度聚集。数量不小的医药企业在地理位置上聚集是医药产业集群的基本特征，在企业聚集的同时也带来人才、资金、技术的高度聚集。同时这种资源的聚集为医药产业集群的进一步发展提供了助力，两者形成正向循环效应，产生持续的竞争力与创新优势。

②企业与企业、机构之间关系密切。地理位置上的聚集是医药企业、科研机构、公共服务部门之间的技术合作、服务更加全面，知识外溢效应更加明显，有利于促进医药集群内企业的技术创新能力。所以一个设施完善的产业集群内部必然会有一些研发机构，例如大学和科学研究机构，与其他企业形成紧密的产学研合作关系。

③实现资源共享。医药产业具有周期长、高投入、高风险的特征，各种资源的保障可以降低成本与风险。而医药产业集群可以将有限的存量资源要素有效地转换为从事经济活动资本，从而最大限度发挥资源的作用。产业集群的投入要素不仅涉及自然资源、资本、劳动力、企业家等资源，还强调政府、行业、金融部门的协调效用，特别是药品生产许可证、商标等稀缺资源，使其价值达到最大化。

（3）医药产业集群发展的影响因素

①金融因素　医药企业的高投入特征使金融因素成为医药产业集群发展的重要驱动力，在缺乏足够资本支持的情况下，医药企业很难凭借自身实力完成新药研发、设备改造过程，由此，医药产业的创新能力和生产力都将受到很大限制，长期来看，受到影响的还是整个医药行业的持续发展。

②科技因素　医药行业是高科技产业，科技因素是医药产业集群发展的根本动力，我国医药产业技术实力较弱，具有国际专利的新药并不多，大多是买进专利或者生产国外专利已经过期的药物，原创药物的研发非常薄弱。所以产业集群的发展需要加大对科技的投入，科技因素包括科学基础、创业能力、技术转移机制以及科技人才引入机制等。其中科学基础代表的是集群内科研能力的原有存量，保持集群内科学基础的质量就需要建立人才引入机制，不断吸引优秀的高科技人才加入到医药产业集群中；科学基础能有助于催生医药产业的新技术，这些新技术在创业环境中转移到企业，实现技术的产业化，带动医药产业的发展。

③产业因素　产业因素是医药产业集群的发展的基础，其中最重要的产业因素就是产业基础，即区域内存在大型的医药公司。从产业集群成长的角度来看，中小企业加入大企业的产业体系，大企业发展核心技术和产品，同时支持中小企业发展配套产业和产品，强化企业专业化分工与配套协作，可以提升产业集群的竞争力。大型医药企业处于技术创新的核心地位，其尖端技术会沿着产品价值链，缓慢地扩散到低端技术企业和相关的组织，在产业集群中会产生技术外溢效应。集群内大中小企业间的共生关系良性发展，最终会促使集群技术进步和技术效率提高。

④一般因素　一般因素就是当地发展医药产业一般环境，包括健全的法律体系、区位优势、基础设施以及当地对医药活动的接受程度。在某些地区，当地法律限制开展特定的医药研究活动，例如在德国和欧洲北部禁止开展基因工程有关的科研活动，当地的大型生物医药企业就将研发中心迁移到了美国。独特的区位优势和完善的基础设施可以吸引大量的医药企业，有利于产业集群的形成。法律体系、基础设施等一般因素完善的过程都是循序渐进的，而且往往伴随医药产业集群的发展进行。在这些因素的共同作用下，大学、科研机构在医药产业集群发展的过程中充当了技术研发者的角色，医药领域的最新研究成果转移到创新型医药企业，从而进入到产业界，来自产业界和金融界的推力加速了医药企业的成长。

表8-2　医药产业集群发展的影响因素

影响因素	细分因素
金融因素	原始资本、风险资本、政治资本、资本退出
产业因素	产业基础、人才引入、产业选址、对产业孵化的支持
科技因素	科学基础、创新能力、技术引进、科技人才
一般因素	法律法规、区位优势、基础设施、当地对医药产业的接受程度

2. 我国医药产业集群发展现状及存在问题

（1）发展现状

2012年，在经济全球低迷、国内经济增长放缓的背景下，医药工业继续保持了平稳增长，上半年，医药工业主营收入为8094亿元，同比增长19.1%；利润总额为810.7亿元，同比增长17.7%，销售利润率为10%。这些数据可以说明医药产业是我国经济的一个重要增长点，部分原因在于近年来出现的医药产业园区建设热潮，现在已经有80多个地区（城市）提出建设医药产业园区，同时各地也纷纷出现医药企业的自发聚集。根据地域的不同特点，医药产业集群可以分为以下几类：其一是外资带动的以外向型加工为主的产业集群，代表区域为西安、天津等地；其二是凭借当地丰富的物质资源发展而来的医药产业集群，如中西部的中成药产业集群，东北地区的中西药产业园区，沿海地区的海洋药品等；其三是依托国家的科技资源形成的高科技医药产业集群，主要分布在大学、科研机构密集的地区，如上海的张江生物医药基地和北大生物城等。表8-3为我国目前主要的医药产业集群分布情况：

表8-3 国内主要医药园区状况

园区	发展重点	主要优势
上海张江高科技园区	基因工程药物、现代中药、化学合成创新药物、生物医学工程	政策、资金、中介服务等整体投资环境良好
北京中关村生命科学园	生命科学与医药研发及研发外包、医药生产	人才科技创新资源丰富
北京大兴生物工程与医药产业基地	生物医药制造业	生物医药产业集群
广州"国际生物岛"和"广州科学城"	基因工程药物、现代中药、化学合成创新药、海洋药物等	地域优势突出，地方政府支持
深圳市医药工业园	生物医学工程、生物制药、现代中药	地域优势突出，地方政府支持
长沙浏阳生物医药园	生物制品、现代中药	公共技术平台、专业管理服务体系完善
石家庄生物医药工业园区	生物技术改造传统制药业、化学制药业	产业基础雄厚、现代企业集群
青岛"生物谷"	海洋生物技术产品	有限定位发展、地方政府支持

（2）存在问题

虽然我国的医药产业集群已有初步发展，但仍然存在很多问题。

①政府和中介机构的作用没有充分发挥　在医药经济蓬勃发展的现在，建设医药产业集群已经成为地方政府发展经济的一个重要策略，在对医药产业集群的扶持中包括政府的各项优惠政策、大量资金支持、与产业集群相配套的基础设施等。然而在鼓励医药产业集群化发展的过程中，过分注重硬件环境的投入，而忽略了医药产业的软实力。而且由于我国的医药科技园区都被定位为公益型科技事业服务单位，由政府委派相应的管理人员进行管理。许多科研院所也分属不同的行政部门。这些问题的存在不能充分发挥政府和中介机构的作用，不利于医药产业集群形成自己的技术链、知识链和创新链。

②医药产业集群内产业结构不合理　我国的数千家企业中，中小型企业占绝大多数，这些企业研发实力不足，大部分集中于仿制药生产或者原料药生产；企业效益低、资金少，产品的竞争力较弱，多是价格竞争。这就造成国内医药市场的企业规模与发达国家的企业存在差距，如2012年，我国医药企业收入居首位的中国医药集团年销售收入262亿美元，同期在全球排名第一的强生销售收入为672亿美元，仅占同期强生公司药品年销售收入的39%。企业规模小的结果就是整个产业规模小，

如 2012 年，我国的医药产业年工业总产值为 18147.9 亿元，仅相当于 2 个大型的跨国制药公司的年销售额之和。产业规模小而企业数量多，就造成整个医药行业的市场集中度低，根据《中国药品市场报告（2012）》的数据显示，2008 年化学药品制剂制造业和中成药制造业的 CR_4 分别为 17.01 和 10.15，HHI 分别只有 121.48 和 64.70。而早在 1996 年，日本医药产业中 CR_8 为 44%；1993 年，英国医药产业 CR_4 为 35%。

③医药产业集群内产业链同化　一个发展成熟的产业集群需要有很多协同合作的企业、机构，而我国的医药产业集群内企业类型单调，中型企业较多，只有少数大企业；企业之间的专业化分工与协作网络没有形成，竞争多于协作，而且企业的医药项目以仿制药居多，且重复建设，这必然造成医药企业由于产品同化而导致的产品缺乏市场竞争力；同时也导致产业链同化现象严重。

④自主创新能力较弱　我国的医药产业相对发达国家而言，研发实力较为薄弱，因为企业在研发上的资金投入远远低于国际医药企业，国内绝大多数企业靠引进技术、购买专利或者生产专利到期的药品发展起来的，还没有形成有效的自主技术创新机制。一些合资企业通过与外企技术合作或者资金合作发展迅速，但是核心技术、品牌等都控制在外方手中。自主创新能力的不足严重制约了我国医药产业的发展与壮大，也直接影响着这些企业在集群过程中的吸聚和示范效应的作用。

⑤风险投资网络不健全　一项新的技术实现产业化需要大量的资金投入，一个企业的前期投入也非常大，而企业自有资本有限，使得来自外部的风险投资变得很重要。借鉴发达国家的医药产业发展模式，资本融通的渠道非常重要，所以在医药产业发展过程中风险资本扮演着一个非常关键的角色。一项医药技术从基础开发到应用开发到获得市场效益，前、中、后期投入比例为 1∶10∶100，而我国仅为 1∶7∶17，因为医药企业资金不足，中小企业融资困难，而政府对医药产业发展的资金投入十分有限，导致医药研发投入受限，造成医药产业竞争力较弱的恶性循环。种种因素都导致医药产业集群的风险投资不足，而风险资本的缺乏使我国新药研发的后期阶段投资尤其不足，严重制约了我国医药的产业化进程。

⑥产业集群的监管和运行机制不健全　由于医药产业涵盖的产业领域较广，包括化学药、中医中药、生物制药及生物有效性等方面，涉及产品的研发、注册、生产、流通等环节，需要不同职能部门参与其中，包括发改委、经委、科技局、药监、财政、税务、工商、建设多部门。但是，由于不同主体的职能和目标不同，导致在管理体制上形成多头管理的格局，各主体的责任不明确，相互之间缺乏高效协调和沟通。政府为主体的运营模式和管理体制存在着后续建设乏力，资源整合、功能优化不到位的情况，产出效益没有达到预期目标。同时，医药产业基地内部运行的激励机制、交流机制、协调机制也不健全，对国际要素吸引和国际市场开拓的良好机制也有待建立和完善。

3. 医药产业集群竞争优势及提升策略

（1）医药产业集群竞争优势

针对我国医药企业多、小、散、乱的现状，产业集群化有助于提升整个医药产业的竞争力，因为集群化发展可以使资源产生聚集效应，促进医药经济的发展。因此，大力发展医药产业集群，用集群优势来弥补我国医药产业劣势，不失为促进我国医药产业发展的上策。具体来说，医药产业集群拥有以下几点竞争优势：

①形成聚集经济效应　医药产业集群化发展所带来的最主要优势之一在于外部规模经济产生的聚集经济效应。一般的规模经济概念是指厂商内部规模经济，即平均成本随着生产规模的扩大而下降，而外部规模经济与单个厂商的生产规模无关，却与整个产业的生产规模相关。医药产业集群中的企业可以共享基础设施、信息资源、公共服务等，不同企业构成完整的产业链，降低交易成本，实现外部规模经济。

②专业化优势　医药产业集群不仅仅是医药企业在空间上的聚集，更是许多专业化资源的聚集，集群内的生产商、中间商、分销商、医药物流、注册咨询、法律服务等不同企业、机构的分工合作具有高度的专业性。而且随着集群的扩大，集群内的人才机制也会逐步完善，吸引了大量医药技术和管理人才，保障了劳动力的供给。集群内企业可以根据自身发展的需要，合力规划人力资源；同时，人才在集群内企业间自由流动，促进了信息、思想的传播和扩散，提高了集群内劳动力供给的效率。

③集群内企业间的合作竞争　产业集群使一批关联企业聚集在一个区域内，这些企业在竞争的同时也存在密切的合作关系。医药产业集群内企业合作的方式包括技术合作和资源共享，其中技术合作在医药企业间比较普遍。这种合作不但可以分担某些领域内巨额的开发费用，还可以达到知识共享、人力资源和技术优势互补的协同效应，对合作双方以及整个集群的创新力都是一个极大的促进。资源共享的合作方式使产业集群内的资源在价值链的各个环节进行配置和协调，使各种资源要素能够合理流动和最优组合，尽量配置到最能产生经济效能的经济活动中，从而保持集群持续的创新和竞争能力。医药产业集群是一种竞争与合作的组合，产业集群中，企业之间的交互作用所产生的协同与竞争，对产业集群的健康发展作用显著。

④知识外溢和创新优势　对于医药这种科技含量很高的产业来说，创新能力是企业竞争力的核心部分。而产业集群使众多企业聚集到一起，使知识技能在企业之间快速扩散，这种根植于产业集群中的知识技能是可持续创新优势的基础。同时产业集群将外部新的人员、技术、公司、机构吸引到集群中，从而引发知识技能的聚集过程。医药产业集群内企业通过相互之间的合作竞争来互相学习，优越的学习能力使信息、知识和实践在整个集群内快速传播，从而提高了企业和机构的创新能力，增强其创新优势。从另外一个方面讲，医药产业集群将众多的竞争对手聚集在很小的区域内，迫于竞争的压力，医药企业加快技术创新和新产品的研发；而且随着集群的发展，必然会在集群内部汇集众多的学院、研究所、行业协会等支持机构，为企业的创新提供了广泛的机会和有力的支撑。

（2）医药产业集群竞争力的提升策略

尽管产业集群化是医药产业发展的有效途径，但是不能否认，我国的医药产业集群发展过程中还存在很多问题，必须正视并解决了这些问题之后，才能实现医药产业集群的竞争优势，进而促进我国医药产业的发展。

①科学制定医药产业集群的发展规划　在产业集群的发展过程中，应采用政府调控与市场运作有效结合的方式，优化产业集群外部环境，根据地方产业发展的特点和优势，有意识地提出产业集群发展的规划。推动产业集群发展，一定要政策先行，尽快出台产业集群政策。政府在推动产业集群发展的过程中，要综合考虑当地的资源条件，把经济、政治、社会与文化的整体发展纳入相关政策的范围，以更为完整、科学、可行的产业集群政策替代简单的产业布局安排，使经济社会发展政策更加切合实际，然后加大基础设施、技术人才和信息服务三大公共要素的投入。

②加强公共服务设施的建设　医药产业集群的本质是产业链、价值链上企业的空间聚集，这种聚集现象的发生必须要有适宜企业生存发展的环境作支撑。政府有关部门要着力协助企业建立保障信用的社会制度，对企业进行资信认证评估，减少集群内的交易成本。有关部门通过市场化的方式发展中介机构和服务体系，如行业协会、出口代理商、生产力中心、技术信息中心、质量控制中心、研究与开发实验室、集群发展机构等基础设施。还要加强集群外部环境的建设，在产业集群内构建现代物流体系，将运输、仓储、货运代理服务和批发配送业务向第三方物流发展。此外还应充分运用各种金融机构，实现融资多元化，为产业集群发展提供良好的政策服务与融资平台。

③培育技术创新能力　医药产业集群体现的是资源配置的高效性，而资源配置效率的高低很大程度上取决于集群的创新能力，特别是技术创新能力。医药产业集群的创新能力，是其核心竞争力的重要组成部分。可以逐步建立并完善产业创新平台，大力培育创业投资机制；做好必要的公共物品的供给，为医药产业集群的发展提供良好的政策支持和市场环境；为创新型医药企业的发展提供有效的综合服务，建立知识产权评估和交易体系；健全投融资网络、技术市场网络、科技信息网络的科技中介服务机构建设，以综合利用各种资源，更好地为医药企业提供综合服务。

④提升产业链的国际化水平　在当前经济全球化的趋势下，提升医药产业集群核心竞争力的关键在于不断提高其产品和服务的质量。面对国际医药企业的挑战，我国的医药产业集群需要确立自己的品牌战略，政府应鼓励医药企业主动进入全球医药产业链体系和营销体系。现有医药产业集群内已有很多跨国制药集团，比如罗氏、阿斯利康等，与跨国制药公司建立各种形式如医药外包等协作关系和战略联盟，通过医药产业集群的知识外溢效应及企业间的竞争合作，学习跨国制药集团的先进管理理念与技术，从而进一步提升专业化优势。

⑤设产业集群文化　任何一种产业集群都具有根植性，集群的形成与发展是建立在该区域的制度文化基础上的，判断产业集群的重要标准，是区域内经济关系和社会关系间具有高度的内在联系，即企业在一个区域内其他企业和机构产生信任和合作的愿望。医药产业集群文化是产业集群内部倡导和培育的一种集群全体成员共同认可并遵守的信念、价值观及行为规范，它能在无形中约束、激励、引导集群中

医药产业经济：原理与政策

各个企业的行为，在体现区域化分布、专业化经营、市场化联动、社会化协作等特征的集群运作机制中，形成一种既相互配合、相互补充又相互竞争、相互监督的群体氛围，从而树立起医药集群在市场上和社会上的良好形象。

案例分析 ▬▬▬▬▬▬▬

上海张江生物医药产业集群研究

国家上海生物医药科技产业基地——张江生物医药基地（张江药谷）由国家科技部、国家卫生部、国家食品药品监督管理局、中国科学院与上海市人民政府共建。基地内聚集国内外生命科学领域企业、科研院所及配套服务机构 400 多个，形成了完善的生物医药创新体系和产业集群。但是其发展过程中也存在一定的问题，下面我们对张江生物产业集群进行 SWOT 分析。

表 8－4　张江生物医药产业集群 SWOT 分析结果

优势——S	劣势——W
1 与研究机构密切合作，集群的技术创新能力得到提升 2 行业协会、法律和财务咨询机构以及临床服务等服务机构逐步完善 3 突出的地理交通优势以及经济优势	1 企业与高校、科研机构尚未形成产学研联合开发的合作氛围 2 不同主体的职能和目标不同，导致技术服务平台没能充分发挥其应有的作用 3 集群产业化能力不强，下游工程技术的发展落后于上游生物技术的发展
1 适宜的制度环境是产业集群形成的基础条件 2 我国医药产业发展迅速 3 国家宏观政策对发展生物医药产业集群的鼓励与支持	1 生物医药产业高投入、高风险的特点，使得企业的严重依赖于外部投资，但是投融资体系尚未建立 2 知识产权保护不够，在制定完整法律法规来保护企业的知识产权不受侵犯方面着力不够

结论：

通过上文的分析可以看出，上海张江生物医药产业集群的发展中优势劣势都比较明显，既有可趁的良机，也有不得不对面的挑战。随着项目的大量引进、企业的高度聚集，使得上海张江生物医药产业规模不断扩大，"药谷"的品牌效应迅速提升，产业群体、研究开发、孵化创新、教育培训、专业服务、风险投资六个模块组成的现代生物医药创新体系初步建立。从企业所处的研发、制造、销售和服务价值链的几个环节来看，张江生物医药产业集群的研发功能是最突出的，集群内有 37.3% 的企业以研发为主、27.6% 的企业以提供咨询等服务为主、19.9% 的企业以物流销售为主、15.2% 的企业以制药为主。只要加强产研合作，保持较高的创新水平，生物医药产业集群的发展就会有动力。

张江生物医药产业集群内的垂直联系、水平联系较弱，与发达国家的制药企业与大学、科研机构及生物技术企业的频繁合作相比，张江生物医药的产学研合作尚处于起步阶段。拥有技术的大学、科研机构及生物技术企业与拥有资金的制药企业未能形成长期稳定的合作伙伴关系，而往往出现科研成果转让到外地实现产业化，而本地的企业却在集群外寻找合作伙伴的现象，这种现象造成了本地资源的浪费和集群内的网络关系松散，影响了创新资源整合的效率。针对此种情况，当地政府应加强外推力,通过大规模引进高校、研究机构、知名跨国药企,逐渐形成稳定的互利合作环境。

本章小结

1. 产业布局是指产业在一定地域空间上的分布与组合,它是一种全面性、长远性和战略性的经济布局。

2. 产业布局的理论可以分为区位理论与区域经济发展理论,其中区位理论包括杜能环,韦伯的工业区位理论,费特的贸易边界区位理论,克里斯塔勒的地理区位理论,奥古斯特·廖施的市场区位理论,区域经济发展理论包括弗郎索瓦·佩鲁的增长极理论、点轴开发理论、网络开发理论以及缪尔达尔的地理性二元经济理论。

3. 产业布局受诸多因素制约,主要有自然、经济、社会、技术等传统角度的因素影响,也受到现代角度的因素影响,包括知识经济、经济全球化和新区位因素等。

4. 产业布局的原则:正确处理发达地区与不发达地区之间的关系、正确处理沿海工业和内地工业结构、搞好各地区的合理分工和综合发展、正确处理集中与分散的关系、充分考虑政治和国防安全的需求。

思考题

1. 产业布局的理论及影响因素有哪些?
2. 产业布局效果评价指标分别有哪些?
3. 用产业布局理论分析西部大开发战略。
4. 产业集群的形成原因有哪些?
5. 查阅相关文献找出其他医药产业集群的例子,并加以分析。

第九章

产业政策

【教学目标】

本章主要介绍产业政策的概念、分类与作用，政府规制，医药产业政策等内容，通过本章的学习，使读者了解产业政策的基本理论知识，同时对医药产业政策和医药产业政府规制有个全面的了解。

【教学要求】

1. 了解：产业政策存在的理论依据，了解医药产业结构演变的过程及规律。

2. 熟悉：医药产业政府规制的方式，医药产业结构政策、医药产业组织政策。

3. 掌握：政府规制的概念及分类，产业结构政策、产业组织政策的含义、具体政策措施。

4. 重点掌握：产业政策的概念及其作用。

第一节　产业政策的概念及作用

一、产业政策的概念

产业政策是一国政府为了实现特定的经济和社会目标对产业活动进行干预而制定的各种政策的综合。

从产业政策的定义可以看出，其一，产业政策是政府主动干预市场的行为；其二，政府制定和实施产业政策的目的是按照政府的规划促进产业结构优化和保证市场有效竞争；其三，产业政策是后进国家赶超发达国家的基础上制定的宏观调控政策。

产业政策的构成要素通常包括：政策对象、政策目标、政策手段与措施、政策实施机构以及政策的决策程序与决策方式。由于不同国家的产业政策体系特征总是以各自要素为基础，所以通过对产业政策的构成要素分析比较，可以更全方位、准确地把握不同国家和部门产业政策的异同。

二、产业政策存在的理论依据

（一）市场失灵

市场机制不是万能的，即使在市场机制十分健全的情况下，仍存在着不少缺陷。产业政策主要是为了弥补市场机制可能造成的失误。主要体现在以下几个方面：

1. 垄断会导致"市场失灵"

根据古典经济学理论，在完全竞争的条件下，市场机制能实现资源的最优配置。但是在实践中，行业进入、退出壁垒的存在，如：规模经济的存在，使得生产规模大的企业比规模小的企业具有更大成本优势；产品差异的存在，导致其他企业进入该行业困难；法律或行政上的限制，导致其他企业难以进入。这使得部分产业处于垄断状态，在这些垄断产业中有些企业可对市场价格产生影响，甚至在一定程度上可以操纵价格。垄断存在使得资源得不到最优配置，因此需要政府的政策引导。

2. 公共物品的提供中存在"市场失灵"问题

公共物品是指公共使用或消费的物品。公共物品是可以供社会成员共同享用的物品，严格意义上的公共物品具有非竞争性和非排他性。所谓非竞争性，是指某人对公共物品的消费并不会影响别人同时消费该产品及其从中获得的效用，即在给定的生产水平下，为另一个消费者提供这一物品所带来的边际成本为零。所谓非排他性，是指某人在消费一种公共物品时，不能排除其他人消费这一物品（不论他们是否付费），或者排除的成本很高。

公共物品的非竞争性和非排他性，使得公共物品的提供者得不到应有的收益，因此公共物品是私人不愿意提供的，如果仅靠市场机制的作用，公共物品的供给就会出现短缺，影响社会的发展。因此，公共物品供给离不开政府的作用，离不开产业政策的有效引导。

3. 外部性存在可能导致"市场失灵"

市场经济活动是以互利互惠的交易为基础的，然而，经济主体从事经济活动时其成本与后果不完全由该主体承担，即存在外部性。外部性分为正外部性和负外部性。正外部性是某个经济行为个体的活动使他人或社会受益，而受益者无须花费代价，负外部性是某个经济行为个体的活动使他人或社会受损，而造成外部不经济的人却没有为此承担成本。

负外部性不一定能以市场方式解决，为了使外部性问题不至于影响资源优化配置，需要政府通过产业政策的干预来予以调整。

4. 信息不完全、不充分和不对称导致"市场失灵"

通过市场竞争达到资源的最优配置，需要有完全和充分的市场信息，在现实经济活动中，买卖双方所拥有的信息往往是不对称的，因此互相欺骗、损人利己的现象就可能存在。在信息不完全、不充分和不对称的情况下，市场机制并不能最优地配置社会资源，需要政府政策的引导和调节。

以上各种"市场失灵"问题，是制定并推行产业政策的主要依据。政府需要制定一系列弥补"市场失灵"的产业政策，矫正市场机制的缺陷，实现资源最优配置。

（二）后发优势

英国古典经济学家李嘉图的"比较优势理论"认为：如果一个国家在本国生产一种产品的机会成本低于在其他国家生产该种产品的机会成本，则这个国家在生产该种产品上就拥有比较优势。一国在不同产业的比较优势，决定着一国应优先发展本国有比较优势的产业。这样，各国都能通过国际贸易获得比较利益。但是，日本的发展状况却不适用于"比较优势理论"所认为的这种国际分工格局，日本是一个资源贫乏的国家，若按照比较优势来参与国际分工，势必会由于所获得的比较利益远低于先发国家而使自己长时间处于落后地位，但日本却成了后起之秀。经济发展中，为什么后来者能够超过先行者，从而获得后发优势？

李斯特（Georg Friedrich List）提出了"后发优势理论"来解释此类现象：工业化起步较晚的国家，要想打破原有的国际分工格局，只有通过靠国家产业政策的保护与培育发展新的优势产业来参与国际分工，才能占据有利的国际分工地位。而且后起国家技术成本小，可以直接吸收和引进先进国家的技术，李斯特进一步提出，在同样的技术、资金和资源的条件下，后起国家还具有劳动力成本优势。在国家的保护与扶持下，后起国家的产业若能达到规模经济阶段，就可能会发展起能与先进国家传统的技术或资本领域一较高下的新的优势产业。

"后发优势理论"很好的解释了为什么后来者能够超过先行者，从而获得后发优势。首先，对先行国来说，经济发展所发生的产业结构进化是自然的结果；而对于后来者来说，则可以成为自觉的目标，可以从先行国的经验中找出规律性的东西，并付诸于自己的经济发展实践，省去许多摸索和弯路。其次，后发国吸收和引进先行国的技术开发成果，要比从无到有的摸索容易得多。后发国通过技术引进可节约技术研发的时间和成本，迅速缩短同先行国的技术差距，实现跳跃式的技术进步。再次，后发国缺乏资金和技术，而在劳动力成本上具有比较优势，这一优势成为他们吸引先行国资本和技术的重要条件。最后，先行国相对于后发国在产业结构的调整问题上存在着某种劣势。先行国的经济建立在相对成熟的产业结构之上，对一些衰退产业的转移和产业结构的调整会遇到这些产业内既得利益集团的反对。因此这些国家进行产业结构调整比后发国从无到有地创建新的产业，构筑新的产业结构难度要大得多。

"后发优势理论"为后发国家制定产业政策提供了有力的理论依据。发展中国家作为后发国家，必须充分利用保护本国幼稚产业的权利，力求改变自己的比较优势，不断发展高收入弹性的、市场广阔的、高资本及技术含量的产业和产品，挤入国际水平分工。

三、产业政策作用

（一）引导产业发展

产业政策不仅能调整产业结构的方向、目标、规划，而且具有引导产业结构调整的各种手段和途径，产业政策可以通过法律、行政、经济的手段，使政策客体即政策作用对象的利益发生改变，从而使政策客体对自己的经营方向和经营行为作出必要的调整，使资源配置按预定的目标发展，使生产要素向预定的方向流动。因此产业政策有引导产业发展的作用。

（二）规范市场竞争秩序

作为产业政策的重要内容之一的产业组织政策在某种意义上是一种"秩序政策"，产业组织政策目标主要是调整政府与产业、企业与市场之间的关系，规范市场竞争秩序。政府通过制定和实施《反不正当竞争法》和《反垄断法》，在防止产业内过度竞争和恶性竞争的同时，又要减少产业内的垄断行为，实现有效竞争，维护市场活力。

（三）提升产业国际竞争力

产业政策中有一部分政策是对本国产业的保护政策，产业保护政策降低了国外产业竞争者对本国弱小产业的冲击，降低了来自本国以外的竞争压力，为本国产业的发展赢得了时间和空间，有利于提升本国产业国际竞争力。此外产业政策加快了产业结构优化和产业组织调整的进程，缩短了产业转型的时间，有利于提升产业国际竞争力。

四、产业政策的局限性

（一）产业政策并非对任何产业都具有同等的作用

产业的发展最终由产业本身的素质和发展潜力决定，作为外部因素的产业政策，只能起到引导作用，对于大多数产业的发展来说，产业政策只是一种外生变量，所以不能从根本上决定产业发展。有研究表明："产业政策并非对所有产业都能有明显效果，只针对那些生产效率好、所得弹性值高、在国际贸易上有发展前途的产业"。而且只有当产业政策对产业内部的资金、技术及人才等生产要素的投入和运作产生积极影响时，才能对产业的发展产生促进作用。

（二）产业政策本身并非是万能的魔杖

产业政策本身并非是万能的魔杖，片面夸大产业政策作用是不可取的。就拿日本的经验来说，若将日本的成功完全归结为产业政策的功劳显然是有悖于事实的，日本的成功还依靠高素质的企业家队伍、健全的企业制度、完善的法律体系等。

（三）产业政策的实施需要付出一定的成本代价

通常需要有相应的政策投入做保障，产业政策才能得以实施。因此，在政策制定过程中，应对实施产业政策所涉及的各种"成本"和"收益"进行全面的成本效益分析，以分析的结果作为是否实施产业政策的依据之一。

（四）产业政策作为政府行为存在失败的风险

产业政策实施过程中，有很多因素可能会导致产业政策的失败，使产业政策达不到预想的目标。如政策目标有违于经济规律、政策要求与产业愿望的大相径庭、政策目标与措施的不协调配套、政策手段的不合理、政策执行的不得力、政策实施机构与人员的失职等。因此在制定产业政策时应充分考虑政策失败的风险。

五、产业政策分类

产业政策涉及产业活动的各个方面，存在各种不同的类型。产业政策是由多种多样的有关产业的政策构成的一个体系。产业政策体系主要由产业布局政策、产业结构政策、产业组织政策、产业技术政策等构成，这些产业政策又分别包括多种不同的具体政策。

产业布局政策是指政府机构根据国情、国力状况、产业的经济技术特性以及各类地区的综合条件，对若干重要产业的空间布局进行科学引导和合理调整的相关政策措施。

产业结构政策是指一国政府根据本国一定时期内产业结构的现状，在遵循产业结构演进的普遍规律的基础上，确立产业结构的目标，并分阶段地确定重点发展的战略产业，实现资源的重点配置，引导国家经济向新的深度和广度发展的政策。产业结构政策的实质在于从促进产业结构的合理调整的演进中，寻求改善资源配置效率和促进经济增长的良方。

产业组织政策是指政府机构为达到理想的市场效果而制定的干预市场结构、规范市场行为、调节企业间关系的相关公共政策措施。一般认为良好产业组织的形成需以市场结构合理、竞争适度为条件，因而，产业组织政策也被称为"禁止垄断政策"或"促进竞争政策"。

产业技术政策是指国家制定的用以引导、促进和干预产业技术进步的政策的总和。它直接的政策目标是实现产业技术的进步，这是保障产业技术适度和有效发展的重要手段。

这些政策在实施时存在一种内在的逻辑关系，即应按产业布局政策、产业结构政策、产业组织政策、产业技术政策的顺序来组织和实施。实施产业政策首先要有一个明确的产业布局政策，根据资源、市场、技术优势确定区域分工原则，在此基础上确定不同区域的产业发展方向。产业结构政策必须与产业布局政策配合实施。在区域分工原则的基础上实施产业结构政策是避免重复生产、重复建设、产业结构和产品结构趋同的前提条件，在区域分工的基础上确定国家的战略产业、主导产业。产业结构政策确定以后还必须包括总体原则又能分类指导的产业组织政策的配合。产业结构政策必须有产业组织政策的支撑，要以反垄断和抑制过度竞争为主要原则。

通过进入退出价格数量方面的规制在战略产业和主导产业中形成生产适度、集中规模经济水平较高、产品差别化较强的市场结构，形成以企业自主组织形式为核心的，以价格竞争为主要内容的企业行为，进而取得良好的市场绩效，真正发挥战略产业和主导产业的作用。

产业结构政策与产业组织政策的关系可以概括为：产业结构政策决定产业组织政策，产业组织政策是使产业结构政策在不同产业部门得以落实的组织保障。

六、产业布局政策

（一）产业布局政策概念

产业布局政策是指政府机构根据国情、国力状况、产业的经济技术特性以及各类地区的综合条件，对若干重要产业的空间布局进行科学引导和合理调整的相关政策措施。

产业布局政策是产业结构政策体系中不可或缺的重要内容，从本质上讲，产业布局合理化的过程也就是建立合理的地区分工关系的过程，产业布局合理化与产业结构合理化分别从横向和纵向角度考察同一事物的两个具体方面。

（二）产业布局政策内容

1. 制定国家产业布局战略

国家产业布局战略包括：首先确定战略期内国家重点支持发展的地区，并设计重点发展地区的经济发展模式和基本思路；以国家直接投资方式来支持重点发展地区的能源、交通和通信等基础设施，使直接投资介入当地有关产业的发展；利用各种经济杠杆刺激重点地区的发展，来提高该地区经济自我积累的能力；通过差别性的地区经济政策，使重点发展地区的投资环境与其他地区区分开来，显示出一定的优越性，进而吸引更多的资金和劳动力等生产要素投入该地区的发展。

有关产业集中发展战略方面的产业布局政策大致包括：政府通过规划确立有关具体产业的集中布局区域，从而推动产业的地区分工，进一步发挥由产业集中所导致的集聚规模经济效益；再建立有关产业开发区，将重点发展的产业集中于开发区内，这样既可以使其取得规模集聚效益，也方便政府产业结构升级政策的执行。

2. 地区发展重点产业的选择政策

当经济尚处于不发达阶段时，政府往往更强调产业布局的非均衡性。即强调通过优先发展地区经济的超常规增长来带动其他地区甚至全国范围经济的增长。而且政府也通常倾向于通过设立开发区或在某些地区实行特殊政策的方式，将高新技术产业与在政府经济发展战略中发挥重要功能的产业（如出口加工业）相对集中，使其产生较快的增长，提高其对经济增长的贡献度。

而当经济较为发达之后，政府出于维护社会稳定和经济公平性等目的，更注重地区经济的均衡性。即政府更支持经济不发达地区的发展，甚至在某些高新技术产业或产业高度集中地区实行一定程度的限制进入。因此，除了个别特殊产业（如对环境保护有较大妨碍的产业）之外，政府已不倾向采用"先富带动后富"的经济发展政策。

七、产业结构政策

（一）产业结构政策的作用

1. 促进产业协调发展

产业结构政策能发挥协调产业之间关系的重要作用，因为在一定的经济发展阶段上，由于不同的发展程度和作用，产业结构内各产业往往处于不同的地位，由此形成产业间有序的排列组合。产业结构政策正是依据不同产业的地位、作用、现状和发展趋势，对不同的产业划分层次，对不同层次的产业采取不同的措施，国家重点培育那些新兴的具有高增长率的未来主导产业，通过政策弥补那些薄弱的基础产业，扶植弱小产业，有序的撤让衰退产业。通过国家的产业政策协调不同产业间的关系，使不同层次的产业协调发展。

2. 指导产业发展和产业结构调整方向

产业结构政策在一定程度上反映一国政府在一段较长的时间内的经济发展规划及经济建设的重大战略构想，产业政策表明一定时期资源配置的布局情况，也是货币和财政政策制定的依据。一国的产业政策制定之后可以在一定时间内指导产业发展和产业结构调整的方向。

3. 引导投资方向、控制投资规模

如果一国政府不对本国的投资者投资方向，固定资产的投资规模实施调控，很可能会出现固定资产投资规模失控、投资结构不合理等一些资源浪费的问题。产业结构政策是引导投资方向，控制投资规模的必要手段之一。根据一国的经济发展情况，通过制定合理的信贷政策、价格政策和税收政策等一系列产业结构政策，正确引导不同层次的投资主体的投资行为，引导其投资方向，使得投资尽可能与宏观经济目标保持一致。

4. 提高产业技术水平

传统产业的改造和高新技术产业的发展，不仅能够提高产业技术的集约化程度，促使以劳动密集型产业为主的产业结构转变，为以技术密集型、集约型产业为主的产业结构实现升级；而且可以推动产业技术的进步、高新技术的普及和运用，提高各产业的技术水平。这一切都离不开政策的支持和调控，因此产业结构政策可以通过政策扶植高新技术产业的发展，有序的实现传统产业的改造，最终达到提高整个产业技术水平的目标。

（二）产业结构政策类型

根据不同的政策目标和措施，产业结构政策可以划分为：幼稚产业保护政策、主导产业选择政策、战略产业扶植政策和衰退产业调整政策等。其中战略产业扶植政策和衰退产业调整和援助政策是最基本的产业结构政策内容。

1. 幼稚产业扶植政策

幼稚产业是指某一产业处于发展初期，产业基础和竞争力薄弱但经过适度保护能够发展成为具有潜在比较优势的新兴产业。幼稚产业从长期看符合收入弹性大、技术进步快、劳动生产率提高快的特点，但是在当前却没有比较优势，所以对幼稚产业的保护反映了产业政策的先行性特征。

幼稚产业扶植政策是对幼稚产业的发展起鼓励、刺激和保护作用的产业政策，其制定和实施必须遵循以下原则。

（1）产业扶植政策的目标必须与产业结构优化升级的要求具有一致性。产业扶植政策的根本目标是促进产业结构的优化升级。因此，政府应该根据产业结构优化升级的要求选择扶植的对象，而不是对所有的幼稚产业都实施扶植政策或者是同等的扶植程度。政府主要应该扶植有助于产业比例协调、结构升级换代的弱小产业。

（2）产业扶植政策必须与发挥比较优势相结合。政府首先应该选择能够充分利用本国资源、发挥比较优势的弱小产业进行政策扶植，这样能利用国际分工，扩大出口，带来更高的效率、更快的发展。

（3）产业扶植政策必须与市场机制相结合。产业结构的优化升级。主要依靠的是市场机制的调节作用，而产业扶植政策主要是弥补市场的不足，但不能取代市场的基础性作用。因此，在采取各种扶植措施的同时，要完善市场体系，健全市场规则，规范市场竞争，扫除弱小产业发展的障碍。

（4）产业扶植政策必须与增强产业竞争力相结合。政府应该扶植弱小产业，但不能无条件地支持、无限期地保护，必须采取有效措施，促使弱小产业面向国内外市场，参与竞争，努力提高竞争能力。只有形成竞争优势，弱小产业才能真正发展壮大。

在保护幼稚产业上，如何界定和选择幼稚产业是一个关键，选择不好就可能导致保护落后，保护需要大量的投入，付出一定的代价。目前对于幼稚产业的选择主要遵循以下标准。

（1）穆勒标准

如果某个产业由于缺乏技术方面的经验，生产率低下，生产成本高于国际市场价格而无法与外国企业竞争，在一定时期的保护下，该产业能够提高效率，在自由贸易条件下存在下去，并取得利润，该产业即为幼稚产业。概括如下几点为：①正当的保护只限于对从外国引进的产业的学习掌握过程，过了这个期限就应取消保护。②保护应限于那些被保护的即使在没有保护也能生存的产业。③最初为比较劣势的产业，经过一段时间保护后，有可能变为比较优势产业。

（2）巴斯塔布尔标准

受保护的产业在一定的保护期后能够成长自立，为扶植幼稚产业所付出的社会成本不能超过该产业未来利润的现值总和，符合这一条件的即为幼稚产业。概括地讲为：①受保护的产业在一定时期以后，能够成长自立；②受保护产业将来所能产生的利益，必须超过现在因为实行保护而必然受到的损失。

（3）肯普标准

除了前两个标准的内容外，应考虑产业在被保护时期的外部效应，如具有外部性，该技术可以为其他产业所获得因而使得本产业的利润无法增加，将来利润无法补偿投资成本，国家应该予以保护。

只有先行企业在学习过程中取得的成果具有对国内其他企业也有好处的外部经济效果时，这种保护才是正当的。因为开创一种新的幼稚产业，先行企业本身的投资大，成本高，要冒很大的风险，而成功之后很容易被其他企业模仿，后来进入该产业的企业也可享用最早的幼稚工业所开发的知识与经验，导致市场竞争激烈，原先的先行企业无法获得超额利润以补偿学习期间所付出的代价。对于这种幼稚产业，政府应当采取保护措施，否则企业就不愿投资于这种具有外部经济效果的产业。

（4）小岛清的选择标准

应根据要素禀赋比率和比较成本的动态变化，选择一国经济发展中应予保护的幼稚产业。只要是有利于国民经济发展的幼稚产业，即使不符合巴斯塔布尔或肯普准则，也是值得保护的。至于怎样确定这种幼稚产业，则要从一国要素禀赋状况及其变化，从幼稚产业发展的客观条件方面来考察这一问题。概括为以下几点：①所保护的幼稚产业要有利于对潜在资源的利用；②对幼稚产业的保护要有利于国民经济结构的动态变化；③保护幼稚产业，要有利于要素利用率的提高。

2. 战略产业扶植政策

战略产业就是优先发展的产业，其他产业则作为较后发展的产业。战略产业包括主导产业、支柱产业和"瓶颈"产业。

主导产业是指在产业结构中发挥领导、带动和提高作用的产业部门。支柱产业是指那些具有基础性的，在国民经济中所占比重较大，需求量大，对国民经济起支撑作用的产业。"瓶颈"产业是指在产业结构中一直处于薄弱环节的产业，它是影响当前产业发展和结构改造的关键部门。

战略产业扶植政策措施主要有：国家投资的重点倾斜，财政方面的贴息、减免税、特别折旧等。贸易保护措施方面，如出口补贴、外汇控制等；金融政策措施，如政府保证金、特别产出开发基金等。

在制定和实施战略产业扶植政策时，应防止出现以下两类失误：

战略产业的选择失误。在技术飞速发展的今天，战略产业的选择比以往任何时候都困难。在选择战略产业时应该仔细研究和借鉴发达国家的经验教训，关注高新技术领域的前沿动态。通过不断的研究与反复的修正确定战略产业，尽量避免全局性的选择失误。

效益低下，资源浪费的失误。国际经验表明，政府为扶植战略产业所做的投入，并不总是同其收益成正比，它往往伴随一定程度的效益低下与资源浪费。因此在对战略产业实施政策支持时应该减少违背经济理性效率原则的行政干预，尽可能地发挥市场经济活力和企业的自主性。

3. 衰退产业调整政策

产业结构政策，不仅要保护和扶植主导产业的发展，而且要调整和扶持将要陷于衰退的产业。衰退产业是指在产业结构中由于非主观原因陷入停滞甚至萎缩的产业。

一般来说，衰退产业产生的原因主要有以下几点：①技术原因，由于新技术、新产品的出现，使得一些传统产业失去市场、竞争力出现衰退。②资源原因，如资源密集型产业的资源枯竭引起的产业衰退。③需求变化原因，随着经济发展和人均收入水平的提高，某些产业会因产品需求弹性下降而出现衰退。④效率原因，在长期经济发展过程中，各种投入要素的成本上升率会产生差异。当某种投入要素的成本上升率特别高时需大量投入该要素的产业，会因成本上升、利润下降而出现衰退。⑤国际竞争原因，由于国际分工格局的变化，某种有比较优势的产业会因竞争优势丧失被转移到其他国家，则会使本国原来具有比较优势的产业趋于衰退。

对衰退产业采取调整和援助政策，其目的是帮助衰退产业有秩序地收缩，使衰退产业的资源顺利地流向其他产业，实现资源的优化配置。衰退产业调整政策措施主要包括以下几方面：首先加速资本转移，通过立法形式规定某些产业内的企业缩短工时或停止生产，加速资本转移，或者通过提供转产贷款、减免税和发放转产补贴等办法，促进衰退产业的资本转移。其次市场保护与援助，通过政府订货、价格补贴等方式缓和衰退产业生产量和利润的急剧下降。再次采取高关税或非关税壁垒限制进口，为衰退产业的调整提供相应的保护。最后技术与经营支持，政府通过对衰退产业转产等问题提供及时的技术和经营上的指导、咨询与援助。

八、产业组织政策

（一）产业组织政策目标

1. 产业组织政策的一般目标

产业组织政策的一般目标是维护市场的有效竞争，以提高产业内部的资源配置效率。有效竞争是指可以兼容竞争活力和规模经济效益的竞争，在确保产业内部各企业之间的适度竞争的同时，又能获得规模经济效益，实现资源的合理配置。

2. 产业组织政策的具体目标

产业组织政策的具体目标是一般目标在各个时期、各项具体政策内容上的具体化和细分化，包括两个基本内容：充分发挥竞争活力和充分利用规模经济。这两个方面在实现产业内部资源合理配置中缺一不可。

产业组织政策的具体目标主要包括以下六个方面。①企业应达到并有效地利用经济规模，同时企业应有较高的开工率，市场的供给主要应由达到经济规模的企业承担；②不应出现某些产业或企业长期获得超额利润或长期亏损的情况，各产业的资本利润率从较长时间来看应该是比较均等的；③不存在过多的销售费用；④较快的技术进步，主要指产品和技术的开发、创新等活动有效且比较充分；⑤产品的质量和服务水平较高并具有多样性，以满足提高大众福利和消费水平的要求；⑥能够有效地利用自然资源。这六项具体目标可以作为产业组织政策制定和评估的理论依据。

3. 产业组织政策目标的影响因素

影响政府确定产业组织政策的因素主要有以下几点：

（1）国家的基本经济制度

一国的产业是在基本经济制度框架下发展的，政策目标导向所体现出的有关经济价值观的不同，以及与此相关的政府干预的主观能动性不同，所以基本经济制度不同的国家确定产业政策目标的主要依据有本质的区别。由此可见，国家基本经济制度所反映的不同经济利益关系的确制约着产业组织政策的目标。

（2）国家的经济发展战略

国家的经济发展战略是特定时期内一国政府制定和实施经济政策的基本依据，产业组织政策为实现这一战略服务。产业组织政策目标的确需要与国家经济发展战略及其目标保持逻辑上的协调和一致，是因为在如今的市场经济条件下，合理的产业组织政策是实现国家经济发展战略的重要手段。

（3）具体的产业组织状况

具体的产业组织状况是确定产业组织政策目标的具体依据，其主要包括具体的市场结构、市场行为和市场绩效状况。如果说国家的基本经济制度和经济发展战略是影响到产业组织政策目标的基本导向，那具体的产业组织状况则使得政策目标直接为解决现实经济运行中存在的问题服务。

（二）产业组织政策目标实施手段

实现产业组织政策目标的手段主要包括规范市场行为、控制市场结构和控制市场绩效以直接改善资源配置不合理的状况等。

1. 控制市场结构

控制市场结构指，政府通过法律或经济手段对各个产业市场结构的变动实行监测、协调和控制，防止不合理市场结构的产生，改善不合理的市场结构，维持某种合理的市场结构，并为今后一段时间内市场结构的规范化发展指明方向。

具体措施包括：①适当降低市场集中度和进入壁垒，依法分割处于垄断地位的企业，减少不合理的产品差异化等。②建立企业合并预审制度，对中小企业实施必要的政策扶植等。③为防止过度竞争损害资源配置效率和社会福利，在某些产业实施直接规制政策。

2. 调整市场行为

在一定市场结构下的市场行为，主要包括定价政策、质量政策、广告和促销政策以及投资政策等。市场行为控制政策手段指政府对产业内部企业市场行为进行监督、控制和协调，借助于立法、经济和行政指导等手段，维护市场竞争的公正性，改变不合理的甚至非法的市场交易行为，防止并控制垄断势力的蔓延，为市场行为的规范化提供依据。

具体措施包括：①限制和禁止竞争者的共谋、卡特尔及不正当的价格歧视。②

通过政府、公益组织以及大众传播媒介对卖方价格与质量的广泛监督，增加市场信息的透明度来实行政府和公众的监督。③控制和处置欺骗、行贿、中伤竞争者等种种不道德乃至非法的商业行为。

3. 控制市场绩效

在市场经济中，通过政府直接控制市场绩效是比较困难的，因而重要的是影响市场绩效的条件，以达到和维持市场的有效竞争状态。同时，在短期内市场结构影响市场行为进而影响市场效果，而在长期内市场效果也会直接影响市场结构。因此，要对市场效果进行控制，除通过立法、经济和行政指导等政策手段以外，还必须建立对市场效果的评价标准。这些标准包括：资源配置效率标准、产业对规模经济利用程度及生产效率标准、产业利润标准、技术效率及其对产业贡献率标准、规模经济与有效需求相应增长标准。

产业组织政策的目标手段必须充分考虑包括卖方或买方的集中程度；产品的差别化；新企业进入的障碍；市场需求的增长率；市场需求的价格弹性；短期固定费用与可变费用的比例等既相对独立，又相互联系的市场要素，使政策的实施更为有效。

另外，根据有关政策手段属性的不同，实现产业组织政策目标的具体手段又可分为经济手段、法律手段和行政手段。所谓经济手段，即以法律为基础，运用货币杠杆和财税杠杆对有关市场结构和行为进行刺激或约束，有时也以特定法律为根据实行经济鼓励或处罚措施。这类手段因常与政府的产业结构政策、宏观调控政策和社会福利政策结合使用而显得较为复杂。

法律手段在各国产业组织政策中最为普遍、基本。主要包括基于一定法律的政府行政处置和直接的司法判决，比较常见的有各国所颁布的有关反不正当竞争法案、反垄断法案和直接规制政策等。在各国普遍实行法治原则的情况下，法律手段的重要性将会得到维持或增强。

行政手段主要是指政府通过行业协会、民间恳谈会等中介途径，并以诸如政府指导性计划、信息发布等形式使企业在充分了解政府政策意图的基础上，或多或少接受政府的指导并按照政府的意图行事。行政手段对于有计划经济传统的国家具有特殊意义，但不受监督的行政干预往往容易造成消极影响。根据有关国家的经验，这类政策手段在市场经济制度下的实施有一个重要的前提，即企业界与政府需保持较为传统且密切的关系。

（三）产业组织政策分类

产业组织政策的核心，是协调竞争与规模经济的关系，既要试图缓解垄断对市场经济带来的不良影响，又要保持一定的规模经济水平，从而达到有效竞争的状态。因此，将产业组织政策分为两大类：一类是产业组织合理化政策，该政策是追求规模经济产业组织政策，具体包括企业兼并政策、企业联合政策、规模经济政策和直接管制政策；另一类为增强竞争活力的产业组织政策，称之为产业竞争政策，包括反垄断政策和中小企业政策。

1. 规模经济政策

在经济发展水平较低的国家，往往缺乏资本的大量积聚，以致在那些规模经济十分显著的产业中，存在许多组织规模远远小于最小经济规模的企业，不能实现规模经济。因而，对这些产业应采取追求规模经济的产业组织政策，通过培育大型企业，提高市场集中度，最终实现规模经济。

这一产业组织政策的主要措施：一是，促进产业内现有企业联合或兼并，以提高市场集中度。企业兼并是指企业间的吸收合并，这是政府为抑制企业间过度竞争，提高市场集中度以实现规模经济的重要手段，其结果减少了产业内企业的数量，扩大了现存企业的规模。二是，形成专业化分工协作关系，组织大规模生产体系，以实现规模经济。三是，提高进入壁垒，抑制小规模企业过度进入该产业。

2. 中小企业政策

中小企业在各国企业总数中所占比重较高，对促进经济社会的发展具有重要的作用，因此各国政府都十分重视制定中小企业政策。中小企业对有效竞争的影响表现在两个方面：一是中小企业若与大企业形成专业化分工协作关系，则有利于促进生产集中，抑制过度竞争，实现各层次企业的规模经济。二是大量中小企业的存在有利于保持较低的市场集中度，使市场充满竞争活力，因而具有抑制垄断的作用。这就决定了政府制定中小企业政策的基本目标也具有两重性，即以实现规模经济为基本导向和以保持市场竞争活力为基本导向。

一国政府在制定中小企业政策时，不仅要根据特定国家的经济发达状况，更要依据不同产业的特征而定。

3. 企业反垄断政策

反垄断政策指经济发展水平较高的国家对市场集中度高、进入壁垒高的产业所采取的产业组织政策，这是最早的一种产业组织政策。在经济发达国家，少数企业通过资本积聚，在某些产业中拥有强大的市场力量，能够左右整个产业市场，市场缺乏活力。在这种情况下，需要通过采取反垄断政策，增加市场活力。

反垄断政策措施主要是从干预市场结构和干预企业行为两方面进行。政府干预市场结构的措施主要有降低卖方集中度，降低进入障碍，降低产品差别化程度。干预企业行为的措施主要有：政府通过干预企业定价方式，干预企业非价格竞争的程度，反对压制竞争对手的行为等。具体包括：禁止妨碍正常交易的契约与合谋，禁止对不同销售对象实行价格歧视，禁止签订排他性交易协议，禁止采取降价倾销的办法争夺市场，压制竞争对手，禁止采取不公正的竞争方法以及欺诈性行为来垄断市场，禁止企图垄断的联合。

九、产业技术政策

（一）产业技术政策概念

产业技术政策是指国家制定的用以引导、干预和促进产业技术进步的政策的总和。由于产业技术政策几乎涉及国民经济的所有产业，因此也通常被看作是整个国家的技术政策。它以产业技术的进步为直接政策目标，是保障产业技术适度发展的重要手段。

产业技术政策作为产业政策的重要组成部分，有两方面的重要作用：一是选择技术发展政策和确定产业技术结构，主要包括制定具体的技术标准、确定各产业的技术发展方向，鼓励引进先进技术等方面；二是制定促进资源向技术开发领域投入的政策，主要涉及基础技术研究的资助与组织政策、技术引进政策和技术开发政策。主要包括以下具体的政策：

（1）产业技术进步的组织政策。即政府主持或参与以加快推进产业技术进步为目的的各种组织制度与组织形式的安排。

（2）产业技术进步的指导性政策。即政府确定产业技术的发展目标和具体规划、指导各技术进步主体的行为等相关政策。

（3）产业技术进步的奖惩政策。为了使企业成为技术创新主体，建立切实有效的技术进步激励机制，政府通过制定直接或间接的经济刺激和制裁政策，一方面对民间科研机构及企业的研究开发以及技术引进、扩散工作进行劝诱和鼓励，另一方面对缺乏技术进步具体计划者和技术进步迟缓者实施经济惩罚。

（二）制定产业技术政策的基本原则

1. 以推动产业结构优化升级为宗旨。

推动产业结构的优化升级是淘汰落后生产技术、发展并利用高新技术改造传统产业的核心目的。要全面开发技术创新能力，加快传统产业更新改造步伐，进一步提高高新技术产业在国民经济中所占比重，从整体上提高国民经济素质。

2. 自主创新与引进技术相结合

为了确保国家经济、政治、军事发展的需要，保持在重要领域中的持续创造力，要在高新技术领域不断加大投入，并紧跟国际高新技术产业的发展脉搏。提高创新能力、推动高新技术发展的重要途径之一是军民结合。与此同时，引进技术也非常关键，引进技术时要博采众长，并结合自身实际情况进行技术的集成与创新，形成中国特色的自主知识产权体系，提高竞争力。

3. 市场机制与政府组织协调作用相结合

制定产业技术政策既要充分发挥市场的基础调节作用，也要充分发挥政府的组织与协调作用。市场机制不仅能促使企业转变为科技创新的主体，而且能使社会资金转变为科技进步的投资主体。政府运用财政、金融、税收等政策进行宏观调控，实现高新技术的发展与传统产业的改造升级，控制住了国家产业技术的发展方向，加快了产业技术水平的跨越式发展，同时把握住了后发优势。

第二节 政府规制与产业发展

一、政府规制的含义

政府规制是政府为实现某些社会经济目标而对经济中的经济主体作出的各种直接的具有法律约束力的限制、约束和规范以及由此引出的政府为督促经济主体行为符合这些限制、约束和规范而实施的行动和措施，是政府对市场失灵的弥补与治理。

政府规制的目的是维护正常的市场经济秩序，限制住市场势力，提高资源的配置效率与全社会福利，维护公众利益。

二、政府规制的理论依据

（一）规制公共利益理论

规制公共利益理论以市场失灵和福利经济学为基础，认为政府作为公众利益的代表者，当公众要求对市场失灵进行纠正时，政府就应出面对相关经济领域进行干预，即规制是政府对公共需要的反应，其目的是弥补市场失灵，提高资源配置效率，实现社会福利最大化。查理德·波斯纳（RichardA. Posner）认为该理论包含两个重要的假设：一是若任由市场自由发展，市场将变得十分脆弱并趋向低效率与不公平；二是政府规制的行为几乎是零成本。规制公共利益理论基于市场失灵，从理论上讲，当市场失灵时，规制有可能会使社会福利提高。在这种情况下，政府规制便具有潜在合理性。这样，规制公共利益理论意味着政府规制的目的是通过纠正市场失灵来提高整个社会的福利水平，并且这是政府追求的唯一目标。

在相当长一段时间内，规制公共利益理论占据了统治地位，但该理论也存在不少问题：第一，在现实中竞争市场条件很难达到，市场失灵不可避免，因此按照公共利益理论，政府规制的潜在范围几乎是无边无际的。第二，政府除纠正市场失灵外还有很多其他微观经济目标，所以大众期望规制的介入或许与市场失灵并没有必然联系。市场失灵并非一定要通过政府才能解决，如有些外部性，通过当事人双方的私人协议安排也能处理好。第三，该理论假定政府制定与执行政策是没有成本的，这与事实不相符。

（二）利益集团规制理论

利益集团规制理论认为利益集团在公共政策形成中发挥重要作用，政府作为规制的制定者，事实上被特定利益集团俘获，是为了满足特定利益集团的需要。该理论认为规制对生产者有利，通过规制可以提高生产者的福利而不是社会公众的福利水平。这一理论的最大贡献者斯蒂格勒（Stigler）于1971年在其经典论文《经济规制论》中首次运用经济学方法论证了规制的产生，他认为规制是经济系统中的一个内生变量，且由规制的需求与供给共同决定，他指出："经济规制的中心任务是解释谁是规制的受益者或受害者，政府采取什么形式及政府规制对资源分配的影响"。

1976 年佩尔兹曼（Peltzman）进一步验证与完善了斯蒂格勒的理论，他证明了竞争性价格（利润为零时的价格）与垄断价格（产业利润最大化得以实现的价格）之间存在最优规制价格。但规制者和立法者并不会将规制价格定在垄断价格，最有可能被规制的产业是具有相对垄断性或竞争性的产业。消费者能从垄断产业规制中获益，而生产者能从竞争性产业规制中获益。

利益集团规制理论完全凌驾于公共利益规制理论中的公共利益范式之上，并在对政治家的分析中引入了经济人假设，在供求分析的框架下讨论规制，更有说服力，更贴近现实。同时该理论也收到了各方面的质疑，如没有解释为什么规制是被生产者这个利益集团所影响，而不是被消费者或者其他利益集团所影响。

三、政府规制的方式

根据政府是否直接干预了企业决策的标准来划分，政府规制划分为直接规制与间接规制。

（一）直接规制

直接规制是政府对微观经济主体实施的直接干预行为，又称为狭义的政府规制。政府以法律手段直接介入经济主体决策，参与其定价、投资、产品销售、原材料选择等经济决策过程。直接规制作为政府规制的主体类型，又可细分为经济性规制和社会性规制。

1. 经济性规制

经济性规制是指在存在信息不对称和自然垄断的领域，为了提高资源配置效率并确保公平利用，政府适用许可和认可等手段，规制企业进入和退出、投资、价格与服务的数量和质量等有关行为。它直接地影响企业的生产决策。

2. 社会性规制

社会性规制是指对产品和服务的质量及一系列相关活动制定标准，并限制、禁止特定行为的规制，其目的是保障劳动者和消费者的安全、卫生、健康及保护环境、防止灾害等。社会规制主要指针对交易双方在交易时，产生由第三方或社会全体支付的成本，或是由于刻意控制信息，造成的由信息不足方承担的非合约成本。前者如环境污染，自然资源的掠夺性和枯竭性开采等。后者如假劣药品的制售、隐瞒工作场所的安全卫生隐患等。经济性规制从自然垄断产业的价格、市场结构、进入等方面入手，而社会性规制与之不同，它突破了产业界限，目的在于保障消费者与劳动者的健康与安全、保护自然和人文环境。它直接影响绝大多数消费者的购买决策和厂商的雇佣决策。

（二）间接规制

间接规制不直接介入经济主体的决策，制约阻碍市场信息机制发挥职能的行为，并且以有效地发挥市场机制职能而建立完善的制度为目的的规制。

主要内容包括以反垄断法为中心的竞争促进政策和以解决信息不对称为目的的政策，如保护消费者权益、公开信息等。

四、政府规制的内容

政府规制的内容非常广泛，主要有：进入（退出）规制，价格（收费）规制，数量、质量规制，资源、环境规制等等。

（一）进入（退出）规制

进入（退出）规制是指政府对各种微观经济主体进入某些部门或行业实行的规制。进入（退出）规制有以下两点目的：一是将微观经济主体控制在依法经营、接受政府监督的范围内；二是控制进入某些行业的微观经济主体的数量，主要是控制自然垄断领域或存在明显的信息不对称的部门（如金融、保险）的企业的数量，保证企业资质、防止过度竞争、降低风险。

邮政、电信、铁路、航空、电力供应、城市给排水等自然垄断行业的产品和服务大多属于准公共物品，通常存在规模经济和范围经济效应，相比于由多数企业经营，一家或少数几家企业经营更有效率。通过控制这些行业的进入数量来维持一定程度上的垄断经营，这样可以避免投资的重复。同时，限制进入该行业的企业的退出并赋予其相应的供给责任，保证商品和服务的有效供应。

除自然垄断行业外，在有些行业中，企业因缺少准确的产品供求信息而盲目进入，很容易造成过度竞争和资源配置的损失。为避免资源浪费，这时就需要政府在必要时限制进入某些行业企业的数量。进入（退出）规制过程中，政府通常采取以下措施：

1. 对一般行业的所有微观经济主体实行注册登记制度，即政府有关部门依照有关法律规定微观经济主体必须具备的条件，在对微观经济主体进行资格认定，办理注册登记手续，拿到营业执照后，才可以从事生产经营活动。

2. 对某些特殊行业，如自然垄断行业，实行申请审批或特许经营制度，即在某些行业中，企业在开展经营活动前，需要完成特殊报批手续，拿到政府相关部门所赋予的特许经营权。

政府所实行的进入（退出）规制可能会带来两方面的问题：一是一旦政府对商品供求趋势判断出现失误，所制定的规制就有可能导致更严重的后果。二是原有的企业利益集团出于自身目的的考虑，可能通过政治程序等方式迫使政府制定出非必要的行业进入规制。因此，除了在特殊情况下，政府不会采取特殊的行业进入规制，一般对于行业内的过度竞争，政府只是采取提供信息、劝说、指导等手段来干预。

（二）价格规制

大多数商品、服务、生产要素的价格是靠市场机制调节的，但在某些产业部门的商品或服务价格形成过程中市场机制是难以发挥作用的，即存在市场失灵，在这种情况下政府实施价格规制是必要。价格规制包括以下几方面：

1. 对垄断行业的价格规制

垄断行业的企业，在一定程度上掌握市场定价权，往往会制定垄断价格来获取高额利润以实现自身利益的最大化，这一行为不仅会降低资源配置效率，还会损害消费者利益。所以需要政府对垄断行业实行价格限制，保证垄断行业的商品价格处在合理水平。

2. 对保护行业的价格规制

由于农产品、矿产品等大宗商品的生产周期较长，所以政府需要对这类行业采取保护性的价格规制，来稳定其价格。由政府以专项基金和专门储备制度为基础，对这类商品设定最高价格限价或者最低指导价格。

3. 对通货膨胀时的价格规制

通货膨胀虽是一种宏观经济现象，但它的治理却通常需要从微观上入手，其中较强硬的措施之一便是价格规制。当发生通货膨胀时，政府可以采取实行最高限价、冻结全部或部分物价、规定价格上涨幅度等措施来对各类商品、服务以及生产要素实行价格规制。

4. 对不正当价格行为的规制

由于信息不对称，市场上会出现不正当价格行为，如价格欺诈，对此，政府需要采取一系列措施来解决信息不对称问题，如制定物价管理法规，限制物价的一般水平与浮动幅度，处罚价格欺诈行为等。

（三）数量、质量规制

数量规制是指政府对企业生产和供应的产品的数量进行规制。但在市场经济中，政府对企业生产和供应产品数量的规制仅限于少数物品。数量规制的一个重要方面是对有害物品（如烈性酒、烟草、有害出版物等）的生产和供应的规制。另外一个重要方面是为了保护国内新兴产业和调节国内市场需求而对部分进出口商品实行的数量规制。

质量规制是指政府对企业生产和供应的产品的质量进行规制。质量规制主要出于以下目的，一是为了维护人们的安全与健康，提高整体生活水平；二是为了提高产品、服务的总体质量水平和资源配置的效率。

（四）资源、环境规制

当代市场经济的发展伴随着大量诸如环境污染、资源浪费等负的外部性，这些负的外部性大多需要靠政府规制来解决。政府需要通过制定有关土地、森林等自然资源的法律法规来确保这些自然资源的合理开发与应用。例如，对矿产资源的开采，政府需要统一制定规划，选择有一定技术水平、规模适当的企业进行采掘。除了征收地租和资源税外，政府对自然资源的使用采取的规制措施主要还有：通过资格审查等方式限制使用资源的企业数量；制定资源开采所使用的标准；划定资源使用范围，督促与之签订承包合同的企业合理开发和利用资源等。对于工厂排放废水、废气等有害物质的环境污染问题，政府必需通过制定环境保护相关的法律法规来加以规制。

此外，现代市场经济条件下，政府规制中还包括社会保障规制、会计和统计规制等方面的内容。社会保障规制即通过强制征收社会保险税以建立社会保险基金，用于失业救济、医疗救助补助、退休津贴等福利的政府行为。会计和统计规制即政府通过财务会计、审计与统计等相关法律法规，责成企业必须定期向政府如实地报告生产经营情况。这不但能满足微观规制的需要，也可作为宏观调控必要的客观依据。

第三节　医药产业政策与政府规制

一、医药产业政策作用

医药产业政策，是指国家权威部门制定并组织实施的旨在鼓励、规范医药产业发展的一系列政策的总和。医药产业政策主要有以下几方面的作用：

（一）对医药产业发展起引导作用

产业政策不仅能调整产业结构的方向、目标、规划，而且拥有引导结构调整的各种手段和途径，能够通过法律、行政、经济的手段，使政策客体的利益发生改变，从而使政策客体对自己的经营方向和经营行为作出必要的调整，使资源配置按预定的目标发展，使生产要素向预定的方向流动。因此医药产业政策有引导医药产业发展的作用。

（二）对市场竞争秩序的规范作用

作为产业政策的重要内容之一的产业组织政策在某种意义上是一种"秩序政策"，其政策目标主要是调整政府与产业、企业与市场之间的关系，规范市场竞争秩序。它通过制定和实施《反不正当竞争法》和《反垄断法》，既反对产业内的过度竞争和恶性竞争，又反对阻碍竞争的垄断行为，以保证竞争的公平性，实现有效竞争，维护市场活力。

（三）对医药产业国际竞争力的提升作用

产业政策中有一部分政策是对医药产业的保护政策，这些政策降低了来自外部的竞争压力，为本国医药产业的发展赢得了时间和空间。而医药产业政策的实施也加快了产业结构和产业组织的调整和优化的进程，缩短了医药产业转型的时间，同样对提升医药产业国际竞争力是有帮助的。

总之，产业政策对于产业结构的优化升级、加快产业发展、提升产业的国际竞争力具有多方面的积极作用。但同时，正如前文所述，产业政策并不是万能的灵丹妙药。

二、医药产业结构政策

（一）医药产业结构优化的必要性

1. 我国医药产业结构低度化

产业结构低度化，一般是指产业结构从低水平状态向高水平状态升级转化的动态过程中处于较低的状态。具体来说，它可以是指三次产业比例构成与其他地区相比处于较低水平；也可以指具体三次产业内部各产业的比例与其他地区相比处于较低水平，产业的技术创新能力与国际竞争力较低。我国医药产业结构低度化主要表现在："产业链"前端的产业所占比重大，产品层次低，初级加工产品、低端产品比重较大；产业的技术创新能力低下，大部分药品没有自主知识产权，仿制药品比重大；国际竞争力较低，化学原料药和医疗器械是进出口贸易的支柱产品。

2. 医药产品需求结构变化

随着小康社会的全面到来和国民收入的逐年提高，人们的生活水平和健康意识也同步提高，人均医疗保健支出在消费支出中所占的比例也越来越大。同时随着经济发展，生活水平的提高，人们对医疗卫生产品的需求发生了改变。与此同时疾病谱也在发生着改变。已有的产品结构已经不能满足人们对于医疗产品的需求。优化产品结构满足人们日益增长的医疗需求成为必然。

3. 与国际先进水平差距较大

与世界大型制药企业相比，我国医药企业不但规模较小、创新能力较弱，并且管理水平较低，生产的工艺流程及操作规程的制度还不够科学，质量保证和质量控制还不够严格，生产技术人员的专业知识和技能水平不太高等均不利于医药市场的发展。通过产业结构优化，赶超发达国家成为我国的必然选择

（二）医药产业结构政策

如何优化调整医药产业内部结构是政策决策者面临的一个复杂的问题。医药产业中的每一个细分行业都很重要，在医药产业中都具有不可替代的作用。但从产业经济学角度来说，由于不同行业在产业关联度、需求弹性和创新率等方面存在着差异，各行业的相对地位是有所不同的，因此，它们在产业结构中所占的份额也不同。医药产业结构政策的任务之一就是优化调整医药产业的内部结构，防止产业发展中的不正常的结构畸变，实现医药各细分行业之间、产业上下游之间的协调发展，获得医药产业发展的整体效益。

目前国家采取的支持产业结构优化的政策措施主要有：加大资金投入和政策支持，提高医药技术创新能力。加大资金投入，支持生物医药产业发展。扩大中药材生产扶持资金规模，支持中药材资源保护和发展。进一步加大资金投入，支持基本药物生产和新修订 GMP 改造。

从医药产业结构优化的对象来看，主要是通过对产品结构、技术结构、出口结构的优化达到对医药产业结构的优化。

1. 产品结构优化

人们对医药卫生的要求正随着人民生活水平的不断提高而逐渐提高。医疗领域中，我们缺乏相应的特效、高效药物的同时，也缺乏对较快增长疾病的及时有效的治疗手段。我国目前的人口疾病谱发生了显著变化，心脑血管、肿瘤和糖尿病最为常见，所引起的死亡率已占到城市和农村居民死亡的 60% 和 49%。更引人注目的是，加入 WTO 后，低成本仿制的制药产业和相关的医疗保障体系势必会由于缺乏自主知识产权的创新药物而备受打击。针对这种种问题，产品结构优化迫在眉睫。首先要通过建立和完善我国创新药物开发与研究体系，提升新药研究能力与创新药物研究的整体水平和综合实力，实现由仿制为主到创新为主的战略转移，研制和开发出能防止重大疾病和提高生活质量的新药，满足老百姓的切实需要。其次要注重保护知识产权，推进其产业化进程，争取使我国创新药物研究能在国际新药研究领域中占有一席之地。

《关于加快医药行业结构调整的指导意见》提出在化学药领域，要研发能够治疗在我国疾病谱中的重大、多发性疾病的创新药物，争取实现自主知识产权产业化的药物达到 10 个以上；在生物技术药物领域，要紧跟世界生物技术快速发展的步伐，研发防治心脑血管疾病、消化系统疾病、神经系统疾病、恶性肿瘤、艾滋病以及免疫缺陷等疾病的抗体药物和基因工程药物，加大对传染病新型疫苗的研发力度，争取投放市场的新的生物技术药物达到 15 个以上；在中药领域，优先发展治疗领域具有中医药治疗优势的药品。继承传统的同时注重创新，在借鉴了国际天然药物发展经验的基础上，加快中成药的二次开发与研究，争取培育的物质基础清楚、作用机制明确、安全性高、疗效显著、质量稳定可控、剂型先进的现代中药达到 50 个以上；在医疗器械领域，对于那些应用面广、临床需求大的医学影像、外科植入、微创介入、体外诊断试剂放射治疗等产品，实现其关键技术、核心部件的国产化，争取培育拥有自主知识产权、掌握核心技术、销售收入超过 1000 万、达到国际先进水平的医疗设备达到 200 个以上。

2. 技术结构优化

国务院《关于加快培育发展战略性新兴产业的决定》将培育发展战略性新兴产业作为当前推进产业结构升级和加快经济发展方式转变的重大举措，生物医药被列为重点发展领域之一。国家通过实施重大产业创新发展工程、重大应用示范工程、加大财税金融政策扶持等方式推动战略性新兴产业的快速发展，将为医药工业实现产业升级提供强有力的支持。

《关于加快医药行业结构调整的指导意见》提出，在化学药领域，我国将运用基因工程、细胞工程技术构建新菌种或改造维生素、氨基酸、抗生素等产品的生产菌种，提高质量和产率，达到降低成本和节能减排的作用。并逐步推广手性合成、应用膜分离、生物转化、新型结晶等原料药新技术，加强缓释控释、透皮吸收、靶向给药、黏膜给药等新型制剂技术在药物开发中的应用；在生物技术药物领域，重点突破大规模、高通量基因克隆及蛋白表达、新型疫苗佐剂、抗体人源化及人源抗体的制备、大规模细胞培养和蛋白纯化等技术难题。加快开发生物活性高、半衰期长、稳定性好的口服、肺部给药的新型生物技术药物制剂；在中药领域，结合中药特点，开发现代中药制剂，重点开发与自身特点相匹配的剂型，以效用最大化、风险最小化为目标，加快先进的现代技术如提取、分离、纯化、干燥、浓缩和过程质量控制等在中药生产中的应用，以发展微波提取、动态提取、超声提取、超临界流体萃取、膜分离、大孔树脂吸附、多效浓缩、微波干燥、喷雾干燥、真空带式干燥等高效率、低能耗、低碳排放的先进技术为重点。建立和完善中药种植或养殖、研发、生产的标准和规范，推广应用指纹图谱整体成分控制和中药多成分含量测定相结合的中药质量控制技术。

3. 出口结构优化

世界仿制药市场正飞速增长，我国应抓住机遇，加快转变出口增长方式，尤其扩大面向美国、欧洲、日本等世界主要医药市场的制剂出口与销售。从中筛选出具有优势地位的制剂产品，通过加快生产质量体系的国际认证和开展国际注册，建立全球营销渠道来培育本土自主品牌。通过政策扶持和引导，使能够通过发达国家GMP认证的企业达到50多家，同时使制剂在药品出口中所占的比重达到20%以上。另外，国家应当支持有条件的企业走出国门，直接在境外投资设厂，直面终端客户。

三、医药产业组织政策

（一）医药企业规模经济政策

1. 医药企业规模经济政策的重要性

（1）规模经济政策，有利于优化产业组织

在现有的产业组织框架下，我国大多数医药企业规模偏小，产品研发能力低，科技创新能力不足，竞争手段单一。为了抢占市场份额，只好通过"价格战"、"广告战"，"资源战"，而不是把精力放在提高质量、创新产品和改善服务上。鼓励企业做大做强，提高大企业在产业中的控制力和支配力，形成大企业（企业集团）主导的产业组织，使行业出现有强力的制衡者和领导者，对产业组织的优化具有重要作用。

（2）规模经济政策，可以在提高市场集中度的同时实现产业的规模效益

根据规模经济原理，一定的规模对企业的生存与发展有着重要的意义。规模大的企业在成本、资金、技术、人才、研发等方面都明显的竞争优势。我国医药产业目前仍处在它的发展初期，企业大部分规模小、实力弱，规模经济实现程度低。虽然，"十一五"期间，在国家医药产业政策的引导下，医药工业产业集中度有了一定的改善，销售收入超过100亿元的工业企业由2005年的1家增加到2010年的10家，超过50亿元的企业由2005年的3家达到2010年的17家。医药流通行业产业集中也有了一定的改善。截至2009年底，全国共有药品批发企业1.3万多家，药品百强批发企业销售额占全国药品批发销售总额的70%。药品零售连锁企业2149家，下辖门

店 13.5 万多家，零售单体药店 25.3 万多家，零售药店门店总数达 38.8 万多家，百强连锁企业销售额占零售企业销售总额的 39％。但与发达国家的医药巨头相比，其资金实力仍然不可同日而语。这些大企业和企业集团仍然没有达到最佳规模水平，规模效益还没有充分体现出来。

（3）规模经济政策取向与提高医药产业的国际竞争力密切相关

从增强本国产品的出口竞争力的立场来说，规模较大的企业在生产成本和供货能力方面无疑要相对优于中小企业，特别是在那些担负出口导向作用的产业中，大企业的优势更加明显。如果站在整个国家利益角度，虽然本国垄断企业的存在可能对本国的资源配置造成损失，但是如果产品大量出口，那么所导致的后起国贸易的增加和国际竞争力的增强，在通常情况下要比国内资源配置的损失重要的多。当前世界范围内医药产业的竞争日益激烈，我国医药企业要想取得竞争的主动权，维护国家医药安全，就必须实现规模经济。国与国之间的经济竞争，说到底是企业竞争，尤其是大企业之间的竞争。不具备经济规模优势就很难谈竞争优势。

因此，需要对医药产业采取追求规模经济的产业组织政策，通过培育大型企业，提高市场集中度，最终实现规模经济。

2. 医药企业规模经济政策内容

（1）企业兼并政策

《医药工业十二五规划》提出到 2015 年，销售收入超过 500 亿元的企业达到 5 个以上，超过 100 亿元的企业达到 100 个以上，前 100 位企业的销售收入占全行业的 50％以上。

为了提高制药工业产业集中度，国家采取的政策措施主要是：鼓励优势企业实施兼并重组。支持研发和生产、制造和流通、原料药和制剂、中药材和中成药企业之间的上下游整合，完善产业链，提高资源配置效率。支持同类产品企业强强联合、优势企业重组困难落后企业，促进资源向优势企业集中，实现规模化、集约化经营，提高产业集中度。加快发展具有自主知识产权和知名品牌的骨干企业，培育一批能带动行业发展且具有国际竞争力的大型企业集团。

《全国药品流通行业发展规划纲要》提出：到 2015 年形成 1～3 家年销售额过千亿的全国性大型医药商业集团，20 家年销售额过百亿的区域性药品流通企业；药品批发百强企业年销售额占药品批发总额 85％以上，药品零售连锁百强企业年销售额占药品零售企业销售总额 60％以上；连锁药店占全部零售门店的比重提高到 2/3 以上。

为了提高药品流通行业产业集中度，国家采取的政策措施主要是：鼓励药品流通企业通过收购、合并、托管、参股和控股等多种方式做强做大，实现规模化、集约化和国际化经营。推动实力强、管理规范、信誉度高的药品流通企业跨区域发展，形成以全国性、区域性骨干企业为主体的遍及城乡的药品流通体系。整合现有药品流通资源，引导一般中小药品流通企业通过市场化途径并入大型药品流通企业。

（2）医药产业集群政策

产业集群是指集中于一定区域内特定产业的众多具有分工合作关系的不同规模等级的企业与其发展有关的各种机构，组织等行为主体，通过纵横交错的网络关系紧密联系在一起的空间积聚体，

目前我国已形成"长三角"、"珠三角"和"环渤海"三大医药工业集群区。2010年山东、江苏、广东、浙江、上海、北京的医药工业总产值总和占全行业的50%以上；销售收入前100位工业企业中，约三分之二集中在三大区域。《医药工业十二五规划》提出，引导和鼓励医药企业向符合规划要求的工业园区集聚，创建出一批管理科学合理、竞争发展环境健康、产业特色突出、产业集聚度高、产业理论先进、专业技术设备配套齐全的国家新兴的医药工业化产业示范基地。

（3）提高医药企业进入壁垒

通过产业提高医药产业进入壁垒，使得那些达不到经济规模要求的新企业不得进入产业；而对于产业内原有规模偏小的企业则要求通过企业兼并或企业联合等方式扩大其规模。这一产业组织政策的基本目标是保证产业内企业能充分利用规模经济，降低单位产品成本。

我国通过实施新版《药品生产质量管理规范》（GMP），建立药品电子监管体系，提高药品生产质量的要求，促进行业有序竞争和优胜劣汰。

（二）医药中小企业政策

1. 中小企业政策概述

由于中小企业在各国企业总数中都占绝大比重，对促进经济社会的发展具有举足轻重的作用，因而各国政府都十分重视制定中小企业政策。就产业组织结构看，中小企业对有效竞争的影响表现在两个方面：一是中小企业若与大企业形成专业化分工协作关系，则有利于促进生产集中，抑制过度竞争，实现各层次企业的规模经济。二是大量中小企业的存在有利于保持较低的市场集中率，使市场充满竞争活力，因而具有抑制垄断的作用。这就决定了政府制定中小企业政策的基本目标也具有两重性，即以实现规模经济为基本导向和以保持市场竞争活力为基本导向。

一国政府在制定中小企业政策时，不仅要根据特定国家的经济发达状况，更要依据不同产业的特征而定。

2. 医药产业中小企业政策内容

虽然国家目前提出要提高医药产业集中度，但是医药中小企业在增加就业、促进经济增长、科技创新与社会和谐稳定等方面具有不可替代的作用，对国民经济和社会发展具有重要的战略意义。因此在提高产业集中度的同时，扶持中小企业发展。

但是医药中小企业面临经营压力大、成本上升、融资困难和税费偏重等问题。融资问题难尤为突出，针对这些问题国家出台了一系列扶持中小企业的政策。

（1）财税支持政策

《国务院关于进一步支持小型微型企业健康发展的意见》指出国家对中小企业财税方面的扶持政策主要体现在以下几点：一、对中小企业施行税收优惠政策，如提高增值税和营业税起征点，将小型微利企业减半征收企业所得税政策，延长到2015年

底并扩大范围；二、加大对中小企业财政支出力度，2012 年对中小企业投资总规模由 128.7 亿元扩大至 141.7 亿元，以后逐年增加；三、建立中小企业发展基金，基金的资金来源包括中央财政预算安排、基金收益、捐赠等。四、安排不低于年度政府采购项目预算总额 18% 的份额专门面向小型微型企业采购等。

（2）金融支持政策

国家鼓励银行等金融机构提高对中小企业的放贷水平。通过支持符合条件的小企业上市融资、发行债券。等形式拓宽中小企业融资渠道，鼓励担保机构提高中小企业担保业务规模，降低对中小企业的担保收费。

（3）推动中小企业调整结构政策

《医药工业十二五规划》提出，支持中小企业发展技术精、质量高的医药中间体、辅料、包材等产品，提高为大企业配套的能力。鼓励中小企业发挥贴近市场、决策迅速、机制灵活的特点，培育一批专业化水平高、竞争力强、专精特新的中小企业，促进形成大中小企业分工协作、协调发展的格局。

（4）建立企业孵化器

企业孵化器指一个集中的空间，能够在企业创办初期举步维艰时，提供资金、管理等多种便利，旨在对高新技术成果、科技型企业和创业企业进行孵化，以推动合作和交流，使企业"做大"。

医药企业孵化器的作用就是要根据生物医药产业的供应链要求，有效地整合国内、国际的相关机构的资源与优势，将产、研、学有机地结合起来。建立由政府、科研机构、企业、金融等机构组成的高效运行的生物医药创新平台，有效地发挥群体的协同作用。孵化器通过提供专业化的硬件设施、专业化的管理团队，专业化的产学研网络，专业化的发展资金解决了中小医药研发设备投资巨大、GMP 认证等中小医药企业的成长道路上的重重壁垒。通过孵化器可实现：中小企业与大型企业组成联合研究体；作为高校及研究机构的风向标，使科研与产业良性互动；分散新药开发的风险。

（三）医药企业反垄政策

医药反垄断政策主要是政府干预医药企业行为的政策。具体有以下几项政策：

1. 禁止限制竞争协议

限制竞争协议是两个或者两个以上的市场主体以协议、决议或者其他联合方式实施的限制竞争行为。禁止限制竞争协议是反垄断政策的核心内容。

限制竞争协议可分为两类：一类是具有竞争关系的企业之间签订的横向限制竞争协议，另一类是上下游企业之间签订的纵向限制竞争协议。市场上同类产品的生产经营者都是竞争者，为了避免两败俱伤，它们在竞争中又会联合成为同盟者。它们之间签订的协议被称为横向限制竞争协议，其协议内容通常是：确定、维持或变更商品的价格；串通投标；限制产品的市场供应数量、质量；限制交易地区或交易对象；限制购买新技术或新设备；共同阻碍进入市场或者排挤竞争对手。纵向限制竞争协议是指不同生产经营阶段的企业订立的限制竞争协议。例如，销售商要求生产商给予地域保护；生产商向批发商、零售商提供商品时限制其转售价格等。纵向限制竞争协议限制一方协议当事人与第三方订立合同的自由，限制某个生产阶段的竞争，限制销售数量、销售区域、销售对象等。这些横向限制竞争行为和纵向限制竞争行为，都属于反垄断政策禁止的范围。

2007 年颁布实施的《中华人民共和国反垄断法》第十三条明确规定，"具有竞争关系的经营者禁止达成以下六种垄断协议：（一）固定或者变更商品价格；（二）限制商品的生产数量或者销售数量；（三）分割销售市场或者原材料采购市场；（四）限制购买新技术、新设备或者限制开发新技术、新产品；（五）联合抵制交易；（六）国务院反垄断执法机构认定的其他垄断协议。"

2. 禁止滥用市场支配地位

市场支配地位是指企业的某种特定产品在特定市场范围内具有主导地位，使其他企业处于从属、被动的状况。垄断企业滥用市场支配地位的表现形式是：不正当地确定、维持、变更产品的价格；不正当地改变或调整产品的供给；不正当地妨碍其他企业活动；不正当地妨碍新的竞争者进入；其他有可能对竞争构成实质性限制或明显损害消费者的行为。

《中华人民共和国反垄断法》第十七条规定："禁止具有市场支配地位的经营者从事下列七种滥用市场支配地位的行为：（一）以不公平的高价销售商品或者以不公平的低价购买商品；（二）没有正当理由，以低于成本的价格销售商品；（三）没有正当理由，拒绝与交易相对人进行交易；（四）没有正当理由，限定交易相对人只能与其进行交易或者只能与其指定的经营者进行交易；（五）没有正当理由搭售商品，或者在交易时附加其他不合理的交易条件；（六）没有正当理由，对条件相同的交易相对人在交易价格等交易条件上实行差别待遇；（七）国务院反垄断执法机构认定的其他滥用市场支配地位的行为。"

3. 药品专利强制许可

目前，我国发明专利权的法定期限是二十年，而实用新型专利权和外观设计专利权的期限是十年，这三种专利的保护期均自申请日起计算。在专利保护期内，专利权人享有对专利的独占权。但是特殊情况下可以强制许可，强制许可是指国务院专利行政部门依照专利法规定，不经专利权人同意，直接允许其他单位或个人实施其发明创造的一种许可方式，又称非自愿许可。我国规定强制许可制度一是为对专利权人滥用权利进行惩罚；二是有助于在国家处于紧急状态时，我国政府能有效控制局面保证专利权人的利益和广大公众利益的合理平衡：

我国专利法第 48 条规定："具备实施条件的单位以合理的条件请求发明或者实用新型专利权人许可实施其专利，而未能在合理长的时间内获得这种许可时，国务院专利行政部门根据该单位的申请，可以给予实施该发明专利或者实用新型专利的强制许可。"

专利法第四十九条明确规定："在国家出现紧急状态或者非常情况，又或者是出于社会公共利益的目的的特殊情况下，国务院隶属的专利行政部门有权对发明专利或者实用新型专利给予实施强制许可。"

专利法的第 50 条给出另外一种实施专利强制许可的情况："一项取得专利权的发明或者实用新型比已经取得专利权的发明或者实用新型具有显著经济意义的重大技术进步，其实施又有赖于前一发明或者实用新型 的实施的，国务院专利行政部门根据后一专利权人的申请，可以给予实施前一发明或者实用新型的强制许可。在依照前款规定给予实施强制许可的情形下，国务院专利行政部门根据前一专利权人的申请，也可以给予实施后一发明或者实用新型的强制许可。"

知识拓展

医药产业"十二五"规划政策目标

《"十二五"期间深化医药卫生体制改革规划暨实施方案》指出要不断完善医药卫生产业发展政策体系，规范医药产业开发生产流通销售使用秩序，鼓励医药企业提高自主技术开发创新能力，推动医药产业结构的优化升级。在药品流通环节上，通过区域或者全国连锁经营，提高药品物流的效率从而解决部分农村和边远地区药品供给不足的问题，同时鼓励药品的生产企业、药品经销等流通企业进行跨区域的兼并收购或联合重组，提高企业核心竞争力，实现高效率广覆盖的流通网点。到 2015 年，力争实现全国范围的百强制药企业和药品批发零售企业的销售额分别占其行业总销售额的 50% 和 85% 以上的目标。鼓励推动处于药品流通末端的零售药店健康快速发展。不断完善执业药师的管理体系，规范执业药师制度。严厉打击不利于医药产业健康持续发展、扰乱医药市场秩序的违法违规行为如挂靠经营、买卖税票、生产经营假劣药品、发布虚假药品广告、行贿受贿。

认真落实《国家药品安全"十二五"规划》，不断提高药品质量安全有效水平，实施严格的药品标准制度和药品生产质量管理规范。全面提高仿制药的安全有效性，力争到"十二五"期末，实现仿制药质量有效性达到原研药效果的国际先进水平。大力发展科技创新研发能力，鼓励自主创新研发，积极开展"重大新药创制"等国家科研专项计划，提高我国药品研发创新能力和水平。加强药品质量安全监管，确保所有企业生产企业符合新版的药品生产质量管理规范，确保所有医药经营企业都认真实施药品经营质量管理规范，实行药品全品种电子跟踪监管，对国家基本药物和高风险药物实行全品种覆盖抽验，确保药品的安全性、有效性。

（四）医药产业政府规制

1. 医药产业进入规制

我国医药产业进入规制包括企业进入规制和产品进入规制两方面。企业进入规制指政府对潜在进入医药市场的企业实施规制。产品进入规制指对上市销售的药品实施规制。

对企医药业进入市场规制内容有药品生产企业许可证制度、药品生产和经营质量管理规范认证制度、医药产品规制措施实施主要是药品注册管理制度。

（1）许可证制度

许可证制度是我国医药企业市场准入的基准条件。主要目的一是将医药企业纳入依法经营、接受政府监督的范围；二是对进入医药产业的企业数量和资质进行控制。许可证制度要求企业必须达到政府规定的基本条件才能进入医药市场获。我国主要对药品生产企业与药品经营企业实施许可证制度。

我国药品管理法的第七条和第八条明确规定了药品生产企业准入的相关要求。第七条规定药品生产企业进入须具备一定的资格即："开办药品生产企业，须经企业所在地省、自治区、直辖市人民政府药品监督管理部门批准并发给《药品生产许可证》，凭《药品生产许可证》到工商行政管理部门办理登记注册。无《药品生产许可证》的，不得生产药品。"药品管理法的第八条规定药品生产企业必须符合以下四种条件：（一）具有依法经过资格认定的药学技术人员、工程技术人员及相应的技术工人；（二）具有与其药品生产相适应的厂房、设施和卫生环境；（三）具有能对所生产药品进行质量管理和质量检验的机构、人员以及必要的仪器设备；（四）具有保证药品质量的规章制度。

另外，药品管理法对药品经营企业进入资格和条件也做了具体要求。《药品管理法》第十四条规定："开办药品批发企业，须经企业所在地省、自治区、直辖市人民政府药品监督管理部门批准并发给《药品经营许可证》；开办药品零售企业，须经企业所在地县级以上地方药品监督管理部门批准并发给《药品经营许可证》，凭《药品经营许可证》到工商行政管理部门办理登记注册。无《药品经营许可证》的，不得经营药品。"接着，第十五条明确指出："开办药品经营企业必须具备以下条件：（一）具有依法经过资格认定的药学技术人员；（二）具有与所经营药品相适应的营业场所、设备、仓储设施、卫生环境；（三）具有与所经营药品相适应的质量管理机构或者人员；（四）具有保证所经营药品质量的规章制度。"

（2）GMP 认证和 GSP 认证

药品管理法实施条例明确规定了药品生产质量管理规范（GMP）认证和药品经营质量管理规范（GSP）认证是企业进入医药行业的重要条件。药品管理法实施条例的第六条规定："新开办药品生产企业、药品生产企业新建药品生产车间或者新增生产剂型的，应当自取得药品生产证明文件或者经批准正式生产之日起 30 日内，按照规定向药品监督管理部门申请《药品生产质量管理规范》认证。"第十三条规定："新开办药品批发企业和药品零售企业，应当自取得《药品经营许可证》之日起 30 日内，向发给其《药品经营许可证》的药品监督管理部门或者药品监督管理机构申请《药品经营质量管理规范》认证。"

全面实施药品生产和经营质量管理规范一方面保证药品质量，另一方面是提高进入医药产业的门槛，改善医药产业市场结构。

世界卫生组织上世纪 60 年代开始组织制订药品 GMP，我于 1998 年颁布实施 GMP，在 2004 年第一次在全国强制性推行 GMP。2011 年我国发布了新版的 GMP《药品生产质量管理规范》（2010 年修订），新版 GMP 历经 5 年修订、两次公开征求意见。1998 年版 GMP 的实施，在提升我国药品质量、确保公众用药安全方面发挥了重要的作用，取得了良好的社会效益和经济效益。随着经济的发展和社会的进步，WHO 及欧美等国家和地区药品 GMP 的技术标准得到很大的提升，新的理念和要求不断更新和涌现，我国现行药品 GMP 需要与时俱进，以适应国际 GMP 的发展趋势。

国家食品药品监督管理局规定，自 2011 年 3 月 1 日起，凡是新建的药品生产企业或者是现有药品生产企业新建的（改、扩建）车间都须符合最新版的《药品生产质量管理规范》（2010 年修订）的要求。现有药品生产企业血液制品、疫苗、注射剂等无菌药品的生产，应在 2013 年 12 月 31 日前达到《药品生产质量管理规范》（2010 年修订）要求。其他类别药品的生产均应在 2015 年 12 月 31 日前达到《药品生产质量管理规范》（2010 年修订）要求。未达到《药品生产质量管理规范》（2010 年修订）要求的企业（车间），在上述规定期限后不得继续生产药品。

新版 GMP 对硬件设施和软件管理两方面提出了要求。GMP 认证提高行业门槛，基础差的中小型企业势必将被淘汰或兼并，对新进入企业也有了更高的进入壁垒，因此有利于提高制药行业的产业集中度。

（3）药品注册管理制度

我国药品注册管理制度是对药品上市许可的政策性进入壁垒，主要通过药品批准文号制度来实施。新建药品生产企业在进入市场以后，并不能生产药品，而必须通过药品注册程序就其生产的每种药品分别取得药品批准文号后才能合法生产药品并上市销售。药品管理法中第三十一条给出："生产新药或者已有国家标准的药品的，须经国务院药品监督管理部门批准，并发给药品批准文号；但是，生产没有实施批准文号管理的中药材和中药饮片除外。实施批准文号管理的中药材、中药饮片品种目录由国务院药品监督管理部门会同国务院中医药管理部门制定。药品生产企业在取得药品批准文号后，方可生产该药品。"我国药品注册申请主要包括新药申请、仿制药申请、进口药品申请、补充申请和再注册申请。

2. 医药产业进入规制的效果

在药品生产环节，我国药品生产能力居世界前列，但制药企业数量多、规模小、行业集中度低、成本高、研发能力弱，没有体现出药品市场的规模效应。

目前，中国医药批发企业近 1.3 万家，由于企业数量众多，规模小，无法达到规模经济运营条件下的低成本优势。在 1.3 万家批发企业中，年销售额超过 2000 万元的只有 800 多家，不到总数的 5%，前三大医药商业企业的市场份额为 19.23%，前十大批发商的年销售额之和也仅占批发行业总销售额的 27.7% 左右。

可见我国在医药企业进入规制上的效果并不是很理想。主要原因有：在我国，企业一旦进入某一行业，想要退出就非常困难了，即便是企业长期处于亏损的状态，特别是在国有企业的退出方面，受诸多因素的制约，我国至今还没有建立一个健全的国有企业市场退出机制。当准备退出市场时，企业面临诸多困境，比如下岗职工不好安置、商业银行和地方政府部门不希望企业破产、企业兼并重组面临诸多困难、产权交易市场尚不活跃等等。很显然，在企业已经大量进入，但是又难以退出市场的情况下，产业分散化就成为一个必然的结果。

（五）药品价格规制

药品价格规制是国家相关部门和机构出于经济性和社会性双重目的，干预和控制药品价格的政府规制行为。

1. 药品价格规制的理由

药品作为商品的一种，在市场经济条件下其价格应当由市场来调节，之所以对药品价格进行规制，主要有以下几方面的原因：

第一，药品价格缺乏弹性，需要政府价格规制。药品的需求价格弹性是非常小的，当价格下降或者上升很多时，其需求量的变化是非常有限的，这使得药品的生产商、经销商等故意操作价格成为可能，所以政府需要对药品价格进行干预。

第二，药品市场存在市场失灵需要政府对药品价格进行规制。对于一般商品，消费者在整个消费过程中起着主导作用，而对于药品的消费，由于消费者不具备疾病诊疗用药的专门知识，所以必须由医生进行诊断、开处方，药品使用的品种和数量由医生决定。药品消费过程中存在信息不对称，会导致药品价格不合理。因此需要政府规制。

第三，医疗卫生服务中的公共卫生服务具有福利性质和公共产品的性质，不能完全由市场来调节。药品作为医疗卫生服务的重要组成部分，无疑具有公共产品的性质，获得基本治疗药物是每个人的基本健康权益，政府有责任来保障每个公民在需要时获得基本药品。因此医疗卫生服务市场需要发挥政府"有形之手"的作用，不能任由市场自发的调节。

2. 药品价格规制的内容

在对药品价格规制的过程中，应该从国民经济整体发展的需要出发，既要保证药品价格合理水平，也要关注医药行业的发展。因此，药品价格规制的目标应包括两个方面：

一方面提高医药研发水平与生产效率，促进医药行业的持续健康发展。医药行业具有高投入、高风险、投资周期长的特点，政府在制定药品价格规制政策时，要保证医药生产企业具有一定的自我积累、不断扩大投资规模的能力，以保持医药行业可持续发展。此外，政府还需要通过一定的药品价格规制政策和措施，形成具有竞争性的刺激机制，促使医药企业进行技术革新和管理创新，优化组合生产要素，以实现最大生产效率。

另一方面药品价格控制在合理范围内，保证药品的可及性与公平性。药价虚高、药品费用的不合理增长必然影响到药品消费的可及性与公平性，同时也给政府造成巨大的舆论压力和财政支出压力，因此药品价格规制应该将药品价格控制在合理范围之内。

新中国成立后药品价格一直纳入政府规制的范围。《中华人民共和国价格法》第三条和十八条规定："我国大多数商品和服务价格实行市场调节价，极少数商品和服务价格实行政府定价和政府指导价，实行政府定价或政府指导价的商品和服务的范围是与国民经济发展和人民生活关系重大的极少数商品的价格。"药品属于与人民生活关系重大的商品，因此属于政府规制的范围。2005年10月18日，为积极推进药品价格管理改革、加强药品价格监管、提高药品价格决策的科学性，国家发展改革委员会正式成立药品价格评审中心。药品价格评审中心根据国家发展改革委药品价格调控计划，组织开展药品生产经营成本和药品市场实际购销价格调查，测算药品成本和价格，组织专家进行评审，提出药品价格制定或调整的建议。

目前我国对药品价格政府规制的措施主要有：政府定价、药品集中采购制度、国家基本药物制度等。

（1）政府定价

《药品管理法》的第五十五条规定："依法实行政府定价、政府指导价的药品，政府价格主管部门应当依照《中华人民共和国价格法》规定的定价原则，依据社会平均成本、市场供求状况和社会承受能力合理制定和调整价格，做到质价相符，消除虚高价格，保护用药者的正当利益。药品的生产企业、经营企业和医疗机构必须执行政府定价、政府指导价，不得以任何形式擅自提高价格。药品生产企业应当依法向政府价格主管部门如实提供药品的生产经营成本，不得拒报、虚报、瞒报。"其中，政府定价即由政府价格主管部门按照定价权限和范围制定价格。政府指导价，是由政府价格主管部门按照定价权限和范围规定基准价格及浮动幅度来对经营者制定价格进行指导。国务院价格主管部门对国家基本医疗保险药品目录中纳入的甲类药品和生产经营具有一定垄断性的药品价格的制定负责；省级价格主管部门则对国家基本医疗保险药品目录中纳入的乙类药品、中药饮片及医院自制剂价格的制定负责。

国家发改委 2000 年颁布的《药品政府定价办法》中规定"政府定价要综合考虑国家宏观调控政策、产业政策和医疗卫生政策，并遵循以下原则：（一）生产经营者能够弥补合理生产成本并获得合理利润；（二）反映市场供求；（三）体现药品质量和疗效的差异；（四）保持药品合理比价；（五）鼓励新药的研制开发。"

目前，我国由政府制定价格的药品的范围是被纳入国家基本医疗保险药品目录的药品及生产经营具有一定垄断性的药品。之所以对这些药品采取政府定价，是因为这是保障人民群众的生活质量、医疗福利和切身利益的首要条件。

目前进入流通领域的药品有 13500 多种，其中：列入政府定价目录的药品只有 1535 种，约占市场流通药品的 10% 左右，却占销售额的 40% 左右。政府定价药品目录中，属中央政府价格主管部门制定价格的 600 种，属省政府价格主管部门制定价格的 900 多种。政府定价的药品又分为两个部分：一部分是《国家基本医疗保险药品目录》所列药品（包括地方按规定增补的部分品种）；另一部分是《国家基本医疗保险药品目录》以外的生产经营具有垄断性、特殊性的药品：包括①专利药品；②麻醉药品；③一类精神药品；④按国家计划生产并由国家统一收购的避孕药品和器具；⑤计划免疫药品。

在政府定价药品中，为了引入市场竞争机制，鼓励医疗机构之间、零售企业之间、医疗机构与零售药店之间展开竞争，政府只制定和公布最高零售价格，允许医疗机构、零售药店低于政府规定的零售价格销售。

（2）建立药品集中招标采购制度

建立药品集中招标采购制度是以降低药品价格和药品在流通领域的费用为目的所做的一项政策上的尝试。药品监督管理局、卫生部等五个部门在 2000 年发布了《医疗机构药品集中招标采购试点工作若干规定》，这标志我国在医疗机构当中开始了药品集中招标采购制度的推行工作。所谓的药品集中招标采购，指的是由医疗机构的集中采购机关（或采购中心）向厂家和药品经销部门等发出通知，并在规定的时间与地点进行公开的招标，根据质量好和价格低的原则来确定中标单位，而后在相关部门的监督下，供需双方签订购销合同的这么一种采购方式。在我国建立该制度，是期望通过采取集中采购的方式来减少药品流通的环节，从而降低流通领域中发生的费用，并通过公开信息的手段防止医疗机构在药品的选择过程中抬高药价，最终达到降低社会医疗的药品费用的目的。《医药工业十二五规划》提出要完善药品集中采购机制和办法，探索建立综合评价指标体系，切实落实"质量优先、价格合理"的原则，加强对供货主体、采购主体和采购全过程的监督，实现公平竞争和优胜劣汰。

（3）建立国家基本药物制度

2009 年 8 月 18 日，国家卫生部、发改委等九部委印发了《关于建立国家基本药物制度的实施意见》，这标志我国正式开始了建立国家基本药物制度的工作。国家基本药物制度涉及了基本药物的遴选、流通、生产、使用、定价和报销等环节。国家把基本药物都纳入到基本医疗保障药品目录中，以促使人们选择基本药物。基本药物制度的建立，可以促进基本药物的足量生产和合理利用，从而维护人民的基本用药权利。

国务院关于印发"十二五"期间深化医药卫生体制改革规划暨实施方案中，强调完善国家基本药物目录。方案规定根据各地基本药物使用情况，优化基本药物品种、类别，适当增加慢性病和儿童用药品种，减少使用率低、重合率低的药品，保持合理的基本药物数量，更好地满足群众基本用药需求。《医药工业十二五规划》提出要对基本药物的价格进行动态管理，推动建立统一定价机制，发挥价格引导作用，确保基本药物生产供应。

3. 药品价格规制的效果

虽然政府对药品价格进行规制有其必要性和重要性，但是也应该看到，政府的作用并不是万能的，单独对药品价格予以规制，而忽视整个医疗卫生体制的联动性和不可分割性，并不会取得预期效果，往往是改革的成本大、成效小。

（六）药品质量规制

药品质量管制就是政府行政机构根据法律授权对药品研发、生产、流通、使用全环节中的药品质量的规制行为。

与其他普通产品不同的是，药品作为一种后验商品，药品本身具有很强的毒副作用，不仅在研发、生产过程中，而且在药品流通和储存过程中有很严格的要求，一旦在任何一个环节发生问题都会对患者产生重大的影响。就药品监管的历史来看，因药品质量安全问题所导致的严重药害事件，如"海豹儿"事件、"达尔康"事件等，给人类产生了惨痛的历史教训，促使药品监管的产生和发展。正是由于药品的特殊性，要求政府对于药品的研发、生产、流通及消费的各个环节设定严格的质量标准，并进行严格的监管，保证药品质量安全、有效、可控。

目前对于药品质量规制的措施主要有：药品质量标准制度、药品注册制度、不良反应监测和报告制度。其中药品注册制度已在前一节详细的讲述，此处不再赘述。前一节中药品注册制度是对药品进入市场的规制，但是这种规制最终的目的是保证进入市场的药品质量，因此它也属于药品质量规制的内容。

1. 药品质量标准制度

为了保证药品质量，我国对药品研发、生产、流通、使用全环节都制定了指标质量标准。

《药品管理法》第二十九条规定："研制新药，必须按照国务院药品监督管理部门的规定如实报送研制方法、质量指标、药理及毒理试验结果等有关资料和样品，经国务院药品监督管理部门批准后，方可进行临床试验。"第三十二条规定："药品必须符合国家药品标准。国务院药品监督管理部门颁布的《中华人民共和国药典》和药品标准为国家药品标准。"

2. 药品生产质量管理规范

我国 1988 年开始公布推行药品生产质量管理规范（Good Manufacture Practice，简称 GMP），经过 1992 年和 1998 年两次修订和依法实施，截至 2004 年 7 月 1 日，实现了所有药品均在符合药品 GMP 条件下生产的目标。实施药品 GMP 取得了良好的社会效益和经济效益。但受当时经济发展条件所限，有些规定过于宽泛，有些制度存在缺失，不能适应新形势下药品生产质量管理的要求，在理念、制度和标准上落后于世界卫生组织药品 GMP。因此，我国 2005 年启动了新版药品 GMP 修订工作，主要参考世界卫生组织药品 GMP 的标准，充分考虑我国医药产业实际，并针对我国药品质量现状和以往药品质量事件暴露的问题，结合五年来药品专项整治的经验进行论证吸纳。新版药品 GMP 与之前相比，标准要求更高，内容更加全面，制度和措施更加具体可操作，基本达到了世界卫生组织药品 GMP 的标准。

国家食品药品监督管理局对新版药品 GMP 的实施已做出要求：2011 年 3 月 1 日起，凡新建药品生产企业、药品生产企业新建（改、扩建）车间均应符合新版药品 GMP 的要求。现有药品生产企业血液制品、疫苗、注射剂等无菌药品的生产，应在 2013 年 12 月 31 日前达到新版药品 GMP 要求。其他类别药品的生产均应在 2015 年 12 月 31 日前达到新版药品 GMP 要求。未达到要求的企业（车间），在上述规定期限后不得继续生产药品。新版药品 GMP 制度的实施，有利于提升药品质量安全水平。

3. 药品经营质量管理规范

药品在其生产、经营销售过程中由于内外因素作用，随时有可能发生质量问题，必须在所有这些环节采取严格的措施，因此我国除了制定药品生产质量管理规范，还制定了药品经营质量管理规范（Good Supply Practice，简称 GSP）。GSP 用于控制药品在流通过程中所有可能发生的质量事故因素，从而尽可能防止质量事故的发生。

我国对 2000 年的 GSP 进行了修订，将于 2013 年 6 月份施行，新版的 GSP 在以前的基础上进行了大量的修订。新版 GSP 克服了现行规范管理范围局限于药品的流通环节这个问题，将 GSP 的使用范围合理地延展到药品的生产和流通环节涉及药品储存、销售及运输等活动，对药品质量进行从生产、储存到运输流通、配送直至销售和终端使用的全过程的有效控制，消除了现行规范中存在的生产与流通的衔接、流通与使用的衔接、流通与流通的衔接及第三方物流储运等诸环节中的质量控制盲点，从而实现了切实有效的在大流通过程中进行质量控制的目的。

知识拓展

新版《药品经营质量管理规范》（GSP）的创新

新版 GSP 在形式和内容上均作了重大调整和突破，体现了当今医药流通行业发展的最新管理水准，紧跟国际药品流通规范的最新理念。

（1）供应链全程管控

新版本 GSP 克服了现行规范的管理范围的局限问题，对药品质量实施了从生产出厂、运输到流通储存、配送直至销售及使用终端的全过程有效控制，实现了真正全面质量控制的目标。

（2）建立质量风险防范机制

新版 GSP 预防质量管理的理念是在流通管理的购进、销售、储存、运输等各环节强化建立有效的质量事故预防管理机制，明确实施 GSP 的最高目标是通过建立有效的质量管理机制防止出现质量问题，并杜绝发生质量事故。

（3）突出药品质量安全控制

新修订稿在质量监管理念上要求企业质量管理的目标要上升到确保人民群众用药的安全有效的高度。在这个理论的基础上，企业的质量管理不仅要保证经营过程中药品本身的质量可靠性和稳定性，还应承担起所经营药品的安全可靠的责任。

（4）鼓励运用现代医药物流技术

本次修订稿中对现代物流的理念、管理模式、技术应用、设备配置进行了要求。现代医药物流模式的提出及推进，将为下一步我国药品流通行业向专业化、规模化、第三方物流的发展做好技术准备，对整个行业顺应医改政策的深度推进奠定基础。

（5）GSP 实施的实效性

新版 GSP 改变了以前只注重相应条件要求，而忽视了体现相应管理目标有效性的目的，在各项管理要求上均提出了明确的目标，鼓励企业积极采用有效、科学、先进的方法，实现质量控制的各项目标，让 GSP 真正起到实效。

来源：医药经济报

4. 药品不良反应的监测和报告制度

所谓的药品不良反应，指的是合格药品在正常的用法、用量下出现的意外的或者与用药目的无关的有害反应。因此，不良反应监测和报告制度是药品质量规制的重要内容。

自 2011 年 7 月 1 日起施行《药品不良反应报告和监测管理办法》对药品不良反

应报告和监测做出了详细的规定。《药品不良反应报告和监测管理办法》第三条规定："国家实行药品不良反应报告制度。药品生产企业（包括进口药品的境外制药厂商）、药品经营企业、医疗机构应当按照规定报告所发现的药品不良反应。"

5. 执业药师制度

根据我国《执业药师资格制度暂行规定》，执业药师是指经全国统一考试认证合格，取得《执业药师资格证书》，并经注册登记，在药品生产、经营、使用单位执业的药学技术人员。执业药师的重要职责是审核处方、指导公众合理用药，是保障用药安全、保证药学服务质量的重要技术力量。目前世界绝大多数国家和地区，执业药师在职在岗为患者面对面提供药学服务，是药店开办和营业的必要条件。但在《国家药品安全十二五规划》出台之前我国对零售药店执业药师的配备使用缺乏刚性规定，在全国各地不同程度地存在执业药师不被使用的情况，执业药师的服务水平也参差不齐。医院药房尚未实施执业药师制度。

为强化对公众合理用药的指导，《国家药品安全十二五规划》首次明确提出了在药店和医院药房配备执业药师的刚性要求。即自 2012 年开始，新开办零售药店均须配备执业药师；到"十二五"末，所有零售药店法人或主要管理者必须具备执业药师资格，所有零售药店和医院药房营业时有执业药师指导合理用药。逾期达不到要求的，取消药品销售资格。

药品质量规制的效果

国家通过出台了一系列政策措施，加大了政府投入，形成了较为完备的药品生产供应体系，基本建立了覆盖药品研制、生产、流通和使用全过程的安全监管体系，药品安全状况明显改善，药品安全保障能力明显提高。药品安全事件应急处置能力大幅提升，药品安全事件逐渐减少。但是，仍然存在一些企业片面追求经济效益，牺牲质量生产药品。医疗机构以药养医状况未明显改善，临床用药监督有待进一步加强，零售药店和医院药房执业药师配备和用药指导不足，不合理用药较为严重。不法分子制售假药现象频出，利用互联网、邮寄等方式售假日益增多，有些假药甚至进入药品正规流通渠道，药品安全风险仍然较大。同时，药品安全法制尚不完善，技术支撑体系不健全，执法力量薄弱，药品监管能力仍相对滞后。

（七）药品广告规制

1. 药品广告规制的必要性

药品广告是指药品生产者或者经营者承担费用，通过一定的媒介和形式直接或间接地介绍自己所推销的药品的商业活动。药品广告不同于其他商品广告，具有自身的特殊性，这是由药品具有特殊性所决定的。在指导安全用药、合理用药方面，药品广告起到了十分重要的作用，因此，需要对药品广告行为进行规制。

2. 药品广告规制的内容

目前对于药品广告规制的措施主要是药品广告审批制度。药品广告审批主要针对药品广告的发布资格和药品广告内容。

《药品管理法》第六十条规定了药品广告发布的资格："药品广告须经企业所在

地省、自治区、直辖市人民政府药品监督管理部门批准，并发给药品广告批准文号；未取得药品广告批准文号的，不得发布。"处方药可以在国务院卫生行政部门和国务院药品监督管理部门共同指定的医学、药学专业刊物上介绍，但不得在大众传播媒介发布广告或者以其他方式进行以公众为对象的广告宣传。

《药品管理法》第六十一条对药品广告内容做出了规定：药品广告的内容必须真实、合法，以国务院药品监督管理部门批准的说明书为准，不得含有虚假的内容。药品广告不得含有不科学的表示功效的断言或者保证；不得利用国家机关、医药科研单位、学术机构或者专家、学者、医师、患者的名义和形象作证明。非药品广告不得有涉及药品的宣传。

自2007年5月1日起施行的，由国家工商行政管理总局和国家食品药品监督管理局《药品广告审查发布标准》对药品广告的内容做了详细的规定。《药品广告审查发布标准》第十条规定：药品广告中有关药品功能疗效的宣传应当科学准确，不得出现下列情形：（一）含有不科学地表示功效的断言或者保证的；（二）说明治愈率或者有效率的；（三）与其他药品的功效和安全性进行比较的；（四）违反科学规律，明示或者暗示包治百病、适应所有症状的；（五）含有"安全无毒副作用"、"毒副作用小"等内容的；含有明示或者暗示中成药为"天然"药品，因而安全性有保证等内容的；（六）含有明示或者暗示该药品为正常生活和治疗病症所必需等内容的；（七）含有明示或暗示服用该药能应付现代紧张生活和升学、考试等需要，能够帮助提高成绩、精力旺盛、增强竞争力、增高、益智等内容的；（八）其他不科学的用语或者表示，如"最新技术"、"最高科学"、"最先进制法"等。

第十二条规定药品广告应当宣传和引导合理用药，不得直接或者间接怂恿任意、过量地购买和使用药品，不得含有以下内容：（一）含有不科学的表述或者使用不恰当的表现形式，引起公众对所处健康状况和所患疾病产生不必要的担忧和恐惧，或者使公众误解不使用该药品会患某种疾病或加重病情的；（二）含有免费治疗、免费赠送、有奖销售、以药品作为礼品或者奖品等促销药品内容的；（三）含有"家庭必备"或者类似内容的；（四）含有"无效退款"、"保险公司保险"等保证内容的；（五）含有评比、排序、推荐、指定、选用、获奖等综合性评价内容的。

当前，尽管我国在立法、执法和司法方面已经取得了一些成效，对药品广告的发布起到了一定的规范作用，但违法发布药品广告的现象在各种媒介仍然具有一定的普遍性，违法药品广告仍然屡禁不止。

案例分析

复方利血平垄断案

复方利血平是列入国家基本药物目录的抗高血压药，每片零售价格仅为0.08元，全国目前有1000多万高血压患者长期依赖此药，而且主要是中低收入群体，每年的消费量约为80－90亿片。

复方利血平的主要原料为盐酸异丙嗪，仅有辽宁省东港市宏达制药有限公司（以下简称辽宁宏达）和辽宁省东港市丹东医创药业有限责任公司（以下简称辽宁医创）生产。

2011年6月9日，山东潍坊顺通医药有限公司（以下简称山东顺通）和潍坊市华新医药贸易有限公司（以下简称山东华新）分别与辽宁宏达、辽宁医创分别签订产品代理销售协议书，垄断了盐酸异丙嗪在国内的全部销量。协议规定：第一，山东顺通与山东华新分别独家代理销售这两家盐酸异丙嗪生产企业所生产的盐酸异丙嗪原料，第二，明确约定这两家盐酸异丙嗪的生产企业没有经过山东顺通与山东华新的授权不得向第三方发货。

常州制药厂、亚宝药液、中诺药业、新华制药是我国生产复方利血平的最大四家企业，市场份额占全国75%以上，由于上述销售协议，这四家公司无法从原渠道买到盐酸异丙嗪。山东两家企业与这四家企业协商，表示可以提供盐酸异丙嗪，但这四家企业必须先将复方利血平的价格从1.3元/瓶提升到5元/瓶~6元/瓶。这四家企业没有接受山东两家企业的要求，山东两家公司就把原料销售价格从178元每公斤，一下提高到每公斤2600元，提价幅度达到14.6倍。从2011年7月起，常州制药厂等四家企业相继被迫停产，仅靠库存维持向医疗机构供货。山东两家企业为了自己的一己之利，即控制原材料生产企业，又控制药品成品企业，破坏了国家基本药物招投标制度，最终损害的是我们国家低收入的需要吃抗压药的群体。

2011年11月14日国家发改委依据《反垄断法》的规定，责令山东两公司立即停止违法行为，解除与盐酸异丙嗪生产企业签订的销售协议；对山东顺通没收违法所得并处罚款合计687.7万元，对山东华新没收违法所得并处罚款合计15.26万元。

本章小结

1. 从总体上介绍产业政策概念、作用、理论基础、分类等方面的内容，让学生对产业政策总体上有个把握。具体阐述了产业布局政策、产业结构政策、产业组织政策、产业技术政策内容。

2. 系统地阐述政府规制的概念、理论依据、规制方式。针对规制方式详细介绍了目前政府规制采取的主要方式：进入退出规制、数量规制、质量规制、价格规制、资源规制。

3. 详细阐述医药产业政策和政府规制，在医药产业政策中主要介绍了医药产业结构政策和产业组织政策两方面。医药产业政府规制主要从医药产业进入退出规制、价格规制和质量规制方面介绍。

思考题

1. 什么是产业政策？如何理解产业政策的作用？
2. 产业政策有哪些特征？
3. 产业政策的常见目标和手段有哪些？
4. 产业政策的含义及其包括的主要内容？
5. 保证产业政策实施和产生效能的主要手段有哪些？
6. 谈谈我国医药产业政策的取向？

第十章

国内外医药产业发展概况

【教学目标】

本章介绍了世界主要发达国家和主要发展中国家的医药产业发展概况并简要探讨了世界医药产业的未来发展趋势。通过本章的学习，使读者全面了解国内外医药产业的发展现状，并初步掌握主要发达国家医药产业的发展战略及其竞争优势，同时对发展中国家医药产业发展面临的主要问题及应对措施有较深认识，思考全球医药行业的未来走向。

【教学要求】

1. 了解：国内外医药产业的发展历史、发展现状、发展战略。

2. 熟悉：国内外医药产业的产业政策，世界医药产业的未来发展趋势。

3. 掌握：主要发达国家医药产业竞争力的研究分析。

4. 重点掌握：发展中国家医药产业发展面临的主要问题及路径探索。

第一节　发达国家医药产业

医药产业经过一百多年的持续高速成长，于 21 世纪初期，随着生物技术的迅速发展与广泛应用进入了一个前所未有的全新发展阶段，成为具有广阔市场前景和巨大增长潜力的朝阳产业，被世界许多国家和国内各省各地区竞相列为重点扶持发展的战略产业。相比较国外发达国家医药产业的发展现状和发展水平而言，中国医药产业发展仍显稚嫩。深入研究国外主要发达国家医药产业的变化历程、发展现状、布局环境，对于推动其医药产业快速发展的多个影响因素进行分析并根据分析得到的结果来总结其成功经验，为积极推进我国医药产业健康高速的可持续发展提供重要借鉴和参考意义。

一、发达国家医药产业发展概况

（一）美国

早在 20 世纪初，在当时属于生产型的美国制药工业并不强大。第一次世界大战给美国医药产业带来决定性影响，当时大量的德国药品被给予专利并在美国经许可生产；部分美国制药公司开始注重开发新产品，相继设立研发机构，但自主研发一开始主要限于证实质量、提纯和化验。随着第二次世界大战的爆发，对高效抗菌素进行工业化制造的需求迫在眉睫，辉瑞公司（Pfizer）采用其特有的深罐发酵技术首次实现了青霉素的大规模生产，这让当时在业界籍籍无名的辉瑞公司一跃成为制药巨头。截止第二次世界大战结束，其青霉素产量已经占据全球产量的半壁江山。

二战后是美国制药业发展的辉煌年代，其一举代替德国成为世界制药业头号强国。1946～1950年间，国际制药工业中的研发优势在二战期间已明显转移到了美国，仅在1941～1963年这22年间的新药发现成就大约60%为美国所有。这一时期是美国医药产业的快速拓展期，制药企业发现新药的途径不断变化，从研究天然物质转向天然物质修饰，到化学合成并筛选出有效的全新化合物。链霉素、氯四环素、氯霉素、土霉素是第一批对广谱抗生素探索的结果；伤风抗素剂苯海拉明是第一个上市的抗组胺剂；氯化筒箭毒碱肌肉松弛剂和凝血酶成为新的手术辅助药物。这些处方药物均受知识产权保护，暂时满足了市场上对止痛药、抗炎药、心血管用药和中枢神经系统药品的需求，使得处方药市场急剧扩大，一批当前耳熟能详的制药巨头，如：辉瑞、默克、施贵宝等，都是在此时脱颖而出并获得丰厚的收益。据统计，1954～1978年间，每年新药回报率达20.9%，药品市场的巨大利润回报促使制药企业更加重视科研工作，制药企业的研发热情持续高涨，这也标志着美国制药企业已逐步从大规模的生产型过渡到研发型。

20世纪80年代，仰赖光谱学和计算机技术的发展，医药产业出现了两股创新浪潮。第一个浪潮建立在新兴学科分子生物学基础之上，即DNA重组和遗传工程学的重大发展；第二个浪潮的建立基础是生物化学、酶学和微生物学的重大突破。新药研发途径的新主张"以设计获得发现"（discover by design）也丰富了以往仅依靠通过化合物实体的随机试错的新药发现模式。众多具有新作用机制的开创性药物因而进入市场，包括心血管药物、中枢神经系统药物、抗病毒和逆转录病毒感染的药物等，特别是治疗HIV（人体免疫缺陷病毒）和艾滋病的药物有所突破。整个80年代，FDA（美国食品药品监督管理局）批准的新分子实体数为217个，比70年代多出47个，而90年代更是达到了顶峰，总数为301个。生物技术产业的蓬勃发展也引发了资本市场的热情，80年代末90年代初是美国生物制药资本狂热期，中期因科技股泡沫破灭进入了短暂的低迷期。但在2000年，人类基因组计划（Human Genome Project，HGP）的实施拉开了第二次生物技术革命的序幕。HGP揭开了许多疾病的产生机制，为疾病的诊治提供了科学依据，药物设计也开始转向靶向研究，生物制药行业重整旗鼓，公司数量和研发投入仍然维持高位。这一时期，由于制药技术进步和医疗保障体系逐渐完备，美国的医疗保健支出也呈现持续上升的趋势，处方药支出快速增长，药品消费支出增速加快。

经过几十年的发展，目前美国生物医药及其产业化领域已在世界范围内确立了绝对优势，生物技术也已成为美国高技术产业发展的核心动力之一。全球前十大生物制药企业美国占据了大半江山，其生物医药专利数量稳居全球第一。美国的生物医药产业主要集中于加利福尼亚、马萨诸塞和新泽西地区，三地占全美生物制药企业总数的38%；生物医药产品销售额占全球生物医药产品市场的90%以上。当世界其他国家的基因工程刚刚迈过初步的技术应用门槛，有一些国家着手于进一步的更广范围的推广和更深层次的应用时，美国已经以超越时代技术的速度将基因工程的研究对象完成了从微观个体基因扩展到宏观生物系统跨越性转变。凭借这种超越时代的技术优势，美国建立起唯我独尊的第三代生物技术标准，并对各种前沿学科的理论和技术进行融合，领导新一波的生物科技革命浪潮。在这个新科技革命浪潮的推动之下，生物技术产业开始进行跨学科跨领域的融合，如与计算机技术、生物芯片技术、组合化学合成技术、纳米技术、高通量筛选技术等学科或领域融合，这种融合不仅促进了原有理论和技术的发展，正如杂交植物产生新品种一样，也开辟了很多全新学科和领域。由于本国及国际法律法规都对干细胞等少数领域进行了严格约束，这些生物技术的少数领域也受到了来自人文伦理以及政治利益等多方面的限制，使得其发展被严重地人为限制，但是，除此之外，美国的绝大多数生物技术无论是研究深度还是研究方向，都处于前沿尖端水平。作为全球生物医药发展中心，美国建立起领先全球的技术国际优势、拥有最多数量的人才和成果储备；其产业链发展周期已进入成熟阶段，各专利保护法案构筑起得力的法律保护体系，丰富多样的金融产品带来合理资本市场结构，除此之外，还形成在不同主导因素下的发展良好的产业集群，为生物技术发展创造了优越的产业环境。

（二）欧洲

1. 英国

英国的制药工业历史悠久。早在1928年，世界上第一种抗生素——青霉素由英国细菌学家亚历山大·弗莱明（Alexander Fleming）首先发现，后英国病理学家霍华德·弗洛里（Howard Florey）与德国生物化学家钱恩（Chain）实现对青霉素的分离与纯化，并成功的用于治疗疾病，三人因此共同获得1945年诺贝尔生理或医学奖。青霉素的发现结束了传染病几乎无法治疗的时代，从此制药业出现了研发抗菌素新药的高潮，人类逐渐进入合成新药的新时代。

第二次世界大战刚刚结束，当时英国首屈一指的化学公司帝国化学工业集团（Imperial Chemical Industries，ICI）推断化学最令人兴奋的新商业应用将出现在药理学领域，因此成立制药部门并聘请詹姆斯·布莱克（James Black）为首批药物研究员之一。布莱克及其团队最终发现了β受体阻滞剂，用于治疗高血压和心脏病，他发明的药物心得安（propranolol）时至今日仍为世界各地的无数心脏病病人使用。ICI的制药部门迅速实现盈利，不久该部门从母公司剥离作为捷利康公司（Zeneca）独立上市，其市值甚至超过了母公司。六年后，布莱克加入史克公司（Smith Kline）利用β受体阻滞剂背后的科学原理——干扰人体中对化学刺激作出反应的受体可应用于其他病症，研发出抗溃疡药泰胃美（Tagamet）并大获成功。葛兰素公司（Glaxo Smith Kline）采用相同原理研发的抗溃疡药胃得（Zantac）畅销全球，苦苦挣扎的葛兰素也因此一跃成为全球领军企业。布莱克因其卓越成就获得诺贝尔生理或医学奖，被誉为"英国制药业之父"。

数据显示，1952～1988年，英国科学家在与药品有关的研究领域获得的诺贝尔奖项高达20个。这一成就不仅得益于英国制药企业对新药研发的重视，而且得益于英国政府不遗余力的支持。1981年设立的生物记录协调指导委员会（Coordinating Commission for Biological Recording, CCBR），负责引导全国生物技术从基础研究到产业化的发展，采取各项措施（如政策激励、税收支持等方式）促进工业企业、科研机构加大对生物技术开发研究的资源投入和智力投资。全球前十大生物制药企业中，英国企业的数量仅次于美国。20世纪90年代中期，欧洲医药鉴定局（The European Medicines Evaluation Agency）将总部设在英国伦敦，作为欧洲医药工业的政策制定者，以其在制药行业及临床治疗领域独家审批的地位成为欧洲制药行业的重要组织，更促进了英国制药行业的发展。

如今，英国的制药工业在世界上居于领先地位，其药品消费虽只占全球市场份额的3%，但却凭借两大制药巨头葛兰素史克公司（Glaxo Smith Kline）和阿斯利康公司（Astra Zeneca）而成为世界药品主要出口国之一，并借助来自企业和科研机构院校的支持而形成了生物制药的重要研发基地。在面临来自全球多个生物医药集群竞争的挑战中，英国的伦敦地区以来自伦敦、牛津、剑桥等地高等院校学科实力及科研实力为依托，其生物制药技术研发形成了独步全球的"伦敦生物产业集群"，这个产业集群不仅仅局限于生物制药技术，也成为英国最大的综合性研发基地。其他地区，如爱丁堡和曼彻斯特等，也都凭借各自的区域优势，吸引汇聚众多生物制药企业研发中心及科研院所机构，并在克隆技术、干细胞和癌症研究等领域独树一帜。

由于企业兼并重组等原因，英国制药公司的绝对数目有所减少，现有生物技术制药公司270多家，数量约占欧洲同类公司的1/4，并拥有葛兰素史克和阿斯利康等世界一流的制药公司。基础性的医药研究由政府机构和维尔康基金（Wellcome Trust）资助，独立的慈善研究机构承担了1/3的人类基因项目，世界上最畅销药物有1/5是在英国的实验室完成研发。如：阿斯立康公司的抗癌药物他莫昔芬（Nolva-dex），葛兰素史克公司治疗呼吸道疾病的药物沙美特罗（Serevent），辉瑞公司治疗性功能障碍的药物万艾可（Viagra），默克公司治疗偏头疼的药物利扎曲坦（Maxalt）以及礼来公司的抗精神病药物再普乐（Zyprexa）。

英国政府非常重视制药工业的发展，成立了专门机构对制药行业的竞争环境、技术要求以及出口收入等方面进行详细评估及提出相应对策，种种优惠政策和良好产业环境使得世界级生物技术制药公司对英国青眼有加，纷纷加大投资，这种源源不断的资金和人才支持，形成了英国医药产业的活水，确保了英国医药产业能够持续健康快速发展，并保持其全球生物制药业的领先地位。

2. 德国

自古以来，最早的药品一直是从天然动植物和矿物中采集和提炼，直到化学药品的出现才打破了这种状况。19世纪80年代，即第二次工业革命时代，在欧洲莱茵河流域出现了最早的制药公司。其中，德国的制药工业成为这一时代的世界翘楚，现代制药工业正式开始的标志亦源于此。其一是法国化学家巴斯德（Louis Pasteur）和德国细菌学家科赫（Robert Koch）在微生物学和免疫学领域的革命性成果为血清抗毒素和疫苗类药品的出现打下了坚实的研究基础；其二是由当时德国化工业巨头赫切斯特公司（Hoechst）基于煤焦油首先研发合成的化学药品。在同一时期，如今赫赫有名的美国制药企业却还只扮演着优秀的渠道分销商的角色，那对移民美国的德国表兄弟一手创立的辉瑞公司此时仍籍籍无名。

1897 年，德国拜耳公司（Bayer）首次成功合成出了高纯度且化学性质稳定的乙酰水杨酸——这就是风靡全球的止痛药"阿司匹林"，作为人类历史上第一种化学合成药品，它开启了人类自主研发制造药剂的时代。两年后，阿司匹林首次进行了商标注册，该商标成为全世界使用最广泛、知名度最高的药品品牌，被人们称为"世纪之药"，为拜耳公司带来难以想象的巨额利润的同时，更奠定了拜耳公司在全球医药领域的领导地位。其后数十年，磺胺药、广谱抗生素、心脑血管药、皮肤抗真菌药、糖尿病药等新产品相继从拜耳的制药实验室诞生。

然而，德国制药大跨步地扩张和持续的强势因两次世界大战之败戛然而止，失去了"世界制药中心"的地位，这个曾经发明了阿司匹林的国度因错过了 20 世纪 70 年代生物技术革命的发展契机显得处处落伍。美国制药巨头默克公司曾是德国默克公司的子公司，但在第一次世界大战之后就与德国母公司脱离了关系。美国先灵葆雅公司（Schering-Plough）前身则是德国先灵北美分公司，均由德国药剂师恩斯特·先灵（Ernst Schering）创建，但二者已于数十年前正式脱钩。曾经的化工业巨头赫切斯特也被合并，新的赛诺菲安万特公司（Sanofi-Aventis）彻底抹平了赫切斯特公司的德国特征。赫切斯特的遭遇或许正如同德国制药企业在世界制药舞台上的地位一样，当生命科学和生物技术日益充实进传统制药行业并逐渐成为制药界的明星时，德国制药从新兴朝气的开创者转变成了拘谨守旧的没落贵族。

作为老牌的制药大国，德国仍拥有雄厚的技术基础，在生物技术方面获得了众多新的研发成果，生物技术产业仅次于美英两国。尽管如此，由生物技术研发成果转化成的药品往往是由美国或英国的企业而非德国本土企业来完成并实现市场化。例如 2005 年获德国生产许可的 140 种活性物质中，仅仅只有 6 种是由德国本土制药企业生产制造。为帮助德国制药业在生物科技时代迎头赶上世界先进水平，重振世界老牌制药强国的雄风，德国联邦教育与研究部（BMBF）专门制定了《德国制药业计划》（2007～2011），加强生物制药领域有关各方的联系与合作，促进德国制药的未来新发展。

进入 21 世纪后，以拜耳等为代表的德国制药企业在并购重组、生物技术、拓展新兴市场等多方面迈出了自己的步调，其谨慎、坚定、踏实的节奏带领德国制药工业逐渐回归全球制药前沿的舞台。近几年，德国生物技术产业呈现出积极增长的发展趋势，1996 年至今的年增长率都在 30% 以上，快速的增长强化了德国作为欧洲生物技术研发中心之一的地位，德国对医药公司的投资水平也仅次于美国。作为非专利药品接受度最高的国家之一，德国市场的一半份额被合格的非专利药品占据。自 2006 年起，德国成为欧洲医药临床试验领域的领导者；2008 年更是一跃成为欧洲第

一、世界第三大医药市场。目前，作为全球最大的化工和医药保健企业之一的德国拜耳集团在生命科学、高分子材料以及医药保健等众多领域均位居业界前列。

值得注意的是，德国的植物药产业颇具特色。作为植物药生产大国，德国在生产和研究方面明显领先于世界，是全世界植物药上市品种最多的国家之一，在国际市场有很强的竞争力。不仅影响欧盟草药法规的制订，也影响到美国的决策。

3. 瑞士

旅游、金融、精密机械、制药工业是瑞士人引以为傲的四大经济支柱产业。虽然瑞士的国土面积仅有四万多平方公里、人口数量甚至还比不了中国的一个普通的地级市，但是瑞士在全球制药行业拥有举足轻重的分量和话语权。

欧洲作为现代制药产业的发源地，个中翘楚非德国和瑞士莫属。与德国制药工业受两次世界大战拖累不同，有着悠久中立国传统的瑞士在世界制药业举足轻重的地位却从未被质疑，其拥有的诺华（Novartis）和罗氏（Roche）两家全球跨国制药企业在世界制药企业前十强中稳占两席。与此同时，瑞士孕育出不少具有较强实力的制药公司，这些公司放在世界上也同样保持着一流水平，如曾是欧洲最大的生物技术公司雪兰诺（Serono），当初与美国安进（Amgen）和基因泰克（Genentech）并称为世界生物制药公司三巨头；众多中小型制药企业中，爱可泰隆（Actelion）和巴塞利亚药业（Basilea）均是巴塞尔地区的后起之秀。

虽然瑞士制药企业数目只有英国的一半，但是近年来瑞士逐年都在加大对生物技术产业的投资，现在对于生物技术产业的投资总额相当于整个欧洲的40%，仅次于美国排名全球第二。瑞士每年的研发支出在欧洲位居第四，仅次于英国、法国和德国，约占国内生产总值的2.7%。2010年，瑞士医药市场达到49亿瑞士法郎（合40亿欧元）；药物出口总额则是本土市场总额的近7倍，超过400亿美元（合273亿欧元），其中欧盟药物进口中有41.5%来自瑞士。自2000年以来瑞士的药物进出口贸易顺差就不断增加，为瑞士制药行业及相关产业提供了大量就业机会。由于瑞士在新药研发中常扮演领航者的角色，国内消费者亦热衷于购买专利药，过去瑞士国内很少有制药公司对仿制药感兴趣。而现如今这一现象正逐渐改变，仿制药占国内医药市场的份额正逐年增加，2011年已达到约12%。

作为国际一流的生物技术科学研究中心，瑞士在生命科学领域方面的人均专利授权数、人均科学论文发表数以及科学论文平均影响因子均居世界第一位。瑞士著名的四个生物科技产业聚集区——日内瓦－洛桑（BioAlps）、巴塞尔（BioValley Basel）、苏黎世（Zuerich MedNet）和提契诺（BioPolo Ticino）共有生物技术公司约200家，区内驻有世界级医药和生物技术公司及其总部，这些具备稳定良好产业环境的生物科技产业聚集区不仅有欧洲腹部的优越地理位置，还集中了大量优秀的研究人员，这样集聚区很容易地汇集了各所国际著名高等院校和生物科技研究中心，同时对于金融产品的需求还吸引了大批风险投资和种子基金，奠定了良好的生物医药产业发展基础。此外，瑞士政府着力营造适合于生物产业发展的土壤，土壤的养分来自学术研究、社会氛围、产业孵化以及商业环境等，使瑞士成为全球范围内培育和壮大生物技术公司的首选之地。

作为欧盟主要的贸易伙伴，地处欧洲腹地的瑞士凭借其优越的地理位置，为了各类资源的配置和调运提供了极大的便利，天然成为生物技术产业发展的理想场所，并的确是生物技术和产业发展的重要创新区域，成为欧洲医药市场的重要力量。经过数百年的积累沉淀，瑞士已经实现了"欧洲小国家，制药大梦想"。

4. 瑞典

瑞典是伟大的化学家、发明家和工程师阿尔弗雷德·诺贝尔（Alfred Bernhard Nobel）的故乡，素有"创新之国"的美称，尤其在生物技术、制药和医疗设备领域居国际重要领先地位。作为欧洲第四大生物技术国，瑞典拥有一系列影响世界的医学发明，如 1952 年的第一台可植入人体心脏起搏器、1968 年的第一台头部伽玛刀等，药物开发和生物农业则是瑞典现今最活跃的生物科技研究领域。

瑞典的制药工业历史悠久，底蕴浓厚。1911 年和 1913 年创建的法玛西亚（Pharmacia）和阿斯特拉（Astra）两家制药公司对瑞典现代生物制药的发展影响深远。20 世纪 60 年代早期，有关 β 受体阻滞剂的研究备受瑞典制药界重视，并因此催生了一系列创新药物，如：由哥德堡制药公司于 1965 年研发的用于治疗心绞痛的药物心得舒（Aptin）；由隆德市德拉科（Draco）制药公司于 1966 年研制成功的抗哮喘药物博利康尼（Bricanyl）；由哈斯勒（Hassle）制药公司于 1970 年研发的降压药美托洛尔（Seloken），这三种药物可谓是当时瑞典有史以来最成功的药物。

及至现代，瑞典仍然是各学科高质量研究成果论文发表的高产国家。其在神经科学和免疫学领域的学术论文数居世界第一，在分子生物学、遗传学、微生物学、生物化学、生物物理学、细胞学等领域的论文数居世界第二，这为瑞士奠定了生命科学领域的国际地位。2010 年，瑞典已有生命科学相关企业 800 余家，产业门类齐全，涵盖了药物研发和生产、医疗技术和器械、诊断技术和设备、生物材料、医药产业咨询及风险投资等领域。其中，雇员数少于 100 名的中小型生物技术企业约占 93%。从行业分布看，药物研发或诊断企业占 54%，生物技术及医疗器械设备占 21%。瑞典的中小型生物技术企业自主创新意识强，积极为国际知名制药企业、瑞典大型食品企业提供技术平台、服务和雏形产品。

就地理位置而言，瑞典生物技术公司呈带状分布，主要集中在三个地区：一是斯德哥尔摩 – 乌普萨拉地区（Stockholm – Uppsala），这里是瑞典东部生物技术中心，也是欧洲最大的生命科学集群，汇集了世界知名大学和各类研究机构，如医学研究中心卡罗林斯卡研究院、乌普萨拉大学城、皇家理工学院等；该地区聚集了全国 58% 的生物技术公司，如法玛西亚、阿斯利康、通用医疗等知名跨国公司。这一地区主要开展应用微生物学、免疫学、内分泌学、糖尿病、自身免疫性疾病、神经科学和癌症领域的研究。二是哥德堡地区（Goteborg），作为仅次于首都斯德哥尔摩的第二大城市，该地区聚集的医药企业数量占全国的 19%，药物研发和临床研究是哥德堡地区生物技术发展的重点，临床研究所（CRI）和临床试验管理中心（NMCT）都是与医科大学附属医院共创的合同研究企业（CRO），直接参与跨国临床研究网络。三是隆德 – 马尔默地区（Lund – Malmo），该地区紧邻丹麦首都哥本哈根，与其共同形成北欧著名的药谷（Medicon Valley），是欧洲三大生命科学产业带之一。区内聚集了 100 多家生物技术企业，数量占全国的 18%；并建立了有 250 个学术团体参与的基础研究网络。隆德大学及其附属医院合资建立了瓦伦堡神经科学中心，重点开展神经退行性病变、休克、神经再植、中枢神经系统细胞信号传递等方面的研究。于2013年在隆德动工、于2019年开始运行并于2025年全部完工的欧洲散裂中子源项目总投资14.8亿欧元，项目建成后将成为在材料、生命科学、能源、气候等领域全球最先进的研究中心。此外，瑞典北部最大的大学城乌米奥（Umea）也是瑞典北部生命科学产业重镇。该地区的生物技术企业主要从事新药开发、生物技术仪器和生物制造等业务，数家全球知名的生物库也坐落于此。林彻平地区（Lingkoping）标志性的医药产业则是医疗仪器的开发和生产。

政府研发投入、种子基金、风险投资是瑞典生物医药创新及产业发展的经济保障；跨国医药企业领军、中小企业自主创新、知识产权保护体系健全、合同研究机制成熟、临床研究体系发达等优势，使瑞典欧洲临床研究中心地位愈加稳固。

（三）日本

日本作为现今亚洲制药强国，其制药工业虽历史悠久但早期发展缓慢且依赖进口，多来源于中国医师和中国家庭手工业经过简单加工制造的传统中草药物。江户年间大阪市道修町的药剂师即为这类药师的典型代表，这些药剂师的后代创建了如今的竹田化学工业公司和小野制药株式会社；日本制药龙头武田制药公司亦坐落于大阪市道修町。随着19世纪60年代明治维新改革的推进，日本迅速引进大批欧洲进口药物，将其重新加工以满足药物"口味本土化"；同时大量进口西方国家的先进制药生产设备和技术，很大程度上改变了过去原始粗糙的制药过程。

第一次世界大战的爆发切断了日本药品一贯的进口来源，日本医药进口进程被迫终止。但这也推动了日本政府积极采取一系列制药鼓励措施，大大促进了日本制药公司的蓬勃兴起，国产仿制新药层出不穷。与第一次世界大战期间日本医药产业蓬勃发展的情况恰恰相反，第二次世界大战前所未有的重创了日本医药产业：大规模的空袭严重破坏了化学工业的产业设施，原料药生产、新药研发几乎停滞，日本医药产业陷入瘫痪状态。尽管如此，日本优良的传统发酵技术却得以保存，为道垣克彦等专家在抗生素领域的研究打下了技术基础。而战后抗生素需求激增与高额利润也吸引了各大日本制药企业甚至是化学、食品等相关行业的企业积极投资抗生素的研发与生产。日本医药产业因此逐渐得到恢复和发展，直到1990年以前，日本抗生素的生产总值在各类药品中始终蝉联榜首，占全部药品生产总值的20%。

20世纪五六十年代，日本在美欧等国的大力支持下制定了"引进－改良－模仿－吸收－自主开发"这一循序渐进的医药产业"蚕食政策"，最大可能的引进各项专利技术和先进的制造设备，日本政府因此迅速摆脱了二战阴影，医药产业总产值呈现跳跃式增长，这奠定了日后日本成为亚洲医药强国的基础。

进入20世纪70年代，各国药品管理体制全面改革，严格限制新药审批，单靠技术引进已无法满足医药市场需求，因此日本的医药产业政策不得不转向自主研发导向。1976年日本修订了《专利法》，法案加大对知识产权的保护，极大提升了研发的动力，进一步促进了日本的新药研发。得益于此，日本医药企业出现了一波发展潮，20世纪70年代末80年代初也被称为日本医药企业发展的黄金时期。1975～1978年，日本最大的十家制药企业的营业额平均增长30%～60%，比同期内美国高出 4~6 倍；1970~1982 年，日本医药产业的产值增速为世界第一，并与美国共处于全球新药研发核心圈，日本医药产业的自主研发能力已不容置疑。

20 世纪 90 年代，受日本经济不景气的影响，医药产业减少了研发投入，国内医药市场略现萎缩。但随着 1995 年日本加入 WTO（世界贸易组织），医药产业发生巨变。由于西方制药巨头步步紧逼，纷纷逐鹿日本市场，长期固步自封的日本公司只能纷纷兼并以面对来自强大的国际竞争对手的挑战。步入 21 世纪后，日本的生物技术市场规模迅速扩大，呈逐年增长态势，以基因工程、蛋白质工程、酶工程、细胞工程为代表的现代生物技术广泛应用于医药领域。与此相对应，日本的生物科技企业数量显著增加，现有企业数 334 家，基本形成完整的产业集群。与其他国家不同的是，日本各高校相继设立的技术转移机构（Technology Licensing Organization，TLO）的功能在生物科技方面远没有得到充分发挥，日本制药公司在生物技术研究领域始终占据了主导地位，而且日本政府的生物技术发展战略目标则始终围绕着商业性开发研究，在基础研究方面仍然存在不足。总体而言，日本在生物技术开发方面较落后于欧美，但越来越具有国际竞争力，亚洲制药强国的地位愈加稳固。

值得一提的是，日本的药妆产业独具特色，各大药妆品牌享誉亚洲，发展势头良好。其综合了药店、日用品店及化妆品店里的医药用品、健康食品和化妆品，按照药品 GMP（药品生产质量管理规范）标准生产，顺应了消费者对安全、健康、美丽、低价的需求而获得快速增长。截至 2012 年，日本药妆门店总数已逾 3 万家，销售额达 10 兆日元，约合 913 亿美元。日本消费者已将药妆店作为选购护肤品的首要场所。

知识拓展

世界医药行业发展的阶段性特征简介

按照制药技术和制药企业的制度创新过程，世界医药产业的百年发展史大致可分成以下三个主要阶段：

第一阶段（19 世纪中期~20 世纪中期）：现代制药工业起源于莱茵河畔的瑞士和德国，以瑞士汽巴（Ciba）、山德士（Sandoz）和德国拜耳（Bayer）为代表。英美两国医药制品的批量生产和专业制造则开始于 19 世纪后期。在这一初始阶段，所谓创新药物主要是基于已有的有机化学进行药物改良后投入生产，或从自然原料中加以分离提取，几乎没有严格正规的药品监测来确保药品的安全性和有效性。

第二阶段（第二次世界大战期间~20 世纪 60 年代末）：二战中，青霉素的商业化和对抗生素的高度需求标志着医药行业向研发密集型产业过渡。制药企业纷纷建立内部研发机构，重点研究化学药品结构和商业化的制药生产技术。在这一过渡阶段，新药研发途径以随机筛选为主，研发速度较以前大大加快。

第三阶段（20 世纪 70 年代至今）：公共保健研究基金促进了生理学、药理学和细胞生物学的进步，医药行业开始更直接受益于各类研究成果。分子遗传学和基因技术开创了生物技术在药物研发和生产的新时代。医药行业也逐步出现了典型的"三高"特点——高投入，高风险，高回报。

二、发达国家医药产业竞争力源泉

（一）优秀的医药研发实力

1. 政府的作用

各国政府在医药产业的发展中起了相当关键的引导作用，通过设立专门的组织领导和协调机构，营造医药产业发展环境，为生物医药产业的成长和壮大奠定了重要基础。如：协调美国医药企业和政府间关系的生物技术工业组织（BIO）、英国最大的生物技术领域研发机构医学研究委员会（MRC）和生物技术与生物科学委员会（BBSRC）以及负责德国生物技术产业发展的主要机构联邦教研部（BMBF）等。

同时，各国政府建立多元化的投资渠道，制定生物科技发展宏观战略规划，对生物技术产业进行资金扶持。如瑞士资助生物科技基础研究和针对性研究的国家科学基金会（SNSF）和资助生物技术研发应用的联邦技术和创新委员会（CTI）、英国的生物研究计划 Bio – Wise、德国的生物技术框架计划（Bio – Profile、Bio – Chance、Bio – Future）、瑞典创新局（Vinnova）概念验证计划等。各国政府对生物技术产业的直接投资和资助，提供的充足研究经费是各国生物医药产业不断取得发展的重要保证。

各国政府审时度势定位明确，重视基础研究，科学选择重点。在生物医药企业的早期研发阶段，各国政府在行政保护、财政预算、税收政策等方面均给予企业诸多优惠，干预有力。如英国进行税制改革，对小型生物技术企业减免 20% 的公司税；年研发投入超过 5 万英镑的生物技术企业可享受 150% 的税前抵扣；对尚未盈利的中小企业，其研发投入可预先申报税收减免，以此鼓励企业投资和技术创新。而在成果产业化阶段，政府一般只履行服务和引导职能，较少介入企业的股权投资和运行管理，企业的市场化运营成就了各国生物医药产业的高效运营和产出。

此外，政府制定的一系列相关药品法案和法律法规是医药产业健康发展的强有力的法律保障，通过健全法律法规加强合作研究、鼓励创新并促进技术转移，规范和营造生物技术产业发展的良好环境。

2. 企业的作用

在政府的政策扶持和市场的良性运作下，生物医药企业能够获得良好的生存和发展空间。但制药企业自身才是医药产业创新体系中的主导力量。企业通过生产的原始积累奠定一定基础，又受利润驱使积极投入研发，拥有独占权的专利药品从而获得丰厚回报，从而为企业的下一轮研发提供更加坚实的基础，这一良性循环逐渐形成了企业内部有效运转的技术创新机制。目前，以跨国制药公司为代表的生物技术研究投资总额已超过政府资助，其在生物技术产业发展中所发挥的作用越来越大。

2012 年，全球制药巨头前十强的研发投入均在 40 亿美元以上，占销售额的 11%—23%。相比 2011 年的研发投入，全球生物制药公司研发投入前二十强有 7 家公司投入减少，其中减幅最大的是当今世界最大的生物制药公司辉瑞。但这并不意味着辉瑞不重视新药研发，相反，辉瑞通过"营销＋并购，研发后进"的商业策略来弥补研发弱势，提升研发实力，研发仍然是辉瑞确立制药领域竞争优势的战略核心。从表 10-1 中可以看出美国著名生物技术公司吉利德科学公司（Gilead Sciences）的增长幅度高达 43.2%，增幅高居榜首。紧跟其后的是以色列最大的跨国制药公司梯瓦制药，增幅达 23.8%，也是全球生物制药前二十强中唯一来自欧美国家之外的制药公司。这些数据均表明，处于药物研发金字塔顶端的原研药虽然研发风险高，但因其巨大的利润潜力，原研药仍是全球制药巨头争抢的主要领域。

表 10-1 全球生物制药公司研发投入二十强对比（2008~2012）单位：亿美元

公司名称	2012 年	占 2012 年销售额比	2011 年	占 2011 年销售额比	2012 研发投入增幅	2008 年	占 2008 年销售额比
诺华	93.32	16.5%	95.83	16.4%	-2.6%	72.17	17.4%
罗氏	89.90	18.6%	85.64	19.0%	5.0%	93.83	19.4%
美国默克	81.64	17.3%	84.67	17.6%	-3.5%	48.05	20.1%
辉瑞	78.70	13.3%	90.74	13.9%	-13.3%	79.45	16.5%
强生	76.65	11.4%	75.48	11.6%	1.6%	75.77	11.9%
赛诺菲	64.51	14.1%	63.05	14.4%	2.3%	59.96	16.6%
葛兰素史克	59.58	15.0%	60.19	14.6%	-1.0%	55.27	15.1%
礼来	52.78	23.4%	50.21	20.7%	5.1%	38.41	18.9%
阿斯利康	52.43	18.7%	55.23	16.4%	-5.1%	51.79	16.4%
雅培	43.22	10.8%	41.29	10.6%	4.7%	26.89	9.1%
百时美施贵宝	39.04	22.2%	38.39	18.1%	1.7%	35.12	19.8%
安进	32.96	19.8%	31.16	20.4%	5.8%	30.30	20.6%
拜耳	20.52	14.5%	20.39	15.6%	0.64%	19.46	14.8%
诺和诺德	19.16	14.0%	16.92	14.5%	13.2%	13.81	17.2%
吉利德科学	17.60	18.7%	12.29	15.2%	43.2%	7.218	14.2%
塞尔基因	17.24	32.0%	16.00	34.1%	7.7%	9.312	43.6%
德国默克	15.82	18.7%	16.34	20.6%	-3.2%	14.30	21.4%
梯瓦制药	13.56	6.7%	10.95	6.0%	23.8%	8.02	5.8%
百健艾迪	13.35	24.2%	12.20	24.2%	9.5%	10.72	26.2%
百特国际	11.56	8.1%	9.46	6.8%	22.2%	8.68	7.0%

3. 高校和科研机构的作用

高等院校和科研院所在医药产业创新体系和发展过程中的作用非常重要。在任何历史时期、任何经济体制下，大学和科研机构主要从事的基础研究为整个医药产业乃至全社会创造公共利益，极大促进了生物技术水平的发展。以英国为例，位于剑桥的桑格研究院（Sanger Institute）是世界上最重要的生物技术研发中心之一，约三分之一的人类基因研究项目在此进行，是研究成果转化为商业用途的重要基地；并与位于牛津、伦敦的高等院校共同形成了世界顶级的生物科技研发集群，可与美国展开积极竞争。为吸引国内外青年科学家积极参与生物科学领域的基础性和应用性研究，德国联邦教研部（BMBF）邀请他们与 BMBF 各工作组和高等院校合作，通过结构调整、联合创新来进一步改善高校及研究机构的研究能力。

而亚洲制药强国日本，其高校的成果转化较为落后。为改变这一现状，加强日本高校地独立性和商业化运作能力，日本政府颁布了一系列政策对高校教育系统进行全面改革，将专利所属收归高校所有而非研究者个人，这一所有权变化极大提高了日本高校的科研成果转化率。日本政府如此重视高校的技术转让程度，反映出高等院校和科研院所在医药产业创新体系和发展过程中的作用不可忽视。

除了通过教育与培训为医药产业创新提供新思维和新人才外，大学和科研机构与企业共建的研究组织或研究中心促进了知识创新向技术创新的转变，并且制药企业与学术机构的合作关系将为新药开发和成果转化创造双赢局面。以美国斯坦福大学为例，斯坦福大学地处硅谷中心地区，是美国生命科学和生物技术领域建树颇高的高校之一。1969 年该校组建了斯坦福技术许可办公室（OTL），负责管理斯坦福的知识产权资产，为学校内的各项科研成果申请专利并将这些专利通过谈判实行技术转让，并获得可观的报酬；而硅谷每年由此产生众多生物技术公司。OTL 模式因此成为硅谷高新技术成果转化机制的技术基础。

（二）强大的知识产权保护

以计算机为代表的信息化浪潮引领了新一轮的知识革命，作为知识革命基石的知识产权已经成为当今时代对各国来说重要的生产要素和新型的资源禀赋，成为一个国家谋求跨越式发展和参与全球化角逐的核心竞争力。在各国知识产权战略体系中，医药及生物技术领域作为对知识产权保护依赖性最高并关系到公共健康、国家经济和国土安全的关键领域成为各国技术战略重心。各国除了出于生物技术风险的考虑而加强生物技术安全性立法外，均根据自身国情，通过整合医药知识产权法律法规资源放开对生物技术产业发展的诸多限制以保护和支持本国生物技术产业发展。

以美国为例，作为医药法律的先行者，其医药知识产权保护体系最为完善，主要包括《联邦技术转移法》（Federal Technology Transfer Act of 1986）、《合作研究法》（National Cooperative Research Act of 1984）、《专利法》（United States Code Title 35 - Patents，1952）、《商标法》（Lanham Act，1946）以及最新的《美国发明法案》（America Invents Act，2011）等，这个仍然在不断完善的保护体系对加强合作研究、鼓励发明创新起到了积极作用。根据德国《专利法》（Patentgesetz，PatG）第 16 款：专利可为技术成果的产业化提供长达 20 年的法律保护；在专利有效期内，第三方还可与专利所有者协商以许可证的方式使用发明成果。瑞典和瑞士虽是国际上人类胚胎干细胞研究领域法律环境较宽松的国家，仍颁布了《干细胞研究条例》和《医学移植条例和遗传试验规范》，从不同角度规范生物技术领域的相关研究。日本也不甘落后，屡次修订《药品事务法》加快药品审批速度；修订《商业法》促进企业并购，与国外制药公司形成战略联盟。

知识产权保护是一个体系的工作，它所包含的创造、管理、运用和保护等四环节涵盖了知识产权的方方面面。因此，对于政府部门机构来说，需要在国家层面上

医药产业经济：原理与政策

进一步完善法律法规和并提供相应配套政策，为医药知识产权的创造、运用和保护提供良好的法制环境；对于医药研发企业来说，企业自身除了需要熟悉解读各种法律法规外，还要灵活运用法律法规和市场规则，针对企业量身制定知识产权保护策略，加强知识产权的管理从而保证企业自身利益不受侵犯。

（三）积极的产业政策导向

生物医药产业政策是国家在了解生物医药产业现状、前景，并结合本国发展实际及产业发展规律，对产业进行的主动干预，最终目的是促进生物医药产业发展，获得经济和社会效益。由于国情和产业基础的差异，不同国家生物医药产业政策的选择存在共性特征和个性差异。个性差异已在本节第一部分进行了详细阐述，故此处只讨论共性特征。

具体总结如下：

（1）重视产业发展战略规划的制定，以确定发展目标，明确发展方向和重点；

（2）鼓励扩大投资，并提供多种形式的资金保障和支持，如政府和非政府组织提供的资金、风险基金、税收优惠等；

（3）在组织机构管理上实施改革，适应发展的需要，如实施专门部门管理、放权独立管理等方式；

（4）大力扶持产业发展，加快产业化进程，如建立园区、孵化基地等，发挥产业集群效应，积极建构产业化平台；

（5）在生物药品审批和临床试验方面有针对性的改革程序，建立试验基地并给予资金支持，在保证安全性的同时提高效率；

（6）加强知识产权的保护，鼓励技术创新。

通过这些积极的生物医药产业政策，为医药产业营造健康良好的产业发展环境。

（四）高效的政府监管部门

建设一支高素质、专业化的食品药品监督管理队伍对生物医药产业健康持续发展意义重大。美国FDA、欧盟EMEA（欧洲药品评估局）、德国联邦药品和医疗器械管理局等食品药品监督管理机构的基本职能是通过行政和技术的手段依法对食品药品进行监管。为了实现食品药品监管的高水平、专业化和高效率，很多国家和地区建立了人员素质高、科研能力强、专业结构合理的专家型咨询委员会。科学、完善、高效的监管队伍管理制度和严格的人员准入制度以及合理的专业构成极大程度保证了医药产业的快速有序发展。

以瑞典为例，为保障居民的用药安全和经济用药，瑞典医药产品销售被国有制大药房Apotek垄断。Apotek在瑞典全国拥有950家分店，是瑞典医药产品销售的唯一指定单位，而所有医药产品、医疗器械用品和营养保健品均须具备瑞典国家医药产品署颁发的销售许可证方可上市流通销售。许可证每5年重检一次，在这5年中药品若出现任何申请许可证时未申报的副作用将立即被冻结，等待医药产品署裁决。截至2013年8月，严格的审查过程、公开的流通渠道、积极的跟进考察和定期的重检制度等使得医药产品署经手的药品无一假药，保证了医药企业在经营过程中严格遵循良好的操作规范，维护瑞典医药产业"净土"不被破坏，从另一方面调动了生物技术企业进行技术创新和成果转化的积极性。由此可见，政府的政策导向和监管作为往往对医药产业的技术产出有重大影响。

（五）成熟的营销管理和投融资体系

由于医疗服务的特殊性，不同国家医药产业政策的差异性以及社会经济发展状况等因素，选择适合医药企业生产与发展的营销模式和营销战略亦是企业长久健康发展所应重视的问题。国际制药公司现已具有科学的医药营销管理体系，多采取目标营销和学术营销战略，以产品构建核心竞争力，实行专业化高端学术推广，以"多米诺骨牌"效应完善销售网络，具体表现在制药公司基于临床试验和循证医学的原则，针对疾病特点和医药产品本身特性和疗效，通过多种方式提供交流平台（如专家研讨会，专场论坛等）与医生就诊疗方案进行科学有效地沟通，向医生传递细节内容和科学数据，帮助医生实现诊疗方案最优化，从而降低患者治疗成本，实现患者利益的最大化。以辉瑞为例，与礼来、默克、安进都一流研发创新制药企业所走路径不同，辉瑞依托其强大的销售终端控制力来弥补研发的相对弱势，并通过购买成熟技术与产品、并购有专利药的生物技术公司等大资本运作手段以提升其研发实力，进而逐步成就了辉瑞在全球制药市场上的霸主地位。

此外，成熟的投融资体系也是国外发达国家生物医药产业快速发展的动力源泉，为生物医药产业带来勃勃生机。首先，政府对生物技术基础研究和产业化生产进行大量直接资金投入是各国生物技术产业发展的基本保证。例如，在小布什当政期间，美国政府就已开始布局生物与医药产业，并将其作为新经济增长点，投入的研发费用仅次于军事科学；英国财政部于 1998 年成立了数个风险投资基金，用于支持生物技术等高技术中小企业的发展，其规模高达 2.4 亿英镑。其次，各大证券交易所是生物技术企业融资的理想平台，多种风险资本、私人股权投资基金及投资公司活跃在生命科学领域，高度发达和高效率的银行体系为生物医药产业提供全面的金融咨询和现代金融工具，这些有利条件为刚成立的生物医药公司及其业务发展的各个阶段提供了广泛的商业和金融支持，免除了制药企业的资金困扰。

第二节　发展中国家医药产业

一、发展中国家医药产业发展概况

（一）中国

我国现代医药产业起步于 20 世纪初，此时化学制药基础非常薄弱，仍以中药制成品为主。从建国初期到改革开放前夕，整个国家的医药产业一直处于恢复、重建和缓慢发展的状态。这一时期，医药产业以发展原料药为主，重点建设了以生产抗生素、磺胺、解热镇痛药为主的制药企业，上海成为全国最大的制药工业基地；药品品种和数量大幅增加，原料药基本实现自给自足；中药行业发展迅速，脱离了作坊时代，实现了工业化生产；医药产业管理渐入正轨，1964年制定的《药品新产品管理办法》是新中国成立以来第一次明确了新药定义、临床试验和生产审批具体要求的法律法规。

改革开放以来，随着国民经济的快速增长，我国医药产业的发展节奏逐渐加快。1978年至2004年医药产业总值年均递增18%，远远高于同期全国工业和国内生产总值的增长速度，是国民经济中发展最快的行业之一。同时这一水平也高于发达国家中主要制药大国近30年来平均年均递增13.8%的水平，成为当今世界上发展最快的医药市场之一。中国医药产业逐步形成了以上海为中心的长三角医药经济圈、以广东为中心的泛珠三角医药经济圈和以北京为中心的环渤海湾医药经济圈。长三角地区医药产业经济处于全国技术梯度的最高层；从盈利能力看，江苏和浙江始终引领着我国医药产业的发展趋势。泛珠三角地区以广州白云山陈李济药厂为代表，主要依靠自然资源致力于开发中药产业。环渤海湾医药经济圈则呈现出北京现代生物制药和河北化学原料药共同发展的局面。除此之外，我国医药产业的整体布局分散，产业集中度较低，行业结构趋同，各地重复建设状况严重。

21世纪是我国医药产业机遇与挑战并存的转型期。医药产业结构调整和改革力度不断加大，具体表现为化学制药行业比重逐渐下降，生物制药行业份额逐年加大，中药行业贡献力度增强，医疗器械行业地位稳步攀升，行业结构得到不断优化。2011年医药产业总产值达1.5万亿元，国内药品市场消费规模居世界第三位。

随着原料药生产技术的不断提高，制药设备日趋完善，中国自2007年以来一直是全球原料药第一大生产国和出口国。其中青霉素、维生素C、土霉素、盐酸强力霉素和头孢菌素五类品种的原料药生产和出口持续位居世界第一。然而我国大部分化学原料药长期处于"量增价跌"的窘境，利润总额占全行业比重逐年下降，销售利润率在医药行业七大子行业中最低，仅为6.9%。2010年，我国原料药出口额排名前十的品种中有7个品种均价同比下降，其中出口数量增长最快的心血管系统用药价格跌幅高达96%。2010~2012年，我国另一优势产品维生素C的出口量虽一直保持在5000~13000吨之间，但价格却从10000美元/吨直降到3500美元/吨，降幅达65%。此外，化学原料药工业生产工序多，原材料利用率低，能源消耗较高，例如每生产青霉素工业盐5吨就需耗水约200吨，企业也因此面临着不断加大的环保费用。加之我国人口红利降低导致的劳动力成本上升、国际能源卡特尔对能源价格的操纵、生产原料需求扩大产能不足，带动原料药制造成本急剧上涨，出口价格优势明显下降，我国原料药产业升级迫在眉睫。

中药是我国传统药物的总称，来源有植物药、动物药和矿物药。中药类产品是指上述药物的制成品，一般分为中药材及饮片、植物提取物、中成药和保健品。由于中药饮片出口价格高，因此中药饮片和提取物占出口总额的比例相当，分别为41.34%和40.06%；中成药和保健品占比则相对较少，分别占出口总额的12.48%和6.12%。中药产业是我国少有的拥有自主知识产权的产业之一，且历史悠久、底蕴浓厚。为继承、发展和推广中药事业，保证中药制剂的安全性，国家科技部于1998年研究制定了"中药现代化科技产业行动计划"，确立了中医药现代化战略思想，拉开了我国中医药现代化科学研究与科技产业开发的序幕。通过制定和实施GMP（药品质量管理规范）、GAP（良好农业规范）、指纹图谱等一系列规范化制度，中药现代化逐渐走上正轨。特别是中药指纹图谱技术的迅速推广引起了国内外普遍关注，广东已有6个名优中成药确定了指纹图谱，并在生产实践中用于控制产品质量，走在了全国前列。

我国生物技术药物的研究和开发起步较晚，但生物医药潜在市场庞大、生物遗传资源丰富、生物医药人才和技术储备已经具备一定基础，在国家产业政策大力支持下，生物技术产业发展迅速。1987年中共中央、国务院组织实施的国家高科技研究发展计划（即"863"计划）和1988年科学技术部实施的高科技产业发展计划（即火炬计划），这两项计划为我国生物技术产业化拉开发展大幕。1989年我国第一个具有自主知识产权的基因重组药物 α - 1b 干扰素在深圳实施产业化；我国自主研发的基因工程痢疾疫苗和霍乱疫苗是全世界同种产品中首批获准上市的新生物技术药品；2004年，经国家食品药品监督管理局批准，我国第一个拥有自主知识产权的用于治疗癌症的基因治疗药物重组人 P53 腺病毒注射液正式用于临床治疗。自2003年以来，我国生物医药产业年均增长率达到25%以上，远远高于全球生物医药市场10%以上的增速，进入了大规模生物制药产业化发展的上升阶段。如今世界上销售额前10位的生物技术药物我国已能生产8种，有13类基因工程药物被批准上市，逐步缩短了与先进国家的差距。近年来，我国生物医药产业发展速度虽快于化学药和中成药的产业发展速度，但其在中国医药产业中所占比例仍然偏低。2010年，中国生物医药产值和研发经费占中国医药产业的比重分别11.5%和11%，高速增长的良好发展态势继续延续，现已成为高技术领域的支柱产业和国家的战略重心。

近年来，我国生物技术研究不断取得重大突破和重大进展，研究成果纷纷涌现，带动了生物技术的快速发展，涉足领域不断向宽和深两个方向扩展，由此带来我国生物技术企业不断发展壮大，产业化已初具规模。"十二五"规划更是确定生物产业作为七大战略性新兴产业之一，并成为国民经济的四个支柱产业之一，由发改委高新司牵头起草国务院印发《生物产业发展"十二五"规划》，其中指出了发展目标、重点领域和主要任务，并且提供了相应的保障措施。政策支持力度的显著加大是生物医药产业不断开拓创新的推动力。

一是宏观规划以确立生物医药产业地位不动摇。早在1999年，原国家发展计划委员会和科技部编制的《当前优先发展的高技术产业化重点领域指南》中，生物技术已被确定为当前高技术产业化的十四项重点技术之一。2006年，国务院发布的《国家中长期科学和技术发展规划纲要（2006~2020）》将生物技术列为"前沿技术"，要求把生物技术作为未来高技术产业迎头赶上的重点。2007年，《生物产业发展"十一五"规划》进一步认识到生物科技革命与之前的工业革命、信息革命一样，将为世界发展提供新型资源、新技术手段、新成长途径，可以预见世界将进入生物时代，这就要求我国加强生物科技的研究，加快生物产业发展的步伐。国务院于2009年6月颁布的《促进生物产业加快发展的若干政策》，以及于2010年5月颁布的《国务院关于扶持和促进中医药事业发展的若干意见》，都将生物医药产业列为重点扶持的高新技术产业和战略性新兴产业，要求加速生物医药产业规模化、集聚化和国际化发展。2011年出台的《医学科技发展"十二五"规划》提出以重大新药、医疗器械、中药现代化为核心，发展生物医药战略性新兴产业，将自主创新作为发展医学科技前瞻性研究的战略基点，让创新成为产业发展的重要驱动力。诸多宏观政策因素为我国生物医药产业发展形成了利好影响。

二是完善立法以保障生物医药产业发展不受阻。自1985年以来，我国相继出台了《专利法》、《科技进步法》《科技成果转化法》，并施行了《新药审批办法》、《药品注册管理办法》等一系列管理办法，将生物技术产业纳入了法律体系的保护范围，初步形成了我国生物医药领域的知识产权保护法律体系。

三是强化财政支持以稳固生物医药产业经济基础。例如，通过设立生物医药产业发展专项资金，中央和地方两级财政近两年在生物医药的研发投入总额超过300亿元，逐步建立起稳定的财政投入增长机制，实现政府财政对生物医药投入的增长幅度高于政府财政经常性收入增长幅度；制定完善促进生物医药产业发展的税收支持政策，向中小创新型生物医药企业提供更优惠的税收。在融资方面，除了鼓励银行系统放宽信贷审批加大信贷支持力度之外，大力发展创业投资和股权投资基金，引导和鼓励社会资金的投入，充分利用并发挥多层次资本市场的融资功能。

四是吸引外资以丰富生物医药产业资金来源。政府通过修订外商投资指导目录，增加生物技术领域，鼓励外商投资生物技术的产品研究、开发、生产和服务，通过引入外资扩大产业发展资金来源，促进产业形成积极竞争格局。同时，政府积极支持符合条件的中小生物企业在中小企业板和创业板上市，鼓励符合条件的生物企业在境内外上市筹资。

（二）印度

直到1947年印度才完全脱离殖民统治获得独立。而在独立初期，印度国内医药市场的各个环节仍被发达国家制药企业牢牢把控，本土制药企业成长艰难。为了改变进口药一统天下的局面，扶持促进本国制药产业的发展，印度政府大刀阔斧地修改了原先一直沿用的殖民地时期颁布的专利法规。新的专利制度从严格转为宽松，取消了化合物本身的专利保护，转向只保护药品生产工艺。专利保护期限也由16年大大缩短到从专利授予日起5年或从专利申请公布之日起7年；并规定专利实施3年后，政府有权对专利进行强制许可，强制许可后的专利使用费不超过产品价值的5%。在这样有利的专利制度下，一款新药在美国经FDA审批上市直至在印度出现相同的仿制药品，所耗费的时间平均仅需三个月，可见印度仿制药企业速度之快。这一时期，印度政府还配套制定了高额关税及其他非关税贸易壁垒以限制药品进口，例如，要求跨国制药企业的印度分公司控股比例减少至40%以下。在这种高强度的保护措施下，跨国公司在印度的市场份额逐渐下滑，从20世纪70年代初的75%下降到 90 年代的 30% 左右。经过一系列努力，印度基本实现了药品的自给自足，仿制药产业迅速发展，并形成了一定的出口盈利能力。

20 世纪 90 年代初，印度独立以来最严重的国际收支危机爆发了，这迫使印度当局进行经济改革，推行市场自由化的经济政策。新经济政策的重心体现在三方面：降低贸易壁垒、吸收国际投资和放宽药品价格。时逢欧美各国的原料药生产向发展中国家转移的契机，印度制药产业迎来了第二个发展的春天。大宗原料药出口完成的资本积累、几十年仿制完成的技术积累，再加上正确的发展思路，使得印度制药企业的发展轨迹及重心开始逐渐转移——从大宗原料药出口向特色原料药出口、从仿制药物向自主研发药物、从出口亚、非、拉等非规范市场向出口欧美等规范市场进军。近年来，印度以仿制药为主的医药产业迅猛发展，不仅药品的种类和产量充分满足了国内需求，更是以其性价比在国际市场上显示出了竞争优势，并且通过加大对研究投入力度，以科研创新对企业进行反哺，培养出了一批能如兰伯西（Ranbaxy Laboratories）、西普拉（Cipla）、瑞迪（Dr Reddy's Laboratories）、太阳制药（Sun Pharmaceuticals）等与跨国公司相抗衡的大型制药企业。

1995 年，印度加入世界贸易组织 WTO，与其达成的"TRIPS"协议（《与贸易有关的知识产权协议》，Agreement On Trade – related Aspects of Intellectual Property Right）迫使印度先后三次对其专利法进行修改，明确了药品本身的产品专利，突出了知识产权保护的重要性，开始逐渐收紧专利保护制度。2005 年 1 月，印度正式实行新《专利法》，禁止印度国内制药企业仿制专利保护期内的品牌药物。尽管这一举动对印度中小型制药企业的生存产生了威胁，但是对具备较强的经济和研发实力的印度大型制药企业则具有很强的技术创新推动作用。越来越多的印度企业进一步提高了产品的研发费用，不再一味仿制，逐渐实现在产品价值链上的攀升，走上新药研发和品牌开拓的道路。

印度现已成为世界制药业规模较大、发展水平较高且发展速度较快的发展中国家之一。据印度化学品和化学肥料部（MCF）的年度报告显示，20 世纪 80 年代，印度医药工业的销售收入仅为 150 亿卢比。到 2009 年，印度医药工业销售收入已超过 1 万亿卢比（约合 210 亿美元），增长了近 70 倍，年均增速约 17%。目前，印度医药产品产量已居世界第 3 位，约占全球产量的 10%，市场销售额约占全球的 1.5%，位列全球第 14 位。截至 2009 年，印度共有医药制造企业 10563 家左右，其中原料药生产企业 2389 家、制剂生产企业 8174 家。其中 63.6% 的制药企业集中在马哈拉施特拉（Maharashatra）、古吉拉特（Gujarat）、西孟加拉（West Bengal）、安得拉（Andhra Pradesh）以及泰米尔纳德（Tamil Nadu）这 5 个邦，并集聚了葛兰素史克、辉瑞、诺华等跨国制药巨头，以及南新制药和瑞迪博士实验室等一大批本土大型制药企业。

作为医药出口重要的大国之一，印度在其生产的 400 多种原料药、6 万多种制剂中，有 60% 的原料药和 25% 的成药出口到国际市场。出口的医药产品包括医药中间体、活性药物成分、药物制剂、生物药品和临床试验服务。绝大多数是专利药品到期后的仿制品，特别是重要药物的专利过期产品，如氟西汀、环丙沙星、奥美拉唑等。

随着全球化浪潮的进一步发展，印度原先的以国内市场为核心的本土化制药工业开始转向以研发为基础、以出口为导向的全球化制药工业。综合印度制造产业的发展历史和产业数据，可以总结出其医药制造产业发展基本演变路径。如图10-1所示，这一产业发展演变也被称为"印度模式"，其本质核心是通过产品升级来实现产业价值链升级。

图10-1　"印度模式"发展路径示意图

大宗原料药中间体 → 特色原料药 → 专利仿制药（不规范市场） → 通用名药物（规范市场） → 创新药物

这一调整升级直接反映在印度制药行业整体盈利能力的不断变化上，即由最初跨国制药企业在印度获取暴利而对本土企业强硬压制的阶段，到本土企业逐步发展壮大并积极竞争以获取原始积累的阶段，再到凭借产业结构的改造升级和进军国际市场的策略调整，印度本土制药企业在世界范围的盈利水平普遍提升的阶段。

作为发展中国家的印度，其医药产业在国家产业政策的积极引导下，利用后发优势，抓住世界医药产业格局变化的外部机遇逐步积累资金和技术，以实现产业升级。印度从1978年起颁布国家药物政策，并于1986年、1994年和2002年又各颁发了修正案。各时期的药品政策根据实际情况规定了该时期保证基本药物的可及性、保证药品质量、合理用药和促进制药产业发展的一系列措施，政府的积极作用主要体现在以下四个方面：

一是保证政府对医药产业的有力协调。早在20世纪80年代中期，印度就制定了雄心勃勃的《印度医药工业十五年发展规划》，提出了生物技术产业化问题，确定了生物技术产业发展的国家发展目标。出于对生物技术产业专项协调和管理目的，印度政府1986年设立了独立的国家生物技术部（Department of Biotechnology，DBT），其前身是印度国家生物技术发展委员会（National Biotechnology Board，NBTB），全面负责和协调全国生物技术工作，是世界上最早设立类似机构的国家。同时印度政府还成立了一系列的技术任务小组、顾问委员会和专家组具体负责项目的协调、实施、监督和评估工作。国家生物多样性管理局、生物多样性理事会和生物多样性管理委员会等机构也相继成立，以加强对生物多样性和物种资源的管理和保护。

二是大力支持生物信息技术的研究。2004年印度政府颁布了《国家生物信息技术政策》，该政策着重强调了以生物信息技术行业为重点发展领域，特别是利用自身发展成熟软件产业的优势带动生物产业发展。该政策方案制定了印度生物技术产业国家发展目标和具体政策措施，以推动印度在新时期生物信息技术的发展和应用，进而增强国家的竞争力。

三是税收投资优惠政策。税收优惠旨在通过降低研究成本，促进企业积极进行研发创新活动。例如，对于关键研究项目、合同制造和临床实验所需设备和实验所需消耗品免除进口税；对制药企业的研发投入按照150%加权税率免税；将生物技术列为投资优先领域，鼓励商业银行优先向生物技术领域提供金融支持；简化生物产品进口手续以及土地流转、环境与污染控制许可的审批手续；入驻生物技术园的医药企业享受进口设备、基础设施建设以及消费品免税、营业税免税；建立生物技术产业集群，促进生物技术知识网络建设。

四是创造良好的法制环境。印度政府自 1970 年颁布了首部专利法起，已经对专利法进行数次修订，在 2005 年颁布最新《专利法》（Indian Patent Act 2005）中，大力保护软件和药品专利，允许运用化学过程生产的食品和药品取得专利。印度制药企业在 2005 年至 2006 年两年时间内，通过援引新法中的"公知技术"条款，通过向法院提出异议申请，使外国制药公司的专利在印度失去保护效果，为印度仿制药的发展争取了宝贵的时间，节省了大量的资金。2003 年，《生物多样性保护法》（the Biodiversity Act）正式实施，通过对生物资源作出明确地概念界定，以规范了生物医药行业的利益相关者在多样性生物物种资源中的商业化开发行为。此外，为保证生物技术工作者在实验室环境下的安全性，在印度生物技术部组织下，还制定并颁布了生物技术安全规则和关于遗传工程生物及其制品的生产、进口、利用、研究、保存和分发的条例。统一且明确的国家药物政策保证了一定时期内稳定的产业环境，如表 10 - 2 所示，由于能根据产业不同发展阶段制定出相应适当的引导性政策，印度的国家药物政策在印度制药产业发展中充当了非常重要的角色。

表 10 - 2　印度现行的国家药物政策

项目	主要内容
鼓励投资	● 除应用重组 DNA（脱氧核糖核酸）技术生产的药品、用于体内的核酸类药品、特殊的细胞或组织靶向药品这三类药品外，其他一切原料药及其中间体和制剂无需工业许可证
	● 允许外商投资比例从 51% 上升为 100%，且除以上三类药品外自动批准其他药品的外国直接投资申请
	● 政府控制价格的药品种类从 1987 年的 142 种药物减少为 74 种，且政府将成立药品价格控制审评委员会（DPCRC），进一步规范价格控制纳入标准
鼓励出口	● 规定为出口而进口的原料免税
	● 成立独立组织药品出口促进委员会（Export Promotion Council for Pharmaceuticals, EPCP），促进药品出口
鼓励创新	● 药品研发费的 150% 作为所得税的可扣除部分
	● 除应用重组 DNA（脱氧核糖核酸）技术生产的药品、用于体内的核酸类药品、特殊的细胞或组织靶向药品这三类药品外，自动批准其他类别的外国技术合同申请
	● 药品研发委员会（PRDC）设定可认定为研发型企业的五条金标准，药品定价可作参考
	● 科技部成立 15 亿卢比（约 3060 万美元）的药品研发支持基金（PRDSF）
	● 2005 年 1 月实行新专利法，对药品的化合物专利给予 20 年的专利保护期限

由于政府、企业、社会机构等多方的共同努力，印度生物技术产业取得令人瞩

目的成就，并且保持良好的发展势头，联合国教科文组织已把印度作为发展中国家生物工程技术培训中心，用以向其他发展中国家提供符合本国技术能力实际和相应需求的培训，与此同时，欧美等发达国家科研机构和企业研发中心也将其作为生物技术试验基地以充分利用印度本土较高性价比的生物技术资源。为了顺利进入印度医药市场，同时降低药物制造成本，不少跨国公司和医药巨头也带着技术和资本纷纷涌入印度建厂或设立子公司。根据印度生物医药产业现在的发展速度，其发展趋势可由此窥见一斑，在不远的将来印度必将成为世界上重要的生物产业大国。

（三）巴西

在世界药品市场中，拉丁美洲约占 7% 的比例，而巴西医药市场以高达 40% 的比例占据了拉丁美洲药品市场的近半江山。但在 21 世纪之前，巴西医药工业一直极度依赖进口，其制药原料的进口依赖度一度高达 75%～80%。巴西本土医药工业自 1998 年来连续 6 年均遭遇生产滑坡，直至 2004 年才终于开始实现恢复性增长。2006 年，巴西的非专利药市场取得了 38.8% 的爆炸性增长，产值超过十亿美元；到 2011 年，巴西非专利药占市场总份额的 22.8% 且增长势头强劲，现已成为拉丁美洲最大的非专利药市场。

回顾巴西生物医药产业发展，即可发现巴西政府对生物医药产业的战略性地位一直给予高度重视，于 20 世纪 80 年代中期就制定了国家生物技术计划扶持其生物技术产业的发展；并于 1992 年成立了由环境部、卫生部和农业部等 8 个政府部门组成的遗传资源管理委员会（Conselho de Gestao do Patrimonio Genetico，CGEN），制定并实施了巴西"国家生物多样性保护战略与行动计划"，优先授权维护本土文化，以及土著居民和当地社区所掌握的与遗传资源和衍生产品有关的传统知识。巴西生物技术研究较欧美等发达国家相比因技术代差而存在巨大发展差距，但是其生物技术产业却处于成长阶段，具有良好的远期发展前景，同时，其农业转基因技术已相当成熟，巴西在热带病的免疫研究和药物研究开发领域成绩显著，是世界上第一个完成植物病原体基因测序的国家。同时，巴西联邦政府投资 336 亿美元用以资助本国企业生产各种所需疫苗和争取实现疫苗自给的目标。目前，巴西是全球唯一向艾滋病患者提供全部公费医疗（包括药物、检查、住院、跟踪治疗等）的国家。

除了上述宏观规划之外，巴西政府在其他促进生物产业发展具体政策方面，采取的措施主要有：第一，财政优惠政策，通过提供税收减免、降低贷款利率等加大对生物产业间接财政支持。如对高科技企业减征所得税、工业产品税、技术出口关税和国内技术转让技术服务税，免征科技开发所需机械设备及仪器进口税，对高技术企业的贷款利息比其他企业低 5%～20%，贷款回收期比其他企业长 4～5 年等；第二，鼓励产学研的三方联合，实现三方的无缝衔接，降低科研创新风险，加快科研成果的转化和产业化的顺利进行；第三，实现国家科研开发经费的多样化，通过推动社会生产部门对科技发展的投入、采取多种措施鼓励参与国际合作，通过兼并收购控股等引进外资来在国际市场上筹集经费；第四，培养和发展生物产业专业人才，构建从高端科研人才到基础技术工人的完整人才梯次结构，鼓励知识创新。

近年来，巴西更是大大加强了生物医学领域的发展力度。在拉美地区，60%的基础研究属于生物学领域，巴西从事医药生物学研究的科学家群体人数较多、占比最高，为41.15%。得益于政府和企业对研究的大力支持，巴西科学家在国际专业学术期刊上发表的文章也逐年增加，2005年巴西科学家的医学论文数量首次超过物理学论文，研究成就国际认可度较高，特别是在破译和绘制人类癌细胞基因图谱方面，巴西所取得的成就仅次于美国。巴西政府更于2007年制定了全国生物技术政策，鼓励生物技术与人类健康、食品安全、动物健康、工业产品和环境质量等不同领域之间进行跨学科跨领域的结合和应用，确定了未来10~15年建立世界领先生物技术工业的战略目标。巴西现已将生物制药部门视作经济发展的重要推动力量之一。1996~2008年间，巴西生物制药领域的研究与开发投资增长了350%以上，2009年生物制药产业总值达125亿美元。医药生物技术公司在巴西整个生命科学产业中占的比重最大，约占30.18%，因此，巴西拥有拉美地区最大、世界第10大生物制药产业市场。

总部设在圣保罗的巴西最大化妆品公司大自然化妆用品公司（Natura Cosmeticos）设计的"经济－环境－社会可持续性三螺旋"创新模式极大的启发了巴西生物医药产业，这种"开放式创新"模式的最大特点在于不仅实现企业资源的有效利用，这种对利用方式还具有可持续性。对于原本资源就捉襟见肘的中小型生物医药和生物化学公司来说无疑是当下的最合适的发展模式，因此成为这个多数群体普遍采用的模式和生存发展之道。目前，创新型药物约占巴西整个生物制药市场的42%。据美国博乐集团（Burrill & Company，风险资本投资公司）2009年的调查显示，巴西生物制药部门中的60家创新公司内有51家公司与大学和研究所有合作关系，其中78%的公司从事研究与开发行业，22%的公司从事其他合作。但在巴西医药生物技术产业这幕大戏中，主角仍由私立的中小型企业和公共研究机构共同担纲。造成这种原因有很多，其中最主要的是20世纪90年代以来巴西的私有化改革最重要一项措施即是全面开放经济和实行自由化。这项举措不仅鼓励了本国私人资本进入本国各个领域，其中就包括了高科技领域，也为外国资本进入巴西的关键部门扫平障碍。除州属Instituto Vital Brasil药厂、军属制药厂和作为巴西联邦政府直属机构的医药化学研究机构奥斯瓦尔多科鲁斯基金会及其下属机构外，其他均为私有制药企业。在生物科学技术领域，巴西国内共有制药厂553家，主要集中在里约热内卢和圣保罗两大地区，其中20%为外资，主要市场由欧美跨国公司控制，这些公司约占巴西国内生物制药市场的75%。正因如此，巴西一直力图发展独立的生物医药技术，巴西生物制药公司Biobrao和米纳斯吉拉斯联邦大学共同开发重组人类胰岛素，成为世界第四大具有生产人类重组胰岛素能力和技术的制药公司，而且是其中唯一的非跨国性公司。尽管诺和诺德公司于2002年兼并了Biobrao制药公司，但这一重组人类胰岛素专利仍属Biobrao的裂变公司BIOMM所有；而后BIOMM于2009年2月将这一技术专利许可转让给巴西本土制药公司Uniao Qutmica，继续生产胰岛素并能基本满足巴西国内需求，也保证了巴西在胰岛素生产领域的技术自主权不落于他国之手。

从巴西生命科学技术产业发展历史和发展路径来看，随着人们对科学技术等权力意识的觉醒和政府对生物医药产业的高度重视和大力支持，巴西很可能成为世界上最有发展潜力的非专利药市场，生物医药产业前景看好，制药工业在未来全球市场将占有十分重要的地位。

（四）南非

非洲绝大部分地区为第三世界国家，经济落后，疟疾和艾滋病横行泛滥，医药产业发展水平低下，医疗保障条件差，致使很多居民和儿童挣扎在温饱线和死亡线上，对于抗疟疾药品、抗艾滋病药品及基础常备药品需求巨大。南非作为非洲地区经济最发达、医药发展水平最高的国家，制药业发展水平基本与我国相当。

作为医药产业新兴国家的南非，撒哈拉以南非洲区域经济的逐年好转为南非制药企业提供了良好的发展机遇。2011年，南非制药企业在撒哈拉以南的非洲地区的年销售总额为22.8亿美元，预计2018年这一数字将会翻番至50.2亿美元。南非的矿产资源丰富，但化工产品原料的98%仍需依赖进口，目前药品进口的主要国家仍以发达的欧美国家为主，如：英国、德国、瑞士、法国和美国。然而由于非洲本土市场的局限性和技术水平的滞后性，南非已不满足于作为非洲的生物技术中心，这个屹立非洲大陆最南端的彩虹之国也展现出雄心勃勃的生物产业发展计划，其制定的最新生物产业战略发展目标是：在2018年前在生物技术领域的世界十强名单上占有一席之地。围绕这个目标，南非政府在生物燃料、生物制药、转基因作物和保护生物多样性等多个科研领域除了积极加大投入外，还通过出台一系列政策来鼓励创新，并集中资源重点开展与疫苗开发和生物采矿等有关的数百个生物技术研究项目，这个组合拳系列政策通过时间检验，南非生物技术研究卓有成效便是最好的证明。

为了进一步促进生物燃料的研发和应用，减轻南非对石油资源需求的压力，满足环保需要及创造更多就业机会，南非不仅规定国家燃油混合标准为生物乙醇占10%，生物柴油占5%，矿产能源部还发布了《南非生物燃料产业战略》，为生物燃料的发展提供了总体框架。战略实施后生物燃料有望于2013年在南非可再生能源使用中所占比重达75%。此外，南非还采取税收优惠政策，如减税，返税补贴等多种措施推动该生物燃料产业发展，并引导社会资本的进入，还与撒哈拉沙漠以南非洲国家积极进行发展生物燃料由浅到深的多层次合作与研究，既有重大项目的共同研究，也有跨领域的交叉学科研究。

在生物制药领域，南非逐步建立了完整的制药体系，以基因工程为标志的第三代生物技术在这个体系中扮演了至关重要的角色，成功使南非在生物制药业、生物杀虫剂业等产业领域达到其世界前十的目标。南非早在2002年就发布《南非国家生物技术战略》，《战略》使得南非医疗研究机构非常注重开发治疗和预防目前流行及新出现疾病的方法，比如通过重点利用现代生物技术攻克艾滋病、登革热、结核病和其他流行疾病。政府还专门设立了因地制宜的"地区生物技术创新中心"，目前该中心已根据不同地区的特点在多个生物技术领域取得不俗成绩，主要有抗艾滋病药剂研制、牲畜品种改良、农产品生物控制技术和金属生物过滤技术等。此外，南非开普敦大学传染病和分子药物研究所新建了国际基因工程和生物技术中心，主要致力于开展与医疗卫生相关的生物技术科研活动及生物技术在农业中可持续的应用。

南非气候宜人经济发达，除疟疾外，并无其他非洲国家常见的流行疾病。但近年来艾滋病横行肆虐，是世界艾滋病感染率最高的国家之一，艾滋病感染率超过了10%，因此南非医药市场对治疗艾滋病药品的需求明显增加，成为目前世界上最大的抗逆转录病毒（ARV）药物消费国，药品成本及进口费用高昂。2012年南非国有制药企业Pelchem与瑞士医药公司龙沙集团（LONZA）计划总投资16亿兰特（约合2.2亿美元）成立合资企业Ketlaphela，首要任务即是本地化低成本研发生产抗逆转录病毒药物，减少对进口药物的依赖，保证关键药物的安全持续供应。

与巴西政府一样，南非政府也认识到医药领域知识产权保护剂相关生物资源保护的重要战略意义，正致力于保护南非土著医药知识和相关生物资源。南非政府正紧锣密鼓地筹划制定相关法令，国家档案系统也将对南非土著医药文化加以记录、保存和保护。由于南非土著医药文化与中国传统的中医药文化有相通之处，故南非对包括中医中药在内的传统医药较为宽容并鼓励其发展，传统中医已于2011年正式纳入南非医疗体系，发展前景看好。2012年首届中非中医药发展论坛在南非盛大举行，与会人员就中医和针灸对心血管病、糖尿病、艾滋病等疾病的防治作用以及中药研发进行专题研讨和交流，进一步加强了南非和中国在中医药利用和研究方面的合作，特别是加强了防治艾滋病的科研合作。

南非政府积极鼓励和大力扶持转基因作物的普及，是非洲第一个引入转基因农作物并允许其商业化种植的国家。南非农民对转基因农作物持积极态度，南非92%的棉花种植面积、44%的玉米种植面积、半数以上的大豆种植面积均为转基因大豆品种。据国际农业生物技术应用服务组织（International Service for the Acquisition of Agri-biotech Applications，ISAAA）统计数据，2012年底，南非全国转基因农作物的种植面积目前已达290万公顷。

为保障生物技术发展，南非加强了法规监管及政策环境的完善，南非国家卫生部（DOH）负责管理有关国家医药卫生事务，下属的医药管理委员会（MCC）则负责管理药品注册和监督等事务。政府先后颁布了《转基因生物法》《南非生物技术战略》《生物技术公众理解计划》《生物多样性法》等法规和政策文件。南非在保护生物多样性方面主要的政策和举措包括：启动大型生物勘探研究创新计划；推动新药开发、基因技术和干细胞技术等的研究；启动大规模农业生物技术研究和创新计划，主要关注动植物的转基因研究。南非在生物多样性方面具有得天独厚的优势，只要加以充分利用，南非的生物科技产业将有广阔的前景。

值得注意的是，2011年世界制药50强首次有非洲制药企业成功闯入——南非Aspen制药，排名第50名，年销售额17亿美元，在全球设立了13个制药生产基地，业务范围遍布全球上百个国家。Aspen作为南非本土制药企业，靠着自身努力奋力追赶成为现今南非乃至非洲最大的药品生产企业。2008年，Aspen与制药巨头葛兰素史克结成合作联盟，面向全球市场合作生产和销售仿制药。2010年，Aspen收购澳大利亚仿制药制造和分销同行西格玛制药（Sigma Pharmaceuticals）旗下部门，是过去三年中非洲公司所进行的的规模最大的海外资产收购交易，Aspen 也因此成为澳大利亚市场上规模最大的处方药制造商。2012 年，Aspen 在菲律宾马尼拉成立办事处，开始进军东南亚市场，今后将陆续进入日本、泰国、新加坡、马来西亚和中国市场。南非 Aspen 制药的发展史是南非医药产业发展的缩影，也是值得我国学校借鉴的成功案例。

二、发展中国家医药产业发展主要问题

（一）研发投入不足，创新能力薄弱

发展中国家医药产业的出口产品多以原料药和仿制药为主，自主研发能力弱，科技成果转化率低，这两个迫在眉睫的老大难是长期困扰发展中国家医药产业发展的深层次问题，也是发展中国家医药企业实现腾飞必须解决的瓶颈问题。缺乏核心技术和自主研发能力的医药企业也就不具备核心竞争力，因此在激烈的市场竞争中难以发展壮大，更不可能和发达国家跨国制药企业相提并论。全球生物技术专利中，美国、欧洲和日本分别占 59%、19%、17%，而包括中国在内的发展中国家仅占 5%。

强大的资金来源是提高发展中国家医药产业技术创新能力强有力的保证。相比发达国家的医药产业，发展中国家的医药企业在独立研发项目和研发人力资源的投入经费却非常低，其创新果实主要来自直接购买高等院校和科研机构的研发成果，或者委托院校及机构研究，长此以往以致逐渐削弱甚至丧失了独立自主研发能力。我国化学制剂产品中 97% 为仿制药；2009 年我国医药产业研发投入仅占总产值的 1.6%；比较医药产业各子行业发现，化学药品制造、中成药制造和生物生化制品制造行业的研发经费分别仅占该行业总值的 1.8%、1.6%、2%。而三年前即 2006 年美国医药制造业的研发投入水平早已达到 21.63%。从数据中不难看出，我国医药产业的研发投入水平远远低于拥有较高自主创新能力的发达国家，创新动力严重不足，直接导致创新成果稀少，医药产业利润低下。

虽然发展中国家医药企业与国际制药巨头相比在研发投资强度、技术创新能力方面还差距显著，但近年来各国均加大新药研发投入并给以政策支持。其中印度的发展尤为明显，目前印度的研发投入比水平已维持在 6%—12% 之间，远高于发展中国家研发投入比的平均水平。印度医药企业不仅已在新药研发的主要领域上取得突破，且逐步实现了向国外企业输出技术和专利，而技术输出作为技术后进企业实现技术进步、变革和超越的重要指标之一，表明印度医药企业已开始在新药研发领域坚定迈出技术赶超的步伐。

（二）产业结构不合理、布局不均衡

尽管从发展趋势上看，发展中国家的医药产业结构不断优化，产业布局渐渐调整，产业集中度逐步提高。但由于发展中国家的制药产业起步晚，资金投入不足且

分散，加之经济发展水平受限，在医药生产企业中，大型企业数量较少，企业产值、增加值比重偏低，中小企业的数量基本占总数七八成以上，"小、散、乱"现象普遍存在；产业集聚程度低，缺乏规模效应。产品技术含量低，重叠现象严重，企业规模效益差，整个产业呈粗放型发展态势，不仅严重浪费行业资源和社会资源，无技术含量的大量重复建设还容易引发恶性竞争。且由于行业处于初始阶段，相关经营理念的落后，运营经验及高素质职业经理人的匮乏使得企业管理水平普遍不高，集约化经营程度低，分工与协作水平低下，资源配置效率不高，大大降低了产业的市场竞争力。

受地理位置和经济条件影响，目前发展中国家的医药产业的区域发展基本不平衡，产业布局不够合理。以我国为例，自改革开放以来，受外资影响较大的东部沿海地区医药产业起步早、起点高、基础好、规模大、发展快，因此在短短二十余年时间就集聚了许多全国医药行业的龙头企业，这些企业在取得发展成绩之后，技术效应的溢出还推动了本地区经济和技术水平的整体发展和提高。但随着地区经济发展水平上升，相应的土地和劳动力成本日益增高，目前该地区医药产业已初现投资边际收益递减的情况。而中西部地区经济水平较为落后，医疗条件不够完善，该地区的医药产业无论从企业的数量规模还是行业整体发展速度发展趋势看，都与在沿海地区风生水起的医药产业存在较大差距，并且这种差距随着时间有进一步扩大的趋势。但该地区对医药产品需求量大且生物资源丰富盛产药材，具有很大的开发潜力却并未得到充分利用。

（三）出口产品结构不均，企业国际化水平低下

发展中国家药品出口以资源成本和环境成本都较高的化学原料药、技术含量低的医用辅料和仿制药为主，医疗器械产品则以常规设备等中低档医疗器械为主，而以生命科学技术和生物技术为代表的高新技术医药产品出口比例极小。原料药出口价格低廉，利润极薄且会造成环境污染；化学制剂工艺水平较低，产品档次不高，产品质量与国外先进水平尚有较大差距。总体来说，发展中国家药物制剂技术附加值低，创汇水平不高，所谓国产创新药物基本没有出口的可能。据南方医药经济研究所数据显示，世界制药前十强的平均利润率为 27.16%。我国医药产业的盈利能力较世界水平有差距，目前仅为 10.49%。辉瑞公司进口的阿伐他汀全球销售额为 128 亿美元，在中国的销售额则为 12 亿元人民币；而国产的阿伐他汀仿制药品，年销售额仅为 2.5 亿元人民币。

绝大多数发展中国家的制药业国际化程度不高，鲜有跨国制药企业；且很少在监管严格的欧美市场兼并购买企业或建立合资企业，直接投资建立的企业数几近为零。可见获得国际认证的发展中国家的制药企业数量非常少。

在这一方面，作为发展中国家的印度的制药企业国际化水平较高，现已拥有类似于南新（Ranbaxy）、瑞迪（Dr. Reddy's Laboratories）、西普拉（Cipla）等在国际上有影响力的大型制药企业，南新公司在 2005 年就已经成为法国第五大非专利药供应商。药品主文件 DMF 和欧洲药典适用性证书 COS 注册是制药业进入美国和欧洲市

场的入门证件，获得 DMF 和 COS 文件数量在一定程度上反映了制药产业的国际化程度。截止到 2009 年 9 月，印度以 2101 个 DMF 文件数量在全球遥遥领先，超过位列第二的美国 979 个，中国以获 663 个 DMF 文件数位列第四。同期印度获得 COS 文件数量达 617 个，是中国的 3 倍有余。此外，印度还是除美国之外拥有最多 FDA 批准的生产线的国家。许多印度制药企业具有能够经受 FDA 检查的设置和标准操作规程，并能按照国际标准运营。

（四）规制体系不完善，经营策略不科学

发展中国家的医药产业规制体系均不够系统完善，在市场准入、质量安全、药品价格规制、知识产权保护制度等各方面存在一定缺陷，如：我国在 GMP 基础上的重复建设导致产能过剩；知识产权保护不力致使最具有自主知识产权的中药行业财富大量流失或被占据；多部门管理体制混乱等问题阻碍了医药产业的健康快速发展。这也使得药品营销行为较多由政府主导，从而弱化了市场配置资源的能力，最终的结果就是医药产业不充分的竞争。此外，医药企业的一些经营策略模式，如带金销售等，也使得各国医药商业贿赂问题严重，极其不利于发展中国家医药产业的健康发展。

（五）产学研联合优势未充分发挥

企业应当是技术创新中的主导力量，但发展中国家的药物研发多集中在高校与科研机构，医药技术创新组织体系尚待完善，没有完全形成以企业为主的研发体系。高校过度关注研发的学术价值而忽视市场价值，投入产出比较低，科研行为与市场需求不密切甚至相脱节，不能满足市场需要。在发现新药后，药物合成和联合攻关能力较弱，科研机构和企业联合攻关的协作性差。与发达国家相比，发展中国家研发资源整合不足，使得创新药物研发进展缓慢，产学研各方优势未充分发挥。

（六）多元化投融资体系尚未建立

医药行业是高科技、高投入、高风险、长周期、高回报的行业，要想继续保持较快的发展速度，就需要不断发展前沿理论，不断更新和提高技术研究水平，而维持研究的先进水平恰恰需要大量的资金持续投入。而由于经济发展水平所限，发展中国家的医药企业融资渠道较为单一，已经成为制约创新型中小医药企业的发展壮大的瓶颈难题之一，这就进一步滞后了医药产业的整体发展。另外，由于运作经验不足和缺乏实际操作案例，多数发展中国家资本市场在政府缺位管理下难以实现规范化发展，目前更没有完善的资本融资市场和风险资本扶持机制，医药企业难以吸引到风险资本，有限的资金也难以满足企业做大做强的要求，这严重影响了发展中国家医药产业的发展进程。

三、发展中家家医药产业发展路径探索

在了解了世界主要发达国家医药产业的成功经验，剖析了发展中国家医药产业面临的主要问题的基础上，以本书第三章医药产业组织理论演变为理论根据，本小

节提出改善并促进发展中国家医药产业成长的路径应从以下三大方面着手。

（一）优化医药产业组织以提升产业竞争力

1. 兼并重组战略

逐步减少政府对重组的干预，推进重组的市场化进程并重视加强企业兼并收购后的重新整合。鼓励兼并和收购国内外拥有核心技术或核心技术研发能力的研发机构，兼并重组国内外发展良好的企业，对重组企业资源实现兼容并蓄以构建大、中、小企业产业化协作的产业组织体系。通过并购重组优胜劣汰等方式进行产业链的整合，能够提高医药产业集中度，降低企业管理成本，形成资源互补以及 $1+1>2$ 的效果，使自身的竞争力得到提升，从而推动医药行业的快速发展。

2. 品牌战略

品牌战略选择是医药企业的根本性决策之一，也是医药企业品牌经营的纲领。企业如果缺乏品牌整体运作的长远思路，将会导致经营混乱无序和品牌资源的极大浪费。品牌管理在全球医药产业中的地位日益重要，建立知名品牌、创造品牌价值成为医药企业的经营战略。同时加强海内外市场监测，强化品牌保护意识也是医药企业顺利实现品牌战略目标的重要措施。2013 年首次发布的中国药品品牌价值排行榜上，民族品牌东阿阿胶以 48.93 亿元打败众多外资品牌荣登榜首；尽管如此，在排名位于前十强的品牌中外资品牌稳占七席，拜唐苹、络活喜、立普妥、拜新同等作为糖尿病与心脑血管用药的代表分列 2~5 位，国内药品品牌建设任重道远。

3. 产业集群战略

以政府为主导，主导推动相关要素向生物医药产业集聚，强化上下游的合作衔接打造完整生物医药产业链，选择产业基础好、创新能力强、市场化水平高、开放性强的地区建设若干个颇具特色的国家生物医药产业基地或高新技术区，加快培育和发展生物医药产业区域集群。鼓励和引导生物医药产业链各个组成部分的合理分工，最大限度降低产业链运行成本，最大程度提升产业链的市场反应能力。

4. 产业国际化战略

加强国际交流和合作，建立出口商品技术指南，完善进出口环节管理，有重点、有层次的开展国际合作。以中国为例，随着我国经济的快速发展，"走出去"成为中国医药企业扩大市场、提升企业竞争力的有效途径。2012 年 1—10 月，我国医药行业出口增速为 7.8%，截至 2013 年，已有 40 多家中国医药企业在美国投资设厂，其中包括恒瑞、海正、华海、天士力等医药企业，迈瑞医疗的产品甚至已经进入了美国当地政府的药品采购目录。因此，进行产业升级并通过"走出去"深耕海外市场势在必行。

（二）重视基础研究以发挥高校和科研机构的作用

大力加强医药企业、高等院校和科研机构之间的广泛合作。支持生物医药优势企业依托企业自身资源建立高水平研发机构，改造或新建实验室和研究中心。提高科研成果的工程化与系统集成能力，推进国家生物医药技术公共实验室和高等人才培训平台，推动生物产业技术创新联盟建设以提高产业链结合组织化的成果。以企业为中心，积极参与高等学校和科研院所的产学研合作，并组织高等学校和科研院所共同参与的有效实施机制，联合开展生物基础成果的转化。

（三）加强技术创新以提升自主创新能力

技术创新是提高发展中国家医药产业核心竞争力的关键。各国新药研制必须由仿制为主转向仿创结合和自主创新才能提升医药产业核心竞争力，才能保证各国医药产业健康持续发展，才有可能迎头赶上目前处于领先地位的发达国家医药产业。技术创新主要从政府层面和企业角度进行分析。

1. 从政府层面完善技术创新政策

从国家战略高度，尽早树立符合本国发展实际的生物医药产业战略目标，加快制定国家生物医药产业中长期发展规划，提供多层次全方位的配套政策。尽快建立和完善针对生物技术产业发展的产业支持政策和法律法规体系，降低政策风险。完善医药知识产权保护体系，加强对知识产权保护力度。此外，简化和改进新药注册审批办法，提高新药审批效率和审批质量，对于原始创新药和集成创新生物药建立优先审批的绿色快速通道。

整合政府资源，有策略的调整政府资助研究方向，继续加大财政对技术创新的扶持力度，结合国家税收改革方向，扩大开放、招商引资，激发企业技术创新热情，加强政府投资导向性作用。完善投资环境，拓宽投资渠道，建立多元化投融资体系，丰富投资层次结构。鼓励社会资本设立和发展生物技术创业投资机构和产业投资基金，并通过配套资金进一步充实投资机构及其基金的实力。制定创新激励政策，设立风险投资基金，增加风险投资公司自身的抗风险能力，鼓励医药企业合理利用风险投资突破资金瓶颈。

加强医药产业技术高素质人才培养。教育部门根据市场需求调整专业结构和人才类型结构，通过以质量换取数量的长期目标，收缩生物类学科的设立，避免学科建设过多过滥，使得学科专业资源过于分散，集中资源加大重点高校优势生物类学科建设力度，加强专门人才的培养，提高人才培养质量，同时依托高等院校、科研院所建立一批高等生物技术人才培养基地，为生物技术研究创新提供充足的后备军。鼓励各类职业院校加强培养急需的技能型人才。

2. 从企业层面加强自身技术创新

（1）模仿创新

企业以现有的已知结构的药物为先导化合物对其进行结构修饰或改造从而产生新药物，并在工艺设计、质量控制、成本控制、生产管理、市场营销等环节的中后期阶段投入精力，生产出在性能、质量、价格方面具有竞争力的产品，以此确立自己的市场竞争地位，获取经济利益。模仿创新是全世界医药企业在药品研究中普遍采用的手段，以合作方式将短缺的研发资源集中、高强度、直接指向商业化，是医药企业创新能力较弱时的合理选择。

（2）合作创新

企业通过合作创新有机会用较少的前期投入来接触各领域的技术开发活动，通过比较和结合自身优势，实现最佳地位。合作创新是全球医药技术创新的重要趋势，主要形式为 CRO（Contract Research Organization，合同研究组织），即以合同方式在新药研发过程中提供药品研究技术服务的学术性或商业性科研机构，有助于增强自身创新能力。

（3）自主创新

企业的自主创新是医药产业创新体系中的主导力量。在市场经济中，拥有自主知识产权是企业发展的立足之本，发展中国家不能完全依赖引进技术的模仿跟随，而应集中一定的人力、物力、财力，有选择地加强自主创新才是发展中国家医药行业快速发展的捷径。对于我国来说，培育特色医药产业——中药产业的创新研究，加强中药现代化是更快拥有自主知识产权创新药物的有利选择和必然发展。

第三节　世界医药产业未来发展趋势

一、全球医药产业发展潜力分析

（一）全球医药产业特性

1. 高新技术密集型产业

技术密集型产业又称知识密集型产业。需用复杂先进而又尖端的科学技术才能进行工作的生产部门和服务部门。它的技术密集程度，往往同各行业 、部门或企业的机械化 、自动化程度成正比，而同各行业、部门或企业所用手工操作人数成反比。根据马斯洛的需求层次理论，生存与健康需求是人类的基本诉求，这个诉求随着科学技术更新进步而日新月异地增长，因此，为了满足健康需求，医药产业要保持同样的增长水平，就需要产业自发地不断进行新药研发和技术创新，利用最先进技术手段来完成产业自身的技术革命和技术积累。医药产业以研究与开发的投资强度而不是以设备更新为主要形式的技术改造投资强度作为产业发展和进步的衡量标准之一，这使得医药产业被烙上鲜明的高级技术密集型产业的特点。除此之外，医药产业为了保证自身技术先进和技术垄断的需要，在外部具有明显的技术壁垒，主要表现在对高知识层次人才的争夺和对高新技术手段的专利保护。近年来，以信息和知识爆炸为代表的互联网浪潮促进了多学科在现代生物技术方面的高度综合和互相渗透，由此带来的技术革新在医药领域得到了广泛应用，具体表现为生物医药的崛起，使得医药产业更是站在了高新技术的前沿。以基因工程药物为例，其上下游产业分工如图 10 - 2 所示。

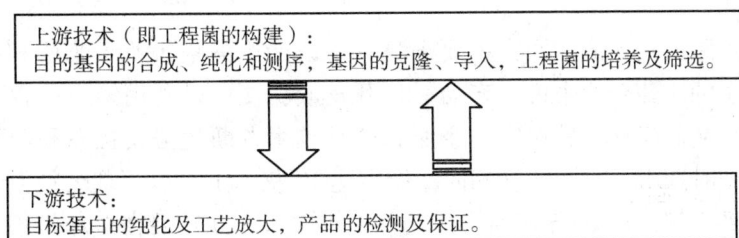

图 10 - 2　基因工程药物上下游产业分工示意图

生物医药的应用扩大了疑难病症的研究领域，使原先威胁人类生命健康的重大疾病得以有效控制，极大地改善了人类的健康水平。

2. 高投入、高风险、高回报、长周期产业

高投入：主要用于新产品的研究开发及建造满足药品生产质量管理规范（Good Manufacture Practice of Drugs，GMP）要求与化学生物制品安全规范的各种硬件及软件配置，如洁净厂房和设备仪器，人员素质要求，生产记录等文件管理。以一类新药研发为例，新药研发流程包括六个阶段：新化合物实体的发现、临床前研究、研究新药申请、临床试验及临床前研究（继续）补充、新药申请、上市及监测。仅新药研发前期的新化合物实体发现和临床前研究两个阶段不仅耗资巨糜，而且也颇费时间，这就造成整个新药研发流程的高费用和长周期。据不完全统计，目前国外通常开发一种新药的平均费用在 10 亿美元左右，时间周期为 12 年，并且随新药开发难度的增加而增加，一些大型生物制药公司的研究开发费用占销售额的比率甚至超过了 40%。除此之外，医药企业还需投入大量资金来建设和改造满足 GMP 要求的洁净厂房及设备仪器等配套生产设施。因此，雄厚的资金储备是企业涉足医药领域的必要保障。

高风险：风险来自内部和外部两个方面。内部风险中，主要存在的是产品风险。医药产品的开发因为周期较长而导致不确定因素较多，这就孕育着较大的不确定风险。在前述的新药研发整个流程中，涵盖了从生物筛选、药理、毒理等临床前实验、制剂处方及稳定性实验、生物利用度测试直到用于人体的临床实验以及注册上市和售后监督的一系列步骤。在这个可谓是耗资巨大的系统工程中，期间任一环节出现纰漏都将前功尽弃。这就造成新药开发平均成功率低于 5%，即便产品成功上市后也会由于技术局限而导致低于预期水平，使得药物在使用过程中出现意料之外的副反应和不良反应而对其安全性进行重新评价，评价后医药产品或将面临被召回甚至被淘汰出局的局面，无论出现哪种结局，无疑都会对企业经营造成不可预估的负面效应。另外，以市场竞争风险为代表的外部风险也日益加剧。虽然在各国的知识产权法案中，专利药享有市场独占期，但出于降低医疗费用、提高药物可及性等目的，政府当局也鼓励仿制药企业参与到药品市场竞争中来，仿制药因其疗效与专利药等

效且价格相对低廉而占据了部分市场份额，使专利药难以独占鳌头面临较大的竞争压力。

高回报：医药企业的高回报主要来自上市医药产品销售所带来的利润。对于以新药研发为主的医药企业来说，产品一旦开发成功便可以利用知识产权保护使其形成黑箱技术，从而建立对其他医药企业和产品技术垄断优势，且专利药享有市场独占期，在这个时期内，产品的利润回报能高达10倍以上。以辉瑞公司明星产品降血脂药物立普妥为例，自1996年研发成功并上市以来，立普妥在全球销售额已达上千亿美元，利润回报率惊人。2012年全球前20名最畅销的处方药物的年销售总额高达1047.29亿美元。其中，雅培（Abbvie）的修美乐（Humira，阿达木单抗）、葛兰素史克的舒利迭（Advair & Seretide，氟替卡松和沙美特罗）和罗氏的美罗华（Rituxan & Mabthera，利妥昔单抗）分别以年销售额92.65亿美元、79.04亿美元和72.85亿美元位居前三甲，这充分证明了医药产业"高回报"这一特性。

长周期：医药产品从发现作用机理开始进行研制到最终转化为产品要经过很多环节：基础理论研究阶段、试验室模拟合成研究阶段、中试生产阶段、临床试验阶段（Ⅰ、Ⅱ、Ⅲ期）、规模化生产阶段、市场商品化以及上市后监督阶段，这些阶段组成了一条医药产业链的完整周期，其中的每个阶段都需要同一企业或不同分工的企业投入相应的大量时间完成阶段性的工作。例如，青霉素和链霉素从被发现到大规模生产分别历经14年和29年。目前，美国生物技术上市公司中有90%以上处于非盈利阶段，典型企业如在纳斯达克上市的人类基因组科技公司已历经20年未能盈利。直到2010年该公司与葛兰素史克联合开发的治疗红斑狼疮新药Benlysta获FDA批准，预计2013年起方能扭亏为盈。另外，每个环节的严格复杂的药政审批程序也导致了医药产品的审批不会在短期内结束，所以一种医药产品要达到上市销售并回收产品投资的这个过程常常有数年的时间，对于新药来说，这个周期就更为漫长，一般需要8~10年甚至10年以上的时间。

3. 全球竞争性产业

由于人类的生理结构相同、疾病结构类似，除了个别地区的区域性差异比较明显以外，一般的医药产品在世界范围内呈现出共同的用药需求，加之各国医药资源禀赋不同而带来的国际合作日益频繁，本土化研发全球化布局的趋势日益明显，各国的各类医药产品技术标准差异缩小趋向全球统一，种种因素均加速了医药产品全球化市场的形成，带动了医药技术在世界范围内的交流和推广，促进了医药产业的全球化趋势。因此，医药产业需要根据国际市场的不同特点来制定对应的竞争战略，并在全球范围内对研究开发、生产组织、销售活动等一系列环节进行统筹安排，全球医药企业收购合并、兼并重组浪潮迭起，明显显示出医药产业全球竞争性的产业特性。

4. 政府严格规制性产业

医药产品不同于普通日用消费品，其作为特殊商品，除了有一般商品满足消费者需求的特点之外，药品还具有专用性、安全性、限时性、质量难辨性、质量信息极度不对称性等特点，且绝大部分药品都存在不同程度的毒副作用，并与消费者的生命健康有直接的影响。为确保医药产品的安全性、有效性和质量可控性，维护公众健康，规范医药市场，世界各国对药品的研发、生产、流通、使用各环节均普遍实行严格的政府规制，以我国为例，对药品管理包括了研制环节、生产环节、流通环节、使用环节等，如图10-3所示。

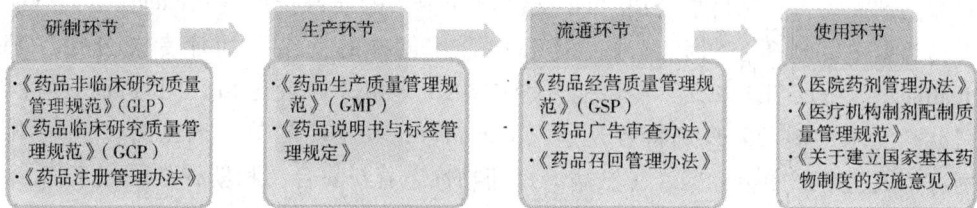

研制环节	生产环节	流通环节	使用环节
·《药品非临床研究质量管理规范》（GLP） ·《药品临床研究质量管理规范》（GCP） ·《药品注册管理办法》	·《药品生产质量管理规范》（GMP） ·《药品说明书与标签管理规定》	·《药品经营质量管理规范》（GSP） ·《药品广告审查办法》 ·《药品召回管理办法》	·《医院药剂管理办法》 ·《医疗机构制剂配制质量管理规范》 ·《关于建立国家基本药物制度的实施意见》

图10-3　我国药品管理各环节主要法律规范一览

（二）医药产业发展前景

1. 医药产业将保持持续稳定的增长

世界人口的自然增长速度的加快和人口老龄化程度进一步加剧，人类健康需求的不断增加和科学技术水平的不断提高是全球医药市场消费总需求平稳增长的基本因素，并促进了医药产业持续以较高速度发展。医药行业是非周期性行业，受外部影响较小，波动曲线起伏不大；进入21世纪以来，每年的全球医药市场增长率均远高于当年的全球经济增长率，生物医药更被认为是21世纪增长最为迅速的领域之一，成为各国中长期的战略性新兴产业和各国最富于发展前景的朝阳产业。

多年来全球医药产业一直保持着较快的增长态势。全球医药市场于20世纪50年代开始加速发展，70年代增速达到顶峰，年均复合增长率达到13.8%，80年代增速放缓，但年均复合增长率仍为8.5%。90年代之后，全球经济增速放缓，但世界医药市场始终保持着良好的发展势头。全球医药市场增长速度稳定在7%，远高于全球经济的增长速度3%。据艾美仕市场研究公司（IMS Health）预测，到2015年，全球医药支出将达到1.1万亿美元，未来五年发达国家医药市场增速趋缓，年增长率将下降到3%~6%。原因主要在于，医药企业所面临的内部管理压力和外部市场竞争压力，各国政府加强对不断上涨的医药费用的控制，药品安全性问题和药政法规调整等对医药市场的影响，加之近几年医药新产品上市数量减少，创新药物数量鲜有，众多专利药面临到期各类因素导致了全球药品销售增速趋缓。但全球药品销售额绝对值的增加表明了其依然旺盛的市场需求，特别是新兴国家的经济快速发展、人民生活水平提高和现代生物技术领域不断丰富的理论储备和不断涌现的新技术手段更为全球医药市场带来勃勃生机。

2. 主要医药领域发展新动向

（1）新复合物和新种类时代

全球已经上市的抗艾滋病病毒（HIV）化学药已有30多种，按照药物发挥作用的不同环节，大致可以分为四类：逆转录酶抑制剂、蛋白酶抑制剂、膜融合抑制剂和整合酶抑制剂。其中，前两类出现的比较早，在临床使用的也比较广泛，。但是，由于 HIV 具有较强的变异性，加之这些药物的长期使用，近年来检测到的抗药性 HIV 越来越多。国际上抗艾药物的研发有 4 个热点，主要都是针对 HIV 来进行的：一是侵入和融合抑制剂；二是艾滋病中和抗体药物。三是整合酶抑制剂；四是化学趋化因子受体拮抗剂。因此目前开发的抗人类免疫缺陷病毒新药主要是新一类的整合酶抑制剂。如吉利德科学公司（Gilead Sciences）的埃替拉韦（Elvitegravir, EVG）和由葛兰素史克制药公司和辉瑞制药公司合作创办的艾滋病治疗专业公司（ViiVHealthcare）的 GSK1349572 有可能分别在 2013 年和 2014 年上市。同时吉利德科学公司欲开发固定剂量复合剂特鲁瓦达（Truvada），其生产的单片剂型的"鸡尾酒"药物有望成为全球的金标准。艾滋病治疗药物标志着新复合物和新种类时代来临。

（2）疫苗研发方向转变

据卡洛拉马信息公司（Kalorama Information）数据显示，2005～2009 年全球预防疫苗市场年均复合增长率为 25.5%，并在 2009 年达到 221 亿美元。在 2009～2014 年的 5 年时间里，全球疫苗行业的年均复合增长率预计将降至 9.7%，但仍高于全球药品市场 4%～6% 的复合增长率，并在 2014 年达到 350 亿美元。预防大流行疾病的疫苗开发将再次成为大型制药公司追逐的新领域。从费用支出角度看，疫苗市场未来成长性好：国外疫苗预防和药物治疗疾病的费用比为 1:30，我国则为 1:15，可见疫苗开发极具经济性。疫苗研制方向也发生转变——从全菌苗向亚单位苗或基因工程苗转变，从单价苗向多价苗转变，从注射给药苗向口服给药苗转变，从预防性疫苗向治疗性疫苗发展。其中治疗性疫苗的主要应用领域有肿瘤、感染性疾病、自身免疫病、移植排斥反应和变态反应性疾病等。IMS 数据显示，2010 年新兴市场疫苗规模约为 35 亿美元，未来将保持 20%～30% 的速度增长。虽然新兴市场目前在全球疫苗市场中所占的比重还不高，但其增长速度将明显高于全球平均水平。全球疫苗市场展现的潜力吸引了众多制药厂商的加入，各跨国制药巨头也不例外，纷纷通过收购和兼并等形式进入疫苗领域。仅 2005～2010 年，6 年时间，全球疫苗行业就发生过多起并购事件。以辉瑞为例，其 2006 年收购英国疫苗企业庞德医药（Powder - Med）是其第一次介入疫苗领域，其后又于 2007 年收购科莱（Coley）。2009 年通过对惠氏的收购，辉瑞获得了肺炎球菌疫苗 Prevnar 的产品线及相关团队，从而奠定了其在全球疫苗领域的重要地位。

（3）生物技术药物研发重点增多

随着医学理论的发展和治疗技术水平的提高，人类对多种疾病病因病理和药物成分结构及作用机制有了更加全面深入的了解，尤其是分子生物学、细胞生物学技术的发展，使药物研究的技术方法和理论思路都产生了极大的变化，由过去的根据机理而进行单纯的化学合成转变为基于大分子水平构造具有生物活性的药物。人类基因组计划的实施，药物作用的分子机制的阐述等等，都极大地推动了新药研发进程，为 21 世纪的新药研究工作提供新的理论武器，拓展新的研究思路。由于传统医药公司在生物研究方面处于技术储备劣势，其在医药领域中的垄断地位正受到新兴的中小创新型生物技术公司的挑战。根据对美国 FDA 批准的临床申请的分析，在一些特定领域如癌症、心血管以及传染性疾病药物研究中，生物技术公司逐渐替代传统药企成为研发的主要力量。

以抗体药物为例。治疗性抗体最重要的产品是经过人源化改构的基因工程抗体，无论从药物疗效、在研药物数量、批准上市药物数量、药物市场、药物产量及药物生产技术水平看，治疗性抗体都是在生物制药产业中一枝独秀的研究、开发和生产领域。尤其是癌症和肿瘤药物治疗及治疗性抗体是全球制药企业重点发展和争夺的领域，是拉动生物制药产业高速发展的主要引擎，更是评价一个国家生物技术发展水平最重要的指标。从生物技术药物研究开发的应用领域来看，50% 的临床试验药物都为用于肿瘤治疗的在研药物。，其次是用于预防和治疗感染性疾病的药物和针对自身免疫疾病的在研药物。这表明生物技术药物研发的重点增多，各项领域均有涉及。

二、医药产业竞争趋势分析

（一）全球医药市场新布局

基于经济危机后的反弹能力，发达国家医药市场与新兴市场在增长率上差异显著，全球医药市场格局未来因此将发生巨大变化，产业重心逐步向新兴市场转移。IMS 公司报告显示，新兴医药市场的数量已从过去的 7 个增至目前的 17 个，并把这 17 个国家组成的新兴市场划分为三个梯队：第一梯队仅包含中国，2011 年成为仅次于美国位列全球第二大医药市场，预计 2015 年中国药品市场将达到 490 亿美元，预计 2020 年后中国将成为全球最大医药市场；第二梯队包括巴西、印度和俄罗斯；第三梯队包括墨西哥、委内瑞拉、阿根廷、土耳其、波兰、泰国、印尼、越南、埃及、南非、巴基斯坦、乌克兰和罗马尼亚。预计 2015 年新兴市场的药品销售额将对全球药品行业的增长贡献 50% 以上的份额。为适应这一不断变化的世界药品新秩序，全球老牌跨国制药公司已积极采取行动向新兴市场扩张，争取抓住这一发展机遇，稳固其领导地位。

此外，世界原料药尤其是非专利原料药的生产将进一步从欧、美、日等发达国家向发展中国家转移，新兴国家在竞争激烈的世界原料药市场上将面临更大的机遇。据 IMS 公司于 2010 年发布的研究报告显示，2010～2014 年间，新兴医药市场预计将以 14%～17% 的速度增长，而主要的发达医药市场的增长率将仅为 3%～6%。到 2014 年，新兴医药市场的药品销售额的累计增长金额将与发达医药市场持平，达到 1200 亿～1400 亿美元。而过去五年间的这一数据的对比为 690 亿美元和 1260 亿美元。美国仍将是全球最大的医药市场，未来五年的年复合增长率将达到 3%～6%。市场规模将由 2009 年的 3000 亿美元，增长到 2014 年的 3600 亿～3900 亿美元。

（二）全球生物医药技术产业化

1993 年以聚合酶链式反应（PCR）的发明者获得诺贝尔化学奖，该事件为自

1953 年 DNA 双螺旋结构的发现以来现代生物技术方面取得的里程碑式进展。近 20 年来，以基因工程、细胞工程、酶工程为代表的现代生物技术取得了长足发展，人类基因组计划等重大技术相继取得突破，各类生物技术成果纷纷涌现。得益于此，现代生物技术在医学治疗方面开始进行广泛应用，生物医药产业化进程随着中小型生物医药企业成长而明显加快，投资规模和市场规模在随着产业由起始阶段转向快速发展阶段而得到迅速扩张。世界生物医药技术的产业化正逐步进入第一个投资收获期，生物医药产业正快速地由最具发展潜力的高技术产业转变为高技术支柱产业。

2012 年 7 月，由荷兰生物技术公司 UniQure 研发的基因疗法药物 Glybera 被欧洲药品管理局（EMA）推荐上市，主要适用于患有罕见遗传缺陷病脂蛋白脂酶缺乏的患者。作为基因治疗领域首例被监管部门推荐上市的新药，Glybera 的研发及申请过程历经坎坷，它开创了基因治疗领域的先河，有助于其他基因药物的陆续面世。从世界生物医药产业发展趋势和产业生命周期来看，全球范围内生物医药产业的理论技术储备的起始阶段，预计到 2020 年后将进入产业快速发展阶段，并在其发展成熟期逐步成为世界经济的主导产业。

（三）全球医药市场和产品集中趋势

生物医药因为具有明显的政策导向，以前沿理论及高端先进技术为依托，需要活跃的资本市场为其提供源源动力，主打高端市场的生物医药产品。在全球范围内，符合上述条件的多集中在发达国家。因此，生物医药的发展呈现市场和产品集中于发达国家的显著趋势。少数发达国家如（美国、英国、德国、瑞士等）在全球生物医药市场中的绝对优势愈加明显，处于产业主导地位。在世界药品市场中，美国、欧洲、日本三大药品市场的份额超过了 80%。其中生物技术公司主要集中在欧美，占全球总数的 76%，欧美公司的销售额占全球生物技术公司销售额的 93%，而亚太地区的销售额仅占全球的 3% 左右。在世界专利药市场，跨国制药公司仍然牢牢把握主导地位，并且随着时间的发展，这种主导地位日益攀升，在全球医药市场中所占比重不断增长。除此之外，跨国药企发起兼并收购现象的加剧进一步导致各国现代医药产业的集中度逐年提高，跨国企业的垄断程度不断加大。在产品市场领域，单品种销售的市场集中度也呈现不断增高趋势，2012 年全球最畅销的 20 种处方药物的总销售额超过 1000 亿美元，约占全球销售总额的 1/4，其生产与销售企业均来自欧美制药巨头，这种市场集中状况在短期内不会改变。

（四）生物制药和天然药物前景广阔

就目前而言，传统医药产品化学药物市场在近 10 年间仍会占据整个医药市场的重要席位，其总销售额约占全球医药市场的 70%，但随着生物技术的迅猛发展带来的新技术和新理论层出不穷、世界人口老龄化加剧带来的医药消费结构变化以及对于医药产品本身的安全性、有效性的更高要求，化学药品在整个药物市场中的传统统治地位已受其他类型药物的严重挑战，作为新军代表的生物技术制药凭借疗效好，副作用小，针对性强等治疗特点在药品市场中迅速崛起，因此为了抢占新药和"重磅炸弹"的制高点，生物药物成为各国科研机构及各家医药企业的药物研发的重中之重。在重组 DNA 技术的推动下，随着预防治疗性疫苗、基因治疗、免疫细胞治疗、干细胞治疗等前沿领域的发展与突破，生物制药公司如雨后春笋般纷纷兴起。且各国政府允许生物制药专利保护、鼓励处于研发早期的生物技术企业上市融资，更进一步推动了生物制药行业突飞猛进的发展。

同时，随着西药研发成本愈发高昂、研发周期愈发漫长，以"自然疗法"为特点的天然药物在治疗疑难病症上的前景被各国看好，将有望成为全球制药业最具发展前景的特色产业之一。越来越多的高新技术手段和生物技术理论将应用于天然药材的种质改良当中并获得成功，如：抗癌药物紫杉醇及其衍生物、抗疟药青蒿素和心脑血管药物银杏素内酯等，这些成功案例更进一步推动了天然药物的继续发展和快速增长。目前在以自然资源为研究对象的药物研究中越来越频繁地通过高新技术手段应用前沿生物技术理论，如用诱变、杂交、多倍体试管受精、原生质融合等进行资源再生工作，寻找其最佳生长条件；又如运用生物技术选育抗病毒、抗虫害品种，生长无污染药材；再如应用 DNA 遗传标记技术进行中药材的品种整理和鉴定，应用生物技术分离植物中的有效成分等。欧美各国、日本、中国和韩国均斥巨资争相加强对天然药物的研究，香港出台中药港计划，昆明植物研究所的民族药物研究中心、天然产物化学研究中心、上海药物研究所及天然药物筛选中心均已入选中国的知识创新工程。

此外，海洋生物和矿物中被人们先后发现许多具有抗病菌、抗病毒、止血、抗凝血、抗肿瘤等药理活性作用的物质。目前人们对海洋资源药物的开发刚起步，随着生物工程的迅速发展，当生物工程与海洋生物学结合时，将具有更大优点，可产生有益于人类治疗各种疑难疾病的药物。

（五）医药研发投入和研发领域趋势

研发创新是医药产业进入的技术壁垒和持续发展的基础条件，但是，由于医药产业本身的高度专业性，使得研发创新为医药产业筑起了较高的成本门槛，让欲在医药产业占有一席之地的各国政府和各大跨国医药企业竞相加大基础研究和应用研究投入。尽管受经济低迷等因素影响，部分企业考虑削减医药研发成本，但研发费用持续上涨的总趋势仍未改变。2011 年注册费用最高的 10 个药物的注册总费用就已经超过了 700 亿美元。研究领域主要集中在克隆技术、艾滋病疫苗、药物基因组学、人类基因组计划、基因治疗以及利用生物分子、细胞和遗传学过程生产药物等方面，其中最集中领域是抗癌药物、心血管疾病药物和精神疾病药物。

因此，随着经济全球化的深入发展，国际医药行业竞争也日趋激烈，医药产业三高特性愈加显著，跨国制药公司为降低成本，根据不同国家在人才、科技实力、技术基础设施和法制环境等方面的比较优势，在全球范围内有组织的安排其研发机构，以最大程度开发其产品市场和获得最大投资收益。新药研发的全球化使得各分散企业的研发优势得以优化重组，推动着技术进步全球化和经济全球化的脚步。

（六）全球医药产业兼并重组高潮迭起

为了更好地适应日益激烈的医药市场的竞争，制药业皆将企业间的并购重组作为节省费用、拓展市场、提高劳动生产率、合理使用和配置资源的重要措施。为占据竞争优势地位，世界医药产业通过大规模的兼并重组和国际资本市场运作，提升公司的规模和实力，扩大生产与销售网络，提高竞争力，增加市场份额，减少新药开发风险，提高医药产业的效益，成为当今医药产业发展趋势。

2009年，辉瑞以680亿美元收购惠氏。2011年医药企业并购案为184起，涉及金额890亿美元，较2010年增加了20%。其中，最大的并购案为2011年4月赛诺菲以201亿美元并购美国生物科技公司健赞。2012年欧美经济依然未见起色，全球医药企业并购活动较以往相对平淡，华生制药斥资70亿美元收购其欧洲竞争对手阿特维斯成为2012年度全球最大并购案。医药产业在激烈的市场竞争和兼并重组浪潮中显现出三大特征：其一，生物制药领域受到空前的重视。罗氏收购全球最大的生物制药企业基因泰克，主要看重其独有的生物技术研发能力和丰富的产品线；辉瑞收购惠氏，主要看中其营养品和疫苗；默沙东收购先灵葆雅，也是觊觎其丰富的生物药产品线。其二，同心多元化明显。为了应对危机，分散风险，辉瑞涉足生物制药、营养品、兽药、仿制药等诸多相关领域，重新开展消费品业务，并重申每一个产品的销售额在整体业务中的比重不超过10%。其三，从产品来看，抗癌药、心血管和神经系统药物成为跨国制药企业争夺的重点。利用资本市场机制，运用并购重组手段，是医药企业实现跨越式发展的有效途径。

（七）国际化外包市场前景看好

在经济全球化发展的前提下，发达国家的医药企业受到经济增长放缓以及本国成本压力的影响，为了节省药品研发支出，提高效率降低风险，推动本土化发展，跨国制药企业将非核心和次核心业务外包给临床资源丰富、科研基础较好的发展中国家，以充分利用外部的优势资源，重新定位、配置企业的内部资源。如今CRO（Contract Research Organization，合同研究组织）已经成为医药产业链组成的重要一环，其运作方式具有低成本、专业化和高效率的特点，特别受到生物技术及制药公司的高度重视，研发外包在整个医药市场中的份额不断提高。

医药行业CRO按所承担的业务内容可分为：从事化学、临床前药理及毒理学实验等业务的临床前研发型CRO；从事临床试验及相关业务的临床型CRO；从事新药研发咨询、新药申请报批等业务服务型CRO；新药定制研发与生产服务型CRO。前三种类型在行业发展初期是主要的企业服务类型，而随着CRO细分市场的深入发展和制药企业研发市场战略的最新变化，第四种类型（又被称为CDMO）逐渐发展成熟，成为CRO产业链中技术创新能力最强的也是最受新兴国家青睐重视的CRO类型。与此同时，以临床前与临床综合模式作为发展战略、业务类型多样化的CRO公司正逐渐兴起。

作为新兴发展中国家代表的印度在外包服务方面起步较早，因其具有良好的英语能力、与国际化接轨程度高和分工合作经验丰富，利用其软件外包服务的成功范式在仿制药和医药外包服务方面取得快速的发展。近几年来，中国也逐渐具备了同等素质，除此以外，中国还以巨大的外包市场潜力、利好的投资环境以及逐渐成型的外包产业布局吸引着全球医药行业和投资行业的眼光，随着一些全球医药外包产业巨头将其核心业务或部门逐步向中国转移，中国医药外包产业出现高端化的趋势，国内一些 CRO 公司，如：药明康德、桑迪亚、美迪西、睿智化学、康龙化成等企业在这种大的潮流和背景下，顺势迅速成长，部分企业凭借骄人的销售业绩、清晰的战略定位和良好的远期前景获得了国内外各路风险投资和种子基金的青睐，与此同时，研发外包也已成为我国医药企业提高自主研发创新能力和建立医药产业外部知识产权网络，实现医药产业由低端化粗放式向高端化精细式转型的重要手段之一。

（八）药品需求结构改变

医疗健康成本控制措施、成熟市场的专利过期问题和发达国家成熟经济体的卫生体系使得发达国家药物消费增长滞缓。与此相反，由于民众收入增加、药物成本降低，以及政府通过医疗保险等提升疾病治疗普及率的措施等都持续促进着全球新兴医药市场中药品消费支出的增加。随着新兴国家医药市场初级医疗保健设施的改善、偏远地区医疗可及性的提高以及个人医疗保险普及化，仿制药和新型药物将获得更大市场份额。发展中国家经济的持续增长也将促使医疗市场焦点由传染性疾病向心血管疾病、糖尿病和其他慢性病转移。2010～2015 年期间，肿瘤、糖尿病、多发性硬化症和抗艾滋病毒在内的治疗领域市场规模的年增长率将超过 10%。由于新分子实体药物的全球上市数量呈现反弹迹象，更多新药将被推向市场。国际医药咨询公司 Evaluate Pharma 预测，及至 2018 年，抗肿瘤药物将是产品销售额及市场份额最高的领域，而抗凝药物则成为增长最快的领域，预计销售额每年增长速率达 10.9%。此外，由于人们自我药疗和自我保健意识日益增强，自购自用药品的现象日益增多，尤其是一些疗效好的畅销专利药因专利期满改换成非处方药上市而处于快速发展阶段，这一切均加快了非处方药市场销售增长速度。

（九）专利药与仿制药间竞争加剧

据国际知名信息服务公司 Data Monitor 统计，2010 年全球生物仿制药市场仅为 2.43 亿美元，但随着 2011～2012 年期间药品专利到期的高峰期的到来，超过 31 种品牌药品专利到期，销售额排前十位的药品中有六种将面临来自仿制药的竞争。总体来说，受慢性病患者（主要包括血脂调节剂、抗精神病药物和抗消化性溃疡药等治疗领域）不堪长期高额用药成本转而使用低价仿制药品的影响，2010～2014 年期间全球范围内药品的总销售额将减少 800 亿～1000 亿美元；到 2015 年将有 640 亿美元生物专利药到期，预计生物仿制药市场规模 2020 年将达到 200 多亿美元，市场前景光明，吸引了众多跨国药企巨头进入生物仿制药市场。预计美国市场受影响最大，因为受专利到期影响的药品销售额将近 70% 是在美国，因此。据美国国会评估，未来十年中，生物仿制药将为美国节省 250 亿美元的药物费用。

另一方面，2012 年获得 FDA 批准的新药数量再创新高，共批准了 35 个全新药物，其中 31 个被列为新分子实体（NMEs），是 2004 年以来的最高水平。新药种类主要为抗癌药物、罕见病治疗药物以及减肥药物，而两种减肥药物更是十多年来同类产品中首次获批。抗癌新药物获得批准的企业少不了拜耳、罗氏、辉瑞和赛诺菲等制药巨头的身影，但小型生物技术公司获批的新药数量更为引人注目。这些势头均表明，制药公司正在从过去 10 年来创新严重缺乏的困境中逐渐恢复。这也预示着，未来专利药与仿制药的拉锯战必将更加激烈。

案例分析

世界最大的仿制药厂——梯瓦制药发展史

以色列梯瓦制药工业有限公司（Teva Pharmaceutical Industries Ltd.）是全球排名前二十的跨国制药企业，也是世界最大的仿制药生产企业。致力于非专利药、专利品牌药和活性药物成分的研发、生产和推广。

1901 年，三名犹太人成立了以他们名字命名的药品批发企业博赫纳—李文—艾尔斯汀公司；1935 年在原公司基础上建立了药品生产基地，命名为梯瓦制药，取希伯来语"自然"之义。1948 年以色列建国，梯瓦制药也完成了最初的创业期和资本积累，成为以色列医药界的代表。1976 年，Assia、Zori 与 Teva 合并，梯瓦制药因此成为以色列最大的制药公司。80 年代，梯瓦制药分别收购了以色列第二大和第三大制药企业 Ikapharm 和 Abic、原料药生产企业 Plantex、小型医疗器械生产企业和进出口贸易企业，进一步扩大了梯瓦制药的经营网络，巩固了其在国内的龙头地位。

20 世纪 90 年代，梯瓦制药加快实施其扩张战略，斥资数亿美元在法国、意大利、英国、匈牙利、美国等国家实施收购计划，各类仿制药产品因此快速渗透国际市场。在一系列的收购案背后，梯瓦制药迅速整合了企业资源，尤其是其研发和药物分销网络以提高企业工作效率和运营利润。这一时期，梯瓦也开始了新药研发的尝试，第一个原研药物克帕松（Copaxone）于 1997 年获批上市。克帕松既是 FDA（美国食品药品监督管理局）批准的第一个由以色列人开发的新药，也是当时第一个专为多发性硬化症患者研发的针对性药物。即便如此，仿制药仍然是梯瓦制药由始至终的最重要核心业务，其在美国注册的仿制药产品总数量遥遥领先于竞争对手。适度进行新药研发只作为梯瓦制药改善利润水平的决策之一。

步入 21 世纪以来，大量专利药纷纷到期，全球仿制药市场竞争白热化，甚至以创新为宗旨的专利药研发企业也涉足其中。梯瓦继续保持如火如荼的收购扩张态势，如德国拜耳的仿制药业务、美国仿制药企业 Sicor、美国 Ivax 公司、全球第三大仿制药企业 Barr 和德国老牌仿制药企业 Ratiopharm GmbH，进一步扩大了梯瓦制药的产品经营范围，掌握了拉美等新兴市场的经营渠道，更巩固了梯瓦制药在全球仿制药市场的地位。此外，梯瓦还与手握先进生物制药技术的公司形成战略联盟以强化企业竞争力，成为生物仿制药市场的先行者。

梯瓦制药凭借其强大的仿制药开发能力、锐意进取的经营战略、高效精准的执行力、内部管理的整合优势和极具野心的企业文化，以每4至5年即翻一番的增速从一个以色列的国内制药企业发展为如今年销售额达百亿美元的全球仿制药领军企业。梯瓦制药在全球市场上留下的精彩故事和成功经验对于如今仍以仿制药为主的中国医药产业的未来发展极具借鉴意义。

本章小结

　　1. 首先，本章介绍了国内外具有代表性的国家的医药产业发展概况。于发达国家中主要选取了美国、英国、德国、瑞典、瑞士和日本，于新兴国家中主要选取了中国、印度、巴西和南非，本章分别从医药产业历史溯源、医药产业发展现状及产业政策三个方面梳理了各国各具特色的医药产业的发展概况。

　　2. 其次，本章总结了主要发达国家医药产业的竞争优势。其产业竞争力源泉的共性主要涉及优秀的医药研发实力、强大的知识产权保护、积极的产业政策导向、高效的政府监管部门和成熟的营销管理和投融资体系。

　　3. 再次，本章深刻分析了发展中国家医药产业发展面临的主要问题，例如，创新能力薄弱、产业结构不合理、企业国际化水平低下、政府规制体系不完善、企业经营策略不科学、产学研联合优势受限、多元化投融资体系受阻等。针对以上问题，本章从各个方面展开了对发展中国家医药产业发展路径的探索，如优化产业组织、重视基础研究、加强技术创新等。

　　4. 最后，本章主要从全球医药产业的产业特点及发展前景、主要医药领域发展新动向、全球医药产业竞争趋势等方面对全球医药产业未来发展趋势做出了探索分析。

思考题

　　1. 发达国家医药产业发展优势体现在哪些方面？其产业政策制定又有哪些共同之处？

　　2. 发展中国家医药产业发展状况与发达国家医药产业相比，二者差距何在？发展中国家医药产业又有哪些后发竞争优势？

　　3. 结合本章相关知识并查阅文献，了解发达国家和发展中国家关于医药知识产权保护的相关规定，分析二者政策差异的原因。

　　4. 结合本章内容，讨论国内医药产业发展存在的问题并给出建议。

　　5. 结合个人所学，谈谈你对世界医药产业未来的发展趋势的看法。

参考文献

［1］杨公仆，干春晖．产业经济学［M］．上海：复旦大学出版社，2005.

［2］蔡秀云．产业经济学［M］．北京：经济日报出版社，2007.

［3］芮明杰．产业经济学［M］．上海：上海财经大学出版社，2005.

［4］迈克尔波特．国家竞争优势［M］．北京：华夏出版社，2001.

［5］顾海．医药产业经济学［M］．北京：中国医药科技出版社，2006

［6］苏东水．产业经济学［M］．北京：高等教育出版社，2000.

［7］魏弄建．产业经济学［M］．上海：上海大学出版社，2008.

［8］王传荣主编．产业经济学［M］．北京：经济科学出版社，2009

［9］肖兴志，张嫚主编．产业经济学［M］．北京：首都经济贸易大学出版社，2007

［10］刘家顺，杨洁，孙玉娟．产业经济学［M］．北京：中国社会科学出版社，2006

［11］吴添祖，冯勤，欧阳仲健．技术经济学［M］．北京：清华大学出版社，2004.

［12］王凤科，徐东明，郭新宝，等．技术经济学［M］．南京：南京大学出版社，2009.

［13］［美］施蒂格勒．产业组织与政府管制［M］．上海：上海三联出版社，上海人民出版社．

［14］［美］迈克尔·波特．竞争战略［M］．北京：华夏出版社，1997.

［15］国家发展和改革委员会高技术产业司，中国生物工程学会．中国生物技术产业发展报告（2009）［R］．北京：化学工业出版社，2010.

［16］高鸿业．西方经济学［M］．北京：中国人民大学出版社，2004.

［17］奥兹·夏伊，产业组织：理论与应用［M］．北京：清华大学出版，2005.

［18］干春晖．产业经济学：教程与案例［M］．北京：机械工业出版社，2006.

［19］谢勇，柳华．产业经济学［M］．武汉：华中科技大学出版社，2008.

［20］李永禄，龙茂发．中国产业经济研究［M］．成都：西南财经大学出版社，2002.

［21］陈新谦．中华药史纪年［M］．北京：中国医药科技出版社，1994.